한국선교사
韓國禪教史

누카리야 카이텐 著
忽滑谷快天 著

鄭湖鏡 역

민족사
2025

原著者 序文

芙蓉楷祖(芙蓉道楷, 1042-11187, 북송 때 조동종 선승) 선사는 다음과 같이 말하였다.

"대저 出家라는 것은 塵勞를 싫어하고 생사 해탈을 구하기 위한 것이다. 마음을 쉬고 생각을 쉬어서 攀緣을 단절하는 것이므로 출가 라고 이름하나니, 어찌 한가히 利養으로써 평생을 매몰시킬 수 있겠 는가? 모름지기 兩頭(迷悟、有無、因果、凡聖 등 二重 見解)를 열어서 중간을 放下하라. 聲色을 대하거든 돌 위에 꽃을 가꾸듯이 매우 조심 해야 하며, 이익이나 명예를 보면 눈 속에 티가 들어간 것과 같이 생각하여야 한다. (…)

山僧의 행업이 취할 것이 없는데 山門의 주인이 된 것은 매우 송구 스러운 일이다. 그러한데 어찌 앉아서 常住物(常住物, 公物)를 허비 하며 先聖의 부촉을 잊어버릴 수 있겠는가? (…) 힘써 반연을 덜고 오로지 한결같이 辨道(공부, 수행)하는 것이 要緊한 일이다. 더구나 活計가 구족하고 風景이 좋고, 꽃은 웃고 새는 지저귀며, 木馬는 길게 울고, 石牛는 잘 달리도다.

天外의 靑山은 빛이 없고, 耳畔의 鳴泉은 소리가 없는데, 嶺上에 원숭이 울고, 이슬은 中宵의 달을 적시도다.

숲 사이에서 학이 울고, 바람은 맑은 새벽의 소나무를 도는구나. 春風이 일어날 때 枯木에 龍이 읊조리고, 秋葉은 시드는데 寒林에 꽃이 진다.

　玉階에 이끼는 무늬를 놓았는데, 人面에는 煙霞의 빛을 띠었고, 音塵은 寂爾하나 소식은 宛然하니 一味蕭條하여 趣向할 수 없다. 山僧이 금일 諸人의 면전을 향하여 家門을 설하노라.

　이미 이것은 방편을 붙이는 것이 아니거니, 어찌 다시 가서 陞堂, 入室, 拈槌, 竪拂, 東喝, 西棒, 張眉, 怒目으로 癎疾病(간질병)이 발하는 것과 같이 하리오,"

라고 하였다. 달마는 拈槌한 적이 없고, 二祖는 竪拂한 적이 없다. 그런데 어찌 東喝의 三祖와 西棒의 四祖가 있을 수 있겠는가? 하물며 張眉, 怒目으로 간질병이 발작함과 같은 五祖와 六祖가 있을 수 있겠는가? 棒喝로써 禪機를 삼고 看話로써 공부를 삼으며 沒滋味, 沒商量으로써 格外禪을 삼는 자는 아직 正法眼藏이 곧 이 祖師道임을 모르는 것이다.

　唐末 五代 이후에는 佛法의 온전한 道에 입각한 宗師가 적고, 한갓 看話와 死關에 힘을 쓰는 자가 많으니, 이는 禪宗의 一大 변화이다. 그 후 宋·元·明代에 와서는 또 염불왕생의 窠臼(틀, 구렁)에 떨어져 가는 자가 十에 八九이니, 이는 祖道(조사선)의 二大 변화로서 純禪의 妙旨를 전하는 자는 寥寥하여 晨星(새벽별. 훌륭한 인물이 희소함)과 같으니 어찌 개탄하지 않을 수 있겠는가? 看話와 念佛의 死型에 떨어져서 종교의 생명을 상실한 禪道를 부활시키고 이로 인하여 다시 一華五葉(선의 五宗)의 봄을 맞이하고자 한다. 모름지기 返本還源하여 純乎而淳한 古聖의 芳蹤을 좇아야 한다.

　天童淨祖가 이를 提唱하고 永平元祖(道元)가 이에 和應하였다. 산승(忽滑谷快天)이 이 二大老(天童淨祖, 永平道元)의 정신에 감격하고 禪道의 復古에 노력한지 이에 30년, 봄바람이 일어날 때 고목에 용이 읊조리고,

가을 잎 지는 곳에 石人이 서리에 휘파람을 분다.

天外의 靑山에 여래의 妙容이 선명하고, 耳畔의 鳴泉은 廣長舌相의 들림이랴? 三才(天, 地, 人) 중에 昭昭하고 萬象 사이에 靈靈(소소영령)한 저 한 물건을 제창하여, 쓰러진 뒤에야 그치리라는 결의로써 斯道의 만회에 힘을 다하는 중이다.

먼저 나는 『禪學思想史』 상하 두 권을 편찬하여 중국에 있어서 禪道가 쇠퇴한 원인을 밝혔고, 지금은 또 『朝鮮禪敎史(번역서명 : 韓國禪敎史)』를 편찬하여 海東에 있어서 禪道가 쇠퇴한 원인을 진술하고자 한다. 博學, 審問이 나의 願이 아니며 考證, 精確이 나의 뜻이 아니다.

물러서서 返照하건대 四山(지수화풍)이 이미 핍박하여 와서 눈 어둡고 손 떨리니, 마지막이 멀지 않았음을 자각하지 않을 수 없거늘, 어느 겨를에 이름을 탐내고 이익을 노리는 짓을 하랴. 다만 바라는 바는 佛日이 다시 海東의 하늘에 오르고 祖月이 길이 靑丘(조선)의 밤을 비추는 것이로다.

소화 5년(1930)년 7월 1일
佛山快天(忽滑谷快天) 識

감 사

본서의 편집에는 京城(서울) 鄭晄震화상, 『佛敎』잡지의 주필 權相老 화상이 매우 많은 원조를 해 주셨고, 교토(京都)의 小田原重雄 씨와 在 濃州 五十嵐絶 聖師와 在 경성(서울)의 문학박사 高橋亨 씨와 總督府 李 能和 씨 등의 지도에 큰 힘을 입었다.

그리고 소화 4년(1929) 6월 중순부터 8월 중순에 이르도록 조선의 모든 본산을 방문하여 史蹟과 寺刹의 현상을 답사하는 데는 在東京 재단법인 啓明會의 보조를 받아서 목적을 달성했다.

또 본서의 간행에 대해서는 고마자와(駒澤) 대학 荒木正胤 師가 校正을 맡아주고 목차와 색인을 만드는 노고를 하였다. 이에 前記 諸賢에 대하여 滿腔의 감사의 뜻을 표한다.

일러두기

1. 본서는 編·章·節의 3단으로 나누었다. 각 편의 머리에 개론(개설)이 있고, 각 장으로 각 편의 개론을 설명하였고, 모든 節에서는 각 장의 내용에 대하여 설명하였다. 簡要를 구하는 자는 編首의 개론을 읽어서 그 뜻을 얻을 것이요, 상세를 알고자 하는 자는 章과 節을 보도록 할 것이다.

2. 고금을 불문하고 역사상의 인물에는 敬語를 쓰지 않고 바로 그 諱를 써서 번거로움을 버리고 간단하게 하였다.

3. 조선의 스님에 大德·大師·重大師·三重大師·首座·僧統·禪師·大禪師 등의 칭호가 있는데 이는 모두 僧位인 것으로 경칭이 아니다.

4. 조선의 불교는 다분히 중국불교의 연장으로서 선종 같은 것도 중국 선종의 직수입이다. 그러므로 中國禪學史를 참고할 필요가 있다.

5. 본서는 저자가 고마자와 대학에서 강의한 원고를 간행한 것이다.

『朝鮮禪敎史』를 번역하면서

『조선선교사』는 지금으로부터 48년 전에 일본인 문학박사 忽滑谷快天에 의한 저작이다. 해동불교의 시작으로부터 삼국시대, 통일신라시대, 고려시대, 조선시대의 순서로 편찬되었으며, 그동안 1500여 년의 해동불교의 면모를 여실히 반영해낸 일대 거작이다.

忽滑谷博士는 이 책의 서문 끝에서 "오직 바라건대 佛日에 海東의 하늘에 다시 떠오르고 祖月이 靑丘(조선)에 長照하기를 바란다"고 기원하면서 이 책을 간행한다고 하였다.

이 사람도 또한 이러한 생각으로 이를 번역해서 해동불교를 연구하는 學徒 諸位에게 참고자료로 제공하고자 한다.

서기 1978년 3월 일

湖鏡 荃煥 識

발간사

　1978년 鄭湖鏡 講伯 화상께서 번역, 간행하신 누카리야 카이텐(忽滑谷快天) 著,『朝鮮禪敎史(韓國禪敎史)』는 이미 많은 학자들이 알고 있는 것과 같이, 우리나라 불교사를 서술하고 있는 몇몇 안 되는 名著 가운데 하나입니다.

　원 저자인 忽滑谷快天(1867-1934)은 일본 조동종 선승으로서, 고마자와대학(駒澤大學)을 졸업했으며, 1920년(54세)에는 고마자와대학 학장을 역임했습니다. 이후 그는 상당 기간 우리나라에서 머물면서『朝鮮禪敎史』를 집필하기 위하여 전국 30여 개 본산을 방문하는 등 많은 자료를 모았고, 그 자료를 가지고 고마자와대학(駒澤大學)에서 한국불교사를 강의했습니다. 그 결과 1930년에 출판된 책이 바로『朝鮮禪敎史(韓國禪敎史)』입니다.

　이 책은 李能和(1869-1943) 선생의『朝鮮佛敎通史』(1918년, 한국 新文館), 그리고 다카하시 도루(高橋亨, 1877-1966)의『李朝佛敎』(1929년, 일본 寶文館)와 함께 한국불교 연구의 名作입니다.

　이능화(1869-1943) 선생의『조선불교통사』는 우리나라 불교사와 관련된 문헌을 총 망라한 자료집이고, 다카하시 도루(高橋亨)의『李朝佛敎』는 通史는 아니고 조선시대 불교사에 한정된 책입니다. 반면 누카리야 카이텐(忽滑谷快天)의『朝鮮禪敎史』는 삼국시대부터 근대 초기까지 자료를 모아 서술한 인물 중심의 통사적인 책입니다. 즉 禪敎를 망라한 人物史 중심의 한국불교사라고 할 수 있습니다.

누카리야 카이텐은 이 책을 쓰면서 感謝에서 "權相老 박사와 李能和 선생의 지도를 입음이 컸다"고 말하고 있으며, 서문 끝에서는 "다만 바라는 바는 佛日이 다시 海東(한국)의 하늘에 오르고, 祖月(조사선의 달)이 길이 靑丘(우리나라)의 밤을 비추는 것이다"라고 기원하고 있습니다.

그리고 이 책 맨 끝 페이지 결론에서는 "아아, 폐불 훼석하기를 무려 오백년이러니 李氏 왕조는 이제 어디에 있는가? 그러나 滅하는 것 같으면서도 滅하지 않았고, 쓰러질 듯하면서도 쓰러지지 않은 조선불교는 지금도 사찰이 1300여 개이고, 僧尼가 7100여 인이 엄연히 존재하고 있다. 불교는 종국 暴政에 의하여 滅亡하는 것이 아니다."라고 쓰고 있습니다.

누카리야 카이텐(忽滑谷快天)에게는 이 책(『朝鮮禪敎史』) 이전에, 인도, 중국 선종사를 다룬 『禪學思想史』(상, 하 2권, 1923년, 大正 12. 玄黃社, 일본)가 있는데, 兩的으로도 매우 방대하지만, 이 역시 중국선종사 연구서로서는 거의 효시가 되고 있는 책이기도 합니다.

湖鏡 老師는 1960년부터 1980년 말까지 동학사 講伯으로 계시면서 1.000여 명의 학승을 배출하셨습니다. 강의, 교육 태도는 엄격하셨지만, 또 한편으로는 仁慈하셨습니다.

小納은 講伯스님으로 부터 大敎를 수학하는 등 많은 學恩을 입었으며, 이어 1977년에는 전강을 해주셨습니다. 그 學恩에 보답하기 위하여 老師의 저서를 찾던 중 민족사 사장님을 통하여 朝鮮禪敎史가 湖鏡講伯스님에 의하여 번역되었다는 것을 알고 47년 만에 재간하게 되었습니다. 老師의 學恩에 10분의 1이라도 보답할 수 있음을 감사하며, 간행에 함께 힘써주신 주지 경원스님께 감사드립니다.

2025년 元旦　鏡月一超 합장

목 차

제1편 교학 전래의 시대

제2편 禪宗의 흥기시대

제3편 禪教 幷立의 시대

제4편 禪教의 쇠퇴시대

제1편

교학 전래의 시대

제1편 교학 전래의 시대

〈개요〉

古朝鮮 시대는 人智가 어둡고, 문화가 미개하였다. 그래서 불교의 敎法도 볼 수 없었다. 삼국이 정립한 시대에 이르러서 비로소 불교가 전래하였으니, 前秦王 苻堅이 불상과 경권을 고구려에 보내어 온 것이 해동불교의 기원으로 소수림왕 2년(372년)의 일이다.

前秦王
苻堅

그 뒤 12년 만에 인도의 사문 摩羅難陀가 백제에 들어왔고, 다시 144년 후에 신라불교의 발흥을 본 것이니 佛敎東漸의 형세는 마땅히 그럴 수밖에 없다.

摩羅難陀
佛敎東漸

고구려 및 백제의 불교는 한때 그 敎綱을 떨쳤으나 국운의 쇠퇴와 더불어 法運도 否塞하였는데, 그러나 반도와 아울러 일본의 心田을 개척하고 禪苗(선의 萌芽)繁茂의 素地가 된 그 功效는 심대한 것이다.

삼국이 통일된 후, 신라불교는 욱일승천의 기세였으며, 僧徒의 入唐, 渡天(天竺 천축)의 구법도 많았고, 불교예술 또한 그 정점에 달하였던 것이다.

원효와 의상이 때를 같이 하여 출현하였는데, 원효는 經敎의 疏釋에 있어서 고금에 독보였고, 의상은 華嚴一乘의 鼻祖였다. 뿐만 아니라, 慧超와 같은 이는 五天竺을 跋涉(고행 순례)하여

義淨, 玄奘의 수승한 발자취를 본받았고, 경흥·대현의 二大學僧이 있어 찬술이 가장 많았으니 이에 있어서 화엄·천태·법상·삼론으로부터 율·염불·밀교에 이르기까지 모두 전래되어 신라의 교학이 蔚然히 일어난 것이다.

교학전래
시대　　그래서 고구려 소수림왕 2년부터 신라 경덕왕 23년(서기 764년)에 이르는 대략 393년 동안을 교학전래의 시대라고 한다.

제1장 古朝鮮

古朝鮮   고조선에 관한 옛 기록을 보면, 帝堯(요임금) 시대에 단군이 조선의 임금이었다고 한다. 그러나 上古 鴻荒 대의 일이어서 밝힐 만한 문헌이 없으며 신빙성이 족한 것은 아니다.

箕子朝鮮   周 무왕이 箕子를 조선에 봉하여 비로소 군왕이 확실해졌고, 그후 秦의 始皇帝가 寰宇를 통일하여 기자의 후예라고 하는 箕否를 항복받아 이를 복속시켰으며, 漢이 일어나자 箕否의 아들 準이 연나라 사람 衛滿에 쫓긴 바 되니 이로써 箕氏는 멸망하고 衛滿이 이를 대신하여 그 땅을 차지하였다. 그런데 한나라의 무제가 衛滿의 孫 右渠를 멸하고 조선을 四郡으로 나눴으니 이것이 帝(무제)의 원봉3년(서기전 108년)의 일이다.

제1절 조선의 명칭

조선의 명칭에 관해서는 『山海經』, 「海內經」에 "東海之北 北海之隅 有國曰 朝鮮"이라고 하였고, 同書 「海內北經」에 "朝鮮在列陽 (…) 列陽屬燕"이라 하였으며, 揚子方言에 "燕之東北 朝鮮 洌水之間"이라고 한 것을 보면 조선이라는 명칭은 그 유래가 아주 오랜 것임을 알 수 있다.

『史記』 권38 索隱에 "朝鮮 音 潮仙 地因水爲名"이라고 하였고, 같은 책 권115에 "張晏曰 朝鮮 有 濕水, 洌水, 江水, 三水合爲洌水 疑樂浪朝鮮 取名於此也"라고 하여, 河名에서 유래한 이름인 듯하다고 하였다.

槿域	『산해경』「海外東經」에 "君子國 在其(大人國)北, 衣冠帶劍, 食獸使二大虎在旁 其人好讓, 不爭, 有薰 (或作董)華草, 朝生夕 死 (…) 靑邱國在其北이라고 하였다. 이것이 꼭 조선을 지칭한
靑丘	것이 아니라고 하더라도 이로 말미암아 조선에 槿域·靑丘의 異名이 있게 된 것이며, 소위 洌水라는 것은 현존하는 秥蟬縣 碑(縣屬漢樂浪郡. 碑在平安南道 龍岡郡 海雲面 龍井里)의 소 재로 보아서 대동강으로 추측된다. 漢·魏·晋을 통해서 대동강
洌水	을 洌水라고 부르지 않았을까?

『增補文獻備考』권13에는, "鮮은 明인데 땅이 東表에 있어서 해가 먼저 밝으므로 이름한 것이라고 했다. 『大韓疆域考』권1에 의하면 조선의 명칭은 처음 평양에 붙여졌고 뒤에 국명으로 되었다는 것이다.

제2절 단군에 대한 고금의 전설

고려의 일연이 지은 『삼국유사』권1에 보면, "魏書云, 乃往二千載, 有檀君王儉, 立都阿斯達(經云無葉山 亦云 白岳 云云) 開國號朝鮮, 與高 (堯) 同時"라고 하였다. 그러나 『魏書』를 살펴보면 이러한 기사가 없다. 또 『삼국유사』에 인용한 古記에 단군을 제석천의 후예라고 하였는데 荒誕不經한 믿을만한 것이 못 된다.

檀君	그러나 단군의 존재는 오래 조선인이 믿어온 바이다. 『증보문헌비고』권41에 보면, "단군의 휘는 왕검이라고 했고 古記에는 동방에 처음은 君長이 없고, 다만 九種의 夷가 있더니 神人이 있어 太白山(평안북도 묘향산) 神檀樹 아래에 내려와서 唐

堯 25년 戊辰에 서서 왕이 되고, 국호를 조선이라 하였으며, 평양에 도읍하였다가 뒤에 白岳(世號 唐藏經)으로 옮기었다. 그리고 商나라의 武丁 乙未에 阿斯達山(黃海道 文化縣 九月山也, 一說, 阿斯者 方言九也, 達者方言月也. 阿斯即九月之方言)에 들어가서 신이 되었는데, 在位一千四十八年"이라고 하였다.

그리고 『燃藜室記述別集』 권19에 보면, "檀君 諱 王儉, 舊史檀君記云, 有神人降太白山(妙香山 今 寧邊)檀木下 國人立為君 時唐堯戊辰歲也 至商武丁八年乙未 入阿斯達山為神."이라고 하였는데 이것은 모두 동일 전설을 반복한 데 불과하고, 하나도 사실로 인정할 만한 것은 없다.

檀木
妙香山   묘향산은 예전에 태백산이라고 하였고, 香木이 나기 때문에 妙香이라고 이름하였는데, 지금도 檀木이 생산된다. 단군이 降下하였다는 石窟이 있으며, 보현보살 現相의 靈場이라 하여 普賢寺라고 이름하는 절에 김부식이 撰한 寺碑가 현재도 있다.

九月山   白岳은 황해도 信川, 安岳, 殷栗의 三郡에 걸쳐 있는 巨峯으로서 단군의 移居處라고 하며 檀君臺가 있고, 산중에 貝葉寺·月精寺 등이 있는데, 貝葉寺는 일명 寒山寺라고도 하며 唐僧貝葉大師의 開創이라고 전한다.

妙香山傳
說   小田省吾氏의 말에 의하면, "檀君은 조선어의 달님의 와전이다. 山君·山主·山神을 의미한다. 본래 이것은 妙香山神의 緣起인 것, 檀君을 제석천의 아들이라고 하는 까닭은 이 산이 제석천의 住處라고 하는 신라 이래의 전설에 기인하였고, 또 평양은 仙人 王儉의 집이라는 전설이 있기 때문에 이 二傳을 混合附會하여 平壤 開闢의 緣起로 한 것에 불과하다."라고 하였다.

제3절 箕子

箕子

『史記』권38에 보면, "紂卽立不明, 淫亂於政 微子數諫 紂不聽 （…） 箕子(馬融曰箕國名子爵也) 紂親戚也 （…） 紂為淫佚 箕子 諫不聽 （…） 乃被髮佯狂而為奴 （…） 周武王伐紂克殷 （…） 於是武王乃封 箕子於朝鮮而 不臣也."라 하였고, 同書(『史記』)권32에 "紂殺王子比干 囚箕子, 武王 將伐紂 （…） 封比干墓釋箕子囚."라 하였다. 竹書紀年에는 "紂의 51년 紂囚箕子 武王, 16년 箕子來朝"라고 기록되었다.

武王

그러니 箕子는 紂(은나라의 임금)의 淫虐을 諫하다가 갇혔던 것을 周의 武王이 殷나라를 滅하고 이를 석방하니 箕子는 朝鮮으로 달아나매 武王이 듣고 그에게 조선을 봉하였다는 내용이다.

箕子小傳

『漢書地理志』에도 "箕子가 조선으로 갔다."라고 말하였다. 『東史綱目』제1권 上에 이를 설명하기를, "箕子 姓은 자씨, 諱는 胥餘(柳文箕子廟碑의 註엔 名 須臾), 殷의 宗室로써 箕에 封하여 箕子라고 號함. 周武王己卯에(기원전 1122년) 周를 피하여 五千人을 거느리고 조선에 들어감. 그때 詩書藝樂醫巫陰陽卜巫의 流와 百工技藝가 모두 따라감. 武王이 因하여 封하고 국호도 조선이라고 하였으며 평양에 도읍함. 八條의 敎를 베풀고, 백성에게 田蠶을 가르쳤으며, 成王戊午(기원전 1083년)에 薨하니 재위 14년 壽 93년."이라고 하였다. 또 『燃藜室記述別集』권19에도 天運紹統을 끌어다가 동일설을 삼았으나 후인의 억측으로서 사실은 이와 같이 상세한 것이 아니다.

제4절 箕否, 箕準

箕否

『魏志』 권30에 인용한 魏略에 말하기를, "秦(始皇)蒙恬을 시켜서 長城을 쌓아 요동에 이르니 그때 조선왕 否(箕否)가 두려워하였다. 秦이 이를 엄습하고 노략하여 秦에 복속시킴(東史綱目 云, 秦始皇 26년 庚辰). 인하여 箕否가 죽고 그 아들 箕準이 왕위에 올랐다. 20여 년 만에 陳項이 일어나서 천하가 어지러우니 燕, 齊, 趙의 백성들이 愁苦로 차츰 도망하여서 箕準에게로 가니 箕準이 이를 西方에 둠(東史綱目 云, 秦二世 元年 壬辰)."이라고 하였다.

箕準

살피건대 진시황이 長城을 쌓은 것은 그 33년 丁亥이고 陳項의 일어남은 二世 元年 壬辰이었으니 그동안은 6년뿐인데 魏略에 20여 년이라고 한 것은 잘못된 것이다. 또 『增補文獻備考』 권41에는 箕子 後 그의 40세孫 箕否라는 자가 秦에 복속하였고, 漢에 이르러서 箕否의 子 箕準은 燕王 盧綰의 臣 衛滿에 쫓긴 바 되었다고 하였는데, 『東史綱目』 제1권 上에 의하면 때는 漢惠帝 2년(기원전 193년)이라 하였다.

馬韓王

『海東繹史』에 말하기를, "按自周武王 元年己卯 箕子受封, 至漢惠帝 元年丁未, 候準南奔, 凡四十一世 九百二十九年, 準旣南奔 攻馬韓破之 自立爲馬韓王 都於金馬郡.(『海東繹史』 2, 61쪽)"라고 하였다.

그러나 箕子 傳世와 같은 것은 후인의 억단에 불과하다. 箕子 이후 箕否에 이르는 대략 9백 년간에 하등의 記事도 없다가 돌연 箕否가 史上에 나타났다는 것은 참으로 이상한 일이다. 그래서 白鳥氏의 『滿州地理歷史』에는 箕子가 조선국의 시조로 된 것은 전국시대에 조선반도에 雄據한 箕否(箕子의 후예라고 하는)의 조상이 자가의 문벌을 높이기 위하여 箕子를 빌려 다가 그 계보를 장식하는데 쓴 것일지 모른다고 推斷하였다. 『東史綱目』에는 왼쪽과 같은 圖解가 있다.

〈檀君, 箕子傳世之圖〉

朝鮮 : 檀君 (唐堯 戊辰 起傳世史 闕商武丁甲子亡) 歷年一千一十七年 (後一百九十六年 而箕子東封)

後朝鮮 : 箕子 (周武王己卯東 封傳世史闕) 四十世孫否一子箕準 (爲衛滿所逐南奔爲馬 韓王即漢惠帝戊申也) 歷年九百三十年

馬韓 : 武康王 (即箕準傳世史闕新奔己巳亡入百濟) 歷年二百二年 (並箕祚一千一 子傳百三十一年)

附衛氏朝鮮 : 衛滿 (漢惠帝戊申逐箕 準僭號傳世闕) 孫右渠 (漢武帝癸 西亡入漢) 歷年八十六年

제5절 衛滿

『史記』권115 朝鮮列傳 및 『前漢書』권95 朝鮮傳에 말하였다.

"戰國 때에 燕人이 조선을 略取하였으나, 진시황제가 燕을 멸하고 조선을 遼東外徼에 붙이었다. 漢이 흥하자 浿水(압록강. 或曰 평안북도 청천강)를 경계로 하여 燕에 붙이었던 것을(『東史綱目』 云 漢高帝 己亥) 燕王盧綰(漢異姓七 國王之一)이 反하여 흉노에 들어갔을 때(東史云韓 高帝丙午) 燕人 衛滿이란 자가 망명하여 黨을 모아 浿水를 건너서 진의 故地에 있으면서 조선왕 箕準을 쫓고

스스로 왕이라 칭하고 王儉(평양)에 도읍하였다(東史云漢 惠帝戊

右渠
漢武帝
申). 마침 孝惠帝 때 천하가 비로소 평정되어 衛滿으로써 外臣을
삼았다. 衛滿이 죽자 子에 전하고 子가 죽어 孫 右渠가 섰다. 元封
2년(기원전 109년)漢의 무제가 涉何를 보내어 右渠에게 강복을 권
유하였으나 右渠가 奉詔하지 않고 도리어 兵을 發하여 涉何를 襲
殺하였다. 이에 漢兵이 朝鮮을 쳤고, 元封 3년(기원전 108년)에 鮮
人이 右渠를 죽이고 항복하였다. 이에 조선을 四郡으로 정하였으
니 眞番, 臨屯, 樂浪, 玄菟가 이것이다."

또 『史記』에 柯維騏가 注한 것을 보면, "戰國時 朝鮮準(箕
準)僭稱王 屬于燕 其後 燕人 衛滿 破王準 有其地 至漢武 遂拔
朝鮮內屬"라고 하였다.
『增補文獻備考』 권41에는 이를 다음과 같이 상세히 설명하
였다.

"衛滿은 燕人, 盧綰의 연고로 인하여 망명, 東으로 浿水를 건너
서 漢 惠帝 원년 丁未(東史 云 惠帝 二年)에 朝鮮王 箕準을 꾀어서
쫓고 자립하여 왕이 되었으며 국호를 역시 조선이라 하고 평양에
도읍하여 子에 전하고 孫 右渠에 이르렀는데, 武帝 元封 3年 癸酉
에 멸망되었으니 三世가 공히 87년이다."

衛氏傳世
과연 그렇다면 箕子의 후예라고 칭한 箕否는 진시황이 천하
를 통일하였을 때(진시황 26년 경진) 진나라에 복속되었으면
서도 箕否의 子 箕準이 참람하게 왕이 되었고, 그의 孫 右渠가
西漢 武帝 元封三年(기원전 108년)에 멸망하였으니 衛氏 三世

86년이다.

箕準은 衛滿에게 쫓기어서 南奔하여 金馬郡으로 가서 이에 도읍하고 마한이라고 일컬었다. 『東史綱目』 제1 上에 보면, 武康王 "王(準)南奔 攻馬韓破之 自立為韓王 是為武康王"이라 하였고, 또 "今 益山五金寺峯西 有雙陵, 『高麗史』云 後朝鮮武康王 及 妃陵也(『東史綱目』1, 12쪽)"라고 하였다. 소위 金馬郡은 지금 전라북도 익산군이라고 한다. 아직 실증은 없고, 舊名에 의거 할 뿐이다.

제2장 삼한과 삼국의 정립

漢 이후 반도의 남부에 삼한의 稱이 있었으니 소위 마한, 진한, 변한이 이것이다. 마한은 백제로 되고, 진한은 신라로 되고, 변한은 임나로 되었다. 이에 고구려의 발흥이 있어서 백제, 신라와 정립하여 三國爭衡의 시대를 現出하였다.

제1절 三韓

三韓

前章에 말한 고조선은 대체로 한강 이북의 땅인데, 삼한은 한강 이남의 땅인 것이다. 삼한을 삼국으로 나눈 것에 최치원

馬韓

이 大師 侍中에 올리는 書狀에 "東海外 有三國 其名 馬韓 卞韓 辰韓 馬韓則 高句麗 卞韓則 百濟, 辰韓則 新羅也"라고 하였는데, 이것이 최초의 誤錯이다. 그후 誤錯에서 다시 誤錯으로 나아가서 異說이 紛興하였다.

『後漢書』 권115에 다음과 같이 말하였다.

"韓有三種 一曰馬韓, 二曰辰韓, 三曰弁辰, 馬韓在西 有五十四國, 其北 與樂浪, 南韓倭接, 辰韓在東 十有二國, 其北 與濊貊接, 弁辰住辰韓之南 亦十有二國 其南 亦與 倭接 凡七十八國 (…) 方四千餘里 東西以海爲限, 皆古之辰國也 (…) 辰韓耆老 自言 秦之亡人 避苦役 適韓國 馬韓 割東界地與之 (…) 或名之爲秦韓 (…) 弁辰與辰韓 雜居 城郭衣服 皆同 (…) 初 朝鮮王 準 爲衛滿所破, 乃將 其餘衆數千人走入海 攻馬韓破之 自立爲韓王 準後滅絶 馬韓

人 復自立為辰王"

한강의 南은 예전에 辰國이라고 했고, 뒤에 나뉘어서 三部로
되니 삼한이 이것이다. 그러면 진한의 명칭은 진나라의 亡人에

辰韓
弁辰
게서 비롯함이 아니다. 마한은 서쪽에 있고, 진한은 동쪽에 있
고, 弁辰은 진한의 남쪽에 있다. 漢書에 변한의 이름이 없다.
대체로 변한은 진한과 雜居했기에 弁辰이라고 했을 것이다. 그
러므로 『魏志』권30에 보면 "韓 (…) 有三種 一曰馬韓 二曰辰
韓 三曰弁韓 (…) 馬韓在西 (…) 辰韓在馬韓之東 (…) 弁辰亦
十二國"이라고 기록하여, 弁韓과 弁辰과의 二名을 내고 합하
여 하나로 한 것이다.

『大韓疆域考』권2에 의하면, 마한은 지금의 경기도 및 충청,
전라 지역으로서 그 도읍은 익산군이었고, 진한은 지금의 경주
지방(경상도 동북부) 弁辰은 김해, 고성, 거제, 함안 등 沿海地
였다.

同書에 또 말하기를, "弁辰은 駕洛인데 신라 때의 가락국은
지금의 김해에 있었다."라고 하였다.

三韓境域
요컨대 마한은 경기도 충청남도 충청북도(충주 이북 제외)및
전라남북도에 걸친 54國이고, 진한은 경상북도 강원도의 일부
(三陟 以南) 경상남도의 일부(洛東江 以東)에 걸친 12國, 弁韓
은 馬辰二韓에 介在하여 낙동강 유역 섬진강에 이르는 사이에
있던 12國이었다.

제2절 신라의 독립

辰韓獨立

箕準의 後 馬韓人의 왕이 있어 삼한을 통제하였으나 진한이 먼저 독립하여 왕을 세웠다.

『삼국유사』 권1에 다음과 같이 말하였다.

朴氏祖

鷄林

"辰韓之地 古有六村 (…) 前漢 地節元年壬子(古本云建武元年又三月朔 云建元三年等皆誤) 三月朔 六部祖 (…) 議曰, 我輩上無君 (…) 盍覓有 德人 爲之君主 立邦設都乎 於是乘高南望 楊山下 (…) 有一紫卵 (…) 剖其卵 得童男 (…) 身生光彩 (…) 因名赫居世王 (…) 是曰 (…) 有鷄龍現, 而左脇誕生童女 (…) 營宮室於 南山西麓 奉養二聖兒 男以卵生 卵女瓠 鄕人以瓠爲朴 故因姓朴 (…) 年至十三歲 以五鳳元年甲子 男立爲王 仍以女爲后 國號徐羅伐 又徐伐 或云斯羅 又斯盧 初王生於鷄井 故云 鷄林國 以其鷄龍現也, 一說 脫解王時 得金閼智 而鷄鳴於林中 乃改國號爲鷄林 後世遂定新羅號"

赫居世王

金城

『삼국사기』 권1 『동사강일』 제1 상 등에는 "신라의 시조의 성은 박씨, 諱는 赫居世, 前漢 孝宣帝 五鳳 元年(기원전 57년)에 즉위하여 진한의 군주가 되었다."라고 하였는데 이것은 신라 박씨 왕계의 시조로서 五鳳 元年이라는 것은 史家의 擬定인 것이다. 왕이 平帝 元始 四年 甲子(서기 4년)에 薨하였는데 재위 61년, 나이 73세였다.

혁거세왕 즉위 19년에 변한인이 나라에 들어와서 降伏하였다고 하였고, 왕 21년이 지나서 京城(지금의 경주)을 쌓고 金

城이라고 이름하였다고 기록되었다.

또 『삼국사기』 卷1에 準하면 혁거세 39년, 倭의 東北一千里에 多婆那國이 있는데 국왕의 처가 姙娠, 7년이 지나서 大卵을 낳았다. 왕이 이것을 상서롭지 않다고 하여 함에 넣어서 바다에 띄우고 가는 대로 맡겨두었다. 표류하여 阿珍浦口(경주군 양남면 羅兒里)에 이른 것을 한 노파가 있어 그 함을 열고 한 소아를 얻어서 이를 길렀는데 장성함에 따라서 風神이 秀朗하고 才智가 발군하였다.

多婆那國

처음 함이 올 때 까치가 지저귀면서 날아서 따랐으므로 氏를 昔으로써 정하였고, 함을 열고 나왔다고 하여 이름을 脫解라고 하였다. 제2대 남해왕 5년에 脫解의 賢哲함을 듣고 왕녀를 아내로 주었고, 7년에 大輔로 삼아서 정사를 맡겼다는 것이다.

昔氏祖

이것이 昔氏의 시조이다.

제2대 남해왕과 제3대 유리왕은 모두 박씨였는데 제4대에 이르러서 昔脫解王으로 바뀌었다. 그 뒤로 朴·昔 二氏가 年長인 자로써 왕을 삼았다. 제13대 味鄒王에 이르러서 김씨로 바뀌었으니 왕은 金閼智의 후손이다.

『삼국사기』 卷1에 보면, "新羅의 第四 昔脫解王九年(후한 明帝 永平 8년. 삼국유사 卷1, 一作 永平 三年) 金城의 서쪽 始林 樹 사이에서 닭 울음 소리가 있어서 瓠公을 보내었더니 나뭇가지에 작은 금색 函이 걸려 있고, 그 속에 흰 닭이 우는 것이었다. 왕이 사람을 시켜서 열어보니 작은 남자 아이가 그 속에 있는데 姿容이 奇偉하였다. 왕이 기뻐하면서 거두어 길렀는데, 장성함에 따라서 聰明多智하였으므로 閼智라고 이름하고, 金櫝에서 나왔으므로 성을 김씨라고 하였다. 始林도 鷄林으로 고

金氏祖

치고 국호로 하였다.”라고 했다.

始林 　　이리하여 제4 脫解王 때에 국호를 鷄林으로 바꾸었다. 始林
은 지금 경주시 동남 약 半里 月城 남쪽에 있다. 『삼국사기』
卷2에 “閼智는 脫解王에게 양육되고 커서 大輔가 되었다. 智가
勢漢을 낳고, 漢이 阿道를 낳고, 道가 首留를 낳고, 留가 郁甫
를 낳고, 甫가 仇道를 낳고, 道가 味鄒를 낳았다. 味鄒가 커서
朴氏를 대신하여 제13대의 왕(미추왕)이 되니, 이것이 김씨가
나라를 가진 시초이다. 魏의 陳留王奐 景元 三年(서기 262년)
에 상당한다.”라고 하였다.

新羅國號 　　『삼국사기』에 의하면 제15대 基臨王 10년에 국호를 다시 신
라로 바꾸었으니 즉 西晋의 懷帝 永嘉 元年이었다. 그러나 국
명이 아직 확정되지 않았으므로 제22대 지증왕 4년에 군신이
아뢰기를, “始祖己來 國名未定 或稱斯羅 或稱斯盧 或言新羅,
臣等以爲 新者德業日新 羅者網羅四方之義 則其爲國號 宜矣.”
라 하였다. 이리하여 신라로 정하기에 이르렀으니 때는 梁 武
帝 天監 二年(서기 503년)이다.

　　신라 왕계는 1대-3대는 朴氏, 4대 昔씨, 5대-8대는 박씨, 9
대-12대는 昔씨, 13대 김씨, 14대-16대 석씨, 18대부터 52대
까지는 김씨이고, 53대부터 56대까지는 박씨였다. 신라 왕계
는 이렇게 3姓이다.

제3절 고구려의 건국

高句麗 　　신라의 시조 혁거세 즉위 21년에 고구려의 시조 동명왕이

나라를 세웠다. 이것은 前漢 元帝 建昭 2년(기원전 27년)의 일이다.

東明王
朱蒙 『삼국사기』卷13에 의하면 동명왕의 성은 高, 諱는 朱蒙이다. 처음 부여(海東繹史 卷四 云 夫餘國 今中國奉天府開元縣) 解夫婁의 嗣인 金蛙王에게 양육되었는데, 모든 왕자들이 싫어하자 도망하여 졸본부여(沸流水 上流之地 海東繹史 卷六 云 其地 當在江界府 廢閭延 江北)에 이르러서 그 토양의 肥美함과 山河의 險固함을 보고 沸流水(或云 今 修佳江 又名 渾江 鴨綠 支流) 上에 結廬하고 살면서 高로써 氏를 삼고 국호를 고구려라고 하였다. 그때 高朱蒙의 나이 스물둘이었고, 西漢의 元帝建昭 2년이었다.

王充의 論衡吉驗篇에 말하기를, "東明(朱蒙)善射 王(北夷王) 恐奪其國也 欲殺之 東明奔 南至掩淲水·因都王夫餘故 北夷有 夫餘國焉."이라 하였고, 魏書, 北史, 好大王碑 등의 記事도 대략 이와 같다.

동명왕의 탄생지는 지금의 평안북도 영변군 백령면 草里 野巖 부근이라고 전한다.

왕의 재위는 19년, 한나라의 成帝 鴻嘉 二年 壬寅(서기전 19년)에 薨하였다. 壽는 40, 동명성왕으로 존칭된다. 살피건대 고구려는 고주몽에서 비롯한 것이 아니다. 前漢의 武帝 이전에 五部로 갈라져서 왕이 있었고, 武帝의 元封 4년에 조선을 멸하여 四郡으로 分置하였을 때 이를 縣으로 하고 玄菟郡에 붙였던 것이다. 동명왕은 그 땅에서 국호를 세운 것이다.

琉璃王 동명왕의 子를 유리왕이라 한다. 이 왕 33년에 梁貊을 쳐서 이를 멸하였다. 『大韓疆域考』 권4에 보면 "滅貊은 근본 北狄의

種으로써 爾雅疏의 北狄五類 중에 든다. 濊는 지명, 貊은 종류, 貊에 9종이 있는데 貊은 그 하나이다. 후세에도 梁貊, 小水貊, 勾麗貊의 別種이 있었다. 梁㴉는 高勾麗縣의 동쪽으로서 沸流水와의 相距가 멀지 않다."라고 하였다.

大神武王　『삼국사기』권15에 보면, 유리왕의 子인 大神武王 5년에 扶餘를 쳐서 그 왕 帶素를 죽였다. 소위 扶餘라는 것은 四扶餘의 하나로서 東史에 帶素의 國이라고 한 것이 이것이다.

樂浪國　大神武王 15년에 樂浪을 쳐서 20년에 이르러서 이를 평정하였다. 樂浪은 지금의 평안도 황해도 2道인데 그 郡治는 평양에 있었고, 본래 漢領이던 것을 土酋가 춘천에 있으면서 독립하여 樂浪國이라고 하였다.

太祖王　『삼국사기』卷15에 보면, 제6 태조왕 4년에 東沃沮를 멸하였다. 여기서 고구려의 境土는 동쪽은 滄海에 달하고, 남쪽은 薩水(安州, 淸川)에 이르렀는데, 그 위로 차츰 강대하여진 것이다.

제4절 백제의 건국

百濟
溫祚王　『삼국사기』卷23에 의하면, 백제의 시조 온조왕의 아버지는 鄒牟, 혹은 주몽이라고 한다. 그가 북부여에서 난을 피하여 卒本扶餘(或云 盛京省 興京 附近)에 이르렀는데, 마침 부여왕은 아들이 없고 오직 두 딸만 있었다. 주몽이 비상한 사람임을 알고 둘째 딸을 그의 아내로 삼았는데, 얼마 안 있어 왕이 죽으매 주몽이 그 자리를 이었고, 두 아들을 낳았는데, 큰아들은 沸流라 하고 작은 아들는 온조라고 하였다(或云 朱蒙到卒本 娶越

郡女 生二子)

　그런데 주몽이 북부여에 있을 제 낳은 아들(類利 又云 琉璃)이 와서 태자가 되니 沸流와 온조는 난을 두려워하여 10인의 대신과 함께 남쪽으로 행하였다. 沸流는 漢山을 지나서 彌鄒忽(仁川 地方)에 거주하였고, 온조는 河南慰禮城에 도읍하여 10臣으로써 補翼을 삼았다. 이것이 前漢 成帝 鴻嘉 3년(기원전 18년)이다.

彌鄒忽

　『輿地誌』에 보면, 彌鄒忽은 沸流가 도읍한 곳으로서 지금의 인천의 남쪽에 있다고 하였다. 『大韓疆域志』 卷3 慰禮考에 의하면, 慰禮城은 漢水의 북쪽에 있다. 그 故趾는 지금의 漢陽城의 동북에 있다고 하였다.

慰禮城

　『南漢志』 卷1에도 동일한 설을 실었다. "王十三年에 都邑을 漢水의 南에 옮기니, 卽 지금의 廣州古邑인데 當時는 이를 河南의 慰禮城이라고 하였다."라고 하였다.

　『筆苑維記』에 보면, "沸流 溫祚, 登兒岳山(今 三角山)相可居之地, 沸流都彌鄒忽, 溫祚都慰禮城, 後溫祚移都南漢山城, 卽 廣今州, 又移都北漢山城, 卽今漢陽(筆苑雜記 1, 249쪽)."라고 하였다.

　『해동고승전』 卷1에 "耆老記云 高勾麗 始祖朱蒙 娶高麗女 生二子 曰避流, 恩祖. 二人同志 南走至漢山開國 今廣州是也 本以百家渡河 故名百濟(未免爲附會說)."라고 하였다. 또 『삼국사기』 卷23에 보면, 溫祚王 13년에 都邑을 漢水의 南에 옮겼다. 북쪽에 浿河가 있고, 남쪽에 熊川이 있으며, 서쪽에 大海가 막았고, 동쪽에는 走壤(今 春川界)으로 끝나서 要害의 地이기 때문"이라고 하였다.

그러나 최근의 역사학자들은 慰禮를 경기도 광주의 남한산성으로 추정하고, 蓋鹵王에 대한 『日本書記』의 記事를 보면 문주왕에 이르기까지 遷都가 없었던 것 같다고 단정한다. 왕의 재위는 46년, 후한 光武帝 建武 四年 戊子(서기 28년)에 薨하였다.

제5절 불교 도래 이전의 조선인의 신앙

民間信仰　　불교 도래 이전의 조선 민족의 신앙은 그 상세한 것은 알 수 없다고 하더라도 대체로 원시적인 다신교였으리라는 것을 추론하기 어렵지 않다.

　　『魏志』 卷30에 보면, 부여에 대하여 이렇게 기록하고 있다.

　　　"夫餘 在長城之北 去玄菟千里, 南與高勾麗 東與挹婁 西與鮮接 北有弱水 方可二千里(今 滿州 吉林 長春地方) (…) 以殷正月祭天 國中大會 連日飮食歌舞 名曰迎鼓 (…) 有軍事亦祭天 殺牛觀蹄 以 占古凶 蹄解者爲凶 合者爲吉"(魏志卷三十, 三葉右-左)

夫餘族　　그렇다면 부여족은 하늘에 제사를 지내어 그 冥護를 빌고, 牛蹄를 觀察하여 길흉을 점치는 풍속이 있었던 것이다.

　　다음은 부여와 다른 족인 고구려족에 대한 것을 『魏志』에 다음과 같이 말하였다.

　　　"高勾麗 在遼東之東千里 南與朝鮮濊貊 東與沃沮 北與夫餘接 都 於丸都之下 方可二千里(鴨綠江流域地方) (…) 其俗節食 好始宮室

於所居之左右 立大屋 祭鬼神 又祀靈星社稷 (…) 以十月祭天 國中大會 名曰東盟 (…) 其國東有大穴 名隧穴 十月國中大會 迎隧神還於國東上祭之 置木隧於神坐"(魏志 卷30, 三葉左 四葉右)

高句麗族　　고구려족은 하늘과 귀신에게 제사를 지냈으니, 이것이 그들의 종교이다. 또 다음은 濊貊族에 대하여 魏志에 보면, "濊 南與辰韓 北與高勾麗沃沮接 東窮大海 今朝鮮之東 皆其地也(今江原道之地) (…) 曉候星宿 豫知年歲豐約 (…) 常 用十月節祭天 晝夜飲酒歌舞 名之為舞天 又祭虎以為神"이라고 하였다.(魏志 卷3, 15葉右-左)

　　이렇게 별자리를 바라보아 길흉을 점치고, 하늘에 제사를 지내는 것 외에 호랑이를 예배하는 풍습이 있다. 『삼국사기』 13권에, 부여왕은 산천을 제사하여 후사를 구했다는 記事가 있고, 同書에 모후를 위하여 神廟를 세웠다는 기록이 있고, 同 14권에는 東明王廟의 건립과, 同 23권에는 大壇을 베풀고 천지를 제사하였다는 기록이 있다.

漢族　　　　또 다음 조선반도의 주요한 민족 즉 한족에 대하여 『魏志』에 기록된 것은 다음과 같다.

　　"韓在帶方之南 東西以海爲限 南與倭接 方可四千里(漢江以南之地) (…) 常以五月下種認 祭鬼神 群聚歌舞飲酒 晝夜無休 (…) 十月農功畢亦復如之 信鬼神 國邑各立一人 主祭天神 名之天君 又諸國 各有別邑 名之爲 蘇塗 立大木 懸鈴鼓 事鬼神 (…) 其立 蘇塗之義 有似浮屠"(魏志 卷3 16葉右)

이상은 마한의 풍속을 기록한 것인데, 하늘의 신과 귀신에 귀의하고, 제사를 주관할 제주를 두어 이를 제사하며, 큰 나무를 세우고 鈴鼓를 달아 귀신을 섬기는 그 모양이 불탑과 같은 점이 있다는 것이다.

天體崇拜　　『隋書』 권81에 진한의 1인 신라의 풍속을 서술하기를, "正月 元旦에 日月神을 崇拜한다."라고 하였다. 이것을 『조선불교통 사』의 저자 李能和 씨는 말하기를, "新羅는 東海의 물가에 있 는 나라로서 日月을 崇拜하였다."라고 하였고, 『삼국유사』 卷1 에 신라의 시조 赫居世의 탄생을 기록하기를 "身生光彩, 鳥獸 率舞, 天地震動, 日月淸明, 因名赫居世."라고 한 것의 註에, "蓋 鄕言也 或作弗炬內王 言光明理世也."라고 설명된 것을, 이능 화 씨는 말하기를 "弗炬內는 朝鮮語의 불그레 卽 朝日紅昇의 光景이며, 新羅의 姓 朴은 밝으로서 光明을 말한 것이고 赫도 또한 紅日이며, 居世는 理世이다."라고 하였다.

漢族　　上古의 백성들이 해와 달을 숭배한 것은 자연의 數이니 한족 도 역시 이 풍속이 있었을 것이다. 중국민족의 한인에게 미친 영향도 가볍게 볼 수 없다. 箕準王 때 秦室이 크게 어지러워 趙, 燕, 齊 등의 한족이 피난하여 조선에 들어온 것이 수만 명 이며, 또 연나라인 衛滿이 천여 명을 인솔하고 망명하여 와서 이주하는 한나라인이 더욱 많아졌다.

한나라의 무제의 대에 이르러 帝는 조선을 멸하고 四郡을 두어 이를 통치하였다. 이 때문에 한나라인 간에 행하여진 陰 陽, 五行, 圖讖, 術數, 風水, 卜筮, 神仙 등의 신앙이 반도에 유 포된 것도 분명하다. 『삼국사기』 신라 제2대왕 南解次次雄 條 에 보면, "次次雄을 或은 慈充이라고도 함. 金大問이 말하기를,

方言으로 巫를 이르는 것임. 世人이 巫로 써 鬼神을 섬기고 祭祀를 숭상하므로 이를 畏敬하여 드디어 尊長者의 稱으로 慈充이라고 함."이라고 하였다. (삼국사기 卷1, 17쪽). 이로써 무당의 세력을 알 수 있다.

제3장 해동불교의 기원

佛教傳來 고구려의 제17대 소수림왕 2년에 苻堅이 사자와 및 승 順道
를 시켜서 불상과 경전을 보내었다. 이것이 해동불교의 濫觴이
다. 그로부터 춘추를 겪은 지 열셋, 백제의 제15대 임류왕이
즉위한 해에 인도의 가문 摩羅難陀가 진나라로부터 來化하니
이것이 백제의 흥법의 시초이다. 신라는 고구려로부터 불교를
받았으며, 제23대 법흥왕 15년에 이르러서 비로소 三寶의 興
隆을 보았다.

제1절 고구려와 백제 불교의 濫觴

고구려의 시조 동명왕이 즉위한 지 409년이고, 東晉의 簡文
帝 咸安二年(서기 372년), 즉 17대 소수림왕 2년에 秦王 苻堅
順道 이 사자 및 승 順道를 보내어서 불상과 경문을 보내었으니 이
阿道 것이 해동에 불법이 널리 퍼진 시초이다. 또 王 4년에 阿道가
오니 5년에는 肖門寺를 지어서 順道로 하여금 있게 하고, 伊弗
蘭寺를 지어서 阿道로 하여금 여기에 머물게 하였다. (삼국사
기 권18, 253쪽, 『동국통감』권4, 1070-1071쪽)

이상은 불교가 고구려 왕조에 도래한 연월로서, 이보다도 이
전에 전래되었다는 속설이 많지만 믿을 수 없다.

民間佛教 그러나 『高僧傳』卷4 竺潛傳 중에 支遁道林이 고려의 도인
에게 준 서신에 潛의 高栖를 찬양한 것이 있음을 언급하였다.
道林은 太和 元年(신라 내물왕 11년, 서기 366년) 윤 4월 4일

에 입적하였다는 것도 동일 서적에 보인다. 그런데 太和 元年은 소수림왕 2년보다 7년 앞선 것이다. 그러니 고구려인과 道林과의 사이에 진작부터 문서의 왕래가 있었던 모양이고, 따라서 그 당시에 민간에는 불교를 믿는 자가 있었음을 알 수 있다.

海東高僧傳　　『해동고승전』 卷1에 말하였다.

"高勾麗 第十七 解味留王(或云小獸林王) 二年 壬申 夏六月 秦苻堅 發使 及 浮屠順道 送 佛像經文 於是 君臣 以會遇之禮 奉迎于省門 投誠敬信 (…) 或説順道 從東晋來 始傳佛法則 秦晋莫辨 何是何非 (…) 後四年 神僧阿道至自魏(存古文)始創省門寺 以置 順道 古記云 以省門爲寺 今興國寺是也 後訛寫爲肖門. 又剏伊弗蘭寺 以置阿道 古記云 興福寺是也 此海東佛教之始."

覺訓　　살피건대 覺訓이 『海東高僧傳』을 저술한 것은 고려 고종 2년 乙亥(1515년)라는 것이 그 序에 의해 밝혀졌다. 각훈은 覺月首座로서 고려 고종왕 때의 사람이며 李奎報와 交友이다. 『보한집』 卷下에 보면, "華嚴(大華嚴 靈通寺) 月首座 餘事亦深於文章 有草集傳士林 甞撰海東高僧傳."이라고 했다.

또 李仁老의 『破閑集』에는 "華嚴月師 少從僕遊." 또는 "師爲李奎報集　　李公 稱譽久"라고 하였으며, 『동국이상국집』 卷16에
"次韻文禪師 哭覺月首座
世喪彌天釋苑賢 我方聞訃倍凄然 空餘廬岳裁蓮社 無復華亭載月船 聞有詩 評嗟未覯(師甞著詩 評不示予) 早修僧傳僅終編(師曾修高僧傳) 法門梁棟今頹折 後學憑誰討十玄"(동국이상국집 上 240쪽)의 시가 실려 있다.

각훈이 撰한『해동고승전』은 없어져서 전하지 않았는데 往年에 李晦光 씨가 星州의 모 사찰에서 그 殘篇 一册(2卷)을 발견하여『日本佛教全書』에 수록되었다. 覺訓의 學識과 才幹

覺訓之異 說

은 당시 탁월했던 것 같다. 그런데『海東高僧傳』서문에 좀 기이한 설이 있다. 즉 "釋尊 年三十 踰城出家 遂坐樹成道 七十九 入滅 秦始皇帝三十四年 焚燒典籍 育王(阿育王) 寶塔 由是隱亡 後漢永平十二年 摩騰竺法蘭 來儀漢庭"이라고 한 것이다. 殘缺本 二卷 중의 記事도 와전된 것이 적지 않다.

『삼국유사』에 보면, 僧傳(海東高僧傳)에 順道와 阿道가 위나라에서 왔다고 한 것은 착오이다. 실은 前秦에서 온 것이다. 또 肖門寺는 지금의 흥국사요, 伊弗蘭寺는 지금의 興福寺라고 한 것도 착오이다.

살피건대 고구려의 수도는 안시성으로서 일명 安丁忽이라고도 하며, 遼水의 북쪽에 있었다. 遼水는 압록강인데 지금 安民江이라고 하였다. 그러니 어찌 松京(개성)의 흥국사이겠는가." 라고 하였다.(삼국유사 권3, 304葉 左).

曇始

『해동고승전』卷10에, "釋曇始는 關中의 사람인데 晋의 太元末年(서기 396년)에 경율 수십 부를 가지고 遼東으로 가서 宣化하였으니 고구려에서 도를 들은 시초이다."라고 하였고, 또 당나라 스님 神淸도 말하기를, "晋의 曇始가 孝武末(東晋也 帝臨位深奉佛 苻堅兵至謝玄破也)에 요동으로 가서 고려에 開導가 시작되었다(北山錄 卷3, 11葉 右)."라고 하였다. 그러나 이 사실은 順道가 온 뒤 25년의 일이다.

大學

소수림왕은 불교가 도래한 해에 비로소 대학을 세웠고, 그로부터 5년 만에 百濟의 近肖古王(30년)이 처음으로 박사를 두었다. 東史綱目에 보면, "百濟開國以來 未有文學 至是 始有書記高興 以高興爲博士 濟俗愛墳史 解屬文 能史事 又知醫藥 蓍龜 相法 陰陽五行之術(동사강목 1, 234쪽)"이라고 하였으니, 이로써 중국문화의 東漸之勢를 볼 수 있다.

百濟佛教   다음에 백제 불교에 대하여는 『삼국유사』卷3에 말하였다.

   "百濟本紀云 第十五(僧傳云十四誤) 枕流王 即位 甲申 東晋孝武帝太元九年(西紀三八四年)胡僧 摩羅難陀 至自晋 迎置宮中 禮敬明年乙酉 創佛寺於 新都漢山州(楊洲) 度僧十人 此百濟佛法之始. (삼국사기 卷24, 337쪽. 동국통감 卷4, 110쪽. 해동고승전 卷1)

   이로써 백제의 불교는 고구려보다 13년 후였음을 알 수 있다. 『해동고승전』卷1에 보면, "難陀는 胡僧이다. 竺乾으로부터 중국에 들어왔다."라고 하였는데, 아깝게도 그 자세한 설명이 없다.

제2절 신라 불교의 權輿

   신라의 불교는 제19대 눌지왕 때부터 민간에 행하였고, 梁武帝 大通 2년 즉 제23대 법흥왕(삼국유사 14年 丁未) 15년(528년)이 이르러서 비로소 왕과 신하들이 믿는 바가 되었다. 『삼국사기』卷4, 『동국통감』卷5, 『해동고승전』卷1에 말하

墨胡子   기를, "이보다 먼저 제19대 눌지왕(417-457년) 때 사문 墨胡子
毛禮   가 고구려에서 一善郡(今 善山郡)에 이르니, 郡人 毛禮가 家中에 窟室을 만들고 안치하였다.

그때 梁帝의 사신이 와서 왕에게 향을 주었다. 君臣이 그 이름과 용도를 모르매 사람을 보내어 두루 물었더니 墨胡子가 이것을 보고 하는 말이, "焚此則香氣芬馥 所以達誠於 神聖, 所謂神聖 未有過於三寶 一曰佛陀, 二曰達摩, 三曰僧伽. 若燒此 發願則 必有靈驗."이라고 하였다.

그때 왕녀(왕의 딸)에게 병이 있었다. 왕이 墨胡子로 하여금 향을 피우고 表誓시켰더니 왕녀의 병이 나았다. 왕이 기뻐서 餽贈(궤증=선물)을 더욱 후하게 하였다.

墨胡子가 나와서 毛禮를 보고 얻은 바 물건을 주었다. 그리고 갔는데 간 곳을 모른다."라고 하였다. 또 제21대 비처왕(479-499년) 때에 阿道 (又云 我道) 화상이 있어 毛禮의 집에 와서 수년 동안 거주하다가 죽으매, 그 侍者 3인이 머물러서 經과 律을 講讀하니 往往 신봉하는 자가 있었다.

法興王
異次頓

법흥왕 때에 이르러서 왕이 불교를 일으키고자 하니 군신이 불가하다고 하였다. 근신 異次頓(당시 22세)이 아뢰기를, "請斬小臣 以定衆議"하소서 하니 왕이 말하기를, "本欲興道而 殺不辜 非也"라고 하였다.

이차돈이 "若道之行 臣雖死 無憾"이라고 하니, 왕이 군신을 불러서 이를 물으매, 모두 말하기를, "今 僧徒 童頭異服 議論奇詭 而非常道 今若縱之 恐有後悔"라고 하였다.

이차돈이 홀로 말하기를, "今 群臣之言 非也 夫有 非常之人 然後 有非常之事 今聞佛教淵奧 恐不可不信"이라고 하니 왕이 말하기를, "衆人之言 牢不可破 汝獨異言 不能兩從"이라 하고, 드디어 형리에게 내리어서 처형하려고 하였다.

이차돈이 죽음에 임하여 말하기를, "我為法就刑, 佛若有神,

吾死必有異事"라고 하였다. 마침내 斬하기에 미치니 피가 솟아서 흰 젖(白乳)과 같은지라 무리들이 이를 이상해하면서 다시는 佛을 비난하고 헐뜯지 않았다.

살피건대『삼국유사』卷3에 "異次頓 姓朴 字厭觸"이라고 했고, 그 挾註에 "或作異次 或云伊處 方音之別也 譯云 厭也, 觸, 頓, 道, 覩, 獨 等皆隨書者之便 乃助辭也. 今譯上不譯下 故云 厭觸 又厭覩 等也."라고 하였다.

**異次頓
供養塔**　　이차돈의 供養塔(柏栗寺 六面石幢)은 지금 경주 溫古閣에 거두어 있다. 이건 이차돈의 순교의 사적을 기록한 것으로서 당나라 원화 12년, 신라 헌덕왕 9년 丁酉거나 아니면 10년 戊戌에 건립된 것으로 추정된다.

눌지왕은 동진 安帝 義熙 13년에 즉위하였는데 재위가 41년이라면 양나라 天監에 44년이 앞선다. 그러니 왕이 양나라로부터 향을 얻었다는 것은 연대가 맞지 않다.『해동고승전』卷1에는, "吳의 사신이 五香으로써 法興王에게 바쳤는데 왕이 그 所用을 몰랐다."라고 한 記事가 있다.

**阿道 墨胡
子 同一人**　　『삼국유사』卷3에 논하기를, "阿道와 墨胡子는 동일인일 것"이라고 하였는데, 우리가 생각하기에도 아도는 인도인으로서 그 相貌로 보아 墨胡子라고 했을 법하고, 다른 사람과 같이 전해 오지만 敍事가 아주 동일한데 시대를 달리했을 뿐이다.

阿道가 고구려에 온 것은 소수림왕 4년 즉 서기 374년이고 고구려를 떠나서 신라에 이르렀다면 눌지왕 때(417년)일 것이다. 未雛王 때(462년)나 또는 毗處王 때(479년)일 수는 없다.

阿度碑傳　　경상북도 선산군 해평면 송곡동 桃李寺의 阿度和尙 事蹟碑

는 古說을 補綴해서 만든 것이다. 그리고 이차돈을 눌지왕의 신하라고 한 것 따위는 지나친 억측이다.

中峯山 竹林寺 事蹟에는, 이차돈을 炤智王의 신하라고 했고, 『해동고승전』卷1에 인용한 朴寅亮『殊異傳』의 설과『동사열전』卷1,「아도화상전」도 대략 아도화상 사적비와 같은 것이어서 믿을 수 없다.

이렇게 조선의 불교는 먼저 고구려에서 비롯하여 다음에 백제로 들어왔고, 최후에 신라에서 일어났으니 그 東漸의 형세가 당연히 그럴 수밖에 없다.

제4장 고구려 및 백제의 멸망과 불교의 성쇠

고구려는 도교의 유입과 더불어 국가의 쇠망을 가져왔고 法運이 또한 否塞하였다. 그러나 名僧이 적지 않아서 惠亮은 신라로 옮겨 가서 僧統이 되었고, 僧朗은 양나라에 들어가서 무제가 받드는 바가 되었다. 모두 한때의 麒麟이요 鳳이었다. 惠慈는 일본에 遊化하여 聖德太子의 스승으로서 敎綱을 떨쳤고, 曇徵은 일본 문화에 큰 공헌을 했으며, 慧觀은 僧正이 되었다.

백제에 있어서는 律學이 아주 성하여서 謙益, 惠聰 등의 명승을 내었지만 나라의 운명이 몹시 힘들고 어려웠으며, 佛日도 서쪽으로 기울었다. 觀勒의 三論과 道藏의 成實에 있어서는 모두 일본불교 역사 가운데에 큰 異彩였다.

제1절 고구려의 사찰 및 사문

고구려의 불교는 제17대 소수림왕 2년부터 비롯되었다는 것은 이미 서술하였다. 소수림왕의 아우 伊連이 왕위를 계승하니, 이를 제18대 고국양왕(384-391년)이라고 한다. 왕 9년에 교칙을 내려서 불법을 숭상하여 믿게 하고 이로써 복을 구하였다.이리하여 고구려 불교는 정치적으로 사람의 마음에 옮겨 심어져서 기존의 풍습과 함께 민간에 행해졌다

『동사강목』에 보면,

故國讓王

高句麗
俗習

　　"麗人好祠鬼神 社稷零星及日 以十月祭天大會 名曰寒盟 其國東
有大穴 號隧神 亦以十月 王自祭 又有神廟二所 曰扶餘神 曰高登神
是始祖扶餘神之子 盖河伯女朱蒙云 並置官司守護 又有箕子可汗等
神 事佛以後 尤敬信其法 舊俗常以三月三日 會獵樂浪之丘 獲猪鹿
祭天及山川"(동사강목 1, 238쪽)

　　이라고 하였다. 또 『北史』 高句麗傳에 보면, "常以十月祭天
(…) 信佛法 敬鬼神 多淫祠"라고 하였다.

　　그러니, 불교가 고구려에 들어와서 祭天敬神의 古俗과 얼음
과 숯처럼 상반되지 않고 도리어 水乳처럼 相和되어서 인심을
감화하였다. 대체로 佛도 역시 多神 중의 하나로서 숭배되어
화를 피하고 복을 부르는 목적에 합치된 때문이다.

平壤九寺　　제19대 광개토왕(12년) 2년에 평양에 아홉 절을 창건하고,
또 제21대 文咨王(491-518년) 7년에 금강사를 창건하였다는
것이 『삼국사기』에 보인다. 그 뒤로 교화가 점차로 행하여져서
역사에 이름을 남긴 사문이 있으니, 제24대 양원왕(545-558
惠亮　　년) 때의 법사 惠亮이 그이다.

居柒夫　　신라 居柒夫傳에 보면 "居柒夫는 어려서부터 원대한 뜻이 있
어서 祝髮하고 僧이 되어가지고 사방을 遊觀하다가 고구려를
엿보고자 하여 그 경계에 들어갔더니 법사 惠亮이 堂을 열고
경을 설한다는 말이 들리었다.

　　드디어 그리로 가서 講經하는 것을 듣는데 하루는 惠亮이
물었다. "沙彌야 어디서 왔느냐?" "저는 신라인입니다." 그날 저
녁에 법사가 불러다가 서로 보고 손을 잡으면서 은밀히 말하였
다. "내가 열인(閱人)을 많이 하였는데, 네 용모를 보니 확실히

범상한 사람이 아니다. 자못 딴 마음을 두지 않았느냐?" "제가
변방에 태어나서 아직 道理를 듣지 못하였습니다. 스님의 德譽
를 듣고 와서 下風에 엎드리는 것이오니 원컨대 스님께서는
막지 마시고 몽매함을 계발하여 주소서." "老僧이 영민하지 못
하나 능히 너를 알아보노라. 이 나라가 비록 작지만, 아는 사람
이 없다고 할 수 없으니, 네가 잡힐 것이 무섭다. 그러니 빨리
돌아가는 것이 옳으리라."

　거칠부가 돌아가고자 하니 師가 또 말하였다.

　"네가 제비 턱에 매 눈을 하고 있으므로 그 상(相)으로 보면
장래에 반드시 장수가 될 것이다. 만약 병력을 行하더라도 내
게 害를 끼침이 없게 하라." "만약 스님의 말씀과 같을진대, 스
님과 同好가 아닌 자는 皦日(교일. 맹세할 때 하는 말. 밝게
빛나는 태양을 두고 맹세한다는 뜻)과 같음이 있을 것입니다."
하고, 드디어 제 나라로 돌아갔다. (…) 진흥왕(신라)12년 辛未
(551년)에 왕이 居柒夫 등 여덟 장군에 명하여 백제와 더불어
고구려를 쳐들어가서 十郡을 취하였다. 그때 惠亮法師가 그 무
리들을 거느리고 길 위에 나왔다. (…) 이에 居柒夫가 함께 싣
고 돌아가서 왕에게 보였고 왕은 승통을 삼아서 비로서 百座의
講會와 八關의 법을 두었다"고 하였다.

　『동사강목』에 이를 서술하였다.

百座講會	"新羅始置百座講會 及 八關之法 其法每歲仲冬 會僧徒於闕庭 置輪燈一座 列香燈四傍 又結兩綵棚 呈百戲歌舞 以祈福 八關者 一不殺生 二不偸盜 三不淫泆 四不妄語 五不飮酒 六不座高大床 七不着香華八不自樂觀聽 關者閉也 謂禁閉八罪不犯也"(동사강목 1, 296쪽)
八關齋	

義淵   다음은 제25대 평원왕(559-589년)18년에 法師 義淵이 大丞
        相 王高德의 사자로 鄴에 들어가서 사문 法上을 뵙고 불교의
法上   시작과 끝과 연유를 물었다. 法上은 위나라와 제나라 두 나라
        의 승통으로서 소속된 승려와 비구니가 200만여 명이고 당시
        가장 道聲이 있었다. 그는 義淵의 물음에 이렇게 간략히 대답
        하였다.

佛教 始末 "佛以姬周昭王二十四年甲寅生, 十九出家 三十成道 當穆王
        二十四年癸未之歲 四十九年在世滅度 巳來至今齊代武平七年
        丙申 凡經一千四百六十五年 後漢明帝永平十年經法初來 魏晋
        相傳 至今流布."(속고승전)

        그러나 이 말에는 착오가 많다. 그러하지만 조선의 道俗이
        法上의 설에 따르는 것은 이에 비롯한 것이다. 『해동고승전』에
        말하였다.

        "釋義淵 高句麗人也 世系緣致 咸莫聞也 (…) 性愛傳法 意在宣
        通 以無上法寶 光顯實難 未辨所因 聞 前齊定國寺 沙門法上 戒山
        慧海 肅人範物 歷跨齊世爲都統 所部僧尼不減二百萬 而上綱紀 將
        四十年 當文宣時 盛弘釋典 (…) 是時高句麗大丞相王高德 乃深懷
        正信 崇重大乘 欲以釋風被之海曲 然莫側其 始末緣由 (…) 遣淵乘
        帆向鄴 啓發未聞 (…) 淵服膺善誘 博通幽奧 (…) 旣返國 揄揚大慧
        道誘群迷 (…) 史不叙所終 故不書"

        順道와 阿道의 東來는 秦王 苻堅의 위세가 혁혁할 때로서
道安   그 당시 彌天道安이 가장 이름이 높았다. 그러나 羅什이 아직
        중국으로 오기 전이어서 불교의 연구는 오히려 여명기였으니

따라서 順道 등이 어떻게 宗義를 받들었는지 알기 어렵다.

羅什　　　동진의 隆安 5년(401년)에 羅什이 長安에 들어와서 후진의
왕 姚興의 추존하는 바가 되었고, 정성껏 三論을 펴매 空宗이
蔚然히 일어났으며, 동시에 불타발타라가 華嚴과 禪經을 번역
해서 禪學에 의하여 心田을 개척하였다. 따라서 고구려의 승려
들이 그 영향을 받지 않을 수 없었던 것이다.

僧朗　　　『고승전』卷8에 보면, "度(法度)有 弟子僧朗 繼踵先師 復綱
山寺, 朗本遼東(高句麗)人 爲性廣學 思力該普 凡厥經律皆能講
梁武帝　　說 華嚴三論 最所命家 今上(梁武帝)深見器重勅諸義 受業于
山"이라고 하였다.(고승전 卷8, 法度傳, 末). 僧朗은 양나라에
들어가서 불학을 精硏하고, 특히 華嚴, 三論에 통하여 무제의
器重하는 바, 一大의 學匠이었다.

　　　　　『日本書記』卷20에 의하면 제25대 평원왕 26년(584년)에 蘇
惠便　　　我馬子가 播磨國에서 승려로서 환속한 자인 惠便이라고 하는
고구려인을 얻어서 스승으로 삼고 司馬達 등의 女島(誤字인
듯)를 득도시켜서 善信尼라고 했다. 또 善信尼의 제자 2인을
득도시켰으니 禪藏尼와 惠善尼였다."라고 하였다.

　　　　　『海東繹史』에 말하기를, "定法師라는 이가 있었으니 고려인
定法師의　이었다."라고 했고, 그 挾註에 보면, "定法師가 孤石을 읊조린
古詩　　　묵은 시(陳詩)가 있으니 그 詩는 아래와 같다.

　　　　　"廻石直生空 平湖四望通 巖根恒灑浪 樹抄鎭搖風 偃流還清影
侵霞更上紅 獨拔群峰外 孤秀白雲中(古詩記)."이라고 하였다.

　　　　　고구려 영양왕 때 명장 을지문덕이 살수(청천강) 강변에서
수나라 대군을 격파하고, 文德이 적장 仲文에게 보낸 시에, "神
策究天文 妙算窮地里 戰勝功旣高 知足願云止"라고 한 것이 있

다. 이것이 조선 문헌에 남은 가장 오래된 시라고 전하는 것이다. 그러나 定法師의 시는 이보다도 더 오랜 것이다.

智晃 　또 『속고승전』卷18에는 "고구려의 沙門 智晃이 설일체유부에 통하였고 당대의 名匠이었다."라고 기록하였다. 이는 수나라의 開皇 중에 속한다. 또 『속고승전』에 말하기를 "고구려의
波若 僧 波若가 중국 天台山에 들어가서 智者의 敎觀을 받았고, 神異의 소문이 났으며, 山中에서 入寂하였다."라고 하였다.

惠慈 　제26대 영양왕(590-617년) 6년에 惠慈도 일본에 가시 聖德
聖德太子 太子의 스승이 되었고, 같은 왕 13년엔 僧隆, 雲聰이, 21년에
曇徵 는 曇徵, 法定이 渡日하였다. 曇徵은 五經을 섭렵하고 겸하여 技藝에 능하여서 일본문화에 공헌함이 적지 않다.

慧灌 　제27대 영류왕(618-641년) 8년에 慧灌이 일본에 건너가서 日皇의 칙명에 의하여 元興寺에 거주하면서 空宗을 설하였다. 이 해에 크게 가물어서 일황의 詔勅을 받들고 비를 비는데, 靑衣를 입고 三論을 강의하니 큰비가 내렸다. 推古天皇이 크게 기뻐서 僧正으로 발탁하여 임명하였다.

　그리고 뒤에 河內國 志紀郡에 井上寺를 창건하고 三論宗을 폈으며, 나이 구순이 될 무렵에 입적하였다. 이리하여 일본에 있어서 삼론종의 시조가 된 것인데 이에 앞서서 慧灌은 수나라에 들어가서 嘉祥寺의 吉藏을 뵙고 三論의 幽旨를 받았던 것이다.

道登 　『本朝(일본)高僧傳』卷72에 의하면, 道登은 같은 왕 11년에 당나라에 들어가서 吉藏에게서 三論을 연구하고, 일본 舒明天皇初에 遣唐使를 따라서 일본에 가서 元興寺에 거주하면서 오로지 空宗을 폈다. 道登은 孝德天皇 大化 2년에 宇治川 大橋를

가설하여 공이 있었고, 천황의 信認하는 바였다. 『扶桑略記』
卷4에는 道登을 고려 학생이라고 기록하고, 山尻惠滿의 집에
서 나왔다고 하였다.

道顯　　　　『本朝(일본) 高僧傳』에는 고려인 道顯이 貢船에 따라 와서
勅命에 의하여 大安寺에 거주하면서 강의 여가에 日本世記 若
干卷을 撰하였다고 기록되었다.

行善　　　　『扶桑略記』卷6에는 고려 유학승 行善이 元正天皇 養老 2년
에 귀국하였는데, 同 5년에 천황이 詔勅을 내리기를, "沙門行
善 負笈遊學 旣經七代 備嘗難行 辨三五術 方歸本鄕 矜賞良深
如有修行 天下諸寺 恭敬供養 一同僧綱之禮."라고 하였다. 그
러니 行善은 고구려 말에 유학하여 대략 50년 7대를 지나서
돌아온 것이다.

高句麗之　　요컨대 고구려의 불교가 羅什, 三論의 영향을 입어서 空理에
三論　　　기운 것은 自然之勢였다. 이것은 해동의 心田을 개척하여 禪苗
를 번식한 소지가 된 것이라고 아니할 수 없으니 왜냐하면 空
은 禪觀의 初門이기 때문이다.

제2절 고구려의 멸망

隋煬帝　　　前記 영양왕 22년에 수나라의 煬帝가 대거 고구려를 토벌하
니, 병력이 1,133,800명이고, 旌旗가 960리에 뻗쳤었다. 다음
해 23년에 황제가 진군하여 遼水에 이르니 고구려 병사들이
물을 의지하고 항거하여 지켰다. 수나라 군이 浮橋三道를 만들
어 건너서 이를 크게 파하고, 나아가서 요동성을 포위하였으나
아직 항복 받을 수 없었는데, 30만 병사를 내어서 평양을 습격

하려고 하다가 이기지 못하였다.

　24년에 황제가 여러 장수에게 명하여 四面으로 추격, 요동성을 도륙하려든 참인데, 마침 叛人(楊玄感)이 있음을 듣고 급히 회군하여 돌아갔다. (삼국사기 卷20, 275-282쪽)

唐太宗　제28대 보장왕(642-668년) 3년에 당나라 太宗帝가 諸軍을 거느리고 신라, 백제, 奚契丹에 명하여 길을 나눠 고구려를 치려고 하였다. 4년에 태종이 李世勣을 장군으로 하여 친히 요동을 정벌하여 크게 이겼다. 그러나 寒威기 嚴酷하고 식량도 다하여 가기 때문에 군사를 돌리었다.

　같은 왕 20년에 당나라 장수 소정방 등이 모든 胡兵과 함께 水陸으로 길을 나눠서 진격, 고구려를 浿江에서 破하고 드디어 평양을 포위하였으나 공없이 후퇴하였다.

　26년에 당나라 高宗이 장군 李世勣 등을 보내어 고구려를 쳐서 27년에 평양을 함락하고 보장왕을 잡으니 때는 高宗 總 高句麗亡 章 원년(668년)이었다. 이리하여 고구려는 28왕 705년으로 멸망하였다. (삼국사기 卷22, 288-309쪽)

제3절 도교의 유입과 불교의 쇠퇴

　고구려의 불교는 한때 융창의 형세였으나 그 眞風을 발휘하지 못한 채 민간의 俗習과 더불어 행하여졌다. 그리고 당나라가 발흥한 후 당나라는 도교를 숭상했고 그 위력이 조선에 더 道敎輸入 하여져서 도교의 유입을 가져왔고 따라서 불교는 크게 쇠퇴하였다.

　제27대 영류왕 7년에 연개소문이 왕에게 고하기를, "三敎 譬

如鼎足 闕一不可 今儒釋並與 而道教未盛 請遣使於唐求之"하
소서 라고 하니 왕이 表를 올려서 陳請하였다.

당 高祖가 도교의 道士 叔達 등 8인과 함께 『道德經』을 보내
주었다. 왕이 기뻐하면서 이를 佛寺에 있게 하였고 백성들과
함께 그 강설을 들었다(삼국사기에서는 보장왕 2년이라고 함).
그러므로 『文獻通考』에 보면, 고구려는 당나라 高祖 때에 사신
道士 沈叔   을 보내어서 도교를 請하자 沈叔安에게 명령하여 天尊像을 가
安   지고 道士와 그 나라에 이르게 하였다고 하였다. 다음 해 8년
에 영류왕이 사신을 보내어서 佛, 老의 교법을 구하였다.

또 제28대 보장왕 2년에도 사신을 당나라에 보내어서 도교를
구하였다. 『삼국유사』 卷3에 의하면 고구려 말기에 백성들이
五斗米教   다투어서 五斗米教(도교의 일파)를 받들었다고 하였다. 『중국
풍속사』에 말하기를, 五斗米란 바로 張道陵의 교파라고 했다.
普德   이때 사문 普德이 盤龍寺에 거주하면서 左道가 날로 번성하
고 國祚가 위태함을 딱하게 여겨 간하였으나 듣지 않으니 백제
完山州(全州) 孤大山(高達山)으로 옮기었다. 보장왕 9년 6월,
또는 보장왕 26년 3월 3일이라고도 하는데 후설이 믿을 만한
것 같다.

李奎報의 『南行月日記』에 말하였다.

"夫全州者 或稱完山 古百濟國也 (…) 有中子山者 最蓊欝 州之
雄鎮也 其所謂完山者 特一短峯耳 異哉一州之 以此得號也 距州理
飛來方丈   一千步 有景福寺 寺有飛來方丈 (…) 昔音德大士 自盤龍山 飛來之
堂也 普德字智法 常居高句麗 盤龍山 延福寺 一日忽謂弟子曰 句麗
唯拿道教 不崇佛法 此國不必久矣 安身避難 有何處所 弟子明德曰

全州高達山 是安住不動之地 乾封二年丁卯三月三日 弟子開戶出見
則堂已移於高達山 (…) 海東明德大士 亦自捉鷹 為普德聖師之高
第"(동국이상국집 上 351-354쪽)

또『삼국유사』卷3에 말하기를,

孫大山義
天之詩
"大安八年辛未 祐世僧統 (義天)到孤大山 景德寺飛來方丈 禮普
聖師之眞, 有詩云 涅槃方等敎 傳受自吾師 可惜飛房後 東明古國
危, 跋云 高麗藏王 惑於道敎 不信佛法 師乃飛房 南至此山."

이라고 하였고, 또

靈塔寺
"僧傳云 釋普德 字智法 前高麗 龍岡縣人也 詳見下本傳 常居平
壤城 有山方 老僧來請講經 師固辭不免 赴講『涅槃經』四十餘卷
罷席 至城西 大寶山嵒穴下禪觀 有神人來請 宜住此地 乃置錫杖於
前 指 其地曰 此下有八面七段石塔 掘之果然 因立精舍 曰靈塔寺
以居之"

라고 하였으며, 또

普德門人
"師(普德)有 高弟十一人 無上和尙 與弟子金趣等 創金洞寺 寂滅
義融二師 創珍丘寺 智藪 創大乘寺一乘與心正大原等 創大原寺 水
淨 創維摩寺 四大與契育等 創中臺寺 開原和尙 創開原寺 明德 創
燕 口寺 開心與普明 亦有傳 皆如本傳."

이라고 하였다. 『불조원류』에 말하기를, "普德聖師 (乃至)元曉 義湘 嘗在於塔下 親禀『涅槃經』有 弟子十一人 曰 無上 寂滅 義融 智藪 一乘 水淨 四大 開元 明德 開心 普通"(佛祖源流 散 聖之部, 一葉左)이라고 하였다. 이로써 普德의 器局의 위대함 을 생각하여 볼 수 있다.

평안북도 영변군 龍山面에 龍門寺가 있는데, 전하는 말에 신 라 문무왕 7년에 왕이 출병하여 고구려를 멸하려 하였다. 보장 왕이 크게 놀라서 寂照禪師를 불러 불상과 경전을 부탁하기를, 이제 전란이 급박하니 어려움을 피하기 위해 불경을 神林에 봉안하고 향 공양을 끊임없이 하라고 하였다. 寂照禪師가 그 무리와 함께 龍門山에 이르러서 山水가 明麗한 데 한 석굴(蝀 龍窟)이 있음을 보고 여기에 피난하기를 1년여 후에 굴 동쪽으 로 약 2리에 있는 龍門山에 절을 짓고 玄風을 떨쳤다고 한다. 이것이 龍門寺이다.

고구려에도 妖僧이 없지 않았다. 제20대 장수왕 (413-490년) 이 몰래 백제를 노리고 간첩을 구하였다. 이때 사문 道琳이 모 집에 응하여 백제로 들어가서 바둑으로써 개로왕에 접근, 아주 친밀해지자 道琳이 왕에게 권하여 크게 토목공사을 일으키니 나라의 창고가 비게 되었고 인민이 곤궁해져서 국운이 날로 위태로웠다.

道琳이 돌아가서 이를 장수왕에게 고하니 왕이 곧 병사 3만 으로써 백제를 침공하여 주요 도시 한성을 포위하고 불을 놓 아서 성문을 태웠다. 개로왕이 궁을 나와 서쪽으로 달아나다 가 드디어 고구려인에게 살해되었다. 이것이 장수왕 63년의 일이다.

道琳

또 고구려가 장차 멸망하려고 할 때의 일이다. 당나라 장수 李勣이 평양을 포위하매 보장왕은 나와서 항복하였다. 그러나 泉男建은 굳게 지키면서 사문 信誠에게 군사를 맡겼더니 信誠이 장수 李勣에게 사람을 보내어서 內應하고, 문을 열어서 당나라 병사를 불렀다. 이리하여 성은 함락되었다. 그리고 信誠은 공으로 당나라의 銀靑光綠大夫가 되었다. 이런 내용이『삼국사기』卷22, 권25, 그리고『동국통감』卷8,『자치통감』卷201 등에 실려있다. 이러한 요승은 나라와 임금에 불의, 불충하였을 뿐 아니라, 正法의 역적인 것이다.

제4절 백제의 불교와 국가의 쇠멸

백제 제15대 침류왕 원년에 불교가 전래되어 142년 동안 국사에 그 성쇠의 상황이 보이는 것이 없다. 제26대 성왕 (523-553년) 4년에 사문 謙益이 인도로부터 돌아왔다.『조선불교통사』上編에 인용한 彌勒佛光寺事蹟에 다음과 같이 기록되어 있다.

"百濟聖王 四年丙午 沙門 謙益 矢心求律 航海以轉 至中印度 常伽那大律寺 學梵文五載 洞曉竺語 深攻律部 莊嚴戒體 與梵僧倍達多三藏 齎梵本 阿毘曇藏五部律 歸國 百濟王 以羽葆鼓吹 郊迎 安于 興輪寺 召國內名釋二十八人 與謙益法師 譯律部七十二卷 是爲百濟律宗之鼻祖也 於是 曇旭 惠仁 兩法師 著律疏 三十六卷 獻于王 王作毗曇新律序 奉藏于 台耀殿 將欲剞劂廣佈 未遑而薨"(조선불교통사 上編 33-34쪽)

백제의 불교는 마라난타 이래로 西天에서 직접 전래하여 점
차로 융창하여 갔다. 제26대 성왕 때에 이르러서는 謙益이 인
도에 가서 五部律의 梵本을 가지고 와서 왕명에 의하여 興輪寺
에서 28인의 名釋과 더불어 律部 72권을 번역해 내고, 百濟律
宗의 비조가 되었다. 그리고 曇旭, 惠仁 二師는 律疏 36卷을
저술하였으니 律學의 발달이 가히 볼만한 것이 있었다.

百濟律學

曇旭
惠仁

　聖王은 또 그 19년에 사신을 보내어서 梁 武帝에 表請하여
『열반경』 등의 經義를 구하였고, 23년에는 丈六의 불상을 조
성하고 원문을 지어서 일본 천황의 福祐도 기원하여 주었다(日
本書紀 卷19). 30년에는 불상과 경권을 일본에 보내어서 扶桑
(일본)의 불교를 개척하였다.

　『日本書紀』 卷19에는 聖明王(성왕)의 造佛願文과 아울러
上表文이 실려 있다. 『일본서기』 卷20에 보면, 제27대 위덕왕
원년(일본 欽明天皇 15년)에 승려 曇慧 등 9인이 일본에 와서
승려 道深 등 7인과 交代하였다고 하였다.(道深等 渡日 年時
未詳).

聖明王

　성왕 24년(일본 敏達天皇 6년)에 위덕왕이 經師, 律師, 禪師,
佛工, 寺工을 일본에 보냈으며, 왕 30년에는 일본 敏達天皇의
청에 의하여 日羅가 일본에 왔다고 했고, 31년(일본 敏達天皇
13년)에는 鹿深臣이 미륵석상 一軀를, 佐伯連이 佛像一軀를
가지고 백제에서 일본으로 귀국하였으며, 35년(日本崇峻天皇
元年)에는 승려 惠総 令斤 惠寔 등을 시켜서 佛舍利를 보내었
고, 아울러서 승려 聆照, 律師, 令威, 惠衆, 惠宿, 道嚴, 令開
등도 보내었다.

日羅

　蘇我馬子는 백제 승려를 청하여서 受戒의 법을 물었고 尼

善信尼의
渡濟

善信 등을 백제 사신 귀국 편에 동승시켜 보내어서 학문을 하게 하였는데, 善信 등이 백제에 건너가서 戒律을 배운 지 3년 만에 귀국하니 일본 戒學의 權輿였다.

惠聰

42년(일본 推古天皇 3년)에 일본에 건너간 승려 惠聰은 毗尼(계율)에 정통하여 蘇我馬子에게 授戒하였고, 三寶의 棟梁이었다. 이보다 먼저 백제는 제21대 가락왕(455-474년) 이후로 국세가 점차 쇠하여서 제22대 문주왕(475-476년)에 이르러 도읍을 熊津(충남 공주)으로 옮겼다. 지금 공주의 山城公園은 문주왕 이하 5대 68년의 도성으로서 성벽의 둘레가 3천丈, 높이가 30척이며, 老松과 누각, 亭子가 그 가운데 點在하고, 500년 고찰 靈隱寺가 금강을 내려다보고 있어서 풍경이 아주 아름답다. 또 공주군청 앞에는 백제시대 石水槽가 있는데 연잎 모양의 基底가 있어서 古雅하고 예쁘다.

공주 읍내와의 거리가 55리쯤 되는 곳에 마곡사가 있다. 그 事蹟에, 당 태종 정관10년, 신라 선덕왕 9년에 자장이 창건하고 탑을 세워 사리를 두었다는 기록이 있으나 믿기 어렵고, 고려 명종 때에 知訥의 제자 守愚가 이 절을 재흥하였다고 한 것은 참인 것 같다. 大光寶殿에 모신 대일여래의 古像은 단엄하고 壯麗하며, 대광보전 앞의 탑에 새긴 불상도 그러하다.

守愚

甲寺

공주 읍내에서 40리 떨어진 계룡산 밑에 甲寺가 있는데, 그 事蹟에 보면, 무염국사가 이 절을 창건하고 여기서 圓寂하였다고 하였다. 경내에 높이 50척 직경 3척의 鐵製竿幢이 있고, 小塔 1基가 古雅優麗하여 가장 볼만하다. 계룡산 동쪽 기슭에는 동학사가 있는데 신라 성덕왕 때 懷義화상이 창건한 절이라고 한다.

南扶餘	제26대 성왕도 또한 16년에 도읍을 泗沘(사비. 현재의 부여)
에 옮기고 나라를 남부여라고 칭하였으나 32년에 신라인에게
살해되었다. 제29대 법왕(599-600년) 원년에 명령을 내려서
살생을 금하고 민가에 기르는 鷹鶴을 놓아주고, 또 어획과 사
냥의 도구를 태웠다. 그리고 2년에는 王興寺를 창건하고 승려
를 득도시킴이 30년이었고, 그 해 크게 가물어서 왕이 漆岳寺
에 가서 기우하였다.

제30대 무왕(600-640년)이 신라 진평왕의 제3 공주인 선화
를 아내로 맞이하였다. 왕과 왕비는 龍華山 師子寺(익산군)의
知命	知命法師를 信敬하였다. 즉위한 뒤 하루는 사자사에 가려고 하
는데 龍華山 밑의 큰 못에 彌勒三層이 출현하였다. 그래서 여
기에 대가람을 짓고자 하여 知命을 보고 못을 메우는 일을 물
으니 知命이 신력으로써 하룻 밤에 산을 헐어다가 못을 메워서
평지로 만들었다. 인하여 미륵사를 짓는데 진평왕이 百工을 보
내어서 이를 도왔다 미륵사의 고적은 지금도 있다.

살피건대 전라북도 익산군 왕궁면에 마한시대의 왕궁유적지
라고 하는 高臺地가 있고 5중의 석탑이 현존한다. 그리고 同郡
金馬面에는 미륵사 유적지가 있고, 6층의 花崗石塔(47척)이
잔존하는데 1,200년 전에 지은 것으로 감정된다.

惠現	『속고승전』에 의하면 무왕 때에 백제 사람 釋惠現은 어려서
출가하여 일심으로 『묘법연화경』을 외우고 祈禳, 請福하여 靈
應이 있었다. 겸하여 三論을 전공하여 그 뜻에 통달하였다. 처
음 북보 修德寺에 거주하면서 대중이 있으면 강의하고 대중이
없으면 持誦하였다. 사방에서 그의 德風을 흠모하고 와서 문밖
에는 신이 가득하였는데, 惠現은 그 번거로움을 싫어하여 강남

達拏山에 가서 靜坐하다가 산중에서 마치었다.

    同學이 그 시신을 거두어서 石室 중에 두었더니 범이 그것을 다 먹어버리고 오직 혀만 남겼다. 그런데 3년의 추위와 더위를 지내도 혀가 오히려 붉고 부드러웠는데 뒤에 紫色으로 변하고 돌과 같이 단단하여졌다. 道俗이 이것을 공경하여 석탑에 두었다. 속세의 나이는 58세로. 즉 貞觀 初라고 하였다.

觀勒
    무왕 3년에 觀勒이 일본에 가서 교화하였는데, 그가 가지고 간 曆本, 天文, 地理書와 아울러 遁甲方述書를 바쳤다. 관륵은 三論의 學匠이면서 한편 外學에도 통달하였는데, 元興寺에 있으면서 僧正을 맡았다. 대체로 백제의 국운이 구할 수 없게 되었음을 알고 문화를 他邦에 옮긴 것이다.

    그 후에도 백제의 사문으로서 일본에 간 이는 무왕 10년에
道藏
道欽, 惠彌 등 10인이 있고, 또 道藏, 道寧 등 여러 사람이 있어 모두 僧史에 올라 있다. 道藏이 東渡(일본 天武天皇 白鳳 中)한 후에 『成實論疏』 16권을 撰하니 이로써 成實宗의 證權이 된 것이다.

法明尼
    제31대 의자왕(641-660년) 15년에 法明 비구니가 일본에 가서 內大臣 鎌子를 위하여 『유마경』을 읽어서 그 병을 고쳤다. 왕 20년(서기 660년)에 당 高宗帝가 蘇定方을 장수로 하여 신라와 함께 백제를 쳐서 의자왕을 사로잡아서 당나라로
百濟亡
보내니, 백제는 31대 왕, 678년으로 멸망하였다. (삼국사기 卷 28, 374쪽)

義覺
    『扶桑略記』 卷4에 의하면, 백제가 멸망할 때 사문 義覺이 일본으로 가서 難波 百濟寺에 거주하면서 일심으로 『반야심경』을 讀誦하였는데 입에서 광명이 나왔다고 하였다.

平濟塔　　　蘇定方이 백제를 討平한 偉功을 새긴 平濟塔은 지금도 충청
남도 부여군에 현존하는데 높이 34척으로서 蒼古優雅한 품이
아주 아름답다. 소정방은 백제를 평정한 공을 古塔에다가 기록
해 놓은 것 같다. 刻文의 末尾에는 顯慶五年 歲在庚申 八月己
巳朔 十五日癸未建, 洛州河南權懷素書라고 기록되었다. 또 소
정방이 개선한 후에, 都督 劉仁願의 紀功碑도 있는데, 신라 문
무왕 3년 癸亥에 세운 것으로 추정된다. 고찰 고란사도 부여에
현존한다.

駕洛國　　　따라서 駕洛國의 불교에 대하여 한마디 하자. 가락국은 가야
국이라고도 칭하며, 낙동강 입구에 위치한 지금 경상남도 김해
지방이다. 시조 김수로왕이 후한 光武帝 建武 18년에 즉위하
였으니, 이는 신라 유리왕 19년이요 일본 垂仁天皇 71년이며
서기 42년이다.

　　　　　　제8대 銍知王(질지왕. 또는 金銍王)은 송 元嘉 28년(서기
451년) 일본 允恭天皇 40년, 신라 눌지왕 35년에 登位하여 다
王后寺　　　음 해 29년에 金首露王 및 왕후를 위하여 왕후사를 세웠으니,
이것이 駕洛創寺의 시초로서 역사에 있는 것이다. 고려의 一然
虎溪寺　　　은 가락국 金官城 虎溪寺의 파사석탑의 奇古함을 보고 그 記
를 지었다.

　　　　　　지리산 쌍계사 칠불암에 대해서는 다음과 같은 전설이 있다.

七佛庵　　　"七佛庵은 金海 가락국 김수로왕의 제4子부터 제10子까지 모두
傳說　　　7인이 皇后의 형 寶玉禪師를 따라서 김해에서 가야로 들어가 修
道, 3년 후 宜寧의 修道山과 泗川의 臥龍寺, 九龍寺 등을 두루 다
니다가 드디어 康州 智異山에 이르러서 雲上院을 짓고 坐禪하기를

2년, 가락국 太祖 62年, 신라 婆娑王 24年 癸卯 8월 15일 밤 달을 구경하다가 寶玉禪師가 柱杖으로써 쳐 흩으니 7왕자가 동시에 玄旨를 大徹하였다. 이리하여 第一은 金王光佛, 第二는 金王幢佛, 第三은 金王相佛, 第四는 金王行佛, 第五는 金王香佛, 第六은 金王性佛, 第七은 金王空佛이 되었는데, 이렇게 七佛이 成道한 땅이므로 七佛菴이라고 한다."

그러나 신라의 바사왕 때는 해동에 아직 불교가 없었는데 하물며 禪師이겠는가? 선종이 전래한 이후에 된 전설이 아닐지 (…) 칠불암에는 약사불의 석상이 있다. 동진 孝武帝 寧康 3년(신라 소수림왕 5년)의 作이라고 전하는데, 그 古像인 점에서 짐작이 된다.

제5장 삼국 통일과 신라의 교학

　신라의 불교는 진흥왕 이후에 旭日昇天의 기세를 보였다. 승도의 入支(중국) 渡天(천축)으로 구법하는 자가 매우 많았다.

　玄光은 陳에 가서 天台敎觀을 전수하였고 圓光은 수나라에 들어가서 『成實』, 『涅槃』, 『般若』, 四阿含을 受하였으며, 元曉와 義湘이 같은 때 출세하니 전자는 경론의 疏釋에 있어서 고금에 독보요 후자는 華嚴一乘의 비조였다.

　자장은 律의 軌儀를 밝히어서 國人 가운데 수계, 奉佛하는 자가 十에 八, 九였다. 明朗과 惠通이 또한 밀교를 전하여서 국난을 구하였다. 이에 교학이 蔚然히 신라에 일어났고 해동 선학의 준비시대를 형성하였다.

제1절 신라의 불교

法興王　　신라의 궁정에서 불교가 제23대 법흥왕(514-539년) 15년에 비롯하였다는 것은 앞서 언급한 바와 같다. 왕은 英邁하여서 나라를 잘 다스렸다. 그 4년에 비로서 兵部를 두고, 7년에 율령을 頒布하였으며, 百官朱紫의 질서를 창제하였다. 그리고 교화를 성하게 하고자 하여 16년에 명령을 내려 살생을 금지하였고, 21년(서기 534년)에 天鏡林을 벌목하고 精舍를 세웠
興輪寺　　으니 이른바 大王興輪寺가 그것이다. 이것을 신라왕이 절을 지은 시초라고 한다. 23년에 처음으로 연호를 建元 元年이라고 하였다.

앞서 언급한 바와 같이 신라의 불교는 갑자기 발흥한 듯한 느낌을 주지만 그 토대는 이미 일찍이 제19대 눌지왕(417-457년) 때부터 개척되어 110여 년이 경과했으므로 민간에는 독실한 불교 신자가 있었던 것이니 이차돈 같은 이가 그 한 사람이다. 哀公寺 왕이 薨하매 哀公寺의 北峯에 장사 지냈다고 하니 당시 興輪寺 외에도 사찰이 있었던 것을 알 수 있다.

真興王 제24대 진흥왕(540-575년)에 이르러서 부처님을 받드는 것이 더욱 독실하여져서 土人이 다투어 歸崇하였다. 왕 5년에 興輪寺가 낙성되고 인하여 사람들에게 출가하여 승려와 비구니가 되는 것을 허락하였다.

왕 10년에 양나라의 武帝가 사신과 함께 入學僧 覺德을 보내어서 佛舍利를 기증하매 왕이 百官으로 하여금 興輪寺 앞길에 覺德 奉迎하게 하였다. 覺德은 신라 사람으로서 양나라에 들어가 구법한 첫 사람이며, 사리도 처음으로 전래된 것이다.

12년에 將軍 居柒夫等을 보내어서 고구려를 침범하여 그 十惠亮 郡을 略取하였다. 이 싸움에 사문 惠亮이 군을 따라서 고구려에서 오니 왕이 惠亮을 높이어 僧統으로 하고 처음으로 百座講會 및 八關齋를 베풀었다는 것은 이미 기술한 바와 같다.

14년에는 新宮을 月城의 동쪽에 건축하자 黃龍의 祥瑞가 있皇龍寺 어서 인하여 불사로 고쳤는데 皇龍寺가 이것이다.

義信과 충청북도 보은군 속리산 法住寺記에 의하면, 사문 義信이 인法住寺 도에 들어가서 구법, 白騾에 經을 싣고 와서 그 해에 절을 개창하였으므로 法住寺라고 했다는 것이다

26년에는 陳의 文帝가 劉思와 및 入學僧 明觀을 보내어서 經論 1,700여 권을 기증해 왔다.

率居   진흥왕 27년에는 皇龍寺가 완성되고 사문 率居가 사찰 벽
에 老松을 그렸는데 새들이 왕왕 날아서 들어왔다. 率居는 뒤
에 芬皇寺의 관음, 斷俗寺의 유마상도 그려서 神品이라고 일
컫는다.

    33년에는 전사한 將卒을 위하여 八關齋를 7일간 外寺에서
丈六像   베풀었다. 35년에는 皇龍寺에 丈六의 불상을 鑄造하였는데, 銅
이 3만 5천7근, 鍍金이 1만 1백90분이었다. (『삼국사기』 卷4,
58-59쪽. 『동국통감』 卷5, 150-154쪽)

玄光과   당시 사문 玄光이 陳에 들어가 구법하여 天台敎觀을 전하
天台敎   여 왔다. 玄光은 공주사람으로서 禪法을 연구하고자 하여 陳
國을 관광하고 南岳으로 가서 惠思에게서 業을 받는데 法華
安樂行門을 교수 받아서 法華三昧를 證得하고 惠思의 印可를
얻었다. 그리고 錫杖을 돌려서 강남에 이르러 바다에 떠서 熊
州 翁山으로 돌아왔다. 여기서 초가집을 지은 것이 梵刹을 이
루었고 법을 얻은 제자가 많았다. (『송고승전』 卷18, 2쪽 우-3
쪽 좌)

    진흥왕이 대중들을 모으고 선비를 가리어서 孝悌와 忠信을
原花   가르쳤다. 또 人家에서 美艶한 처자를 골라서 원화라고 하였고
花郞   좋은 집안의 남자로서 덕행이 있는 자를 가리어서 화랑이라고
하였다.

國仙   37년에 原薛郞을 받들어서 國仙이라고 하니 이것이 화랑국
선의 시초였다. 이로부터 사람들은 악을 고쳐 선으로 돌리며,
上敬下順하게 하며, 五常六藝가 一代에 행하였다. 一然이 말하
기를, "史에 眞智王의 代인 大建 八年 丙申에 비로소 花郞을
받들었다고 한 것은 잘못이다."라고 하였다

安弘　　　37년에 법사 安弘이 周(本記 作 隨誤)에 들어가서 구법하고 胡僧 毗摩羅 등 2인과 더불어 돌아와서 『楞伽』, 『勝鬘』, 二經과 및 佛舍利를 올렸다.

　　　『해동고승전』卷2에 말하였다.

安含

毗摩眞諦
農伽陀

"釋安含 俗姓金 詩賦伊湌之 孫也 (…) 眞平 二十二年 約與高僧 惠宿 爲件 擬將 乘桴 泛泥浦津 (…) 忽値風浪 回泊此濱 明年有旨 (…) 乃與聘國使 同舟涉海 遠赴天庭 天王引見 皇情大悅 勅配於 大興聖寺 居住 旬月之間 洞解玄 (…) 越二十七年 爰與于闐沙門 毗摩眞諦 沙門 農伽陀等 俱來至此 西域胡僧 直到鷄林 蓋自效也."

佛陀僧伽　　　같은 책에 崔致遠이 撰한 義湘傳을 끌어다가 말하였다.

"湘 眞平建福四十二年 受生 是年東方聖人 安弘法師 與西國三三藏 漢個二人 至自唐 注云 北天竺烏萇國 毗摩羅眞諦 年四十四 農伽陀 年四十六 摩豆羅國佛陀僧伽 年四十六 經由五十二國 始到漢土 遂東來 住皇龍寺 譯出 栴檀香火星光妙女經 鄕會曇和筆受 未幾 漢個上表 乞還中國 王許而送之"

安弘, 安
含同一人
安弘과 安含은 동일인인 듯하고, 胡僧 毗摩羅와 毗摩羅 眞諦도 이름이 같다. 그렇다면 同一 사실을 기록한 데 불과한 것이다. 『해동고승전』에는 제26대 진평왕 27년이라고 하고, 최치원은 같은 왕 47년(建福 41년)이라고 하였으니 어느 것이 옳은지 알 수 없다.

　　　잠깐 『삼국사기』를 보면, 진흥왕은 만년에 이르러서 祝髮하고 僧衣를 입었으며, 스스로 법운이라고 호하고 그 몸을 마치었다. 왕비도 또한 이를 본받아서 비구니가 되어서 스스로 세운 永興寺에 거주하였다고 하였다.(『삼국사기』 卷4, 60쪽)

이로써 그 奉佛의 독실함을 알 만하다. 그런데 『해동고승전』 卷1에 법흥왕이 왕위를 양보하고 티끌을 벗어나 興輪寺에 있으면서 法空이라고 일컬었고 그 비도 또한 비구니가 되어서 永興寺에 住하였다고 한 것은 잘못된 것이다.

永興寺

법흥왕 때에는 興輪寺가 아직 완성되지 않았으니 이것이 그 첫 번째 증거며, 『삼국사기』에 왕이 양위한 사실을 기록하지 않았으니 그 두 번째 증거이다. 왕이 薨하자 왕의 조카가 즉위한 것이 진흥왕인데, 처음 7세여서 왕태후가 섭정하였으니 이로써 양위가 불가능하였음을 알기에 족하다. 이것이 그 세 번째 증거다. 또 阿道碑를 살펴보면, 법흥왕이 출가하여 법명을 법운이라 하고 자는 法空이라고 운운하였으니 이에 阿道碑는 진흥왕과 법흥왕을 혼동한 것임을 알 수 있다. 이것이 그 네 번째 증거다. 법흥왕도 진흥왕도 다 법운이라고 칭하고, 그 두 왕비가 모두 永興寺에 있었다는 것이 바로 혼동임이 틀림없으니 이것이 그 다섯 번째 증거다.

眞興王과
沙門

왕은 깊이 三寶를 敬信하여 巡狩할 때에도 사문으로 하여금 王駕를 따르게 하고 모든 신하들의 上位에 있게 하였다. 그래서 함경남도 함흥군 下岐川面에 있는 巡狩碑에, 于時 隨駕沙門 道人 法藏, 慧忍 등이라고 기록하고 다음에는 諸臣의 이름을 새겼음을 볼 수 있다.

緣起

智異山 華嚴寺(求禮)事蹟에 말하기를, "新羅眞興王 五年甲子 緣起祖師 傳華嚴圓頓之幽玄 流通于海東 於是 鷄林之大乘

佛教始此."라고 하였고, 『고려사』에는 "僧大覺國師 南遊智異山 禮緣起祖佛有詩白 偉論雄經罔不通 一生弘護有深功 三千義學 分燈後 圓教宗風滿海東"이라고 하였다.

華嚴寺 緣起塔 　華嚴寺에 신라시대의 古塔으로 緣起塔이라는 것이 현존하며, 石刻 晋譯『華嚴經』의 殘片이 소장되어 있다. 緣起의 撰으로 『大乘起信論珠網』, 『同捨繫取妙』, 『華嚴經開定決疑』, 『同要訣』, 『眞流還源樂圖』 등의 題目이 있다.

제2절 圓光의 교학

　제26대 진평왕(579-631년) 원년에 석가불상을 일본에 보내

圓光傳 었다. 진평왕 대에 신라의 고승이 연달아 나왔으니 사문 圓光이 그 첫 번째 인물이다.

　『속고승전』 권15, 『삼국유사』 권4, 『해동고승전』 권2에 의하면, 圓光의 성은 박(又云 薛氏), 신라 王京(현재 경주)의 사람, 25세에 구법의 뜻을 품고 배를 타고 金陵으로 갔다. 처음 莊嚴旻(梁楊都 莊嚴寺 僧旻)의 제자의 講經을 듣고 出塵(번뇌 벗어남)을 원했다. 그래서 陳主에게 아뢰어 佛乘에 귀의할 것을 청하니 황제가 이를 허락하였다.

　이리하여 落髮受具하고 講肆에 遊歷하여 『成實』, 『涅槃』 등을 배웠으며, 또 오나라의 虎丘山에 들어가서 선정을 닦고 4아함을 모두 섭렵하였으며 팔정도에 통달하였다. 드디어 거기서 마칠 뜻으로 아주 인간관계를 끊었더니 그때 산 밑에 淸信士가 있어 圓光을 청하여 出講하게 하매 처음에 『成實論』을 강의하고 다음에는 『반야』를 해석하였다. 명망이 橫流하여 嶺表에 전

파되니 와서 배우는 자가 매우 많았다.

　마침 수나라 군대가 楊都에 난입하였다. 수나라 大將이 寺塔이 불타는 것을 보고 가서 불을 구하려고 하였더니 불은 없고 다만 圓光이 탑 앞에 묶여서 곧 살해되려는 것이 보였다. 이미 그의 신묘함을 보았기 때문에 풀어서 놓아주었다.

　수나라의 開皇 9년 帝都에 노닐며 지혜와 해석으로 명성이 京師에 퍼졌다. 본국(신라)의 왕이 이를 듣고 귀환할 것을 종용하여 朝聘使를 따라 還國하니 진평왕 22년, 수나라 開皇 21년이다.

　圓光이 嘉栖岬(청도군)에 머물면서 항상 大乘經典을 강의하여 왕과 신하들의 귀향하는 바가 되었다. 年老하자 왕후가 원광을 가마에 태워서 궁 안에 모시고 의복과 음식을 모두 왕후가 스스로 마련하고, 타인의 도움을 허락하지 않았다.

圓光作
上表文

　이때 고구려, 백제가 항상 변방을 침범하니 진평왕이 이를 근심하고 수나라에 병력을 요청하고자 圓光으로 하여금 表를 짓게 하였다. 이것이 왕 30년의 일이다. 煬帝가 表를 보고 30만의 병력으로 고구려를 쳤다. 진평왕 35년, 즉 수나라의 大業 9년에 수나라의 사신 世王儀가 皇龍寺에 百高座를 베풀고 원광을 上首로 하여 경을 설하게 하였다. 원광이 당나라 정관 연간에 황룡사에서 示寂하니 춘추 80여 세였다.

　『삼국유사』권4에 인용한 古本『殊異傳』에 의하면, "圓光於所住嘉栖岬(淸道郡)置占察寶 以爲恒規 前檀越尼 納田於占察寶 今東平郡之田 一百結是也 古籍猶存."이라고 하였다. 그렇

占察法會

다면 원광은 占察法會를 시작한 것인가? 같은 책 권5에 보면, 진평왕 때에 비구니 智惠는 賢行이 많았는데, 安興寺에 있을

때 仙桃山神母의 靈祐에 의하여 새로 불전을 닦고 봄과 가을에 10일씩 선남선녀를 모아서 점찰법회를 베풀었다고 하였다.

圓光傳考　　『속고승전』권13과 『해동고승전』권2에 보면 "以彼建福五十八年 少覺不悆 經于七日 遺誡淸切 端座終于所住皇隆寺中 春秋九十有九 即唐貞觀四年也."라고 하였다.

그런데 신라의 建福 원년은 수나라의 開皇 4년 甲辰이니까 貞觀 4년은 建福 47년으로서 58년이 아니다. 더구나 建福은 50년으로 마친 것이다. 그러니 여기에는 반드시 착오가 있으며 春秋九十有九라는 것 또한 믿을 수 없다. 그리고 『해동고승전』에 소위 皇隆寺라는 것은 皇龍寺의 誤字나 訛傳일 것이다.

다음에 『삼국유사』에 실은 別傳에는 입적 연월을 기록하지 않고 향년 84세라고만 했을 뿐이다. 그리고 圓光은 본국에서 출가하여 30여 세에 西學을 하였고 중국에 머문 것이 11년이라고 하나 圓光의 출생과 생사에 대한 연월이 부족하였으므로 그 正否를 판정키 어렵다. 『삼국유사』와 『해동고승전』智明 條에 "眞平王 十一年 圓光法師 入陳求法 同二十二年歸國"이라고 하였다.

圓安　　　圓光의 제자에 圓安이 있다. 資性이 穎敏하고 歷覽을 바라는 성품이어서 인하여 사방에 유학하여 모든 경론을 찾아서 大綱을 跨躒하고, 纖旨를 洞淸하였으며, 늦게는 心學으로 돌아갔다. 처음 京寺에 머물렀는데, 道聲이 있어 特進, 蕭瑀가 奏請하여 藍田에 지은 津梁寺에 거주하게 하고 四時의 공양을 거르는 일 없이 하였다.

津梁寺

다음 사문 智明은 진평왕 7년에 入陳 求法하였고, 24년에 入朝使를 따라서 해동으로 돌아왔다. 왕이 그 道風을 흠앙, 포

曇育 智明	창하여 대덕으로 삼고 뒤에 大大德을 더하였다. 또 사문 曇育은 왕 18년에 入隋, 27년에 入朝使 惠文을 따라서 귀국하였다. 智明과 曇育은 『해동고승전』에 그 이름이 보이나 아직 그 행업이 자세치 않다.
三郎寺	왕 19년에 三郎寺를 세웠는데 그 터가 慶州 서천 가에 현존한다. 왕 26년 甲子에 高僧 崔公이 전주에 威鳳寺를 세웠고, 또 왕 38년에 불상을 일본에 보내었다.

제3절 신라 사문의 入竺

入竺僧	신라의 승려들은 입당 구법에만 만족하지 않고 나아가서 西乾에 聖跡을 탐색하고, 梵典을 五竺에 구하여서 법을 위하여 목숨을 바친 자가 적지 않았다.
	제26대 진평왕의 말기부터 제27대 선덕왕의 때에 걸쳐서, 당 太宗 貞觀(627- 649년)중에 阿離耶跋摩(신라승의 梵名)가 당나라에 들어갔다가 다시 인도로 가서 那爛陀寺에 머물면서 많은 律論을 배우고 같은 사찰에서 無常하였다는 것이 義淨의 『대당서역구법고승전』 卷上에 보인다.
慧業	또 같은 책에 말하기를, "신라의 慧業이 貞觀 중에 西域에 遊學하여 菩提寺에 住하였고, 또 那爛陀寺에서 梵典을 배웠으며, 드디어 同寺에서 마치니 향년이 六十餘"라고 하였고, 또
玄照	같은 때, 신라 사람 玄恪이 太州의 玄照(梵名 般迦舍末底)를 따라서 大覺寺에 이르러 병이 나서 죽으니 향년 40여 세였다고 하였다.
	玄照는 吐蕃(西藏)으로 가서 문성공주(당 태종의 딸)의 보호

를 얻어 北天에 들어가서 闍闌陀國에 머물기를 4년, 經律을 배우고 남쪽으로 大覺寺에 이르러서 4년 여를 지나면서 뜻을 俱舍에 두고 생각을 律儀에 두었다. 뒤에 나란타사에 3년동안 머물었고, 勝光法師에게서 『中論』, 『百論』 등을 배웠으며, 寶師子大德에게 가서 瑜伽十七地를 받고 돌아왔고, 거듭 문성공주를 뵈어 資給을 얻어 가지고 낙양에 이르렀다.

그 때 高宗 麟德 中에 車駕가 東洛으로 가고 勅命에 의하여 재차 入竺, 那爛陀寺에서 義淨과 相見, 중인도 菴摩羅跋國에서 죽으니 향년 60여 세였다.

慧輪 玄照의 侍者 慧輪(梵名 般若跋摩)도 역시 신라인이다. 玄照를 따라서 西行, 菴摩羅跋國 信者寺에 거주하기를 10년 하였고, 다음엔 覩貨羅僧寺(覩貨羅人 住之)에 있으면서 『俱舍』를 배웠다.

그때 나란타사에서 동쪽으로 四十驛 쯤에 殑伽河를 따라서 내려가면 蜜栗伽悉他鉢娜寺(唐云 鹿園寺)가 있고 이 절 가까이에 한 古寺가 있어 다만 磚基(벽돌과 옛터)뿐인 것을 支那寺라고 부른다. 古老들이 전하는 말에 의하면, 이것은 예전에 室利笈多大王이 중국의 스님을 위하여 지은 처소다. 당시 당나라 승려 20여 인이 大覺寺에 이르렀다고 한다. 金剛座의 大覺寺는 즉 僧訶羅國王이 지은 처소, 師子洲의 스님이 예전에 여기 있었다고 한다.

玄太 또 같은 책에 말하기를, 玄太는 신라 사람인데 梵名은 薩婆愼若提婆(唐云 一切智天)이다. 高宗 永徽 中(650년-655년)에 吐蕃의 길을 취하여 泥波羅를 거쳐서 중인도에 이르러 경론을 상세히 검토하고, 발꿈치를 동쪽으로 돌려서 大覺寺로 나아간

뒤 당나라로 돌아갔는데 마친 곳은 알 수 없다고 하였다.(『해동고승전』卷2, 『대당서역구법고승전』卷上)

제4절 원효의 출세

元曉傳　　다음은 학승으로서 가장 朝野에 聲望이 높았던 이는 원효이다.

　　『송고승전』권4, 『삼국유사』권4에 의하면 원효의 성은 薛씨, 진평왕 39년(617년)에 押梁郡 南佛地村에서 태어났다고 했다. 『삼국유사』의 찬자 一然은 이렇게 기록했다.

　　"唐僧傳之 本下湘州之人 按麟德二年間 文武王 割上州下州之地置歃良州 則下州乃今之昌寧郡也 押梁郡本下州之屬縣 上州則今尙州亦作湘州也 佛地村今屬慈仁縣 則乃押梁之所分開也."

誓幢　　원효의 幼名은 誓幢이다. 성품이 영민하였고, 어려서부터 불교에 귀의하였으나 배움에 떳떳한 스승이 없었다. 『삼국유사』智通傳에, 원효가 일찍이 영취산의 朗智에게 배웠다고 하였다.

　　"元曉住磻高寺時 常往謁智(朗智) 令著初章觀文 及安身事心論曉撰訖 使隱士文善奉書馳達 其篇尾述偈云 西谷沙彌稽首禮 東岳上德高巖前 (磻高在靈鷲之西北故 西谷沙彌乃自稱也) 吹以細塵補鷲岳 飛以微滴投龍淵(山之東有大和江 乃爲中國大和池 龍植福所創 故云龍淵)云云 通(通智)與曉 皆大聖也 二聖而摳衣師之 道邊可知 師嘗乘雲 往中國淸凉山 隨衆聽講 俄頃卽還 彼中僧謂是隣居者

然罔知攸止 一日令於衆曰 除常住外 別院來僧 各持所居名花異植
來獻道場 智明日折山中異木一枝 歸呈之 彼僧見之 乃曰此木梵號
恒提伽 此云赫 唯西竺 海東 二靈鷲山有之 彼二山皆第十法雲地菩
薩所居 斯必聖者也 遂察其行色 乃知住海東靈鷲也 因此改觀 名著
中外 鄕人號其菴曰赫木 今赫木寺之 北崗有古基 乃其遺趾 靈鷲記
云 朗智嘗云 此菴址乃迦葉佛時寺基也 掘地得燈缸二 隔元聖王代
有大德緣會 居山中(靈鷲山 通度寺)撰師之傳 行于世."

元曉之師　　『諸師製作目錄』에는 원효를 신라 흥륜사 法藏의 문인이라고
기록하였고, 『대각국사 문집』에는 고구려에서 백제로 온 普德
을 따라서 『열반경』을 배웠다고 하였다. 학문에 떳떳한 스승이
없었음을 알 수 있다.

　　일찍이 義湘과 함께 西遊(중국 유학)하고자 하여 가다가 중
도에서 비바람을 만나서 道旁의 土龕 사이에 은신하였다. 밝은
아침에 보니 古墳 해골의 곁이었다. 날씨는 아직도 淫霖하여
출발하기 어려웠다. 또 埏甓(연벽) 중에 의지하였더니 밤이 되
자 귀신이 있어 괴이한 짓을 하였다.

　　원효가 탄식하기를, "前之寓宿 謂土龕而且安 此夜留宵 託鬼
鄕而多崇 則知心生故 種種法生 心滅故龕墳不二 又三界唯心
萬法唯識 心外無法 胡用別求 我不入唐."하리라 하고 그 일을
계기로 다시 본국(신라)으로 돌아왔다. 신라로 돌아온 후 얼마
안 있어 원효의 하는 말이 狂悖(광패)하고 行이 乖疎(괴소)하
였다. 혹은 疏를 짓고 雜華를 講하며, 거문고를 만지면서 祠宇
에 즐기었고, 여염집에 寓宿하고, 山水에 坐禪하여 異迹이 파
다하였다.

일찍이 요석궁의 공주와 사통하여 설총을 낳았다. 그때부터 스스로 卜姓(또는 小姓)이라고 號하였다. 설총은 經史에 박통한 신라 十賢 중의 하나이다.

高仙寺
穴寺

원효가 일찍이 『화엄경』의 "一切無碍人 一道出生死"의 뜻으로 노래를 지어서 세상에 유포하였다. 분황사에 있으면서 『華嚴經疏』를 찬술하였는데 「십회향품」에 이르러서 마침내 붓을 놓았다. 또 『金剛三昧經疏』5권을 저술하여 황룡사에서 강의하였다.

원효의 입적 연도에 대한 것은 高仙寺誓幢和上塔碑에 말하기를, "垂拱 三月卅日 終於穴寺 春秋七十也."라고 하였다. 垂拱 2년은 당 측천무후 시대로서 신라 제31대 신무왕 6년(686년)이다. 원효는 高仙寺에 주하였고 또 穴寺에도 있었다. 神足 9人이 있어, 모두 大德으로 일컬었다.

제5절 설총과 그 文藝

薛聰

『東京雜記』에 설총의 약전을 기록하였다.

"설총의 자는 聰智, 원효의 아들이다. 나면서 明銳하더니 장성하자 박학하여 글을 잘하였고 쓰기도 능하였다. 방언으로써 9經을 해석하여 후생을 훈도하였으며, 또 俚語(속어)로써 吏札(이찰, 이두)를 제정하여 관부에 행하였다. 벼슬은 翰林에 이르렀다. 고려 현종 때에 弘儒侯를 추증하고 문묘에 從祀하였다. (동경잡지 111쪽)

花王戒　　　설총의 문장으로 세상에 전하는 것은 花王戒 뿐이다. 神文王
本紀에 기록되어 있다.

"神文王 以仲夏之月 處高明之室 顧薛聰曰 今日宿雨初歇 薰風
微涼 雖有珍饌哀音 不如高談善謔 以敘伊鬱 吾子 必有異聞 盍爲
我陳之 聰曰 唯 臣聞 昔花王之 始來也 植之以香苑 護之以翠幕 當
三春而發艶 凌百花而獨出 於是 自邇及遐 艶艶之英 夭夭之靈 無
不奔走上謁 唯恐不及 忽有一佳人 朱顏玉齒 鮮裝艶服 伶俜而來
綽約而前曰 妾 履雪白之沙汀 對鏡淸之海 以沐春雨而去垢 快淸風
而自適 其名曰薔薇 聞王之令德 期薦枕於香帷 王其容我乎 又有一
丈夫 布衣韋帶 戴白持杖 龍鍾而步 傴僂而來 曰 僕在京城之外 居
大道之傍 下臨蒼茫之野景 上倚嵯峨之山色 其名曰 白頭翁 竊謂左
右供給 雖足 膏梁以充腸 茶酒以淸神 巾衍儲藏 須有良藥以補氣
惡石以蠲素 故曰雖有絲麻 無棄菅蒯 凡百 君子 無不代匱 不識王
亦有意乎 或曰 二者之來 何取何舍 花王曰 大夫之言 亦有道理 而
佳人難得 將如之何 大夫進而言曰 吾謂王聰明 識義理來焉 今則非
也 凡爲君者 鮮不親近邪佞 疎遠正直 是以 孟軻不遇 以終身 憑唐
郎潛而皓首 自古如此 吾其奈何 花王曰 吾過矣 於是 王愀然作色
曰 子之寓言 誠有深志 請書之 以爲王者之戒 遂擢聰 以高秩."

설총의 아　　설총의 아들은 仲業이다. 당 대력 14년, 신라 혜공왕 15년,
들 薛仲業　　일본 光仁天皇 寶龜 10년에 일본 사신으로 갔다는 것이 高
仙寺 誓幢和上塔碑와 아울러 『續日本紀』에 보인다.

제6절 원효의 저서와 아울러 禪學과의 관계

元曉
著書表

義天 撰 『諸宗教藏總錄』, 永超 撰 『東域傳燈目錄』, 源空 撰 『諸宗經疏目錄』, 謝順 撰 『諸宗章疏錄』, 興隆 撰 『佛典疏鈔目錄』, 기타 諸錄에 기재된 것을 개괄하면 원효의 저술은 다음과 같다.(서명 부호 생략)

華嚴經疏, 華嚴經綱目, 大涅槃經宗要, 法華經宗要, 無量義經宗要, 方便品料簡 入楞伽經疏, 楞伽經宗要, 維摩經宗要, 金光明經疏, 金剛般若經疏, 般若心經疏, 大慧度經宗要, 金剛三昧經論, 金剛三昧經記, 同私記, 勝鬘經疏, 不增不減經疏, 般舟三昧經疏, 同略記, 解深密經疏, 大無量壽經疏, 同宗要, 同私記, 小阿彌陀經疏, 同通贊疏, 同義記, 彌勒上生經疏, 方廣經疏, 梵網經疏, 同宗要, 同略疏, 菩薩戒本私記, 同持犯要記, 瓔珞本業經疏, 同別記, 四分律羯磨疏, 同疏科, 同行宗記, 同濟緣記, 大乘觀行, 大乘起信論疏記, 同宗要, 同別記, 同大記, 同料簡, 成唯識論宗要, 同論疏, 瑜伽論中實, 因明論疏, 同記, 同判比量論, 攝大乘論疏, 同世親釋論略記, 清辨 護法空有諍論, 中邊論疏, 掌珍論宗要, 同料簡, 廣百論宗要, 同旨歸, 同撮要, 三論宗要, 成實論疏, 調伏我心論, 安身事心論, 求道譬喩論, 初章觀心論, 實性論料簡 阿毗曇名教, 同義章, 阿毗曇心大義, 雜阿毗曇義疏, 雜集論疏, 二隨章, 十門和諍論, 二諦章, 一道章, 遊心安樂道, 發心文, 六情懺悔法.

모두 81部이다. 밑줄을 친 것은 현존서이다.
『송고승전』에 의하면, 국왕(국왕의 이름은 미상)이 百座仁王

經大會를 베풀고, 碩德을 두루 찾았다. 本州(경주) 원효를 擧
進하니 모든 승려가 그의 사람됨을 미워하고 왕에게 참소하여,
들이지 않았다.

金剛三昧
經論

얼마 안 있어 왕비가 종기를 앓았다. 이에 왕이 원효에게 칙
명하여 『금강삼매경』을 암송하게 하니 원효가 말하기를, "此經
以本始二覺爲宗"이라 하고 案几(안궤, 책상)를 소(牛)의 兩角
사이에 놓고, 거기에 筆硯을 두고 시종 牛車에서 疏를 지으니
5권이 되었다. 날짜를 급히 하여 黃龍寺에서 강의하려고 하였
는데, 그때 博徒(박도)가 있어 몰래 지은 新疏를 훔쳤다. 이
일을 왕에게 사뢰고 3일을 연기하여 거듭 기록한 것이 3권이
되었는데 이것을 略疏라고 하였다. 현존 『金剛三昧經論』 3권
이 있다.

이 경은 대승의 深義 妙諦를 다 총섭하였기에 『섭대승경』,
『금강삼매경』, 『無量義宗經』이라고도 한다. 經中에 "轉諸識,
入唵摩羅"라고 설하여, 모든 심식을 轉하여 제9 청정식으로 귀
입시키는 진제삼장의 9식설의 本據이다. 그러므로 원효가 이
를 해석하기를, "一切衆生 同一本覺"이라고 하였다.

또 만법을 一佛乘으로 끌어들이는 것이 마치 일체 衆流가
大海 속으로 들어가지 않음이 없음과 같다고 하였으니 "水在
江中 名爲江水 水在中 名爲淮水 水在河中 名爲河水 俱在海
中 唯名海水 法亦如是 俱在眞如 唯名佛道"라고 한 것이 이것
이다.

또 다음에 理入과 行入을 설하였는데, 이것은 보리달마의 二
入四行의 기초가 된 것이다. 과연 그렇다면 이 경의 疏釋은 禪
道의 발흥과 큰 관계를 갖는 것이다. 『起信論疏』를 보면, 詞義

가 둘이면서 묘하다. 본 『기신론』의 宗體說에 말하였다.

起信疏   "大乘之爲體也 蕭焉空寂 湛爾冲玄 玄之玄之 豈出萬像之表 寂
之寂之 猶在百家之談 非像表也 五眼不能見其軀 在言裏也 四辯不
能談其狀 欲言大矣 入無內而莫遺 欲言微矣 苞無外而有餘 引之於
有一如用之而空 獲之於無 萬物乘之而生 不知何以言之 强號之謂
大乘 自非杜口大士 目擊丈夫 誰能論大乘於離言 起深信於絶慮者
哉 所以馬鳴菩薩 無緣大悲 傷彼無明妄風 動心海而易漂 愍此本覺
眞性睡長夜而難悟 於是同體智力 堪造此論 賛述如來 深經奧義 欲
使爲學者 暫開一軸 遍探三藏之旨 爲道者 永息萬境 遂還一心之原
所述雖光 可略而言 開二門於一心 總括摩羅 百八之廣誥 示性淨於
相染 普綜踰闍十五之幽致 至如鵠林一味之宗 鷲山無二之趣金鼓
同性三身之極果 華嚴瓔珞四階之深因 大品大集曠蕩之至道 日藏
月藏微密之玄門 凡此等輩中 衆典之肝心 一以貫之者 其唯此論乎
故下文言爲欲總攝如來 廣大深法無邊義故 應說此論 此論之義 旣
其如是 開則無量無邊之義爲宗 合則二門一心之法爲要 二門之內
容萬義而不亂 無邊之義 同一心而 混融 是以開合自在 立破無礙
開而不繁 合而不狹 立而無得 破而無失 是爲馬鳴之妙術 起信之宗
體也."

海東疏   『송고승전』 권 5 청량징관傳에 말하기를, "又於淮南法藏 受
海東起信疏義"라고 한 것을 보면 원효가 『起信論疏』를 草하
자 곧 法藏, 澄觀 등 중국의 學匠들의 소중히 여긴 바가 된
것이다.

제7절 원효의 사상

元曉의
思想

　　원효가 여러 經의 疏를 지음에는 반드시 一乘圓教를 그 입각
지로 삼은 것이다. 그러므로 『無量壽經宗要』에 말하기를, "夫
衆生心性 融通無碍 泰若虛空 湛猶巨海 若虛空故 其體平等 無
別相而可得 何有淨穢之處 猶巨海 故其性潤滑 能隨緣而不逆
豈無動靜之時 (…) 穢土淨國 本來一心"이라고 하였다. 『불설
아미타경소』, 『유심안락도』에도 모두 동일한 序說이 있다.

　　또 『미륵상생경종요』에는 미륵을 法性, 眞如와 동일한 것으
로 하여, "彌勒菩薩之爲人也 遠近莫量 淺深無測 無始無終 非
心非色 天地不能載其功 宇宙不能容其德 八聖未嘗窺其庭 七辯
無足談其極 穿穿冥冥 非言非默者乎"라고 하였다.

　　또 『열반경종요』에 열반의 체용에 대하여 말하기를, "涅槃之
爲道也 無道而無非道 無住而無非住 是知其道 至近至遠 證斯
道者 彌寂彌喧 彌喧之故 普震八聲 通虛空而不息 彌寂之故 遠
離十相 同眞際而湛然 由至遠故 隨教逝之 綿歷千劫而不臻 由
至近故 忘言尋之 不過一念而自會也"라고 하였다.

　　또 『大乘六情懺悔』에는 諸佛의 一體無二인 것을 말하여, "諸
佛不異而亦不一 一即一切 一切即 一 雖無所住 而無不住 雖無
所爲而無不爲 一一相好 一一毛孔 遍無邊界 盡未來際 無障無
礙 無有差別 教化衆生 無有休息 所以者何 十方三世 一塵一念
生死涅槃 無二無別"이라고 하였다.

　　또 『법화종요』에는, "此經 正以廣大甚深 一乘實相爲所詮宗
(…) 一切衆生 並是一佛乘人 皆爲佛子 悉是菩薩 以皆有佛性
當紹佛位故 (…) 一乘理者 (…) 謂一法界 亦名法身 名如來藏

(…) 一乘教者 (…) 一言一句 皆爲佛乘 一相一味 是故甚深
(…) 一乘因者 一切衆生 所有佛性 (…) 一乘果者 法佛菩薩 如
壽量品云 如來如實 知見 三界之相 無有生死 若退若出 亦無在
世及滅度者"라고 하였다.

그리고 『大慧度經宗要』에는,

"波若爲至道也 無道非道 無至不至 蕭焉無所不寂 泰然無所
不蕩 是知實相無相 故 無所不相 眞照無明 故無不爲明 (…) 斯
則假名妄相 無非眞性 而四辯不能說其相 實相般若 玄之亦玄之
也 貪染痴暗 皆是慧明 而五眼不能見其照 觀照波若 損之又損
之也"라고 하였으니 그 말한 바가 다소의 相違는 있더라도 원
효의 사상은 항상 一乘圓教에 입각한 것임을 알 수 있다.

제8절 밀교의 전래와 자장의 교화

芬皇寺
첨성대

제27대 선덕여왕(632-646) 3년에 분황사가 이루어졌다. 왕
은 또 천문대를 세웠다. 경주 월성의 북쪽에 현존하는 첨성대
가 이것이다. 왕 4년에 沙門 明朗이 당에서 돌아와 밀교를 전
하였다. 『삼국유사』 권5에 의하면, 明朗의 字는 國育인데 신라
의 沙干 才良의 아들이다.

明朗의
密教

才良에게 세 아들이 있었으니 첫째는 圓教大德, 둘째는 義安
大德, 명랑은 그 끝이었다. 선덕왕 원년에 입당, 밀교를 받고,
4년에 돌아온 것인데 그의 師承은 알 수 없다. 명랑은 金光寺
를 창건하였다. 이보다 먼저 선덕왕 원년에 밀교법사가 『약사
경』을 외워서 왕의 병을 고쳤고, 또 승상 金良圖를 위하여 群
鬼를 축출하고, 그의 병을 다스렸다고 전한다.

密本
神印宗祖
　　密本도 역시 密教僧이었던 모양이다. 그러나 明朗의 이름이
대단히 높았고 神印宗祖라고 일컬었다. 5년에 여왕에게 병이
있어서 백고좌를 황룡사에서 베풀고 『인왕경』을 강의하였으
며, 僧 100인을 득도케 하여 平快를 기원하였다. 이 해에 자장
이 입당 구법하였다.

慈藏傳
　　『속고승전』 24권, 『삼국유사』 4권 및 『삼국사기』에 보면, 자
장은 신라 김씨의 아들(東史綱目 云 俗名 善宗 眞骨蘇判 金茂
林之子) (一作 金武林 子)인데 일찍이 양친을 잃고 깊이 世華
를 싫어하여 몸을 林壑에 던져 홀로 백골관을 닦았다. 마침 台
輔의 자리가 비어서 문벌이 그 자리에 해당하므로 여러 번 불
렀으나 가지 않아서 왕(진평왕)이 크게 노하여서 나오지 않으
면 참수하겠다고 하였다.

　　자장이 말하기를, "吾寧一日持戒而死 不願百年破戒而生"이
라고 하니 왕이 愧服(괴복)하여 출가를 허락하였다. 이에 求法
의 뜻을 정하고, 선덕왕 5년에, 즉 당 정관 10년(唐傳 作 十二
僧實
年)에 칙명을 받고 문인 僧實 등과 입당하였다.

　　청량산에 올라서 문수대성을 참배하고 사리·가사 등을 感得
하였다. 北臺를 내려와 京師(서울)에 들어가니 大宗帝가 칙명
으로 勝光別院에 있게 하였다. 성품이 정숙을 좋아하여, 終南
山 雲際寺의 東嶽(동악)에 방을 마련하고 있기를 3년(당시 南
山律宗 興於唐) 神人에게서 계를 받고 靈應이 날로 많아져 갔
다. 다시 入京하니 칙명으로 絹二百疋을 하사하여서 衣服에 充
用하였다.

歸東
　　정관 17년에 선덕왕이 上表하여 자장을 귀국시키도록 청하
니 太宗帝가 詔勅으로 입궁시켜서 예물로 주는 것이 매우 윤택

하였다. 자장이 대장경 일부와 아울러 佛像·旛·花蓋를 빌어서 가지고 본국으로 돌아오니 이것이 조선에 대장경이 있게 된 시초일 것이다. 왕이 명하여 분황사에 머물게 하고 궁중으로 청하여서 『攝大乘論』을 강의하였다.

菩薩戒 또 皇龍寺에서 『보살계본』을 강의하기를 7日 7夜였다. 조정에서 의논하기를, "佛教東漸雖百齡 其於住持修奉軌儀闕如也 非夫綱理 無以肅淸"이라고 하고, 그것을 계기로 자장에게 칙명하여 대국통을 삼았다. 이로부터 國中 사람으로서 受戒奉佛함이 십중팔구였다. 영취산에 통도사를 창건하여 계단을 쌓고 사방에서 오는 자를 제도하였고, 또 고향집을 改營하여서 元寧寺로 하였다. 그리고 『화엄』을 강의하기 萬偈였다.

行唐制 또 나라 사람들의 복장이 諸夏(중국)와 같지 않으므로 이를 唐儀에 준하여 고치니 이것이 제28대, 진덕왕 3년(서기 69년), 즉 당 정관 23년이다. 이에 비로소 중국의 의관을 입었다. 그리고 다음 해 高宗 永徽 원년에 정월 초하루부터 永徽라는 연호를 썼다. 그런 뒤로는 조선의 사신이 朝覲이 있을 적마다 上蕃에 서게 되었다.

水多寺 만년에 京輦(경연, 도읍)을 떠나서 江陵府에 水多寺를 창건하여 주석하였다. 水多寺址는 강원도 홍천에 있다. 지은 바 寺塔이 十有餘所, 諸經戒疏를 택한 것이 10여 권이다. 義天이 택한 『諸宗教藏總錄』에는 『四分律羯磨私記』, 『十誦律木叉紀』를 들었고, 『日域傳燈目錄』에는 『阿彌陀經疏』를, 『佛典疏鈔目錄』에는 『阿彌陀經義記』를 들었다.

皇龍寺 『삼국유사』 권2에 말하였다.
九層塔

"慈藏法師西學 (…) 忽有神人問 汝國有何留難 藏曰 我國北連靺
鞨 南接倭人 麗濟二國 迭犯封陲 隣寇縱橫 (…) 神人云 今汝國以爲
王 有德而無威 故隣國謀之 宜速歸本國 藏問歸鄉 將何爲利益乎 神
曰 歸本國 成九層塔於寺(皇龍寺)中 隣國降伏 九韓來貢 王祚永安
(…) 貞觀十七年 (…) 歸國 以建塔之事 聞於上 善德王 議於群臣
群臣曰 請工匠於百濟 然後方可 乃以寶帛請於百濟 匠名 阿非知 受
命而來 (…) 其塔刹柱記曰 鐵盤已上 高四十二尺 已下一百八十三
尺 慈藏以五臺所授 舍利百粒 分安於柱中 貞觀十九年乙巳(善德王
十四年)塔初成"

『삼국유사』 권2에 의하면, 9층탑은 九敵國을 항복받기 위하여
세운 것이니 제1층은 일본, 제2층은 중화, 제3층은 오월, 제4층
은 託羅, 제5층은 鷹遊, 제6층은 말갈, 제7층은 丹國, 제8층은
女狄, 제9층은 濊貊을 누르기 위한 것이라 한다. 이 탑은 皇龍寺
丈六尊像과 진평왕의 옥대와 더불어 신라의 三寶라고 했다.

石南院 자장은 또 태백산에 가서 石南院을 세웠다. 이것이 淨岩寺
淨岩寺 다. 강원도 선선군 태백산 정암사 사적에 보면 다음과 같이 쓰
여 있다.

"太宗 貞觀 十九年 乙巳 慈藏創立建 佛舍利塔 (…) 慈藏入唐 於
五臺山 得舍利 歸國 善德王供養 (…) 拜師爲國統·師奏建皇龍寺
九級塔 藏舍利 次立月精寺十三層塔 藏舍利 因開中臺 安佛顱 (…)
後建通度寺戒壇 藏舍利佛頂骨.

慈藏偈 佛塔偈 慈藏作
萬代輪王三界主 雙林示滅幾千秋

眞身舍利今猶在　普使群生禮不休"

라고 하였다.

通度寺記　　통도사 창건 由緒에 의하면 자장이 종남산 雲際寺에서 세존의 정골 및 사리 100매와 毘羅金點袈裟 1령과 패엽경 한 권을 感得하여 본국에 귀환, 정관 20년 丙午에 선덕왕과 함께 鷲捿山下 구룡연으로 가서 용을 위하여 설법하고, 못을 메워서 금강계단을 構築, 그 속에 사리 4매와 치아와 정골과 패엽경을 안치하였다고 전한다.

金剛戒壇
舍利塔　　지금 통도사에 있는 금강계단은 후인의 擬古品이라고 하더라도 족히 典雅하여 볼품이 있다. 사리탑은 의연히 舊觀을 보존하고, 壇石·燈籠 등의 조각은 아주 優美한 것이다. 禪堂의 華嚴曼陀羅一幀도 참으로 賞翫할 가치가 있다. 자장의 袈裟·錫杖·鈴·香爐 등 유물이 현재도 보존되어 있다.

　　또 『通度寺記』에 보면, "萬曆壬辰 島夷之變 國家奔走 蘿月松風 亦未免禍 吁 戒壇聖骨 並被賦取 幸蒙天祐 得返本處 于時松雲大師 命門下敬岑 太然 性元 雪雄等 督役而重創之 金剛戒壇 宛如似昔年"이라고 하였다.

眞覺의 偈　　뒤에 진각국사가 통도사 계단을 題하여 頌하기를, "釋尊舍利鎭高臺 覆釜腰邊有大瘢 聞道黃龍災塔日 連燒一面示無間"이라고 하였고, 또 佛 가사를 題하여, "慇勤稽首敬歸依 是我如來所着衣 因憶靈山猊座上 莊嚴百福相巍巍"라고 하였다.

月精寺　　古記에 보면, "五臺山 月精寺는 慈藏法師가 당에서 돌아오자 문수의 眞身을 보고자 하여 산기슭에 菴子를 얽고 머물기를 7일, 그러나 뜻을 이루지 못하고 떠나 妙梵山에 이르러서 淨岩

寺를 지었는데 뒤에 信孝居士가 와서 慈藏의 茅菴이었던 땅에 머물렀고, 다음에 梵日의 문인 信義頭陀가 創菴하여 살았으며, 또 뒤에 水多寺 장로가 緣이 있어 와서 하니 차츰 큰 절이 되었다."라고 하였다. 月精寺가 이것이다.

圓勝　　　『속고승전』권24에 의하면, 신라 沙門 圓勝이 당 정관 원년에 당나라 서울에 가서 定慧를 아울러 닦고, 護法을 결심하고 慈藏과 옷깃을 같이 하여 본국에 돌아와서는 律部를 개강하여 크게 계학이 성하도록 하였다."라고 하였다.

제9절 惠通의 密敎

道玉　　　신라 제29대 태종 무열왕(654-660) 2년에 고구려, 백제, 말갈이 병력을 연대하여 신라를 침공, 33城을 취하여 갔다. 實際寺의 승 道玉이 종군하여 백제와 싸우다가 죽었다. 대개 신라인은 보국진충의 정신이 넘쳤던 까닭이다.

　　　　태종 무열왕 7년에 왕이 金庾信과 죽을 힘을 합하여 당에 원군을 청하여, 당나라 장수 소정방이 거느린 3만의 군사와 김유신의 精兵 5만으로써 백제를 토벌, 의자왕을 항복 받고 그 나라를 멸망시켰다.

　　　　제30대 문무왕 4년에 제 마음대로 財貨와 田地를 佛寺에 베푸는 것을 금하였다. 佛寺로 인하여 金品을 과도하게 쓰는 폐단이 이미 이때에 나타난 것이다.

惠通傳　　　문무왕 5년에 沙門 惠通이 밀교를 전하여 왔는데,『삼국유사』권5에 보면, "惠通은 氏族에 대해서는 알 수 없다. 당에 가서 無畏 삼장을 뵙고 3년을 부지런히 섬겼으나 가르침을 받

지 못하며 이에 비분하여 뜰에 서서 머리에 火盆을 이고 있으니 잠시 후 정수리가 터지면서 소리가 우레와 같았다. 삼장이 이를 보고 火盆을 치우고 손가락으로 터진 곳을 만지면서 神呪를 외우니 상처가 아물어서 平日과 같았다. 그러나 흉터가 있어 王字의 모양이었으므로 王和尙이라고 호하였다. 三藏이 깊이 그릇으로 여기고 印訣을 전하였다.

그때 唐의 공주가 병이 있어서 高宗帝가 三藏에게 구원을 청하니 삼장이 惠通을 천거하여 自己를 대신하였다. 惠通이 黑白 2종의 콩을 주술로써 神兵으로 만들어서 蛟龍을 쫓아내었는데, 병이 드디어 나았다. 한편 그 독룡은 신라에 이르러서 살아있는 생명을 해침이 심히 많았다. 그래서 高宗帝 麟德 2년(문무왕 5년)에 환국하여 용을 물리쳤다.

제33대 효소왕 때에 王女(공주)에게 병이 있어서 惠通에게 詔勅하여 고치게 하니 병이 곧 나았다. 왕이 크게 기뻐하였고, 혜통을 국사로 삼았다. 밀교의 바람이 이에 크게 떨쳤다는 것이다.

惠通傳 考證 그러나 이상의 記事는 자못 의심스러운 것이다. 왜냐하면 『송고승전』권2에 李華의 撰인 善無畏 삼장의 행장을 살펴보건대, 선무외의 이름이 중국에 들린 것은 睿宗 때로서, 玄宗 開元 원년에 帝가 꿈에 이상한 僧을 보고 丹靑으로 이를 殿壁에 그리게 하였다. 뒤에 無畏가 오고 보니 꿈과 부합되었다. 이에 존경하여 敎主로 하였다고 하였다.

그리고 無畏가 長安에 들어온 것은 開元 4년 병진(716년)이었다면 惠通이 신라에 돌아온 해(高宗 麟德 2年)보다도 51년이나 뒤에 無畏가 장안에 들어온 것이 되는데 惠通이 어떻게

無畏에게서 밀교를 받았겠는가? 高宗 때에 무외는 아직 당에 가지 않았으니, 그렇다면 무외를 통하여서 공주의 질병을 치료했다는 것도 믿을 수 없다.

중국 蜜教 그러나 密教가 중국에 전한 것은 당대에서 비롯함이 아니다. 西晉 때에 帛尸黎密多羅가 이미 『大灌頂經』, 『大孔雀王神呪經』 등을 譯出하였고, 그 뒤로 역대 密部經典의 翻傳이 있었던 것이다. 그러니 惠通은 入唐하여 누구에게서인가 이것을 얻은 것이리라.

『元亨釋書』 권1 의하면, 越州 龍興寺 順曉가 말하기를, "昔 開元朝 三藏善無畏 從佛國大那蘭陀寺 見今(애장왕 5년)在 新羅國 轉大法輪이라고 하였다. 그렇다면 善無畏의 법은 애장왕

義林 때에 이르러서 義林에 의하여 신라에 전하여진 것이다. 『삼국유사』 권2에 이렇게 말하였다.

"上元元年(文武王) 甲戌 二月 劉仁軌 爲鷄林道總管 以伐新羅(上元 2년 2월) 王甚悼之 會群臣 問防禦策 角干金天尊 奏曰 近有 明朗法師 入龍宮 傳秘法而來 請詔問之 朗奏曰 狼山之南 有神遊林 創四天王寺於 其地 開設道場則可 (…) 乃以彩帛營寺 草構五方神

文豆婁 像 以瑜伽明僧十二員 明朗爲上首 作文豆婁秘密之法 (…) 唐兵舡
蜜法 皆沒於水 後改刱寺 名四王天寺"라고 하였다.

四天王寺 사천왕사 址는 경주시에서 南으로 10리, 狼山의 동남쪽 기슭
址 에 있다. 사천왕사碑의 斷片은 총독부 박물관에 수장되었다. 근년에 와서 寺址에서 사천왕을 陽刻하여 施釉한 塼의 斷片이 발견되었다.

제10절 삼국의 통일과 義湘의 華嚴宗

　　문무왕 8년(당 총장 원년)에 왕이 唐將 李勣 등과 협력하여 고구려를 공격, 평양을 함락시키고 보장왕을 사로잡아서 당으로 보내었다. 삼국통일의 공이 이에 이루어진 것이다.

信惠
　　다음 해 9년에 信惠法師를 政官大書省으로 삼아서 정무에 참여시켰다. 이 해에 唐僧 法安이 와서 고종제의 명을 전하고 磁石을 구하였다. 이에 사신으로 하여금 이를 보내었다. 10년

法安
(670년)에 法安이 고구려인 때문에 살해되었다.

義湘傳
　　같은 해에 고승 義湘이 당에서 돌아와 화엄종을 전하였다. 의상의 속성은 김씨(혹은 朴씨)이고 계림 사람이며, 진평왕 47년 (당 고조 무덕년)에 탄생하였다. 20세에 출가(또는 29세, 皇福寺 落髮)하였고, 진덕왕 4년(당 고종 영휘 원년)에 나이 26세였는데, 원효와 동반하여 입당하고자 요동에 나갔다가 邊戍에서 諜者의 容疑로 여러 날 잡힌 끝에 겨우 모면하여 돌아왔다.

　　문무왕 원년 신유(당 고종 龍朔 원년)에 唐 사신의 배가 西還하는 것을 만나 이에 편승하고 중국에 들어갔다. 인하여 종남
智儼
산 至相寺에 나아가서 智儼(杜順의 제자)을 뵙고 입실하여 華嚴의 妙旨를 받으니 賢首法藏과 동학이었다

金仁問
　　본국의 승상 金仁問 등이 먼저 당에 갇혀 있었는데, 高宗이 대거 東征하려고 하니 仁問 등이 몰래 이를 義湘에게 알리었다. 의상이 咸亨 2년(문무왕 11년)에 귀국하여 이 일을 조정에 말하니 문무왕이 神印大德 明朗에게 명하여 密壇法을 베풀어서 이를 막게 하였다.

『삼국유사』권2에 말하기를, "문무왕이 京師(도읍)에 성곽을 구축하고자 하니 그때 의상이 상서하여 아뢰되, "政教明則 雖草丘盡地而 爲城 民不敢踰 可以潔災進福 政教苟不明則 雖有長城 災害未消"라고 하여 이에 그 役事를 그만 두었다.

洛山寺   강원도 양양군 낙산사 事蹟에 보면, 同寺는 의상이 귀국하던 해, 즉 문무왕 11년에 개창한 것이며, 의상의 作인 栴檀나무 觀音을 본존으로 모셨고, 창해에 임하여 의상대가 있는데 관음의 眞容을 禮하기 위하여 義湘이 100일 동안 정근을 히였디는 곳이다. 그리고 관음굴이 있어 梵音, 海潮音이 밤낮으로 끊임이 없다."라고 하였다.

      『삼국유사』권3에는, 낙산사의 관음은 의상이 이곳 해안 관
梵日   음굴에서 眞容을 절하여 뵙고 塑成한 것이고, 또 범일국사가 大中 12년 무인 2월 15일에 洛山下 水中에서 발견한 正趣菩薩像을 모셨다고 기록하였다.

浮石寺   의상은 문무왕 16년(당 고종 의봉 원년) 나이 52세에 왕명에 의하여 태백산(경상북도 영주군)에 부석사를 창건, 화엄일승을 開演하였다. 제39대 성덕왕 원년(당 嗣聖 19년, 702년)에 圓寂하니 춘추 78세였다. 『法界品抄記』, 『大華嚴十門看法觀』, 『華嚴一乘法界圖』, 『白花道場發願文』 등을 撰하였다.

      『송고승전』에 의상의 操行을 다음과 같이 서술하였다.

義湘操行   "國王欽重 以田莊奴僕施之 湘言於王曰 我法平等 高下共均 貴賤同揆 『涅槃經』 八不淨財 何莊田之有 何奴僕之爲 貧道以法界爲家 以盂耕待稔 法身慧命 籍此而生矣 (…) 湘貴如說行 講宣之外 精勤修練 莊嚴刹海 靡憚暄涼 又常行義淨洗穢法 不用巾帨 立期乾燥而

止 持三法衣瓶鉢之餘 曾無他物"

一乘法界圖   義湘이 당 總章 원년 戊辰(문무왕 8년)에 당에 있으면서 지은 〈華嚴一乘法界圖〉는 다음과 같다.

〈一乘法界圖〉

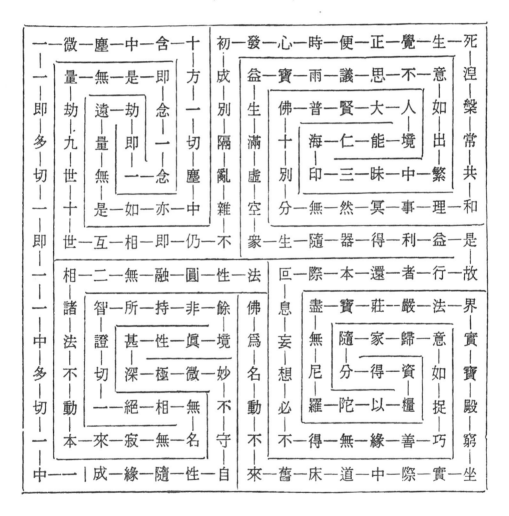

제11절 義湘의 門人과 十刹

十大德

의상의 문인에 10대덕이 있어 각기 一乘의 義를 통하였으니, 悟眞, 智通, 表訓, 眞定, 眞藏, 道融, 良圓, 相源, 能仁, 義寂이다. 智通은 영취산 朗智에게 배우다가 뒤에 義湘의 門에 들어왔다. 『삼국유사』에 그의 전에 대하여 이렇게 서술하였다.

智通傳

"歃良州(今梁山) 阿曲縣之 靈鷲山(通度寺山號)有異僧 菴居累紀 而鄉邑皆不識 師亦不言 名氏 常講法華 仍有通力 龍朔初(文武王元年) 有沙彌智通 伊亮公之家奴也 出家年七歲 時有鳥來鳴曰 靈鷲去 投朗智 爲弟子 通聞之 尋訪此山 來憩於洞中樹下 忽見異人 出 曰我是普賢大士 欲授汝戒品 故來爾 因宣戒訖乃 故來爾因宣戒訖乃 隱 通神心豁爾 智證頓圓 遂前行路 逢一僧 乃問朗智師何所住 僧曰 奚問朗智乎 通具陳神烏之事 僧莞爾而笑曰 我是朗智 今玆堂前 亦有鳥來報 有聖兒 投師將至矣 宜出迎 故來迎爾 乃執手而嘆曰 靈 烏鷲爾投吾 報予迎汝 是何祥也 殆山靈之陰助也 傳云 山主乃辨才天女 通 聞之泣謝 投禮於師 旣而將與授戒 通曰 予於洞口樹下 己蒙普賢大士乃授正戒 智嘆曰 善哉 汝己親稟大士滿分之戒 我自生年來 夕惕慇懃 念遇至聖 而猶未能昭格 今汝己受 吾不及汝遠矣 反禮智通 因名其樹曰普賢 通曰 法師住此其己久 智曰 法興王丁未之歲 始寓足焉 不知今幾 通 到山之時 乃文武王即位元年辛酉歲也 計己 一百三十五年矣 通後詣義湘之室 升堂覩奧 頗資

錐洞記主

玄化 寔爲錐洞記主也"

다음에는 의상의 門人 眞定에 대하여 다음의 美談이 있다.

眞定傳　　　"眞定 羅人也 白衣時而 家貧不娶 傭作受粟 以養孀母 家中計產
唯折脚一鐺而已 一日有僧到門 求化營寺鐵物 母以鐺施之 旣而定
從外歸 母告之故 且虞子意何如爾 定喜現於色曰 施於佛事 何幸如
之 雖無鐺 又何患 乃以瓦盆爲釜 聞人說 義湘法師 在大伯山 說法
利人 卽有嚮慕之志 告於母曰 畢孝之後當投於湘法師 母曰 佛法難
遇 人生大速 乃曰畢孝 不亦晩乎 曷若趁予不死 以聞道聞 愼勿因循
速斯可矣 定曰 萱堂晚景 唯我在側 弃而出家 豈敢忍乎 母曰 噫 爲
我妨出家 令我便墜泥黎也 難生 養以三牢七昇 豈可爲孝 予其衣食
於人之門 亦可守其天年 必欲孝我 莫作爾言 定沈思久之 母卽起罄
倒囊儲 有米七升 卽日畢炊 且曰 恐汝 因熟食經營 而行慢也 宜在
予目下 喰其一 橐其六 速行速行 定飲泣固辭曰 弃母出家 其亦人子
所難忍也 況其杯漿 數日之資 盡裏而行 天地其謂我何 三辭 三勸之
進途宵性 三日達大伯山 投湘公 名曰眞定 居三年 母之訃音至 定跏
趺定七日乃起 (…) 旣出定以後事 告於湘 湘率門徒 歸小伯山錐洞
結茅爲廬 會徒三千 約九十日 講華嚴大典 門人智通 隨講 撮其樞要
成兩卷 名錐洞記"

表訓에 대하여 『삼국유사』 권2에 이렇게 기록되어 있다.

表訓　　　"景德王 一日 詔表訓大德曰 朕無祐不獲其嗣 願大德 請於上帝而
有之 訓 上告於天帝 還來奏云 帝 有言 求女卽可 男卽不宜 王曰
願轉女成男 訓再上天請之 帝曰 可則可矣 然爲男則 國殆矣 訓欲下
時 帝又召曰 天與人不可亂 今師往來 如隣里 漏洩天機 今後宜更不
通 訓來以天語論之 王曰國難殆得男而 爲嗣足矣 於是滿月 王后生
太子 王喜甚 至八歲 王崩 太子卽位 是爲惠恭大王 幼冲故 太后 臨

朝 政條不理 盜賊蜂起 不遑備禦 訓師之說 驗矣 (…) 自表訓後 聖
人不生於新羅云"

표훈에게는 『華嚴經文義要決問答』을 저술한 것이 있다. 또
금강산 표훈사는 表訓의 創達이라고 전한다. 그런데 寺記는 조
선 세조 이후의 것 뿐이다.

義寂　　義寂에 관하여는, 『대열반경강목』, 『대열반경義記』, 『大涅槃
經云何偈』, 『法華經料簡』, 『法華經靈驗記』, 『成唯識論本詳訣
瑜伽義林』, 『梵網經菩薩戒本疏』, 『大無量壽經綱要』의 저서가
있다.

三法傳　　지리산 雙溪寺記에 의상의 門人 三法에 관한 記事가 있는데
다음과 같은 내용이 수록되어 있다.

三法은 신라 문무왕 16년 丙子에 義相禪師에게 投하여 受具
하였다. 聰慧가 있어 능히 經律을 解하였다. 일찍이 중국 曹溪
의 육조혜능대사의 道望을 듣고 參問하고자 하였으나 아직 그
뜻을 이루지 못하더니 당 현종 先天 2년(신라 성덕왕 12년)에
六祖가 입적하였음을 듣고 심히 통한하였다.

圭晶　　그 후 6년이 지나서 金馬國 미륵사의 승 圭晶이 당에서 귀환
하면서 가지고 온 『법보단경』을 읽다가 "師曰 吾滅後五六年 常
有一人 來取吾首"라고 한 데에 이르러서 가만히 생각하기를
"내가 마땅히 힘껏 도모하여서 우리나라의 萬代의 福田을 지으
리라." 하고 인하여 金庾信의 부인이었던 法淨尼에게 청하여
二十千金을 빌어서 상선을 타고 入唐, 홍주 開元寺에 기거하였
다. 그때 거기에 大悲禪伯이 있었으니 신라 栢栗寺의 승이었
다. 2인이 서로 친하고 담론하여 이 절에 기거하던 張淨滿에게

二十千金을 주고 육조의 頂相을 취하여다가(開元 11년) 法淨

靈妙寺　尼가 住하는 靈妙寺에서 夜半을 타서 공양하였다.

　　뒤에 한 스님이 꿈에 나타나서 말하기를, "吾歸此土 佛國有
因緣 康州智山下 葛花雪裡天 人境同如幻 山水妙如蓮 我法本
無心 幽宅卜萬年"이라고 하였다. 그래서 곧 大悲와 함께 康州
지리산을 더듬었다. 때마침 12월이라 積雪이 산봉우리와 같았
는데도 따뜻하기가 봄과 같고 葛花가 활짝 핀 곳이 있었다. 드
디어 이곳에 돌을 쪼아서 函을 만들어 깊이 窆安하고 一座의
蘭若를 그곳에 세웠다. 그리고 禪定을 전수하였다. 歷修한지
18년, 신라 효성왕 38년 기묘 7월 12일에 목욕하고 『육조단경
』을 坐誦하다가 가니, 문인 仁慧, 義淨 등이 全身을 받들어 雲
巖寺에 歸葬하였다.

　　眞鑑國師가 지리산 화개곡에서 三法和尙의 遺基에 나아가
一寺를 세우고 玉泉寺라고 하였다. 지금의 雙溪寺가 이것이다.
화엄도량에 대하여, 崔致遠이 선택한 法藏和尙傳 挾註에 이렇
게 말하였다.

華嚴十刹　　"海東華嚴 大學之所 有十山焉 中岳公山 美理寺, 南岳智異山 華
嚴寺, 北岳 浮石寺, 康州(今陜川)迦倻山 海印寺, 普光寺, 熊州(今
公川)迦倻峽 普願寺, 鷄龍山 岬寺, 括地誌所云 鷄藍山是朔州(今春
川) 華山寺, 良州(今梁山) 金井山 梵語(魚)寺, 毘瑟山 玉泉寺, 全州
母山 國神寺, 更有漢州(今廣州) 負兒山(三角山)靑潭寺 此十所"

華嚴寺　　義湘이 전교한 지리산 화엄사에는 부석사 건립 다음 해, 즉
石經　　儀鳳 2년(문무왕 17년, 677년)에 刻한 晋譯『華嚴經』인 石經이

있었는데, 지금도 그 殘缺된 것이 있다. 또 同寺 華嚴經社願文에는 신라 헌강왕의 冥福을 위하여 왕의 아우 정강왕이 華嚴寺에 명하여 晋本 六十卷, 貞元本 四十卷을 써서 이를 돌에 올렸다고 하니 어느 것이 옳은지 결정하기 어렵다.

浮石寺
現狀
부석사는 의상의 근본도량으로서 寺記에 말하기를, "唐 高宗帝 儀鳳 원년에 義湘이 창건한 바러니 元順帝 때에 燒亡하였고, 고려 공민왕에 이르러서 圓融國師(碑在寺前)가 중창하였다."라고 하였다.

현존하는 祖師堂(義湘像을 안치)은 고려 우왕 3년에 된 특별보호 건물이고, 無量壽殿은 우왕 2년에 중수한 것으로서 전국적으로 가장 오랜 목조 건축이다. 殿中에 모신 미타상은 雄偉端麗함이 고려조 유일의 塑像이다. 그밖에도 사천왕, 제석, 범천의 6枚의 벽화가 있다. 동시에 周, 晋, 貞元의 三譯의 華嚴經板을 수장하였으나 散帙로 殘缺되어서 볼 수가 없다.

梵魚寺
梵魚寺는 무열왕 2년 을묘에 義湘의 창건이라고 한다. 이는 의상의 입당하기 전에 속한다. 범어사 뒤에 원효암이 있는데, 그가 講經한 곳이라고 한다. 또 義湘臺가 있는데 의상의 修禪處라고 전한다. 그렇다면 의상이 범어사에서 講法을 했을 것인가?

海印寺
海印寺로 말하면 애장왕 3년에 창건한 곳이라고 하니, 義湘이 입적 후 101년 만이다. 생각건대 義湘 스스로가 10刹에 弘敎한 것이 아니고, 최치원 시대의 10刹을 든 것에 불과하다.

賢首
『圓宗文類』에 의하면 의상의 同學 법장현수가 당의 西京 崇福寺에서 서신을 해동에 부쳐서 의상을 海東新羅 大華嚴法師라고 높이고, "如來滅後 光暉佛日 再轉法輪 令法久住者 其惟

法師"라고 찬탄하였다. 그리고 그의 저작을 보내면서 의상이 그 잘 되고 안된 것을 檢校하여 箴悔을 回示하여 달라고 청하였다. 그 書末에 이렇게 말하였다.

探玄記   "華嚴探玄記 二十卷 兩卷未成 一乘教分起三卷 玄義章等 雜義一卷 別翻華嚴經中 梵語 一卷, 起信 疏兩卷 十二門論疏一卷 新翻法界無差別論疏一卷 以上並 因勝詮法師 抄寫將歸 今月二十三日 新羅 僧 孝忠師 遺金九分云 是上人所寄 雖不得書 頂荷無盡 今附西國君持 澡罐一口 用表微誠 幸請 (一作願)檢(一作儉領)謹宣"(續藏經 第1輯 第二編 第八套 第五册, 400쪽 右一左)

勝詮   이리하여 法藏이 勝詮에게 부탁하여 義湘에게 致書한 것은 효소왕 원년 즉 唐 中宗帝 嗣聖 9년(692년)이다.

    최치원이 撰한 法藏和尚傳에 말하기를, "湘이 法藏의 疏記를 받고 스스로 이를 檢校하기 위하여 방을 닫고 探討한지 旬이 지나서야 나와서 眞定, 相圓, 亮元, 表訓에게 명하여 『探玄記』를 分講하게 하니 사람마다 각각 5권이었다. 그리고 말하기를 "나를 넓게 하는 자는 藏公이요 나를 일으키는 자는 너희들이다."라고 하였다는 것이다. 또 義湘이 당에 있을 때 南山 道宣과도 교류한 것이 『삼국유사』권3에 보인다.

義湘의
五門人

제12절 신라 무열왕과 문무왕의 功業

    백제의 말기에 의자왕이 勇膽이 있어서 攻城 野戰으로 신라의 수십 성을 빼앗으니 전쟁이 끊이지 않았다. 신라의 제29대 무열왕이 이를 근심하여 스스로 당에 가서 太宗帝를 뵙고 구원을 빌었다.

태종이 붕어하고 고종이 황제가 되자 장군 소정방을 시켜서 병사 13만으로 백제를 토벌하니 신라왕은 장군 金庾信으로 하여금 精兵 5만을 거느리고 이를 좇게 하였다.

백제왕이 대패하여 태자와 더불어 잡히니 그 나라는 드디어 망하고 당의 倂呑한 바가 되었다. 이것이 무열왕 7년(660년)이다. 이리하여 신라는 이미 백제를 평정하게 되자 다시 고구려를 없애고자 하여 재차 당에 請兵하였다. 고종 帝가 李勣을 장수로 하여 고구려를 치니 신라 제30대 문무왕은 金庾信 등 30명의 장군에게 명하여 이와 합쳤다.

드디어 평양이 함락되고 보장왕은 나와서 항복하였다. 이것이 문무왕 8년(서기 668년)이다. 이리하여 고구려는 당의 영토가 되고 신라의 전성기가 나타났다. 문무왕 14년 2월에 궁내에 못을 파고 돌을 쌓고 산을 만들어 화초를 가꾸고 珍奇한 禽獸를 길렀다. 지금 경주 월성의 북쪽 臨海殿址와 안압지가 이것이다.

문무왕이 平時에 승 知義에게 이르기를, "왜구가 항상 침범하니 짐이 죽거든 마땅히 동해 중의 大巖 上에 장사하라, 호국의 大龍이 되기를 원한다."라고 하였다. 이 遺敎에 따라서 왕의 柩를 동해상에 불살랐다고 한다(東史綱目 1, 424쪽).

『동국여지승람』에 말하기를, "倭國 數侵新羅 文武王患之 誓死爲龍 護邦國而 禦寇盜 將薨遺命 葬我東海濱水中 神文王 從之"라고 하였다. 아마 왕은 불교에 의거한 茶毗의 예를 실행한 첫 인물일 것이다.

제6장 大賢의 唯識, 勝詮의 華嚴

　　원효 義湘 이후 西竺으로 가서 求法하는 자가 더욱 많아서 혜초와 같은 이는 五天竺을 跋涉하여 두루 聖迹을 參詣하였다. 또 圓測, 道證, 大賢 등은 유식의 幽微함을 發闡하였고, 勝詮은 華嚴一乘의 妙諦를 밝히었으며, 율사 眞表는 점찰법회를 盛하게 하였고, 서방정토의 淨業도 크게 행하여졌다. 신라의 국운 융창과 더불어 불교의 황금시대였으나 雜信, 雜行도 발흥하여서 불교 熟爛의 폐단 또한 간과할 수 없다.

제1절 新羅의 十聖

新羅十聖　　『삼국유사』 권4에 보면 "東京 興輪寺 金堂十聖, 東壁坐庚向泥塑 我道, 猒觸(異次頓), 惠宿, 安含, 義湘, 西壁坐甲向泥塑 表訓, 虵巴, 元曉, 惠空, 慈藏"이라고 기록되었다. 惠宿은 眞平王 때, 惠空은 선덕왕 때 출세하여 神異를 나타내었음이 『삼국유사』 4권에 보인다.

　　이규보의 『南行日月記』에 보면 이렇게 서술되어 있다,

蛇包　　"遂往 邊山蘇來寺 (…) 至元曉房 有木梯高數十級 疊足凌兢而行 乃得至焉 (…) 傍有一庵 俗語所云 蛇包聖人 所昔住也 以元曉來居 故蛇包亦來侍 欲試茶進 曉公病無泉水 此水從巖罅 忽湧出 味極甘 如乳 因 嘗點茶也"(동국이상국집 上, 353-354)

蛇巴, 蛇包 어느 것이 옳은지 모르겠다. 원효의 侍僧인 듯하다. 내 생각에는 원효, 의상, 자장은 걸출이다. 원효는 학식이 대단히 유식하였으나 僧으로서 行이 따르지 못하였고, 의상은 撰述은 적다 하더라도 神足이 구름과 같았으니 一代의 大宗匠이었다. 表訓은 神異로써 알려졌으나 학덕이 어떠함을 모르겠으며, 자장은 학덕을 겸비하여 고승으로서의 이름이 헛되지 않다.

제2절 圓測 등의 唯識研究

圓測

의상과 동시대 사람으로서 의상보다 먼저 입당한 사람은 圓測이다. 원측의 諱는 文雅, 신라의 왕손이다. 3세에 출가, 15세에 常, 辨 두 法師의 講을 들었다. 그가 入唐하니 태종 황제가 그의 才質을 칭찬하고 도첩을 주어 京師(도읍)의 元法寺에 머무르게 하였다. 인하여 현장삼장에게 從學, 『瑜伽』·『唯識』·『俱舍』·『成實』 등의 論과 대소승의 聖經에 통하였다.

慈恩

『송고승전』 제4에 말하기를, 현장이 新翻인 『唯識論』을 강의하여 慈恩規基에게 강의하자 圓測이 守門者에게 뇌물을 주고 숨어 들어가 이를 들었고, 또 현장이 『유가론』을 강의하자, 앞과 같이 도청하여 규기에게 뒤지지 않았다고 하였다. 대체로 規基와 원측은 難兄難弟여서 서로 다투어 양보하지 않았음을 암시하기에 족한 이야기다.

원측은 西明寺 大德으로 불려졌고, 측천무후 초 義解의 선택에 응하여 譯經館에 들어가서 중천축 地婆訶羅 삼장이 칙명을 받들고 『密嚴經』 등을 번역할 때 5대덕의 上首로 참여하였다.

최치원이 撰한 圓測和尙諱日文에 의하면, 측천무후의 垂拱中에 신문왕이 여러 번 表를 올려서 본국으로 돌려보낼 것을 청하여서 한차례 귀국하였다가 재차 당으로 간 듯하다. 측천무후 萬歲通天之年(효소왕 5년) 7월 20일에 佛投記寺에서 입적하니 향년 84세였다.

圓測著書　　원측의 저서는 『成唯識論疏』, 『成唯識論疏別章』, 『二十唯識論疏』, 『成唯識應鈔』, 『成唯識應鈔光鈔』, 『瑜伽論疏』, 『觀所緣論疏』, 『俱舍論釋頌鈔』, 『解深密經疏』, 『仁王經疏』, 『金剛般若經疏』, 『般若心經贊』, 『無量義經疏』이다.

勝莊　　다음에 원측의 문인으로서 入唐한 승 勝莊이 있다. 圓測法師佛舍利塔銘序에 "圓測의 학도로서 大薦福寺 大德 勝莊法師"라고 기록되었다. 저술로는 『最勝王經疏』, 『成唯識論決』, 『梵網經述記』, 『雜集論述記』 『大因明論述記』가 있다.

道證　　또 원측의 문인으로서 道證이 있다. 入唐하여 원측을 따라서 유식을 연구하였고, 효소왕 원년에 신라로 돌아와서 천문도를 바쳤다. 저술로는 『成唯識論綱要』, 『成唯識論綱要要集』, 『辨中邊論疏』, 『因明理門論疏』, 『因明理門論疏述記』, 『般若理趣分經疏』가 있다.

順璟　　다음에 『송고승전』 권4에 보면, 신라의 順璟이 唐 高宗帝 乾封(문무왕 6년) 연간에 入貢使를 따라서 중국에 갔는데, 그때는 현장삼장이 이미 입적하여 2년이 다 되어갔다. 순경은 因明에 자득한 바가 있었다. 현장의 고제인 규기가 보니 順璟이 세우는 바 比量에 과실이 있다고는 하더라도 그 才識을 존중하였다. 順璟이 본국에서 저술한 것이 많은데, 그가 宗으로 하는 것은 法相大乘了義敎였다는 것이다. 불전목록에 順璟의

撰이라하여 『法華經料簡』, 『唯識論料簡』, 『因明正理論鈔』를 말하였다.

神昉　　다음에 신라의 神昉도 入唐하여 현장의 高弟 규기와 더불어
遁倫　譯場에 참여하였고, 『成唯識論要集』을 撰하였다. 遁倫도 신라
智仁　인으로서 『成唯識論要決』을 지었다. 智仁도 신라인으로서 唐
의 譯場에 들어갔고, 『六卷律鈔記』, 『佛地論疏』, 『顯揚論疏』,
『雜集論疏』를 撰하였다.

제3절 憬興의 盛名, 勝詮의 弘法

　　제31대 신문왕 원년(681년)에 왕이 문무왕을 위하여 동해
感恩寺　邊에 感恩寺를 세우고, 다음 해에 거기에 가서 名竹을 얻어
祗林寺　萬波息笛을 만들게 하였으며, 祗林寺(선덕왕 12년 창건)에도
갔다.

　　『日本書紀』 권3에 보면, 신문왕 7년에 신라의 僧尼가 많이
일본에 귀화하였다. 같은 해에 또 일본 學問僧인 明聰, 觀智
등을 송환하였으며, 따로 金銅阿彌陀, 金銅大悲菩薩, 大勢至菩
薩像 각 1구를 보냈다고 하였다. 『元亨釋書』 권21에 의하면,
신문왕 10년에 신라의 사문 詮吉이 일본에 갔다고 하였다.
憬興　　신문왕의 대에 대덕 憬興의 명성이 높았고, 國老가 되었다.
『삼국유사』 권5에는 다음과 같이 기록되어 있다.

　　"神文王代 大德憬興 姓水氏 熊川(公州)人也 年十八出家 遊刃三
藏 望重一時 開耀元年(高宗帝年號, 西紀六八一年) 文武王 將昇遐

顧命於神文曰 憬興法師可爲國師 不忘朕命 神文即位 封爲國老, 住
三郞寺 (…) 一日將入王宮 從者先備於東門之外 鞍騎甚都 靴笠斯
陳 行路爲之辟易 一居士(一云沙門) 形儀疏率 手杖背筐來 憩于下
馬臺上 視筐中乾魚也 從者呵之曰 爾著緇 奚負觸物耶 僧曰 與其挾
生肉於 兩股間 背負三市之枯魚 有何所嫌 言訖起去 興方出門 聞其
言 使人追之 至南山文殊寺之門外 抛筐而隱 杖在文殊像前 枯魚乃
松皮也 使來告 興聞之 嘆曰 大聖來戒我騎畜爾 終身不復騎 興之德
馨遺味 備載釋玄本 所撰 三郞寺碑"

著書表　　경흥이 저술한 것은 (책명 부호 생략) 俱舍論鈔, 大涅槃經疏,
法華經疏, 成唯識論貶量, 同樞要記, 同義記, 瑜伽論疏, 同釋論
記, 顯揚論疏, 因明理門義鈔, 大乘起信論問答, 金光明經述賛,
同略賛, 解深密經疏, 無量壽經述賛, 阿彌陀經略記, 三彌勒經
疏, 同逐義述文, 灌頂經疏, 藥師經疏, 十二門陀羅尼經疏, 金剛
般若料簡, 四分律羯磨記, 法苑記, 拾毘尼記가 있다.

　　제32대 효소왕(692년-701년) 원년에, 唐 法藏의 문인 勝詮
이 『華嚴疏抄』를 휴대하고 와서 의상에게 주었고, 화엄의 妙旨
가 더욱 해동에 빛났다. 勝詮은 入唐하여 법장에게서 圓旨를
연구하고 『探玄記』 등을 가지고 온 것이다.

勝詮講經　　『삼국유사』 권4에, "勝詮 乃於尙州領內 開寧郡境 開創精廬
以石髑髏爲官屬 開講華嚴 新羅沙門可歸 頗聰明識道理 有傳燈
之續 乃撰心源章 其略云 勝詮法師 領石徒衆 論議講演 今葛項
寺(基址慶尙北道金泉郡)也 其髑髏八十餘枚 至今爲綱司所傳
頗有靈異."라고 하였다.

梵修　　勝詮이 전교한 후에 승 梵修가 중국에 들어가서 『新譯後分

華嚴經觀師義疏』를 구하여 동으로 돌아와서 流演하였는데, 때는 당의 정원 15년 己卯(소성왕 원년)에 해당한다고 한다. 澄觀의 疏는 興元 원년 정월부터 貞元 3년 12월에 이르러 된 것이니, 그리고 보면 撰述 후 12년 만에 신라에 전해진 것이다.

『三國佛法傳通緣起』에 말하기를, 신라 학생 大安寺의 審祥이 入唐하여 法藏을 뵙고 화엄을 전수하여 天平 12년 庚辰에 칙명에 의하여 金鍾寺에서 화엄을 강의하기 3년, 天平 14년 壬午에 입적하였다고 하였다. 이것이 일본에 있이시 『화엄』을 講經한 시초이다. 효소왕 원년에 비로소 望德寺를 창건, 唐室을 위하여 기원하였다.

明曉

『開元釋敎錄』 권8에 의하면, 沙門 明曉가 이해에 入唐하여 眞言의 妙義를 해동에 유통하고자 청하매 佛援記寺의 翻經院에서 『羂索陀羅尼』 1部를 번역하여 유포하게 하였다. 6년에 望德寺 낙성법회를 열고 왕 자신이 석존께서 現身하여 齋를 주시는 것을 感應하였으며, 釋迦寺와 아울러 佛無寺도 세웠다.

제4절 大賢의 法相, 眞表의 占察

智鳳 智鸞
知雄

제33대 성덕왕(702-736년)의 2년에 신라의 智鳳, 智鸞, 知雄이 일본 文武天皇의 칙명을 받들고 入唐하여 樸陽의 知周(慈恩의 孫)를 뵙고 법상종을 배워 일본으로 돌아가서 弘演하였다. 智鳳, 智鸞은 각각 법을 義淵에게 전수하였다. 義淵에게 7인의 上足이 있으니 玄昉僧正, 行基菩薩, 宣敎大德, 良敏大僧都, 行達大僧都, 隆尊律師, 良辨僧正이 이들이다.

法淨尼

성덕왕 11년에 名臣 金庾信의 처가 落髮하고 비구니가 되어 이름을 法淨이라고 하였다. 제34대 효성왕이 薨하매 遺命에 의하여 法流寺 남쪽에서 화장하고 뼈를 동해에 흩었다. 제35대 경덕왕(742-764년) 5년에 대사면를 행하였고 150인의 度僧을 하였다.

佛國寺
石佛寺

경덕왕 10년에 佛國寺와 石佛寺가 이루어졌으니 大相 金大城의 발원으로 된 것이다. 일연은 다음과 같이 기록하였다.

　　　佛國寺記

金大城

　　“金大城 爲現生二親 創佛國寺, 爲前生爺孃 創石佛寺, 請神琳 表訓 二聖師 各住焉 (…) 將彫石佛也 欲鍊一大石 爲龕蓋 石忽三裂 憤恚而假寐 夜中天神來降 畢造而還 城方枕起 走跋南嶺 熱香木 以供天神 故名其地 爲香嶺 其佛國寺 雲梯石塔 彫鏤石木之功 東都諸刹 未有加也 古鄕傳載如上 而寺中 有記云 景德王代 大相大城 以天寶十年辛卯 創佛國寺 曆惠恭世 以大曆九年甲寅十二月二日 大城卒 國家乃畢城之 初請瑜伽大德降魔 住此寺 繼之至于今 與古傳不同 未詳孰是”

崔孤雲
佛像讚

그리고 新羅國東 吐含山華嚴宗 佛國寺 事蹟이 있는데, “慶曆六年 丙戌二月日 國尊曹溪宗圓鏡冲照大禪師 一然撰”이라고 하였다. 慶曆 6년은 고려 숙종 12년이다. 불국사에 최치원 撰인 毗盧佛並二菩薩像讚並序, 釋迦如來像幡讚並序가 있다. 阿彌陀佛像讚並序에는 다음과 같이 기록하고 있다.

　　“東海名山有佳寺 華嚴佛國爲名字 主人宗衰親修置 標題四語有深意(一作義) 華嚴寓目瞻蓮藏 佛國馳心 係安養 欲使魔山平毒峰

終令苦海無驚浪 可愛苾蒭所設施 能遵檀越奉心期 東居西想寫形儀
觀身落景指嶮岐 各於其國興福利 阿閦如來亦奇異 金言未必辨方位
究竟指心令有地 妄生妄號空對空 浮世修行在愼終 既能安堵仰睟容
誰謂面墻無咸通 景行支公與遠公 存沒皆居佛國中"

神琳
表訓   佛國寺古今歷代記에 의하면, 金大城은 神琳, 表訓 두 대덕을 청하여 불국사에 있게 하려고 하였으나 절이 낙성되기 전에 죽었기 때문에, 국기기 이를 완성하고 瑜伽大德을 청하여 미물게 한 것이다. 또 말하기를, 唐 光啓 三年 丁未, 진성왕 원년에 불국사를 중창하고 圓測을 청하여 『화엄』을 강의하게 하였다고 하였다. 그런데 光啓 3년은 圓測 입적 후 192년이다.

太賢   경덕왕 12년 여름에 큰 가뭄이 들어 沙門 大賢에게 칙명하여 기우제를 올렸다고 하였는데 그 출처가 미상하다. 『梵網經古迹抄』에는 말하기를, 太賢이 처음에 『화엄』을 익혔고 후에 法相으로 들어갔다고 하였으며, 『備忘鈔』에는 말하기를 "大賢은 諱로서 혹은 太賢이라고도 하는데 此師는 덕행을 숨기기 때문에 僧傳엔 나타나지 않았고, 혹은 말하기를 玄奘의 제자 圓測, 원측의 제자 道證, 도증의 제자 大賢이라고 한다."라고 하였다. 『撮要啓蒙』에는 말하기를, "本師의 製한 것은 通하여 二部가 있으니 一은 素怛覽藏古述記요, 二는 阿毗達摩藏古迹記"라고 하였다.

茸長寺   『삼국유사』에는 말하기를 "大賢은 남산 茸長寺에 거주하였는데, 그 절에 慈氏의 石丈六이 있었다. 대현(태현)이 항상 이를 旋遶하면 石像도 대현을 따라서 낯을 돌리었다. 대현은 유식에 정통하여 東國의 후진들이 다 그의 訓導를 따랐고 중국의

학사도 종종 이를 얻어서 眼目으로 하였다.

　天寶 12년 癸巳 夏에 큰 가뭄이 있어서 詔勅으로 내전에 들게 하여 『金光明經』을 講하여서 祈雨하였다. 하루는 齋次에 淨水를 올리는 것이 더디니 監吏가 이를 질책하였다. 供者가 말하기를, 궁에 우물이 말라서 멀리서 길어오기 때문에 늦었다고 하였다.

　대현이 이를 듣고 말하기를 왜 일찍이 말하지 않았느냐고 하고, 낮에 강의 시에 향로를 받들고 묵연히 있으니 조금 있다가 井水가 용출하는데 높이 7척 정도였다. 闔宮이 驚駭하였고 그로 인하여 그 우물을 金光井이라고 하였다는 것이다.

　대현이 법상종의 奧旨를 연구하여 邪謬를 판정하고 八識에 遊刃하여 東國의 後進으로 하여금 다 그의 訓釋에 따르게 하였다. 대현이 저술한 것은 다음과 같다.

太賢著書 表 古迹記	華嚴經古迹記, 大涅槃經古迹記, 法華經古迹記, 金光明經述記, 同料簡, 仁王經古迹記, 金剛般若經古迹記, 同新譯經古迹記, 般若理趣分經注, 般若心經古迹記, 觀無量壽經古經記, 大無量壽經古迹記, 小阿彌陀經古迹記, 稱讚淨土經古迹記, 彌勒上生經古迹記, 彌勒下生經古迹記, 彌勒成佛經古迹記, 藥師經古迹記, 梵網經古迹記, 同戒本宗要, 大乘起信論內義略探記, 成唯識論學記, 同決擇, 同學記, 因明論古迹記, 正理門論古迹記, 瑜伽論古迹記, 同纂要, 五蘊論古迹記, 顯揚論古迹記, 攝大乘論世親釋論古迹記, 同無性釋論古迹記, 雜集論古迹記, 中邊論古迹記, 觀所緣論古迹記, 掌珍論古迹記, 廣百論古迹記, 唯識論廣釋本母頌, 大乘一味章, 成業論古迹記, 釋名章, 大乘心路章. 計四十三部 (밑줄은 현존서. 책명 부호 생략)

古迹記 　　『備忘鈔』에 말하기를, 大賢의 저작에 古迹이라고 많이 이름
한 것은 卑下를 나타낸 말이며, 諸家의 所釋에서 그 종적에 의
하여 요점을 취하여 이를 기록한 것이다. 그러므로 이것은 즉
전거가 있는 사실임을 말한다. 자기의 마음대로 한 것이 아니
다. 『梵網古迹記』와 같은 것은 義寂, 法藏의 疏記에 의하여 지
었다고 하였다.

　　경덕왕 13년에는 여름에 왕이 대덕 法海를 청하여 皇龍寺에
서 『화엄』을 강의하게 하였는데, 法海가 靈威를 나타내었다.
같은 해에 황룡사 종을 주조하였고, 14년에는 분황사 藥師의
동상을 鑄成하였다.

　　경덕왕 17년에는 금강산 乾鳳寺가 이루어졌다. 同寺는 강원
도 고성군에 위치하였고, 옛 이름은 圓覺古寺(傳云 阿道 창건)
發徵　　인데 發徵和尙이 경덕왕 17년 무술년에 이를 중창하였다. 貞
萬日念佛　信, 良順 등 31인과 念佛萬日會를 베푸니 이것이 염불만일회
會　　의 시작이다. 원성왕 3년 丙寅에 萬日이 圓成되니 31인이 육신
으로 騰空하여 서방으로 왕생하였다고 전한다.

斷俗寺 　　22년에 斷俗寺를 창건하였다. 『삼국유사』에 보면, 賢士 信忠
이 지리산에 들어가서 삭발하고 왕을 위하여 단속사를 창건하
였다고 했다. 別記엔 말하기를, 天寶 7년 戊子(경덕왕)에 왕의
寵臣 李俊(作)이 槽淵寺 小寺를 改創하여 大刹로 하고 斷俗寺
라고 이름하였다고 하였다.

金山寺 　　23년에는 율사 眞表가 金山寺에 彌勒丈六像을 주조하여, 혜
現狀　　공왕 2년에 이르러서 金堂에 安置하였다. 모악산 금산사는 전
라북도 김제군에 있다. 寺記에 보면, 백제 법왕 원년에 왕이
창건하였고, 신라 선덕왕 2년에 慈藏이 칙명을 받들고 불사리

를 가지고 와서 이 절에 탑을 세우고 사리를 모셨다. 이것이 현존하는 松臺石鍾塔으로서 古雅한 가치가 있다.

후백제왕 견훤이 그 아들 신검에게 金山寺에 유폐된 유적이 있다.

현재의 가람은 임진란 이후의 중창인데, 목조건물로는 가장 웅대한 것으로서 미륵전 같은 것은 삼층 高屋이 하늘에 솟았고, 殿內에 彌勒(33尺), 妙香(29尺), 法輪(29척)의 三像을 봉안한 특별 보호인 建造物이다. 사리탑 십삼층탑은 신라 선덕왕 2년의 작품으로, 가장 우수한 예술품이다. 현재 미륵상은 眞表時代의 作이 아님이 분명하다.

眞表와
順濟

『삼국유사』권4에 보면, 진표는 完山州(현재 전주)의 사람, 성은 井씨, 나이 스물에 금산사 順濟에게 가서 낙발하였다. 순제가 하루는 말하기를, "吾曾入唐 於五臺 感文殊菩薩 現受五戒."라고 하니 진표가 묻기를, "勤修幾何得戒耶."하였다. 순제가 말하기를, "精至則 不過一年"이라고 하니, 진표가 두루 名山을 巡歷하여 保安縣으로 가서 仙溪山 不思議庵에 留錫하여 捐身苦修한지 3,7일(21일)만에 靈應이 있어 지장보살이 화현, 戒本을 주는 것을 感得하였다. 그때는 당 개원 28년 3월 15일이었고, 그의 나이 스물셋이었다.

또 미륵이 化現하여『占察經』2권과 아울러 證果簡子 一百八十九介를 주는 것을 感得하였다. 진표가 이미 教法을 받자 산에서 내려와서 金山寺에 머물렀고, 경덕왕 23년에 丈六의 미륵상을 鑄造하여 金堂에 안치하였다. 뒤에 금산사에서 나와 高城郡으로 가서 개골산에 들어가 鉢淵藪를 창건하고 점찰법회를 열었으며, 거기에 7년을 거주하였다.

占察經
丈六彌勒
鉢淵藪
永深

속리산의 永深 등이 진표에게서 『供養次第秘法』1권과 『占察善惡業報經』2권과 189개의 簡子를 받고, 속리산에 길상사를 창건하여 점찰법회를 베풀었다. 경덕왕이 이를 듣고 궁으로 맞아들여서 보살계를 받고 租 7만 7천 석을 베풀었고, 椒庭, 列岳이 모두 계를 받고 물품을 보시한 것이 絹 500端, 黃金 50량이었는데, 진표가 이것을 모두 받아 여러 사찰에 나누어 주고 佛事를 널리 일으켰다.

眞表가 그 부친과 鉢淵에서 함께 道業을 닦고 절 동쪽 큰 바위에 올라 遷化하였다.

득법한 제자 가운데 훌륭한 제자는 永深, 寶宗, 信芳, 體珍, 珍海, 眞善, 釋忠 등인데 다 산문의 조사였다. 永深은 簡子를 전승하고 속리산에 기거하였고, 克家의 子였다. 永深의 資에 心地가 있고, 후에 이르러 이를 叙한 것 같다.

『삼국유사』에 실은, 眞表傳簡 關東楓岳鉢淵藪石記는 다 황당한 기사로 차 있다. 더구나 연대가 서로 맞지 않으며, 믿기에 충분한 것이 못 되며, 뒤에 현명한 학자의 정정을 기다릴 뿐이다. 『송고승전』권14에도 眞表의 전기가 있으나, 하나도 취할 만한 것이 없다.

당시 신라의 沙門으로 천축(인도)에 들어가 구법하는 자가 적지 않았다. 그러나 玄奘, 義淨 등과 같은 偉蹟을 남긴 자는 慧超 1인뿐이다.

慧超渡天

혜초의 『往五天傳箋釋』에 말하였다.

"開元七年(玄宗帝年號 서기719년) 不空金剛三藏 東來 (…) 師

事金剛智三藏. 十五年(妃純)十一月 上旬 慧超歷涉五天 還至安西 (…) 建中 元年(德宗帝年號 서기719년) 四月十五日 慧超譯經 慧超在唐 凡五十四年 (…) 案新羅國慧超 年未至弱冠 去鄉國入唐 不久附海舶 經崑崙佛 逝師子洲 達五天竺 遍詣聖跡 逐取北天路 還至安西 齡當近三十 加以在唐之期 將算八十四五 其長壽可知也"(遊方傳叢書 第1, 61~63쪽)

제5절 염불의 유행과 雜信雜行

念佛流行
廣德
嚴莊
『삼국유사』 권5에, 제30대 문무왕 때에 沙門 廣德이 西方을 기약하는 마음으로 혹은 唱名을 하고 혹은 十六觀을 지어서 왕생하였고, 그의 벗 嚴莊도 원효에게 가서 津要를 물어서 한결같은 뜻으로 修觀하여 西昇하였다고 하였다.

또 말하기를, 제35대 경덕왕 14년에 康州의 善士 수십 명이 西方을 흔구하여 康州 境에 미타사를 창건하고 萬日을 약속하는 契를 지었다. 그때 阿干 貴珍의 집에 한 婢가 있어, 이름

郁面
은 郁面이라고 하는데 그 주인을 따라서 염불을 하기 9년, 이해 정월 21일에 예불하고 소백산 아래에서 그 몸뚱이를 버리었다. 貴珍은 그 집을 희사하여 法王寺라고 하였다. 후에 懷鏡 대사가 이를 중수하여 蔚然한 東南의 名 가람이 되었다고 하였다.

五比丘
西昇
또 『삼국유사』에 말하기를, 貴珍의 本傳에 의하면 이것이 元和 3년(808년)인 제40대 애장왕 때라고 하였고, 또 말하기를, 경덕왕 대에 歃良州(지금의 양산)에 다섯 비구가 있어 염불하면서 서방에 왕생을 구하기 몇십 년이었는데, 홀연히 聖衆이

來迎하여 大光明을 놓으면서 서방으로 향하여 갔고, 또 경주 남산 동쪽 기슭에 한 異僧이 있어 항상 미타를 염하자 그 소리가 성안에까지 들려와서 360坊의 17만 가구가 그 소리를 듣지 못한 집이 없었다. 그래서 사람들은 기이하게 여기고 존경하였다고 하였다.

夫得朴朴 성덕왕 대에 경상남도 창원군 白月山에 邑人 夫得과 朴朴 2인이 출가 입산하였다. 夫得은 미륵을 구하고 朴朴은 미타를 염하였다. 성덕왕 8년, 景龍 3년 기유 4월 8일에 이르러서 관음이 출현하여 夫得을 미륵존으로 化하고, 朴朴은 미타로 변화하니, 방광 설법하고 全身이 구름을 타고 하늘로 올라갔다.

白月山 성덕왕이 즉위하여 天寶 14년 乙未에 이 일을 듣고, 丁酉년
南寺 에 사신을 보내어서 대가람을 짓고 白月山 南寺라고 이름하였는데, 절의 준공은 廣德 2년 甲辰 7월 15日에 낙성된 것이다. 그리고 다시 미륵존상을 塑成하여 金堂에 봉안하고 額을 "現身成道彌勒之殿"이라고 하였고, 또 彌陀像을 塑成하여 강당에 봉안하고 額을 "現身成道無量壽殿"이라고 하였다. 이로써 염불유행의 상황을 생각해 볼 수 있다.

경덕왕 대에 신라 왕자 無漏가 西域에 들어갔는데, 『송고승전』권21, 『神僧傳』권8, 『속문헌통고』에 다음과 같이 기록하고 있다.

無漏傳 "無漏 姓金氏 新羅王之子也 少慕釋子 附海艦 達于中華 欲遊五竺 禮佛八塔 既渡沙漠 涉于闐己西 至葱嶺 入大伽藍 其中比丘 皆不測之僧也 (⋯) 群僧語之曰 觀師化緣 合在唐土 (⋯) 漏意其聖賢之言 必無 唐發 如是却廻 臨行謂漏曰 逢蘭即住 所還之路 山名賀

蘭 乃馮前記 逐入其中 得白草谷 結茅栖止 無何安史岳亂 玄宗幸
蜀 肅宗訓兵靈武 (…) 召不至 命朔方副元帥中書令 郭子儀 親往
諭之 漏乃爰來 (…) 及旋 置之內寺 供養 累上表章 願還舊隱 帝心
眷重 未邃歸山 俄云示滅焉 (…) 先是 漏行化多 由懷遠縣 因置廨
署 謂之下院 喪至此 神座不可輒擧 衆議移入 構別堂宇 安之 則上
元三年也"

無相傳　　　신라의 無相이 蜀에 들어가서 크게 化益을 베푼 것도 역시
같은 때였다. 『神僧傳』 권7과 『송고승전』 권19에 보면 이렇게
기술했다.

　　"釋無相 新羅國人也 彼土王 第三子 以開元十六年 至於中國 玄
　　宗召見 隷於禪定寺 後入蜀資州 謁 智詵禪師 有處寂者 預知相至
　　與號曰無相 中夜授與袈裟 遂入深溪谷 岩下坐禪 有黑犢二 交角 盤
　　礴 於座下 近身甚急 (…) 相殊不傾動 每入定 多是五日爲度 (…)
　　常行杜多 復構精舍於亂墓間 屬明皇違難入蜀 迎相入內殿 供禮之
　　成都縣令楊翌 疑其幻惑 乃追至 命徒二十餘人曳之 徒近相身 一皆
　　戰慄 心神俱失 由是勸檀越 造淨聚大慈菩提等寺 先居淨聚本院
　　(…) 相之弟本國新爲王矣 懼其却廻 其國危殆 將遣刺客來屠之 相
　　己冥知矣 (…) 其神異多此類也 以至德元年(756년)卒 壽七十七"이
라고 하였다.

　　신라의 元表 역시 당으로 건너가서 西域에 들어갔는데, 『송
고승전』에 보면 이렇다.

元表傳
> "元表 本三韓人也 天寶中(경덕왕 시대) 來遊華土 仍往西域 瞻禮
> 聖跡 遇心王菩薩 指示支提山靈府 遂負『華嚴經』八十卷 尋訪霍童
> 禮天冠菩薩 至支提石室而宅焉 (…) 澗飮木食 後不知出處之蹤矣
> 于時 屬會昌搜毁 表將經 以華欄木函盛 深藏石室中 殆宣宗大中元
> 年丙寅 保福慧評禪師 素聞往事 躬率信士 迎出 甘露都尉院 其紙墨
> 如新繕寫."

觀音信仰　　생각건대 당시에 관음영험의 신앙이 크게 일어난 것이다. 그
러므로 신라의 고전으로서 衆生寺, 栢栗寺 敏藏寺의 관음에 관
한 靈異와 분황사 千手大悲의 靈應에 대한 것이『삼국유사』
권3에 나타나 있다. 또 의상이 관음의 眞容을 예배하고 낙산사
를 세웠다는 것이『삼국유사』에 보인다.

　　또 밀교의 잡스러운 믿음이 인심을 농락하였다. 金谷寺의 僧
密本은『약사경』을 외워서 선덕왕의 병을 다스렸고, 승상 金良
圖를 위하여 群鬼를 구축하였다. 또 金庾信의 벗인 一老거사가
因惠法師와 신력을 겨루어서 이를 破하고 秀天이란 자의 병을
치료하였다는 것이다.

　　경덕왕 19년 庚子 4월에는 두 개의 태양이 동시에 나타나서
明月　　浹旬(열흘, 10일) 동안 없어지지 않자 승 明月이 '도솔가'를 지
어서 이를 막으니 효험이 있었다. 明月이 일찍이 亡妹를 위하
여 齋를 베풀고 향가를 지어서 이를 제사하니 異蹟이 있었다.
明月은 항상 사천왕사에 있었는데 한번은 달이 밝은 밤에 피리
를 불면서 門 앞 대로를 지나는데 月輪이 정지하였다. 그래서
그곳을 明月里라고 이름하였다. 그는 이런 일로 세상에 이름이
있었다.

또 신라의 풍속이 매년 仲春면 초팔일부터 십오일까지 都人士女가 다투어서 興輪寺의 전당을 돌면서 福會를 하였다. 삼국유사에는 호랑이가 化하여 사람의 아내로 되었다는 기록이 있으니, 이런 것이 그 당시의 雜信, 雜行을 말하는 것이다.

제6절 第一期의 學藝

三國의
學藝

백제에서 고이왕 52년(285년)에 박사 王仁을 일본으로 보내어 『論語』와 『천자문』을 전하였으니 이로써 일찍이 儒學이 三韓에 행하였음을 증거할 수 있다. 또 고구려에서는 소수림왕 2년에 대학을 세워서 자제를 가르쳤으니 불교가 건너오기 전에 이미 學藝의 진보가 있었음을 알 수 있다.

老莊學

소수림왕과 같은 때인 백제의 근구수왕 원년 條에 보면, 왕이 태자일 적에 고구려인과 싸워서 이겼는데, 장군 莫古解가 말하기를 "嘗聞 道家之言 知足不辱 知止不殆 今所得多矣 何必求多"라고 하였다는 것이다. 이것이 그 당시 백제에 老莊學이 行하였음을 말하는 것이다.

신라 진흥왕은 그 6년에 居染夫 등에 명하여 널리 文士를 모아 국사를 修撰하게 하였고, 선덕왕 9년에는 子弟를 당에 보내어 國學에 들어가서 經學을 배우게 하였다.

또 고구려는 영양왕 11년에 大學博士 李文眞에게 詔勅하여 古史를 約하여 新集 五卷으로 하였다. 國初에 문자를 쓸 때부터 인사를 기록한 것이 100권인데 留記라고 이름하던 것을 이에 이르러서 刪修한 것이다. 다음에는 백제 무왕 41년에 신라의 예에 따라서 자제를 唐에 보내어서 국학에 들어가게 하였다.

다음에는 신라의 진덕왕 2년에 김춘추가 入唐하여 國學으로
나아가서 釋典과 講論을 보았고, 太宗 황제로부터 新撰晉書를
받아 가지고 돌아왔다.

强首　또 신라 문무왕 때에 强首는 왕명에 의하여 金仁問의 석방을
청하는 表文을 작성하여 高宗 황제에게 바쳤다는 것이『삼국
유사』2권에 보인다. 또 强首가 어렸을 때에 그 아버지가 묻기
를, "爾學儒乎 學佛乎"하니, 强首가 대답하기를 "愚聞之 佛世
外教也 愚人間人 安用學佛爲 願學儒者之道"리고 하였다. 이리
하여 師에게 나아가『孝經』,『曲禮』,『爾雅』,『文選』을 읽었다.

太宗王이 즉위하자, 唐의 사신이 와서 詔書를 전하는데, 읽
기 어려운 곳이 있는 것을 强首가 해석하였다는 것이 本傳에
보인다.

신문왕 2년(682년)에 國學을 세우고 卿 1인을 두어서 이를
맡게 하였으니 大學의 제도가 이에 성립됨을 말하는 것이다.

孔子十哲　성덕왕 13년에 孝貞을 通文博士로 하고 書表의 일을 맡게
하였다. 성덕왕 16년에 太監 金守忠이 당에서 돌아와서 文宣
王, 十哲, 七十二弟子의 화상을 올렸다. 성덕왕 27년 王弟 金嗣
宗이 入唐, 國學에 들어가서 배웠다.

이보다 먼저 신문왕 때 설총이 大儒로서 문예에 공헌하였다
는 것은 이미 말한 바와 같다. 경덕왕 6년, 國學에 諸業博士
조교를 두었고, 신문왕 18년에는 天文博士 一員과 漏刻博士
六員을 두었다.

佛老調化　성덕왕 18년에 세운 경주 甘山寺(현재 경주 동편에 위치) 미
륵 造像記와 아울러 19년의 감산사 아미타여래 造像記에 보면
노장철학의 逍遙, 物外와 불교의 玄寂常照를 조화시킨 글이 명

기되어 있다.

新羅學制　신라의 학제는『삼국사기』職官志에 있다.『周易』,『尙書』,『毛詩』,『禮記』,『春秋左氏傳』,『文選』으로 나눠서 이를 학업으로 했던 것이다. 박사 또는 조교 한 사람이 있어서 혹은『예기』,『주역』,『논어』를, 혹은『춘추좌씨전』,『毛詩』,『논어』,『孝經』을, 혹은『尙書』,『논어』,『孝經』,『文選』을 敎授하였고, 諸生은 독서하여 三品으로써 出身하였다.

『춘추좌씨전』이나 혹은『禮記』나 혹은『文選』을 읽어서 능히 그 뜻을 通하고 兼하여『논어』『孝經』을 밝게 아는 자를 上으로,『曲禮』『논어』『효경』을 읽은 자를 中으로,『曲禮』『효경』을 읽은 자를 下로 하였다. 만약 능히 겸하여 五經, 三史, 제자백가의 책에 통한 자는 超擢하여 이를 썼다.

제7절 제1期 불교예술품의 遺物

통일 신라시대는 唐代문화의 극성기에 해당하므로 중국 육조
佛敎藝術　이래의 문물을 수입하여 불교예술은 그 정점에 달하였고, 도성 내외에 808寺의 가람이 林立하였다고 한다. 현재의 박물관에 소장된 금동미륵보살상과 같은 것은 그 단엄한 妙相이 일본의 推古式 불상과 照應하여 북위의 불상형식을 전한 것이다.

경주 남산에 있던 약사여래좌상(현재는 박물관 보관)과, 경주 甘山寺址에 있던 미타상 및 미륵의 석상은 당의 開元七年의 명기가 있으며, 현존 불국사의 大日, 彌陀의 銅佛坐像, 栢栗寺의 等身藥師如來立像은 雄偉 端麗하여 사람의 눈을 황홀하게 한다.

특히 석굴암(古名 石佛寺)의 석가여래상, 사방으로 벽에 조각된 금강역사상, 사천왕상, 십대제자상, 석존 背後의 십일면 관음 등은 신라 조각을 대표하는 걸작으로서 동양 제일이라고 일컫는 것이며, 신라 35대 경덕왕 10년에 건립된 것이다. 같은 왕 시대에 발굴된 四面佛石도 현존하는데 好古의 士로 하여금 배회하여 떠나지 못하게 한다.

古塔에 대하여는 신라 27대 선덕여왕 3년에 창건된 분황사 9층탑은 아래 삼층만이 잔존하나 당시의 雄姿를 추측하게 한다. 탑 옆에 和諍國師 元曉碑의 龜基를 볼 수 있다. 또 永敬寺의 삼중석탑, 淨惠寺의 십삼층탑, 경덕왕 10년에 건립된 불국사의 다보탑과 석가탑의 奇古 優美함은 신라통일시대를 대표하고도 남음이 있다. 석굴암의 三重塔도 역시 溫雅함이 볼만하다.

경주 溫古閣의 진열품 중에, 경덕왕이 그 아버지 성덕왕을 위하여 12만 근의 동으로 대종을 주조하려던 뜻을 이루지 못하고 昇仙한 것을 그 아들 혜공왕 7년에 주조한 奉德寺 종은 神鐘이라는 이름이 헛되지 않아서 雄渾壯麗함이 全조선에 제일이다. 鍾銘은 朝散大夫前太子司議郞翰林郞金弼奚 撰으로 되어 있다.

성덕왕 14년(당 개원 13년)의 銘이 있는 五臺山 上院寺 범종도 이와 함께 당시의 예술의 盛況을 짐작하게 한다.

또 1921년 봉황대 부근의 古塚에서 발굴한 금관은 57개의 쇠玉과 純金瓔珞을 붙인 것이며 그 밖에 황금의 銙帶, 耳飾, 黃金椀 등, 금장의 도검, 주옥이 있어 찬란함에 눈부시다. 서울 박물관에는 1924년 봉황대 부근의 고분에서 발굴된 것으로서 먼저 것과 거의 같은 금관이 소장되었다.

三代目

부록 1: 三代目

삼국사기에 말하기를, "新羅眞聖王 二年 王素與角干魏弘通 至是當入內用事 仍命與大矩和尙 修集鄕歌 謂之三代目"이라고 하였는데, 이것은 중국의 『詩經』, 일본의 『萬葉集』과 같은 조선의 古歌集으로서 僧徒의 손에 의하여 集錄된 것이다. 만약 그 글이 존재하였으면 裨益함이 적지 않을 것인데 아깝게도 지금은 없어졌다.

부록 2: 萬佛山

萬佛山

『삼국유사』 권3, 『海東繹史』 권27에 다음과 같이 기록하고 있다.

"景德王 又聞 唐代宗皇帝 優崇釋氏 命工作五色氍毹 又彫沈檀木 與明珠美玉爲假山 高丈氍毹餘之上 山有巉岩怪石澗穴 區隔 每一 區內 有歌舞伎樂 列國山川之狀 微風入戶 蜂蝶翶翔 鷰雀飛舞 隱約 視之 莫辨眞假 中安萬佛 大者逾方寸 小者八九分 其頭或巨黍者 或 半菽者 螺髻白毛 眉目的歷 相好悉備 只可髣髴 莫得而詳 因號萬佛 山 更鏤金玉爲流蘇幡蓋菴羅薝葍花果莊嚴 百步樓閣 臺前堂榭 都 大雖微 勢皆活動 前有旋遶比丘像千餘軀 下列紫金鍾三簴 皆有閣 有蒲牢 鯨魚爲撞 有風而鍾鳴 則旋遶僧皆仆 拜頭至地 隱隱有梵音 盖關棙在乎鍾也 雖號萬佛 其實不可勝記 旣成遣使獻之 代宗見之 嘆曰 新羅之巧 天造非巧也 乃以九光扇 加置嵓岫間 因謂之佛光 四 月八日 詔兩街僧徒 於內道場 禮萬佛山 命三藏不空 念讚密部眞詮

千遍以慶之 觀者皆嘆伏其巧."

부록 3: 金剛山 楡岾寺 金像五十三軀

금강산 유점사의 석가여래 53존은 신라의 작품이라고 하나
그 시대는 미상하다. 고려의 閔漬가 撰한 楡岾寺蹟에 말하기
를, "금강산에 五名이 있으니 一은 皆骨, 二는 楓岳, 三은 涅槃,
四는 金剛, 五는 枳恨이다.

國初에 道詵이 지리를 보고 이 산을 題하여 말하기를, 聳雲
沿海龍盤勢 谷裏三軀特地平 領下一區爲佛國 腹中雙堰是人城"
이라고 하였는데, 지금의 금강산 마하연이 바로 이른바 領下의
一區이다. 新羅古記에 말하기를, 의상이 처음 오대산에 들어갔
고 다음에 이 산에 들어왔다고 하였다. 산의 東谷에 절이 있으
니 楡岾이라고 하며, 五十三佛像이 있다. 古記를 살펴보건대,
佛 멸도 후에 문수가 佛의 유촉을 받고 사위성에 行化하여 三
億의 家에 권하여 불상을 鑄成하게 하고, 또 한 종을 주조하여
서 제상 중에서 相好가 완전히 갖추어진 자 53명을 택하여 鐘
內에 안치하고, 글로 그 사실을 기록하고 蓋를 주조하여 그 종
을 덮어서 바다에 띄워서 有緣의 地로 표류시켰다.

月氏國王 赫熾가 佛鍾을 얻어 전각을 짓고 봉안하였는데, 그
전각이 갑자기 화재로 소진되었다. 왕이 佛에 留할 뜻이 없음
을 알고 다시 이를 바다에 띄웠다. 그로부터 諸國을 지나 금강
산의 東面 安昌縣(지금의 간성군) 포구에 漂着하니 때는 西漢
平帝 元始 4年이요 신라 제2대 남해왕 원년(서기 4년) 甲子였
다. 그 저녁에 佛이 스스로 종을 메고 육지에 내리니 縣宰 盧椿

楡岾寺
五十三佛

이 듣고 달려갔으나 佛은 이미 산으로 들어간지라, 곧 쫓아서 洞門으로 들어갔다. 가운데에는 큰 못이 있고 못가에는 한 그루 楡樹가 있는데, 종을 樹枝에 걸어놓고 佛은 池岸에 늘어 있는 것을 보고 縣宰가 돌아가서 이를 왕에게 아뢰니 王駕가 그곳으로 가서 절을 세우고 이를 안치하였다. 楡樹로 인하여 그렇게 寺名을 지은 것이다.

후에 한 僧이, 尊像이 오래 香火에 그을은지라 灰湯을 끓여서 이를 씻으려고 하니 갑자기 뇌우가 폭주하면서 五十三尊이 다 飛騰하여 樑上에 늘어 앉았었다. 이 중에서 三佛은 공중으로 올라갔는데 간 곳을 모르매 그 뒤 主社者 淵沖이 佛數가 모자라는 것을 탄식하고 특히 三像을 주조하여 봉안하려고 하였더니 舊佛이 다 밀어내어 용납하지 않았다.

먼저 잃은 三佛 중 그 둘은 九淵洞의 萬仞石壁 위에 있어, 인력으로 미치는 자는 내려서 이를 돌려오고, 미치지 못하는 자는 지금도 오히려 그냥 있다. 또 그 하나는 水精寺의 북편 절벽 상에 있어서 寺僧이 새다리를 이어서 이를 내려서 舊所에 안치하였다. 뒤에 또 船巖으로 옮겼더니, 24년 丁亥(東漢 武帝 建武 十三年)에 襄州守 裴裕가 舊列에 봉안하였다."운운하였는데 荒誕不經한 것으로서 사실로 삼을 수 없는 말이다. 그런데 현존하는 바 四十四軀는 신라의 작품인 것이 분명하다.

崔가 말하기를, "夫佛法東流 始於漢明帝永平八年乙丑 而行東國 又始梁武大通元年丁未 其後乙丑有 四百一年之久 苟信彼說 是中原寥寥未知有佛 六十一年以前 東人己爲佛立廟 其最可笑者也"라고 하였다. (동국여지승람 卷47, 5쪽)

금강산에 예전에 108개의 사찰이 있었고, 表訓·正陽·長

安·摩訶衍·普德窟·楡帖이 가장 좋은 명찰이다

부록 4: 五臺山 眞如院 緣起

眞如院
緣起

『삼국유사』卷3에 五臺山 眞如院의 유래를 다음과 같이 기록하였다.

"新羅 淨神大王(疑神文王) 太子 寶川(一作寶叱徒) 孝明 二昆弟 到河西府(今溟洲江陵) 世獻角干家 留一宿 翌日過大嶺 各領一千人 到省烏坪 遊覽累日 忽一夕 昆弟二人 密約方外之志 不令人知 逃隱入五臺山 (…) 到山中 青蓮忽開地上 兄太子 結庵而止住 (…) 北臺南麓 亦青蓮開處 弟太子孝明 亦結庵而止 各懃修業 一日同上五峰瞻禮 次東臺滿月山 有一萬觀音眞身 現在南臺麒麟山 八大菩薩爲首 一萬地藏 西臺長嶺山 無量壽如來爲首 一萬大勢至 北臺象王山 釋迦如來爲首 五百大阿羅漢 中臺風盧山 又名地盧山 毗盧遮那爲首 一萬文殊 如是五萬眞身 一一瞻禮 每寅朝 文殊大聖 到眞如院 今上院地 變現三十六種形 兩太子 並禮拜 每日早朝 汲于洞水 煎茶供養 至夜各庵修道 淨神王(疑神文王)之弟 與王爭位 國人廢之 遣將軍四人 到山迎之 先到孝明庵前 呼萬歲 (…) 乃奉孝明歸即位 理國有年 神龍元年(聖德王四年) 乙巳三月初四日 始改創眞如院 大王(聖德王) 親率百寮到山 營構殿堂 並塑泥像文殊大聖 安于堂中 以知識靈卞等五員長轉 『華嚴經』 仍結華嚴社 (…) 此山乃白頭山之大脈 各臺眞身常住之地 (…) 東臺觀音 有圓通社南臺地藏 有金剛社西臺彌陀 有水精社 (…) 北臺釋迦 有白蓮社 (…) 中臺大日 有華嚴社 (…) 寶川庵 改華嚴寺 (…) 以華嚴寺 爲五臺社之本寺"

제2편

禪宗의 흥기시대

제2편 禪宗의 흥기시대

〈개설〉

海東禪宗 　海東의 선종은 중국 선종의 제4조 道信의 제자 法朗으로부터 시작되었고 南宗의 道義가 이를 계속하였다. 洪陟은 도의와 때를 같이 하여 서당지장의 門風을 제창하였으니, 道義는 迦智山의 일파를 이루었고, 홍척은 실상산의 시조가 되었다.

　혜초가 도의에 이어서 馬祖 문하의 禪機를 활용하였고, 惠哲은 동리산의 祖로서 문성왕의 존경하는 바였다. 이에 더하여 無染은 無舌土論을 創唱하고, 梵日은 敎外別傳의 異議를 세웠으며, 智詵은 4조 道信의 법통을 계승하여 경문왕의 崇信하는 바가 되었다. 行寂은 별도로 一隻手를 내어서 靑原 문하 石霜의 禪을 鼓吹하고, 了悟順之는 위앙종을 전래하여 圓相의 妙用을 보였다.

　이리하여 당으로부터 비교적 건전한 宗風을 전래한 것은 신라의 光榮이라고 아니할 수 없다. 그리고 왕과 신하들의 귀향이 치연하여 寵遇와 우대가 있었음에도 불구하고 명리를 멀리하여 선승의 淸節을 온전히 한 功은 길이 없어지지 않는다.

　신라 혜공왕 초부터 경순왕 말에 이르는 대략 191년간을 선이 부흥했던 禪道蔚興, 선종 부흥시대라고 이름한다.

제1장 해동 禪宗의 시작

禪宗의
始祖

해동의 禪宗은 唐土의 제4조 도신의 제자인 法朗을 그 시조로 한다. 법랑의 嗣는 神行인데, 신행이 入唐하여 북종선을 전하였다. 그로부터 40여 년을 지나서 道義가 남종을 전하고, 西堂의 玄風을 드날리자, 교외별전의 법문이 비로소 靑丘(해동, 한국)에 밝았다.

그러나 그때 사람들이 많이 模象(모상, 장님 코끼리 만지는 식)을 익혔고 別傳의 眞龍을 의심하여서, 달마와 양무제의 만남과 같은 憾(감, 부족함, 서운함)이 있었다. 道義의 선은 師資相承하여 가지산문의 일파를 형성하니 구산선문의 하나가 되었고, 홍척도 도의와 같은 때에 서당지장의 門風을 전하여 실상산문의 祖가 되니 이 또한 구산선문의 하나이다.

제1절 法朗과 神行의 禪宗 初傳

法朗

海東의 선종은 당나라 4조 道信의 방계에서 나온 法朗에서 비롯한다. 최치원 찬, 道憲國師 智詵의 碑에 보면, "雙峰(4조도신)의 제자 法朗, 손제자 信行, 증손제자 遵範, 玄孫 제자 惠隱, 末孫 智詵"이라고 하였다. 『大東禪敎考』에 인용한 杜中書 正倫纂銘(四祖銘)에 말하기를. "遠方高士 異域高人 無憚險途 來至寶所(謂法朗)"라고 하였다.

그렇다면 법랑은 당 태종 때, 즉 신라 선덕왕 시대에 西學하여 4조 도신의 心要를 얻었음을 미루어 알 수 있다. 그러나 귀국한 때는 잘 알 수 없다. 法朗의 문인 信行에 대하여는 道憲의 碑에 말하기를, "唯行(信行)大師 然時不利兮 道未亨也 乃浮于海 仍聞于天 肅宗皇帝 躬貽天什曰 龍兒渡海不憑筏 鳳子冲虛無認月 師以山鳥 海龍 二句爲對 有深旨哉 東還三傳 至大師(智詵)"라고 하였다.

즉 법랑의 문인 신행은 법랑을 뵌 후에도 법이 아직 행하여지지 않음으로써 入唐했던 것이다. 信行은 神行이라고도 쓴다. 신행은 제36대 혜공왕(765년-779년) 때에 지리산에 化門을 베풀었다. 그 전기는 지리산 斷俗寺에 세운 金獻貞 撰 神行碑에 있다.

神行傳

『海東金石苑』권1을 보건대, 神行은 東京(지금의 경주) 사람이고, 성은 김씨, 나이 바야흐로 장년에 律을 배워 苦練을 쌓은지 2년, 다시 거호산에 올라 法朗을 뵙고 奧旨를 몰록 깨달으니 법랑이 감탄하기를, "善哉 心燈之法 盡在於汝矣"라고 하였다. 부지런히 구하기를 3년 후에 멀리 바다를 건너 佛慧를 구하고자 혼자 곧 당에 이르렀는데, 마침 흉년이 든 해여서 도적이 변방을 어지럽게 하였다. 吏人(관리)이 神行을 잡아서 구금한지 二十四旬만에 일이 해결되었다.

志空

후에 志空에게 參禮하였다. 지공은 大照禪師(普寂)에게 입실한 문인이다. 조석으로 찬앙하기를 3년, 비로소 靈府(마음)를 열었다. 지공이 입적에 임하여 신행에게 고하기를, "汝今歸本 曉悟迷津 激揚覺海"라고 하고 말을 마치자 입적하였다고 한다. 신행이 鷄林(경주)으로 돌아와서 三昧의 明燈을 전하였다. 제36대 혜공왕 15년(779년)에 斷俗寺에서 입적하니 춘추 76세였다. 이른바 大照禪師라는 것은 北宗의 祖 神秀의 高弟

普寂이다.

『釋氏稽古略』권3에 보면 이렇게 기록되어 있다.

普寂　　　　　"京都唐興寺 普寂禪師 舊唐史云 寂生河東馬氏 少時徧參高僧 學
經律 師事神秀 凡六年 秀奇之 盡以道授之 秀入京 因薦之於則天
得度為僧 秀歿天下好釋氏者 咸師事之 中宗聞其高行 特下制令 代
神秀 統其法衆 玄宗開元十三年 有旨 移居都城 時 王公士庶 爭來
禮謁 寂 嚴重少言 難見其和悅之容 遠近口以此重之 至是開元十八
年入寂 有勅賜號 大照禪師 (…) 師嗣秀 秀嗣五祖 嗣子 惟政 一
行"(續藏經 第一輯第二編乙第六套第一册十六葉左)

이라고 하였다. 이로써 大照禪師는 북종선의 초조인 大通神秀
의 高弟 普寂으로서 志空은 그의 문인이고, 神行은 普寂의 손
으로서 지공에게서 북종선을 전수하였음을 알 수 있다. 그렇다
면 신행은 4조 道信의 傍孫인 동시에 普寂의 적손인 것이다.
神行의 법은 三傳하여 희양산문의 일파를 이루었으니 禪門九
山의 하나이다. 뒤에 이르러 이를 叙함과 같다.

제2절 鍪(무)藏寺·海印寺의 창건

제37대 선덕왕(780-784년)은 遺詔로 佛制에 의하여 그 시신
을 焚燒하고 뼈를 동해에 흩게 하였다.

제38대 원성왕(785-798년) 때에 皇龍寺(華嚴寺, 金剛寺)의
智海　　　釋智海가 왕의 청에 의하여 궁궐로 들어가 『화엄』을 강의하기
를 五旬(50일)에 미쳤다.

鍪藏寺   또 왕의 父 孝讓과 그 숙부의 追善을 위하여 鍪(무)藏寺(慶
州郡 內東面)를 세웠다. 태종왕이 삼국을 통일한 뒤에 鍪를 藏
한 溪谷에 절을 지었기 때문에 붙인 이름인 것이다. 절 내에
아미타전이 있고, 거기에 미타상과 및 神衆像을 봉안하였는데,
昭聖王妃 桂花夫人이 왕의 명복를 위하여 이를 지었으며, 造像
碑文은 金陸珍의 撰으로 왕희지의 文字를 集刻한 것이다. 서기
1922년에 寺址에서 발견된 碑의 단편은 국립박물관에 소장되
었다.

緣會   원성왕 때에 고승 緣會가 영취산에 있으면서 매일『묘법연화
경』을 읽고 普賢觀行을 닦으니 항상 蓮華 여러 송이가 있어
하루 종일 시들음이 없었다. (지금 經驚山 龍藏殿이 綠會 舊
居). 왕이 그 瑞異함을 듣고 숭배하여 국사로 삼았다.(僧傳云
憲安 王 封爲二朝王師號(照), 咸通四年 卒) 제39대 昭聖王
(799-800년) 원년에 沙門 梵修가 입당하여『新譯後分華嚴經』
과 澄觀의『新譯後分華嚴經義疏』를 얻어 돌아왔다.

海印寺記   제40대 애장왕(800-808년) 3년 가을에 가야산 海印寺를 창
건하였다. 가야산 해인사 고적에 이르기를 다음과 같다.

"有順應 理貞 兩大士 入中國求法 (…) 二師還國 到牛頭山 自東
北踰嶺而西 (…) 甚叶其意 籍草而坐入定 (…) 時 新羅第三十九王
(四十之誤)哀莊大王 王后 患發背 良醫無效 (…) 遣使臣 (…) 請邀
還王宮 二師不許 (…) 授以五色線 曰宮前有何物, 答曰有梨樹 師曰
持此線 一頭繫於梨樹 一頭接於瘡口 即無患 其使 還報於王 王依言
試之 梨枯患差 王感之敬之 使國人剏立兹寺焉 時哀莊王三年壬午
即唐貞元十八年也(서기 802년)

해인사는 그 소장된 대장경판으로 알려졌다. 고려대장경 판목은 고려 고종 때에 만들었고, 板數는 81,258매이고, 經卷의 數는 1,512종에 6,790권이다.

正秀 　왕이 황룡사 沙門 正秀를 국사로 삼았다. 正秀는 일찍이 三郎寺에서 돌아오는데 마침 엄동이어서 깊은 눈이 쌓였고 날이 이미 저물었다. 天嚴寺의 문 밖을 경유하는데 한 乞女가 아이를 낳아 놓고 凍臥하여 빈사하여 가는 것을 보고 옷을 벗어서 주고 이를 保庇하여 母子의 목숨을 보전하였다. 왕이 이를 듣고 師로 책봉한 것이다. 7년에는 佛寺를 창건하는 것을 금하였고, 또 佛寺에 金銀錦繡를 써서 器服으로 하는 것을 금하였다. 이는 佛事 濫設의 폐단를 구하고자 함이었다.

제3절 道義의 南宗禪

銀海寺 　제41대 헌덕왕(809-825년) 원년에 海銀寺를 창건하여 願刹로 하였다. 조선 인조왕 때에 銀海寺로 고친 것이 이것이다. 헌덕왕 13년에 道義가 비로소 남종선을 전하였다. 이것이 북종선의 神行이 입적한 후 40여 년 만이다.

道義 　道義는 唐 선승 馬祖道一의 高弟인 西堂智藏의 嗣이다. 『경
西堂 덕전등록』에 서당지장의 嗣로서 鶴林道義의 이름이 실려 있어
本如 알 수 있다. 이보다 먼저 신라의 本如가 남악회양으로 부터 법을 얻었으나 『전등록』에 그 이름이 올라 있을 뿐이다. 『송고승전』권10에 보면, "唐 虔州西堂 釋智藏 (…) 隨大寂(馬祖)移居龔公山 後謁 徑山國 禪師 與其談論周旋 (…) 得大寂付授衲袈裟 時亞相李公兼國相齊公映中朗裵公通皆傾心順教 元和九年

(헌덕왕 6년)四月八日終 春秋八十 夏臘五十五"라고 하였다. 이
로써 智藏이 德宗, 憲宗 대에 그 化門을 열었음을 알 수 있다.
『祖堂集』 권17에 道義의 傳이 다음과 같이 실려 있다.

道義傳   "雪岳(江原道)陳田寺 元寂禪師 嗣西堂 在溟州(江陵)師諱道義
俗姓王氏 北漢郡人 (…) 因瑞出家 法號明寂以建中五年歲次甲子
隨使韓粲號金讓恭 過海入唐 直徃臺山 而感文殊 空聞聖鍾之響 山
見神鳥之翔遂居廣府寶壇寺 始受貝戒 後到曹溪 欲禮祖師之堂 門
扇忽然自開 瞻禮三遍 而出門閉如故 次詣江西洪州開元寺 就於西
堂智藏大師處 頂謁爲師 決疑釋滯 大師猶若攎石間之美玉 拾蚌中
之眞珠 謂曰誠可以傳法 非斯人而誰 改名道義 於是頭陀而詣百丈
山 懷海和尙處 一似西堂和尙 曰江西禪脈總屬 東國之僧歟 餘如碑
文(祖堂集 卷十七 第五張)"

그렇다면 道義는 덕종 건중 5년(784년) 甲子 즉 선덕왕 5년
에 입당하여 西堂, 百丈의 두 大老를 뵙고 당에 37년 있었고,
穆宗 長慶 원년(821년) 즉 헌덕왕 13년에 귀국한 것이다. 그래
서 寂照塔碑銘에 "泊長慶初 有僧道義 西泛睹西堂之奧"라고 기
록하였고, 寂照塔碑銘 注에 "憲德王十三年 北宗神行先導南宗
道義繼至"라고 한 것이다.

제4절 道義의 不遇

道義의   도의는 남종선을 전하였지만 그때 사람들이 敎網(교학)에 있
不遇   어서 아직 直指의 要諦를 믿지 않았다. 機緣이 미숙했던 것인

데, 마치 달마가 양무제를 대함과 같았던 것이다. 寂照塔碑에
는 다음과 같이 기록하고 있다.

"有僧道義 西泛睹西堂之奧智光俾智藏而還 始語元契者縛猿心護
奔北之短 矜鷄翼誚圖南之高 旣醉於誦言 復嗤爲魔語 是用韜光廡
下 斂跡壺中 罷思東海東 終遁北山北(蓋江原道雪岳陳田寺)"

라고 한 것을 보면 도의는 禪道의 弘通에 성공한 것이 아니었
다. 그가 말하는 바를 당시 사람들은 도리어 마설이라고 비방
했던 것이다. 이에 北山에 들어가 자신을 숨겼음이 마치 달마
가 少林에 冷坐했던 것과 같다.

또 신라 金潁 撰, 武州(전라남도 광주)迦智山 寶林寺 普照禪
師 塔銘에 보면 다음과 같이 쓰여 있다.

"初道義大師者 受心印于西堂 後歸我國 說其禪理 時人惟尙經敎
與習觀存神之法 未臻無爲任運之宗以爲虛誕 不之崇重 有若達磨不
遇梁武也 由是知時未集 隱於山林 付法廉居禪師 居雪山億聖寺 傳
祖心 闢師敎."

이것이 또한 道義가 그때 사람들에게 불신된 것을 말한 것
이다.

道義의
思想

제5절 道義의 사상

道義의 사상에 대하여는 알 수 있는 사료가 없다. 그러나 고

려僧 天頙(천책)이 撰한 바『禪門寶藏錄』卷中에는 이렇게 쓰고 있다.

"智遠僧統 問道義國師云 華嚴四種法界外 更有何等法界 五十五善知識行布法門外 更有何等法門 即此教以外 謂別有祖師禪道云者乎 道義答曰 如僧統所擧 四種法界 則於祖師門下 直擧正當理體 氷消一切之正理 拳中法界之相 尚不可得 於本無行智 祖師心禪中 文殊普賢之相 尚不可見 五十五知識行布法門 正如水中泡耳 四智菩提等道 亦猶金之鑛耳 則諸教內混雜不得 故唐朝 歸宗和尚 對一 大藏 明得箇什麼之間 但擧拳頭 智遠又問 然則 教理行果信解修證 於何定當 何等佛果 得成就乎 義答曰 無念無修 理性信解修證耳 祖宗示法 佛衆生 不可得 道性直現耳 故五教以外 別傳祖師心印法耳 所以現佛形像者 爲對難解祖師正理之機 借現方便身耳 縱多年傳讀佛經 以此欲證心印法 終劫難得耳 智遠起禮曰 素來暫聞 佛莊嚴教訓耳 佛心印法 窺覰不得來 乃投師禮謁云"(續藏經 第一輯 第二編 第十八套 第五册, 499葉右)

道義의
心要

이로써 보건대 道義의 宗風은 馬祖 문하의 直傳으로서, 教家의 四法界를 물으면 곧장 拳頭를 들면서 '是什麼法界'냐고 되묻고 '一大藏教 明得箇什麼'하고 물으면 역시 拳頭를 들어서 대답하는 식의 수단을 취하는 것이었다. 經教를 물리치고 문자를 세우지 않고 별도로 心印을 전한다는 설이어서 그 無念無修를 心要로 한다는 것도 馬祖 문하의 通義인 것이다.

제6절 心地의 占察會

丘德

제40대 흥덕왕(826-835년) 2년에 입당승 丘德이 불경 若干卷을 가지고 오니 왕과 및 諸山의 승들이 興輪寺 앞길에 나와서 이를 맞이하였다. 7년에 釋心地가 瑜伽精舍(炤智王 15년 창건)를 重修하였는데, 때마침 깊은 겨울이었는데도 눈 속에 오동나무 꽃이 피었으므로 桐華寺(八公山)라 개명하였다.

桐華寺
心地傳

心地는 제41대 헌덕왕 김씨의 아들이다. 태어나면서 효성스러운 성품이었고 천성이 맑고 지혜가 있었는데 志學의 나이(15세)에 낙발하고 中岳(今 公山)에 머물렀다. 마침 속리산의 永深이 眞表의 佛骨簡子를 전하여 법회를 베푼다는 말을 듣고 도착하니 기한이 늦어서 참여를 허락하지 않았다. 그래서 땅바닥 뜰에서 대중을 따라서 禮懺을 하는데, 7일이 지나자 마침 큰 눈이 내렸다.

그런데 그가 서 있는 자리가 둘레 10척만큼은 눈이 내리지 않았다. 대중들이 그 神異함을 보고 入堂을 허락하니 撝謙(휘겸, 폐가 됨을 이유로)하여 아프다고 일컫고 房中에 退處하여 堂을 향하여 潛禮하니 팔꿈치와 이마에 모두 피가 솟았다. 한 지장보살이 날마다 와서 위문하는 것이었다.

法席이 파하고, 산에 돌아가는 도중 二簡子(第八第九)가 衣褶(의복의 주름) 사이에 붙어 있는 것을 보고 가지고 되돌아가서 永深에게 말하니 영심이 말하기를, "簡在函中 那得至此"라고 하고 이를 살펴보니 封題(편지를 봉하고 겉봉을 쓰다)가 依舊한지라, 函을 열어보니 없어져 있었다. 永深이 이를 깊이 이상해하면서 重襲(차곡차곡)하여 이를 간직하였다.

또 가는데 처음과 같아서 다시 돌아와 이를 고하니 永深이 말하기를, "佛意在子 子其奉行"하라 하고 이에 簡子를 주니 地가 頂戴하고 還山하여 땅을 가리어 堂을 構築하고 聖簡을 봉안하였다. 지금 桐華寺 籤堂 북쪽에 있는 小井이 이것이다. 고려 예종이 일찍이 聖簡을 맞아들여서 궁내에서 瞻敬하더니 홀연히 九者 一簡을 잃었다. 그래서 牙로써 이를 대신하여 本寺로 송환하였다. 『점찰경』에 의거하건대 一百八十九中에 第八者 所欲受得妙戒요 第九者 所曾受得戒具이다.

제7절 道義의 迦智山과 洪陟의 實相山

廉居　도의의 嗣에 廉居가 있다. 金穎이 撰한 普照塔碑에 "初道儀(一作義)大師 (…) 隱於山林 付法於 廉居(一作巨)禪師"라고 하였고, 또 "我祖國則 以儀大師 爲第一祖 居禪師 第二祖"라고 하였다.

廉居는 雪山(강원도) 億聖寺에서 演化하였으나 아직 그 행실이 분명치 않다. 그 탑은 강원도 원주군 지정면 안창리 興法寺址에 있던 것을 서울 탑골공원에 옮겼다. 옮길 때 誌板이 발견되었는데 지금 박물관에 소장되어 있다. 거기에, "會昌四年歲在甲子 季秋之月兩旬九月遷化"라고 기록되었으니, 廉居는 당 무종 회창 4년에 順世(입적)하였음을 알 수 있다.

迦智山　도의, 염거에서 體澄에 이르러서 가지산문의 일파를 형성하였다. 이것이 禪門九山의 하나이다. 후에 이르러 이를 叙한 것 같다.

洪陟　道義와 같은 때에 洪陟(전등록에는 洪直)이 있어 법을 서당

에게서 받았다. 『조당집』 권17에 보면, "東國實相和尚 嗣西堂師諱洪直 諡號證覺大師凝寂之塔"이라고 하였다. 寂照塔碑에 기록은 다음과 같다.

"及興德大王 纂戎 宣康太子監撫 去邪醫國 樂善肥家 有洪陟大師 亦西堂證心 來南岳休足 鼇冤陳順風之請 龍樓(一作德)慶開霧之期 顯示密傳 朝凡暮聖 變非蔚也 (…) 試覰其宗趣則修乎修沒修 證乎證沒證 其靜也山立 其動也谷應 無爲之益 不爭而勝 於是乎 東人方寸地虛矣 能以衆利利海外 不言其所利 大矣哉"

洪陟이 흥덕왕 대에 선을 전하였음을 기록하고 다시, "東歸則 前所叙 北山義 南山陟"이라고 하였다. 이리하여 道義와 洪陟은 서로 전후하여 남북으로 敎化를 따로 하여 선을 해동에 전한 것이다.

實相山　　『경덕전등록』 권10에는, "新羅洪陟禪師法嗣 興德大王宣康太子"라고 기록되었다. 홍척의 化益(교화)은 도의보다 깊은 것이었는지, 아깝게도 남아있는 어록이 없다. 洪陟의 법은 相傳하여 실상산의 일파를 이루었으니 禪宗九山의 하나이다.

金包光 씨는 말하기를, "實相山은 지금의 전라북도 남원군 산내면 實相寺로서 신라 진흥왕 3년에 개산하였는데, 개조는 洪陟國師, 별명을 南漢祖師라고 한다. 신라 헌덕왕 때에 입당하여 西堂을 뵙고 心法을 받았으며, 흥덕왕 즉위 초에 귀국, 南岳(지금의 지리산)에 주석하였다. 흥덕대왕과 宣康太子가 이에 귀의, 실상사를 勅修하여 이에 머무르게 하였다. 문하에 片雲, 秀徹 등 제자가 천여 명이었다. 寂照塔碑에 의하면, 南岳

홍척국사의 입당 구법은 北山 도의국사의 후라고 하더라도 환국 후에 가람을 창건하고 문파를 형성하기로는 實相山을 九山의 最先이라고 보아야 한다. 그렇다면 해동에 선을 전한 것은 홍척국사를 初祖로 한다. 그의 嗣法인 秀徹(一作 澈)국사는 실상산의 제2祖로서 밀양군 營原寺의 개조이다. 신라 헌덕왕 7년에 출세하였고, 正法大德에게서 득도하였으며, 緣虛律師에게서 受具하였다. 뒤에 경문왕과 헌강왕의 귀의를 얻었고 크게 宗風을 떨쳤으며 진성왕 7년에 입적하였다. 문하에 飮光 등 수백이 있어 遺法을 후세에 전하였다."라고 하였다.

秀徹傳　　洪陟의 제자 秀徹의 略傳은 如다음과 같다. 秀徹和尙楞伽寶月塔碑에 말하기를, "秀徹은 唐 元和 12년(헌덕왕 9년) 출생, 唐 景福 3년(진흥왕 7년)에 입적하니 춘추가 77이었다. 어렸을 때에 恦怵(시호, 부친)를 喪別하였고, 志學(15세)의 나이에 출가를 원하여 緣虛律師에게서 落髮하였다. 經을 天崇大德에게 배우고, 福泉寺로 가서 潤法大德에 의하여 구족계를 받았다. 『화엄』을 배우고, 선을 닦았으며, 지리산 知實寺에서 諸章을 보았고, 크게 교화를 베풀었다.

제48대 경운왕이 敎와 禪의 同異에 대하여 물으니 奏對함이 본래 뜻에 맞았고, 제49대 헌강왕도 秀徹을 敬信하여 칙명으로 深源山寺에 머무르게 하였다. 아무 일도 없이 있다가 제자 粹忍, 義光 등을 시켜서 지리산 북쪽의 명승지를 택하여 實相寺에 들어간 것같다. 碑에 "祖西堂口父南岳陟"이라고 기록하여 그 法系를 표시하였으나 碑文이 마멸되어서 읽을 수가 없으며 그 대략을 추정할 뿐이다.

제2장 慧昭, 惠哲, 體澄, 無染의 禪風

道義와 동시에 慧昭가 있었다. 馬祖의 문인 滄州神鑑의 心印을 얻고 귀국하여 왕과 신하들의 귀향을 받았다. 그리고 惠哲은 서당의 법을 전하여 문성왕이 소중히 하는 바가 되었고, 桐裏山을 개설하였으니 이 산은 禪門九山의 하나이다. 體澄이 또한 道義의 뒤를 이어서 直指의 大道를 제창하고, 無染이 이에 계속하여서 麻谷의 가풍을 진작하였으며 경문왕의 스승이 되었다. 무염의 『無舌土論』은 禪敎의 차이를 밝혀서 禪風을 선양한 것이다. 무염의 법도가 聖住山의 일파를 이루었으니 이 또한 禪門九山의 하나이다.

제1절 慧昭의 興禪

慧昭傳　제42대 진흥왕 때에 眞鑑禪師 혜소가 또 祖道를 선양하였다. 『海東金石苑』 권1에 실린 최치원 撰, 智異山雙溪寺 敎謚眞鑑禪師 碑銘에 의하면, 혜소의 속성은 崔씨, 全州 金馬(전북 익산군)의 사람으로서 唐 代宗의 대력 9년에 출생하였고, 德宗 정원 20년에 31세의 나이로 渡唐, 드디어 滄州에 이르러서 神鑑을 뵈었다.

滄州神鑑　神鑑은 마조의 문인이다. 『송고승전』 권20에 그의 行業記가 있다. 즉 神鑑에게서 削染하고, 印契를 頓受하였다. 慧昭의 형모가 검었으므로 사람들이 黑頭陀라고 하였다. 憲宗 元和 5년, 37세로 嵩山 少林寺에서 구족계를 받았다. 그때 同鄕의 僧 道

義가 먼저 道를 華夏(중국)에 찾았던 터였는데 혜소와 해후하여 道友가 되었고 서로 동반하여 사방에 叅尋하다가 도의가 먼저 고국으로 돌아갔으며, 혜소는 종남산에 들어가서 止觀에 머물기를 3년, 뒤에 나와서 짚신을 삼아서 旅人에게 보시하기를 3년, 그리고는 文宗 태화 4년(흥덕왕 5년, 830년) 57세에 귀국하였다.

흥덕왕이 이를 맞이하여 위로하면서 말하기를, "道義禪師 曏已歸止 上人繼至 為二菩薩 昔聞黑衣之傑 今見襪褐之英 彌天慈威 舉國欣賴寡 人行當以東 鷄林之境 成妙(一無此字) 吉祥之宅也"라고 하였다. 비로소 尙州露岳 長柏寺에 掛錫하니 來學하는 자가 堂에 가득하였다. 이에 지리산에 이르러서 花開谷(전라남도)에서 故三法和尙의 遺基에 堂宇를 세우고 여기에 머물렀다.

文宗 開成 3년에 제44대 민애왕이 璽書(새서, 옥새가 찍혀 있는 문서)를 내리어 齋費를 올리고 호를 慧昭라고 하사하였다. 昭字는 聖祖의 諱를 피하여서 바꾼 것이다. 인하여 籍을 大皇龍寺에 貫하고 入京하도록 불렀으나 일어나지 않았다. 은거하기 수년에 법을 물어 오는 자가 稻麻와 같이 많았다. 드디어 명승지를 조사하여 南嶺(지금의 경남 하동군)의 山麓에 禪刹을 창건하고 六祖의 影堂을 세웠다. 師는 육조의 玄孫이기 때문이다.

玉泉寺　처음엔 玉泉寺라고 하던 것을 뒤에 고쳐서 雙溪寺라고 하였다. 지금 최치원 撰, 本碑와 및 혜소의 願佛은 寺寶로 보존되었다. 宣宗 大中 4년(문성왕 12년 서기 850년)에 이르러 문인에게 말하기를, "萬法皆空 吾將行矣 一心為本 汝等勉之 無以塔

藏形 無以銘記跡"하라 하고, 말을 마치고는 遷化(입적)하니 보령이 77이었다.

眞鑑禪師 　제49대 헌강왕이 追諡하여 眞鑑禪師라고 하였다. 혜소는 타고난 성품이 검소하고 성실하여 粗服糲食(거친 옷과 거친 밥을 먹다)이었고, 귀천과 老幼를 한결같이 대했으며, 眞을 지키고 俗을 거스려서 도인의 풍격을 온전히 하였다. 그리고 범패를 잘하여 배우는 자가 堂에 가득하였으니 실로 東國 魚山(범패의 비표준어)의 權輿(권여. 시작)였다.

제2절 惠哲과 桐裏山

　慧昭보다 9년 뒤인, 唐 문종 개성 4년(신라 제45대 신무왕
惠哲傳 원년)에 惠哲(惠徹)이 또 西堂의 법을 신라에 전했다. 崔賀가 撰한 武州(전라남도) 동리산 大安寺 寂忍禪師碑에 "惠哲의 字는 體空, 姓은 朴, 경주인이다. 志學(15세)의 나이에 출가하여, 浮石山(경북 영주)에 있으면서 『화엄』을 들었으며, 22세에 大戒(구족계)를 받았다.

　당 헌종 원화 9년(헌덕왕 6년)에 입당, 龔公山의 智藏을 뵙고 "某生緣外國 問路天池 遠不中華 故來請益 儻他日 無說之說 無法之法 流於海表 幸斯足也"라고 말하였다. 智藏이 그 뜻이 견고함을 알고 心印을 전하였다. 그런지 얼마 안 되어 智藏이 입적하자 거기서 떠나 명산과 靈境을 참배했다. 西州 浮沙寺에 이르러서 大藏을 탐독하기를 3년, 문종 개성 4년(신무왕 원년, 839년)에 신라로 돌아왔다.

　그때 武州(전남) 곡성군 동남쪽에 동리산이 있고, 거기에 精

舍가 있으니 이름을 大安寺(泰安寺)이라 하였으며, 진실로 三韓의 뛰어난 곳이었다. 혜철이 錫杖을 끼고 와서 여기서 교화의 문을 열었다.

　제46대 문성왕(840-856년)이 혜철의 道聲을 듣고 자주 서신을 주어서 위문하였고 또 사신을 보내어서 치국의 요점을 물었다. 惠哲이 封事 若干條를 올려서 時政의 급무를 논하니 왕이 심히 이를 가상하게 생각하였다. 당 의종 함통 2년(경문왕 원년, 861년)에 병이 없이 입적하니 향년 77세였다. 경문왕이 追諡하여 寂忍이라고 하였다. 『전등록』에 西堂의 문인으로서 哲선사를 들었는데 필시 惠哲이 아닐까?

寂忍禪師

　惠哲이 입당 초에 일찍이 罪徒와 배를 같이 탔는데, 郡監이 이를 알고 구금하여 罪科를 推得하였다. 惠哲이 黑白을 말하지 않으며 같이 하옥되어 처형되는데, 34인이 몸뚱이와 머리를 달리하였다. 다음은 혜철의 차례인데도 얼굴이 맑아서 죄인 같지 않았고, 스스로 刑所로 나아가니 郡監이 이를 차마 죽일 수 없어서 명하여 석방하였다.

桐裏山

　惠哲의 문하에 道詵國師, 如禪師 등이 있어 그 법계 일파를 이루니 이것이 동리산문으로서 禪門九山의 하나이다. 동리산은 지금 전라남도 곡성군 桐裏山 泰安寺가 이것이다.

제3절 入唐僧과 新羅院

新羅院

　당시 신라의 沙門으로서 入唐求法하는 자가 점점 많아져서 드디어 大唐에 신라원을 창립하기에 이르렀다.

　일본의 慈覺大師 圓仁이 쓴 『入唐求法巡禮行記』 권2의 당

赤山
法華院

문종 開成 4년(제45대 신무왕 원년) 6월조에 靑州都督府 管內(山東省)登州 文登縣 淸寧鄉 赤山村에 赤山 法華院이 있음을 기록하였다.

"文登縣 淸寧鄉 赤山村 山裏有寺 名赤山 法華院 本張寶高 初所建也 張有庄田 以充粥飯 其庄田一年得五百石米 冬夏講説 冬講『法華經』夏講八卷『金光明經』長年講之 (…) 當今 新羅通事 押衙張詠 及林太使王訓等 專勾當"(大日本佛教全書 遊方傳叢書 第一, 201쪽)

新羅坊

또 同書 개성 5년 3월 조에 청주에서는 신라원에 안치되었다고 하였고, 同書 권3 회창 5년 4월조에는 唐僧이 신라 沙門에게 師匠으로 시봉하였음을 기록하였으며, 同書 권4 회창 5년 7월조에는 楚州에 이르러서 신라방에 들어갔다고 하였다. 이로써 신라인이 조공할 때 입당하는 僧徒가 많았음을 알 수 있다.

제4절 體 澄

體澄傳

惠哲이 귀국한 지 1년 후, 제46대 문성왕(839-856년) 2년에 體澄이 당에서 돌아와 가지산에서 道義의 禪道를 폈다. 신라 金穎이 지은 武州(전남 장흥군) 가지산 보림사 普照禪師碑銘에 보면, "體澄의 성은 김, 웅진(충남 공주) 사람으로 齠齔(초츤. 7-8세)에 출가하여 花山 勸법사의 座下에서 경을 들었으며, 당 문종 태화 원년에 加良峽山 普願寺에서 구족계를 받았다. 그때 道義의 문인 廉居가 雪山(설악산) 億聖寺에 있었는데 체징이 가서 참례하고 일심으로 苦修한 끝에 드디어 법인을 받았다.

　문종 개성 2년에 동지인 貞育, 虛懷(處會) 등과 澄波를 건너 중국에 들어가서 遊方하여 많은 지식들을 만나고 나서 말하기를, "我祖師所說 無以爲加 何勞遠適"하라고 하고 開城 5년에 고국에 돌아왔다. 이에 檀越(단월)이 信心을 기울이고 禪道가 끊임없이 이르렀다. 드디어 武州(광주) 黃壑(黃鶴)의 蘭若에 있으면서 교화의 문을 왕성히 하였다.

　제47대 헌안왕 3년에 왕이 그의 道聲을 듣고 長沙縣 副守 金彥卿을 시켜서 輦下(궁궐)에 이르도록 청하니 체징은 병으로써 사양하고 같은 해 겨울에 청하여 迦智山寺로 옮기었다. 그 절은 元表大德의 舊居였다. 헌안왕 4년에, 金彥卿이 일찍이 제자의 예를 취하고 入室의 賓이 되었는데, 이에 이르러서 淸俸을 덜고 私財를 희사하여 노사나불상을 주조하여 梵宇에 안치하였다.

　제48대 경문왕 원년에 시방의 信徒가 크게 가람을 增建하니 化城이 홀연히 해동에 출현하였다. 제49대 헌강왕 6년(808년)에 문인에게 遺誡하고 목숨을 마치니 향년 77세였다. 제자가 800여 인으로, 가지산문파의 제3조(제1 道義 제2 廉居)이다. 왕이 시호하여 普照라고 하였다.(조선금석총람, 상, 61-64쪽).

普照禪師
弘覺

　體澄과 동시에 강원도 양양군 沙林寺(현재 양양군 서면)의 弘覺禪師가 있었다. 書史에 該通하고 경전을 독송하였으며, 해인사에 가서 講筵(강연. 강의, 강연 자리)에 참례하였고, 두루 禪席을 방문하였으며, 出世 弘法하니 학자가 雲屯하였다. 그리고 靈岩寺에서 修定하기를 여러 달, 繼門(승가)의 모범이라고

일컬었다. 師의 碑는 왕희지의 글씨를 集刻한 것인데 지금 박
물관에 수장되어 있다.

제5절 無染의 聖住山

無染傳　제46대 문성왕(839-856년) 7년에 無染도 또한 馬祖 문하에
서 심인을 받아 해동으로 돌아왔다. 최치원이 撰한 教諡大朗慧
和尙碑塔에는 이렇게 서술되어 있다.

　無染의 속성은 김씨, 무열왕(태종)의 8대손으로 제40대 애장
왕 원년에 탄생하였다, 나이 12세에 雪山(설악산) 五色石寺에
서 삭발하고 法性禪師에게 師事하기를 수년이었다. 법성선사
가 그를 깊이 그릇으로 여기고 入唐을 권하였다. 부석사의 釋
澄大德에게 『화엄』을 배우고 西海로 가다가 풍파를 만나서 표
류하여 劍山島(흑산도)에 이르러 겨우 고기 뱃속으로 들어가
는 액난을 면하였다.

　唐 목종 장경 원년(헌덕왕 13년, 821년)에 正朝使 왕자 昕를
따라서 중국으로 건너 가서 之罘山麓에 도달하였다. 大興城 南
山 至相寺에 나아가서 『화엄』의 강석을 만났으며, 거기서 다시
낙양의 佛光寺로 가서 如滿에게 도를 물었다. 여만은 馬祖의
제자요 香山 白樂天의 道友이다. 무염에게 이렇게 말하였다.
"吾閱人多矣 罕有如是新羅子矣 他日中國失禪 將問之東夷耶."

麻谷山
寶徹　다음은 蒲州 麻谷山 寶徹에게로 갔다. 보철도 역시 마조의
제자였다. 무염이 부지런히 일하여 수고로움을 가리지 않는 것
을 보고 그 苦節을 가상히 여겨 하루는 心印을 전하였다. 그런
뒤 얼마 안 있다가 보철이 입적하자 사방에 교화하면서 고독을

궁휼하고 병고를 간수하는 것을 자기의 임무로 삼아서 혹한과 혹서라고 하더라도 게으름이 없이 하니, 그 이름을 듣는 자가 멀리서도 예경하면서 동방의 대보살이라고 하였다.

이렇게 20여 년을 지나서 문성왕 7년(845년), 당 무종 회창 5년(조당집에는 6년)에 귀국하였다. 그로부터 請益(가르침을 청함)하는 자가 구름처럼 몰려들었다. 北行하여 終焉之所를 선택하려고 하는데, 마침 왕자 昕과 해후하였다. 昕이 "有一寺 在熊川坤隅(謂藍浦聖住寺) 是吾祖臨海公(金仁問)受封之所 (…) 匪慈哲 孰能興滅繼絶."이라고 하였다.

無染이 답하기를, "有緣則住"라고 하고 宣宗 대중 원년에 비로소 이곳에 주석하니 도가 크게 행하고 사찰이 크게 이루어져서 사방에서 오는 자가 그 수를 헤아릴 수 없었다.

문성왕이 듣고 매우 이를 가상하게 생각하여 手教(手書, 손으로 쓴 편지)를 보내어 훌륭함을 치하하고 寺名을 고쳐서 聖住寺(옛 이름은 烏合寺)로 하였으며, 大興輪寺에 編錄하였다.

제47대 헌안왕이 즉위하여 예우함이 매우 컸고, 제48대 경문왕이 즉위하여서도 無染을 존중함이 선왕만 못하지 않았다. 懿宗 함통 12년(경문왕 11년)에 무염을 도읍으로 불러들여서 師로 삼았고, 君夫人, 世子 등이 모두 우러러 보았다.

왕이 물었다, "般若之絶境則 境之絶者 或可聞乎" 답하기를, "一境既絶矣 理亦無矣 斯印也 默行爾"라고 하니 질문과 대답이 뜻에 맞아서 서로 만남이 늦은 느낌이었다. 이로부터 卿相士庶가 뵙고자 청하는 일이 많아져서 갑자기 樊籠(번롱, 새 장) 속에 있는 것과 같았다. 무염이 곧 도망하여 가니 왕이 억지로 할 수 없음을 알고 상주 深妙寺가 도읍에서 멀지 않았으므로 여기에 있게 하였다.

당 희종 건부 3년에 경문왕이 편치 않아서 近侍에게 명하기를 "亟迎 我大醫王來"하라고 하였다. 사절이 절에 이르니 무염이 말하기를, "山僧足及王門 一之謂甚 知我者 謂聖住爲無住 不知我者謂無染爲有染乎 然顧與吾君 有香火因緣 仞利之行有期矣 盖就一訣"이라고 하고, 곧 걸어서 왕궁으로 들어가서 藥言(警戒하는 말, 충고하는 말)과 箴戒(가르쳐 깨닫도록 타이름)를 베풀어서 그의 마음을 위안하고 다음 날에 바로 聖住寺로 돌아갔다.

廣宗禪師　　당 희종 중화 원년에 제49대 헌강왕이 불러서 京師(서울, 즉 경주)에 이르게 하고, 法稱을 하사하여 廣宗이라고 하였다. 제50대 정강왕도 역시 불렀으나 노병으로써 사양하였다. 제51대 진성여왕 2년, 즉 888년에 遷化하니 춘추가 89세였다(조당집에는 90세) 였다.(조선금석총람 上, 72-82쪽).

無染은 자질과 성품이 恭謹하여 和氣를 상하지 않았고 자비로움이 滿室하여 학도가 기뻐하면서 따랐다. 빈객을 접하는 데 존비를 구별하지 않았으며, 배우는 자를 지목하는 데도 禪師라고 하였다. 음식은 반드시 대중과 식량을 같이 하였고 옷도 역시 남과 균등하게 하였으며, 대체로 營葺(영즙. 가람이나 도량 수리)을 하게 되면 솔선하여 대중들과 함께 役事에 나아갔다. 항상 말하기를, "祖師嘗踏泥 吾豈暫安栖"라고 하면서 運水(물을 나름), 負薪(땔나무를 등에 짐) 이르기까지 이것을 친히 하였으니 그 克己와 勵物(만물에 힘씀)의 정도가 이러하였다. 이름이 있는 문인이 2천 인, 도량에 앉은 자로는 僧亮, 普愼, 詢父(詢又), 僧光 등이 있다. 진성여왕이 大朗慧라는 시호를 주었다.

제6절 無舌土論

고려 후기 天頙(천책)은 『禪門寶藏錄』 상권에서 海東 무염

無舌土論 국사의 〈無舌土論〉을 끌어서 말하였다.

"問有舌無舌 其義云何 答仰山云 有舌土者 即是佛土 是故應機門
無舌土者 即是禪 是故正傳門 問如何是應機門 答知識揚眉動目而
示法 此皆為應機門 故有舌 況語言也 問如何是無舌十 答禪根人是
此中無師無弟也 問若然者 何故古人云 師資相傳耶 答章敬云 喩如
虛空 以無相為相 以無為為用 禪傳者亦然 以無傳爲傳 故傳而不傳
也 問無舌土中 不見能化所化者 與教門如來證心中 亦不見能化所
化 云何別耶 答教門之至極 如來證心 名曰海印定 三種世間法印現
而永無解 是則有三種世間跡也 今祖代法者 等閑道人心裏 永不生
淨穢兩草 故不荒三種三世草 亦無出入跡 所以不同也 淨則眞如解
脫等法 穢則生死煩惱等法也 所以古人云 行者心源如深水 淨穢兩
草永不生 又佛土者 前服定惠之服入燃燈穴內 今放却定惠之衣 立
玄地 故有蹤跡 祖土者 本來無脫 不脫不着一條線 故與佛土大別也
(續藏經 第1輯 第2編 第18套 第5册 495葉左)

이 설에 의하면 無染은 불교와 祖道(조사선)를 엄격히 구분
하여 불교를 應機門, 言說門, 淨穢門이라고 하였고, 祖道(禪
道)를 正傳門, 無說門, 不淨不穢門이라고 한 것이다.

또 『선문보장록』에 끌어 쓴 法性선사와의 문답에 선과 교를
구별하기를, 敎는 백관이 그 직책을 지키는 것에 견주었고, 禪
은 제왕이 拱默(팔장 끼고 침묵함. 즉 政事를 돌보지 않음)하

고도 백성을 편안케 하는 것에 견주었다. 무염의 법은 성주산의 일파를 형성하였고 禪門九山의 하나가 되었다. 聖住山의 舊址는 충청남도 보령군 미산면에 있다.

제3장 梵日, 道允, 智詵, 行寂, 順之 등의 禪風

마조의 高弟인 鹽官(염관)의 禪機를 받은 이로서 梵日(또는 品日)이 있다. 교외별전의 異義를 전하여 사굴산에서 법을 열었으니, 역시 禪門九山의 하나이다. 또 南泉의 문하에 나아갔던 道允과 도윤에게 참예한 折中은 道聲이 한때 크게 울렸고, 그 法系는 獅子山의 일파를 이루었으니 이것도 禪門九山의 하나이다. 4조 道信의 법통을 계승한 智詵은 경문왕의 존경을 받았고 희양산의 일파를 세웠다. 靑原 문하의 石霜에게 參詣했던 行寂은 효공왕이 국사의 예로써 대우하였고 順之가 또한 위앙종을 전하여 圓相을 활용하였으며, 玄昱은 章敬의 선을 전하여 鳳林山의 일파를 창립하였고, 審希는 경명왕의 寵遇를 입어 紫殿(자전. 왕의 모친, 大妃殿)에서 法을 설하였으니 신라 말에 禪道가 융창하였음을 알만하다.

제1절 梵日의 사굴산

梵日傳

梵日은 문성왕 9년에 환국하여 馬祖 문하 鹽官의 법을 전하였다. 『조당집』 17권에 보면 이렇게 기술되어 있다.

"溟州(江原道 江陵郡)崛山 故通曉大師嗣鹽官 法諱梵日(一作品日)鳩林冠族金氏 (…) 以元和五年(憲德王二年)庚寅正月十辰 (…) 誕生 (…) 年至十五 誓願出家 諮于父母 二親共相謂曰 宿緣善果 不可奪志 汝須先度吾未度也 於是落采 辭親尋山入道 年至二十 到

於京師 受具足戒 (…) 泊乎太和(文宗)年中 私發誓願 往遊中華 遂
投入朝 王子金公義琮 披露所懷 公以重善志 許以同行 假其舟檝 達
于唐國 (…) 遍尋知識 參彼鹽官濟(一作齊)安大師 大師問曰 什麽
處來 答曰東國來 大師進曰 水路來 陸路來 對云不踏兩路來 既不踏
兩路 闍梨爭得到這裏 對曰 日月東西 有什麽障碍 大師曰 實是東方
菩薩 梵日問曰 如何即成佛 大師答曰 道不用修但莫汚染 莫作佛見
菩薩見 平常心是道 梵日言下大悟 殷勤六年後 師到藥山 藥山問 近
離什麽處 師答曰 近離江西 藥山曰 作什麽來 師答曰 尋和尚來 藥
山曰 此間無路 闍梨作麽生尋師 對曰 和尚更進一步即得 學人亦不
見和尚 藥山曰 大奇大奇 外來淸風凍殺人 欲恣遊方 遠投帝里 値會
昌四年 沙汰僧流 毀壞佛宇 東奔西走 (…) 遂隱商山 獨居禪定 拾
墜菓以充齊 掬流泉而止渴 形容枯槁 氣力疲羸未敢出行 直蹤半載
(…) 後以誓向韶州 禮祖師塔 不遙千里 得詣曹溪 香雲忽起 盤旋於
塔廟之前 靈鶴倏來嘹唳於樓臺之上 寺中愕然 共相謂曰 如此瑞祥
實未曾有 應是禪師來儀之兆也 於是思歸故里 弘宣佛法 却以會昌
六年(七年之誤)丁卯(大中元紀年 文聖王九年)八月 還涉鯨浪 返于
鷄林 亭亭戒月光流玄兎之城 皎皎意珠照徹靑丘之境 暨大中五年正
月 於白達山宴坐 溟州都督金公 仍請住崛山寺 一坐林中四十餘載
列松爲行道之廊 平石作安禪之座 有間如何是祖師意旨 答曰六代不
曾失 又問如何是衲僧所務 答曰莫踏佛階級 切忌隨他悟 咸通十二
年三月 景文大王 廣明元年 憲康大王 光啓三年 定康大王 三王並皆
特迂 御禮 遙申欽仰 擬封國師 各差中使 迎赴京師 大師久蘊堅貞
確乎不赴矣 忽於文德二年己酉(昭宗龍紀元年西紀八八九年眞聖 王
三年) 四月末 召門人曰 吾將他徃 今須永訣 汝等莫以世情 淺意亂
動悲傷 但自修心不墜宗旨也 即以五月一日 右脇累足 示滅于崛山

寺上房 春秋八十 僧夏六十 諡號通曉大師 塔名延徽之塔"(祖堂集 卷17 제6-제8張)

『禪門寶藏錄』에 梵日이 진성왕에게 답하여 禪教 兩義를 구분했다는 말이 다음과 같이 기록되어 있다.

眞歸祖師

"我本師釋迦 出胎說法 各行七步云 惟我獨尊 後踰城往雪山中 因 星悟道 既知是法 猶未臻極 遊行數十月 尋訪祖師 眞歸大師 始傳得 玄極之旨 是乃教外別傳也 故聖住和尚(無染) 常扣『楞伽經』知非祖 宗 捨了却入唐傳心 道允和尚 披究『華嚴經』乃曰圓頓之旨 豈如心 印之法 亦入唐傳心 此乃非其根未能信之別旨耳(海東七代錄)."

과연 이것이 梵日의 말이라면 妄謬가 매우 심한 것이다. 진귀조사설의 내용은 석존이 성도한 후 數十月에 眞歸大師를 만나서 玄極을 전수받았다는 것은 佛傳에 보이지 않으니, 이것은 교외별전을 주장하기 위한 가설일 수밖에 없다. 그리고 진성왕 같은 이는 淫昏하여 기강을 문란하게 하고 생각하는 것이 천박하여 미신으로 더럽혀졌으니 더불어 선을 말할 만한 자가 아니다.

闍崛山

범일의 법은 闍崛山의 일파를 형성, 禪門九山의 하나가 되었다. 사굴산은 강릉 부근에 있다. 그러므로 朗圓大師碑에 "行至 五臺謁通曉大師"라고 한 것이다. 문하에 朗圓, 朗空 등 10인의 神足이 있어서 문풍을 크게 일으켰다.

제2절 道允과 南泉의 禪

道允傳

범일과 같은 해에 환국하여 南泉 문하의 선을 전한 이를 道允이라고 한다. 『祖堂集』 권17에 보면 다음과 같이 쓰여 있다.

"雙峰 和尙(綾州雙峰寺) 嗣南泉 師諱道允 姓朴 漢州鵂巖(京畿道 始興郡 孔巖乎)人也 累葉豪族 祖考仕宦 郡譜詳之 母高氏 夜夢異光 瑩煌滿室 愕然睡覺 有若懷身 父母謂曰 所夢非常 如得兒子 盍為僧乎 寄胎十有六月載誕(元聖王 14年)爾後日將月就 鶴貌鸞姿 舉措殊儔 風規異格 竹馬之年 摘花供佛 羊馬之歲 累塔娛情 玄關之趣 昭然 眞境之機 卓爾 年當十八 懇露二親 捨俗爲僧 適於鬼神寺 聽於花嚴敎 禪師 竊謂曰 圓頓之筌罤 豈如心印之妙用乎 逐被毳挈瓶 栖雲枕水 泊于長慶五年(憲德王 17年) 投入朝使 告其宿志 許以同行之筌第 旣登彼岸 獲覲於南泉普願大師 伸師資之禮 目擊道存 大師嘆曰 吾宗法印 歸東國矣 以會昌七祀(文聖王 9年) 夏初之月 旋屆靑丘 便居楓岳 求投者 風馳霧集 慕來者 星逝波奔 於是 景文大王 聞名歸奉 恩渥日崇 咸通九年(景文王 8年 西紀 868年) 四月十八日 忽訣門人曰 生也有涯 吾須遠邁 汝等 安栖雲谷 永耀法燈 語畢 怡然遷化 報年七十有一 僧臘四十四霜 五色之光 從師口出 蓬勃而散漫于天 伏以今上 寵褒法侶 恩霈禪林 仍賜謚 澈鑒禪師 澄昭之塔矣"(祖堂集 卷17 第17張-18張)

南泉은 馬祖 문하 3大士의 한 분이다. 마조가 일찍이 칭찬하기를 物外에 초월하였다고 하였다. 道允이 전한 宗風은 禪機峻峭(준초. 높고 가파르다)한 것임을 알아야 한다.

제3절 折中과 獅子山

折中傳

崔彦撝 撰, 新羅國師子山 興寧寺(영월 사자산 法興寺) 澄曉
大師塔碑에 이렇게 기록하고 있다.

折中은 傔巖(德巖)의 사람인데 唐 경종 寶曆 2년에 탄생하였
다. 나이 7세에 禪侶가 걸식하는 것을 보고 출가하고자 하는
뜻을 품었고, 五冠山寺에 가서 珍傳法師를 뵈었으며, 15세에
곧장 부석사로 가서 화엄의 妙旨를 듣고, 19세에 구족계를 받
았다.

그때 마침 道允이 楓岳(금강산)에 있어, 오래 중국에서 공부
하다가 고향에 돌아왔음을 듣고 특별히 가서 참례하니 도윤이
말하기를, "靈山別後 記得幾生 邂逅相逢 來何暮矣" 하고 입실
을 허락하였다. 도윤이 먼저 중국에서 南泉普願을 뵈었고, 折
中은 이로부터 도윤에 服勤하여 좌우를 떠나지 않았으며 東山
의 법을 이은 것이다.

그 후 慈忍(입당 전법승의 하나)에게 나아가니, 一見에 舊識
과 같았다. 절중이 水甁(물병)을 가리키면서 말하기를 "甁非甁
時 如何" 하니까 答하기를 "汝名什麽"하였다. 절중이 "折中"이
라고 말하니, 慈忍이 말하기를 "非折中之時 阿誰"하였다. 답하
기를 "非折中之時 無人如此問"이라고 하니, 慈忍이 말하기를,
"名下無虛事(一作士) 人知幾箇 如汝無多"라고 하였다. 이리하
여 16년에 精究參學하여 드디어 得意忘言의 境을 밟았다.

당 희종의 中和 2년에 前 國統 威公이 아뢰어서 谷山寺에
머무르게 하였다. 그러나 京輦(경연. 도읍)에 가까움이 雅懷에
맞지 않았다.

그때 사자산에 釋雲이 있어 절중의 덕이 華夷(중국과 오랑캐)에 으뜸임을 듣고 그를 부르자, 절중이 무리를 거느리고 가서 이 절에 주석하니, 사방에서 來學하는 자가 稻麻와 같았다.

제49대 헌강왕이 그의 道風을 흠모하고 鳳筆을 날려서 조정에 나아가게 하고 사자산(강원도 영월군) 興寧禪院을 中使省에 붙이었다. 제50대 정강왕이 또한 자주 사람을 보내어서 멀리 찬앙을 표하였고, 51대 진성왕은 사신을 보내어서 국사의 예를 표했으나 절중이 굳이 사양하여 받지 않았다. 효공왕 4년

(900년)에 坐亡하니 수 75세였다. 제52대 효공왕이 澄曉大師라고 贈諡하였다.

『조선불교통사』 하편에 수록한 비문에 '乾寧二年寂'이라고 한 것은 잘못이다. 乾寧 2년은 折中의 나이 70이 되었을 뿐이다. 『조선금석총람』에 乾寧 7년, 즉 光化 3년이라고 한 것에 의거함이 옳은 것이다(조선금석총람 上 157-162쪽). 道允, 折中의 법은 사자산의 일파를 이루었고, 이 또한 禪門九山의 하나가 되었다. 사자산은 지금 강원도 영월군 사자산 법흥리의 법흥사가 이것이다.

이와 때를 같이하여 大通이 또한 仰山의 선을 전하여 귀국하여 크게 宗風을 떨쳤다. 신라 金穎이 撰한 충주(충북 제천군 한수면) 月光寺 圓朗禪師 塔碑에 말하기를, "大通의 字는 太融, 성은 박씨. 冠歲에 就學하였고, 총명 민첩하였고, 제자백가에 通曉했다. 이미 褐(털 옷)을 풀고 緇衣(승복)를 입자, 문성왕 7년에 聖鱗大德에게서 구족계를 받고, 丹嚴寺에 있으면서 수행을 게을리하지 않았다.

그때 사형 慈忍禪師가 당에서 돌아오자 이에 나아가서 뵙고,

또 "稶山(직산)에서 習定하기를 3개월이나 되었다. 뒤에 廣宗 (無染)대사에게 의지하니 광종이 그릇으로 중히 여겼다.

문성왕 18년에 입당하여 仰山에 이르러서 澄虛大師에게 사사하고, 黃梅의 心印을 전수하였다. 그로부터 명산을 순례하여 禪伯을 역참하고 경문왕 6년에 본국으로 돌아왔다. 廣宗(무염) 이 사신을 보내어 경청하고 慈忍이 글을 올려서 月光寺(道證 창건)에 머무르게 하였다. 인하여 本寺에서 玄機를 顯示하니 道譽가 크게 드날렸다. 경문왕이 詔書로 위로하고 그 덕회를 우러렀다. 헌강왕 9년(883년)에 입멸하니 나이 68이었다.(조선 금석총람 上, 83-86)

제4절 智詵(道憲)과 義陽山

智詵傳

제48대 경문왕 11년에 황룡사 9층탑을 개조하여 13년에 낙성하였다. 道憲智詵은 이때에 해동에 교화를 왕성히 하였다. 해동의 禪家는 馬祖 下에 속하는 자가 많은데 이에 반하여 4조 도신 下의 방계에 속하는 자가 있으니 智詵이 바로 그다.

智詵은 제48대 경문왕(861-874년), 제49대 헌강왕(875-885 년) 2대에 걸쳐서 敎化의 門을 열었다. 智詵은 道憲이라고 호하였다. 성은 김씨, 王都(경주)의 人, 헌덕왕 16년에 탄생하였다. 그의 몸은 仞(8尺)이 넘고, 그 얼굴은 1尺에 미치며, 용모가 魁岸(괴안. 체구가 크고 위엄이 있음)하고 語言이 雄亮하였다.

9세에 부친을 喪別하고, 浮石山 梵體大德에게 가서 就學하였으며, 17세에 瓊義律師에게 受具하였다. 持律을 淸苦히 하여 繒絮(증서. 솜옷)를 입지 않고, 韀履(달리, 가죽 신)를 신지 않았으며, 계람산 水石寺에서 연습을 게을리 하지 않았다. 惠隱禪師에게서 禪道를 받았다.

그때 경문왕이 사신을 보내어서 불렀으나 智詵(道憲)은 굳이 사양하고 일어나지 않았으며, 그 뒤로 芳名이 세상에 流布되었다. 경문왕 4년(864), 41세에 賢溪山 安樂寺로 옮겼다. 헌강왕대에 沈忠이란 자가 깊이 智詵의 덕에 의거하고 禮拜하여 제자가 되었다.

그리고 희양산(경북 문경군) 중턱의 勝地에 禪宮을 세울 것을 청하여 가보니 山形과 水勢가 기이한지라, 이를 좋아하여 거기에 堂宇를 세우고 머물렀다. 헌강왕 6년에 왕이 사신을 보내어서 경계를 정하고 榜을 하사하여 鳳巖寺라고 하였다.

그리고 청하여 산에서 나오게 하여 禪院寺로 영접하여 쉬게 하고 月池宮으로 이끌어 心要를 물었다 마침 金波의 그림자가 玉沼의 중심에 비취는 것을 보고 왕에게 말하기를, "是則是 餘無所言"이라고 하니 왕이 기꺼이 말하기를, "金仙花月 所傳風流 固宜於此"라고 하고 드디어 절을 올리고 忘言師로 하였다. 왕이 머물기를 원하였으나 허락하지 않았으며 곧 有司를 보내어서 산으로 돌아가게 하였다. 헌강왕 8년(882년)에 歸寂하니 **智證大師** 수는 59세였다. 헌강왕이 智證大師라고 시호하였다.(조선금석총람 上, 88-96쪽)

최치원의 비명에 의하면, 智詵(道憲)은 4조 道信의 방계 법손이다. 그 法系는 다음과 같다. 雙峰(4祖 號)제자는 法朗이고, 孫제자는 信行, 曾孫제자는 遵範, 玄孫 제자는 惠隱, 末孫은 智詵이다. 法朗 이하는 『전등록』에 그 이름이 나열되지 않았다.

智詵(道憲)의 禪은 희양산의 일파를 이루어 禪門九山의 하나가 되었는데 지금의 경상북도 문경군 희양산 鳳巖寺가 그것이다. 도헌의 鳳毛를 얻은 자에 楊孚, 性蠲, 繼徽 등이 있다.

제5절 行寂과 石霜의 禪

제49대 헌강왕 3년에 황룡사에 百高座를 설치하여 경을 강의하게 하고 왕이 친히 행차하여 이를 들었다. 5년에는 영취산 동쪽 기슭에 望海寺를 창건하였다.

行寂傳　　行寂이 입당하여 石霜慶諸에게 참례하고 돌아온 것도 헌강왕 때였다. 行寂의 속성은 최씨, 흥덕왕 7년에 탄생하였다. 삭발 염의하고 가야산 해인사에 이르러서 강석에 參列하여『화엄』의 妙義를 들었고, 문성왕 17년(855년)에 福泉寺 官壇에서 구족계 받았으며, 또 崛山寺로 가서 通曉大師(梵日)를 뵙고 입실이 허락되자 服膺(마음에 새겨 잊지 않음)하기 수년이었으나 아직 休歇을 얻지 못하였다.

그로 인하여 西遊의 뜻을 품고 경문왕 10년에 39세의 나이로 朝貢使 金緊荣(혹은 榮)에게 부탁하여 같은 배로 입당, 京에 이르러서 左街寶堂寺 孔雀王院에 居하였다.

그런지 얼마 안 되어 칙명으로 入內하니 의종이 묻기를, "遠涉滄溟 有何求事"라고 하였다. 行寂이 대답하기를, "貧道幸獲觀風上國 問道中華 今日叨沐鴻恩 得窺盛事 所求遍遊靈跡 追尋赤水之珠 還耀吾鄉更作青邱之印"이라고 하니 帝가 그 말을 가상하게 생각하여 물품을 후하게 하사하였다. 그로부터 오대산 화엄사에 이르러서 문수께 예배하고 南行하여 희종 건부

2년에 成都府에 이르러서 靜衆精舍를 巡謁하고 無相大師의 影
堂에 예배하였다. 無相은 신라인이었다.

石霜　　또 石霜慶諸의 化門이 성함을 듣고, 가서 參叩하여 摩尼를
얻을 생각이 있었다. 慶諸는 道吾圓智의 제자이고 도오원지는
약산유엄의 제자이다. 신라 僧으로서 靑原 문하에 參禮한 것은
行寂이 처음이었다. 이미 衡岳을 참배하였고, 또 멀리 曹溪에
도달하여 六祖塔에 절하였고, 四遠을 參尋한 끝에 헌덕왕 11
년에 귀국하였다. 그리고 崛嶺에 올라가서 거듭 通曉를 빈 후
또 발우를 휴대하고 산수를 찾았다. 그러다가 진성왕 8년에 王
城에 이르렀다.

제52대 효공왕이 즉위하자 禪宗을 중히 여기어 사신으로 하
여금 皇居로 불려오게 하였다. 효공왕 10년에 行寂이 京邑에
나아가니 왕이 국사의 예로써 대우하였다.

제53대 신덕왕이 또 行寂을 불러서 赴闕하게 하였고, 신덕왕
4년(915년)에 南山 實際寺를 禪刹로 하여서 여기에 있게 하였
다. 여제자 明瑤夫人이 石南山寺로 청하여서 住持하게 하였다.
그 이듬 해인 신덕왕 5년(916년)에 微痾(미아. 가벼운 병)에
걸려 보령 85세로 順世하였다.

朗空大師　　諡號를 朗空이라고 한다. 行寂의 碑는 경상북도 봉화군 太子
寺에서 경복궁 근정전으로 移建하였는데, 金生의 문자를 集刻
한 것이다. 제자는 信宗, 周解, 林儼 등을 上首로 하여 500餘人
이 있다. (조선금석총람 上 181-186쪽). 신라 沙門으로 石霜의
輪下에서 得法한 자는 欽宗, 法虛, 및 法朗이 있다.

石霜의 法嗣 九峰道虔의 門에 신라의 國淸이 있고, 雲蓋元의
門에 신라의 臥龍이 있고, 谷山藏의 門에 신라의 瑞巖, 百巖,

大嶺이 있다. 그러나 그들의 行業은 알 수 없다. 그리고 이 밖에 雪峰義存의 문하에 신라의 無爲와, 臨濟義玄의 문하에 신라의 知異와, 洞山良价의 문하에 신라의 金藏이 있으나 다 그 이름이 남았을 뿐이다.

제6절 順之의 위양종

順之傳　　順之가 위양종을 弘通한 것도 역시 이때였다. 『祖堂集』권20에는 다음과 같이 기술되어 있다.

"五冠山(京畿道 長端府) 瑞雲寺 和尚 嗣仰山寂禪師, 師諱順之 俗姓朴氏 浿江人也 祖考並家業雄豪 世爲邊將忠勤之譽 遺慶在鄕 母昭氏 柔範母儀 芬芳閭里 懷娠之日 頻夢吉祥 免腹之時 即多異瑞 昔賢如此 今又徵焉 及于竹馬之期 漸有牛車之量 凡爲嬉戲 必表殊 常 己至十歲 精勤好學 屬詞詠志 即見凌雲 剖義談玄 如同照鏡 旣 登弱冠 道芽早熟 厭處喧華之地 長遊靜默之中 遂乃懇告二親 將隨 緇侶 志不可奪所天容許 便投五冠山剃髮 仍適俗離山 受具足戒 行 同結草 心比護鵝 因遊公岳 忽遇神人邀請 化成宮闕 若兜率天 說法 應緣 倏焉殄滅 若非德至行圓 孰能致感如此也 泊乎大中十二年(憲 康王二年) 私發誓願擬遊上國 隨入朝使 利涉雲溟 乘一隻之船 過萬 里之浪 曾無懼念 不動安禪 逕到仰山慧寂和尚處 虔誠禮足 願爲弟 子 和尚寬爾笑曰 來何遲 緣何晚 旣有所志 任汝住留 禪師不離左右 諮稟玄宗 若顔回於夫子之下 如迦葉於釋尊之前 彼中禪侶 皆增歎 伏 乾符(당 희종)初(경문왕 14년) 松岳郡女檀越 元昌王后 及子威 武大王施五冠山龍嚴寺 便往居焉 今改瑞雲寺也

師有時表相現法 示徒證理遲疾 此中四對八相 ○此相者 所依涅
槃相 亦名理佛性相 與群生衆聖 皆依此相 相雖不異 迷悟不同 故有
凡夫有聖 謂識此相者 名為聖人 迷此相者 名為凡流 是故龍樹在南
印土 則為說法 對諸大衆 而現異相 身如月輪 當於座上 唯聞說法
不見其形 彼衆之中 有一長者 名曰提婆 謂諸衆曰 識此瑞不 衆曰
非其長聖 誰能辨耶 爾時 提婆心根宿靜 亦見相 默然契會 乃告衆曰
今此瑞者 師現佛性 非師身者 無相三昧 形如滿月 佛性之義 語未訖
師現本身座上 偈曰 身現圓月相 以表諸佛體 說法無其形 用辯非聲
色 若有人將此月輪相來問 相中心著牛字對也

㊞ 此相者 牛食忍草相 亦名見性成佛相 何以故 經云 雪山有草
名為忍辱 牛若食者 則出醍醐 又云 衆生若能聽受諮啓大涅槃 則見
佛性故 當知草喩妙法 牛喩頓機 醍醐喩佛 如是則牛若食草則出醍
醐 人若解法 則成正覺 故云牛食忍草相 亦名見性成佛相也

圓相相傳　○犇 此相者 三乘求空相 何以故 三乘人聞說眞空 有心趣向 未證
入眞空 故表圓相下畫三牛也 若將此相來問 以漸次見性成佛相對之
㊞ 此相者 露地白牛相 謂露地者佛地 亦名第一義空 白牛者諸法
身之妙慧也 是故表一牛入圓相也. 問何故月輪相下著三獸 又月輪
相中心著牛字對之耶 答月輪相下三獸是表三乘 月輪相中心一牛 是
表一乘 是故舉權乘來現實入證對之 問向前己說月輪相中心著牛 是
牛食忍草相 何故又言 月輪相中心著牛者 露地白牛相也 兩處皆是
同相同牛 何故說文不同耶 答說文雖別 相及牛則不異 問若也不異
何故 兩處各現同相同牛耶 答雖相及牛則不異 見性遲疾不同故 兩
處各現同相同牛 問若論見性遲疾各別者 食忍草牛 與露地白牛 誰

遲誰疾也 答食忍草牛則 明華嚴會中 頓見實性之牛故疾 露地白牛
則 明法華會中 會三歸一牛故 是故說文雖則不同 證理不異故 舉同
相同牛 明理智不異 不言來處全同也

牛○ 此相者 契果修因相 何以故 初發心在 雖成正覺而 不得衆行
慧等佛地 行不過位故 表此相也 古人云履踐如來所行之跡 則此相
也 若有人將此相來問 又作月輪相 中心著卍字對之

㊊ 此相者因圓果滿相也 問何故 月輪相上頭 著牛字來 月輪相中
心 著卍字對之 答月輪相上頭 著牛字者 契果修因相 月輪相中心 著
卍字者 因圓果滿相 舉因來 現果對之

○牛 此相者 求空精行相 謂門前草菴 菩薩求空故 經云 三僧祇修
菩薩行 難忍能忍 難行能行 求心不歇故 表此相也 若有人將此相來
問 月輪中心 著王字對之

㊣ 此相者 漸證實際相 何以故 若有菩薩 經劫修行 壞四魔賊 始
得無漏眞智 證入佛地 更無餘習所怛 似聖王 降伏群賊 國界安寧 更
無怨賊所怛 故表此相也 此下兩對四相 遣虛指實

牛㊅ 此相者 想解遺教相 謂若有人 依佛所說一乘普法 善能討尋
善能解脫 實不錯謬 而不了自己 理智 全依他人所說故 表此相也 若
有人將此相來問 則袪上頭牛字對之

㊅ 此相者 識本還源相 經云 迴神住空窟 降伏難調伏 解脫魔所
縛 超然露地坐 識陰般涅槃者 即此相也 問何故 袪上頭牛字 不袪圓
相中心人字耶 答圓相中心人字者 表理智 上頭牛字, 喻人想解 若
有人雖依教 分析三藏教典 而未顯自己理智者 盡是想解 想解不生
則 理智現前 故袪上頭牛字 不袪圓相中心人字 是故經云 但除其病
而不除法 問何改 不許凡人依教學法耶 答若是智者依教 何用識心
凡人依教無益 問諸佛所說 三藏經典 有所用不 答不是不許 依教悟

入 依教想解 祇是虛妄 是故 佛告阿難雖復憶持 十方如來十二部經
清淨如理 如恒河沙 只益戲論 當知 依教想解無益 問何故 教云 聞
佛教者 盡成聖果 又云 一毫之善 發跡駐佛 答下根 依教不悟 想解
無益 此下根人 依教勳種 待後世者 誰謂無益 聞佛教者 盡成聖果
一毫之善發跡駐佛 何況廣學經論 及講說者

Ⓐ 牛此相者 迷頭認影相 何以故 若有人 不了自己及淨土 信知
他方佛淨土 一心專求往生淨土 見佛聞法故 勤修善行 念佛名號 及
淨土名相故 表此相也 志公笑云 不解即心即佛 眞似騎驢覓驢者 即
此相也 若有人將此相來問 則祛圓相下牛字對之

Ⓐ 此相者 背影認頭相 問何故祛下頭牛字 不祛圓相中心人字耶
答衆生未發眞智 未達眞空 故專求他方淨土及佛 往生淨土 見佛聞
法 衆生若迴光發智 達得眞空 自己佛及淨土 一時齊現 不求心外淨
土佛 故不祛圓相中心人字 祛下牛字也 問如何是 自己佛 及自己淨
土 答衆生若發眞智 達得眞空 即眞智是佛 空是淨土 若能如是體會
何處更求他方淨土及佛也 是故 經云 將聞持佛 佛何不自聞聞 又此
下四對五相

○ 此相者 舉函索蓋相 亦名半月待圓相 若有人將此相來問 更添
半月對之 此則間者 舉函索蓋

答者將蓋著函 函蓋相稱故 已現圓月相也 圓月相則 表諸佛體也

○ 此相者 把玉覓契相 若有人將此相來問 圓月中心著某對之 此
則問者 把玉覓契故 答者 識珠便下手

Ⓐ 此相者 釣入索續相 若有人將此相來問 其字邊添著人字對之
此則問者釣入索續故 答續成寶器也

Ⓐ 此相者 已成寶器相 若有人將此相來問 又作 圓月相中心 著
土字對之

㊉ 此相者 玄印旨相 逈然超前現衆相 更不屬教意所攝 若有人似箇對面付 果然不見 故三祖云 毫釐有錯 天地懸隔 然不無玄會之誰能識此相也 若是其人 見而暗會 如子期聽百牙之琴 提婆見龍樹之相 不是其人 對面不識 似巴人聞白雪之歌 鶖子入淨名之會 假使後學根機玄利 將是則頓曉 如鷄把卵唪啄同時 相性遲鈍者 學而難曉 似盲人相色而 轉錯耳 師有時說 三遍成佛(論)篇 於中有三意 云何爲三 一者證理成佛 二者行滿成佛 三者示顯成佛 言證理成佛者知識言下 廻光返照 自己心源 本無一物 便是成佛 不從萬行 漸漸而證 故云 證理成佛 言行滿成佛者 雖已窮其眞理 而順普賢行願 歷位廣修菩薩之道 所行周備 悲智圓滿 故云行滿成佛也 言示顯成佛者如前證行滿 自行成佛已畢 今爲衆生示顯成佛 八相成道矣.

和尙 享年 六十五 遷化也 謚號 了悟禪師眞原之塔(祖堂集 卷20, 1張-13張)"

과연 그렇다면 위앙종에 있어서 圓相의 葛藤은 順之에 의하여 신라에 전하여져서 死型을 相傳하는 風을 내게 한 것인가?

제7절 開淸의 禪과 玄昱, 審希의 鳳林山

開淸傳　　行寂의 同門에 開淸이 있다. 崔彦撝가 撰한 溟州 普賢山 地藏禪院 朗圓大師 비명에는 이렇게 서술하고 있다.

"開淸의 속성은 김씨, 계림(경주)사람. 당 宣宗 대중 8년에 탄생했다. 8세에 就學하여 儒學을 익히고 뒤에 華嚴山寺의 正行에게 가서 出塵하여 雜華의 奧旨를 배웠다. 구족계를 받은 후에 蓬島의 錦山에 이르러 鹿苑에 寓居하면서 大藏을 열람하고, 修禪하여 3년을 지냈다. 이미 通曉大師의 道聲을 듣고는 五臺(강원도 평창군)에 올라가니 通曉가 말하기를, "오는 것이 어찌 늦었느냐 그대를 기다린지 오래였다."하고 곧 입실이 허락되어 가만히 心印을 받았다.

　昭宗 龍紀 원년에 通曉가 입적한 후, 檀信이 청하여 普賢山寺에 머물게 하니 寶殿이 涌出하고 來學이 운집하였다. 제55대 경애왕이 開清의 덕이 천하에 높음을 듣고 中使를 보내어서 국사의 예를 표하였다. 후당 明宗 장흥 원년에 普賢山에서 示滅하였다. 춘추는 77이었고, 諡號는 朗圓大師라고 한다."라고 하였다.

朗圓大師

朗圓傳考　낭원대사 비명은 年月에 오류가 있다. 첫째, 大中 8년 4월 15일 탄생, 大中 말년에 구족계를 康州 嚴川寺 官壇에서 받았다고 하였는데, 大中 말년은 13년이니까 開清의 나이는 비로소 6세였다. 그리고 8세에 初爲鼓篋, 10세에 暗效橫經 甘羅入仕之事 學窮儒典 子晋昇仙之歲 才冠孔門 此時特啓所天 懇求入道 父許之"라고 기록되었으니 그렇다면 大中의 말년에는 아직 출가도 하기 전인데 어떻게 具足戒를 받았겠는가.

　또 同光 八年 秋九月 二十四日 示滅於普賢寺法堂 俗年 九十六 僧臘 七十二라고 하였는데, 同光 八年은 長興 元年에 상당하니 開清의 나이는 77세 일뿐이다. 당시 玄昱은 章敬의 선을 전하여서, 閔哀, 神武, 文聖, 憲安의 네 왕이 모두 이에 귀향하였다. 『祖堂集』 권17에 보면 다음과 같이 기술되어 있다.

玄昱傳　東國慧目山(京畿道 麗州郡 北內面)和尚 嗣章敬(懷暉) 師諱玄昱 姓金氏 東溟冠族 父諱廉均 官至兵部侍郎 (…) 以貞元三年五月五

日誕生 (…) 年至壯齒 志願出家 旣持浮海之囊 遂落掩泥之髮 元和
三年 遂受具戒 長慶四年(憲德王 16年) 入於大唐 至太原府 歷居二
寺 頗志已成 隨本國王子金義宗 奉詔東歸 以開成二年(僖康王 2年
837年) 九月十二日 達於本國武州會津(全南羅州) 南岳實相安之 敏
(一作閔) 哀大王 神武大王 文聖大王 憲安大王 並執師資之敬 不徵
臣伏之儀 每入王宮 必命敷座誦法 自開成末 結茆於慧目山埇 景文
大王 命居高達寺奇香妙藥 聞闕必供 暑葛寒裘 待時而授 九年(懿宗
帝 咸通 9年 서기 868年 景文王八年) 秋解夏之始 忽告門人曰 我
今歲內 法緣當盡 儞等宜設無遮大會 以報百巖(章敬初住栢岩) 傳受
之恩 終吾志也 十一月十四日 中夜忽爾山谷震動 鳥獸悲鳴 寺鍾擊
而 不響三日 十五日未曙 遽命 侍者撞無常鍾 脇席而歿 享年八十二
僧臘六十耳(祖堂集 권17, 第5張)

제51대 진성왕(887-896년)이 그 원년에 황룡사에 거동하여
백고좌를 베풀고 친히 聽法하였다. 2년에 僧 大炬에게 명령하
여 향가를 수집하게 하니 大炬가 왕의 寵臣 魏弘과 협력하여
이를 이루었다.

5년에 도적이 봉기하니 궁예가 반란하여 北原(지금의 철원)
의 賊 梁吉에게 투신하였다. 궁예는 신라왕계의 人, 일찍이 世
達寺에 들어가서 승려가 되어 선종이라고 하였다. 그러다가 왕
조의 綱紀가 문란하여 群盜가 사방에서 일어남을 타서 반란한
것이다.

6년에 甄萱이 完山(전주)에 웅거하여 반역하였다. 견훤은 상
주人이다. 농민의 아들로서 종군하여 王京에 들어가서 防의 功
이 있어 장군이 되었다가 또 반역한 것이다. 이로써 국운의 쇠

大炬

弓裔叛

甄萱叛

퇴상이 推想되고도 남는다. 그러나 禪道에는 조금도 쇠퇴의 징조가 보이지 않았다.

신라 崔仁渷 撰 창원(경상남도) 鳳林寺眞鏡大師塔碑에 다음과 같이 기록되어 있다.

審希傳 "審希의 속성은 김씨, 당 宣宗 大中 9년에 태어났다. 어려서부터 佛事를 좋아하더니 9세에 惠目山 圓鑑(玄昱)에게 가서 參叩精勤하였다. 의종 咸通 9년에 圓鑑이 병으로 누워서 審希에게 말하기를, 此法 本自西天 東來中國 一花啓發 六葉 敷榮 歷代相承 不令斷絶 我曩遊中土 會事百巖(章敬初住栢岩) 百嵓 承嗣於江西 繼明於南嶽 南岳則 曹溪之家子 是嵩嶺之玄孫 雖 信衣不傳而 心印相授 長嗣如來之敎 長開迦葉之宗 汝傳以心 燈 君付爲法信"이라고 하고 말을 마치면서 順世하였다. 19세에 受具하였고, 명산 勝境을 순방하다가 희종 文德 원년부터 昭宗 乾寧 4년에 이르는 동안 松溪에 宴坐하니 학인이 운집하였다.

다음에는 雪嶽에 있으면서 禪客을 접하였고, 진성왕이 불러도 일어나지 않았으며, 煙塵을 피하여 溟州(강원도 강릉) 託山寺에서 栖心하였다. 얼마 안 있다가 金海의 西에 禪林이 있음을 듣고 出山하여 進禮(경상남도 창원군)에 이르니 進禮城諸軍事 金律熙가 城中으로 맞아들여서 精廬를 지어 있게 하고 請益하였다.

제52대 효공왕이 특사를 보내어서 敬仰을 표하였다. 이 절의 水石煙霞가 修禪에 적당하였으므로 창건하여 禪宇를 삼고 鳳林寺라고 이름하였다. 知金海府明義將軍 金仁匡이 禪門에 귀의, 공덕주가 되어 寶坊을 助建하였다. 興輪寺 上座 彦琳 등이 말씀을 낮추고 禮를 후하게 하여 審希를 초청하였다. 이에 고려 태조 원년에 輦下에 나아갔다. 제54대 경명왕이 악궁으로 맞아들여서 師資의 예를 표하고 鑽仰의 의를 펴서 설법하게 하였다. 이날 審希를 따라서 殿에 오른 자가 上足인 景質 등 80人이었다. 法膺大師라는 존호를 주었다.

그 후 舊隱에 돌아가서 경명왕 7년(923년)에 滅度하니 나이 70이었다(『海東金石苑』). 玄昱이 審希의 법을 相傳하여 鳳林山의 일파를 이루니 禪門九山이 하나이다. 봉림산의 舊址는 지금 경상남도 창원군 상남면에 있다.

제8절 신라의 멸망과 당시의 名匠

弓裔
제52대 효공왕(897-911년) 2년에 궁예가 八關齋를 세우고 15년에 궁예가 국호를 泰封이라고 하였으며, 궁예 스스로 미륵불이라고 하면서 머리에 金幘을 얹고, 몸에 方袍를 입었다. 그리고 長子를 青光菩薩이라고 하고, 季子를 神光菩薩이라고 하였다. 또 나갈 때는 항상 백마를 탔고 童男童女로 하여금 幡蓋香華를 받들고 先導하게 하였으며, 比丘 200여 인은 범패를 하면서 뒤를 따르게 하였다.

또 20여 권의 經이라는 것을 만들었는데 그 말이 요망한 것이었으며, 僧 釋聰이 평하기를 "皆邪說怪談"이라고 하였다. 그러자 궁예가 이것을 듣고 철퇴로 釋聰을 타살하였다.

王建
제54 경명왕(917-923년) 2년에 궁예의 휘하가 왕건을 추대하여 왕으로 삼고 국호를 고려라고 하였다. 이때 궁예는 出奔하여 사람들에게 살해되었다. 제55대 경애왕(924-927년) 2년에 황룡사에 百座를 베풀고 선과 교를 通說하였으며, 僧 300명에게 공양을 올렸다. 이것이 通說禪敎의 시초이다.

普耀 　　『삼국유사』3권에 보면, 신라의 말에 普耀禪師가 다시 吳越에 들어가서 대장경을 싣고 돌아왔다. 師는 海龍王寺의 개산조라고 하였고, 또 말하기를 天成 3년 戊子에 默和尙이 입당하여 역시 대장경을 싣고 왔다고 하였다.

義通傳 　　『佛祖統紀』권8에 말하기를, 신라승 義通이 入支(支那, 중국)하여 천태의 奧義를 연구, 크게 敎觀을 왕성히 하였다고 하였는데, 義通의 字는 惟遠, 속성은 윤씨, 신라 경애왕 4년에 탄생하였다. 어려서 龜山院 釋宗을 스승으로 하여 受具한 후, 『화엄』, 『起信』을 배우고, 晋의 天福 중에 중국에 들어가서 天台 雲居에게 參詣하고 홀연히 契悟하였으며, 螺溪(義寂)에게 나아가서 一心三觀의 뜻를 듣고 그곳에 머물면서 業(천태)을 받았다. 이를 오래하는 동안에 道聲이 四遠에 들렸다.

　　본국으로 돌아가서 교화를 크게 하고자 하여 길을 四明에 빌어 장차 배에 오르려 하는데 郡守 錢惟治가 師가 온 것을 듣고 예를 더하여 延屈하고 心要를 자문하였다. 그리고 또 청하여 菩薩戒師를 삼았다. 錢公이 말하기를 "或尼之(孟子曰 行或使之止或尼之) 非弟子之力也 如曰利生 何必鷄林乎"하였다. 인하여 그가 가는 것을 그치었다.

　　開寶 원년(宋 태조)에 漕使 顧承徽가 敎誨를 받고 집을 희사하여 傳敎院으로 만들고 여기에 있게 하였다. 太平興國 4년에 法智가 徒學하였다. 同 7년 4월에 태종황제가 賜額하여 寶雲이라고 하였다. 雍熙 원년에 慈雲이 從學하였다.

　　敎觀을 敷揚하기를 20여년, 端拱 원년 10월 21일에 입적, 壽

62세였다고 하였다. 이때에 曹洞禪風을 전한 자가 있으니 慶猷와 迥微 2인이다. 高麗國 踊巖山 五龍寺(경기도 개성군 영남면) 法鏡大師塔碑에 말하기를 "慶猷의 속성은 장씨이고 신라 경문왕 11년에 태어났다. 진성여왕 2년(888년) 通度寺 靈宗律師에게서 受具하였고, 朝貢使를 따라서 西泛하여 雲居道膺에게 참예하였다. 당시 慶猷, 迥微, 麗嚴, 利嚴을 해동의 四無畏大士라고 하였다.

慶猷傳

雲居가 말하기를, "聞言識士 見面知心 萬里同居 千年 一遇"라고 하고, 이에 가만히 慧燈을 부치고 비밀히 法要를 전하였다. 본국으로 돌아와서 武州(전라남도) 會津에 도달하였고, 고려 태조왕 4년(921년)에 日月寺 법당에서 示寂하니 수 51이었다. 시호를 法鏡大師라고 하였다.(조선금석총람 上, 163-166)

迥微傳

전라남도 康津 無為寺 先覺大師塔碑에 보면, "迥微의 속성은 최씨이고, 唐 의종 함통 5년에 태어났으며, 15세에 脫塵의 뜻을 쌓아오다가 바로 가지산 寶林寺로 나아가서 體澄에게 參謁하여 당 희종 中和 2년에 화엄사의 官壇에서 구족계를 받았다.

雲居

벌써부터 曹溪의 祖塔을 참배하고자 하더니 昭宗 大順 2년에 朝貢使와 함께 入唐하였다. 마침 雲居道膺의 玄化를 듣고 이에 參詣하니 道膺이 말하기를, "吾了歸矣 早知汝來"라고 하였다. 이로부터 探玄闢幽 秘密히 心印을 받고, 효공왕 9년에 본국에 돌아와서 無為岬寺에 머물렀다.

왕(不詳何人)이 迥微가 오월에서 새로 신라에 이르러서 摩尼를 海隅에 숨겼다는 것을 듣고 鳳筆을 달리어 龍庭(조정)으로 오게 하고, 왕이 迴微에게 말하기를, "吾師人間慈父 世上導師"라고 하였다. 碑記에는 捨命의 해가 缺하였는데, 속세의 나이 54세이고, 승랍 35세이니 迴微의 입적은 경명왕 원년(917년)임을 알 수 있다. 시호는 先覺大師라고 하다. 碑記에 결손이 많아서 記事가 분명치 않으므로 겨우 조금 抄出했을 뿐이다. (조선금석총람 상, 167-174쪽)

先覺大師

경애왕 4년에 甄萱이 王京에 침입한 것을 왕은 妃嬪과 포석정에서 宴樂하여 놀기에 이것을 알지 못하였고, 결국 견훤에게 잡혀서 자진하였다. 경주 남산의 西麓溪流에 鮑石亭址가 있는데 曲水宴의 유적이 아직도 보인다.

제56대 경순왕 8년에 견훤의 아들 신검이 그 父를 金山寺에 유폐하고, 그 아우를 죽이고 자립하였다. 견훤은 金山寺에 있기를 3개월, 그 자녀와 애첩과 함께 탈출하여 고려의 태조에게 투항하였다.

新羅亡

경순왕 8년(935년) 신라는 국력이 약해져서 스스로 지킬 수가 없었다. 그래서 군신들과 상의하고 고려 태조에게 나라를 讓與하였다. 태조는 신라를 경주군으로 고쳤다. 이로써 신라는 56대왕 992년으로 멸하니 때는 서기 935년이다.

羅末佛教의 弊

고려의 일연이 신라 말의 불교의 폐단을 논하기를 "奉浮屠之法 不知其弊 至使閭里 比其塔廟 齊民逃於緇褐 兵農寖小 而國家日衰 幾何其不亂且亡也哉"라고 하였다. 佛事의 濫設은 福國利民의 기도 정신에서 나온 것인데 도리어 亡國殘民의 화를 불렀으니 어찌 두렵지 않은가?

崔致遠傳　　신라의 문호 최치원은 一代에 盛名이 있었다. 學識淵博, 文章絢爛, 신라 名僧의 비문은 많이 그의 손에 이루어졌다. 최치원의 자는 海夫, 孤雲은 호, 경주 沙梁部 사람이다. 『삼국유사』 권1에 말하기를, "觜焉珍支村(新羅六村之一)長曰智伯虎 初降于花山 是為本 彼部崔氏祖 今曰 通仙部 柴巴等東南村屬焉 致遠乃彼部人也 今皇龍寺南 味吞寺南有古墟 云是崔候古宅也殆明矣"라고 하였다.

그는 어려서부터 精敏하였고 학문을 좋아하였다. 그의 나이 12세에 상선을 따라서 入唐하였는데 그때 그 父가 경계하기를 "十年不第進士 則勿謂吾兒 吾亦不謂有兒 徃矣勤哉"라고 하였다.

최치원은 학업이 日進하여 唐 희종 乾符 원년 18세의 나이로 진사에 오르고 宣州溧水縣尉가 되었으며, 나아가서 承務即侍御史內供奉이 되었다. 때마침 黃巢가 반란을 일으켜서, 高騈이 兵馬都統으로서 이를 치는데, 최치원을 불러서 從事를 삼고 書記의 임무를 맡기니, 그 表狀書啓가 많이 그의 손에서 나왔다. 그 檄文에, "黃巢不惟 天下之人 皆思顯戮 抑亦地中之鬼 已議陰誅"라는 말이 있어 黃巢가 저도 모르게 牀에서 내렸다. 이로 말미암아 이름이 천하에 떨쳤다.

나이 28세에 미치자 歸寧의 뜻이 있어 희종 光啓 원년(헌강왕 11년)에 신라로 돌아왔다. 헌강왕이 侍讀兼翰林學士兵部侍郎知端書監事를 삼았다. 그러나 그 뜻을 행하지 못하였고 나와서 大山郡(전라북도 태인)의 太守가 되었다. 이리하여 최치원은 西唐에서 섬겼고, 東으로 고국에 돌아왔으나 모두 난세를 만나서 動한즉 문득 허물을 얻어 스스로 不遇함을 슬퍼하고 다시 進仕할 뜻이 없었다. 그래서 山林下에 소요하고 江海濱에 自放하면서 書史를 枕籍하고 風月을 嘯詠하였다.

경주 남산 剛州氷山, 陜州淸凉寺, 智異山 雙溪寺, 合浦縣(경상남도 창원군) 別墅는 모두 그가 遊化하던 곳이다. 최후로 제51대 진성왕 8년에 가야산 해인사에 숨어서 母兄인 僧 賢俊과 및 定玄을 道友로 하였다. 이렇게 棲遲偃仰, 늙음을 마치었다. 『破閑集』 중에 말하기를, "一旦早起出戶 莫知其所歸 遺冠屨於林間 盖上賓也 寺僧以其日薦冥禧"라고 하였다.

詩文集　　『桂苑筆耕』의 自序에 의하면 최치원에겐 私試今體賦五首 1권, 五言七言今體詩 共一百首 1권, 雜詩賦 共三十首 1권, 中山覆集 1부5권, 『桂苑筆耕』 1부 등 20권의 저서가 있었는데 현존하는 것은 『桂苑筆耕』뿐이다. 『崔孤雲文集』 3권이 해인사에 있는데 『계원필경』 중에 있는 문장이 많다. 同書 目錄에 기록된 卷外書目에 말하기를, "桂苑筆耕二十卷 經學隊仗三卷, 右有成帙中山覆簀五卷, 私試時體賦一卷, 五言七言時體詩一卷, 雜詩賦一卷, 四六集一卷, 東國與地說古今年代曆 上時務書, 元集三十卷右並有題目不得其文"이라고 하였다.

최치원이 해인사에 寓居하며 淸溪, 奇巖, 碧潭, 石橋 등을 가리어서 스스로 揮筆하여 武陵橋, 學生臺, 七星臺, 紅流洞, 泚筆巖, 吟風瀨, 吹笛峰, 完在巖, 光風瀨, 霽月潭, 噴玉瀑, 落花潭, 疊石臺 등의 이름을 써서 이를 刻하였는데 지금도 전하여 온다.

또 해인사에는 최치원 撰 海印寺善安住院壁記(唐 光化 三

<table>
<tr><td>希郎</td><td>年 作)順應理貞賛을 보장하고 있다. 해인사 希郎大德이 일찍이 『화엄』을 講하였는데 최치원이 이를 賛하였으니 其一에 云, "龍堂妙說入龍宮 龍國龍神定歡喜 龍猛龍傳龍種功 龍山益表義龍雄"이라고 하였다. 崔孤雲의 시는 많이 愁悒의 기가 가득하다.</td></tr>
</table>

崔致遠의 詩

〈秋夜雨中〉
秋風惟苦吟 擧世少知音 窓外三更雨 燈前萬里心

〈題雲峰寺〉
捫葛上雲峯 平看世界空 千山分掌上 萬事豁胸中 塔影日邊雪 松聲天半風 烟霞應笑我 回步入塵籠

〈春曉偶書〉
叵耐東流水不回 只催詩景惱人來 含情朝雨細復細 弄艷好花開未開 亂世風光無主者 浮世名利轉悠哉 思量可恨劉怜婦 強勸夫郞疎酒盃"

新羅伽倻山海印寺結界場記가 있어 당시의 장황을 想見할 수 있다.

附錄 2

<table>
<tr><td>金生</td><td>忠淸道 忠州 北津崖 有金生寺 金生新羅人 父母微 不知其名其世系 生於景雲二年 自幼能書 平生不功他藝 年踰八十 猶操筆不休 隸書行草 皆入神 至今徃徃眞蹟 學者傳寶之 崇寧中 高</td></tr>
</table>

麗學士 洪灌隨進奉使 入宋館於汴京 時翰林待詔楊球李革 奉帝
勅至館書圖簇 灌以金生行草一卷示之 二人大駭曰 不圖今日得
見王右軍手書 灌曰非是 此乃新羅人 金生所書也 二人笑曰 天
下除右軍 焉有妙筆如此哉 灌言之終不信 生修頭陀行 居是寺
因以為名(동국여지승람 卷14, 16-17쪽)

제3편

禪教 幷立의 시대

제3편 禪教 并立의 시대

〈개설〉

고려 태조가 불교를 敬信하여 그를 보호하자, 禪道가 益益隆昌하여 曹洞의 眞風이 세상에 傳唱되었고, 英衲이 많이 배출되었다. 定宗 이후에는 선교가 병행하였고, 광종에 이르러서 국사 왕사의 제도를 정하였으며, 문종, 宣宗의 대에 미쳐서 文教가 크게 일어났으니, 義天은 天台의 教觀을 再興시켜서 教乘의 유행, 불전의 간행이 空前絶後라고 칭한다.

그러나 宮庭의 불교는 祈福禳災에 급급하여서 佛事를 빈번하게 行하였다. 妖僧이 이에 便乘하여 害毒을 남기었으니 의종 이후에는 문란이 더욱 심하였다.

神宗 대에 知訥이 命世의 偉材로서 독립의 선을 創唱하여 조계산의 일파가 禪門을 대표한 觀을 물하였다. 知訥의 제자 慧諶이 『禪門拈頌』을 지어서 그 글이 길이 看話의 依憑이 되었다.

충렬 이후에는 왕위가 날로 쇠하고 喇嘛(라마)의 미신이 또 인심을 더럽혔다. 비록 大德, 禪匠이 없지 않았다고 하더라도 行과 解가 모두 純一하지 못하더니, 忠宣王 대에 이르러서는 망국적 불사만 왕성하고 眞乘을 볼 수 없었다. 忠惠(충선왕, 충혜왕)와 같은 이는 狂荒淫縱하여 社稷은 쌓아 놓은 계란(累

卵)과 같았다. 이에 더하여 공민왕은 요승을 중용하였으므로,
普愚와 慧勤 등의 禪法이 비록 세상에 행하였으나 이를 구하기
에는 부족하였다. 이후 暗君, 劣主가 서로 계속하여서 고려의
마지막 날과 함께 佛光도 역시 서쪽으로 기울었다.

고려의 태조 19년(936년)부터 공양왕 2년(1391년)에 이르는
대략 455년간을 禪敎병립의 시대라고 한다.

제1장 고려의 태조와 여러 禪師

태조의
시대

　　고려의 태조는 器宇(외관, 外樣)가 광대하여 濟世의 국량이
있었다. 青丘(우리나라)를 통일하여 왕업을 수립하고 깊이 불
교를 믿어서 造塔, 建刹로 禪道가 더욱더 성하게 하였다.

　　利嚴은 曹洞正宗을 전하여서 태조의 崇信을 받았고, 須彌山
의 일파를 세웠다. 동시에 慶甫가 다시 洞上(조동종)의 機輪
(기계의 바퀴)을 굴렸고, 兢讓이 또 石霜諸慶의 玄機를 전하여
서 태조에게 인정되어 寵遇(총우. 특별히 총애)가 매우 두터웠
다. (洞上 : 洞上之宗의 준말. 중국 조동종의 개조인 洞山良价
선사의 宗風을 뜻하는데, 일반적으로는 '曹洞宗의'라고 하는 의
미로 사용된다.)

　　그리고 玄暉는 九峰道虔(청원행사의 6세손)의 心印을 가져
와서 태조의 優賞을 입었다. 麗嚴이 雲居道膺에게 參詣하고 璨
幽가 投子義靑에게 나아간 것도 역시 이때였다. 允多와 中湛도
태조의 寵遇를 입은 이들이다.

제1절 고려의 태조와 道詵

高麗太祖

　　고려 태조의 성은 왕씨, 휘는 建, 송악군 사람, 唐 희종 乾符
4년에 탄생, 외형이 광대하고 濟世의 국량이 있었다.

　　당시 신라의 정사가 쇠하여서 뭇 도적이 일어났으니, 견훤은
南州(전라남도 전주)에서 후백제라고 이름하였고, 궁예는 고
구려의 땅(강원도 철원)에서 태봉이라고 호하였다.

당 昭宗 乾寧 3년에 태조의 아버지 세조가 송악군을 들어 궁예에게 투항하니 궁예가 크게 기뻐하여 태조로써 松嶽(개성)의 성주로 삼았다. 그때 태조의 나이는 20세였다.

그로부터 사방에 출전하여 전공을 세우다가 궁예를 대신하여 왕이 되어서 국호를 고려라고 하고 天授라고 改元하였다. 대체로 고구려의 故地에서 일어났기 때문이다. 때는 신라 경명왕 2년(918년)이었다.

고려 世系의 略에 말하기를, 태조 왕건의 先祖는 虎景이라고 이름하고, 스스로 聖骨將軍이라고 일컬었다. 虎景이 康忠을 낳았고, 康忠의 아들 寶育은 天資慈惠하였는데 지리산에 들어가서 도를 닦았으며, 寶育의 딸은 唐의 貴姓과 혼인하여 作帝建을 낳았다. 作帝建은 만년에 속리산 長岬寺에 있으면서 항상 불전을 읽다가 죽었고, 作帝建의 아들을 隆建이라고 하는데 이가 곧 세조로서 태조의 아버지이다.

道詵　　그때 桐裏山에 道詵이 있어 세조와 서로 만나자 舊識과 같았다. 함께 鵠嶺에 올라서 산수의 맥을 窮究하여 위로 天文을 관하고 아래로 地數를 살펴서 송악의 新第(새로운 건물)를 구축하고, 삼한을 통일할 영주가 탄생할 것을 예언했다고 한다.

編年通錄　　이것은 고려 의종의 신하 金寬毅가 『編年通錄』에 기록한 것
松京志　　인데, 후인이 假作으로 많은 妄譚을 보탠 것이다. 『松京志』에 다음과 같은 기록이 있다.

"麗史論曰 金永夫 金寬毅 皆毅宗朝臣也 寬毅作編年通錄 永夫探
而進之 其劄子亦曰 寬毅訪集 諸家私蓄文書 其後閔漬作編年綱目
亦因寬毅之說 獨李齊賢 援據宗族記聖源錄 斥其傳訛之謬 齊賢一

代名儒 豈無所見而 輕有論於時君世系乎 (…) 太祖實錄 乃政堂文
學修國史 黃周亮所撰也 周亮仕太祖孫顯宗朝 太祖時事 耳目所及
其於追贈 據實書之 以貞和為國祖之配 以為三代而 略無一語 及於
世傳之說 寬毅乃毅宗時微官 且去太祖二百六十餘年 豈可捨當時實
錄 而信後代 無雜出之書邪"(松京志 卷7, 8葉右-左)

이 말은 이치에 옳다. 그러나 道詵과 태조와의 관계는 부정
할 수 없다.

제2절 道詵의 小傳

道詵傳
惠徹

살펴보건대 고려 崔惟淸이 찬한 白鷄山 玉龍寺 先覺國師 碑
銘에 말하기를, 도선은 동리산 惠徹(惠哲)의 제자로서 속성은
金씨, 신라 영암人이다. 나이 15세에 祝髮, 月遊山 華嚴寺로
들어가서 大經(『화엄경』)을 학습하였다.

신라 문성왕 8년에 나이 20세였는데 문득 스스로 생각하기
를, "大丈夫 當離法自靜 安能兀兀 守文字間耶"하고, 마침 혜철
이 密印을 서당지장에게서 받아 동리산에서 개당하였는데, 도
선이 가서 이에 參詣하여 확연히 超悟하니 그때 나이 스물셋이
었다. 뒤에 曦陽縣(전라남도) 백계산 玉龍寺에 이르러서 그 幽
勝함을 사랑하고 堂宇를 수리하고 여기에 있으면서 宴坐忘言
하기를 35년이나 하였다. 이것이 도선을 玉龍子라고 칭하는
까닭이다.

신라의 헌강왕이 사신을 보내어 奉迎하여 禁中(대궐, 궁중)
에 머물게 하였다. 도선이 玄言으로써 君心을 開發하다가 얼마

안 있어 청하여 산으로 돌아갔다. 하루는 문인에게 고하기를, "吾將行矣 秉緣而來 緣盡即去 理之常也 何足悲傷"하고, 말을 마치자 가부좌한 채로 입적하니 향년 72세였다. 신라 효공왕 2년(898년)이었다.

효공왕이 시호하여 了空禪師라고 하였다.(조선금석총람 上, 560-561쪽)

제3절 道詵에 관한 망설

道詵國師
實錄

『조선금석총람』에 실은 도선국사 實錄에 말하기를, "詵은 朗州人, 字는 光宗, 法號는 慶甫, 烟起는 그의 別號이다. 신라 진덕왕 말년에 태어났는데, 나이 겨우 열세 살로서 문예를 잘하였고, 本州 月巖寺에서 낙발하였다.

그때 당나라 황제가 夢感으로 인하여 사신을 보내어서 도선을 入唐시켜서 幽宮 자리를 보게 하였다. 도선은 一行禪師를 따라서 배웠다. 도선이 있는 곳은 溪磵岩藪 사이에서 불을 피우고 앉았으므로 이를 찾는 자는 반드시 연기가 오르는 것을 보고 갔다. 그래서 烟起祖師라고 일컬었던 것이다. 후에 光陽縣(전라남도)白鷄山 玉龍寺에 이주하여 宴坐忘言하기를 자못 30여년이었다. 示寂한 때는 大唐 원화 원년 3월 10일이고, 향년 72세였다."라고 하였다. 朗州 월출산 도갑사는 도선이 창건한 사찰이다. 寺僧의 기록과 같다면 도선은 당 현종 개원 26년에 탄생하여, 헌종 원화 3년 3월 18일에 입적한 것이다.

이것이 道詵의 실록이라고 하지만 僞謬가 많다. 『조선금석총

람』에 一行禪師傳鉢錄이 실렸는데 이 또한 망설로서 믿을 수 없다. 崔惟淸이 撰한 道詵碑文의 끝에,

"益研陰陽五行之術 雖金壇玉笈幽邃之訣 皆印在胸次 於是爲王太祖 啓聖期於化元 定成命於幽數共原皆自吾師發之 宜在褒大而追崇之 故顯王有大禪師之贈 肅祖加王師之號 仁宗追封爲先覺國師 毅宗又命刻碑以壽其傳 若國師之於太祖 其事甚偉 蓋先識之於降生之前 而施其效於身沒之後 其神符冥契 有不可思議者 於戲師之道 其詣於極者 與佛祖合 寓於迹者 若張子房之 受書於神 寶誌之預言未兆 一行之精貫術數者耦歟 師所傳陰陽說 數篇 世多有之 後之言地理者 皆宗焉."

이로써 도선이 陰陽識步에 통하여서 세상에 존중되었음을 알 수 있다. 앞의 實錄과 고려世系에 도선이 입당하여 一行에게 지리를 배우고 돌아왔다는 기록은 크게 틀린 것이다. 왜냐하면 一行은 당 현종 개원 15년에 입적하였고, 그로부터 101년을 지나서 文宗의 태화 원년에 도선이 비로소 탄생했기 때문이다. 도선에 관한 기록은 妄添된 것이 심히 많은 것임을 미루어 알만하다.

제4절 풍수의 미신

道詵에 관한 기록들은 풍수의 미신과 떨어질 수 없는 관계가 있다. 이 설의 유래한 바는 멀다. 『漢書藝文志講疏』에 云, "堪與金匱十四卷 師古曰許愼云 堪天道 與地道也 亡鄭玄曰 堪與

雖有郡國所入度 非古數也 今其存者 十二次之分野也(周宮保章
氏注) 此漢人所傳堪輿之說也 今俗謂風水家曰堪輿."(漢書藝文
志講疏 27쪽)

漢人에게 이미 풍수에 관한 저작이 있었던 것 같다. 이런 종
류의 서적 중에서 최고인 것을 『靑烏經』이라고 하는데 後漢
대의 作이라고 한다. 또 풍수는 晋의 郭璞에서 비롯했다는 설
도 있다.

"墳墓必擇吉地 謂之相墓術 此術之流傳 世謂始於晋郭璞 故璞有
葬經一書 今觀璞本傳 稱璞葬母暨陽去水百步 或以近水言之 璞曰
當即爲陸矣 其後果沙漲數十里 又璞爲人葬墓 晋明帝 微服觀之 問
主人何以葬龍角 主人曰郭璞云此葬龍耳 當致天子 帝曰當出天子耶
主人曰 非出天子 能致天子至耳 此璞以相幕傳名之確證也"(中國風
俗史 上, 110쪽)

『中國文化史』에는 "宋齊而下 (…) 其時盛行葬術 以是著名者
有孔恭高靈文等 風水迷信之說 因此啓矣"라고 기록되어 있다.
(中國文化史 上, 159쪽)

新羅人 그렇다면 陰陽風水의 미신은 이미 남북조시대에 중국에서
風水說 행하여져서 당대에는 인심을 크게 지배하였던 것임을 알 수
있다. 조선에 있어서는 신라의 명장 김유신의 庶孫인 巖이 방
술을 좋아하여 당에 가서 음양법을 배웠고 둔갑술에 뛰어났는
데 혜공왕 때 해동으로 돌아와서 司天大博士가 되었다.
경주 初月山 大崇福寺는 진성왕 때 원성왕을 追福하기 위하
여 건립한 것으로서 그 碑文 중 분명히 풍수의 신앙을 표현한

것이 있다. 이런 점에서 신라의 말에 이러한 미신이 유행하였음을 알 수 있다.

음을 알 수 있다.

제5절 태조와 神印宗과 寶壤

태조 창업의 때에 해적이 와서 시끄럽게 하였다. 그때 廣學·大緣 2師가 있어 安惠, 朗融(金庾信 信敬之僧) 등의 密教를 받고 神印宗의 명장으로 불리었다.

왕이 廣學·大緣 두 스님을 청하여 賊(도적)을 禳鎭하게 하였다.

廣學·大緣 2師가 신라 경순왕 4년에 太祖를 따라서 上京, 王駕를 따르면서 焚修(분향, 기도)하니 왕이 그 노고에 대하여 상을 내려 그 2人에게 父母忌寶를 坎白寺에 주었다. 후에 現聖寺를 세우고 神印一宗의 근본도량으로 하였다.

또 雲門寺 緣起에 의하면 운문사(경북 청도군 운문면) 개조 寶壤이 鄕井과 氏族은 未詳하나 大國에 가서 傳法하고 본국으로 돌아왔는데 삼국이 요동하여 전쟁이 그치지 않았다. 이에 청도군 鵲岬의 古寺趾에 사찰을 세우고 鵲岬寺라고 이름하였더니 얼마 안 있어 고려의 태조가 삼국을 통일하고는 師의 道譽를 듣고 고려 태조 20년에 賜額하여 雲門禪寺라고 하였다.

師(寶壤)가 入唐했다가 돌아와서 먼저 推火의 奉聖寺에 있더니, 마침 태조가 東征하여 淸道의 경계에 도달하자 산적들이 大城에 모여서 항복하지 않았다. 이에 태조가 산 아래에 이르러서 師(寶壤)에게 적을 제압할 꾀를 묻자 대답하기를 "대체로 犬이라는 것이 밤을 지키고 낮을 지키지 않으며, 앞을 지키고

제1장 고려의 태조와 여러 禪師 173

그 뒤를 잊는 것이 오니 마땅히 낮에 그 北을 치시오."라고 하였다. 태조가 그대로 하니 적이 과연 항복하였다. 태조가 가상하여 해마다 近縣의 租五十碩을 지급, 香火에 제공하였다. 奉聖寺는 뒤에 鵲岬으로 옮겨서 크게 다시 창건하였다. 이것이 곧 雲門寺이다.

希朗   가야산 해인사의 希朗도 또한 태조의 福田이었다. 古籍에 云, "新羅末 僧統希朗 住持此寺 得華嚴神衆三昧 時我(고려)太祖 與百濟王子月光戰 月光保美崇山 食足兵强其敵如神 太祖力不能制 入海印寺 師事朗公 師遣勇敵大軍助之, 月光見金甲滿空 知其神兵 懼而乃降太祖由是 敬重奉事 納田五百結"라고 하였다.

希朗이 해인사에서 『화엄』을 강의하자 최치원이 이를 찬탄한 게송이 있다.

"步得金剛地上說 芯窈海印寺講經 扶薩鐵圍山間結 雜華從此成三絶".

均如法師傳에는 희랑은 태조의 福田이라고 기록하기를 "太
通一大師   祖의 때 지금의 충청북도 괴산군 장연면 台城里 覺淵寺에 通一大師가 있어 중화에 들어가서 求法하고 東으로 돌아오자 태조가 이를 崇信하였고, 학자가 많이 이를 宗으로 하였다.

제6절 태조와 利嚴의 曹洞宗

고려 최언휘가 찬한 海州 須彌山 廣照寺 眞澈(一作徹)大師
利嚴傳   碑銘에 말하기를, "利嚴의 속성은 김씨이고, 20세에 迦耶岬寺에서 출가, 당 희종 光啓 2년에 구족계를 받았다.

신라 진성왕 10년(896년)에 入浙使 崔藝熙의 西泛(서쪽, 중국행 배)을 만나서 갑자기 雪浪山을 넘어서 鄮江에 다다랐다. 마침 雲居道膺의 玄風을 듣고 곧 그 門으로 나아갔다. 도응은 洞山의 직계 제자이다. 도응이 말하였다, "一別匪遙 再逢何早" 利嚴이 말하였다. "未曾親侍, 寧道復來" 도응이 잠자코 허락하였다. 이리하여 服勤한지 여섯 해에 法印을 받았다.

그로부터 널리 知識에 參詣, 四遠을 參尋하고 신라 효공왕 15년에 還國하여 羅州會津에 도달하니 여기 金海府知軍府事 蘇律熙가 勝光山에 堂宇를 修築하고 성의를 기울여서 住하기를 청하였다. 그래서 여기에 4년 있었는데, 태조가 그 道聲을 듣고 불러서 도읍에 이르게 하고 舍那內院으로 맞이하였으며, 얼마 안 있어 궁중으로 청하여 師資의 예로써 대우하였다. 왕이 물었다,

"弟子 恭對慈顏 直申素懇 今則國儲稍擾 隣敵交侵 猶以楚漢相持 雌雄未決 至於三紀 常備二兇 雖切好生 漸深相殺 寡人曾蒙佛誡 暗發慈心 恐遺玩寇之怨 仍致危身之禍 大師不辭萬里 來化三韓 救熱崑崗昌言有待."

利嚴이 대답하였다,

"夫道在心不在事 法由己不由人 且帝王與匹夫所修各異 雖行軍旅 且慇黎元 何則 王者以四海爲家 萬民爲子 不殺無辜之輩 焉論有罪之徒 所以諸善奉行 是爲弘濟."

왕이 이에 机를 어루만지면서 감탄하였다,

　　"夫俗人迷於遠理 預懼閻摩 至如大師所言 可與言天人之際矣 所
　　以救其死罪 時緩虐劉 憐我生靈 出于塗炭 此皆大師之化也"

　　그 뒤로 京輦에 住하여, 비록 자주 歲時가 바뀌었으나 항상
산천에 주목하여 終焉地를 택하고자 하니 왕이 그 道情을 막을
수 없어 드디어 이를 허락하였다. 작별에 다달아서 利嚴이 왕
에게 "仁王弘誓 護法為心 遙垂外護之恩 永蓄倉生之福"이라고
말하였다.
　　태조 15년에 교칙을 내려서 開京(개성)의 서북 海州의 북쪽
에 靈山을 택하여 精舍를 構築하고 여기에 거주하게 하니 이곳
이 바로 須彌山 廣照寺이다. 이로부터 학도가 많이 會下에 모
여 왔다. 하루는 무리에게 "今歲法緣當盡 必往他方 吾與大王
曩有因緣 今當際會 須為面訣 以副心期"라고 말하였다. 곧 輦
下에 이르니 왕이 병마의 일로 馬津에 나가 있었으므로 만나지
못하고 돌아와서 本寺(광조사)에서 坐化하니 때는 태조의 19
년(936년)이었고, 춘추는 67세였다. 태조가 眞澈大師라고 시
호하였다.(조선금석총람 上, 125-130쪽)
　　上足의 문인으로는 處光, 道忍, 貞能, 慶崇 등이 있어서 많은
大官高位인 자가 이에 귀의하였다. 利嚴의 법은 相傳하여 수미
산의 일파를 이루었다. 수미산은 지금의 황해도 해주군 首陽山
內에 있는 수미산 廣照寺 舊址가 이것이다. 禪門의 九山은 이
렇게 이루어졌다. 九山을 총칭하여 曹溪宗이라고 한다.
　　조선의 현행하는 禪門禮懺儀文에 대가섭 이하 육조혜능에

須彌山
廣照寺

利嚴門人

禪門禮懺

이르는 法系를 기록하고 다음에는 禪門九山의 조사를 세웠으
니, 이른바 道義(가지산), 梵日(사굴산), 哲鑑(사자산), 無染(성
주산), 玄昱(봉림산), 道憲(희양산), 慧徹(동리산), 利儼(수미
산), 洪陟(실상산)이다.

제7절 태조의 奉佛

『동국통감』卷12에 말하기를, 태조 즉위 원년(918년)에 팔관
회를 베풀었으니, 그 의식이 대궐 마당에 輪燈一座를 두고, 사
방으로 향등을 나열하였으며, 또 兩綵棚을 맺는데 각각 높이가
5丈 남짓이다. 그리고 百戲를 올려서 그 앞에서 歌舞하니 그
四仙樂部, 龍鳳象馬車船은 다 신라의 故事이다. 백관은 袍笏
하고 예를 행하였는데, 보는 자가 도읍에 몰려왔다. 왕은 누각
에서 이것을 보는 것이 매년 상례적인 것이었다.

『동국통감』卷12와『고려사』태조본기에 말하기를, 태조 2
년에 도읍을 송악군으로 옮기고, 군을 승격시켜 開州로 하고
궁궐을 창건하였다. 또 法王 慈雲, 王輪, 內帝釋, 舍那, 天禪(普
膺), 新興, 文殊, 圓通, 地藏의 10寺를 개경 내에 창건하였다.

4년에는 오관산(경기도 長湍府西)에 大興寺를 세우고 利言
(利嚴)을 맞이하여 師事하였다. 5년에 舊宅을 희사하여 廣明
寺로 하고 瑜伽法師 曇諦를 住持하게 하였고, 日月寺를 궁성
의 西北에 창건하였다. 6년에 福府卿 尹質이 梁에 사신으로
갔다가 돌아와서 오백 나한 畵像을 드리며 명하여 海州(황해
도) 崇山寺에 두었다.

7년에 外帝釋院, 九耀堂, 神衆院, 興國寺를 창건하였다.

11년에 신라승 洪慶이 당 閩府에서 대장경 1部를 배에 싣고 예성강에 이르자, 왕이 친히 맞이하여 제석원에 두었다. 12년에 천축 삼장법사 마후라가 오자 왕이 예의를 갖추어서 이를 영접, 구산사에 있게 하였다. 다음 해에 마후라 삼장이 입적하였다. 同年 安和禪院을 세우고 大匡王信의 願堂으로 하였다고 하였다.

摩睺羅
삼장

『동국통감』 卷12에 보면, 태조가 일찍이 內奉卿 崔凝에게 이르기를, "예전에 신라는 9층탑을 지어서 드디어 통일의 업을 이루었다. 이제 개경(개성)에 7층탑을 세우고 西京(평양)에 9층탑을 세워서 玄功을 빌어 群醜를 제거하고 삼한을 통합하여 일가로 하고자 한다. 卿은 나를 위하여 發願의 疏를 지으라."라고 하여 최응이 드디어 進制하였다고 하였다.

太祖의
造塔

19년에 태조가 후백제를 討平하여 삼한을 통합하였다. 서기로는 936년에 해당한다. 李齊賢이 찬한 開國寺重修記에 보면 淸泰 18년(혹 天授 18년)에 태조가 術家의 말을 믿고 開國寺를 지었으며, 병졸을 모집하여 공사 인부로 삼고 창과 방패를 부숴서 結構에 충당하였으니 偃兵息民을 표시한 까닭이라고 하였다. 태조의 得意를 짐작할 수 있다.

제8절 慶甫의 曹洞禪

慶甫가 조동종을 전하고, 兢讓이 石霜의 眞風을 전한 것은 태조 때였다.

慶甫

金廷彦이 撰한 光州 晞陽縣(전라북도) 白鷄山 王龍寺 洞眞

大師碑에 보면, 慶甫의 字는 光宗, 성은 김씨, 영암(전남) 鳩林
人이다. 당 의종 함통 9년에 탄생하였고, 어려서 夫仁山寺에
가서 낙발하였으며, 후에 백계산에 올라가서 道乘(智詵)에게
참알하였고, 18세에 月遊山 華嚴寺에서 구족계를 받았다.

匡仁禪師

그 뒤로 배움에 常師가 없었고, 聖住의 無染, 崛山의 梵日에
게 歷謁하고 玄機를 발하였다. 당 昭宗 경복 원년(신라 진성왕
6년)에 입당하여 撫州疎山의 匡仁에게 參詣하였다. 광인은 洞
山의 嗣이다. 광인이 말하였다. "格汝鯨(一作鰈)海龍子耶" 그
로부터 입실이 허락되었고 드디어 心傳을 얻었다. 광인이 크게
기뻐하면서 말하기를, "東人可與語者惟子"라고 하고, 인하여
心印을 주었다. 이로 인하여 遊方하여 江西에 가서 老善을 만
나자 老善이 말하기를, "白雲鎖斷 行人路"라고 하니 경보가 말
하기를, "自有青山路 白雲那得留"라고 하였다. 이와 같이 勝境
을 더듬고 眞僧을 만나고 한 뒤에 마침 돌아오는 배를 만나서
신라 경명왕 5년, 태조 4년에 全州 臨陂郡에 도착하였다. 당시
후백제 견훤이 명하여 전주의 南福禪院에 있게 하였다. 얼마
뒤에 白鷄山 玉龍寺로 이주하니 학도가 운집하였다.

고려 태조 19년(936년)에 태조가 그의 清高함을 흠모하여
救命으로 赴闕하게 하였다. 서로 보자 심히 기뻐하였다. 제2대
혜종도 또한 先志를 이어서 그의 法力을 우러렀고, 제3대 정종
도 踐祚하자 또한 불러서 入京시켰다. 경종 3년(984년)에 捨世
하니 수 80이었다. 정종이 追諡하여 洞眞大師라고 하였다.(조
선금석총람 上, 189-194쪽)

『조선불교통사』上編에 "孝恭大王 奉以遺風 繼之先志 注精
心而疊 祈法力以孜孜 奄棄人間 已歸天上 文明大王 陟降致美

苺祚重光 聯華弘大竺之風 握鏡照海邦之俗 仍飛鳳筆 佇降象軒
越三年龍集協洽(末也)四月二十日 大師將化"라고 하였다.

그런데 孝恭은 아마 義恭일 것이다. 즉 고려 제2대 惠宗 義
恭王으로서 신라의 孝恭王일 수는 없다. 또 文明王은 고려의
제3대 定宗 文明王이다. 고려 정종 2년(947년) 慶甫의 나이
80세로서 그가 입적한 해이다. 그러므로 碑에, '存父母體八十
春'이라고 한 것이다. 『전등록』에는 疎山의 法嗣 중 慶甫의 이
름이 빠졌다.

제9절 競讓과 희양산의 玄風

競讓傳 　　고려 李夢游가 撰한 靜眞國師碑에 보면, 정진국사 競讓의 속
성은 왕씨, 공주 사람이다. 어려서 就學하였고, 本州 南穴院
如解禪師에게서 출가, 신라 진성여왕 1년(897년)에 계룡산 普
願寺에서 수계하였다. 후에 西穴院 楊孚(智詵之嗣)에게 나아
가서 直指의 뜻을 물었다.

　　신라 효공왕 4년(900년)에 西渡하여 江淮의 境에 도달, 雪
峯으로 가고자 하여 飛猿嶺上에 이르러서 쌀을 운반하는 禪
徒를 만나서 동행하였다. 그런데 그들 중에 한사람이 枯椿을
가리키면서, 枯木獨占定春來不復榮이라고 하였다. 긍양이 말
하기를, 逈然塵境外 長年樂道情이라고 하니 대중들이 다 歎伏
하였다.

　　그로부터 제방의 명산에 知識을 방문하다가 谷山에 올라가
道緣 　　서 道緣에게 보이니 도연은 石霜의 嫡嗣였다. 이에 묻기를, "石
霜宗旨的意如何"하니, 答曰 "代代不曾承"이라고 하였다. 긍양

이 言下에 大悟하여 玄機에 默契하고 게송을 바치기를, "十介 禪子同及第 牓頭若過摠得閑 雖然一介不回頭 自有九人出世間"이라고 하였다. 道緣이 因하여 三生頌을 지어서 대중으로 하여금 和하게 하였다.

競讓이 붓을 잡고 이치를 분석하니 아름답고 높은 문장을 이루었다. 이에 널리 吟傳되었다. 그로부터 五臺에 오르고, 雲蓋에 이르고, 洞山에 노닐다가 태조 7년(924년)에 귀국하여 全州 喜安縣의 浦口에 도달하였다. 그때 野寇山에 오랑캐가 출몰하여 弘敎에 불편하였다.

競讓이 그림자를 산중에 감추어 韜光 晦名하였으나 桃李의 지름길은 드디어 沈藏될 수 없어서 대중이 청하여 康州(경상남도 진주) 伯嚴寺에 住하게 하였다. 이것이 경순왕 1년(927년)의 일이었다. 이로부터 訪道者가 接踵하였고, 그의 道聲은 멀리에 들리었다.

신라 경애왕이 글을 부치어 그 덕을 찬탄하고 奉宗大師라고 호하였다. 신라 경순왕 9년(935년)에 문경군 희양산 기슭에 이르러서 봉암사에 주석하면서 禪室을 만들어서 학도를 誘啓하고 祖道(禪)를 널리 폈다.

이때 고려 태조가 마음을 佛法에 귀의하고 有道의 僧을 사방에서 불렀다. 競讓이 가서 태조를 만나 응대하니 왕의 뜻에 합하였다. 이에 서로 이렇게 말하였다.

"玄奘法師 往遊西域 復歸咸京 譯出金言 秘在寶藏 降及貞元以來 新本經論寢多 故近歲遣 使闍邲求購弘宣 今幸兵火已潛 釋風可振 欲更寫一本 分置兩都 於意如何"하니, 競讓이 말하기를, "此實有爲

功德 不妨無上菩提 雅弘經傳能詣佛心 其佛恩與王化 可地久而天
高 福利無邊 功名不朽矣"

이로부터 태조의 敬仰이 날로 깊었고, 寵遇함이 매우 두터
웠다.

태조 26년(943년) 태조가 돌아가고 제2대 혜종이 즉위하였
고, 제3대 정종이 서기까지 兢讓은 그들을 위하여 법을 설하
였다. 왕은 마납가사 一領과 아울러 新寫의 『華嚴經』 8질을
기증하였다.

光宗 원년에 또 서신으로 兢讓의 入京을 청하여 궁중에 齋筵
을 베풀고 찬앙의 성의를 펴서 政道의 要를 물으며 응대함이
뜻에 맞았다. 옮기어 舍那禪院에 있게 하고 존호를 加하여 證
空大師라고 하였다. 긍양이 京(개성)에 머물기를 2년, 故山으
로 돌아가서 광종 7년(956년)에 입적하니 향년 79세였다. 광종
이 시호를 바쳐 靜眞大師라고 하였다. 上足에 逈超禪師가 있어
서 그 法을 전하였다.(조선금석총람 上 196-206쪽)

兢讓法系   비문에 기록된 긍양의 法系는 다음과 같다. "江西一傳滄州鑑
鑑猶東顧 傳于海東 誰其繼者 即南岳(지리산)雙溪慧昭禪師焉
昭復傳賢溪王師道憲傳康州伯嚴揚孚禪師 孚即我大師嚴師也"

이렇게 기록하여 道憲 즉 智詵을 慧昭의 師로 하였으며, 寂
照塔碑에 智詵을 四祖 下 惠隱의 嗣로 한 것과는 같지 않다.
대체로 海東에 있어서의 傳法記錄에는 만연한 것이 있어서,
二師에 嗣法한 것을 기록하였기 때문에 그 正系를 정하기 어
렵다.

제10절 玄暉와 聖住山系의 宗風

玄暉가 石霜門下 九峰의 禪을 전한 것도 태조왕 때이다.

忠州 淨土寺 法鏡大師 塔碑에 보면, "玄暉의 속성은 이씨, 전주 남원 사람으로 신라 헌강왕 5에 태어났다. 靈覺山寺에 가서 深光大師를 만나니 계합되는 바가 있었다. 深光은 無染의 嗣요 麻谷의 孫으로서 성주산문의 사람이다.

효공왕 2년(898년) 가야산에서 受具한 후, 天祐 3년에 이르러 홀로 해변으로 가다가 떼(槎)를 타는 자를 만나서 함께 중국으로 갈 것을 청하여 바다를 건너서 彼岸에 도달하였다. 거기서 걸어서 西上하여 드디어 九峰山下에 이르러서 道乾(道虔)에게 참알하니 道乾이 묻기를, "闍黎頭白"이라고 하였다. "玄暉自不知"라고 대답하니, "闍黎自己爲什麼不知"라고 하였다. 다시 이에 대답하기를 "自己頭不白"이라고 하였다. 入室參禪하면서 머문 지 겨우 10일에 心要를 얻고, 사방에 유학하여 명산과 勝景을 보고는 태조 7년에 귀국하니, 태조가 특별히 사신을 보내어 교외에서 奉迎하여 다음 날에 九重으로 맞아들여서 국사로 예우하였다.

濶行 태조는 부처를 섬기기에 精勤하였다. 칙명으로 정토사에 住하게 하였다. 제방에서 道風을 듣고 와서 배우는 자가 百이요 千이었다. 태조 24년(941년)에 입적하니 향년 63이었다. 시호를 法鏡大師라고 하였다. 제자는 濶行 등 300여 명이 있다.(조선금석총람 上, 149-156)

碑記에 두 가지 문답이 기록되어 있다.

"或間 萬行皆空 云何故行 對曰 本無苦樂 妄習為因 衆生妄除 我
苦隨滅 更於何處 猶覓菩提 又問(太祖)修行功用 遠近當殊 答曰 滴
水下巖 即知朝海 又問 了言相信 先會暗同 爭奈童蒙 如何勸發 曰
兒喉即閉 乳母奚為"

이로써 玄暉의 위인의 風規를 보기에 족하다.

제11절 麗嚴과 曹洞의 眞風

麗嚴傳   聖住山系의 人 麗嚴이 洞上(조동종)의 眞風을 전한 것도 이
때의 일이다. 고려 崔彦撝가 撰한 彌智山(경기도 양평군 용문
면) 菩提寺 大鏡大師 碑銘에 말하기를, "麗嚴의 속성은 김씨
이다. 아홉 살에 離塵의 마음을 발하고 無量壽寺의 住宗法師
에게서 削染하여, 처음 『화엄』을 배우고, 희종 원년에 大戒를
받았다. 차츰 敎宗이 진실이 아님을 인식하고 마음을 參玄에
기울었다.

당시 嵩嚴山(聖住寺)에 廣宗(無染)이 있어 善知識의 이름
이 멀리 들리었다. 여엄이 가서 이에 의지하여 입실한 지 여
러 해가 되었다. 僖宗 光啓 3년(一作 文徹 元年) 겨울에 廣宗
(무염)이 입적한 뒤 南行하여 靈覺山에 올라서 深光에게 參
謁하였다. 深光은 무염의 嗣로서 一方의 宗匠이었다. 여엄이
이에 師事하여 모신 지 수년이었다. 그로부터 下山하여 배를
타고 당으로 가서 江表에 도달, 西上하여 雲居山 道膺에게 禮
見하고 春秋와 寒暑가 수차례 거듭하는 동안에 마침내 心印
을 얻었다.

여기서 雲居를 하직하고 거듭 鯨水를 건너서 신라 효공왕 30년에 武州 昇平(전라남도 순천군) 귀착하였다. 이에 知基州 諸軍事 上國康公萱이 麗嚴의 禪德을 사모하고 그 令譽를 태조에게 알리니 태조가 불러서 궁궐에 나오게 하였다.

麗嚴이 왕에게 말하기를, "國富民安 不讓於肯庭之境 堯仁舜德 唯侔作於華夏之朝"라고 하니 왕이 말하기를, "三五之時 太平之運 寡人虛薄 何以當之"라고 하였다. 왕이 菩提寺를 희사하여 청하여 住持하게 하였다. 이로부터 參學人이 많이 모였다.

태조왕 15년(929년)에 입적하니 춘추는 69세였다. 태조가 시호하여 大鏡大師라고 하였다. 『전등록』에는 雲居의 法嗣 중에 麗嚴의 이름이 빠져 있다. 受業 제자는 融闡, 昕政 등 오백여 명이 있다.(조선금석총람 上, 130-134)

제12절 璨幽와 鳳林山의 종풍

璨幽傳　　　고려 金廷彦이 撰한 廣州(경기도) 慧目山 高達院(경기도 여주군 북내면 상교리) 元宗大師慧眞塔銘에 云, "璨幽의 자는 道光, 속성은 김씨, 鷄林河南의 人으로서 당 의종 함통 10년에 태어났다. 나이 겨우 13세에 출가하여, 상주 공산 三郎寺의 融諦에게 보였다. 融諦는 眞鏡大師 審希의 嗣이다. 融諦는 그가 法器임을 알고 慧目山 審希에게 師事하게 하였다. 곧 慧目에게 나아가서 妙理를 精究하여 玄機를 高悟하고 22세에 楊州 三角山 莊義寺에서 受具하였다. 審希는 光州 松溪禪院에 이주하였으므로 특별히 松溪에 가서 배알하니 審希가 말하기를, "白雲千里萬里 猶是同雲 明月前溪後溪 曾無異月 爰因識識 只

在心心而已."라고 하였다.

이에 遠遊의 뜻을 세우고, 昭宗 景福 원년(신라 진성왕 6년)에 商船을 타고 入唐, 舒州 桐城縣 投子山 大同에게 參詣하였다. 大同은 翠微無學의 嗣이고, 無學은 丹霞天然의 嗣로서 石頭希遷의 孫이다. 곧 微言을 舌底에 깨닫고 眞佛을 身中에 인식하였다. 장차 하직하려고 하니 投子가 말하기를, "莫遠去 莫近去"라고 하였다. 璨幽가 말하기를, "雖然非遠近 要且不停留"라고 하니 投子가 말하기를, "旣驗心傳 何須目語"라고 하였다.

眞鏡

그로부터 諸山의 명찰을 찾고, 마침 본국으로 오는 배를 만나서 태조 4년에 德安浦에 到達하여 곧장 鳳林(경상북도 창원군)으로 가서 眞鏡(審希)에게 歸覲하니 진경이 기뻐하면서 三郎寺에 住하게 하였다. 거기서 三冬을 지내고 나와 京輦으로 가서 태조에 入覲하니 태조가 청하여 慶州 天王寺에 住하게 하였다. 그러나 慧目山의 幽勝함을 좋아하여 그리로 이주하였다. 이에 問津者가 운집하여 큰 禪林을 이루었다. 얼마 뒤에 태조가 薨하고 제2대 혜종이 즉위하자 왕도 또한 불법을 敬信하여 璨幽에게 茗餑(명발)과 아울러 紋羅法衣를 하사하였다. 惠宗이 薨하고 제3대 정종이 踐祚하여 가사법의을 기증하였다.

정종이 薨하고 제4대 광종에 이르러 號를 하사하여 證眞大師라고 하고, 王城의 舍那院으로 맞아들여서 3일만에 重光殿에 法筵을 열고, 服冕으로써 받들어 국사를 삼고, 銀瓶, 銀香爐, 金鉬瓷鉢, 水精念珠, 法衣 등을 하사하였다. 또 天德殿에서 法筵을 베풀어서 승좌 설법하게 하였다.

어느 僧이 묻기를, "如何是 向上一路"하니 찬유가 대답하기

를, "不從千聖得"이라고 하였다. 또 묻기를, "旣不從千聖得 從
上相傳 從何而有"하니, 대답하기를, "只爲不從千聖得 所以從
上相傳"이라고 했다. 또 묻기를, "與麽卽 二祖不望西天 達磨不
到唐土"라고 하니 대답하기를, "雖不從千聖得 達磨不虛過來"
라고 하였다.

그로부터 궁궐을 하직하고 歸休할 것을 빌자 왕이 이를 허락
하였다. 왕이 誦德詩를 지어서 璨幽에게 부치기를, "慧目高懸
耀海鄕 眞身寂寂現和光 貝中演法開迷路 鉢裏生蓮入定場 ·喝
成音收霧淨 二門離相出塵凉 玄關遠隔山川外 恨不奔波謁上房"
이라고 하였다.

광종 9년(958년)에 장차 遷化하고자 하여 示衆하기를, "萬法
皆空 吾將往矣 一心爲本 汝等勉旃 心生法生 心滅法滅 仁心卽
佛 寧有種乎 如來正法 共護之勖之哉"라 하고는 말을 마치자
儼然히 坐化하였다. 향년 90이었다. 광종이 元宗大師라고 追
諡하였다. 제자는 昕弘, 同光, 幸近, 傳印 등 오백여 명이 있
다.(조선금석총람 上, 207-213쪽)

璨幽門人

제13절 태조와 允多 및 忠湛

允多傳

고려 孫紹가 撰한 武州 谷城 桐裏山 大安寺 廣慈大師塔銘에
의하면, 允多의 자는 法信이다. 京師(서울) 사람으로서 당 의
종 함통 5년에 탄생하였다. 여덟 살에 세속을 떠나서 멀리 동
리산으로 가서 무리들과 함께 현묘함을 참구하는 데 힘썼다.

如화상(惠哲의 제자)이 말하기를, "心專石也穿 志切泉俄涌
道非身外 卽佛在心 宿習者 覺於刹那 蒙昧者 滯在萬劫 如來說

論 爲情鈍則開語 爲根利則略言 汝自好看 不在吾說也"라고 하였다. 이미 迦耶岬寺에서 구족계를 받았고, 그의 아름다운 명성이 遠近에 들리었다. 뒤에 故山으로 돌아가서 더욱 禪旨에 통달하니 聲色 속에서 떠났고 是非의 관문을 벗어났기에, 납자가 門에 차고 玄風이 크게 떨쳤다.

그때 태조가 삼한을 통합하고 새로 왕조를 세웠는데, 允多의 聲價가 높음을 듣고 사신을 보내어서 한차례 九重(궁궐)으로 나올 것을 청하였다. 인하여 죽장과 芒鞋로 京師에 이르니 왕이 기뻐하면서 儀賓寺에 머물게 하였다. 수일 후에 궁으로 불러들여서 賓禮로써 대우하고 물었다.

"古師云 心即佛 心何如"하니, 대답하기를, "若到涅槃者 不留於佛心"이라고 하였다. 또 묻기를, "佛有何過 即得如此"하니, 대답하기를, "非有過 心自無過"라고 하였다. 또 묻기를, "朕受天之祐 救亂誅暴 何以則生民保乂"하니, 대답하기를, "殿下 不忘今日之間 國家幸甚 生民幸甚"이라고 하였다. 또 묻기를, "大師以何德行 化遵衆生"하니, 대답하기를, "臣僧自救不了 何敢解脫他縛"하고 允多가 三禮하고 물러갔다. 왕이 명하여 興王寺 黃州院에 주하게 하고 有司에게 명하여 많은 供饌를 보살피게 하였다.

하루는 왕께 고하기를, "麋鹿野縱 甘伏丘壑 猥承御命 來住王城 恐懼情深 軒鶴梁鵜 未足喩也 休望許從微情 俾雲歸古山 魚遊深壑 爲賜大矣"라고 하였다. 왕이 이를 허락하여 故山인 桐裏(산)로 돌아가게 하였다. 고려 혜종 2년(945년)에 대중들에게 고하기를, "生也有限 滅而未定 吾今欲行 各自珍重 佛言 波羅提木叉 是汝大師 吾亦以此言囑汝 汝等遵行 吾不死矣"라고

하고 분향 염불하게 하고 합장하고 가니 향년 82세였다.(海東金石苑)

允多의 法系   允多의 법계에 대하여는 碑에, "法祖西堂 傳於徹 徹傳於先師 如 如傳於吾師 卽西堂曾孫也"라고 하였다. 그렇다면 允多는 西堂智藏의 曾孫이고, 徹은 동리산의 惠徹(哲)이고, 如는 혜철의 제자임을 알 수 있다.

忠湛傳   忠湛의 성은 김씨, 당 의종 함통 10년에 탄생하였다. 어려서 부모를 잃고 長純禪師에게로 갔다. 長純은 亡父의 벗이다.

長純禪師   당 昭宗 龍紀 1년에 武州(全南)靈神寺에서 구족계를 받고, 相部를 배우고 毗尼(계율)를 연구하였다. 뒤에 입당구법하고 天祐 연간에 해동에 돌아오니 태조가 왕사의 예로써 대우하였다. 演化興法한 지 대략 30년, 고려 태조 23년(940년)7월 18일에 문인에게 고하기를, "萬法皆空 吾將去矣 一心爲本 汝等勉旃" 하고 말을 마치자 천화하니 향년 72였다.

真空大師碑   『조선금석총람』에 수록되어 있는 原州靈鳳山興法寺 眞空大師碑(忠湛의 碑)는 태조의 親製로서 당 태종의 문자를 모아서 刻한 것이다. 『櫟齋稗說』에 말하기를 "北原(原州)興法師碑 我太祖 親製其文而 崔光胤集唐太宗皇帝書 模刻于石 辭義雄深偉麗 如玄圭赤舃 揖讓廊廟 而字大小眞行相間 鸞漂鳳泊 氣呑象外 眞天下之寶也"라고 하였다(櫟齋稗說後集一). 碑의 斷片은 경복궁 근정전에 현존한다. 아깝게도 缺略이 많아서 忠湛의 행업을 자세히 알 수 없다. 그 법계에 대하여는 "雪山成道 煙洞證心傳十八代之祖"라고 하였는데 아직 考定을 거치지 못하였으니 識者의 가르침을 기다릴 뿐이다.

제14절 太祖의 遺訓

弘梵大師   태조 21년에 서천축의 승 弘梵大師 嚩哩嚩日羅가 來化하였
으니 본래 그는 마갈타국의 大法輪菩提寺의 사문이다. 왕이 위
의를 갖추어서 이를 맞이하였다. 23년에 天護山 開泰寺가 이
루어지니 華嚴法會를 베풀고 친히 疏文을 지었다.

證通國師   제5왕자가 출가하여 뒤에 證通國師가 되었다. 태조 26년
(943년)에 왕이 서거하니 나이 67이었다. 十條의 遺訓을 태조
가 친히 大匡 朴述希에게 주었다고 한다. 그러나 후인의 僞撰
인 것도 같은데, 진위 여부를 가리기 어려울 정도로 태조의 정
신을 표현한 것이 있다.

> "其一曰 我國家大業 必資諸佛護衛之力 故創禪教寺院 差遣住持
> 焚修 使各治其業 後世姦臣執政 徇僧請謁 各業寺社 爭相換奪 切宜
> 禁之 其二曰 諸寺院 皆道詵 推占山水順逆而開創 道詵云 吾所占定
> 外 妄加創造則 損薄地德 祚業不永 朕念後世國王公侯 后妃朝臣 各
> 稱願堂 或增創造 則大可憂也 新羅之末 競造浮屠 衰損地德 以底於
> 亡 可不戒哉. (…) 其六曰 朕所至願 在於燃燈 八關燃燈 所以事天
> 靈及五嶽名山 大川龍神也"(高麗史 卷2, 26-27쪽. 東國通鑑 卷13,
> 110-113쪽)

開泰寺   태조 17년에 태조가 백제를 처서 크게 이기고, 23년에 開泰
寺를 창건하여 화엄도량을 베풀고, 친히 願文을 지어서 佛威의
비호, 天力의 扶持를 명기하였는데 유훈의 말과 완전히 그 뜻
이 같음을 볼 수 있다. 白雲山 內院寺 事迹에 云, "太祖勅諸州

建叢林 設禪院 造佛造塔 幾至三千五百餘所"라고 하였는데, 조금 과장한 것이긴 하지만 태조가 三寶 흥륭을 위하여 힘을 썼음이 얼마나 컸는가를 알 수 있다.

제15절 雪峯 문하의 고려승

眞覺大師 『경덕전등록』卷18에 云, "杭州龍華寺 眞覺大師 靈照 高麗人也 萍遊閩越 升雪峰之堂 冥符玄旨 居唯一衲 服勤衆務 閩中謂之照布衲 一夕指半月 問溥上座 那一片什麼處去也 溥曰莫妄想 師曰失却一片也 衆雖嘆美而 恬澹自持 初止婺州齊雲山 (…) 次居越州鏡淸院, 海衆悅隨"라고 하였다.

『조당집』卷11에 云, "自傳雲峯密旨 便住浙江 錢王欽重敬賜紫衣 號眞覺大師" 라고 하였다.

『전등록』에 云, "後湖守錢公卜杭之西關 創報恩院 延請開法 禪衆翕然依附 尋而錢王建龍華寺 迎金華傅大士靈骨 道具寘焉 命師住持 晋天福十二年 丁未閏七月二十六日 終于本寺 壽七十八"이라고 하였다.

『조당집』卷11, 『경덕전등록』卷19에 다음과 같이 기록되어 있다.

玄訥禪師 "泉州福淸院 玄訥禪師 高麗人也 初住福淸道場 傳象骨之燈 學者歸慕 泉守王公問 如何是宗乘中事師叱之 僧問 如何是觸目菩提 師曰 闍梨失却半年糧 曰為什麼失却半年糧 師曰 只為圖他一斗米 問如何是 淸淨法身 師曰 蝦蟆曲蟮 問教云 唯一堅密身 一切塵中現

如何是 堅密身 師曰 驢馬猫兒曰乞師指示 師曰 驢馬也不會問 如何
是物物上辨明 師展一足示之 師住福淸三十年 大闡玄風 終于本山"

　　이로써 당시 중국과 고려에 있어서 선승의 風格을 想見할
眞空大師 수 있다. 태조 때에 가지산의 법계를 이은 眞空大師가 있다.
신라 崔彦撝가 찬한 毘盧菴 眞空大師普法塔碑에 云, 眞空大師
의 성은 김씨, 鷄林(경주) 사람이다. 당 大中 9년(문성왕 17년)
에 탄생하였고, 志學(15세)의 나이에 이르러 취학하였으나 속
세를 싫어하여 집을 하직하고 도를 迦耶에 물어 善融화상께
청하여 스승으로 삼았다.
善融　　당 함통 15년(문경왕14년)에 구족계를 받고, 三藏을 궁구하
여 깊이 玄理를 깨달으니 善融화상이 그가 法器임을 알고 遊方
시켰다. 인하여 岩穴을 하직하고 설악의 陳田寺로 가서 道義의
靈塔에 절하고 眞師의 影을 追感하여 길이 제자의 儀를 고하
였다. 그로부터 無師自悟 道樹에 栖遲하고 禪林에 偃仰하였다.
뒤에 南으로는 玉京에 머물렀고, 西로는 金海에 머물렀는데,
從學하는 자가 매우 많았다.
　　檀越이 小伯山寺를 중수하고 청하여 여기에 있게 하였다. 고
려 태조 20년에 상경하여 태조를 만나 삼국통일의 大功을 치
하하였다. 같은 해 故山에 돌아가서 문인에게 遺誡하고 입적하
였다. 전법제자는 玄讓, 行熙 등 400여 인이 있다. 나이는 83
세, 시호는 眞空大師이다. 碑文에 缺字가 많아서 師의 법계를
찾기 어려우니 아직 道義의 法裔라고 하자.

제2장 敎禪의 융창과 文敎의 발흥

제3대 왕 정종 이후, 敎禪이 함께 行하였고, 제4대 광종에

國師王師 制度 이르러서 名德을 추앙하여 국사, 왕사 제도가 시작되었다. 그 때 智宗이 당으로 들어가 법안종을 전하여 와서 크게 교화의 문을 열었다.

광종 이후 祈福禳災의 불사가 번흥하여 그 폐단이 차례로 나타났다. 제8대 현종은 刻藏(대장경 판각)에 의하여 거란병을 막으려고 하였다. 제11대 문종 대에는 文敎가 크게 신장되었고 고려 12道의 명칭이 있었다.

제1절 국사 왕사의 제도와 奉佛의 폐단

제3대 정종왕(946-949년)도 태조의 奉佛의 유풍을 본받아서 더욱 이를 성하게 하였다. 왕은 그 원년에 儀仗을 갖추어서 불 사리를 받들고 걸어서 10리에 이르려 開國寺(태조 창립)에 봉 안하였다. 또 곡식 7만 석을 모든 큰 절에 헌납하였고, 각각 佛名經寶 및 廣學寶를 두어서 이로써 學法者를 권장하였다.

光宗王 奉佛 제4대 광종(950-975년) 2년에 大報恩寺를 개성의 남쪽에 창건하여 태조의 원당으로 하고, 또 佛日寺를 개성 동쪽 교외 에 창건하여 先妣 劉氏의 원당으로 하였으며, 5년에 崇善寺를 창건하여 先妣를 追福하였다. 9년(958년)에는 雙冀의 議를 써서 비로소 과거제도를 設施하여 詩, 賦, 頌 및 時務策으로 써 進士를 취하고 겸하여 明經科, 醫卜科 등의 업을 취하니

문풍이 크게 일어났다. 또 처음으로 僧科를 설치, 문과를 본받아 승계를 주었는데, 禪師, 大禪寺, 重大師, 三重大師 등의 승계가 있다.

광종 11년에 吳越王 錢俶이 사신을 보내어서 天台教籍을 구하였다. 사문 諦觀이 教疏를 가지고 入宋하여 螺溪義寂을 뵙고 天台宗을 興隆하였다.

『佛祖統記』 卷10에 이렇게 말하였다.

> "法師諦觀 高麗國人 初吳越王 因覽永嘉集 同除四住之語 以問韶國師 韶曰 此是教義 可問天台義寂 即召問之 對曰 此智者妙玄 位妙中文 唐末教籍 流散海外 今不復存 於是 吳越王 遣使致書 以五十種寶 往高麗求之 其國令諦觀 來奉教乘 而智論疏 仁王疏 華嚴骨目 五百門等 禁不令傳 且戒觀師 於中國 求師問難 若不能答 則奪教文以回 觀師旣至 聞螺溪善講授 即往參謁 一見心服 遂禮為師 嘗以所製四教儀 藏於篋 人無知者 師留螺溪十年 一日坐亡 後人見故篋放光 開視之 唯此書而已 由是 盛傳諸方 大為初學發蒙之助云"

광종 14년에는 歸法寺를 창건, 18년에는 승 균여를 여기에 있게 하였는데, 「大華嚴首座圓通兩重大師均如傳」에 云, "均如의 속성은 邊氏, 天祐 14년(신라 신덕왕 6년)에 黃州에서 태어났고, 志學(15세)에 이르러 復興寺의 識賢을 뵙고 업을 받았으며, 얼마 안 있다가 靈通寺 義順에게 가서 교학을 익혔다. 예전 신라 말에 가야산 海印寺에 2인의 華嚴宗匠이 있었다. 1은 觀惠로 후백제 甄萱의 福田이고, 2는 希朗으로 고려 태조의 福田이다. 각기 문도가 있어 그 형세가 水火(물과 불)와 같았는데,

諦觀

均如傳

觀惠의 법문을 남악(지리산)이라 이름하고, 希朗의 법문을 북악(부석사)이라 하였다.

均如는 북악(희랑)의 법손인데, 둘의 모순을 피하고, 여러 가지 갈래를 一轍에 융합하려고 하여 仁裕首座와 함께 하나로 통합하고자 歸一의 뜻을 제창하니 靡然(미연)히 바람이 일었다. 또 華嚴教 중에 先公의 鈔三十餘義가 있는 것을 균여가 문장이 번잡한 것을 삭제하고, 그 뜻(意)이 희미한 것은 나타내되 경론을 인용하여 이를 정정하였다.

그리고 『搜玄方軌記』10권, 『孔目章記』8권, 『五十要問答記』4권, 『探玄記釋』28권, 『教分記釋』7권, 『旨歸章記』2권, 『三寶章記』2권, 『法界圖記』2권, 『十句章記』1권, 『入法界品抄記』1권의 撰이 있어 세상에 유행한다.

또 普賢의 십종대원에 의하여 11장의 노래를 지어 人口에 전파되었다. 노래가 이루어지니 翰林學士 崔行歸가 시로써 이를 번역하였다. 때는 고려 광종 8년이었다. 광종왕이 대원을 발하고 松岳의 아래에 새로 歸法寺를 창건하고 절이 완성되자 均如를 불러서 여기에 住持하게 하였다. 균여는 송 개보 6년(광종 24년)6월 7일에 입적하였다. 나이 57이었다.

歸法寺

광종 19년에 弘化, 三歸, 遊嚴 등의 사찰을 창건하고, 僧 惠居를 국사로, 坦文을 왕사로 삼았다. 이것이 국사, 왕사 제도의 시초였다. 25년에 惠居가 入寂하자 坦文을 국사로 삼았다.

二師制度의 시작

惠居의 성은 박씨, 16세에 落髮, 19세에 구족계를 받고, 사방에 參尋하여 戒珠가 明朗해지자 學德이 모두 갖추어졌다고 일컬었다. 태조가 그 道望을 흠앙하여 세 번이나 불렀으나 일어나지 않았다. 정종 2년에 왕사로 추대하고, 광종 13년에 圓明

惠居傳

妙覺이라는 호를 하사하였으며, 19년에 국사가 되었고 25년에 원적하였다. 시호는 洪濟라고 하였다. 왕은 참소를 믿어 무고한 이를 많이 죽이고는 안으로 의심과 두려움을 품어 죄악을 소멸하고자 하였으므로, 널리 齋會를 베풀고 도살을 금하고 방생을 행하고 불사를 하였다.

灌燭寺 石佛 충청남도 논산군에 있는 관촉사 미륵석불은 승 慧明의 作이라고 하는데 신장 55척, 주위는 30여 척이다. 광종왕의 대에 지었다고 전해진다.

제6대 성종(982-997년) 원년에 백관으로 하여금 時政의 득실을 의논하게 하였는데, 崔承老가 다음과 같이 상서하였다.

"竊聞聖上 爲功德齋 或親碾茶 或親磨麥 臣愚深惜 聖體之勤勞也 此弊始於光宗 崇信讒邪 多殺無辜或於浮屠果報之說 欲除罪業 浚民膏血 多作佛事, 或設毘盧遮那懺悔法 或齋僧於毬庭 或設無遮水陸會於歸法寺 每値佛齋日 必供乞食僧 或以內道場餠果 出施丐者 或以新池穴口 與摩利山等 處魚梁爲放生所 一歲四遣使 就其界寺院 開演佛經 又禁殺生 御厨肉膳 不使宰夫屠殺 (…) 當是時 子背父母奴婢背主 諸犯罪者 變形爲僧 及遊行丐乞之徒 來與諸僧 相雜赴齋者亦多 有何利益"(고려사 卷93, 67쪽)

태조가 죽은 지 6년, 광종이 즉위한 후 불사의 폐단을 초래함이 이와 같았다.

성종 4년에는 집이나 별장을 절로 만드는 捨家爲寺를 금하고, 7년에는 三長月(정월, 5월, 9월)에는 三齋月이므로 도살을 금하였다. 10년에는 韓彦恭이 송에서 돌아와 大藏經을 바치니 왕이 맞이하여 내전에 들이고 승을 데려다가 開讀하게 하였다. 왕은 사문 36인을 송으로 보내어서 杭州 永明寺의 智覺禪師에게서 참선하게 하였다.

弘法國師　　성종 때 지금의 충북 충주군 동량면 하천리 淨土寺에 弘法國師가 있었다. 나이 12에 剃染하였고, 신라 경순왕 3년에 北山 摩訶岬壇에서 구족계를 받고 入朝使 侍郎玄信의 배에 便乘하여 入唐, 참선하고 돌아오니 성종이 대선사의 법계를 올리고, 목종은 圓光遍照國師라는 徽號를 하사하고 봉은사에 住하게 하였으나 淹留한지 얼마 안 되어서 하직하고 산으로 돌아가기를 원하자 왕이 친히 이를 餞送하였다. 드디어 開天山 淨土寺에 이르러서 韜光忘機하였고, 몇 해 후에 입적하자 시호를 弘法이라고 하였다. 제자에 僧統 文業 등 수십 인이 있다.

제2절 坦文과『華嚴』및 현종의 刻藏

坦文傳　　충청남도 서산군 운산면에 있는 普願寺 法印國師塔碑에 보면, 國師 坦文은『華嚴』의 學匠인데, 자는 大悟, 성은 고씨, 광주(경기도) 高口人, 당 昭宗 光化 3년에 태어났다. 나이 겨우 5세에 마음이 속세를 떠나 있었다. 북한산 장의사 信嚴을 뵙고 雜華를 익혔으며, 나이 15세에 장의사에서 구족계를 받았다. 태조 9년에 왕후가 임신하자 坦文은 安産을 기원하여 영험이 있었다. 태조가 手詔(왕이 손수 쓴 詔書)를 주어 이를 위로하였다. 이후 九龍山寺에 머물면서『화엄』을 강의하였다.

神朗　　신라 경순왕 9년(934년) 西伯山에 神朗이 있어 覺賢의 남긴 공적을 편찬하고 方廣(方等經典)의 秘宗을 강연하였다. 坦文

이 西伯에 가서 圓理을 논하는데 神朗이 응대함에 慙色이 있었다.

제2대 惠宗이 즉위하자 『華嚴經』3本을 필사하여 天成殿에서 法筵을 베풀고 坦文으로 하여 이것을 강의하게 하였다.

제3대 정종이 踐祚(왕위 계승)하여 九龍山寺에 譚筵을 두고 탄문으로써 法主를 삼았다. 제4대 광종 14년에 歸法寺를 창건, 탄문으로 하여금 主가 되게 하였고, 19년에 왕이 弘道三重大師라는 호를 하사하였으며, 몸소 內道場에 나아가서 拜하여 왕사를 삼았다. 25년(974년)에 拜하여 국사로 삼았으나 坦文이 노병으로써 사양하고 故山에 歸還할 것을 청하자 왕이 이를 허락, 百官을 인솔하고 衛送하였다.

坦文門人 그가 가야산에 이르자 승도들이 부처와 같이 맞이하였다. 同年 봄에 엄연히 坐化하니 향년 76세였다. 大제자로는 靈撰, 一光, 明會, 丙林, 倫慶, 彦玄, 弘廉 등이 있다고 하였다.(조선금석총람 上, 223-232쪽)

제7대 목종(998년-1009년) 불사가 더욱 번성하였다. 왕 2년에 眞觀寺를 세워 태후의 원찰로 하였고, 3년에는 崇教寺를 창건, 원찰로 하였으며, 6년에는 태후황 甫氏가 太良院君 詢을 宮廷紊亂 핍박하여 승려가 되게 하였다. 이보다 앞서 태후의 외족 金致陽이 낙발하고 궁궐에 출입하였는데 성종이 곤장을 쳐서 遠地에 유배시켰다.

성종이 죽자 다시 궁궐로 들어와서 태후와 사통, 畏忌(조심하고 두려워함)하는 바가 없었다. 洞州에 星宿寺를 짓고, 궁성의 서북 隅에 十王寺를 세워서 陰助를 빌었다. 이에 이르러 태후가 아들을 낳자 金致陽과 모의하여 王을 삼기 위하여, 억지

로 詢을 핍박하여서 출가시켰다. 처음 崇敎寺에 있게 하였다가
뒤에 三角山 神穴寺로 옮겼는데, 태후가 이를 죽이려고 하였으
나 모면하고 결국 즉위하였다. 이가 곧 제8대 현종이다. 궁중
의 문란함과 신앙의 타락함이 이와 같았다.

목종 7년에는 사신를 송에 보내어 官本大藏經을 구하였으니
이는 固有의 前後(南北) 二藏과 및 契丹藏과 校合하여서 이를
刻하기 위한 것이었다. 왕이 9년에 禪敎의 승도에게 대덕 이상
은 법호를 더하고, 나이 60이상인 자에게는 職을 더히는 差가
있었다. 10년에는 眞觀寺 9층탑을 세웠다.

顯宗祈禳   제8대 현종왕(1010년-1031년) 1년에 성종이 폐지했던 연등
회를 회복하고 王宮國都에서 鄕邑에 이르기까지 정월 보름에
燃燈二夜를 하였고, 同年에 또 팔관회를 회복하고 왕이 威鳳樓
에서 풍류를 보았다. 이는 먼저 성종이 그 雜技煩擾함을 싫어
하여 이를 파기하여 폐한 지 거의 30년이나 되었는데 崔沆의
청에 의하여 이를 회복한 것이다.

충청남도 천안의 聖居山 天興寺鍾은 이 해에 된 것인데, 지
금 국립박물관에 있다. 현종 원년에 거란이 대거 침입하자 왕
이 남행하여 피난하였고, 거란병은 아직도 松岳城에 둔치하니,
이에 군신과 발원하여 大藏經板을 刻하여 符仁寺에 모시고 佛
力에 의하여 적을 물리치려고 하였다. 義天은 그 문집 卷15에,
"顯祖則彫五十軸之秘藏文　考乃鏤十萬頌之契經"이라고　하였
다. 3년에 경주 朝遊宮을 철거하고 그 재목으로써 皇龍寺塔을
수리하였으며, 승을 내전에 모으고 『인왕반야경』을 강하였으
며, 重光寺를 창건하였다. 8년에 西女眞의 揩信이 거란의 東京
崇聖寺 道遵을 잡아왔다.

현종 9년에는 開國寺塔을 重修하고, 사리를 두었으며, 계단을 설치하고, 度僧이 3,200여 명, 飯僧이 10만이었다. 그리고 大慈恩玄化寺를 창건하고 宋 真宗帝에게 청하여 대장경을 얻어 考妣의 명복에 資하였으며, 11년에는 一百사자좌를 內庭에 베풀고 『인왕경』을 講하기를 3일 동안, 해마다 상례로 하였다. 친히 玄化寺에 가서 新鑄의 종을 쳤고, 승 法鏡을 왕사로 삼아 현화사 주지가 되게 하였다.

法鏡

현종 12년에 경주 高僊寺의 금라가사와 佛頂骨과 昌林寺의 佛牙를 가져다가 내전에 두고, 현화사에 가서 친히 碑額에 篆書하였으며, 한림학사 周佇로 하여금 비문을 짓게 하였는데, 그 碑가 개성에 현존한다. 13년에 韓祚가 송에서 돌아왔는데, 真宗帝가 聖惠方, 陰陽二宅書, 乾興曆, 釋典 一藏을 하사하였다.

현종 17년에 해주 神光寺에 행차하였고, 같은 해에 左右兩街 都僧統 通眞光教圓濟弘道大師 逈兢 등에 詔書하여 奉先寺와 弘慶寺를 세웠다. 지금 충청남도 천안군 성환면 대홍리에 그 寺址가 있다.

逈兢

18년에 惠日 重光寺를 창건하고, 役夫 工匠을 징발하니 宰輔와 諫官이 모두 아뢰기를, 백성이 勞弊하니 마땅히 興作하지 않아야 한다고 하였다. 그런데 좌승선 李壞가 말하기를, "부처님을 위하여 절을 짓는 것은 공덕이 무량하거늘, 백성이 수고하기로 무엇이 傷하리오."라고 하였다.

현종 20년에는 장경도량을 회경전에 베풀고 승 1만 명을 공양했다. 그리고 처가 있는 僧을 徵하여 重光寺의 役徒가 되게 하였다. 玄化寺 碑陰記에 云, 왕의 발원으로 邦家의 鼎盛

과 社稷의 康安을 위하여 매년 4월 8일부터 三日三夜 미륵보
살회를 베풀었고, 또 양친의 명복을 追薦하기 위하여 매년 가
을 7월 15일부터 三日三夜 아미타불회를 베풀었으며, 또 특
히 工人에게 명하여 『대반야경』600권, 『三本華嚴經』, 『금광
명경』, 『묘법연화경』 등의 印板을 雕造하여 玄化寺에 두고
따로 號를 세워서 般若經寶라고 하고 길이 十方에 인쇄하게
하였다.

제3절 法眼宗의 전래

法眼宗

智宗傳   이때에 智宗이 法眼宗을 전하였다. 智宗의 자는 神則(一作
明), 성은 이씨, 전주 사람이다. 나이 8세에 竹馬를 버리고 眞
乘을 멍에하였다. 마침 弘梵三藏이 와서 舍那寺에 寓居하였는
데, 이에 의하여 落飾하고, 그 해를 넘기지 않고 三藏이 中印으
로 돌아가니 곧 廣化寺의 景哲에게로 가서 배웠다. 後周 顯德
6년에 轂下에 이르러서 入支求法의 뜻을 고하니 광종이 이를
듣고 餞筵을 베풀었다 이에 바다를 건너 吳越에 이르러 먼저
永明寺의 延壽에게 참예하였다.

永明延壽   살피건대 永明延壽傳에 말하기를, 고려의 광종 大成王이 연
수의 言教를 보고 사신을 보내어서 서신을 올려 제자의 禮를
표하고 金線織成僧伽黎衣, 紫水晶念珠, 金澡罐을 바치고 彼國
의 승 36인으로 하여금 연수의 印記를 받고 고려로 돌아가서
弘法하게 하였다고 하였으니 아마 智宗은 그 36인 중의 하나
였으리라. 영명연수가 물었다. "爲法來耶 爲事來耶" 智宗이 답
하였다, "爲法來". 연수가 말하였다. "法無有二而遍沙界 何勞過

海來到這裏" 대답하기를, "旣遍沙界 何妨過來"하니까 延壽가 靑眼을 열고 優待하였고, 곧 心印을 전하였다.

淨光 　　光宗 12년에 國淸寺에 가서 淨光에게 절하고 大定慧論과 아울러 天台教를 받았다.

　　송 태조 개보 원년에 僧統 贊寧 등이 智宗을 정하여 傳教院에서 大定慧論과 및 『法華』를 講하게 하였다. 開寶 3년에 고려로 돌아오니 광종이 優獎하여 대사로 대우하고 延請하여 金光禪院에 주하게 하였으며 중대사를 加하였다. 경종이 왕위를 계승함에 이르러 삼중대사로 제수하였다. 성종 때 積石寺로 移居하였다. 목종이 光天遍炤至覺知滿圓默禪師의 호를 加하고 佛恩寺 外帝釋院 등에 住持하게 하였다. 현종왕이 청하여 廣明寺에 居하게 하고 法稱을 賜하여 寂然이라고 하였다. 고려 현종 4년에 왕이 智宗을 왕사로 추대하고 優禮함이 지극히 독실하였다. 다음 3년에 普化라는 호를 加하였다.

　　현종 9년(1018년)에 錫杖을 떨치고 雲烟에 들어가서 원주(강원도 원주 부론면) 賢溪山 居頓寺에 있다가 浹旬(10일)이 안 되어 좌화하였다. 향년 89세였다. 시호는 圓空이라고 한다. (조선금석총람 上, 253-257).

慧炬國師 　　『東國僧尼傳』에 云, "道峰山慧炬國師 淸凉益禪師法嗣 師始發機於淨慧之室 本國主思慕 遣使來請 遂廻故地 國主受心訣 禮待彌厚 一日請入王府 上堂 師指威鳳樓 示衆云 威鳳樓爲諸上座舉揚了 諸上座還會麽 儻若會 且作麽生會 若道不會 威鳳樓 作麽生不會 珍重 師之言教 未被中華 亦莫知所終."

이라고 하였으니, 그렇다면 慧炬도 그 36인 중의 한 사람일 것이다.

제4절 佛事의 번성

당시 기도불교의 폐해는 불사의 번성이 되고, 불사의 번성은 僧徒의 부패로 되었으니 그것은 다음과 같다

제9대 덕종(1032-1034년)이 즉위하기 전년에 毬庭(궁중에 격구擊毬하는 크고 넓은 마당)에 행차하여 3만 명의 僧에게 공양을 드렸다(飯僧三萬). 즉위 원년에는 外帝釋院, 王輪寺, 奉恩寺, 玄化寺 등에 행차하기를 10회, 膺乾殿에서 보살계를 받았고, 法鏡을 국사를 삼았다.

靖宗王의 기복

제10대 정종(1035-1046년) 2년, 아들이 4명 있는 자는 한 명(1명)에 한하여 출가를 허락하였다. 靈通寺, 崇法寺, 普願寺, 桐華寺 등 寺의 계단에서 業으로 하는 바 經律을 시험하여 득도하게 하였다. 같은 해에 毬庭에서 飯僧一萬하였고, 7년에 藏經道場을, 9년에 百座道場을 會慶殿에서 베풀고 飯僧一萬하였고, 8년에 묘향산 보현사가 이루어졌다.

安心寺, 普賢寺事蹟

고려 인종 19년에 김부식이 지은 普賢寺碑에 보면, 보현사는 영종 19년 戊辰에 探密선사가 처음 安心寺를 창건하였고, 정종 8년 壬午에 宏廓禪師(探密의 제자)가 安心寺의 동남쪽에 24개의 대가람을 세우고 3,000인을 領導하여 성하게 禪門을 진흥하였으니 이것이 곧 普賢寺이다."라고 하였고, 月波兌律이 撰한 普賢寺事蹟에는 광종 19년 戊辰에 探密이 安心寺를 창건하고 성종 원년 壬午에 宏覺이 普賢寺를 세웠다고 기록되었는

데, 兌律은 寺碑에 기록된 全國의 年號를 오해하고 干支를 배당한 것이다.

12년에 侍中 崔齊顔에게 명하여 毬庭(擊毬場)에 나아가서 行香(분향)하고 街衢經行(가구경행. 고려시대부터 조선초까지 매년 봄·가을에 재앙을 물리치기 위해 승려들이 경전을 독송하면서 큰길을 다니던 국가 행사 의식)을 拜送하게 하였다. 街衢經行이란 京城(개성)의 거리를 세 갈래로 나누고 綵樓子(장식한 가마)에 『인왕반야경』을 싣고 앞에서는 신도들이 메고 가고 뒤에서 승려들은 법복을 갖추고 步行 讀誦하며, 監押官(감압관)도 公服(관복)을 입고 따라 걸어가며(步從), 街衢(거리)를 순행하면서 백성을 위하여 기도, 기복하는 것인데, 이것을 經行이라고 이름하고, 이해부터 상례적인 행사로 하였다. 왕의 생일을 당하면 늘 국가는 기복도량을 外帝釋院에 7일 동안 베풀었고, 백관은 흥국사에서 했고, 東西 兩京(東京/경주, 西京/평양), 四都護, 八牧은 所在의 佛寺에서 이를 행하게 하였다.

文宗王
布制

제11대 문종(1047-1082년)원년에 법을 제정하기를 "모든 州, 府, 郡, 縣은 逐年(해마다) 성대하게 輪經會를 여는데, 外吏들이 이를 핑계로 聚斂(재물을 거둠)하여서 백성들을 괴롭히는 폐단이 있을까 염려된다. 진실로 복을 짓는 것이 아니니 앞으로는 醉飽娛樂事(술자리를 벌이거나 풍악을 울리는 일)는 모두 마땅히 금할지니라."라고 하였다. 이것은 불사를 빙자하여 醉飽娛樂하는 것을 금한 것이다. 그런데 그 폐단의 근원은 실로 조정에 있었다.

이해에 왕이 친히 건덕전에서는 인왕반야도량을, 會慶殿에서는 百座인왕도량을, 文德殿에서는 금강경도량을 열고 毬庭에서는 飯僧一萬(승려 1만 명을 초정하여 공양)하였다. 왕이 公卿, 大夫를 인솔하고 봉은사로 가서 왕사 決凝을 국사를 삼았다. 決凝은 화엄종 학승으로서 부석사 圓融國師이다. 2년에 또 百座인왕도량을 회경전에서 3일 동안 베풀었고, 飯僧一萬하였고, 外山 名寺에서 飯僧二萬하였다. 6년에는 設齋하고 飯僧三萬하였고, 7년에는 왕이 乾德殿에서 보살계를 받았으며, 8년에는 또 내전에서 보살게를 받았다. 9년에는 법을 제정하였다.

"古先帝王 尊崇釋教 載籍可考 況聖祖以來 代創佛寺 以資福慶 (…) 昔達磨對武帝言 造寺造塔 殊無功德 是尚無爲功德 不尚有為 功德也 且聖祖創寺者 一以酬統合之志願 一以壓山川之違背耳 今 欲增創新寺 勞民於不急之役 怨讟交興 毀傷山川之氣脈 災害必生 神人共怒 非所以致太平之道也"

왕이 이와같이 造寺, 造塔의 폐해를 言明하였으면서도 몸소 그 폐단을 개혁할 수 없었다. 10년에 興王寺를 德水縣에 창건하였고, 3만명의 승려들에게 공양을 올렸으며, 제석원에 행차하여 海麟으로써 왕사를 삼았다.

제5절 決凝과 海麟의 道譽

부석사 圓融國師碑(경북 영주군 부석면)에는 원융국사 決凝에 대하여 이렇게 기록하고 있다.

決凝傳

"決凝의 자는 慧日, 성은 김씨, 명주人, 송 乾德 2년 甲子(광종왕 15년)에 탄생. 나이 12에 龍興寺에 들어가서 剃染하고, 德興寺 官壇에서 受具하였다. 28세에는 選佛場에 나아가서 대덕이 되었고, 목종, 정종이 다 이를 중히 하였으며, 정종 8년에 왕사로 삼고 봉은사에서 摳衣의 예(구의는 옷의 앞자락을 들어 올려 경의를 나타낸다는 뜻으로 스승으로 섬김을 이르는 말)를 행하였다.

문종 원년(1047)에는 국사를 삼았다. 決凝은 항상 華嚴三昧에 住하였고, 기원하는 바에 靈應이 있었다. 만년에 고향에 一寺를 창건하매, 華嚴安國寺라는 勅額이 하사되었다. 이보다 앞서 정종 8년에 문인에게 말하기를, "泉石可以濯昏蒙 松蘿可以遺身世 吾以此始亦以此終"이라고 하고 드디어 舊山으로 돌아갈 것을 청하였다. 왕이 허락하여 부석사에 있게 하였다. 決凝이 일찍이 大藏經 1部를 인쇄하여 안국사에 두게 하였다. 문종

決凝門人

7년에 입적하니 향년 90이었다. 문인으로는 廣證, 證海, 秀蘭, 作賢, 元祖 등 1,438인이다."라고 하였다.

원주(강원도 원주군 부론면 법천리) 法泉寺 智光國師塔碑銘

海麟傳

에 云, "海麟의 자는 巨龍, 성은 원씨, 원주인, 宋 太宗 옹희 원년(고려 경종 3년, 984년)에 탄생, 法皐寺에서 寬雄大師에게 취학하다가 관웅이 상경하니 해린도 따라서 海安寺 俊光에게 나아가서 剃染하였고, 하나를 들으면 천 가지를 깨달아서 날로

寬雄

법요에 통달하였다. 寬雄이 기뻐하면서 海潾이라고 명명하였다. 統和 17년(송 진종 함평 2년, 999년)에 龍興寺 官壇에서 受具하니 그때 나이 18세였다. 하루 저녁 꿈에는 바닷가에 이르러서 손으로 작은 고기를 잡아서 삼켰는데, 깨어서 풀어보니

魚則鱗인지라 인하여 海鱗이라고 이름하고 巨龍이라고 字하였다. 21세에 王輪寺의 大選에 나아가서 대덕이 되었다. 그리고 이르기를, "慭後於義龍 冀先於仁獸"이므로 鱗을 麟으로 고쳤다.

眞肇

그때 都講인 眞肇가 曆算法을 잘 알았으므로 海麟이 청하여 이를 배우니 이는 統和 末로서 현종왕 5년의 일이다. 宋 眞宗 大中祥符 10년(참고 ; 대중 상부는 9년까지 있었음)에 현종이 明了頓悟의 호를 하사하였다. 천희 5년(현종 12년)에 鎬京(평양) 重興寺에서 강회를 열고 크게 현풍을 떨쳤다. 왕이 重大師의 법계를 주고 水多寺에 住하게 하기를 10년, 덕종 때에 임하여 삼중대사를 제수하고 磨衲法服과 아울러 휘호를 하사하였다.

重熙 14년(宋 慶曆 6년)에 정종이 智光국사 海麟을 발탁하여 승통을 제수하였고, 문종이 踐祚(왕위 계승)하자 琳宮으로 불러서 唯心의 묘의를 강의하게 하니 귀향하는 道俗이 많았다. 侍中 李子淵은 그 제5자로 하여금 落髮하게 하고 그를 모시게

韶顯

하였다. 金山寺 住持 三重大師 韶顯이 바로 그다.

重熙 23년(宋 至和 2년)에 문종이 명하여 지광국사 海麟을 玄化寺에 住하게 하였고, 淸寧 2년(宋 喜祐 元年) 11월에 內帝釋院에서 行事하여 왕사로 칭하였으며, 4년(宋 嘉祐 2년) 5월에 報恩寺로 行幸하여 국사로 봉하였다. 咸雍 3년(宋 治平 4년)에 法泉寺에 退休할 것을 청하매 왕이 玄化寺에 行幸하여 이를 餞送하여 본사로 돌아가게 하였다.

같은 해(문종 21년, 067년) 10월 23일에 가부좌 한 채로 입적하니, 향년 84세였다. 智光이라는 시호를 하사하였다(조선

海麟門人　금석총람 上, 283-291쪽). 문인은 法靈, 詔顯 등 1천여 인이
있다. 碑에 향년 87세로 기록된 것은 착오가 아닐까?

제6절 文宗의 불사와 文敎

문종은 즉위 10년에 다음과 같은 법을 제정하였다.

文宗王의　　"釋迦闡教 淸淨爲先 遠離垢陋 斷除貪欲 今有避役之徒 托號沙門
佛事　　殖貨營生 耕畜爲業 沽販爲風 進違戒律之文 退無淸淨之約 袒肩之
袍 任爲酒罌之覆 講唄之場 割爲葱蒜之疇 通商買賣 結容醉娛 喧雜
花院 穢臭蘭盆 冠俗之冠 服俗之服 憑托修營寺院 以備旗鼓歌吹 出
入閭閻 搪揆市井 與人相鬪 以致血傷 睽庶使 區分善惡 肅擧紀綱
宜令沙汰 中外寺院 其精修戒行者 悉令安住 犯者以法論"(高麗史
卷, 110쪽)

　　승풍의 墮敗됨이 이와 같았다. 더구나 불사는 더욱 성대하여
서, 11년에는 消災道場을 壽春宮에 베풀기를 3일, 乾德殿에서
베풀기를 5일이었고, 12년에는 봉은사에 가서 海麟을 책봉하
爛圓　　여 국사로 삼고, 爛圓을 왕사로 삼았으며, 보살계를 乾德殿에
서 받았다. 13년에는 법을 제정하여 兩京(동경=경주, 서경=평
양)과 및 동주군에서는 한 집에 아들이 3명이 있는 자는 한
명을 僧이 되는 것을 허락하였다.
　　14년에는 天帝釋道場을 文德殿에 베풀었고, 17년에는 거란
에서 大藏經을 보내오니 왕이 法駕를 갖추어 西郊에 맞이하였
다. 18년에는 飯僧 一萬을 하였고, 19년에는 景靈殿에 나아가

서 왕사 爛圓을 불러 왕자 煦를 祝髮하여 僧을 만들었다. 煦는 義天이다. 靈通寺에 있었고 祐世僧統이라고 호하였다.

문종 20년에 妙通寺에 행차하여 摩利支天道場을 베풀고 3년 동안 中外의 도살을 금하였다. 21년에 흥왕사가 이루어졌다.

興王寺 刱建

記에는 흥왕사에 대하여 이렇게 쓰고 있다.

"凡二千八百間 十二年而功畢 王欲設齋以落之 諸方緇流 坌集無算 命兵部尚書金陽 右街僧錄道元等 擇有戒行者一千 赴會 仍令常住 特設燃燈大會五晝夜 勅令百司 及安西都護 開城府 廣水楊東樹五州 江華長湍二縣 自闕庭至寺門 結綵棚櫛比鱗次 連互相屬 輦路左右 又作燈山火樹 光照如畫 是日 王備鹵簿 率百官行香 施納財襯 佛事之盛 曠古未有"(고려사 卷8, 122쪽. 동국통감 卷17, 255쪽)

문종 24년에 흥왕사에 가서 新創의 慈氏殿에 度成會를 베풀어 宿을 經하고 돌아왔다. 왕자 竀을 玄化寺에서 落采하게 하였다. 27년에 특히 연등회를 베풀고 新造의 불상을 讚하여 街頭에 點燈한 것이 兩夜에 각 三萬盞이었고, 重光殿과 및 百司에 綵樓燈山을 설치하고 풍악을 지었다.

28년에 文豆婁道場을 東西 四天王寺에 베풀기를 27일, 이로써 적병을 막았다. 31년에 興王寺에 가서 新成의 金字『華嚴經』을 轉하게 하였고, 32년에 興王寺 金塔이 이루어졌는데 은으로 속을 하고 금으로 겉을 만들었다. 이와 같이 불교가 隆昌함과 동시에 유학도 또한 크게 볼만한 것이 있었다.

高麗文教

처음에 고려의 태조가 西京에 行幸하여 학교를 창설하고, 박사를 두었으며, 광종 9년에 과학를 행하여 크게 文風을 높이었고, 성종 5년에 周公 공자의 風을 일으키는 教令을 發하였으며, 同六年에 經學博士를 十二牧에 두어 子弟를 가르쳤다.

同九年에 修書院을 西京에 두고 史籍을 抄하여 이를 소장하였고, 同十一年에 國子監을 창립하고 有司에게 명하여 널리 書齋와 學舍를 경영하도록 하였으며, 田莊을 給하여 學粮에 충당하게 하였다.

文宗獎學　　穆宗王 6년에 三京 十道의 博士 師長에게 명하여 才學이 있는 자를 薦擧하게 하였고, 문종 10년에 서적을 印出하여 모든 학원에 두게 하였다.

崔冲　　또 문종 때에 文憲公 崔冲이 문학과 經義로써 世人의 信服하는 바가 되었다. 冲은 樂聖, 大中, 敬業, 誠明, 造道, 率性, 進德, 大和, 待聘의 九齋를 設置하고 後進을 敎誨하여 문교가 크게 일어났다.

九齋의 生徒의 명성이 무거워지매 應擧하고자 하는 자는 九齋에 가서 배웠고, 또는 九齋의 籍中에 이름을 두어서 文憲公徒라고 하였으며, 崔冲을 일컬어 海東孔子라고 하였다. 冲은 문종 22년에 卒하였다.

高麗　　崔冲의 때에 名儒로 立徒한 자가 十一이었다. 즉 侍中 鄭倍
十二徒　　傑의 弘文公徒(一稱 熊川徒), 參政 盧旦(一作朝)의 匡憲公徒, 祭酒 金尙賓의 南山徒, 僕射 金無滯의 西國徒, 侍郎 殷鼎의 文忠公徒, 平章 金義珍(一云 郎中 朴明保)의 良愼公徒, 平章 黃瑩의 貞敬公徒, 柳監의 忠平公徒, 侍中 文正의 貞憲公徒, 侍郎 徐碩의 徐侍郎徒, 龜山徒(師名未詳)가 이것이다. 崔冲의 文憲公徒를 합하여 고려의 十二徒라고 칭한다.

洪良浩가 撰한 九齋學堂遺墟碑에 말하였다.

崔冲傳　　　"東方學校之興 由先生始 世稱海東夫子 先生諱冲 字洪然 生於高
麗成宗丙戌 在中國宋太宗雍熙三年也 于時 周程諸賢未出 孔孟之
道未明於天下 而先生奮起海外 獨以斯文爲任 其名九齋如誠明率性
出於中庸之訓則表章中庸 先於程子 而傳道之功 暗合於千歲之下
嗚呼盛哉"(松京誌 卷7, 31葉左)

『補閑集』에 云, "十二徒冠童 每夏會山林肄業 及秋而罷 多寓
龍興 歸法兩寺"라고 하였다(補閑集 卷中, 118쪽). 이로써 十
二徒의 학생이 大寺에 寓居하면서 讀書한 風이 있었음을 알
만하다.

제3장 鼎賢의 瑜伽, 義天의 천태, 李資玄의 선

文宗代 문종 때 국사 鼎賢이 瑜伽에 통하여 異跡을 나타내었고, 선종 때에 이르러서 義天이 入宋하여 천태교를 전하고, 敎觀을 중흥하고 크게 불전을 간행하였으며, 敎雄이 이에 이어서 天台 智者의 眞風을 진작하였다.

韶顯은 法相의 敎綱을 폈으나 궁정의 불교는 資福 禳災(양재)에 급급하여 요망함이 매우 많았고 曇眞의 학덕도 미신을 조장하는 데 불과하였다.

민간에 李資玄의 선이 있어 熱惱迷亂 중의 한 청량제가 되었
仁宗代 다. 인종이 즉위함에 이르러 妙淸의 요술이 醜(추)함을 후세에 끼치기에 이르렀다

제1절 鼎賢의 瑜伽

鼎賢傳 문종 때 국사 정현이 유가 밀교에 통하여 자못 神異를 나타냈다. 金顯이 지은 慧炤國師塔碑(경기도 안성군 이죽면 칠장리)의 요점을 정리하면 "鼎賢의 성은 이씨, 어려서 光敎寺 忠會대사에게서 삭발하였고, 13세에 漆長寺(七長寺) 融哲을 따라서 瑜伽를 배웠고, 靈通寺 계단에서 구족계를 받았다. 統和 14년(성종 15년)에 미륵사의 五敎大選에 나아가서 명성이 講場에 떨쳤다. 정종 2년에 왕이 칙명으로 大師라는 법계를 加하였다.

현종 대에 이르러 異跡을 나타내어서 특별한 예우를 받았다.

덕종이 즉위하여 法泉寺에 머물도록 敎勅을 내렸고, 또 승통에 임명하고는 玄化寺에 移居하도록 하고 紫繡(자수)의 僧伽梨(승가리)를 하사하였다. 重熙 乙酉(정종 11년)에 삼각산 沙峴寺를 개창하였고, 法施(설법, 교화)가 한 지역을 風化하였다.

문종이 왕위를 물려받은 후 명하여 『金鼓經』을 강의하게 하고 紫繡 승가리를 하사하였고, 또 문종 2년에 文德殿에서 8권의 金經을 강하여 기우하니 영험이 있었다. 翌年에 왕이 봉은사에 行幸하여 鼎賢을 왕사를 삼았다.

문종 8년 갑오년(21054년)에 이르러서 노병으로 退休할 것을 청하니 왕이 봉은사에서 法儀를 갖추어서 懿號를 올리고 국사로 삼아 칠장사로 주석하게 하였다. 이후 繩牀에 宴坐하여 一衲만 입고 萬緣을 止息하다가 11월 15일에 문인에게 유계를 마치고 가부좌한 채 천화(입적)하니 향년 83세였다. 시호는 慧炤國師라고 한다(조선금석총람 上 273-279쪽). 제자로는 靈念, 咄雲, 仁祚, 甚泉 등 수십 인이 있다.

慧炤國師

七長寺

七賢山 七長寺 事實記에 보면, 혜소국사는 안성군에서 태어났고, 廣敎山 忠會大師에게서 落髮하였으며, 널리 선지식을 참예하고 중국에 들어가서 臨濟의 정맥을 계승하였다. 그때 宋 태조가 사신을 보내어 청하여 궁중에 들이고 법요를 자문하였다. 혜소가 본국에 돌아오니 태조 왕건이 칙명으로 칠장사를 세우고 師로 하여금 安禪 垂化하게 하였다. 戊子歲에 입직하니 향년 83세였다. 金顯이 撰한 碑는 弘濟舘 왼쪽에 세웠다"고 말하였다.

칠장사 重建記에는 淸寧 丙申(문종 10년)에 慧炤의 창건이라고 하였는데, 金顯의 本碑와 相違되고 태조왕과의 연대가 현

격하니 착오인 것이 분명하다. 『삼국유사』 卷3에는 고려 예종
때에 慧照國師가 奉詔西學, 遼本大藏 三部를 사 왔는데, 一本
은 지금 定惠寺에 있다고 하였으니 예종과 시대가 다르다.

　　『동문선』에 실려 있는 계족산 定慧社 사문이 慧炤國師를 祭
하는 글에, "바다를 건너 서쪽으로 가서 淨因의 골수를 얻고,
東土에 歸還하매 교화가 때에 흡족하였으며, 천자가 북면하여
一國의 師로 삼았다."라고 하였으니, 그렇다면 鼎賢은 入宋傳

淨因　法 하였던 것인가. 淨因은 淨因道臻일 것이다.

貫乘　　　慧炤의 문인 貫乘에 대하여는 『補閑集』에 다음과 같은 기록
이 있다.

金剛居士　　　"尹文康公彦頤 晚節尤嗜禪味 退去鈐平郡金剛齋 自號金剛居士
每入郭跨黃牛 人皆識之 與慧炤門人 貫乘禪師爲友 相得甚懽 時 貫
乘住廣明寺 置一蒲菴 止容一座 約曰 先逝者 坐此而化 一日跨牛詣
貫乘同飯已曰 吾歸期不遠 告別來耳 言訖徑去 貫乘遣人 隨其後 送
蒲菴 公見之笑曰 師不負約 吾行決矣 遂取筆書偈云 春復秋分 花開
葉落 東復西兮 善養眞君 今日途中 反觀此身 長空萬里 一片閑雲
書畢坐菴而逝"(補閑集 卷上 761쪽)

2人의 襟懷 洒洒하였음을 짐작할 만하다.

제2절 宣宗의 신불과 義天의 天台宗

宣宗의　　　문종은 고려가 융성해지자 그 기운에 편승하여 교학을 盛하
信佛　게 하였고, 崇佛 敬僧함도 전대보다 더하였다. 문종에 이은 왕

은 제13대 선종(1084-1094년)이다. 선종 원년에 普濟寺 貞雙 등이 奏하여 九山禪門에서 叅學하는 僧徒는 進士의 예에 의하여 3년에 一選할 것을 요청하자 왕이 이에 따랐다.

2년에 비로소 御駕가 행차할 때에는 『인왕반야경』을 받들고 앞에서 인도하게 하였으니 宋나라 제도를 따른 것이다. 이 해에 왕이 보살계를 받고, 百高座 도량을 회경전에서 베풀어 3일 동안 『인왕경』을 강의하였고, 飯僧이 3만이었으며, 4년에 興王寺에 가서 大藏殿의 완성을 기뻐하였다.

송나라 상인 徐戩 등 20인이 와서 新註華嚴經板을 바치자 設齋遊宴하고 飯僧 3만이었다. 6년에 7일 동안 건덕전에서 楞嚴道場을 열고 飯僧이 3만이었으며, 會慶殿에 새로 13층 황금

國淸寺 탑을 주조하였다. 왕태후는 西郊에 國淸寺를 창건하니 이 절은 天台六山의 근본도량이 되었다.

9년에 왕태후가 天台宗禮懺法을 황해도 해주 白州 見佛寺에 베풀기를 약 1만 인이었다. 같은 해에 왕이 不豫(편치 못함)하

古風長篇 여서 文德殿으로 옮기고 의약과 가까이하더니 홀연히 느낀 바가 있어 古風의 詩 長篇을 지었는데 그 끝 구절에, "藥效得否何敢慮 浮生有始豈無終 唯應愿切修諸善 淨域超昇禮梵雄"이라는 시를 지었다. 왕이 盛年으로서 이런 시구를 짓자 괴이하다고 의심하지 않는 자가 없었다. 10년에 왕이 城 동쪽에 弘護寺를 창건하였다.

義天의 義天의 행장은 김부식이 지은 開城 靈通寺 大覺國師碑와 林
行狀 存의 지은 仁同 僊鳳寺 大覺國師碑, 그리고 朴浩 撰, 開城興王寺 大覺國師墓誌에 보인다.

의천의 휘는 煦, 성은 왕씨, 자는 義天, 문종의 제4자, 宋 至

和 2년(문종 9년)에 탄생하였다. 11세에 靈通寺의 왕사 爛圓을 親敎로 하여 落釆하고 華嚴敎觀을 수학하였다. 爛圓이 입적한 후, 그 무리들에게 學을 講하였고, 또 당시의 계율종, 법상종, 열반종, 법성종, 원융종, 禪寂宗 등 학승을 만나서 도를 토론하였다. 문종이 포창하여 祐世僧統으로 삼으니 그때는 宋 治平 4년, 문종 21년이었고, 義天의 나이 13세였다.

淨源

의천이 入宋傳法의 뜻이 있어 송 淨源法師와 서신을 왕복하였다. 의천의 請入宋求法表에 보면, "去年八月 得大宋 兩浙花嚴闍黎 淨源法師書一通"이라고 하였다. 선종왕 1년에 이르러 入內하여 간청하니 왕이 군신과 회의하자 모두 불가하다고 하였다.

숙종이 藩邸에 있었는데 하루는 태후를 뵙고 마침 말이 이 문제에 미쳐서, "天台三觀 最上眞善 此土宗門未立 甚可惜也 臣竊有志焉"이라고 하니, 태후가 깊이 隨喜를 드리우고 숙종도 또한 外護를 원하였다.

義天의
入宋

이에 선종 2년(1085년, 宋 원풍 8년)에 제자 壽介 등을 데리고 微服으로 경기도 풍덕 정주에 이르러 상선을 타고 바다를 건너 密州에 이르니 철종이 듣고 京師의 啓聖寺에 있게 하고 수일 후에 垂拱殿으로 引見하였다. 의천이 名德에 참예할 것을 청하니 帝가 이를 허락하였다.

有誠

兩街의 승이 高才碩學하고, 師範되기에 감당할 자로서 東京 覺嚴寺의 화엄법사 有誠을 추천하였다. 의천이 摳衣下風, 제자의 예를 행하고자 하니 有誠이 세 번 사양한 뒤에 받았다. 그리고는 이렇게 말하였다. "某甲 海外之鄙人也 虛襟求道之日久 未有所得 願師慈憫 開我迷雲"하니, 그가 답하였다. "古佛剗心

而爲法 至有求一文一句 而捨轉輪王位 今上人能之 可謂難矣 願同志一乘同修萬行 以遊花藏海者 吾之願也"

그로부터 問答 往返하여 天台, 賢首의 判敎의 同異와 및 천태, 화엄 양종의 幽妙의 義를 밝히되 그 말이 曲盡하였다. 후일 相國寺에 가서 圓炤宗本을 참알하고, 또 흥국사로 가서 西天三藏 天吉祥을 만나 梵書를 배우고 西天의 일을 물었다. 달포(한 달 조금 넘는 동안)를 지내고 上表하여 杭州華嚴座主 淨源의 講下에 나이기서 수업힐 깃을 청하니 詔勅으로 이를 聽許하고 主客員外郎 楊傑을 시켜서 伴行하게 하였다. 金山을 지나 佛印了元을 참견하고, 杭州 大中祥符寺에 도달하여 淨源을 뵈니 정원이 그가 법기임을 알고 蘊奧를 기울여서 敎授하였다.

從諫 　의천은 또 慈辯大師 從諫에게 청하여 天台一宗의 경론을 강의하게 하고 諸弟子들과 함께 聽受하였다. 작별에 임하여 從諫은 시와 및 手爐如意를 주었다. 이미 선종왕이 母后의 뜻를 펴고 상표하여 의천의 귀국을 청하였다.

『佛祖統記』卷13 從諫의 條에 보면, "義天慕法 滯留中國 朝廷 以其國母思憶 促其歸 師(從諫)諭之曰 高僧道紀 負經遊學 以母不可捨 遂荷與俱 謂經母皆不可背 以肩橫荷 今僧統賢於紀 遠甚 豈爲經背母使憂憶乎 義天於是有歸志"라고 하였다.

元祐 원년에 京에 다다라 황제를 뵙고 수일을 머물다가 闕을 하직하고 다시 杭州에 이르러 남산의 慧因院에서 淨源의 華嚴大義를 講하는 것을 들었다. 講을 마치자 淨源은 爐拂을 주어 付法의 信을 표하였다.

다음에 天台山에 올라가서 智者의 탑에 예하고 발원문을 지어서 해동에 전교할 것을 맹세하였다. 明州에 이르러서는 育王에 가서 大覺懷璉을 참견하였다. 六宗 中 錚錚한 자 淨源, 懷璉, 芳其, 慧琳, 元照, 從諫 등 50여 인을 歷問하고 왕래에 무릇 40개월이 걸렸다.

본국의 朝賀使가 돌아가는 것을 따라 해동에 도달하니 때는 선종왕 3년(서기 1086년, 宋 元祐 六年)이었다. 의천이 예성강에 이르자 왕이 태후를 받들고 봉은사에 나와서 기다렸고, 그를 맞이하여 인도하는 의식의 성대함이 前古에 無比한 것이었다.

의천이 釋典과 및 經書 1,000권을 바쳤다. 왕은 칙령으로 흥왕사의 主가 되게 하였다. 의천이 아뢰어서 興王寺에 **教藏都監**을 두고 송, 遼, 일본으로부터 서적을 사고, 元祐 6년에 南遊하여 一時의 학자가 와서 모인 것이 거의 1,000인이었다.

숙종 3년에 제5子(一作 四子)에 명하여 의천을 侍奉하게 하니 의천이 손수 그를 落髮하였다. 이가 圓明國師 **澄儼**이다. 숙종 6년(서기 1101년, 宋 建中請國 원년)에 병이 있어 오른쪽으로 누워 천화하니 향년 47이었다. 국사로 책봉하고 시호를 大覺이라고 하였다.

『大覺國師文集』에 실은 新集圓宗文類序에 云 "我國家 一統三韓 僅二百載 光揚三寶 誘掖群迷 累朝敦外護之緣 當世協中興之化 緬承咐囑 寔在休明 每年春秋於大內會慶殿 請百法師 開設看大藏經會等 道場佛事 又三年一度 置仁王般若百座大會 祭僧三萬人 以爲恒式"이라고 하였으니, 令法久住의 성의를 보기에 족하다.

제3절 義天의 언행

義天의
언행

김부식이 義天의 언행을 기록하기를 "嘗言曰 禪家所謂不籍
筌蹄 以心傳心 則上上根智者也 脫或下士 以口耳之學 認得一
法 自以爲足 指三藏十二分教 蒭狗也糟粕也 又烏足觀者 不亦
誤乎 乃觀學楞伽起信等經論"이라고. 이는 의천이 禪門에 慊焉
하였음을 보이는 데 족하다.

또 말하기를 "天性至孝 善事父母不怠 及其亡 則窮思畢情 以
營功德 至自燒臂 後値諱日 亦如之"라고 하였고, 또 天의 講蘭
盆經發辭에 云 "說梵網菩薩大戒 亡孝順父母師僧三寶 孝順至
道之法 孝名爲戒 乃至廣說十重四十八輕者 此是稱性大 大戒孝
之極也"라고 하였으니, 그 순효함이 欽仰되는 것이 있다.

김부식은 또 다음과 같이 말하였다.

圓宗文類

"師欲立言 以垂不腐 而志莫之遂 嘗以群言汗漫 攝其精要 類別部
分 名曰圓宗文類 又欲會古今文章 補於教 以爲釋苑詞林 而未及參
定 至後乃成 故去取失當 門人集所著詩文 殘篇斷藁 存者無幾 紬次
爲二十卷 此皆卒爾落筆 非將以貽後也 故於生前有以其文 寫而刻
之者 取其板焚之 當時北遼天佑帝 聞其名送大藏及諸宗疏鈔六千九
百餘卷 其文書藥物金帛 至不可勝計 燕京法師雲諝 高昌國阿闍梨
尸羅嚩底 亦皆尊嚮 以策書法服爲問 遼人來使者 皆請見 以土物 藉
手而拜 吾使入遼 則必問師之安否 最日本人 求文書於我 其目有大
覺國師碑誌 其名現四方 爲異國所尊又如此"

의천이 능히 弘法闡化에 致力하여 사방의 경앙하는 바가 되

義天의
門人

었음이 이와 같았다. 의천의 문인은 一時에 이름 있는 자 160
인으로 김부식의 碑에 그 이름이 열거되었다. 林存의 碑에 "文
祖二十三年 賜號祐世授職僧統"이라고 기록한 것은 아마 잘못
이리라. 김부식의 碑에 丁未七月乙酉 教書褒為祐世僧統이라
고 되었으니 문종왕 21년 丁未인 것이다. 義天의 文集과 아울
러 外集은 그 板이 缺損되었다고 하나 지금 海印寺에 소장된
것이 있다.

제4절 天台敎 東傳의 史料

天台敎觀
의 傳來
新羅台敎

천태교관이 동국에 전래된 것은 의천에 비롯한 것이 아니다.
신라의 玄光이 南嶽慧思에게서 법화삼매를 깨달았다는 것은
이미 기록한 바와 같다. 『佛祖統紀』에 의하면, "晁說之仁王般
若疏序曰 陳隋間 天台智者 遠禀龍樹 立一大教 九傳而至荊溪
荊溪復傳而至新羅 曰法融 曰理應 曰純英 故此教播於日本 而
海外盛矣"라고 하여 荊溪湛然으로부터 신라에 전하였다고 하
였다.

月窓居士 金大鉉 著 『禪學入門』의 跋(撰 鎬鼎에 "我東之新
羅中葉 高僧法融, 理應, 英純, 聯錫遊唐 俱得天台下三世 左谿
東陽大師之妙法 以華以香 供養我槿域(조선의 다른 이름)蒼生
無慮數百年之久 泊夫漢陽定鼎之後 華亦萎而香亦消"라고 하여
左谿에게서 신라로 전하였다고 하였다.

의천이 新創한 國淸寺 啓講辭에 말한 것을 보면, "天台一枝
明夷于代 昔者元曉 稱美於前 諦觀法師 傳揚於後(大覺國師文
集 卷3)라고 하여 신라의 원효가 전하였다고 하였다.

高麗
天台教

『佛祖統紀』卷23에 云, "法師子麟 四明人 五代唐 清泰二年 往高麗百濟日本諸國 授智者教 高麗遣使李仁日 送師西還 吳越 王今東鏐於郡城建院 以安其衆(今東壽昌) 今按清泰 二年 當日 本朱雀天皇承平四年"(異稱日本傳 卷上 312쪽). 그렇다면 五代 의 시에도 台教가 전하였던 것이고, 고려에 이르러서 諦觀이 이 법문에 精通한 것이다.

吳越王傳에 云 "宋太祖 建隆元年十月 初天台教卷經 五代之 亂 殘燼不全 吳越王俶 遣使至日本 高麗以求之 至是 高麗遣沙 門諦觀 持論疏諸文 至螺溪 謁寂法師 一宗教文 復還國中 螺溪 以授寶雲 寶雲以授法智 法智大肆講說 遂專中興教觀之名"이라

諦觀

하여 고려에도 천태교가 있었던 것이다. 諦觀의 渡宋은 고려 광종왕 4년 즉 宋 태조 建隆 원년이다. 그 후 일시 중단했던 것을 義天이 再興했기 때문에 의천을 天台의 시조라고 할 뿐이다.

제5절 義天의 사상

義天의
華嚴學

의천은 스스로 高麗國傳華嚴大教沙門이라 칭하였고, 화엄의 秘奧에 통하였으며 圓教의 微旨에 밝았다. 그러므로 그의 사상 은 크게 선학과 일치하는 것이 있다.

"此心 其體清淨 其用自在 其相平等 不分而分 雖說三義 聖凡一 體 依正不二 迷之則煩惱生死 悟之則菩提涅槃 推之於心 則為心也 推之於物 則為物也 故得世出世間 一切諸法 皆同一性無有差別 所 以古人道 入荒田不揀 信手拈來草 觸目是菩提 臨機何不道者 良以 耆婆之手 草木皆藥故也"(大覺國師文集 卷4)

또 말하기를, "良以此法 在衆生爲萬惑 在菩薩爲萬行 在如來爲萬德 故使毗盧得之 謂之果分 普賢得之 謂之因分 衆生日用而不知 (…) 情見若破 法界圓現 一切衆生 無不成佛者" 등의 語句를 禪錄 중에 둔다면 누가 이를 가려낼 수 있겠는가. 의천은 당시 유행했던 三敎 일치의 설에 동의하지 않았다. 이에 다음과 같이 말하였다.

"十善五戒人乘也 四禪八定天乘也 四聖諦法聲聞乘也 十二因緣緣覺乘也 六度萬行 菩薩乘也 以言乎人乘與周孔之道同歸 以言乎天乘 共老莊之學一致 先民所謂 修儒遠之敎 可以不失 人天乘之報 古今賢達皆以爲知言也 其或後之三乘出世之法 豈與夫域內之敎 同日而言哉"(大覺國師文集 卷十三)

義天卓見
義天往生
思想
그가 얼마나 탁견이었는가를 증거하는 말이다. 그러나 왕생의 사상에 이르러서는 의천도 역시 時潮의 밖에 나가지 못한 것이다. 淨源을 追薦하여 "脫洒塵區 優遊淨域"(同卷 14)이라고 한 것으로 이것을 알 만하다.

義天詩偈
義天의 詩偈가 문집에 실려있는 바, 禪味가 있는 것이 적고 道學的인 것이 많다. 시 두 세 편을 수록한다.

〈偶感〉
微蒞三界門 旅泊有誰閑 可惜甘貧子 寶山空手還

〈學院 書事〉
卜居幽靜寺 掩戶避誼譁 有意憐頹景 何必惜落花
塵緣那足顧 吾道可興嗟 寂寂無人識 松窓日又斜

〈海印寺 退居〉

海印却勝廬岳寺　伽倻還似虎溪流

遠公高跡雖難繼　且喜終焉志已酬 (同)

屈辱多年寄帝京　教門功業恥無成

此時行道徒勞爾　爭似林泉樂性情

海印退居의 시에는 失意絶望의 모양도 보인다.

戒膺　　의천의 문인 戒膺에 대하여 『補閑集』에는 이렇게 말하고
있다.

　　"無碍智國師戒膺　講道外遊刃於文章　睿王邀入大內苦請留　師作
詩云 聖勅嚴命辭未得　巖猿松鶴別江東　多年幸免魚吞餌　一旦翻為
鳥在籠　無限旅愁宮裡月　有時歸夢洞中風　不知何日君恩報　瓶錫重
回對碧峯　即往太白山卜居將終焉　上復遣使徵之　屢詔不受"(補閑集
卷下　147쪽)

또 『破閑集』에 말하기를,

　　"太白山人戒膺　大覺國師　適嗣也　幼時寓僧舍讀書　大覺隔墻聞其
聲曰 此眞法器也　勸令祝髮在門下　日夕孜孜鑽仰　優入閫奧　繼大覺
弘揚大法四十餘年　為萬乘敬仰　常不離輦轂　累請歸太白山　手刱覺
華寺　大開法施　四方學者輻湊　日不減千百人　號法海龍門"(破閑集
卷中　23-24쪽)

惠素　　또 惠素에 대하여 『破閑集』에 말하였다.

"西湖僧惠素　該內外典　尤工於詩　筆跡亦妙　常師事大覺國師　爲
高弟（…）常隨國師所在　討論文章　國師歿撰行錄十卷　金侍中(富
軾)擄取之以爲碑, 住西湖見佛寺（…）侍中納政後　騎驢數相訪　竟
夕談道　上素聞其名　邀置內道場　講華嚴寶典　賜白金"(破閑集　卷中
24쪽)

제6절　敎雄의 天台敎와 韶顯의 法相學

敎雄傳　　開城　國淸寺　妙應大禪師墓誌(경북 문경 산북면 금룡사　藏)
에 말하기를, "敎雄의 자는 應物, 鎬京(평양)人, 성은 박씨이
다. 나이 9세에 長慶寺 선사 釋贊에게 가서 落髮하였다. 釋贊
이 입적 후 雙峰寺 선사 翼宗을 뵙고 스승을 삼았다. 마침 大
覺國師가 천태종을 일으키고 敎觀을 弘揚하매, 翼宗이 나아가
서 이를 배우니 敎雄도 따라서 智者의 宗旨를 배우고 명성이
크게 떨쳤다.

台宗大選　　乾統 원년(宋 建中靖國 원년 고려 肅宗 6년)에 家國에서 비
開闢　　로소 台宗大選을 열고 국사를 主盟으로 삼았다. 敎雄이 이에
나아가 上上品에 올라서 大德이 되고, 國淸寺에서 覆講으로서
經論을 講明하여 학도에게 전법하기를 수년, 크게 天台의 宗風
을 넓혔다. 그 뒤로 事에 의하여 貶되어 洪州 白嵒寺에 거주하
였다. 山谷 間에 있기를 7년쯤 行을 더욱 닦았고 德이 더욱
나아갔다.

　　또 華嚴, 瑜伽, 性相의 學에서 儒, 墨, 老莊, 醫, 卜, 陰陽의
설에 이르기까지 그 근원을 궁구하고 그 학파에 涉歷하지 않음
이 없었다. 하루는 伽耶寺에 노닐다가 『瑜伽論』100卷을 古藏

중에서 발견하여 지고 돌아와서 이를 읽었다.

睿宗 10년에 圓明國師의 奏에 의하여 예종이 三重大師로 제수하였고, 예종 15년에 이르러 禪師로 제수되었으며, 仁宗이 즉위하여 자수 가사를 하사하고 外帝釋院에 轉住하게 하였다. 仁宗 13년에 國淸寺에 轉住하고 大禪師에 올랐다. 皇統二年(1142년) 7월 16일에 병이 있어서 서쪽으로 향하여 端坐한 채 입적하니 향년 67세였다.

義天, 教雄　墓誌에 云, "大覺國師 肇立台宗 募集達摩九山高行釋流 方且 弘揚教觀 開一佛乘最上法門"이라고 하였으니, 그렇다면 의천은 九山禪門에서 명장을 모아서 천태교의 부흥에 資賴하였던 것이다.

韻顯傳　法相의 학장인 韻顯도 이때에 나왔다. 金山寺 慧德王師塔碑에 云 "韻顯의 字는 範圍, 속성은 李氏, 太平 紀曆 十有七(八의 誤)年 戊寅(宋 寶元 원년)에 태어났다. 나이 17에 해안사 海麟國師에게 나아가서 낙발하고『금광명경』과『唯識論』을 배웠으며, 淸寧 7년(宋 嘉祐 6년)에 왕륜사 大選場에 가서 大德이 되었고 咸雍 5년(宋 熙寧 2년)에 重大師를 加하였다.

다음 해 6년에 文宗이 韻顯의 才德을 듣고 延德宮에서 引見하고 제 6왕자(名 靖)를 出塵시켜 師事하게 하였다. 그는 속리 **導生**　산 법주사의 導生僧統이다.

太康 5년(宋 元豊 2년) 文宗이 有司에게 명하여 내전에서 법석을 펴고 韻顯으로 主法을 삼았으며 普利라는 호를 加하였다.

宣宗이 즉위하면서 僧統으로 삼았다. 그때 그의 나이는 47이었다. 宋 元豊 8년 初에 唯識을 手校하고 奧秘를 開發하였다.

韻顯이 일찍이 金山寺 남쪽에 勝地를 보아서 一院을 창건하고 廣教라고 이름하였다.

章疏開板　太康 9년(宋 元豊 6년)부터 그 晚年에 이르기까지 慈恩이 撰한『法華玄賛』,『唯識述記』등 章疏 32部 353권을 考正하고 工人을 모집, 開板하여 유통하게 하였다. 內典 外에 仁義의 術을 좋아하였고 經史를 박람하였으며 詩篇筆札에 이르기까지 精究하지 않음이 없었다.

마음은 항상 上生을 즐겨하여 다달이 慈氏尊像을 그렸고 매년 무리를 모아서 禮懺 設齋하기를 太康 원년(朱 熙寧 八年)부터 壽隆二年(宋 紹聖 三年)까지 처음부터 끝까지 22년만에 그쳤다.

太康 말에 宣宗이 기뻐하여 彩書와 아울러 御書 1통을 賜하고, 또 中外의 本宗諸寺에 淨財를 施納하였으며, 매년 법회를 베풀고, 석가여래 및 현장, 규기 二師, 海東 六祖의 상을 그리어 각각 그 절에 봉안하고 학자들로 하여금 존경을 내게 하였다.

수隆 2년(숙종 원년, 1096) 12월 18일 玄化寺의 奉天院에서 심야 看經 차에 미질이 보이매 楊枝를 씹고 입을 양치질한 뒤 미륵여래의 명호를 念하면서 입적하였다. 왕이 왕사로 追封하고 慧德이라 시호하였다. 수는 59였다(조선금석총람 上, 296-303). 제자에 導生僧統 이하 일천여 인이 있다.

제7절 妄信의 유행과 항마군

제14대 왕 헌종왕(1095년) 원년에 송나라 상인 黃冲 등 31
惠珍 省聰　인이 법상종의 僧 惠珍, 省聰과 함께 오자, 왕이 근신에 명하여

軒蓋를 갖추어서 惠珍을 영접, 보제사에 거하게 하였다. 惠珍이 항상 말하기를 보타락가산의 聖窟을 보고자 한다고 하였으나 朝議에서 마침내 불허하였다. 왕이 건덕전에서 바라제목차계를 받았다.

제15대 숙종(1096년) 원년에 惠珍을 선정전에서 引見, 惠珍과 省聰에게 각각 明悟三重大師의 호를 하사하였다.『인왕경』을 회경전에서 강하고, 반승이 一萬이었다.

金謂磾   그때 道詵의 術을 전하는 자로서 金謂磾이 아뢰어서 도읍을
方術   南京으로 옮길 것을 청하였다.

金의 傳에 云, "金謂磾 肅宗元年 爲衛尉丞同正 新羅末 有僧 道詵 入唐學一行地理之法 而還作秘記 以傳 謂磾學其術 上書 請還都南京曰 道詵記云 高麗之地 有三京 松嶽爲中京 木覓壤 爲南京 平壤爲西京 十一, 十二, 正, 二月 住中京 三, 四, 五, 六月 住南京 七, 八, 九, 十月 住西京 則三十六國朝天"이라고 하였다(고려사 卷1, 122, 516쪽).

道詵의 방술은 차츰 인심을 혹하게 함이 깊어 감을 알 수 있다. 2년에 國淸寺가 완성되어 왕이 친히 慶讚道場을 베풀었고, 또 백고좌를 會慶殿에 베풀고 飯僧一萬을 하였으며, 3년 이후에는 羅漢齋를 베풀기를 수차례나 하였다. 6년에 廣明寺
光器陰謀   의 승 光器가 음양서를 위조하였다가 일이 발각되어서 곤장을 맞고 유배되었다.

헌종이 妙通寺에 행차하여 摩利支天道場을 베풀었고 또 日月寺에 행차하여 金字『묘법연화경』의 완성을 경축, 后妃, 태자와 함께 절 뒤의 언덕에 올라가서 술자리를 즐기려고 하려고 하다가 御史가 간하여 그만두었다. 남녀 僧尼가 많이 모여서

萬佛會를 하는 것을 금하였다. 이는 佛事라고 칭하지만 宴樂을 목적으로 한 것이어서 風敎에 해가 있기 때문이었다.

妖僧覺眞　　황해도 평산군 平州의 妖僧 覺眞이 음양을 망언하여 많은 사람들을 현혹시키자 詔勅으로 谷州(황해도 곡산군)에 流配하였다. 또 詔勅하기를, "元曉 義湘 東方聖人也 無碑記諡號 厥德不暴 朕甚悼之 其贈元曉大聖 和靜國師 義湘大聖 圓敎國師 有司卽所住處 立石紀德 以垂無窮"이라고 하였다.

同年(헌종 6년) 인왕회에서 飯僧 五萬하였고, 7년에 佛頂道場을 문덕전에서 베풀었으며, 玄化寺에 행차하여 銀書瑜伽顯揚論 완성을 경축하였고, 神護寺에 大藏會를 베풀었는데, 궁궐에서 절까지 이르는 길 좌우에 點燈한 것이 수만 개나 되었다. 그리고 設齋 飯僧한 것은 이루 기록할 수도 없었다.

10년에 詔勅하기를, "今諸道州郡司牧 淸廉憂恤者 十無一二 慕利釣名 有傷大體 好賄營私 殘害生民 流亡相繼 十室九空朕甚痛焉"이라고 하였다(東國通鑑 卷19, 5쪽). 백성의 流亡이 이

女眞來侵　와 같았고 더구나 여진족의 來侵이 있어서 20세 이상의 남자는 군사로 하여 四時로 훈련하였고 僧徒를 선발하여 강마군으로 삼았다.

僧軍濫觴　　『연려실기술별집』 卷12에 云, 肅宗九年 選僧徒 爲降魔軍 (…) 每國家興師 亦發內外諸寺隨院僧徒 分屬諸軍"이라고 하였다. 이것이 대체로 승군의 시초였다. 이리하여 궁정의 불교는 資福禳災, 妖妄不經한 것으로서 禪道의 정신과는 전혀 다른 것이었다.

제8절 佛事의 濫設과 王師 曇眞

睿宗王
佛事

　　제15대 예종(1122년)이 즉위한 해에 현화사의 德昌을 왕사로 삼았다. 원년에 보살계를 건덕전에서 받았고, 僧 曇眞에 명하여 禪을 설하게 하여 祈雨하였다.

　　왕은 열심히 街衢經行(경전을 가마에 모시고 개경 거리를 보행)을 행하게 하니 인민은 이를 본받아서 소재지 마을에서 行讀(보행 독송)하였는데, 마침 비가 내렸다. 우란분재를 장령전에 베풀어서 숙종왕의 冥祐를 천도하고, 또 名德을 불러서 『목련경』을 講하게 하니 이것이 대체로 고려에 맹란분재의 시초가 된 것이다. 또 百座仁王會와 飯僧 三萬도 하였다.

　　2년에 명경전에 나아가 曇眞을 왕사로 삼았다. 백좌인왕회와 齋僧 三萬도 예년과 같았다. 처음으로 天始天尊像을 玉燭亭에 두기도 하였다. 미신의 성함이 더욱더 심하여 갔다.

　　3년에 여진족이 入寇하자 왕이 香油 弓劍을 京內의 사원에 봉납하고, 또 『약사경』을 문덕전에서 講하여 적병을 막았다. 보살계를 건덕전에서 받고, 또 設齋를 수차하여 적병을 막았다. 4년에도 設會하고 飯僧 三萬을 前後 2회나 하였다.

曇眞
樂眞
德緣

　　5년에 공작명왕도량을 문덕전에서 베풀었다. 9년에 曇眞을 국사로, 樂眞을 왕사로 삼았다. 11년에 보제사에 가서 曇眞이 禪을 설하는 것을 들었다. 12년에 德緣으로써 왕사를 삼았다.

　　15년에 佛骨을 맞이하여 禁中(궁중)에 들였는데, 처음 王字之가 宋에 사신으로 갔을 때 徽宗 황제가 佛牙, 頭骨을 金函에 넣어서 하사한 것을 王字之가 돌아와서 外帝釋院에 두었다가 이에 이르러 山呼亭에 둔 것이다. 예종 때에 화엄의 學匠 曇眞

제3장 鼎賢의 瑜伽, 義天의 천태, 李資玄의 선　229

(一作 樂眞)이 一乘을 홍선하여 국가를 補益하였다.

曇眞傳   경남 합천군 가야면 般若寺趾에 있는 元景王師碑에 담진의 행장이 기록되어 있는데 비문이 殘缺하여 읽을 수가 없다. 그 大要는 曇眞의 자는 子正, 속성은 申氏, 利川郡(京畿道)人. 출가하여 景德國師에 의하여 業을 받았고, 宋 熙寧 원년에 大選場에 나아가서 大德이 되었는데, 그로부터 景德의 門을 떠나지 않았다. 景德이 입적한 후 大覺義天의 法을 이었는데, 본디부터 담진의 사람됨을 알아서 그와 말하는데 일찍이 흔연히 聽納하지 않음이 없었다.

    숙종이 藩邸에 있을 때 담진을 청하여서 講主로 하고 百日大會를 베푸니 청중이 수백 인, 이로부터 명성이 더욱 떨쳤다. 大覺의천이 법을 구하러 중국으로 가자, 宣宗이 담진과 慧宣, 道隣 등에게 명하여 追從하게 하였다.

    대각의천이 송에 가서 諸師에게 참학하는데 담진이 그 뒤를 晋水法師 따라서 啓發하는 바가 많았다. 항주 惠因院의 晋水法師는 一見이 如舊하여 매양 溫顏으로 접하였고, 館伴揚傑은 듣고 말하기를 "子正所學深遠 可以爲人師"라고 하였다.

    哲宗帝 원우 원년(宣宗 3년)에 還東하여 同 3년에 하직하고 원래 주석하던 곳으로 돌아가려고 하였다. 대각의천이 餽贐(궤신)하면서 말하기를, "昔晋水法師 以爐拂傳我 我以傳之於子 宜勉之 發揚吾道"라고 하였다.

    숙종왕이 즉위하여 그에게 首座의 법계를 주고 갑신년(宋 숭녕 3년)에 칙명으로 僧統을 삼았다. 신사년(송 建中請國 원년)에 대각의천이 諸宗章疏를 輯集함에 당하여 담진 등 義學의 僧과 서로 함께 校正하고 工人에게 명하여 板을 새겼다.

예종 2년에 왕사가 되었고, 다음 해부터는 奉先, 曇華, 佛國, 安嚴寺 등의 名刹에 住하였으며, 갑오년(宋 정화 4년, 1114년)에 국사로 봉하여졌다. 왕이 歸法寺를 담진의 燕息所로 하고 法水寺를 香火所로 삼았다. 질환이 나자 왕이 御醫에게 명하여 徃診하게 하니 담진이 말하기를, "老病人之常態 無煩理也"라 하고, 遺誨를 마치자 입적하니 수 70이었다. 追謚를 元景이라 고 하였다.(조선금석총람 上 316-322)

제9절 李資玄의 禪

民間의 禪 궁정의 불교는 비록 禪宗의 정신에 패려됨이 많았으나 민간에 있어서는 禪者가 없지 않았다. 강원도 춘천군 청평산 文殊院記에 의하면 다음과 같다.

永玄 "春州淸平山者 古之慶雲山 而文殊院者 古之普賢院也 初禪師永玄 自唐來于新羅國 至太祖即位之十八歲在乙未 新羅靜順(敬順)王 納土 是時後唐淸泰二年(敬順王八年)也 至光廟二十四年 禪師始于慶雲山 創蘭若曰白巖禪院 時大宋開寶六年也 至文廟二十三年(二

李公顯 十二年)歲在戊申 故散騎常侍知樞密院事 李公顯爲春州道監倉使 愛慶雲勝景 乃即白巖之舊址 置寺曰普賢院 時熙寧元年也 其後希夷子 棄官隱居于玆 (…) 易山名曰淸平 (…) 易院名曰文殊 (…) 希夷子 即李公之長男 名資玄 字眞精 容貌瑰偉 天性恬淡 元豊六年(順宗王元年)에 登進士第 至元祐四年(宣宗王六年)以大樂署丞 棄官逃世 行至臨津 過江自誓曰 此去不復入京城矣 其學蓋無所不窺 然深究佛理 而偏愛禪寂 自稱嘗讀雪峯語錄 云盡乾坤是箇眼 汝向

甚麼處蹲坐 於此言下豁然自悟 (…) 既而偏遊海東名山 尋訪古聖
賢遺跡 後週慧炤國師(鼎賢)住持山隣華岳寺 徃來諮問禪理居山惟
蔬食衲衣 (…) 甞謂門人曰 吾窮讀大藏 偏閱群書 而首楞嚴經 乃符
印心宗 發明要路 而禪學人未有讀之者 良可歎也 遂令門弟閱習之
而學者浸盛 睿廟 (…) 命赴闕 公不欲負過江初心 竟不奉詔 政和七
年(睿宗王十二年)乘輿幸于南京(漢城) (…) 以其年八月 謁于南京
上曰 道德之老 積年傾慕 (…) 既坐進茶湯 從容說話 仍命蹕至于三
角山淸凉寺 上乃徃返 諮問禪理 公於是進心要一篇 既而固請還山
(…) 至宣化三年(睿宗王十六年)

尚書再奉王命 詣于山中 特開楞嚴講會 而諸方學者來集聽受 四
年 今上(仁宗王)卽位 (…) 賜茶香衣物 七年(仁宗三年)寂 享年六十
五 至建炎四年(仁宗八年)秋八月 特賜諡曰 眞樂公 所著文章 有追
和百藥道詩一卷 南遊詩一卷 禪機語錄一卷 布袋頌一卷"이라고 하
였다.(東文選 64, 429-432쪽)

希夷子
禪風

希夷子의 禪은 師承이 없고 독탈무의하였으나 『雪峯語錄』과
『능엄경』에서 얻은 바가 있다. 고려에 禪學獨立의 제일인 사람
으로서 知訥이 獨創한 禪宗이 선구가 된 것과 같다. 鼎賢, 坦然
등이 모두 그 門(이자현)에 있었다. 그래서 文殊院記에는 門人
安和寺 住持 坦然 書라고 쓰여 있다. 坦然의 傳은 後節에 서술
함과 같다. 『破閑集』에 말하였다.

"眞樂公資玄 (…) 年二十七 仕至大樂署令 忽致叩盆之患 拂衣長
徃 入淸平山 葺文殊院以居之 尤嗜禪說學者至則 輒與之入幽室 竟
日危坐忘言 時時擧古德宗旨商論 由是心法流布於海東 惠照(鼎賢)

大鑑(坦然)兩國師 皆遊其門 (…) 睿王渴仰眞風 累詔徵之 對使者
曰 臣始出都門 有不復踐京華之誓 不敢奉詔 (…) 上知其不可屈致
特幸南都召見 問以修身養生之要 對曰 古人云 養性莫善於寡欲 惟
陛下留意焉 上嗟賞不已曰 言可聞 而道不可傳 身可見 而志不可屈
眞穎陽之亞流也"(破閑集 卷中, 21-22쪽)

또 다음과 같이 말하였다.

"鷄林人金生 筆法奇妙 非晋魏時人所敢望 至本朝(高麗) 唯大鑑
國師 學士洪灌擅其名 凡寶殿花樓額題 及屛障銘戒皆二公筆也 淸
平眞樂公卒 西湖僧惠素(大覺門人)撰祭文 而國師書之 尤盡力刻石
以傳 世謂之三絶"(破閑集 卷下 43쪽)

祭眞樂公　살펴보건대 祭眞樂公文에 江西 見佛寺 沙門 慧素述 靖國安
文　和寺 沙門 坦然書라고 하였다. 權適도 또한 李資玄에게 參詣
하였다. 權適의 자는 得正, 安東府人이다. 13세에 능히 글을
붙였고, 19세에 아버지가 돌아가고 상복 입기를 마치고, 先生,
長者와 詩를 지으면서 술을 마시는데 다른 사람보다 뛰어난
기운이 있었다. 청평산 文殊寺에 머물면서 李資玄을 뵈니 이자
현이 禪訣을 주고 道友로 하였다.

權適傳　權適은 20세에 北原 開善寺에 가서 『起信論』을 읽다가 그
책을 마치기 전에 感悟하고 눈물을 흘렸다. 예종이 재주가 있
는 5인을 가리어서 中華에 들어가서 就學하게 하였는데 權適
도 그 가운데 들었다. 때는 政和 5년이었다. 정화 7년에 歸還하
여 예부시랑 翰林侍讀學士가 되었다. 인종 24년 丙寅에 향년

53세로 卒하였다.

祖膺　　　인종왕 대에 祖膺이 化導를 치성하게 하였다. 예천 龍門寺
事蹟에 云, "新羅禪師 杜雲이 梵日과 함께 入唐傳法하여 歸還,
지금의 경상북도 예천군 용문면에 草菴을 짓고 修道하였다. 고
려 太祖가 처음 義兵을 일으켜 山下에 이르렀다가 師의 이름을
듣고 수레를 암자 앞에 머물고 頂禮하여 師資의 禮를 폈고 천
하가 평정된 후 태조는 精舍를 건립하였다. 師의 법이 相承하
여 대선사 祖膺에 이르렀다.

祖膺傳　　祖膺은 해주人, 나이 14세에 慧炤國師의 門弟인 선사 英甫
에게 나아가서 삭발하였다. 을사년에 曹溪選에 들었고, 7寺를
차례로 住하였다. 계유년에 三重大師가 되었고, 己□□는 비문
마멸로 글자 미상)에는 禪師, 翌年에 大禪師가 되어서 鳴鳳寺
에 住하였다. 乙亥에 普濟國談禪齋를 베풀고자 長安으로 가다
가 陰竹縣 땅에 이르러서 黑石院의 焚蕩을 보고 行裝褥席 金
銀을 베풀어서 館院을 重修하게 하였다. 정해년 冬에 大豆羹粥
을 行人에게 베풀었고, 辛巳에 京北山 大興寺에 住하여 慧照
國師 入唐傳來의 儀軌를 행하였다. 癸巳年에 制命을 입고 鳴
鳳寺 총림의 법주가 되었고, 숙종 10년경(을유년)에 金州 安國
寺 五十日談禪會의 主盟이 되었다.

資嚴　　　예종 15년경에 大師(法嗣) 資嚴과 협력하여 龍門寺를 중흥
하였다. 또 의종 17, 8년 무렵에 남방에 도적이 크게 일어나자,
일만 명의 승려들에게 齋를 베풀어서 도적의 난을 구하였다.
祖膺은 학식이 해박하고 道卓이 높고 뛰어난 行이 총림의 모범
이었다. 資嚴도 역시 善士로서 세속과 번뇌를 벗어났고 두루
名山을 순례했으며 이에 이르러서 龍門寺를 새롭게 하였다.

제10절 妙淸의 요술

제17대 인종(1123-1146년)도 또한 선왕의 예에 준하여 齊醮
를 빈번히 하여 전후로 飯僧 3만이 무릇 13회였다. 따라서 요
망한 무리가 이에 편승하여 간악한 짓을 할 수 있었다.

學一과   王이 즉위한 해에 德緣을 국사로 삼고 學一을 왕사로 삼았으
며 7년에 佛骨을 大安寺에서 인덕궁으로 맞이하여 안치하였
다. 8년에 呵咤波拘神道場을 베풀고, 또 無能勝道場을 베풀었
妙淸   는데, 그 법이 심히 詭誕하였으니 妖僧 妙淸의 말을 좇은 것이
다. 12년에 묘청을 三重大統으로 삼았고, 13년에 妙淸, 柳旵,
趙匡 등이 西京(평양)에서 반란을 일으키자 金富軾을 元帥로
하여 이를 토평하였다.

『高麗史』에는 이렇게 기록되어 있다.

白壽翰   "妙淸 西京僧 (…) 仁宗六年 日者白壽翰 (…) 謂妙淸為師 二人
託陰陽秘術 以惑衆 鄭知常 亦西京人 深信其說 以爲上京(城開)基
業已衰 宮闕燒盡無餘 西京有王氣 宜移御為上京 乃與近臣內侍郎
中金安謀 (…) 遂騰口交譽 (…) 遂奏妙淸聖人也 白壽翰亦其次也
國家之事 一一咨問而後行 (…) 王雖持疑 以衆口力言不得不信 於
是 妙淸等上言 臣等 觀西京 (…) 陰陽家所謂大華勢 若立宮闕 御
之 則可并天下 金國執贄自降二十六國 皆為臣妾 王遂幸西京 (…)
七年新宮成 王又幸西京 妙淸之徒 或上表勤王稱帝建元 或請約劉
齊 挾攻金滅之 (…) 王御新宮乾龍殿 受群臣賀 妙淸壽翰知常等言
方上坐殿 聞空中有樂聲 此豈非御新闕之瑞乎 (…) 明年西京重興
寺塔災 或問妙淸曰 師之請幸西都 爲鎭災也 何故有此大災 妙淸慚

賴 (…) 曰上若在上京 則災變有大於此 今移幸於此 故災發於外 而
聖躬安妥 信妙淸者曰 如是豈可不信也 (…) 妙淸又說王 築林原宮
城 置八聖堂于宮中 八聖 一曰護國白頭嶽太白仙人實德 文殊舍利
菩薩 二曰龍圍嶽六通尊者實德釋迦佛 三曰月城嶽天仙實德 大辨天
神 四曰駒麗平壤仙人實德 燃燈佛 五曰駒麗木覓仙人實德 毗婆尸
佛 六曰松嶽震主居士實德 金剛索菩薩 七曰甑城嶽神人實德 勒叉
天王 八曰頭嶽天女實德 不動優婆夷 (…) 十年始修宮闕 (…) 及開
基 妙淸 使弘宰等 及勾當役事員吏 皆公服序立 將軍四人 甲而劍立
四方 卒百二十人槍 三百人炬二十人燭而環立 妙淸在中以白麻繩四
條 長三百六十步 四引作法 自言此太一玉帳步法 禪師道詵傳之康
靖和 靖和傳之於我 臨老得白壽翰傳之 非衆人所知也 (…) 妙淸 壽
翰等 嘗密作大餠 空其中 穿一孔 盛熟油 沉于大同江 油漸出浮水面
望之若五色 因言曰 神龍吐涎 作五色雲此嘉瑞也 (…) 十二年 王以
妙淸 爲三重大統知漏刻院事 賜紫 (…) 十三年 妙淸 (…) 據西京反
(…) 國號大爲 建元天開 號其軍曰 天遣忠義 (…) 西人遂斬妙淸
(…) 於是 梟三人首于市"(고려사 卷128, 606-609쪽)

王臣의 미신, 교법의 문란이 결국 국가를 위태롭게 한 것이
다. 미신은 필경 無信만도 못한 것이다. 인종의 문신 尹誧는
박학이었고 불교를 좋아하였다. 尹誧는 春州 橫川縣사람 태조
왕의 6세 외손이다. 인종이 명하여 『貞觀政要』를 注하여 올리
게 하였다. 또 인종 11년 癸丑에 王旨를 받들고 古詞 三百首
를 撰集하여 唐宋樂章이라고 이름하였다. 24년에 太平廣記撮
要詩 100수를 편찬하여 進上하였다. 그해는 唐의 현장법사의
『西域記』에 의거, 五天竺國圖를 撰進하였다. 만년에 佛典을

읽고 『法華經』 一軸을 手書하였다. 당시 불교도의 사상은 자
못 저열하였는데, 智異山水精寺記에는 이렇게 말하고 있다.

水精社記 "社主津億 俗姓李氏 (…) 十一出家, 投玄化寺 慧德王師(韶顯)
受業 (…) 學業日進 衆所推伏 (…) 乃欲結淨社於名山 (…) 聞智
異山有廢寺曰五臺 (…) 師聞而勇往而得所 欲因留而除地焉 海印
寺住持 僧統翼乘 (…) 大捨私財 以助其費 堂殿宇舍 淸淨整頓 使
人超然生淨土想 (…) 一會之衆 (…) 共期西方 (…) 凡與於入社者
無問存亡 刻名爲簡 每値半月 依占察業報經說 出簡擲輪 占善惡之
報 以所得善惡 分爲兩函 其陷惡報者 會衆爲之代懺 還復擲輪 得
善報乃已 (…) 欲與雲集之衆 同一解脫 限未來際 (…) 師乃索水精
一枚 懸無量壽像前 以表明信 因以名其社 經始於大宋宣和五年癸
卯七月 至建炎三年己酉十月告畢 設落成法會三日"(東文選 권64,
433-434쪽)

정토왕생의 사상이 占察善惡의 妄信과 調和되어 행해졌던
것이다. 당시 불교의 타락상을 짐작할 만하다.

제11절 佛寺의 盛觀

高麗佛寺
盛觀
『고려도경』, 『高麗古都徵』, 『동국여지승람』 등에 의하면 王
城(개성 궁궐)의 內外에 사찰이 매우 많았는데, 安和寺는 松嶽
자하동에 있었다. 태조 13년에 창건한 것으로서 예종이 중수하
였고, 송 휘종이 親書한 能仁之殿이란 편액이 있으며 太師 蔡
京이 쓴 靖國安和之寺라는 門額이 있다.

普濟寺는 演福寺라고도 이름하며, 王府의 남쪽 泰安門 내에 있다. 태조 임신년에 중창하였고, 權近이 중창기를 썼다. 공민왕이 여기서 일찍이 크게 文殊會를 열었다. 興國寺는 廣化門의 東南에 있다. 의종 14년 봄에 이 절에서 中外의 朝賀를 받았다. 國淸은 선종 6년에 王太后가 창건한 바, 西郊亭 서쪽에 있고 興王寺는 國城의 東南維에 있다

法王寺는 태조 2년에 창건한 바, 宣仁門 내에 있고 팔관회를 베풀던 곳이다. 王輪寺는 태조 2년에 창건한 바, 松嶽의 山麓에 있고, 大興寺는 태조 4년에 五冠山에 창건하고 利言을 맞이하여 있게 하였다. 日月寺는 태조 5년에 창건, 宮城의 서북에 있다.

開國寺는 태조 18년에 창건, 律學의 僧을 두었으며, 賢聖寺는 태조 19년에 창건, 炭峴門 내에 있고, 奉恩寺는 광종 2년에 城 남쪽에 창건한 태조의 원당이다. 歸法寺는 광종 14년에 창건했고, 炭峴門 外에 있고, 眞觀寺는 목종 2년에 창건한 태후의 원찰로서 龍首山麓에 있다. 崇敎寺는 목종 3년에 창건한 왕의 원찰이다. 弘護寺는 선종 10년 城 동쪽에 창건한 것이고 天壽寺는 숙종이 창건한 것인데 城 동쪽에 있다.

甘露寺는 五鳳峰 아래에 있는데, 문종 때 李子淵이 중국의 潤州 甘露寺를 모방하여 세운 것이다. 旻天寺는 충선왕 원년에 수녕궁을 희사하여 사찰로 만들고 母后를 追福하였고, 妙蓮寺는 三峴里에 있는데, 충렬왕 9년에 齊國大長公主가 중수하였다.

廣明寺는 연경궁 北쪽에 있는데 태조가 舊宅을 절로 희사한 것이라 전한다.

龜山寺는 松岳 昭格殿 동쪽에 있다. 福靈寺는 松岳의 西麓에 있다. 佛恩寺는 太平館의 北洞에 있다. 龍興寺는 歸法寺 옆에 있다. 十王寺는 宮城의 西北 隅에 있는데 목종 때 金致陽이 세운 것이다

觀靜寺는 帝釋山에 있고, 甑山寺, 海安寺는 城西에 있고, 乾聖寺는 松岳에, 神孝寺는 廣德山에 있고, 肅陵寺, 妙覺寺, 青雲寺, 補國寺, 慈雲寺, 西普通寺는 永平門外에 있다. 雲巖寺는 光巖寺라고도 이름하는데 舞仙峰下에 있고, 공민왕의 齋宮이다.

內帝釋院은 太祖王 7년에 창건했다. 外帝釋院도 태조 7년에 창건했고 松岳의 東麓에 있다. 九曜堂은 태조 7년에 창건, 醮星의 處所, 松岳의 山麓에 있다. 神衆院은 태조 7년에 창건했고 廣興寺, 彌勒寺, 內天王寺는 모두 태조 19년에 창건했다.

新興寺는 태조 23년에 重修한 것이고, 崇善寺는 광종 5년에 창건한 것이고, 弘化寺, 遊岩寺, 三歸寺는 다 광종 19년에 창건하였다. 重光寺는 현종 3년에 창건하였다. 大雲寺는 정종이 창건한 것이다. 大安寺는 天磨山에 있고 문종 5년에 중흥한 것이다. 弘圓寺는 洪圓寺라고도 한다. 奉嚴寺는 鳳鳴山下에 있다. 濟危院, 妙通寺, 東西大悲院은 醫病 濟人하던 곳이다. 奉先寺, 佛福藏, 高圓寺, 法華寺, 彰信寺가 있다.

高麗圖經　　『高麗圖經』에 예종 때의 王城 內外 諸寺의 상황을 다음과 같이 서술했다.

"興王寺 在國城之東南維 出長覇門二里許 前臨溪流 規模極大 其中有元豊間(宋神宗帝)所賜 夾紵佛像 元符中(哲宗帝)所賜藏經 兩壁有書 王顒嘗語崇寧 使者劉逵等云 此文王翊德山(謂徽也)遣使告

神宗皇帝 模得相國寺 本國人得以瞻仰 上感皇恩 故至今寶惜也 稍
西即洪圓寺 入長覇門 溪北為崇化寺 南爲龍華寺 後隔一小山有彌
陀 慈氏二寺 然亦不甚完葺 崇教院在會賓門內 普濟, 道日 金善三
寺 在太安門內 鼎足而峙 隔官道之北由崑山 又有 奉先 彌勒二寺
并列 稍西即大佛寺也 王府之東北 興春宮 相距不遠 有二寺 一曰法
王 次曰印經 由太和北門入 則有龜山 王輪二寺 適安和寺 所由之途
也 廣眞寺 在將作監之東 普雲寺在長慶宮之南 自崇仁門出 正東即
洪護寺 又東北出安定門 則有歸法 靈通二寺 惟順天館之北 有小屋
數十間 榜曰順天寺 自人使至館一月 僧徒晝夜 歌唄不絶 榜云以祈
國信使副一行平善 蓋由衷之信 非一時矯僞也"

宋史
高麗傳   당시의 寺院의 盛觀을 짐작할 수 있다.『宋史』「高麗傳」에는
王城에 佛寺七十區가 있다고 하였다.

제4장 學一, 坦然의 禪風 및 僧人의 타락

祖師禪의
大勢

　　義天 등이 선양한 천태교와 대치하여 祖師禪을 창도한 자는 學一이었다. 學一은 식견이 범상치 않았으나 時代의 毒煙에서 벗어나지 못하였다. 坦然은 인종의 寵眷을 입었고, 또 宋僧의 존중하는 바가 되었다. 그러나 의종 이후 法門의 문란이 가장 심하여서 之印, 宗璨, 德素 智倚 등의 敎學은 이를 구할만 한 힘이 없었고, 僧人의 폭행은 言語를 초월한 것이었다.

제1절 學一의 禪風

學一傳

　　義天의 천태종에 대치하여 祖師禪을 제창한 자에 왕사 學一이 있다. 경북 청도 운문 圓應國師碑銘에는 "學一의 자는 逢渠, 西原保安 사람, 나이 十口(口는 비문 마멸)에 眞藏에 의하여 낙발하였고, 13세에 구족계를 받았으며, 香水惠含을 뵈었다. 하루는 惠含이 "僧問長慶 如何是 學人出身路 慶云 是儞出身路"라는 문답에서 學一은 깨달은 것이 있었다. 그로부터 精究하여 禪旨를 洞明하고 겸하여 經律論을 배웠다. 특히『대반야경』에서 삼매력을 얻고 사람의 질병을 구제하였다.

　　고려 선종 원년에 選佛場에 나아가서 上科에 들었다. 그때 大覺義天이 宋에 들어가서 화엄과 천태를 傳受하고 哲宗 元祐 원년에 돌아와서 天台智者를 존숭하여 별도로 宗家(고려 천태종)를 세우니 총림의 납자로서 천태종에 속하는 자가 十에 六, 七이었다.

學一이 祖道(조사선)의 凋落을 슬퍼하여, 개연히 孤立, 몸을 이에 맡겼다. 숙종 4년에 의천이 弘圓寺에서 원각회를 설치하고 學一을 副講師로 삼으려고 하였으나 學一은 굳이 사양하여 응하지 않았다.

선종의 제4子 證儼(圓明國師)이 나이 9세에 하루는 갑자기 暴死하여 온기가 완전히 끊어졌는데 이를 구할 자가 없었다. 學一이 가만히 『大般若經』을 한참 念하자 소생하니 의천이 특히 敬重을 더하였다. 예종 원년에는 三重大師, 3년에는 禪師, 9년에는 大禪師를 加하였다.

선종이 질환이 있어, 학일을 내전으로 불러서 왕사로 삼으려고 하니 학일이 고사하면서 받지 않았다. 왕이 승하하고 인종이 왕위에 올라서 學一을 왕사로 삼고 明慶殿에 行幸하여 弟子의 禮를 행하였다. 인종 원년에 祈雨를 하여 효과가 있었다. 同年에 選席의 主盟이 되었다.

禪林僧寶傳

당시 學者들이 무성하게 二種의 自己를 談하자 學一이 말하기를, 自己는 하나뿐인데 어찌 둘이 있으랴, 이제부터는 마땅히 그런 말은 금지해야 한다고 하였다. 사람들이 그 사이에 의심을 하는 자가 많았는데, 覺範慧洪의 『禪林僧寶傳』에 '承古의 三失'을 判別하되 自己를 나누는 것을 그 一失로 하였다. 이로부터 의혹을 끊음을 얻었다.

宋 康靖 원년에 雲門寺로 歸老할 것을 청하였으나 왕은 이를 허락하지 않자, 安南의 瓊嵓에 住하여 스스로 편히 하였다. 宋 建炎 3년에 瓊嵓을 나와서 慶州에 이르렀다가 10월 9일에 雲門으로 들어오니 學者가 폭주하였다.

學一은 제자들에게 가르치기를, 自己를 밝히는 것으로써 급

선무를 삼아서 아프게 鉗鎚(겸추)을 내릴 것이며, 禪悅 외에 힘써 보시를 행하라고 하였다.

宋 紹興 12년(인종 20년) 2월 8일에 山中에 불이 났는데 대중이 능히 끄지 못하는 것을 學一이 자리에서 일어나지도 않고 山을 향하여 축원하니 비가 내리어 불이 꺼졌다.

同 4년(인종 22년, 1144년) 11월 15일에 示疾, □二月九日에(□는 마멸) 목욕하고 법복을 整齊하고 遺偈를 설하기를, "五陰雲一片 散滅□無餘(□는 미멸) □□孤輪月 淸光溢大虛"라고 하고 叉手하고 단좌한 채 입적하였다. 왕이 禮를 갖추어 국사로 책봉하고 圓應이라고 贈諡하였다. 閱世 93이었다.(조선금석총람 上 348-352쪽)

學一宗風 　學一은 自己를 밝힘으로써 學道의 要를 삼았으니 正히 祖師道의 本旨에 합하는 것이다. 그런데 雜行雜修하여 禪道가 순수하지 못하였다. 이런 점이 고려불교의 폐단이었다.

제2절 坦然의 演化

坦然傳 　단속사의 坦然도 이때에 출현하였다. 斷俗寺 大鑑國師碑銘에 云, "坦然의 속성은 孫氏이다. 나이 13세에 六經의 大義에 통하였고, 15세에 明經生으로 補하여졌다. 숙종이 藩邸(번저)에 있을 때 그의 현명함을 듣고 궁중으로 초치하여 그 아들 예종의 스승이 되게 하였다.

그러나 出塵(세속을 떠날 뜻)의 뜻이 있어서 京 北山 安寂寺에 들어가서 낙발하니 그때 나이 19세였다. 본디 禪悅을 좋아하더니 廣明寺의 慧炤國師(鼎賢)에 의하여 드디어 心要를 얻었다.

숙종이 즉위하면서 불리어서 輦轂(연곡. 임금이 타는 수레)에 나아가서 10년을 지냈고, 숙종 9년에 大選에 들었으며, 命에 의하여 中原 義林寺에 머물렀다.

예종이 왕위에 올라 더욱 坦然을 愛重하였고, 9년(甲午)에 三重大師를 주었으며, 12년(丁酉)에 禪巖寺에 住하였고, 5년(庚子)에 禪師의 법계를 加資하였다.

인종이 즉위(壬寅)하여 가사를 特賜하고, 9년(辛亥)에 大禪師를 加資하였으며 금난가사를 賜하였다. 17년(己未)에 廣明寺에 移住하였다. 왕이 탄연의 道德을 우러러서 大事가 있을 적마다 반드시 자문하였다. 일찍이 지은 바 四威儀의 頌과 아울러 上堂의 語句가 있다.

중국으로 가는 商舶(商船)에 편승하여 宋의 아육왕산에 寄留
介諶禪師 하였는데, 선사 介諶이 復書(답장 편지)하여 극히 嘆美를 加하였고, 또 道膺, 戒環 등 大禪伯과 致書, 通好하여 道友가 되었다. 인종 23년(乙丑)에 왕이 봉하여 왕사를 삼고, 金明殿에 나아가서 北面樞衣의 禮를 행하였다.

의종이 왕위에 올라 禮待가 더욱 두터웠다. 의종 원년(丁卯)에 晋州 斷俗寺로 歸老하고자 請하여 9월에 入寺하니 玄學의 徒가 雲琫輻輳하여 수백 인이었다.

의종 8년에 疾患이 있어서 게송을 쓰기를, "廓落十方界 同為解脫門 休將生異見 坐在夢中魂"이라고 하였고, 12년에 또 示疾하매 게송을 설하기를 "聖辰□□ 獨玩心宗 廓然快樂 遊泳清風"이라고 하고 端坐 遷化하였다(조선금석총람 上 563-564쪽). 『五燈全書』에는 坦然을 育王의 無示介諶의 嗣라고 하였다. 介諶의 法系는, 黃龍慧南-晦堂祖心-靈源惟清-長靈守卓-無示介諶으로 相承하였다. 『補閑集』에 말하였다.

坦然의
宗風

"大鑑國師坦然 筆蹟精明 詩格高淡 所過多題詠 三角山文殊寺 詩曰 一室何寥廓 萬緣俱寂寞 路穿石罅通 泉透雲根落 皓月掛簷楹 凉風動林壑 誰從彼上人 清坐學眞樂 作四威儀頌 寄宋朝介諶禪師 師見而奇之 卽以衣鉢 遙傳之"(補閑集 卷下 147쪽)

탄연의 遺偈에 "廓落十方界 同爲解脫門"이라고 한 것은 祖道(조사선)의 眞을 얻었는데, 宋僧이 그 頌을 보고 嘆賞한 까닭이 있다고 할 만하다. 그런데 育王介諶이 의발을 전함에 이르러서는 함부로 전했다는 弊를 면치 못한 것이다. 그 이유는 탄연이 이미 慧炤에게서 필요한 것을 받았거늘 어찌 다시 育王의 군더더기 法을 必要로 하랴.

제3절 法門의 문란

毅宗의
祈福

제18대 의종(1147-1170년) 이후 法門(佛門)의 문란이 더욱 심하였다. 왕은 원년에 嗣(嗣位, 왕위를 계승)를 靈通寺에서 기도하였고, 『화엄경』을 講하기를 50일 하였다. 10년에 왕이 興王寺에 가서 『華嚴經』을 轉(독송)하고 法會에 從事한 자를 賞을 주었으며, 金銀字로 『화엄경』 2部를 필사하게 하여 興王寺 弘敎院에 藏하였다. 嗣(嗣位)를 기원하여 영험이 있었기 때문이다. 11년에 卜者인 내시 榮儀가 재앙을 제거하는 제사를 지내고 기도해야 한다는 말을 아뢰자, 왕이 이를 믿고 영통사와 경천사 등 5개 사찰에 명하여, 불사를 베풀어 빌었다.

내시 榮儀가 말하기를, 國家基業의 遠近이나 임금의 수명이 길고 짧음은 다만 禳禱(양도, 비는 것, 기도, 기원)의 勤怠에 말미암는다고 하니 王은 자못 이 말에 惑하여서 司를 두어 빌었던 것이다.

내시 榮儀는 또 말하기를, 만약 수명을 연장하려고 한다면 모름지기 天帝釋과 관음보살을 받들어야 한다고 하여서 곧 그 像을 그려서 서울과 지방의 사찰에 각각 보내고 널리 梵采(佛事)를 베풀어서 그 이름을 祝聖法會라고 하였다

그리고 安和寺에 帝釋과 須菩提의 塑像을 안치하고 승려들을 모아 주야로 계속 모든 보살의 명호를 부르게 하고 連聲法席이라고 하였다.

榮儀는 겉으로는 勤苦를 보여서 밤이 끝나록 예배를 하였다. 또 여러 사찰에 명하여 법회를 늘려서 千日, 또는 萬日로써 기한을 하게 하니 이 때문에 서울과 지방의 府庫는 바닥이 나게 되자 사람들은 모두 원망하였다.

懷正 또 總持寺의 僧 懷正은 주술로써 의종의 無比한 恩寵을 받자 승려로서 승직이나 포상을 구하는 자는 모두 그에게 붙어서 賄賂(뇌물 수수)하는 것을 貪鄙無厭하였다.

12년에 왕이 즐기어 佛事를 지으니 승려들이 궁정에 넘쳤고, 은총을 믿고 宦官과 결탁하여 백성을 괴롭히며, 다투어 寺塔을 짓게 되자 그 피해가 날로 심하였다.

19년에 內侍, 侍郎 金敦中과 待制 金敦時가 觀瀾寺를 중수하여 祝釐의 사찰로 하고 松栢杉檜, 奇花異草를 심고 壇을 쌓아서 御室을 만들어 金碧으로써 꾸몄으며 臺砌에도 모두 怪石

을 쓰고, 觀瀾寺 西臺에서 잔치를 벌이니 帷帳, 器皿, 珍羞는 화려하고 사치함이 極한 것이었다. 王이 宰輔 近臣과 歡洽하고 김돈중 등에 白金羅絹丹絲를 아주 후하게 하사하였다.

21년에 佾覺倪(일각예. 宮人의 아들)와 詩를 짓고 연회를 베풀어 즐겁게 술을 마시면서 아주 즐기었다. 왕은 외환 내우가 빈번히 일어나는 때에 縱恣함이 절도가 없자 武臣의 분노를 초래하여 드디어 鄭仲夫, 李義方 등에 의하여 거제도로 추방되었다.

제4절 之印의 禪學과 逆亂의 世相(세상)

之印傳   之印이 출현한 것은 바로 의종 때였다. 智勒寺 廣智大師墓誌에는 "之印의 字는 覺老, 스스로 靈源叟라고 호하였다. 숙종 7년에 탄생하였다. 나이 9세에 慧炤(鼎賢)국사에게 가서 祝發하고 禪那를 익혔다. 15세에 佛選에 들었고, 숙종 14년에 詔勅을 받들고 법주사에 住하였다.

인종 5년 三重大師의 법계를 제수하였고, 10년에는 禪師를 加하였고, 의종 원년에 大禪師를 加하였고, 의종 3년에 왕이 친필로 廣智라는 호를 하사하였다. 총림에서는 영광으로 삼았다. 그러나 之印은 榮寵은 衲子의 뜻이 아니라고 하고 다시 원래 사찰인 智勒寺로 歸還할 것을 청하였다. 왕은 불허하였다. 10년 봄에 朱溪縣(全北 錦山郡)의 裳山小寺에 가서 여기에 있었다.

인종 11년에 王의 칙명으로 闕下에 나아가매 수덕궁 태평정으로 초대하여 寵眷이 대단하였다. 之印은 器識이 宏遠하였다.

禪學 外에 敎觀에도 해박하였고 글을 잘하여서 古詩에 妙를 얻었다.

12년(1158년) 7월에 갑자기 足疾이 생겼는데, 8월 12일에 偈頌을 보이기를, "吾生五十七 返本是今日 性宅周沙界 蘧廬寧寄質"이라고 하고 입적하였다. 향연 57이었다.(조선금석총람 上 377-378)

明宗의
방일
제19대 명종(1171-1197년)은 타고난 바탕이 허약한데다가 나라와 兵務를 모두 武臣에게 맡기고 聲色에 빠졌다. 그러자 叛臣과 逆徒가 跳梁하고 武臣이 專橫하게 되어 兵刃이 四方에서 일어났고 奪掠 流血이 날로 行하였다.

李義方
權臣 李義方 등이 마음대로 하고, 문신을 살육하고 諫官을 능욕하매 朝野가 온통 수라장이 되었건만 王은 사원으로 가서 飯僧과 齋醮(굿이나 神佛에 기도)를 일삼을 뿐이었다.

德素
명종 원년에 僧 德素로써 王師를 삼았다. 同年에 李高가 伏誅되었다. 이고는 非望을 품고 法雲寺의 승 修惠와 開國寺의 僧 玄素 등과 결탁하고 밤낮으로 宴飮하면서 드디어 僞制를 지었는데, 이에 이르러서 李義方에게 살해된 것이다.

4년에 歸法寺의 승 100여 명이 城 북문으로 들어와서 宣諭 僧錄 彦宣을 죽였다. 李義方이 병사 천여 명을 거느리고 승려 수십명을 擊殺하니 나머지는 다 흩어져 갔다.

重光, 弘護, 歸法, 弘化, 諸寺의 승 2천 명이 城 東門에 모였으나 문이 닫혀서 들어가지 못하자 城外의 人家에 불을 지르니 崇仁門이 延燒되었다. 들어가서 이의방 형제를 죽이고자 하니 의방이 이를 알고 府兵을 징집하여 이를 쫓고 僧 100여 명의 목을 베었고, 府兵도 죽은 자가 많았다.

이에 府兵에 명하여 城門을 分守하고 승려들의 출입을 금하였으며, 府兵을 보내어서 重光 弘護 歸法 龍興 妙智 福興 등의 사찰을 破하니 형 李俊儀가 이를 말리자 이의방이 노하여 말하기를, 만약 그 말대로 한다면 일이 안 된다고 하고 드디어 그 절을 불지르고 貨財와 器皿을 취하여 돌아왔다. 승도는 이를 길에서 요격하여 탈환하니 府兵이 죽은 자가 심히 많았다.

李俊儀가 동생 이의방을 꾸짖기를, "네게는 3대악이 있다. 첫째는 임금을 追하여 시해하고 그 第宅과 姬妾을 취한 것이요, 둘째는 태후의 여동생을 脅奸한 것이며, 세 번째는 國政을 專擅한 것이다."라고 하니 이의방이 大怒하여 칼을 빼어 죽이고자 하자 文克謙이 이를 말리었다. "아우로서 兄을 죽인다면 惡이 막대하다."라고 하였다.

이의방이 그 딸을 東宮에 들이고 威福을 마음껏 하니 대중들이 분노하는 바가 되었다. 그때 尹鱗瞻이 兵을 西郊에 다스리니 僧徒도 또한 從軍하였다. 이의방이 마침 宣義門 밖에 나오니 鄭筠이 비밀히 僧 宗旵 등을 꾀어서 訴를 구하는 것처럼 하여 李義方의 뒤를 따르다가 틈을 엿보아 이의방을 斬하고 李俊儀 등을 잡아서 모두 베었다.

승도들은 賊臣(이의방)의 딸을 東宮의 배필로 할 수 없다고 하고 아뢰어서 義方의 딸을 물리쳤다. 그리고는 普濟寺에 모여서 떠나지 않으며 王이 使臣을 보내어서 慰論하였다.

冲曦 명종 7년에 흥왕사의 僧이 變을 上奏하기를 元敬國師 僧統 冲曦가 몰래 僧徒와 결탁하여 簒逆(찬역, 모반)을 꾀한다고 하였다. 이를 체포, 국문하여 보고 그것이 무고였음을 알았다.

8년에 興王寺의 僧이 告訴하기를, 寺僧에 德水縣人과 作亂

하려고 하는 자가 있는데, 散員 高子章이 실로 이를 안다고 하여 僧과 및 高子章을 체포하여, 遠島에 유배하였다.

孝淳禪師 경상북도 예천군 龍門寺 重修記에 보면, 명종 9년에 九山의 승 500인을 모아서 50일 동안 談禪會를 열고, 斷俗寺 孝淳禪師를 청하여 『전등록』, 『楞嚴經』, 『仁岳集』(存疑), 『雪竇拈頌』 등을 敎習하여 寺의 重修를 축하하였다고 하였다.

10년에 嬖妾(=애첩) 純珠, 明春 등이 낳은 女兒 수십을 궁중에 소집하여 모두 斑襴을 입히고 鳩車에 태워서 內庭에서 嬉戲하게 하였다. 太后가 乳癥(유징)을 앓으매 동생 僧 冲曦를 불러서 모시게 하였더니 冲曦가 많은 宮女를 어지럽히고 또 公主와 통하여 穢聲이 밖에 들렸다.

宗昆 宗昆 등 10여 僧을 海島에 유배하였다. 宗昆(종참)은 鄭筠과 함께 李義方을 죽인 뒤부터 後庭에 출입하면서 꺼리는 바가 없어서 이에 이르러 죄가 된 것이다. 法門의 문란함이 극도에 달했다고 할 수 있다.

제5절 宗璘, 德素, 智佛의 敎觀과 僧人의 濫穢

明宗 대에 宗璘은 華嚴으로써, 德素, 智佛은 天台로써 盛名이 있었다. 그러나 僧人의 濫穢와 法門의 쇠퇴가 더욱 더 심하여갔다.

大華嚴 浮石寺 贈謚 玄悟國師 碑銘에는 이렇게 쓰고 있다.

宗璘傳 "宗璘의 字는 重之, 속성은 王氏이다. 나이 13에 沙門이 되고자 하였다. 인종은 일찍이 大覺의 餘風을 이을 사람이 없을까 두려워하더니, 이에 이르러 흔연히 圓明國師에게 명하여 佛日

寺에 나아가서 수계하게 하였다. 이것이 인종 19년, 宗璘의 나이 15세 때의 일이었다.

의종이 즉위하여 丙寅(宋 紹興 16年)에 批를 내리어 宗璘을 首座로 삼았다. 歸法, 浮石 등 寺에 歷住하였으며, 一代의 雅望을 지고 僧統이 되었다. 의종 원년에 王이 大內에 맞아들이고 명하여 大弟를 위하여 삭발하게 하니 예의의 盛함이 자고로 이와 같음이 없었다.

庚寅(宋 乾道 6년)에 明宗이 踐祚하여 佐世의 호를 주었고, 辛卯에 內殿에 불러들여서 滿繡袈裟 一領을 하사하였다. 己亥(1179년) 6월 29일에 遷化하였다. 贈謚를 玄悟國師라고 하였다. 춘추는 53이었다.

德素傳
僧統
다음, 왕사 德素의 행에 대하여는 충북 영동군 寧國寺 圓覺國師碑에 말하기를, "德素의 字는 慧約, 속성은 田氏, 大禪師 教雄(洪圓寺 僧統)의 門에서 낙발하였다. 教雄은 항상 말하기를, 興吾宗者 必此沙彌라고 하였다. 하루는 大藏堂에 들어가서 函을 열고 經卷을 펼치자 문득 능히 이를 통하니 인종이 감탄하기를, "此僧異日 必爲大法師"라고 하였다. 인종 21년 계해에 산수에 유력하다가 울주 영취산에 머무르니 사방에서 請益하는 學者가 많았다. 의종 7년 禪師의 법계를 주고 곧 大禪師로 삼았다. 명종 24년에 禮를 갖추어서 封崇(왕사 혹은 국사)하였다. 甲午 11월에 미질이 있어 서쪽으로 향한 채 遷化하였다."라고 하였다.

智俒傳
또 개성 영통사 智俒墓誌에 말하기를, "靈通寺 通炤僧統 智俒의 자는 致原, 南原人, 속성은 윤씨이다. 어려서 僧이 되어 洪圓寺 僧統 教雄에 師事하였다. 무오(인종 16년)에 28세의 나이로 宗選에 들었고, 임신(의종 6년)에 처음으로 燈口寺(口는 비문 마멸)에 주하니 그의 교화가 漁人에 미쳤다.

경인(의종 24년)에 三重大師로 제수되고, 기해(명종 9년)에 首座가 되었고, 정미(명종 17년)에 僧統에 임명되었으며, 기유(명종 19년)에 中選을 典領하였고, 다음 해 경술에 국가가 百座仁王會를 大觀殿에서 베푸는데 智儞을 空門(佛門)의 領袖로 삼았다.

임자(1192) 4월에 宗選을 맡고, 비로소 물러가려는 생각을 내고 내려와 삼각산 圓覺社에 있으면서 담백하게 事를 事로 하지 않았다. 그때 나이 80세, 장계를 上章하여 물러갈 것을 請하고 十二月에 卒하였다.

명종 11년 봄에 연등대회를 행하고, 왕은 帳殿에서 觀樂하다가 밤에는 군신과 醉飮하여 늦게까지 罷하지 않고 軍校가 모두 술을 마시면서 鼓譟하여 존비의 차등이 없으니 왕도 또한 취하여 일어나서 춤을 추려고 하는 것을 重臣이 간하여 이를 말리었다.

15년에 侍御史 2人이 환관 崔東秀와 廣眞寺에 모여서 流頭飮을 하였다. 나라의 풍속이 6월 15일에는 東流水에 沐髮하여 不祥을 被除하고 인하여 會飮하는데 이를 流頭飮이라고 한다.

日嚴　　17년에 僧 日嚴이 信仰治療를 행하였다. 『林氏庇傳』에 말하였다.

"林民庇 (…) 性佞佛 常寫佛經 有僧日嚴 在全州 自謂能使眇者 得視 死者復生 王(明宗)遣內侍琴克儀 迎之 在道 冒綵氈巾 乘駁馬 以綾扇障其面 徒衆遮擁 人不得正視 來寓普賢院 都人無貴賤老幼

奔走謁見 里巷一空 凡盲聾躄啞 有廢疾者 狼藉於前 僧以扇揮之 迎
入天壽寺 居南門樓上 宰輔大臣 亦趨謁士女競布髮 以籍僧足 僧令
唱阿彌陀佛 聲聞十里 其盥漱沐浴之水 苟得涓滴 貴如千金 無不掬
飲 稱為法水 能理百病 男女晝夜雜處 醜聲播聞 祝髮為徒 不可勝數
時一人諫止者 明宗漸驗僧詐 放還其鄉 初僧誑人曰 萬法唯一心 汝
若勤念佛曰 我病已愈 則病隨而愈 愼勿言疾之不愈 於是 盲者言已
視聾者言已聞 以故人易惑"(高麗史 卷99, 161쪽)

善思　　22년에 嬖婢의 子 善思에게 명하여 僧을 삼았다. 나이 10세
에 衣服禮秩이 嫡子와 다름이 없이 했으며 小君이라 칭하고,
禁中(궁궐)에 출입하게 하니 자못 威福을 폈다. 모든 嬖妾의
子가 다 머리를 깎고 유명한 사찰에 住하면서 용건이 있으면
뇌물을 받으니 요행을 바라는 자가 많이 거기에 붙었다.

　　26년에 權臣 崔忠獻 형제가 上書하기를 "今一二浮圖山人也
常俳徊王官 而入臥內 陛下惑于佛 每優容之 浮屠者 既冒寵 屢
以事干穢聖德 而陛下勅內臣 勾當三寶 以穀取息 於民弊不細
矣 惟陛下斥群髡 使不跡于宮"이라고 하였다.(동국통감 卷28,
157쪽)

王佛二道　　왕자인 僧 小君, 洪機, 洪樞, 洪規, 洪鈞, 洪覺, 洪貽 등이 궁
의 頹廢　궐 안에 있으면서 정치에 관여하였으므로 밖으로 내보내어 本
寺로 돌아갔고, 총애받던 僧 雲美, 存道는 물리쳤다. 27년에
최충헌이 드디어 왕을 폐하였으니 王道와 불법의 두 가지가
다 衰함이 이와 같았다.

제5장 知訥의 禪學 獨創

神宗時代

신라 道義 이래 조선의 祖道(조사선)는 중국 禪學의 연장이었다. 그러나 神宗 대에 이르러서 知訥이 命世의 偉材로서 독립의 宗旨를 創唱하였다.

지눌의 『眞心直說』은 決擇了然하고 解悟高明하여, 知解에 떨어진 것 같으면서도 文字에 걸리지 않은 것이다. 靑丘(해동)의 禪書가 비록 많다고 하나 이에 미칠 만한 것은 없다. 知訥의 禪은 圭峰宗密과 매우 相似하다. (참고로 『眞心直說』은 지눌의 저작이 아니라는 설이 있다. 민족사 편집부)

제1절 曹溪山의 개조 知訥

知訥傳

고려 제20대 神宗(1198-1204)과 희종 때에 조계산 知訥이 독립의 宗旨를 宣揚하였다. 김부식의 子 金緩가 지은 碑銘의 내용을 요약하면 다음과 같다.

知訥의 속성은 鄭氏이다. 스스로 牧牛子라 호하였다. 京西洞州(황해도 서흥군)人이다. 8세에 조계의 雲孫 宗暉를 스승으로 출가하였고, 25세에 僧選에 올랐다. 얼마 후 남쪽으로 가서 昌平(전남라도) 淸源(涼)寺에 주석하였다.

하루는 『육조단경』을 보다가, '眞如自性起念 六根雖見聞覺知 不染萬像 而眞性常自在'라고 한 대목에 이르러서 驚喜하고 일어나 佛殿을 돌면서 頌하여 생각하고 스스로 얻은 바가 있었다.

고려 명종 15년에 下柯山 普門寺(경북 예천)에 寓居하여 大藏經을 읽다가 李長者의 『華嚴論』을 얻어 그 깊은 뜻을 탐구하여 마음을 圓頓 觀門에 침잠했다.

마침 舊友로서 得才가 있어, 公山 居祖寺(영천 은해사 산내 사찰)에 住하게 하므로 여기서 習定均慧하여 日夜不怠 하기를 수년, 神宗 원년에 이르러 禪侶와 지리산에 들어가서 上無住菴에 隱棲하였다.

이로부터 內觀을 專精하고 外緣을 屛黜하여 득법의 瑞相이 있었다. 하루는 『大慧語錄(대혜서장)』을 얻어서, "禪不在靜處 亦不在鬧處 不在日用應緣處 不在思量分別處"라는 대목에 이르러 홀연히 契會하였다. 이로 말미암아 慧解가 더욱 높아졌고, 대중의 宗仰하는 바가 되었다.

神宗 3년에 松廣山 吉祥寺(전남 순천)로 옮기어, 머무르기를 11년, 혹은 道를 논하고, 혹은 道을 닦자 사방에서 찾아오는 者가 폭주하였다. 王公士庶에서 이름을 올려 入社하는 자가 또한 수백 인이었다.

知訥이 항상 사람에게 권하되 『금강경』을 외우게 했고, 『육조단경』의 義를 演하고, 李長者의 華嚴論으로써 열었고, 大慧 의 語錄을 羽翼으로 하였다. 3門을 열어서 사람을 접하였으니 一은 惺寂等持門이요, 二는 圓頓信解門이요, 三은 徑截門이다. 이에 의하여 修行, 信入하는 자가 많았다. 禪學의 盛함이 近古에 그에 견줄 만한 것을 볼 수 없다. 億寶山 白雲精舍, 積翠菴, 瑞石山(公州 무등산) 圭峰蘭若, 祖月菴은 다 知訥이 왕래하면서 修禪했던 도량이다.

고려 제21대 희종이 평소부터 그의 이름을 존중하여 오더니 즉위하면서 호를 고쳐서 조계산 修禪社라고 하고 題榜을 親書하고, 또 滿熙의 가사를 하사하니 때는 宋 寧宗 開禧 원년이었다.

희종 6년(1210년)에 法筵을 베풀기를 여러 날, 이로써 母를 천도하고, 수선사의 대중에게 말하기를 "吾住世語法不久 宜各努力"이라고 하고 3월에 示疾, 卒하니 閱世 53이었다. 희종이 시호하기를 佛日普照國師라고 하였다(조선금석총람 下 949-952쪽).

修禪社
創立
松廣寺嗣院事蹟碑文에 말하기를, "明宗時普照國師 在公山 念佛岬 使其徒守愚求安禪之處 逐得此地"라고 하였고, 松廣寺 沿革에 云, "初創 新羅時 慧璘作吉祥山 松廣菴 (…) 高麗明宗 王二十七年 守愚起土木 (…) 神宗王元年 智訥入山 (…) 熙宗 王元年 創立 (…) 修禪社也"라고 하였다.

松廣寺
十六國師
修禪社는 지금의 조계산 송광사로서 보조국사의 願佛을 藏하였는데 정교하고 優美하여 참으로 愛敬할 만하다. 同寺에 대각의천의 刊本인 『北本涅槃經疏』1책, 『同刊本讚述』卷1外 2책을 藏하였다. 同寺는 知訥 이후 16국사가 여기에 住持하였다.

송광사 嗣院事蹟碑에 云, "普照沒後 傳眞覺, 淸眞, 眞明(冲鏡), 晦堂(慈眞), 慈精(恐靜), 圓鑑, 慈覺, 湛堂, 妙明(慧鑑), 慈圓(妙儼), 慧覺, 覺儼, 淨慧(復菴), 弘眞, 高峰, 弘眞. 以上 皆爲國師 而凡十六世承法 嗣院不絶 實是叢林罕觀之 盛跡也."라고 기록되어 있다.

제2절 眞心直說의 요점

眞心直說   知訥에게 『眞心直說』의 저서가 있는데, 理路가 정연하고, 질
서 있고, 조직이 있어 조선 禪書 중의 백미이다. 此書에 마치
부록처럼 붙어 있는 『誡初心學人文』의 끝에 "泰和 乙丑冬月
海東曹溪山 老衲 知訥誌"라고 되어 있다. 泰和는 金의 年號이
며, 乙丑은 南宋의 寧宗 開禧 원년(희종 원년 1105년)에 해당
한다. 그렇다면 이것이 지눌의 만년의 作임을 알 수 있다.(참
고 : 『眞心直說』은 지눌의 作이 아니라는 견해가 많다. 최연식,
박해당, 손성필 등)

『眞心直說』의 要에 云, "第一은 眞心正信이니, 자기가 본래
佛이라는 것을 信하는 것을 말함이요, 第二는 眞心의 異名이
니 『반야경』에서 말하는 菩提, 『華嚴經』의 法界, 『金剛經』의
如來, 『金光明經』의 如如, 『淨名經』의 法身, 『起信論』의 眞如,
『涅槃經』의 佛性, 『圓覺經』의 總持, 『勝鬘經』의 如來藏, 祖師
門下의 自己, 妙心, 主人翁, 沒絃琴, 無盡燈, 心印, 心源이 모
두 眞心의 異名이다.

第三은 眞心 妙體니, 眞心의 本體는 인과를 超出하고, 고금
을 통관하였으며, 모든 對待가 없어서 大虛空이 일체처에 두루
함과 같이 이 妙體는 凝寂, 湛然, 常住한 것이라, 일체중생 本
有의 佛性으로서 곧 일체 세계의 생명의 근원인 것이다.

第四는 眞心妙用이니 胎에 있으면 神이라고 하고 세상에 처
하면 사람이라고 하며, 눈에 있으면 觀照하고, 귀에 있으면 聽
聞하며, 코에 있으면 齅香하고, 입에 있으면 談論하며, 손에 있
으면 執捉하고, 발에 있으면 運奔하니, 다 眞心의 妙用 아닌

것이 없다.

第五는 眞心의 體用一異이니 體와 用은 水와 波와 같아서 一이 아니요 異가 아닌 것이다. 第六은 眞心 在迷이니 眞心은 凡과 聖이 함께 갖추었건만 범부는 妄心에 덮혀서 眞心이 現前하지 못하는 것이 白玉이 진흙에 묻힌 것과 같다.

第七은 眞心 息妄이니 妄心이 없으면 곧 菩提라, 心에 無事하고 事에 無心하면 이것이 息妄의 法이다. 간략히 10種이 있으니 覺察, 休歇, 泯心存境, 泯境存心, 泯心泯境, 存境存心, 內外全體, 內外全用, 卽體卽用, 透出體用이 이것이다.

第八은 眞心 四儀니, 眞心을 證함에는 坐觀을 익히는 것뿐 아니라 行도 亦禪이요 坐도 亦禪이어서 四威儀에 통하지 않는 것이 없다.

第九는 眞心所在이니 眞心은 一切處에 두루 하였으므로 處處 菩提路요 頭頭 功德林인 것이다.

第十은 眞心 出死이니, 생사는 본래 없는 것을 중생이 顚倒하여 망령되어 생사를 보는 것이다.

第十一은 眞心 正助이니 無心으로써 妄을 쉬는 것은 正이요, 衆善을 修習하는 것은 助이다.

第十二는 眞心功德이니, 三心 四智 八解 六通이 다 이 가운데에 있다.

第十三은 眞心 驗功이니, 眞心의 成熟은 점차로 소를 기르는 것과 같이 하여서 공부를 쌓아야 한다.

第十四는 眞心 無知이니, 眞心은 無知이면서 知하고 憎愛도 없고 取捨도 없는 平等心이요 平常心인 것이다.

第十五는 眞心 所往이니, 眞心에 達하면 四生 六途가 一時에

消殞하고 山河大地가 모두 이 眞心인 것이다. 그러므로 命終에 임하여 自然 업에 매이는 바 없고, 비록 中有가 있다 하여도 향하는 바에 자재하여서 天上 인간에 隨意 寄託하는 것이다." 라고 하였다. 이것이 『眞心直說』의 大旨이다.

明 英宗 正統 13년 大天界蒙堂이 撰한 跋에는 一十六章 始 於正信 終乎所住이라고 하였다. 그런데 『속장경』 第一輯 第二 編 第十八套 第五册 또는 『禪門撮要』에 收錄된 것은 正히 十 五章이다

제3절 修心訣의 要旨

『진심직설』 뒤에 知訥이 『계초심학인문』을 붙였는데 거기에 는 初心者의 用心을 상세히 말하였다. 이에 의하여 지눌의 行 狀과 성격의 일단을 엿볼 수 있다.

修心訣　　지눌의 『修心訣』은 『진심직설』처럼 분명히 설하지는 못하였 으나 思想은 비슷하다. 지눌이 提言하기를, "若欲求佛 佛即是 心 心何遠覓 不離身中, 色身是假 有生有滅 眞心如空 不斷不變 故云 百骸潰散 歸火歸風 一物長靈 蓋天蓋地."라고 하였다. (『 속장경』 第一輯 第二篇 第十八套 第五册 481葉左)

이것이 身滅心常의 견해로서 禪者의 一大 窠臼이다. 지눌이 일찍이 明師를 만나지 못하여 이런 鬼窟에 떨어진 것인가? 지 눌이 『修心訣』 벽두에 이런 말을 실었는데, 대체로 이것이 그 의 신앙의 중심점이었던 것 같다.

六祖壇經　그러나 知訥이 『육조단경』 跋에 말하기였다.
跋

"忠國師訶破南方佛法之病 可謂再整頹綱 扶現聖意 堪報不報之
恩 我等雲孫 旣未親承密傳 當依如此顯傳門 誠實之語 返照自心本
來是佛 不落斷常 可謂離過矣 若觀心不生滅 而見身有生滅 則於法
上而生二見 非性相融會者也 是知依此一卷靈文 得意參詳 則不歷
僧祇速證菩提"

이로써 지눌이 스스로 身滅心常의 잘못을 알았음을 알 수
있다.

頓悟漸修
說
　　知訥이 『수심결』에 역설한 것은 悟入의 방법으로는 頓悟, 漸
修의 두 문이 있다고 하였는데 돈오 점수란 先悟 後修를 말한
것같다.

"夫入道多門 以要言之 不出頓悟漸修兩門耳 雖曰 頓悟漸修 是最
上根機得入也 若推過去 已是多生 依悟而修 漸熏而來 至於今生 聞
即發悟 一時頓畢 以實而論 是亦先悟後修之機也 則而此頓漸兩門
是千聖軌轍也"(續藏經 第一輯 第二篇 第十八套 第五册 482葉右)

頓悟란 凡夫即佛을 깨닫는 것이요 漸修는 法力에 의하여 熏
修하는 것이다. 그러므로 圭峰의 말을 인증하여, "圭峰深明 先
悟後修之義曰 識氷池而全水 借陽氣以鎔消 悟凡夫而即佛 資法
力以熏修 氷消則流潤 方呈漑滌之功 妄盡則 心虛通"(同上)라
고 하였다.
　　다시 돈오를 설명하기를, "凡夫迷時 四大為身 妄想為心 不知
自性 是眞法身 不知自己靈知 是眞佛也 (…) 一念廻光見自本
性 而此性地 元無煩惱 無漏智性 本自具足 即與諸佛 分毫不殊

故云頓悟"(同上)라고 하였다.

다음에 점수를 설명하기를, "頓悟本性 與佛無殊 無始習氣 難卒頓除 故依悟而修 漸熏功成 長養聖胎 久久成聖 故云漸修也"(同上 同葉左)라고 하였다.

즉 범부가 비록 부처라고 하지만 수행을 하지 않으면 依然히 佛力이 없는 것이니 오래 修行해야만 佛果를 이룬다고 한 것이다. 이것을 敎家의 舊見과 큰 차이가 없어서 아직 曹溪의 直指에는 契合되지 못한 것이다.

空寂靈知說　지눌은 空寂靈知의 心으로써 본래면목을 삼고, "諸法如夢 亦如幻化 故妄念本寂 塵境本空 諸法皆空之處 靈知不昧 此空寂靈知之心 是汝本來面目"이라고 하였다. 그리고 이것을 淸淨心體라고 이름하고, 중생의 本源覺性이라고 칭하였으며, 삼세제불의 勝淨明心이라고 하였다.

그리고 空寂과 靈知를 體와 用으로 配對하고, 또 定과 慧에 합치시켰다. 그래서 "自性 用二義 前所謂空寂靈知是也 定是體 慧是用也 定則慧故 寂而常知 慧即定故 知而常寂"(同上 483葉左)이라고 하였다. 이것을 定慧雙修의 行이라고 하였다. 『修心訣』의 所說이 이 外에 벗어남이 없다.

제4절 知訥의 識量

知訥의 識見은 아래의 書에 의하여 짐작할 수 있다.

知訥의 識見　法集別行錄節要 幷入私記

"牧牛子曰 荷澤神會 是知解宗師 雖未爲曹溪嫡子 然悟解高明 決

擇了然 密師宗承其旨 故於此錄中伸而明之 豁然可見 今為因教悟
心之者 除去繁詞 鈔出綱要 以為觀行龜鑑"(一紙右)

宗密三宗
評

圭峰宗密이 일찍이 北宗 洪州(馬祖) 牛頭를 이렇게 평하였다.

"上三家 見解異者 初一切皆妄(北宗) 次一切皆眞(洪州) 後一切
皆無(牛頭) 若就行說者 初伏心滅妄(北宗) 次信任情性(洪州) 後休
心不起(牛頭) 洪州常云 貪嗔慈悲 皆是佛性 (…) 彼宗於頓悟門 雖
近而未的 於漸修門而全乖 牛頭已達空故 於頓悟門而半了 以忘情
故 於漸修門無虧 北宗但是漸修 全無頓悟故 修亦非眞 荷澤則必先
頓悟 依悟而修"(五紙右-左)

知訥批評

이상의 宗密의 평은 타당성이 없는데, 지눌이 능히 이를 분
별하여, "先以荷澤所示言教 決擇自心性相體用 不墮空寂 不滯
隨緣 開發眞正之解 然後歷覽 洪州牛頭 二宗之旨 若合符節 豈
可妄生取捨之心耶(六紙左)"라고 논하고, 또 『禪源諸詮集都序』
에 宗密이 "一息妄修心宗(北秀) 二泯絕無寄宗(牛頭) 三直現心
性宗(洪州荷澤)"이라고 하여 洪州의 荷澤은 同一宗이라고 한
글을 끌어다가 이를 증거하였으니 明眼이라고 할 만하다.
　종밀이 云, "諸教開張 禪宗撮略 撮略者 就法有不變隨緣二義
就人有頓悟漸修兩門 二義現即知一藏經論之指歸兩門開 即見
一切賢聖之軌轍 達磨深旨 意在斯焉"(七紙右)이라고 하였다.
　종밀은 摩尼珠의 淨明을 不變에 비유하고 外物에 대하여 差
別色相을 나타내는 것을 隨緣에 비유하였다 마니주가 明淨하
지만 黑物을 대하면 흑색을 나타내는데, 흑색이 나타난 것을

보고 着相의 人은 珠의 明淨함을 不信한다. 이는 大小乘法相 및 人天教中의 人이다.

가령 明珠라고 肯信하더라도 흑색에 纏覆되었기 때문에 磨 拭揩洗를 한 후에야 비로소 明珠라고 할 수 있다고 한다. 이는 北宗의 견해이다.

또 어떤 사람이, 明珠의 體는 영원히 볼 수 없기 때문에 青 黄赤白이 모두 구슬이라고 하여 赤琥珀黑槵子를 보고도 이를 摩尼라고 인식한다. 그리고 진짜 摩尼가 色을 대함이 없이 明 淨함을 보고는 도리어 구슬이 아니라고 한다. 이는 洪州의 견 해이다.

또 어떤 사람이, 갖가지의 色은 다 허망함을 알고 마니주도 또한 都是 空이라고 헤아려서 色相이 皆空處가 바로 이 不空 明瑩의 珠라고 한다. 이것이 牛頭의 견해이다.

그러나 瑩淨圓明한 것이 마니의 體이다. 흑색 등은 모두 허 망한 것으로서 바로 黑으로 보일 때도 黑이 본래 黑이 아니라 다만 밝음뿐이다. 青黄 등도 역시 그러하여서 모든 色相에 있 어서 어느 것에나 다만 瑩淨圓明함을 보고 구슬에 헷갈리지 않는다. 이것이 荷澤의 견해이다.”

知訥의 荷澤評　이상 宗密의 평은 他宗을 폄하고 自宗은 치켜 올린 病이 있다. 그러나 知訥은 이에 미혹하지 않았다. 최후에 하택의 견 해를 판단하여, “悟解高明 決擇了然”이라고 하고, 종밀이 논한 바는 末學의 弊를 破함에 있다고 하여, “古人對機門中 各有善 權 不可如言 妄生彼我之見 當須將此明鏡 照見自心 決擇邪正 定慧雙修”라고 하였다(十二紙左-十三紙右). 이렇게 말한 것은 타당한 견해이다.

종밀은 다음에 돈오 점수의 二門을 설하여 말하기를, "頓悟者 謂無始迷倒 認此四大為身 妄想為心 通認為我 若遇善友 為說如上 不變隨緣 性相體用之義 忽悟靈明知見 是自眞心 心本恒寂 無邊無相 即是法身 身心不二 是為眞我 即與諸佛 分毫不殊 故云頓也"라고 하였다.(十三紙右)

知訥의
教學者評

지눌은 말하기를, "教學者는 眞妄을 別執하고 스스로 退屈을 내면서 禪者의 見性成佛談을 듣고는 頓敎 離言의 理에 불과하다고 하니, 이 가운데에 本心의 體用性相을 圓悟하면 安樂富貴함이 佛과 같음을 모르는 것이다. 禪學者는 곧장 佛地를 밟는 義를 알고, 겨우 自心에 開發處가 있으면 解行에 淺深이 있는 것을 모르고 흔히 法慢이 있다.

『華嚴論』에 云, "凡夫於信因中 契諸佛果德 分毫不謬 方成信也라고 하였으니, 此意를 알면 自屈할 것도 自高할 것도 없다."라고 하였다. 다음에 淸凉澄觀의 『華嚴經疏』를 끌어서 "若云本具一切佛德 名之為悟 一念具足十度萬行 名之為修 即修如飮大海水 悟如得百川味"(二十紙左)라는 말로써 修證을 설한 것은 온건한 해석이라고 할 수 있다.

知訥의
先悟後修
說

또 다음에 지눌은 元曉의 〈彌陀證性偈〉와 『금강반야경』을 끌어서 先悟 後修가 正道임을 보이고, 圭峯의 본의도 또한 이에 있다고 하였으니, 그것은 "本來是佛 自性清淨 自性解脫 然後 擺撥萬緣 專精保任 自然成就 離垢清淨 離障解脫"(三十一紙左)이라고 하여, 일본 조동종의 永平道元 문하의 本證妙修의 義와 합치된다.

知訥의
見性說

또 다음에 見性을 설하기를, "直指人人現前一念 見性成佛耳 今言性者 是一心本法性 非性相對之性 永嘉大師云一念者 是

正覺靈知之念也 誌公和尙 頌云 大道曉在目前 迷倒愚人不了
一念之心即是 何須別處尋討 是也.”(四十六抵右)라고 하여 的
要한 말을 하였다. 지눌의 禪은 『화엄』에 입각하였으므로 그
의 引證한 바는 규봉종밀, 청량澄觀, 永明延壽의 語가 가장
많다.

최후에는 大慧의 語句를 인용하여 知解를 蕩盡할 것을 보
였다.

    “上來 所擧 言句 雖提接來機 而旨在心識思議之外 能與人去釘拔
  楔 脫籠頭卸角駄 若善能參詳 可以淨盡 前來佛法知解之病 到究竟
  安樂之地也 須知而今末法修道之人 先以如實知解 決擇自心 眞妄
  生死本末 了然 次以斬釘截鐵之言 密密地子細參詳 而有出身之處
  則可謂四稜著地 掀捔不動 出生入死 得大自在者也”(五十七紙 左)

知訥의   이와 같으니 지눌의 노파심도 매우 친절한 것이다. 『節要
老婆心   私記』는 희종 5년에 지눌이 撰한 바로서 이 역시 만년의 作
         이다.

제5절 圓頓成佛論과 看話決疑論

圓頓成佛   知訥은 『원돈성불론』에서 禪道에 대한 교학자의 오해를 말
論   하고, 禪이 화엄의 奧旨에 계합됨을 보였다. 그러므로 李長者
         의 『화엄론』을 引證하여, “自己無明分別之種 本是諸佛 不動智
         也”라고 제창하고, 『화엄경』 여래출현품에 이른바 “自心念念常
         有 佛成正覺”이라는 대목으로써 이를 證成하였으며, 또 “自己

身語意 及境界之相 皆從如來身語意 境界中生"이라고 설하여, 이로써 生佛互融의 義를 밝혔다. 또 제불은 自心의 相用임을 示하여 "十方諸佛 雖有名號差殊 依正莊嚴各別 皆是自心普光明智之相用 俱非外物也."라고 하고, 華嚴論主(이통현)의 頌에, 佛是衆生心裏佛 隨自根堪無異物 欲知一切諸佛源 悟自無明本是佛."이라고 한 것을 들었으며, "衆生相即如來相 衆生語即如來語 衆生心即如來心 乃至治生產業工巧技藝 皆是如來普光明智 運為之相用 都無別異也"라고 결론하였다.

다음은 古今禪門의 達者가 見性成佛하는 것은 一分性淨의 體일뿐 아니라 相用을 갖춘 것임을 논하고, 〈證道歌〉의, "心鏡明鑑無碍 (…) 廓然瑩徹周沙界 (…) 萬像森羅影現中 (…) 一性圓通一切性一法遍含一切法 (…) 諸佛法身入我性 (…) 我性還共如來合"의 文과 아울러 英邵武 大慧 등의 語를 들고는, "如是等 開悟本心 得見自心鏡內 帝網重重 無盡法界者 禪門傳記中 不可勝數"라고 하였다.

看話決疑論　지눌의 『간화결의론』은 教者의 疑網을 破하고 看話의 본의를 밝힌 것이다. 그러나 그 설도 大慧의 간화선의 窠臼에 떨어짐을 볼 뿐이다. 『간화결의론』의 大要는 『원돈성불론』과 相似하다. 『원돈성불론』과 『간화결의론』은 이 二書를 無衣子 慧諶이 知訥의 遺稿를 발견하고 金의 貞祐三年 乙亥五月에 上梓했다는 것이 無衣子의 詩集의 跋文에 보인다.

제6절 知訥의 念佛要門

知訥은 당시 사람들이 十惡을 끊지 않고, 인과를 무시하고,

念佛要門
十種念佛
說

諂曲邪會의 망령된 念佛로 왕생하려고 하는 弊를 가엾어하여 『念佛要門』을 草하고 十種念佛을 설하였다.

"第一 戒身念佛者 當除殺盜婬 身器淸淨 戒鑑圓明 而後端身正坐 合掌向西 一念欸念南無阿彌陀佛 數無窮盡 念無間斷 乃至坐忘非 坐 一念現前時 是名戒身念佛

第二 戒口念佛者 當除妄語 綺語 兩舌 惡口 守口攝意 身淨口淨 而後一念敬念 南無阿彌陀佛 數無窮盡 念無間斷 乃至口忘非口 自 念現前時 是名戒口念佛.

第三 戒意念佛者 當除貪嗔痴慢 攝意證心 心鑑無思 而後一念深 念 南無阿彌陀佛 數無窮盡 念無間斷 乃至意忘非意 自念現前時 是 名戒意念佛

第四 動憶念佛者 當除十惡 正持十戒 於動用周旋 造次顚沛 一念 常念 南無阿彌陀佛 數無窮盡 念無間斷 乃至動極即靜 自念現前時 是名動憶念佛

第五 靜憶念佛者 十戒旣淨 一念不亂 於靜身閑事 幽夜獨處 一念 專念 南無阿彌陀佛 數無窮盡 念無間斷 乃至 靜極即動 自念擧時 是名靜憶念佛

第六 語持念佛者 對人接話 呼童警僕 外感隨順 內念不動 一念靜 念 南無阿彌陀佛 數無窮盡 念無間斷 乃至語忘無語 自念現前時 名 爲語持念佛

第七 默持念佛者 口誦之念旣極 無思之念默契 夢覺不昧 動靜恒 憶 一念默念 南無阿彌陀佛 數無窮盡 念無間斷 乃至默忘不默 自念 擧時 名默持念佛

第八 觀相念佛者 觀彼佛身 充滿於法界 妙光金色 普現於群生前

想知佛光 照我身心 俯仰觀聽了非他物 至意至誠 一念極念 南無阿
彌陀佛 數無窮盡 念無間斷 於十二時中 四威儀內 常敬不昧時 是名
觀相念佛

　第九 無心念佛者 念佛之心 久化成功 漸得無心三昧 無念之念
不擧而自擧 無思之智 非圓而自圓 不受而自具 無為而自成 是名無
心念佛

　第十 眞如念佛者 念佛之心旣極 無了之了 三心頓空 一性不動 圓
覺大智 朗然獨尊 一眞法界 洞然明白 是名眞如念佛.”

이상 十種念佛은 一念眞覺에서 발한다. 一念眞覺은 頓悟이
고 十種念佛은 漸修여서 淺에서 深에 이르는 것이다. 염불의
功이 극진하면 日日時時 一切處에 阿彌陀佛의 眞髓가 그 앞에
冥現하여 임종 시에 구품연대에 영접되어 上品에 왕생한다고
하였다. 이로써 禪觀과 念佛이 二致 없음을 알 수 있다.

제7절 宮庭佛教의 부패

宮庭佛教
의 腐敗
　민간에는 知訥과 같은 大器가 있어서 禪을 진작하였으나 宮
庭의 불교는 신종, 희종의 용렬한 왕과 함께 점점 부패하였고
僧人은 정권의 爭奪에 관여하여 干戈를 잡는 피 흘리는 일에도
從事하였다. 제20대 신종(1198-1204년) 원년에 私僮萬積 등이
亂을 하여 興國寺에 모였고, 또 普濟寺에 會合하려고 한 것
따위는 僧人이 黨에 참여하였음을 보여주는 것이다.
　5년에 慶州의 別抄軍이 永州와 틈이 있어서 雲門의 賊과 및
符仁寺, 桐華寺 兩寺의 僧徒를 이끌고 永州를 쳤다.

제21대 희종(1205-1211) 5년에 青郊의 驛吏 3人이 崔忠獻을 죽이려고 모의하고 거짓으로 公牒을 만들어서 여러 사찰의 승도들을 소집하니 公牒이 歸法寺에 이르자 寺僧이 이를 최충헌에게 알리어서 韓琦 등 9人이 살해되었다.

7년에 왕이 내시 王濬明 등과 崔忠獻을 죽이고자 하였다. 최충헌이 일이 있어서 壽昌宮에 나아가서 王을 뵈었다. 조금 있다가 王이 안으로 들어가니 中官이 최충헌의 從者를 속이기를, 勅旨가 있어 酒食을 하사하신다고 하고 引導하여 廊廡의 間에 들어오니 갑자기 僧俗 10餘人이 兵器를 가지고 돌진하여 忠獻의 從者를 쳤다. 최충헌이 變을 알고 창황히 아뢰기를, "원컨대 주상께서는 臣을 구하여 주소서."라고 하였으나 王은 묵연히 문을 닫고 들이지 않았다. 忠獻이 어떻게 할 바를 모르다가 드디어 知奏事房의 紙障 間에 숨었다. 한 승려가 세 차례나 들어가서 찾았으나 마침내 잡지 못하였다.

忠獻의 子 瑀 등이 重房에 있다가 일이 급함을 듣고 곧 들어가서 충헌을 호위하여 나왔다. 충헌의 무리가 僧徒와 격투하여 승도들은 敗走하였다. 충헌이 왕을 폐하여 강화도로 옮기었다. 이것이 희종 7년의 일이었다.

제22대 강종(1212-1213) 원년에 王이 내전에서 보살계를 받았다. 그리고 다시 2년에 또 內殿에서 菩薩戒를 받았다. 그리고 至謙을 왕사로 삼았다.

제23대 고종(1214-1259) 3년에 거란兵이 침입, 묘향산 보현사를 불태웠다. 4년에 興王寺, 景福寺, 王輪寺 등 여러 사찰의 僧 가운데 거란과의 전투에 從軍했던 자들이 최충헌을 謀殺하고자 거짓으로 奔潰하는 것처럼 하고, 새벽에 宣義門에 이르러

忠獻의
廢君

서 급히 契丹兵이 온다고 외쳤다. 문을 지키고 있는 문직(門直)이는 문을 막고 들이지 않았다. 僧徒가 관문을 부수고 들어가 문직(門直)이를 죽이고 곧 忠獻의 집을 치려고 하였다. 忠獻은 家兵을 보내어서 이를 치니 승도의 우두머리는 화살에 맞아서 쓰러졌고 여타 僧徒는 모두 散走하였다

최충헌의 군사가 추격하여 300백여 명을 죽이고 성문을 닫았다. 그리고 승려들을 대거 색출하여 모두 죽이니 전후해서 살육한 숫자가 거의 800인으로, 시체가 山과 같았고 流血이 냇물을 이루었다고 하였다(동사강목 3권, 125쪽).

忠獻祈禳
崔瑀造塔
同年에 최충헌이 術者의 말을 믿고 乾元寺를 헐어서 丹兵(거란)을 막았다. 10년에 崔瑀(忠獻의 子)가 황금 13층탑과 花瓶을 각각 하나씩 조성하여 興王寺에 두었다. 모두 무게가 2백근이었다. 13년에 崔瑀가 각기병이 생겼다. 그래서 兩府로부터 椽吏에 이르기까지 모두 齋를 베풀고 疏를 지어서 기도하니 이 때문에 都下에 紙價가 騰貴하였다. 그러니 당시 인심의 추세를 알 수 있다.

제6장 了世의 參禪, 高宗의 刻藏과 시대사상

知訥이 조계산에 수선사를 창설하고 크게 종풍을 盛하게 하니 그 문하로 나아가는 자가 매우 많았다. 천태의 學匠 了世 또한 지눌에게 參詣하여 서로 계합하였다.

고종은 契丹의 침입을 두려워하여 대장경을 刻하였고, 그의 재상 李奎報는 佛을 믿고 僧을 공경하였으나 放曠不檢, 詩酒에 탐닉한 것같은 것은 이로써 인심의 추향을 알 만하다.

제1절 了世의 參禪

了世傳

천태의 學匠 了世가 지눌에게 參詣하여 서로 契合하였다. 백련사(전남 강진 만덕산 백련사) 圓妙國師碑에 云, "了世의 자는 安貧, 속성은 徐氏, 新繁縣(경남 합천군) 사람, 의종 17년에 탄생하였다. 나이 12세에 天台敎觀을 익혔고, 23세에 僧選에 들었으며, 뜻을 宗乘에 오로지하여 수년이 못 되었는데, 指歸를 洞曉하였다.

宋 慶元 4년 봄에 都邑에 올라가서 高峰寺에서 법회를 베푸니 이름 있는 승려들이 운집하여 이론이 봉기하였다. 了世가 登座하야 一吼하사 대중들이 모두 그대로 따랐다.

牧牛子

同年에 영통산 長淵寺에서 開堂하였다. 그때 牧牛子가 요세에게 게송을 보내어 修禪을 권하기를 "波亂月難顯 室深燈更光 勸若整心器 勿傾甘露漿"이라고 하니 了世가 보고 마음에 맞아 바로 가서 이를 따랐다. 여기서 있은 지 수년, 牧牛子가 정혜결사를 江南으로 옮기니 요세도 南으로 따라갔다.

희종 4년에 月生山 藥師寺에 주석하더니 하루는 宴坐하여 念言하기를 "若不發天台妙解 永明壽百二十 病何由逃出"이라고 하였다. 이 일을 계기로 警悟하여 妙宗을 강의함에 미쳐서 是心作佛 是心是佛에 이르러서 저도 모르게 破顔하였다.

그 후로 妙宗을 설하기를 좋아하였고, 辯慧에 걸림이 없었다. 또 修懺을 용맹스럽게 정진하여 날마다 53불께 예불하기를 12遍을 하니 禪流들이 徐懺悔라고 호하였다.

탐진(전남 장흥)의 청신사 등이 了世를 청하여 南海山 옆 古萬德寺 舊基에 가람을 창건하게 하니, 고려 희종 7년(1211년)에 기공하여 立屋한 80여 칸(間)을 고종 4년에 이르러서 낙성하였다. 크게 도량을 열고 學者를 제접하였다.

고종 19년에 비로소 보현도량을 결성하고 법화삼매를 닦아 왕생정토를 구하는데 첫째로 天台의 法華三昧懺儀에 의하였다. 제자가 38인, 백련결사에 입사한 사부대중이 300여 인이었다.

了世는 그림자를 山林에 숨긴 지 50년, 일찍이 京塵(개성)을 밟은 일이 없고, 일과는 『法華』一部 독송, '준제주' 1천 편, 미타불호 1만 번이었다. 스스로 말하기를, "一門教海浩汗 學者迷津"이라고 하고, 강요를 추려서 『三大部節要』를 내었다.

고종 24년에 고종이 그의 덕을 嘉賞하여 禪師의 호를 하사하였다. 고종 32년(1245년)에 미질이 있어 倚臥하고 唱하기를, "諸法實相 清淨湛然 言之者失理 示之者乖宗 吾宗『法華』一大事隨分妙解 唯此而已"라고 하였다.

또 元曉의 〈證性歌〉를 唱하기를 "法界身相難思議 寂然無爲

無不爲 至以順彼佛身心 故必不獲已生彼國"이라고 하고, 가부
좌하고 서쪽으로 향하여 대중에게 말하기를 "五十年山林朽物
今日行矣 各自努力 爲法勉旃"하라고 하니 僧이 묻기를, "臨終
在定之心 卽是淨土 更欲何之"하였다.

了世가 말하기를, "不動此念 當處現前 我不去而去 彼不來而
來 感應道交 實非心外"라고 말을 마치자 遷化하였다. 향령 83
세였다. 고종이 국사로 책봉하고 圓妙라고 시호하였다.(東文選
117권, 221-224쪽)

제2절 僧風의 頹敗와 高宗의 刻藏

제23대 고종(1214-1259년)代에 이르러 僧風의 타락, 부패가
더욱 심하였다. 고종 27년에는 權臣 崔瑀의 孽子(얼자, 서얼의
자식)인 승 萬宗, 萬全이 모두 무뢰한 惡僧들을 모아서 문도로
삼고 오직 殖貨로써 업을 삼으며, 金銀穀帛이 鉅萬을 헤아렸
다. 문도들은 각 사에 分據하여 勢에 倚支威力을 지어 遠近에
횡행하였는데 鞍馬衣服이 모두 轌輒을 본뜬 것이었으며, 또 서
로 官人이라고 칭하면서 不義를 자행하였으니 혹은 남의 아내
를 강간하고, 혹은 제멋대로 驛騎에 乘하였으며, 혹은 官吏를
능욕하는 등 못하는 짓이 없었다.

萬宗萬全
의 橫暴

고종 38년에 朴誼의 家를 淨業院으로 만들고 城內의 尼僧
(비구니)을 모아서 여기에 있게 하였다. 그리고 外墻을 쌓아
출입을 금하였으니, 이것은 먼저는 僧尼가 雜處한 데서 추한
소리가 있었기 때문이다.

契丹入寇 고종 시대에 契丹이 크게 入寇하고, 몽고도 또한 침입하여서

攻城, 野戰이 그칠 때가 없었다.

그래서 왕은 消災, 佛頂, 無能勝, 華嚴神衆, 天兵神衆, 功德天 등의 道場을 베풀어서 이를 빌었고. 御衣를 南京(楊州)의 假闕에 奉安하여 延祚를 기원하였으며, 사신을 보내어서 山川에 제사함으로써 神兵을 빌었다. 그러면서도 적병이 물러가면 곧 偸安燕樂을 일삼았다.

『동사강목』에 다음과 같이 기록하였다.

"46년(1259) 王病篤 遣近臣 禱諸神祠 (…) 王使鄭世臣 說法席 于穴口寺 世臣還奏其狀 王曰予夢有老比丘 勸念『法華經』今聞卿 言 實符所夢 且予在潛邸 遊穴口 聞文殊鳥聲 卿亦聞之乎 對曰 臣 詣法席 誠如上夢 怳有一老比丘在側誦經 更視則不見 又有鳥來鳴 其聲云 文殊舍利摩訶薩 王說之"(동사강목 3권, 214쪽)

이로써 왕의 신앙이 어디에 있었는지를 알 수 있다.

高宗王刻藏 이보다 먼저 현종이 大藏經을 刻하여 符仁寺에 藏하였는데 고종 19년에 蒙古兵의 불태운 바가 되어 板本은 모두 烏有(空, 無)로 돌아갔다. 그래서 24년에 다시 群臣과 더불어 발원하고 都監을 세워서 16년 동안 刻藏의 功을 마쳤다.

그리고 고종 38년에 왕은 강화 西門 밖의 大藏板堂에 行幸하여 백관을 거느리고 분향하였다. 이것도 蒙古兵을 막고자 한 **大藏祈告文** 것이다. 『이상국문집』에 실은 大藏刻板君臣祈告文(丁酉年行)에는 당시 대장경 판각의 의의를 이렇게 쓰고 있다.

"國王諱與太子公候伯宰樞文虎百僚等 熏沐齋戒 祈告于盡虛空界

十方無量諸佛菩薩 及天帝釋為首三十三天一切護法靈官 甚矣達旦
之為患也 其殘忍凶暴之性 已不可勝言矣 (…) 凡所經由 無佛像梵
書悉焚滅之 於是符仁寺之所藏 大藏經板本 亦掃之無遺矣 嗚呼積
年之切一旦成灰 國之大寶喪矣 (…) 今與宰執文虎百僚 同發洪願
已置句當官司 俾之經始 因考厥初草創之端則 昔顯宗二年 契丹主
大舉兵來征 顯祖南行避難 丹兵猶屯松岳城不退 於是乃與群臣 發
無上大願 誓刻成大藏經板本 然後丹自退 然則大藏一也 先後雕鏤
一也 君臣同願亦一也 何獨於彼時 丹兵自退 而今達旦不爾耶 但在
諸佛多天 鑒之如何耳 苟至誠所發 無愧前朝則 伏願諸佛聖賢三十
三天 諒懇迫之祈 借神通之力 使頑戎醜俗 歛蹤遠遁 無復蹈我封疆
(…) 則弟子等 當更努力 益護法門 粗報佛恩之萬一耳"(동국이상국
집 下, 14-15쪽)

이로써 과거에 현종이 大藏經板을 雕造하여 契丹을 막은 것
을 본받아 다시 刻藏의 大業을 발원하고 達旦兵을 막으려고
하였음을 알 수 있다.

제3절 당시 불교신도를 대표하는 李奎報

高麗佛教
의 頹兆

고려의 불교는 의종 이후 난숙함이 심해서 그 쇠퇴의 조짐이
역력하였다.

崔惟淸, 林民庇, 任濡 등은 信佛이 가장 독실하였고, 고종
때 한 시대의 문호 李奎報도 봉불 敬僧하는 독신자로 알려졌
다. 참으로 당시의 대표적 인물이었다. 徐居正이 말하기를,

李奎報傳

"李文順奎報 少以文章自負 時李仁老 吳世材 林椿 趙通 皇甫

抗 咸淳 李湛之等 稱為七賢 飮酒賦詩傍若無人"이라고 하였다.(『東人詩話』卷上). 이규보의 字는 春卿, 黃驪縣(강원도 원주군)人이다. 宋 乾道 4년(의종왕 22년)에 誕生하였다. 幼時부터 聰敏하였으며, 詩文을 잘하더니 放曠不檢, 詩酒風月로써 일을 삼았다.

명종 19년에 22세로 司馬試 第一에 들었고, 24세에 父憂를 당하였으며, 天磨山(개성 北)에 寓居하면서 스스로 白雲居士라고 불렀다. 吳東閣은 世才, 名儒라고 일컬었고, 一見相許하여 忘年의 友가 되었다. 32세에 全州의 書記로 임명되었는데, 政事를 너무 강직하고 완고하게 해서 동료들이 忌憚하는 바가 되고 얼마 안 있다가 해직되었다.

40세에 처음으로 翰林에 들었고, 有德, 민첩했고, 승진을 거듭하여 48세에 右正言知制誥가 되었다. 在右司諫을 거처서 52세에 면직되었는데, 다시 나와서 桂陽府 副使로 1년에 禮部郞中起居注知制誥로 불리었고, 太僕少卿, 寶文閣待制, 將作監 國子祭酒翰林侍講學士 등에 임명되었다. 고종 17년에 63세에 胃島로 유배되었다가 다음 해에 사면되어 서울로 돌아왔다.

65세에 正議大夫刻秘書省事, 寶文閣學士慶成府右詹事에 기용되었고, 고종 22년 68세에 參知政事修文殿大學士判戶部事太子大保로 임명되어 70에도 致仕하였다. 고종 28년(1241년) 74세로 逝世하였다.

李相國集　『東國李相國集』의 끝에 실린 誄에 "不獨窮究經史 至於幽文僻說佛書道帙 無不遍閱 晚年尤信佛法 常誦『楞嚴』又嗜讀洗心經 窮大衍之數"라고 하였다. 그가 卒할 때 홀연히 常寢을 떠나

서 西向으로 누어서 右脇을 자리에 붙이고 소연히 遷化하였다고 전한다. 왕이 애도하여 文順公이라 贈諡하였다. 『東國李相國全集』 41권, 後集 12권이 세상에 전한다.

제4절 李奎報의 인생관

奎報의
人生觀

　　살피건대 이규보 때에 逆臣들이 當路하여 그 권세가 내외를 흔들었고, 賢良이 많이 해를 입었으며 王道가 아주 쇠하였다. 이 때문에 권력에 아첨하고 勢道에 붙는 자라 하더라도 不安은 항상 身邊에서 떠나지 않았다. 자칫하면 窮厄死亡을 면치 못하였던 것이다. 이것이 이규보로 하여금 詩酒로써 自慰하고 放曠不檢의 생애를 보내면서 老莊의 遺志로써 마음을 편안히 하게 한 所以였다. 이규보가 畏賦(두려움)에, 입은 禍門이라고 하는 말에서 "銘可鑑兮金縅口 詩可觀兮垣屬耳 一語一默 榮辱所自 (⋯) 是以聖人 不畏於人 唯畏於口 苟愼其口 於行世乎何有"라고 말하였다.(『동국이상국집』 上 2-3쪽)

　　그리고 夢悲賦에, "富貴兮如浮 瓊華兮易捽 (⋯) 以須臾之一夢 悟榮辱之相酬"(同 4쪽)라고 하였으며, 또 放蟬賦에는 禪을 자신에 견주고 蛛網의 難을 입는 것을 슬퍼하였으니 이는 이규보가 淸高의 선비로 자임하지만, 왕왕 小人에게 모함받는 것을 슬퍼한 것이다. 陶甖賦에는 知足의 편안함을 말하여 "小器易盈 顚沛是速"(同 7쪽)이라고 하였으니, 이는 그가 寡欲虛靜을 바라는 뜻을 편 것으로서 老莊의 遺意가 더욱 분명하다.

제5절 이규보의 淸談과 奉佛

奎報의
淸談

이규보는 酒仙의 風을 띠었고, 魏晋의 淸談家와 같은 점이
있었다. 스스로 『白雲居士傳』을 지어서 이렇게 말하였다.

"性放曠無檢 六合爲隘 天地爲窄 嘗以酒自昏. (…) 彈琴飮酒
以此自遣賛曰 志固在六合之外 天地所不囿將與氣母遊於無何
有乎"(『동국이상국집』 상권, 316쪽)

또 醉後亂道大言示文長老에게 말하기를, "詩方不作我何寄
海波深處六鼇頂三山翠 佛法未興予何居 須彌山高五色彩雲裏
李白杜甫似蟬噪 我下視之拍手戱 達磨惠可如蟻行 師之笑聲殷
天地"(『동국이상국집』 상권, 211-212쪽)라고 하였다.

또 庾公見和復次韻奉答에 云, "我昔佯狂放意時 八荒爲延四
海以爲池 又欲升天捉圓月 持下人間酒肆"(『동국이상국집』 상
권, 258쪽)라고 하였으니 그 放言大語가 이와 같았다.

李奎報의
奉佛

이규보가 佛을 信하고, 즐기어 『楞嚴經』을 읽었다는 것은
이미 말하였다. 臨誦楞嚴에 "儒書老可罷 遷就首楞王 夜臥猶能
誦 衾中亦道場"(이상국전집 下, 357쪽)이라고 말하고, 또 『楞
伽經』을 읽고서 "南軒居士(자칭 南軒居士)計如何 所蓄雖多擧
最奢(一作 略可誇) 淡酒一壺詩簏 冲虛經卷與楞伽 頭禿身閑坐
作跌 不同僧處獨髭鬚 南軒長老修何業 案有楞伽得解無"(同下
290쪽)라고 하였으며, 또 일찍이 『法華』를 誦하고 法華頌을
지었다.

惠文

이규보의 方外의 벗에 惠文이 있다. 文禪師哀詞에,

"吾道友 大禪師惠文 字彬彬 俗姓南氏 固城郡人也 某年至京師

落髮禪宗迦智山門 爲名長老 年餘三十 始中空門選 累縋秩至大禪
師 越壬辰歲 遙住華岳寺 嘗寄居京師普濟寺傳法 是年國朝因避虜
遷都師以本寺亦在寇兵屯會之藪 遑遑無所歸 遂至門弟禪師某所住
雲門寺 居三年 至閼逢敦牂(甲午)之歲 感疾而化 師爲人資抗直 一
時名士大夫多從之遊 喜作詩 得山人體 嘗題普賢寺 其略云 路長門
外人南北 松老巖頭月古今 人多詠之 因號月松和尚 由是著名 予自
弱冠忝交分"(同 198-199쪽)

라고 하였다. 이것을 보면 文은 詩僧이라고 할 수 있다. 일찍이
高宗에게 불리어서 入內하여 雨竹을 賦하니 王이 嗟賞하고 法
을 물었다고 한다. 惠文의 普賢院 題詩는 다음과 같다.

　"爐火煙中演梵音 寂寥生白室沈沈 路長門外人南北 松老岩邊月
古今 空院曉風饒鐸舌 小庭秋露敗蕉心 我來寄傲高僧搨 一夜清談
直萬金"

　살펴보면 당시 사대부가 寺院을 방문한 것은 詩를 賦하고
술을 마시는데 있고 參禪과 學道에 있지 않았는데, "飮通師所
寓崇教寺 方丈會者十餘人 及酒酣 琴瑟交作 倡戲並作"(李相國
全集 上, 128쪽)라고 한 것이 그 한 例이다. 李奎報가 사귄 僧
人은 惠文, 覺月 등 1-2인에 불과하다. 그의 禪道에 대한 조예
는 그리 깊지 않았다.

奎報의　　　　"我亦參禪老居士"(李相國全集 上, 119)라고 自稱하고, 訓(覺
禪觀　　　月)長老에게 준 글에, "禪指相逢恨見遲 恰如甕裏閱圖時 木鷄
卵破方生翼 石女兒嬌更媚姿 山字肩高成冷坐 稻畦衲短稱清肌

他年若許參吹布 會覓飛窠訪樹枝"(同上)라고 하였으나 禪的인 妙味를 잡을 수 없다.

그의 述懷에 이르러서는, "尺墳未可保 樵牧踏皆圮 髑髏沒蒿蓬 麋鹿於焉庇 此時善與惡 混混同一軌"(同 209)라고 하여 아주 천박한 인생관을 보였고, 그가 病에 당하여는, "洞想形體同木偶 孰教臘額苦啾啾 杯蛇妄意如能釋 床蟻虛聲亦少收 造化小兒謀欲困 死生一夢我何夏 此非常痛眞堪賀 天惜勞生擬遣休"(同 251)라고 읊어서 老莊의 大夢論으로써 그 煩悶을 놓으려고 하였다. 그러나 놓아지지 않으매 小乘空觀에 안주하려 하였으니, 그것은 "造物弄人如弄幻 達人觀幻似觀身 人生幻化同為一 畢竟誰眞誰匪眞"(李相國全集 下, 311쪽)이라고 放吟한 것으로써 알 수 있다.

奎報의 空觀

제6절 이규보의 사상과 談禪會의 목적

奎報의 爲解

이규보는 參禪居士라고 칭하지만 그는 禪道에 染指한 것이 아니었다. 初祖 달마의 賛에 말하기를,

"面壁小林 欲傳心耳 心已傳於震旦 將身與形而西矣 當其見性 可傳者心兮 無用者身 身已去矣 何必寫眞 寫眞求心 若尋蛇蛻而索珠 曰身曰眞 孰有孰無 身是夢中物 眞是夢中夢 混混溟溟 皆歸于無兮 唯心兮如月長共"(李相國全集 上, 296)

위와 같은 것은 身心一如의 義와 모순됨이 심하다. 또 心偈에 말하기를,

"蒼天傾兮大地偏 五岳側兮三山移 惟心之正兮 不兀不欹 石能韋
兮鐵能綿 金可杇兮玉可腐 惟心之貞兮 互萬古而彌固 王母之顏易
凋 彭鏗之壽易耗 惟心之壯兮 日月不能老 莫云一寸 廣或千里 凜
焉如氷 澄焉如水 心哉心哉 異於人 孰以此付吾 噫噫誰知夫"(同
300쪽)

奎報의
祈福思想 위와 같은 것은, 形骸를 變易하는 것으로, 心性을 不變不易
하는 것으로, 하는 外道의 見地에 섰음을 알 수 있다. 더구나
이규보는 시대 思潮에 몰두하여 불교를 기도의 도구로 삼고
이에 의거하여 복을 구하고 화를 면하려고 하였다.

이규보는 大藏經道場音讚詩에서 "殘寇虛張菜色軍 吾皇專倚
玉毫尊 若教梵唱如龍吼 寧有胡兒不鹿奔 藏海微言融乳酪 叢林
深旨辨風幡 法筵未罷狼煙散 萬戶安眠亦佛恩"(同 271)라고 하
였고, 또 消災道場詩에서는 "虜吻流涎已足懲 乾文見譴又何徵
天心似水雖難測 佛力如山信可憑 神呪光明增熾盛 胡兵氣勢旋
摧崩 太平自古先多難 感變吾君道復興"(同 273)라고 하였는데,
이것은 梵經에 의하여 敵鋒을 꺾고 神呪에 의하여 三軍을 항
복받으려고 한 것이기 때문에 拜佛 崇法의 첫 목적은 그 영험
을 바란 것임을 나타내었다.

禪談會內
容 또 당시에 禪談會라는 것이 있어 조사선의 風을 선양한 것
같았으나 그것도 역시 목적은 기도에 있었다. 昌福寺 談禪牓에
는 이렇게 기록되어 있다.

"夫道之興替 皆係乎時 故禪法中微 幾至如綫 我晋康公(崔忠獻)
扶而起之 (…) 今上(高宗)卽祚之二年, 將大闢叢林 闡揚心法 (…)

法王鼎來 龍象知歸 凡結社精修如眞公(未詳)等 高行之人 悉皆赴
召 其餘宗門宿德 無不臻湊 其集如雲 禪席之盛 古今所無 是會也
辨公(未詳)主盟 眞公副焉 說六祖壇經 徑山語錄 每夜談空 率以爲
常 乃至五敎 聞人韻士亦得參赴 分日得場 互談其敎之宗旨 始也各
執意相矛盾 雖聞禪法也不甚心服惘如也 及徐涉其趣 漸入蔗境 領
得心要 然後慢山一破 翕然隨以定 自是樞衣請益 知禪之爲 無上大
法門也 (…) 開席凡二十有八日而始罷"(李相國全集下 6-7쪽)

즉 최충헌이 고종에게 奏하여 談禪會를 베풀어서 당시의 禪
匠인 辨, 眞 二師를 청하고 龍象을 모아서 法會를 펴니 各宗의
碩學들도 와서 조사선의 道를 듣고 그 無上大法을 隨喜하였다
는 것을 알수 있다. 생각컨대 당시 擧揚한 것은 牧牛子의 玄宗
이었을 것이니, 『六祖壇經』, 『大慧語錄』을 提唱하였다는 것으
로 알 수 있다.

忠獻의
奉佛思想

"我太祖大王 因哲師秘要 崇信宗門 乃闢五百禪宇 闡揚心法 然後
北兵自却 無復寇邊然則禪之利於世也 可勝道哉 後雖祖述舊章 燃
燈不絶 道或因地否塞 故宗風祖脈 幾微不振 自爾國步連致搶攘世
莫知其端緒 獨樞密相公崔公(忠獻)慨然發憤 思有以復振宗綱 重華
祖樹 乃銳意參禪 凡衲僧之籍籍有名者 雖在幽隱 無不屈節邀致 若
中外伽藍演禪法之所 則月課殿最 賞勤詰慢以激其鋒矣 力行如是未
及數年 而禪風復大扇矣 頑虜之入境 未幾自息 亦未必不由禪力之
致然也"(同 8쪽)

위의 인용문에서 본다면 최충헌은 크게 禪法을 부흥시켜 宗

綱을 떨쳤는데, 그 목적은 契丹의 入寇를 방어하려는 데 있었
던 것이다.

西普通寺行談禪牓에는, "夫繕甲兵以攘夷狄 不若以金剛寶劍
逆折奸萌 築金城以圖守禦 不若借本分鉗槌 鍛固邦基也 轉資糧
以餉萬事 不若養一禪子 先省其費"(同 10쪽)라고 談禪의 靈驗
을 極言 칭찬하였으니 기도의 정신이 橫溢되었음을 넉넉히 짐
작할 수 있다.

제7장 承迥의 楞嚴禪과 慧諶의 『선문염송』

承迥의 禪
慧諶의 禪

牧牛子에게서 心要를 결택한 자에 承迥과 慧諶이 있다. 迥은 능엄선으로써 京畿에 玄風을 떨쳤고, 혜심은 『禪門拈頌』을 지어서 盛名을 넓혔으며, 修禪社 第2世였다. 혜심의 法은 二傳하여 混元에 이르러서 더욱 그 光輝를 발양하였다.

제1절 承迥의 능엄선

承迥傳

李資玄의 禪을 계승하여 玄風을 떨친 자 承迥이 있다. 寶鏡寺(경북 영일군 송라면 중산리) 圓真國師 碑銘에 云, 承迥의 字는 永迥, 姓은 申氏, 上洛山陽(경상북도상주군)人이다. 나이

洞純

13에 희양산(경북 문경군) 봉암사 洞純에게 가서 落髮하였다.

명종 말년 丁巳에 洞純의 訃告를 만났고, 策杖 遊山하려고 하였다. 明宗이 承迥의 道行을 듣고 有司에 詔勅하여 특히 抄選하게 하였다. 후에 조계산 지눌에게 參詣하여 法要를 咨決한 후 강릉 오대산에 나아가서 文殊께 禮하고 冥感을 얻었다.

文殊院記

또 청평산에 가서 李資玄의 유적를 탐방하고 그 文殊院記를 보니 이자현이 문인에게 告한 말이 있는데 "『首楞嚴經』乃印心宗 發明要路"라고 한 것이었다. 측연히 이에 느끼고 주석하여 『楞嚴』을 閱讀, 諸相이 幻妄임을 洞然히 하였으며, 自心의 廣大함을 알고 원을 발하기를, 法教를 弘揚하되 이것으로써 머리를 삼으라고 하였다. 이리하여 이 法은 承迥으로부터 비롯하였다.

희종 4년에 명에 의하여 皆骨山(金剛山)유점사에 주하였고, 강종 2년에 三重大師로 제수되었다. 그때 최충헌이 정권을 잡고 있었는데 承旨의 예로 대하였다. 같은 해에 고종이 불러서 秘殿으로 들이고 禪錄을 點破, 특히 敬重을 加하였다. 고종 원년에 명에 의하여 크게 禪旨를 넓히고, 禪師로 나아갔다.

다음 해 秋에 또 大禪師를 加하고 詔勅하여 東京理內의 청하 寶鏡寺에 주하게 하였다. 7년에 太上王(희종)이 第四子를 부탁하여 출가시키는데 承逈이 손수 落髮하여 주게 하였으니 이가 珍丘寺의 鏡智이다.

鏡智

8년(1221년)에 『楞嚴』을 설하여 더욱 勤勵를 加하고 公山 念佛寺로 옮기어 천화하였다. 보령 51세였고, 圓眞國師로 追諡하였다.(조선금석총람 上, 449-452쪽. 東國李相國全集 下, 154-156쪽)

제2절 志謙과 崔忠獻

최충헌이 정권을 잡은 후 禪宗을 중시했는데, 志謙(一作至謙)은 충헌이 가장 敬信하는 바였다. 華藏寺 追封靜覺國師 碑銘에 보면 이렇게 기록하고 있다.

志謙傳

"志謙의 자는 讓之, 姓은 田氏, 영광군(전라남도)人이다. 나이 11세에 禪師 嗣忠에게 가서 祝髮하고, 명종 원년에 비로소 禪選에 천거되었으며, 19년에 비로소 登高寺에 주하였고, 23년에 三重大師로 제수되었으며, 26년에 禪師로, 神宗 7년에 大禪師로 올라서 그 이름이 사방에 알려졌고, 內外의 禪會가 있을 적마다 그 主盟이 되었다.

강종 원년에 최충헌이 兩宗 五敎에서 왕사의 책임에 당할 만한 자를 구하였으나 志謙보다 더 좋은 승이 없기 때문에 그를 왕사로 천거하고, 그가 寓居하는 普濟寺로 가서 封崇하였다. 드디어 大內(궁궐)로 들어가서 친히 왕상의 예를 받았다. 忠獻이 愛子를 삭발, 득도시키고 지겸의 門下에 들게 하니 그 나머지 士大夫도 이를 본받게 되어 門弟의 흥성함이 近古에 없었다.

　　고종 6년에 志謙이 上書하여 退職할 것을 청하니 왕이 이를 허락하였다. 16년(1229)에 병이 있어 문득 대중들에게 告하기를, "定光寂寂 慧日明明 法界塵寰 臍輪頓現"이라고 하니 僧이 묻기를, "後夜月初明 吾將獨自行 作麼生是和尙獨行處" 하였다. 답하기를, "蒼海濶 白雲閑 莫將毫髮着其間"이라고 하고 말을 마치자 입적하니 향년 85세였다.(李相國全集 下, 166-168)

林椿評　　林椿이 至謙을 평하기를, "氣韻絶人 機鋒迅捷 所至叢席 雖名緇奇衲 無不望風而服 眞法中之俊人也"라고 하였다.

제3절 慧諶과 修禪社

慧諶傳　　조계산 제2세 修禪社主 眞覺國師碑銘에는 진각혜심에 대하여 다음과 같이 기록되어 있다.

無衣子　　"慧諶의 자는 永乙, 스스로 無衣子라고 하였다. 속성은 崔氏, 名은 寔, 羅州 和順 人이다. 일찍이 부친을 잃고 모친에게 출가를 빌었으나 허락하지 않고 儒業에 힘쓰게 하였다.

　　신종 4년에 司馬試에 及第하고, 同年 太學에 들어갔다. 모친의 병환을 듣고 고향에 돌아가서 병을 간호하면서 觀佛三昧에 들었더니, 母가 제불보살이 사방에서 나타나는 꿈을 꾸고 깨어서 곧 나았다.

그때 知訥이 조계산에서 새로 修禪社를 열고 道化가 비로소 성하였는데 혜심이 바로 나아가서 參禮하고 체발 득도를 하니 지눌이 허락하였다. 이보다 먼저 知訥이 꿈에 雪竇重顯 선사가 院에 들어오는 것을 보고 心中에 이를 이상하게 여겼더니 다음 날 혜심이 來參하였다. 이 때문에 더욱 기이해 하였다.

혜심이 일찍이 鰲山(求禮의 西南)에 있을 때 한 磐石에 앉아서 주야로 習定하였는데, 5경이 될 때마다 게송을 唱하니 그것이 아주 우렁차서 10리 정도까지 들렸다. 그리고 때를 잃지 않으니 듣는 자가 이로써 아침을 점쳤다.

또 智異山 金堂菴에서 堂上에 宴坐하였을 때 積雪에 이마가 묻히어도 兀兀하여 動하지 않았다. 무리들은 그가 죽었는가 의심하였다. 刻苦가 이와 같았다.

희종 원년에 知訥이 億寶寺 白雲菴에 있으니 慧諶이 禪友와 함께 가서 뵈려고 山밑에 이르러서 쉬는데, 지눌이 거리가 千餘步나 떨어진 庵中에 있으면서 侍者를 부르는 소리를 듣고 다음의 偈頌을 지었다

"呼兒響落松蘿霧 煮茗香傳石徑風 才入白雲山下路 己參庵內老師翁"

혜심이 지눌을 參禮할 때 이 게송을 바치니 지눌이 보고 머리를 끄덕이고, 手中의 부채를 주었다. 인하여 게송을 바치기를, "昔在師翁手裏 今來弟子掌中 若遇熱忙狂走 不妨打起淸風"이라고 하였다.

하루는 知訥을 따라서 길을 가는데 지눌이 낡은 짚신 하나를

가리키면서 말하기를, "鞋在遮裏 人在什麼處"하니 答云, "何不 其時相見"이라고 하였다. 지눌이 大悅하였다.

또 趙州狗子話를 거론하고, 또 大慧宗杲의 十種病을 가지고 물으니 慧諶이 답하기를, "三種病人方解斯旨"라고 하였다. 지 눌이 "三種病人 向什麼處出氣" 하니, 혜심이 손으로 窓을 쳐서 한번 내리자, 지눌이 呵呵大笑하였다. 方丈으로 돌아가서 秘密 히 心印을 주었다.

희종 4년에 命하여 嗣席시키고자 하니 혜심이 固辭하고 드 디어 智異山으로 가서 絕迹滅影하기를 수년이었다.

6년에 지눌이 入寂하자 門徒가 이를 왕께 알리니 왕이 칙명 으로 繼住시켰다. 혜심이 할 수 없이 入院하여 開堂하니 學者 가 운집하였다. 그래서 修禪社가 좁아지니 강종이 이를 듣고 有司에게 명하여 증축하고 가사와 寶瓶을 하사하면서 法要를 구하였다. 혜심이 心要를 撰하여 올렸다. 이로부터 公卿 이하 聞風慕道하여 崇信師事하는 자가 이루 기록할 수 없었다.

崔瑀   侍中 崔瑀도 慧諶의 道風을 사모하여 성의를 기울여서 京輦 으로 邀致하고자 하였으나 마침내 이르지 않았다. 이에 二子를 보내어서 參侍하고 常住의 資具를 빠짐없이 營辨하였다.

고종이 즉위하여 선사의 법계를 제수하고 또 大禪師를 加하 였으며, 6년에 詔勅으로 斷俗寺에 주하게 하니 여러 번 고사하 였다. 그러나 윤허되지 않아서 다음 해에 入院하였다. 그러나 本社(修禪社)로써 常捿所로 삼았다.

고종 20년에 本社(修禪社)에 있으면서 示疾하니 崔瑀가 듣 고 왕께 알리자 왕이 御醫를 보내어 診視하게 하였다. 다음 해 麻谷   봄에 月燈寺에 陟處하였고, 麻谷(未考)이 入室하였다. 혜심이

말하기를, "老漢 今日痛甚"이라고 하니, 마곡이 "為什麼 如此
오" 하였다. 혜심이 示偈하기를, "衆苦不到處 別有一乾坤 且問
是何處 大寂涅槃門"이라고 하고 拳頭를 竪起하면서 말하기
를, "遮個拳頭也解脫禪 汝等信否" 하고, 손바닥을 펴면서 말하
기를, "開則五指參差"라 하고 손바닥을 쥐면서 "合成一塊 開合
自在 一多無得 雖然如是 未是拳頭本分說話 作麼生 是本分說
話"라고 말하고, 곧 拳頭로 打窓一下하고는 呵呵大笑하였다.

　高宗 21년 6월에 문인을 불러서 後事를 부촉하고, 麻谷에게
이르기를, "老漢今日痛忙"하니 답하기를, "未審. 道什麼"하였
다. 혜심이 말하기를 "老漢今日痛忙"하니 마곡이 茫然하였다.

　혜심이 微笑하고 遷化하니 수 57세였고, 眞覺國師로 贈諡되
禪門綱要　　었다. 『동사열전』卷1에 의하면 慧諶에게 『禪門綱要』한 권의
저서가 있다고 하였다.(李相國全集 下, 169-172. 동문선 118
권, 236-237)

제4절 『선문염송』과 慧諶의 사상

　慧諶이 『禪門拈頌』 30권을 고려 고종 13-14년(1226-1227년.
宋 理宗 寶慶 2년-3년) 사이에 문인 眞訓 등과 송광사 廣遠庵
에서 古則 1,125개와 아울러 여러 조사의 拈頌 등을 채집하여
이룬 것이다. 그 自序에 말하였다.

禪門拈頌　　　"詳夫 自世尊迦葉已來 代代相承 燈燈無盡 遞相密付 以為正傳
序　　　　　其正傳密付之處 非不該言義 言義不足以及 故雖有指陳 不立文字
　　　　　以心傳心而已 好事者 强記其迹 載在方册 傳之至今 則其麤迹 固不

足貴也 然不妨尋流而得 據末而知本 得乎本源者 雖萬別而言之 未
始不中也 不得乎此者 雖絶言而守之 未始不惑也 是以 諸方尊宿 不
外文字 不悋慈悲 或徵或拈 或代或別 或頌或歌 發揚奧旨 以貽後人
則凡欲開正眼 具玄機 羅籠三界 提拔四生者 捨此奚以哉 況本朝 自
祖聖會三已後 以禪道延國祚智論鎭隣兵 而悟宗論道之資 莫斯為急
故宗門學者 如渴之望飲 如飢之思食 余被學徒力請 念祖聖本懷 庶
欲奉福於國家 有裨於佛法 乃率門人眞訓等 採集古話 凡一千一百
二十五則 並諸師拈頌等語要錄成三十卷 以配傳燈 所冀堯風與禪風
永扇 舜日共佛日恒明 海晏河淸 時和歲稔 物物各得其所 家家純樂
無爲 區區之心 切切於此耳 第恨諸家語錄 未得盡覽 恐有遺脫 所未
盡者 更待後賢 貞祐(金國年號)十四年 丙戌(高宗十三年, 1226년)
仲冬 海東曹溪山修禪社 無衣子序”

慧諶의   혜심이 禪問答과 拈頌 등을 채집한 것은 비록 學道의 用心이
思想   로되, 동시에 이것이 天下泰平을 위한 祈禱이기도 한 것이다.
        고려불교의 특색이 여기에 있다.

제5절 혜심의 宗風

慧諶의   曹溪眞覺國師의 어록을 살펴보면 왕왕 祖師門下 正系의 사
宗風   상을 볼 수 있다,

        “上堂云 雲煙消散 孤月自明 沙礫汰除 眞金自現 此事亦爾 狂心歇
        處 即是菩提 性淨妙明 不從人得所以大覺世尊 初悟此事 乃以普眼
        遍觀十方 而興歎曰 奇哉奇哉我觀一切衆生 具有如來智慧德相 但

以妄想執着而不證得 若離妄想 無師智 自然智 無碍智 悉得現前 大
衆 如來是眞實語者 豈欺人哉 若向者裏信得及 直下一刀兩斷 休去
歇去則 便見頭頭上明 物物上現 更不是別人 到者裏無生死可出 無
涅槃可求 只是一箇無事人"(曹溪眞覺國師語錄 上, 七葉左-八葉右)

"師擧佛眼禪師云 身中有先老病死 念上有生住異滅 國土有成住
壞空 此十二種 甚能奇特 凡夫不識爲之漂流 如來出世 指出涅槃妙
心 常樂我淨 譬如還丹一粒 點鐵成金 至理一言 轉凡成聖"(同上 小
參 九葉右)

生死轉變이 곧 如來不死의 大生命이라는 뜻이 스스로 보인
다. 또 心性을 논하기를, "四大之身 有生滅而 靈覺之性 實無生
滅 汝今悟此性則 名無量壽 前後之聖 只會此性爲道 今見聞覺
知 元是汝本性 (…) 衆生現今日用一念妙心 是諸師之本源 迷
則佛衆生 悟則衆生佛"이라고 하였다. 이는 絶封靈心을 直指하
는 것 같다.

慧諶心要　　혜심이 강종에게 올린 心要는 이렇다.

"佛言 此法非思量分別之所能解 又云菩薩 住是不思議 於中思議
不可盡 入此不可思議處, 思與非思皆寂滅 是故若要廣談義路 不無
萬論千經 若圖直造眞源 曷若無心無事 老龐偈云 無心心不起 超三
越十地 究竟眞如果 到頭只這是 德山和尙云 但無心於事 無事於心
虛而靈 空而妙 若毛端許 言之本末者 皆爲自欺 毫釐繫念 三途業因
瞥爾生情 萬劫羈銷 聖名凡號 盡是虛聲 殊相劣形 皆爲幻色 汝若求
之 得無累乎 是知直下無心 最爲省要 內若無心 外即無事 無事之事
是名大事 無心之心 是名眞心 所謂無心者 無心無無心 亦無無心盡

是眞無心 無事者 無事無無事 亦無無事盡 是眞無事 若以事遣事 事
事彌增 將心無心 心心却有 不若 一刀截斷 左右葛藤 更不思前念後
直然放下 放到無放下處 無放下處 亦放下 到者裏 方始大事現前 朗
然獨耀 此是諸聖 放身捨命之處 成佛作祖之處 此名 天眞佛 亦名
法身佛 亦名 如如佛 然若此名句文義 掛在心頭 又却不是 所以道
微言滯於心首 翻為緣慮之場 實際居於目前 盡是名相之境 知是般
事 撥置一邊 但向十二時中 四威儀內 看個話頭 僧問法燈 百尺竿頭
如何進步 燈云啞 世出世間 善惡攀緣種種分別 莫教相續 亦莫斷除
念念起時 但舉話頭 云啞 不得作瘂啞會 不得向意根下思度 不得向
舉起處承當 不得將心待悟 莫管有味無味 悟與不悟 但時時舉覺 念
念提撕 日久月深 知其功能耳 昔茶陵都和尙 常看此話 至於喫茶喫
飯 未嘗忘却 一日因赴外請 騎驢過橋 橋陷驢倒 不覺失聲云啞 豁然
大悟 便作偈云 我有神珠一顆久被塵勞關鎖 今朝塵盡光生照破山河
萬朶 此是古今 實參實悟底樣子也 請陛下 依此樣子 參隨有見處 宣
問山僧 敢不得冗加針應病進藥 鍊金作礦 濟川作舟乎"(曹溪眞覺國
師語錄法語 一葉右-二葉右)

　　이에 慧諶의 心要는 無心無事를 主로 하고, 그 공부는 순전
히 圓悟, 大慧의 看話와 동일한 것임을 알 수 있다.

慧諶의
看話禪
　　또 말하기를, "十二時中 四威儀內 看箇話頭 僧問趙州 狗子
還有佛性也無 州云無 但時時提撕 時時舉覺 不離日用造工夫"
라고 하였다.(同上 四葉右)
　　이로써 보아도 大慧 一流의 공부 外에 벗어나지 못하였다는
증거이다. 혜심이 接人한 手段도 看話禪者의 그것과 완전히 같
은 것이었다.

"師問僧 如何是 佛法大意 僧振身又手 師云 猶滯砂礫在 僧云 砂礫不是外物 師云亂說道理 又云汝問我 僧云 如何是 佛法大意 師便吐舌."

"師一日 浴次 見二僧在左右 便問 水深多少 一僧有語 一僧無語 師捉住一僧 打左腮云 者一掌有語喫 打石腮云 者一掌 無語者喫 又打頂云 者一掌 山僧自喫 更有一掌 分付阿誰."

"師問座主 講何經論 主云 講三別章 師云 何等是 三別章 主云 一道章 一障章 三和諍章是 師提起數珠云 者箇是什麼章 主無語"(同中 十六葉右-十七葉左)

제6절 혜심의 사상

慧諶의 心常身滅說

혜심은 心常身滅의 견해에 떨어진 바가 있다.

上堂하여 말하기를, "記得古人道 識得衣中寶 無明醉自醒 百骸俱潰散 一物鎭長靈 只今說法聽法 歷歷孤明 勿形段者 豈不是一物 曹溪喚作 本來面目 臨濟呼為 無位眞人 石頭謂之 庵中不死人 洞山指曰 家中不老者 皆此一物之 異名也."(同上, 上, 五葉右-左)라고 하였다.

百骸潰散 후에 영겁토록 존재하는 것, 이것이 心性이라고 한 것은 心常身滅의 妄想이다. 南陽慧忠이 일찍이 이를 先尼外道의 見解라고 물리친 일이 있다.

慧諶心性論

혜심은 人性을 無善無惡한 것으로서 白紙와 같다고 하였다.

"汝等諸人 本心是佛 更無別物 但以法爾隨緣 習以成性 故有善惡愚智差別 譬如湍水 決東即東 決西即西 亦如尺蠖食蒼即蒼 食黃即

黃 楊朱泣岐 墨子悲絲 此見雖小可以喩大 無明力大不思議 故不染
而染 而成凡 般若力大不思議 故染而不染 而成聖 可不憤歟 可不憤
歟 卽知心是佛 心卽合行 依佛行知過而改 伊蘭尙作栴檀 把本而修
銅質豈非明鏡"(同上 二十七葉 左)

本心이 이미 부처이니 心性이 곧 至善임은 말할 것도 없다.
이미 至善이고 보면 異端의 無善無惡을 性이라고 한 것과 같
을 수 없다. 혜심의 性에 대한 설명은 철저하지 못한 것이 있
다. 혜심은 儒禪의 一致를 설하고 이 二者의 타협을 바랐다.
그래서 이렇게 말한다.

慧諶儒禪   "認其名則 佛儒向異 知其實則 儒佛無殊 不見 孔子曰 母意母我
一致說   母固母必 無盡居士釋之曰 夫母意則必有眞意者存焉 母我則 必有
眞我者司焉 母固則 必有眞固者在焉 母必則 必有眞必者守焉 眞意
酬酢萬變而不亂 眞我宰制 群動而不流 眞固出入生死而不易 眞必
裁成 衆志而不惑 聖賢以是生 以是死以是富貴 以是貧賤 謂之白玉
矣 欲其爲石可得乎 謂之精金矣 欲其爲鉛可得乎 謂之聖賢矣 欲其
爲下愚可得乎 無盡之說 實獲我心 所謂眞意 眞我 眞固 眞必者 盖
隨用而說 故有四名 究實而論 的無別體 但人人無念心體 不借緣生
不因境起 虛而靈 寂而照 貫通萬法 透徹十方 亙古亙今 無斷無滅者
是也"(同上書 十四葉左-十五葉右)

이건 附會의 說이요, 無理의 談이다.

狗子佛性   더구나 僞經을 引證해서, "起世界經云 佛言我遣二聖往震旦
揀病論   行化 一者老子是迦葉菩薩 二者孔子是儒童菩薩 據此則儒道之

宗 宗於佛法 而權別實同者乎"(同上書 十五葉 右)라고 한 것은
不經의 망설이다. 혜심은 또 狗子佛性 揀病論(僅三紙)을 지어
서 有無를 떠나서 超悟하는 旨를 談하였다

제7절 慧諶의 詩文

無衣子
詩集

慧諶은 才機縱橫하여 詩集 2권이 있고, 宋 慧洪覺範과 酷似
하다. 혜심의 竹尊者傳, 氷道者傳과 같은 것이 그 適例이다.

竹尊者傳

〈竹尊者傳〉

"尊者姓簫 諱洒然 字此君 長沙之祖 玉泉之弟 其父母鄕貫 莫得
而詳 好遊渭水之濱 湘江之岸 酣風醉月 飽雪飯霜 則其骨冷神淸
節高調遠 槩可知也 唐之簫悅 宋之老皇 文與可 本朝丁公等 皆知
音也 最厚且親 又能寫眞 其所寫者 世以爲珍 尊者之德 不可勝記
也 略計有十種 一纔生便秀 二漸老更剛 三其理調直 四其性淸凉
五其聲可愛 六其容可觀 七虛心應物 八守節忍寒 九滋味養人 十多
材利世有時辨供 能招瑞鳳 或處現通 解化獰龍 雖遍界分身 而常住
崇勝寺 時人獻尊者之號 或問 旣稱尊者理應無累 云何却受二妃之
淚 曰唾面待自乾 況是淚痕斑 問智力勇果不受欺詐 云何容受王化
銅馬 曰欲知吾道大 不與物情背 問一悟永悟更不疑 云何五月十三
迷 曰君不聞乎 大智如愚 問曾爲香嚴老 開何秘要門 曰我今無說說
汝可不聞聞 問山陰隱士云何云一日不可無此君 曰應恐暫離眞善友
無端惹得俗情薰 問海岸孤絶處 補陀洛迦山 助揚何佛事 侍立碧巖
間 曰日日霑甘露 時時作梵音 涓塵裨海岳 聊助大悲心 間避地遠恥
辱 可名爲智人 胡爲秀鐵面 漫壞吾師眞 曰解脫打文殊 時稱大丈夫

雲門棒釋迦 世號眞作家 彼既非驕慢 我亦無慙赧 可謂知恩人 方能
解報恩 問淨因云 此君代我說法 未審代說何法 曰令人見則袪煩熱
便是渾身廣長舌 問所守恒一 不易其質 何故清平園裡 或短或長 多
福寺中一曲一直 曰曲也只如是 直也只如是 長短亦復爾 思思可知
矣 其對人機辯類如此 洪覺贈之以詩曰 高節長身老不枯 平生風骨
白清癯 愛君脩竹為尊者 却笑寒松作大夫 未見同參木上座 空餘聽
法石於兎 戲將秋色供齋鉢 抹月批風得飽無 無衣子 亦於己丑年冬
有詩贊曰 我愛竹尊者 不容寒暑侵 年多彌勵節 日久益虛心 月下弄
清影 風前送梵音 皓然頭戴雪 標致生叢林 其子有玉板長老 東坡器
之之輩 嘗訪之飽參而去."

氷道者傳 〈氷道者傳〉

"道者姓陰氏 諱凝淨 字皎然 水鄉人也 父曰玄英 母曰青女 其母
夢見風霜 覺而有娠 十月而誕 通身瑩若瑠璃 禀質硬如鐵石 幼依風
穴寺 潔志律身 面目嚴冷 凛然不可犯 既壯 歷參 寒山 霜華 雪竇
皆密受印記 陸沉溝壑 世莫有識之者 無衣子一見而奇之 乃擧以立
僧 因號為氷道者 自是名播諸方 韻州令陽奕夫 以大陽寺請不赴 陰
城守嚴大凝 雅信此道 虛寒豁席 致公出世 衲子輻輳 開堂日 有問
師唱誰家曲 宗風嗣阿誰 曰開雪竇口 出霜華氣 問法無取捨 為什麼
不赴大陽請 曰非于汝事 間寒向火師為什麼不向火 曰我不畏寒 進
云 轉生作熟時 作麼生 曰我不受食 問三世諸佛在火焰裏 轉大法輪
師還甘也 無衣子 曰雲月是同 谿山各異 問趙州道想料上房 兜率天
也 無如此日煮背 師還肯麼 曰我不似者窮鬼子 問如何是室內一盞
燈 曰看看 問臘月大燒山時如何 曰休休 言多去道轉遠 乃云 吾心
似秋月 碧潭清皎潔 無物堪比倫 教我如何說 良久云 曉天雲淨濃霜

白 千峰萬峰鎖寒色 衆皆異之 公平生不食而不飢 不浴而不垢 脇不
至席 迹不涉塵冬不開爐 夏不結制 至冬月 衲子煎點之夕 公必赴之
俎豆 其中不言不笑 兀坐達旦 目不暫瞬 衲子愛之忘去 常示衆曰
休去歇去 冷湫湫地去 一條白練去 蓋不忘霜華血脈也 一日告門人
曰 吾滅度後 不得燒取舍利 眩惑時人 可全身葬於古鄉中 切囑切囑
因說偈曰 通身不昧箇靈光 透秀穿皮絕諱藏 莫訝須臾成水去 示無
常處是真常 言訖泊然而化 謚曰融一禪師 塔曰澄明 其剃髮受具所
閱世坐夏之數 皆不詳云 贊曰 或謂公平生簡嚴 不喜接衲 卒世無嗣
悲夫 是大不然 觀相而悟 不言而信 潛通暗證者 不可勝計 大振霜
華 雪竇之道 未有如此 公者惜乎 其所短者惡熱而己 然趨炎赴熱
道者所忌 不足爲悲 因系之頌曰 月窟風恬露凝掛 藍田日暖烟生玉
千般世喩況難成 嗟嘆詠歌之不足 明似日兮峻似山 寒於水兮瑩於
玉 忽然崩倒示無常警世老婆心已足.″

혜심에게 六箴의 偈가 있으니 평생의 用心處였음을 알 수
있다.

慧諶六箴　眼：塵中有大經 如何看不了 速撥律陀眼 早開迦葉笑 欝欝渭邊
松 青青原上草 咄咄咄 漏逗也不少.

耳：莫逐五音去 五音令汝聾 觀世音安在 圓通門不封 磬搖明月
響 砧隔白雲春 噁噁噁 好與三十棒.

鼻：香處勿妄開 臭中休强塞 不作香天佛 況為屍注國 鐺中煎綠
茗 爐中燒安息 呵呵呵 其處求知識.

舌：不貪法喜羞 況嗜無明酒 莫說野狐禪 終日虛開口 默入獅子
窟 語出獅子吼 誰知語默外 更有那一句.

身：莫咬一粒米 莫掛一條絲 恐失家常飯 須染孃生衣 壺中一天地 劫外四威儀 汝若不如是 何名出家兒.

意：忘懷墮鬼窟 著意縱猿情 更擬除二病 未免野狐情 水任方圓器 鏡隨胡漢形 直饒伊麼去 猶較患聾盲.

慧諶
死生觀

다음은 死生이 畢竟에 空임을 관하고 지은 게송이다.

〈聞辨禪師計〉

時先我來 去時先我去 珍重辨師兄 冥冥獨遐擧 而我豈久存 浮世如逆旅 返觀去住蹤 不得絲毫許

〈吟出家境界〉

出家須自在 幾箇透重關 獨步遊方外 高懷傲世間 片雲身快活 霽月性淸閑 一鉢一殘衲 鳥飛千萬山.

慧諶의
息心偈

〈息心偈〉

行年忽忽急如流 老色看看日上頭 只此一身非我有 休休身外更何求.

〈池上偶吟〉

"微風引松籟 蕭蕭淸且哀 皎月落心波 澄澄淨無埃 見聞殊爽快 嘯咏獨徘徊 興盡却靜坐 心寒如死灰"라고 하여 休歇의 心地를 즐기었고, 知足安分을 좋아하면서 遊山의 詩에, "臨溪濯我足 看山淸我目 不夢閑榮辱 此外更無求"라고 道破하였다.

禪機를 보인 出山相讚에, "眼皮蓋盡三千界 鼻孔能藏百億身

孤憤歌

箇箇丈夫誰受屈 靑天白日莫謾人"이라고 하였다. 또 이 孤憤歌는 諶의 人生觀의 一面을 말해 준다.

慧諶人生　　人生天地間 百骸九竅都相似 或貧或富或貴賤 或妍或醜緣何事 曾聞造物本無私 乃今知其虛語耳 虎有爪兮不得趐 牛有角兮不得齒 蚊虻有何功 旣趐而又觜 鶴脛長兮鳧脛短 鳥足二兮獸足四 魚巧於水拙於陸 獺能陸又能水 龍地龜鶴數千年 蜉蝣朝生暮當死 俱生一世中 胡奈千般萬般異 不知然而然 夫誰使之使 上以問於天 下以難於地 天地默不言 與誰論此理 胸中積孤憤 日長月長銷骨髓 長夜漫漫何時曉 頻向書窓啼不已"

〈代天地答〉

萬別千差事 皆從妄想生 若離此分別 何物不齊平

瑞巖主人公의 話를 頌하여 七偈를 作한 것이 있는데, 다음과 같다.

主人公 諾 聽我箴 最好堅除殺盜婬 火聚刀山誰做得 都緣是汝錯行心

主人公 諾 聽我論 到處逢人須愼口 口是禮門尤可防 維摩默味宜參取

主人公 諾 聽我辭 十惡冤家速遠離 惡自心生還自賊 樹繁花果反傷枝

主人公 諾 聽我語 旦暮浮生能幾許 昨日虛消今日然 生來死去知何處

主人公 諾 惺惺著 十二時中常自覺 從來身世太無端 夢幻空花休把捉

主人公 諾 心卽佛 非佛非心亦非物 畢竟安名喚作誰 喚作主人早埋沒 咄

(同上 417-418쪽).

일찍이 通度寺 金剛戒壇에 禮拜하고 지은 게송이 있다.

〈題通度寺 戒壇〉

釋尊舍利鎭高壇 覆釜腰邊有火癍 聞道黃龍塔災日
連燒一面示無間

〈又袈裟(稱佛衣)〉

慇懃稽首敬歸依 是我如來所著衣 因憶靈山猊座上
莊嚴百福"相"巍巍

貞祐 九年 壬午 仲冬 高麗曹溪山修禪社 無衣子 眞覺述

金剛經賛　無衣子 作 金剛經賛이 있어 洛山寺에 收藏되어 있는데, 거기
에 이르기를,

般若大智光 堅利如金剛 能破一切障 四魔惡敢當 經義回思議
果報亦難量

降心住無住 離相是宏綱 信解等諸佛 或見須菩提 枷鏁不我繫
刀兵"豈"我傷

이상의 賛에 낱낱이 異蹟靈驗을 들어서 설명하였다.

覺雲　혜심의 문인에 覺雲이라는 자가 있어 『拈頌說話』를 지어서
이를 注解하고 說破하여 學者를 위한 隅를 세웠다. 拈頌說話序
에 云 "無衣子 慧諶의 禪門宗匠의 拈提, 偈頌, 代語, 別語 등을
모아서 30卷이 되었는데 이것이 拈頌이다. 龜谷覺雲이 說話를
지어서 이를 註하여 初學에 便利를 주었는데, 이제 一安(道
安?)의 釋을 만나서 비로소 크게 行하였다."라고 하였다. 또 말
하기를, "佛祖之法 由諶而布 諶之書 由雲而明 雲之說 由安而
傳"이라고 하였다. 그러나 說話를 撰한 자는 無衣子의 門人 覺
雲이고, 龜谷覺雲이 아닌 것이다.

拈頌說話
作者考

明 嘉靖 17년 朝鮮 中宗 33年 刊本인『拈頌說話』의 跋에 云, "海東眞覺大士 獵取諸錄對傳燈 而集成拈頌 五六卷, 傳於覺雲 雲奉命于修禪社 入院三年 涉世忘然 而掩觀七日 粲然明著 故 俯爲後昆 寫斯記 時筆端五色舍利 落如雨點云云 皇明 嘉靖 十 七年 歲在著雍閹茂應鍾哉生魄華嚴宗裔宇宙翁跋"

此後의 刊本에는 上記의 跋을 싣지 않았기 때문에 錯誤가 생긴 것이다. 李能和氏는 말하기를, "雲師於智異山 上無住菴 作說話"(조선불교통사)라고 하였는데 그 증거는 未詳하다.

제8절 天頙의『禪門綱要』

天頙傳

慧諶에게 參詣한 자로서 白蓮社 天頙이 있다.『동사열전』卷 2 眞靜國師傳에 말하였다.

"師名天頙 字天因 號內願堂 姓申氏 本赫世卿相之子 二十登第 文章震耀一世 而一朝出家於金陵之萬德山白蓮社 落髮於蓮律 受鉢 於圓妙(了世)晩年襲爲國師 白蓮社移住龍穴菴 人稱龍穴大尊宿 元 順帝至元三十年(忠烈王 十九年 西紀一二九三年)癸巳十一月 『撰 禪門寶藏錄』三卷 又『禪門綱要』一卷『傳弘錄』四卷 行于世 麗朝贈 諡眞靜國師 爲八國師之第四世也 弟子釋敎都僧統覺海圓明佛印靜 照國師 孫浮菴無寄大禪師 住燕谷 住輪山北菴 本朝丁洌水作序文 作贊 塔曰杲菴 文集二卷四篇行于世"

天頙傳考

傳에 소위 至元 三十年 癸巳는 元 세조의 연호로서 順帝의 연호가 아니다. 천책은 宋 이종 순우 8년(高宗 35년, 1348년)

에 入寂했다는 것이 『동문선』에 나타났으므로 至元三十年撰 『禪門寶藏錄』이라고 한 것도 믿을 수 없으며, 국사의 호도 靜明이지 眞靜이 아니다. 天頙을 『동문선』에는 法諱는 天因이라고 기록하였고, 또 天頙이 慧諶에 參詣하였음을 말하였다. 圓妙國師 了世는 知訥에게 參詣하였으니까 天頙이 혜심에게 參諶함도 사실일 것이다.

林桂一이 萬德山白蓮社 靜明國師詩集序에 말하였다.

"國師 諱天因 系出朴氏 燕山郡(今 忠北 淸州郡)人也 弱齡穎悟 博聞强記 以能文稱 (…) 抵萬德山 參圓妙國師(了世)旣零染 因造諶松廣山詣和尙 得曹溪要領而還舊山 祗服師訓誦蓮經 始開普賢道場 涉二稔歸隱智異山 又移錫毗瑟山 屛跡修眞 累歲洒還 後國師傳天台敎觀 慧解果發 機辯風生 及國師旣耄 欲令繼席 師卽脫身避之上洛功德山 會今相國崔公滋守洛 創米麵社以邀之 師將老焉 國師再遣人 强迫且讓云 何背絶之甚 率不得已 來主院門 從衆望也 丁未(高宗王三十四年宋淳祐七年)冬 避胡寇(元兵)入象王山法華社 示微疾 (…) 明年(西紀一二四八年)孟秋初七 法付門人圓院 (…) 退寓山南龍穴菴 掩關絶事淡如也 八月四日 召門弟曰吾當行矣 (…) 至五日 陞座厲聲云 大丈夫衝天氣焰 於何處用 侍者問 四土淨境現前 未審遊戱何土 答唯一性境 又告衆云 病僧絶粒十餘日 脚甚無力 然得法身冥資 脚力稍健 將此脚力 天堂亦得 佛利亦得五蘊廓淸 三界無迹 謁一偈曰 半輪明月白雲秋 風送泉聲何號是 十方無量光佛利 盡未來際作佛事 言訖而逝 年四十四"(『동문선』 83권, 335-336쪽)

다음에 天因의 詩 二, 三을 抄한다.

〈誓上人 在龍穴寫經 有詩見贈 次韻奉答〉

海門千點山 點點遙可數 憑欄試一望 窅有烟霞趣 君居疊翠間 爽氣常吸漱

神淸鶴骨癯 毛衲雲縷縷 自言素無能 餘事難入手 唯思寫蓮經 欲以滌瑕垢

淸風掃一室 是中亦何有 明窓置淨几 寫二稽首 妙哉精進幢 末季無出右

緖餘能爲詩 辭婉氣渾厚 拳拳意未已 如犢渴思乳 所恨兩差池 未共山中住

幾廻淸夜夢 飛到龍泓口 歸期在不遠 且待歲云暮

〈病中雲住叔大老見示松檜圖〉

病失平生無所求 過眼外物如雲浮 自居南國地荒僻 苦厭荆棘叢林稠 唯思千岩萬壑間

長松老檜粧蒼煙 殘年巾錫寄其下 便欲絶世遺塵緣 嗟哉老叔會吾意 爲吾索得金華牋

興來不覺老將至 弄筆窓光呈墨戱 須臾雙幹出幹岸 梢頭已有微風起 廻柯交錯鐵輪困

氷枯雪老恒無春 乃知造物別有意 假手于我傳其神 此老貟襟叵涯胗 萬像森羅如海印

禪餘妙思軼象外 寫出此圖爲遠信 開緘滿座動顏色 盡道神奇尤絶品 病中對玩固已幸

況是從來戀淸境 朝朝爽氣洒然來 洗我百念俱灰冷

〈洪英上人 以詩見贈 次韻答之〉

久聞身世兩都忘 飽得禪門氣味長 東請幾時甘粉骨 南詢此日再遊
方 皇州應厭風塵擾

江國還思橘柚香 斥鷃一枝聊適性 冥鴻千里好隨陽 已知榮辱多翻
覆 不用機籌巧度量

萍迹隨波元不住 雲心戀岫更何忙 珠廻妙唱驚投暗 氷釋牢愁似灌
湯 萬事空華纔過眼

百年歸客又催裝 多君獨向煙霞老 素抱難廻鐵石腸 靖退空閑猶小
節 好從佳處早開場

禪門綱要　　　清風長老의 述이라고 한 『禪門綱要』는 『禪門撮要』 卷下에
수록되어 있는데, 그 三聖章은 臨濟의 玄要를 설한 것으로서
言言 句句가 看話禪者의 常套에 떨어진 것이고, 다음 二賢話
는 句, 玄, 要, 照用 등을 설한 것으로서 임제 下에 있어서의
尋常一樣의 談과 같은 것이다. 그 중에 曹洞, 臨濟의 차이에
언급하였다.

　　"若洞上宗 則須看語勢辨來蹤 論賓主 定尊卑 如有語中無語 偏中
正 無語中有語 正中偏 不有不無不偏不正 兼中到 與至 帶病不帶病
在途不在途 色類語類等說 咸有格例 各引諸師語句 為例為證 此所
謂是非審定 不違法印也 唯臨濟下 則不然 雖有三玄三要四照用四
料簡等義 略不揀精粗語例 但驀直向一機一境上 石火電光中 把得
便用"(『禪門撮要』 卷下. 『禪門綱要集』 七葉 左-八葉 右)

　　이것은 曹山 등의 糟粕을 오인하여 洞上(曹洞)의 眞風이라

고 하고, 五祖법연과 圓悟 등의 慣用手段을 임제의 宗風으로
안 것이다.

다음 一愚說에서 三句의 문답을 마치고는, "僧禮拜曰 今日
徹見臨濟心髓 余久參叢林 多見尊宿 未有如此之詳辨者也 於末
代中 再振臨濟宗風者非長老而誰"라고 한 것을 보면 淸風의 自
負狀을 알 수 있다.

또 다음 山雲篇에 雲門의 宗乘을 문답하고 그 三句를 설명하
였으며, 최후에 雲門三句를 評唱하기를, 雲門의 三句와 臨濟의
三玄三要와 智者의 三止三觀이 모두 一旨라고 結論하였다. 諸
宗習合의 時代思想에 빠진 것이라고 할 수 있다.

『東師列傳』卷5에 云, "麗朝眞靜(天頙)浮菴(天頙法孫)作禪
門綱要一卷 因此白坡老 作『禪文手鏡』一卷"이라고 하였으니
그렇다면 所謂 淸風은 天頙이 아닌 것인가? 優曇洪基는『禪門
綱要』를 中華人의 作이라고 하였으니 疑心된다.

제9절 俗信의 유행과 五教兩宗의 명칭

제24대 원종은(1260-1274년)은 원년에 康安殿에서 즉위하
여 灌頂하고 보살계를 강녕전에서 받았다. 5년에 中郞將 白勝
賢이 아뢰기를, 塹城에 醮하고 또 三郞成 神泥洞에 假闕을 지
어서 五星道場을 베풀면 親朝(朝覲蒙古)가 쉬게 되고 三韓이
변하여 震旦으로 되며 大國이 來朝할 것이라고 하니 王이 이를
믿고 명하여 三郞城에 假闕을 짓고 비로서 大佛頂五星道場을
베풀기를 무릇 4개월이었다.

同年에 白勝賢이 또 아뢰기를, 圖讖에 '姬龍의 後 重興의 說'이 있으니 마땅히 王의 諱를 고치되 周나라 康王의 諱인 釗字로 할 것이라고 하니 王이 이에 따랐다. 이미 고구려왕 釗가 其死를 不得함을 忌하여 舊名을 회복하였다. 또 이렇게 宣示하였다.

"自祖聖以來 全仗佛敎密護延基 夫仁王般若 偏爲護國安民最勝法文 如經所說 百師子等 法寶威儀乃道場之急具也 往者移都時 師子座 不能輸入 及乎法筵 儀不如法 金俊爲寡人親朝 欲設仁王法會 印成是經 新舊譯各一百二部 造師子座一百 彩書粧飾 至於供具 衣物無不精備 忠誠深重"(高麗史 卷26, 392쪽)

12년에 蒙古 吐蕃僧 4인이 오니 왕이 宣義門 밖에 출영하였다. 13년에 門下侍中 李藏用이 卒하였다. 『高麗史』에는 이렇게 기록하였다.

"李藏用 初名仁祺 (…) 高宗朝登第 調西京司錄 入補校書郎 兼直史館 累遷國子大司 成樞密院承旨 (…) 元宗元年 參知政事 (…) 十三年卒 年七十二 美風儀 性聰明 恭儉沈重 博覽經史 陰陽 醫藥 律曆 靡所元通 爲文章 淸警優瞻 又喜浮圖書 嘗著 禪家宗派圖 潤色華嚴錐洞記"(高麗史 卷101, 203쪽)

14년에 왕이 天文이 자주 변하므로 消災道場을 本闕에 베풀고, 명하여 囚人을 석방하고, 賢聖寺에 行幸하여 五敎兩宗의 僧徒를 모아 道場을 男山宮에 設하고 써 賊을 平定할 것을 기원하였다. 五教兩宗이란 말은 처음 李奎報의 志謙傳에 보인다.

義天 때에 戒律宗, 法相宗, 涅槃宗, 法性宗(三論), 圓融宗, 禪寂宗의 6宗이 있었는데 의천이 귀국하면서 천태종의 재흥이 있고, 知訥 이후로 조계산의 禪宗이 있었다. 때문에 教에는 계율, 법성, 법상, 열반, 원융종 이렇게 5宗이 있고, 禪에는 禪寂宗과 天台의 2宗이 있었다. 지눌의 禪宗은 禪寂宗과 같고, 天台도 또한 禪의 일파로 본 것이다. 그래서 五教 兩宗이라고 한 것이 아닐까. 後編에 이르러서 委細히 논해진 듯히디.

五教兩宗

제10절 曹溪 第4世 混元

混元傳

金坵의 撰인 晋州 臥龍山 慈雲寺 眞明國師碑에 云, "混元의 俗姓은 李氏, 逐安縣(黃海道)人이다. 나이 十三에 品日의 雲孫인 宗軒에게서 披剃受具하였고, 聰慧가 絶人하여 드디어 崛山 叢席의 首가 되었다. 禪選에서 上上科에 들었으나 名利心이 없었고 策杖 遊參하여 처음은 雙峰의 辯靑牛에게 뵈고 服勤한 지 數年에 그 閫奧를 얻었으며, 다음은 曹溪에 나아가 慧諶에게 參詣하니 혜심이 크게 그릇으로 인정하였다.

또 일찍이 國師 淸眞(曹溪山 第三世)에게 師事하여 그 골수를 얻었다.

柱國 崔瑀元이 道業을 숭앙하여 奏하여 三重大師를 加하였다. 또 奏하여 定慧社에 住하도록 청하였다. 얼마 안 있어 衆을 領率함을 싫어하고 書를 崔瑀에게 보내어 고사하였다.

高宗 32년에 柱國 崔怡가 禪源寺를 짓고 크게 낙성법회를 열어 混元을 主盟으로 청하였다. 明年에 精鍊衲子 二百人을

領率하고 入京하여 禪源寺에 住하였다. 왕이 장차 大禪師로 삼으려고 하였고, 崔怡는 疏를 撰하여 開堂을 청하였다. 그래서 陞座하여 清眞에 嗣하였다.

수일 만에 왕이 臨幸하여 가사를 獻하고 꿇어 앉아서 疏를 呈하였다. 설법이 旨에 맞으매 왕이 大悅하였다. 混元이 輦下에 있었으나 뜻은 항상 雲壑에 있었으매 자주 還山할 것을 청하였으나 許하지 않았다.

39년에 清眞이 입적에 임하여 院門을 混元에 붙이었다. 왕은 이에 명하여 曹溪의 第4世로 삼았다. 曹溪에 주석한 지 5년, 43년에 이르러서 禪源의 法主旦으로 代住하게 하고 志를 雲水間에 放하였다.

45년에 왕이 混元의 도덕을 흠앙하여 中使를 보내어서 맞이하니 마지 못하여 西上하였다. 王이 迎勞하여 慈雲寺에 들게 하고, 46년에 책봉하여 王師로 하였다. 원종 대에 이르러서는 예우가 더욱 더하였다. 混元이 退休를 청하기 再三, 王이 大内에 맞아들이어 親히 師禮를 行하고 손수 饌을 勸進하며 從容히 說話하다가 늦게야 하직하였다.

원종 원년 10월에 山으로 들어갔다. 上堂하여 말하기를,“入門殿閣凌空 舉目溪山似畫 人云倦鳥知還 天遣老龍憨臥 諸仁者 龍既臥矣 慈雲何在”하고 良久에 云,“行到水窮處 坐看雲起時”라고 하였다.

說法利生이 무릇 12년, 원종 12년에 方丈에서 示偈云,“今朝臘月一 看看 三十日到來 正念無忘失”이라고 하고 淹然히 坐化하니 나이 81세였다. “國師로 加封하고 眞明이라 諡號하였다.” (朝鮮金石總覽 上 593-594쪽. 『東文選』 117권, 208-210쪽)

眞明國師

제8장 天英, 冲止의 興禪, 紹瓊의 西來, 見明의 博文

高宗王과
忠烈王의
時代

고종 시대에 天英이 禪源社의 主盟으로서 門風을 熾盛히 하였고 冲止가 이에 계승하여서 牧牛子의 遺軌를 크게 빛내었다. 충렬왕 때에 이르러서 元朝의 威壓이 크게 더하였고 喇嘛(라마교)의 迷信이 또한 人心에 해독을 끼침이 적지 않았다. 惠永의 敎化와 紹瓊의 西來도 이를 구원하기엔 부족한 것이었다.

見明은 비록 박식하고 慧敏하였지만 사상과 신앙이 둘 다 不純하였다. 고려불교의 凋弊를 알 만하다.

제1절 天英의 行業

天英傳

李益培가 撰한 曹溪山修禪社 第五世慈眞圓悟國師 碑銘에 云, "天英의 속성은 梁氏, 고종 2년에 탄생, 12년에 조계의 국사 眞覺慧諶에게 나아가 15세에 득도하고 20년에 談禪法會에 나아가서 座元이 되었다. 23년에 禪選에서 上上科에 급제하였다.

南遊하는데 국사 淸眞이 조계에서 盛化함을 듣고 바로 가서 參扣하니 智慧 능력이 더 밝아졌다. 또 국사 眞明(混元)에게서 法要를 咨決하니 道聲이 遐邇에 퍼졌다.

33년에 柱國 崔怡가 禪源社를 지어 크게 禪會를 베풀고, 아뢰어 眞明을 맞이하여 法主를 삼는 한편 國內의 名德 三千을 召致하였다. 天英도 그 자리에 나아가서 崔怡에게 敬重되었는데, 崔怡는 왕에게 아뢰어서 三重大師를 제수하였다.

고종 35년에는 奏上하여 禪師를 加하고 斷俗寺에 머물게 하였다. 다음 해에 崔怡가 昌福寺를 짓고 天英을 청하여 主盟을 삼았고, 37년에는 고종이 명하여 禪源社의 主를 삼았다.

다음 해에 柱國 崔沆이 普濟寺 別院을 세우고 九山의 禪侶를 招集하여 天英으로 하여금 主盟이 되게 하였다. 고종 39년에 淸眞이 順世하자 眞明이 曹溪에 住하고, 天英으로써 禪源社의 法主를 삼았다.

고종 43년에 眞明이 천영을 천거하여 자기의 代身으로 하고 조계를 嗣承하게 하였다. 王이 大禪師의 법계를 올리고 宮中에 영입하여 손수 供饌하였으며, 中使로 하여금 조계로 送至하게 하였다. 宗綱이 크게 펴지고 玄學이 폭주하였다.

충렬왕 12년(1286년)에 請을 받고 高興郡 佛臺寺에 있다가 長老를 불러 말하기를, "老漢欲歸 汝等好住"라 하고, 淨髮更衣하고 小禪床에 앉으니, 僧이 묻기를, "牧牛子道 不昧一着子 和尙還不昧也無"하였다. "昧與不昧 總不干他事"라고 하니 또 僧이 묻기를, "脫却殼漏子 向什麽處相見" 하였다. 云 "問求道吾去" 又云 "時將至矣 不須多語 生也如著袴 死也如脫裙 那個是 着脫底人" 良久云 "不見牧牛子道 千種萬般 總在這裏"라고 하고, 말을 마치자 泊然히 遷化하였다. 慈眞圓悟國師라고 시호하였다. 향년은 72세였다."(조선금석총람 上, 595-596쪽)

『補閑集』에 다음의 逸話가 실려 있다,

"修禪社卓然師 宰相之子 筆法絕倫 甲辰春 自京師還江南 道過鷄龍山下一村 見有鵲栖於樹 體皓臆丹尾黔 居氏長福云 此鵲來巢已

圓悟國師

卓然師

七年矣 其雛每歲 爲土梟所食 呼訴不已 哀感所鍾 一年頭始白 二年
頭盡白 三年體渾白 及今年幸免其厄 尾漸還黑 然師異之 語同社天
英師 師曰噫 此所謂禽頭人也 遒作詩曰 怨氣積頭成雪嶺 血痕沾臆
化丹田 渠如不惱他家子 四海霜毛一日玄 英師爲晉陽公(崔瑀)所麾
住斷俗爵 禪師時年三十餘"(『補閑集』卷下, 151쪽)

제2절 冲止의 행장 및 사상

冲止傳   金曛이 撰한 圓鑑國師碑銘에 云,"法桓은 스스로 宓菴이라고
호하였고, 뒤에 改名하여 冲止라고 하였다. 姓은 魏氏, 定安(충
청북도)사람, 고종 13년에 탄생하였다. 9세에 就學하였고, 19
세에 狀元에 올랐으며, 日域에 奉使하여 國美를 異邦에 나타내
었다.

당시 圓悟國師(天英)가 禪源寺의 主였는데, 冲止가 그에게
서 剃染受具하고 南詢하여 講肆를 歷參하였다. 처음부터 住
持人 되기를 欲求하지 않았으니 대체로 太原孚上座의 高風을
사모한 것이었다. 나이 41세에 이르러서 金海縣의 甘靈社에
住하였다. 한 禪客이 詩를 청하자 冲止가 이르기를,"春日開
花桂苑中 暗香浮動小林風 今朝果熟沾甘露 無限人天一味同"
이라고 했다.

이 詩는 人口에 회자되었다. 遠近에서 望風雲集하였고 크게
玄機를 떨쳤다. 충렬왕12년에 圓悟가 입적하니 대중이 冲止를
천거하여 繼席하게 하였다. 이에 入院 開堂하여 曹溪山의 제6
세가 되었다. 住院(송광사에 머문 지) 7년에 다시 普照의 遺軌
를 크게 빛낸 것이다.

충렬왕이 冲止의 덕을 嘉賞하고 宮使를 보내어서 영접, 馹(일.
驛馬)에 태워서 中夏(중국)에 이르게 하였다. 元 世祖는 賓主의
예로써 대우하고 금란가사와 白拂一雙을 하사하였다. 충렬왕
18년(1292년)에 병이 있어 淨髮更衣하고, 遺偈를 설하기를,

> "閱過行年六十七 及到今朝萬事畢 故鄉歸路坦然平 路頭分明
> 未曾失 手中纔有一枝笻 且喜途中脚不倦"이라고 하고, 표표히

圓鑑國師 遷化하였다. 圓鑑國師라 贈諡하였다. 壽는 67세였다.

『圓鑑集』과 『圓鑑國師語錄』이 세상에 유통하고 있다(『圓鑑
集』附錄, 『조선금석총람』 下, 1035-1036쪽). 冲止가 禪源社에
주할 때 契丹本 大藏經이 있어 部秩簡輕하여 二百函에 차지
않았고, 紙薄字密하여 一千册이 못 되었으며, 精巧無比한 것이
없는데 아깝게도 塵侵蠹蝕하여 行缺字損하였다. 그래서 다시
원을 발하고 繕完에 致力, 函卷이 빠진 것은 再印하여 채우고,
字行이 缺한 것은 다시 써서 구비하여 松廣寺로 옮겼다. 그 功
을 아뢰니 곧 千指의 禪流를 모으고 九旬(90일)의 海會를 열어
서 이의 낙성을 경하하였다.

圓鑑國師
逸蹟 圓鑑國師 逸蹟에 云, "高麗 高宗朝戊申(35년)狀元及第 官至
翰林學士樞密院副使 後出家 法號法桓 後改號冲止 (…) 堂號
宓菴"이라고 하였다. 원감국사의 眞形은 長興郡 夫山面 九龍
里의 岩中에 있다고 전한다.

冲鏡王師 法桓이 撰한 冲鏡王師(眞明과 同人일지)祭文에 의하면 왕사
는 桓의 師事한 자로서 眞覺 無衣子의 門人이다. 제문에 曰,

> "識兼三敎 氣壓諸方 久游眞覺之門 深入小融之室 (…) 四生倚爲
> 津梁 七衆仰若星斗 念惟鄙拙 素切傾翹 會應詔花都 就求剗草及傳

燈松嶠 獲拈摳衣 洎龜皐之退休 至龍彎之歸老步步常隨於瓶錫 時
時久費於鉗鎚 根器淺微 安敢得皮而得髓 (…) 顧二十四年之恩憐
實千萬億劫之緣幸 今捨去 安所依歸 (…) 位尊萬乘之師 齒邁八旬
之壽 名流夏夷 道蓋人天"

　　왕사는 定慧寺에 주하면서 祖師禪을 진흥하였다는 것이 桓
의 疏에 보인다.

冲止의
思想
　　『圓鑑國師語錄』을 살펴보면 冲止는 儒士와 같이 천명을 믿
고. 운명에 安住한 듯하다. 그러기에 말하기를, "凡人之一行一
止 固不可自裁 而殆必有使之者歟 孟軻所謂 行止非人之所能為
乃今益信之矣"라고 한 것이리라(『圓鑑錄』 10葉左).
　　이는 儒禪 조화의 思潮로서 眞個의 禪旨가 아니지만 유학을
겸수한 사문으로서 면키 어려운 바이다. 또 말하기를, "他時重
會固難期 甚欲挑灯話所思 尺地反成千里隔 此心唯有彼蒼知"
(同上 20葉右)라고 한 것도 儒士와 같이 蒼天의 明鑑을 믿은
것이다.
　　또 다음과 같이 말하였다.

　　"農時須及時 失時無復為 (…) 上天解時節 膏澤方屢施 征東事甚
急 農事誰復思 (…) 尺地不墾闢 民命何以資 民戶無宿粮 太半早啼
飢 況復失農業 當觀死無遺 嗟予亦何者 有淚空漣洏 哀哉東土民 上
天能不悲 安得長風來 吹我泣血詞 一吹到天上 披向白玉墀 詞中所
未盡 盡使上帝知"

　　이 또한 上帝 上天의 신앙으로서 儒道二教에 속함을 볼 수

있다. 冲止는 放曠自適을 숭상했고, 자못 武士의 風을 띠었으므로 처음 출가하여 白蓮庵에 住하면서 이렇게 읊었다.

"山中樂 適自適兮養天全 林深洞密石逕細 松下溪兮岩下泉 春來秋去人跡絶 江塵一點無緣 飯一盂蔬一盤 飢則食兮困則眠 水一鉼茶一銚 渴則提來手自煎 一竹杖一蒲團 行亦兮坐亦禪 山中此樂眞有味 是非哀樂盡忘筌 山中此樂諒無價 不願駕鶴又腰錢 適自適無管束 但願一生放曠終天年"(同上 71葉 右-左)

放曠自適하여 世外에 超然하기를 바랐고, 또 "窓外朔風號怒爐中榾柮通紅 食罷和衣打睡 惛惛一箇懶翁(同上 26葉左)"라고 하여 塵俗의 煩擾를 싫어하고 閉戶燕居로써 得을 삼았다. 일찍이 老莊의 遺意를 모방하여, "客去庭院靜 風來襟袂凉 信知髑體樂 不博南面王(同上 48葉左)" "浮生正似隙中駒 得喪悲歡何足數 君看貴賤與賢愚 畢竟同成一丘土(同上 49葉右)"라고 하였다.
이렇게 염세적 우수를 면하지 못한 冲止는 말하였다,

"歲月如逝水 刹那不少止 若以無常觀 朝夕保亦難 縱復免殤夭 古來七十少

況我早衰羸 七十安可期 儻或登七旬 前去纔十春 餘齡能幾時 不卜亦自知

何苦徇時俗 營營不知足 默坐細思惟 掩泣難勝悲 安得好山谷 深栖伴麋鹿

耳畔絶是非 目前無順違 翛然常獨行 放曠終吾生 尋常抱此志 窅

寐曾不二

天明心下燭 寧不從我欲 憂來書寸情 持以示吾兄"

(同上 50葉 右-左)

이것을 보면 冲止는 실로 逃禪의 徒였다. 그러나 純眞의 禪味를 모르는 것은 아니었으니, "趙州放下着 汾陽莫妄想 兩箇老作家 俱揚聲止響 爭如邃(欽山)導師 抱鈍以自安 平生百不會 日日只一般(同上 49葉 左)"

冲止의
宗風

이는 곧 無念無事를 宗으로 하는 것이다. 또 "朝來共喫粥 粥了洗鉢盂 且問諸禪客 還曾會也無(同上 43葉 左)" "擎茶日遣滋吾渴 過飯時教療我飢 若謂山僧無指示 知君辜負老婆慈(同上 42葉 右)"라고 읊은 것은 大珠慧海, 天皇道悟 등의 가풍과 똑같다.

病中言志의 偈을 보면, "一室靜無事 任他世亂離 年衰便懶散 病久謝遊嬉 釅茗聊澆渴 香蔬足療飢 箇中深有味 且喜沒人知" (同上)라고 하여 그 安住할 바를 알았던 것이다.

"千峰突兀攙白雲 一水潺湲瀉蒼石 自然聞見甚分明 爲報諸人休外覓"(同上 24葉 左)

"塵刹都盧在一菴 不離方丈遍詢南 善財何用勤劬甚 百十城中枉歷參"(同上 31葉 右)

"吾常呼汝汝斯應 汝或訊吾吾輒酬 莫道此間無佛法 從來不隔一絲頭"(同上 62葉 左)

"風過庭除如掃 雨餘景物爭鮮 觸目都無纖累 全身常在深禪"(同上 66葉 右)

이와 같은 것은 冲止의 禪風의 일반을 보인 것인가? 일찍이 敎禪一致에 대한 송으로 다음과 같이 읊었다.

"曹溪水漲毘盧海 小室山開解脫門 脚下踢廻摩竭國 手中斷取給孤園 百城差別詢皆遍 九會莊嚴儼尙存 箇裏若能深得妙 便知禪講本同源"(同上 55葉 右)

冲止가 가장 得意로 하는 것은 閑靜幽寂의 경지를 서술한 것다.

"寺在千峰裏 幽深未易名 開窓便山色 閉戶亦溪聲 谷密晴猶暗 樓高夜自明
竹風生几席 松露滴簷楹 境靜棲遲穩 身閑擧止輕 困來時偃息 睡足或經行
累盡無欣慼 賓稀少送迎 飢除林蔌軟 渴有石泉淸 祗是安衰疾 元非養道情
箇中何限意 切忌與人評"(同上 三3葉 右)

"鷄峰寂寞兮 傳者之訛 活許現威今不同小小 象骨峰前兮 粥飯無虧 馬駒堂下兮 鹽醬不少 淸溪兮盤廻 碧嶂兮繚繞 風欞兮虛凉 水閣兮穿窱坐或臥兮 神遊物初 獨唱獨和兮 趣逸天表 湛然無營兮 一味自娛 聞爾忘懷兮 萬緣都了 興亡兮莫我干 榮辱兮莫我擾 鳧鶴一貫兮孰短孰長 彭殤同壽兮誰壽誰夭 一帔兮閱寒暑 一鉢兮度昏曉 憨痴痴兮 百醜千拙 予誰之似兮 栖芦倦鳥(同上 5葉 左)

제3절 惠永의 教化

惠永傳

제25대 충렬왕(1275-1308년) 대에 惠永이 教學을 천명하였다. 대구 동화사 弘眞國尊碑에 云, 惠永의 속성은 康氏, 聞慶郡人, 나이 11세에 首座 冲淵에게 南白月寺에서 剃髮하고 17세에 王輪寺 選佛場에 올랐으며, 元의 中統 癸亥(남송 景定 4년)에 首座로 加해졌다. 또 元 지원 4년에 속리산으로 이주하였으며, 己巳(남송 함순 5년)에 승통에 제수되었고, 갑술(남송 함순 10년, 元宗15)에 불국사로 이주하였다. 丙子(충렬왕 2년)에 通度寺에 이르러서 舍利 數枚를 얻어 항상 左右에 두었더니 分身이 甚多한지라 바라는 자가 있을 때마다 주었다.

이해에 重興寺로 轉住하였고, 왕명에 의하여 京輦에 머물기를 무릇 9년이었는데, 林泉을 그리워하는 뜻을 써서 退休할 것을 청했다. 충렬왕 11년 乙酉에 瑜伽寺로 옮겼고, 16년 庚寅에 惠永入元 寫經僧 100명을 거느리고 元의 都(서울)에 들어가서 金字法華經으로써 폐백을 삼고 世祖帝를 만나니 帝가 그를 위로하고 慶壽寺에 寓居하게 하였다.

하루는 萬安寺의 堂頭(住持)가 惠永에게 청하여 『인왕경』을 강의하게 하니 그 決辨懸河에 四衆이 경앙하였다. 다음 해에 이르러서 金泥로써 大藏經을 필사하여 마치니 帝가 이를 嘉賞하여 하사물이 매우 두터웠고, 사신을 보내어 본국으로 송환하였다.

壬辰에 충렬왕이 그를 國尊으로 봉하기 위하여 近侍로 하여금 瑜伽寺로부터 맞이하게 하니 惠永이 놀라서 기뻐하지 않다가 사양할 수 없어서 10월에 入京하였다.

왕이 崇教寺 別院으로 맞아들이고 國尊으로 책봉하고, 法號를 普慈라고 하였다. 또 五教都僧統을 제수하고 桐華寺에 주석하게 하였다. 충렬왕 20년(1294년) 정월에 미질이 있더니 24일에 端坐하여 『화엄경』 「十地品」을 擧揚하고 무심히 입적하였다. 향년 67세였다.ʺ(조선금석총람 上 597쪽)

제4절 元人의 亡狀 紹瓊의 來儀

元人의
亡狀

충렬왕 때에 元의 세조가 九五의 位(九五之尊. 황제의 자리)에 있어서 兵威가 八荒(天下)에 미쳤다. 海東은 그 강압에 僕辭婢面으로 원을 섬기는 도리밖에 없었다. 세조가 斷事官(達魯花赤)을 보내어서 高麗의 政務를 감독하고, 또 제주 탐라에도 斷事官을 파견하여 機務에 담당하게 하였으며, 또 公主를 보내서 王妃로 삼게 하니 궁중에 그 세력이 떨쳤다.

왕이 公主와 함께 흥왕사에 갔더니 공주가 황금탑을 취하여 궁중으로 돌아와서 장차 헐어서 쓰려고 하는 것을 왕은 이를 금할 수 없어서 다만 涕泣할 뿐이었다.

왕이 질병이 있어서 天孝寺에 移御하는데 왕이 먼저 갔다. 公主는 侍從이 적다고 노하여 돌아오니 왕도 할 수 없이 돌아왔다. 公主가 지팡이로 迎擊(영격, 즉 요격)하니 왕이 모자를 그 앞에 던지고 印侯(注 ; 충렬왕비인 齊國大長公主의 私屬人)를 쫓으면서 꾸짖기를, "이것이 다 너희들 때문이다, 내가 반드시 너희들을 罪하리라."라고 하자 公主의 怒氣가 차츰 풀리었다.

天孝寺에 이르러서 왕이 기다리지 않고 먼저 들어갔다는 것

제3편 禪教 幷立의 시대

을 가지고 꾸짖고 또 꾸짖고 하였다. 일찍이 宮室 重修의 공사를 罷하였더니 公主가 宰樞(재추. 고위관직으로 중서문하성의 宰臣, 또는 省宰와, 중추원 樞密을 아울러 일컫는다. 오늘날의 국무위원급)를 꾸짖고 또 위협하여 말하기를, "너희들은 나를 멸시하는 것이냐, 반드시 한 宰樞를 징계하여 그 나머지를 警誡하리라."라고 하고, 公主가 元으로 가려고 하였다,

왕이 宰樞를 불러서 날짜를 가리어 宮室을 짓도록 명하니 伍允孚가 말하기를, "금년에 土木 공사를 일으키는 것은 人主 (임금)에 不利하므로 臣은 감히 卜(복)할 수 없습니다."라고 하였다. 공주가 노하여 장차 관직을 삭탈하려고 하여 매질을 하였다. 왕은 允孚의 벼슬을 삭탈하였다. 公主의 威勢는 실로 이와 같았다.

世祖가 日本을 치고자 하자, 왕은 명을 받들어 水軍을 정비하고 軍粮을 바쳤다. 그리고 元兵에 앞서서 日本을 쳤으나 一敗塗地하여 元兵의 돌아오지 않는 자가 무려 十萬有幾(10만 명에 좀 더)였고 高麗兵의 不返者도 7천여 명이었다.

吐蕃僧來 元人이 일찍이 왕을 평하기를, "如泥塑佛"이라고 하였다. 충렬왕 2년에 吐蕃(西藏)僧이 元으로부터 와서 스스로 말하기를, "帝師(發思八)가 나를 보내어 福을 빌게 하는 것"이라고 하였다. 宰樞가 旗蓋를 갖추어 城外에 出迎하였다.

그런데 그 僧은 食肉 飮酒하면서 항상 말하기를, "우리 法은 酒肉은 꺼리지 않으나 오직 女色을 가까이 않는다."라고 하였다. 그러더니 얼마 후 몰래 娼家(기생집)에서 자곤하였다.

또 왕에게 청하여서 만다라 도량을 만들고 金, 帛, 鞍馬, 鷄, 羊을 갖추게 하였으며, 밀가루로 長이 三尺이나 되는 인형을

만들어, 이를 壇中에 앉히고 또 小麪人 麪燈 麪塔 각 108을 만들어서 그 곁에 나열하였다. 그리고 소라를 불고 북을 치고 하기를 무릇 4일을 하고, 僧은 花冠을 쓰고 손에 一箭을 잡고 皂布를 그 끝에 매고 麾를 두르면서 雀躍하였으며, 車에 麪人을 싣고 旗者 二, 甲者 四, 弓矢者 三十으로 하여금 끌고 城門 西에 가서 버리게 하였다.

公主(元 公主, 王妃)가 施錢을 매우 후하게 하니 그 무리들이 이것을 다투다가 訴하기를, "帝師가 보낸 것이 아니며, 佛事도 僞作"이라고 하였다. 공주가 이를 힐문하니 모두 굴복하였다. 드디어 이를 물리쳐 보내었다.

同年에 1,400여 僧을 毬庭에서 공양하였는데 왕과 공주가 친히 왕림하여 음식을 권하였고, 僧 宗悟가 陞座說法하자 왕이 宗悟에게 銀瓶 十五를 하사하였다.

宗悟

3년에 僧 六然을 강화로 보내어서 琉璃瓦를 굽는데 그 法이 많은 黃丹을 써서 廣州義安의 흙을 취하여다가 구워서 만드니 그 品色이 南商이 파는 것보다 나았다.

4년에, 談禪法會를 베풀어서 그것으로써 元을 呪咀하는 것이라고 하는 자가 있어서 왕이 친히 元에 가서 이를 변명하였다.

7년에 왕이 慶州에 가서 批僧(승직, 僧階 除授)하는데, 僧徒가 綾羅(비단)로 左右에 뇌물을 써서 승직을 얻으니 사람들이 이를 羅禪師, 또는 綾首座라고 하였고, 娶妻, 居室者가 半은 되었다.

見明

8년에 僧 見明(『삼국유사』의 저자 一然)을 內殿에 맞이하였고, 또 公主와 廣明寺로 가서 이를 방문하였으며 9년에는 見明으로써 國尊을 삼았다. 18년(元 至元 29年)에 惠永으로써 國尊

<table>
<tr><td>韓志溫</td><td>20년에 元의 懿州昊天宮의 道士인 顯眞大師 韓志溫이 그 무리 李道實, 李道和, 尹道明과 함께 왔다. 왕이 志溫에게 圓明通道洞玄眞人의 號를, 道實에게는 定智玄明講經大師의 號를 賜하고 宅一區를 賜하였으니 王이 이를 부른 것이었다. 21년에 景宜를 國尊으로 삼았다.</td></tr>
</table>

을 삼았다.

韓志溫　　20년에 元의 懿州昊天宮의 道士인 顯眞大師 韓志溫이 그 무리 李道實, 李道和, 尹道明과 함께 왔다. 왕이 志溫에게 圓明通道洞玄眞人의 號를, 道實에게는 定智玄明講經大師의 號를 賜하고 宅一區를 賜하였으니 王이 이를 부른 것이었다. 21년에 景宜를 國尊으로 삼았다.

紹瓊來儀　　30년(元 大德 8년)에 원나라 강남의 僧 紹瓊이 왔다. 紹瓊(소경)은 스스로 鐵山이라고 號하였다. 雪巖祖欽의 제자이고, 袁州慈化에 住하였다. 그의 傳은 『續指月錄』에 보인다. 王이 群臣을 거느리고 禮服을 갖추고 紹瓊을 壽寧宮에 맞이하여 그의 說禪을 들었다.

圓明國師　　圓明國師 冲鑑이 紹瓊에게서 禪을 받고, 비로서 『勅修百丈清規』를 行하였다.

　　『동국여지승람』 충청남도 임천군 聖住山 普光寺의 條에 元朝危素重創碑를 기록하여 말하였다.

　　"圓明國師 謝絶世榮 歸求其志 高麗國王 遣宰相張□ 追及於林州 州故有普光寺 (…) 遮留國師於此 其門人三千餘 招室屋不足以容 (…) 師諱冲鑑 字紀照 號雲峰 (…) 稍長禀命父母 祝髮於禪源寺 (…) 年十有九入選 登上上科 (…) 聞鐵山瓊禪師道行甚高 迎之東還 (…) 三載 瓊公甚期待之 及瓊公辭歸 師主龍泉寺 始取百丈海禪門清規行之 後住持禪源寺者 十有五年 弘揚宗旨 爲國矜式 其來普光也 寔再紀至元之年 越四年(忠肅王 復位七年 西紀一三三八年)八月 二十有四日 將入滅 戒門人 毋立碑造塔 遽沐浴更衣跏趺端坐 紹珠進曰 請和尙爲衆說法 師曰末後一著 汝等有分薦取 言訖儼然而

逝 世壽六十有五 (…) 生在前至元之十有二年乙亥也"(동국여지승
람 17, 31-32쪽)

『고려사』 權咀의 傳에 말하였다.

權咀　　　　　"權咀字晦之 樞密副使守平之孫 嘗有遯世志 父翰林學士 齷强留
之 (…) 忠宣三年卒 年八十四 性淸儉謙遜 酷信浮屠 斷葷肉四十年
子孫以時 獻新衣 則必解舊所服 以與貧乏 篋中常無餘衣 自號夢菴
居士 江南僧紹瓊 泛海而至 咀欲出家師事之 恐爲子溥所沮 未果 會
溥不在 遁入禪興社 剃髮 溥馳至大哭咀曰 將復髮髮我耶 此予素志
也 得疾趺坐而逝"(高麗史 卷107, 282쪽)

이런 것으로 보아 紹瓊의 渡來에 영향 받은 바가 컸음을 알
수 있다.

제5절 一然의 出世와 그 저작

一然傳　　　앞에서 서술한 바 見明은 곧 一然으로서, 閔漬가 撰한 義興
(경북 군위군 고로면 華水洞)華山 曹溪宗 麟角寺 迦智山下 普
覺國尊 碑銘에 보면, 見明의 字는 晦然인데 후에 一然으로 改
名하였다. 俗姓은 金氏, 慶州 章山郡(경북 慶山)사람으로 고려
희종 2년(金 泰和 6년) 탄생하였다.

一然의　　　나이 9세에 就學, 聰慧가 絶倫, 고종 6년(남송 嘉定 12년)에
平生　　　陳田長老 大雄에게 나아가서 剃度受具하고 禪肆(禪宗)에 遊歷
하여 聲價가 籍甚하였다. 고종 14년에 選佛場에 나아가서 上

上科에 올랐다. 그 후 包山 寶幢菴에 寄錫하여 마음에 禪觀을 두었다. 고종 23년(남송 端平 3년)에 兵亂이 있어서 피하고자 다음 해에 同 包山의 妙門庵에 있었다. 그 암자 北에 無住라고 하는 절이 있다. 여기에 住하면서 生界不減 佛界不增의 語를 참구하다가 一日은 깨달음이 있어, 사람에게 말하기를, "吾今日乃知 三界如幻夢 見大地無纖毫礙"라고 하였다.

이 해에 三重大師로 제수되었고, 고종 33년에 禪師의 승계를 받았다. 9년에 相國 鄭晏이 私第를 희사하여 定林社라 하고 一然을 청하여서 여기 主가 되게 하였다. 고종 46년에 大禪師 승계를 받았고, 고려 원종 2년에 王의 명을 받들고 赴京하여 禪月社에 住하면서 開堂하여 牧牛에 嗣하였다.

원종 5년(元 至元 元年)에 누차 南으로 돌아갈 것을 청하여 吾魚寺에 寓居하였고, 얼마 후 仁弘社主 萬恢가 자리를 양보하였으며 學徒가 雲臻하였다.

원종 9년(원 至元 5년)에 朝旨에 의하여 禪敎의 名德 100명을 모아서 雲海寺에서 大藏落成會를 열고 一然을 청하여 主盟을 삼았는데 강론하는 바 精義가 入神한 것이어서 사람이 모두 敬服하였다. 弘仁社에 주하기를 11년, 殿宇를 重興하고 仁興으로 개칭하였다. 또 包山의 東麓에 涌泉寺를 重葺하여 佛日社라고 하였다.

충렬왕 3년에 詔勅에 하여 雲門寺에 주하면서 크게 玄風을 떨쳤고, 7년에 王이 東都(경주)에 行幸하면서 불러서 行在所에 나와 陞座說法하게 하였다. 明年에 闕下에 맞이하여 廣明寺에 있게 하면서 친히 法要를 물었고, 9년에 右承旨 廉承益을 시켜서 闔國尊師의 禮를 행하려고 하니 一然이 上表하여

고사하였다. 인하여 上將軍 羅裕 등에 명하여 國尊으로 책봉

圓經冲照

하고 圓經冲照라고 號하였으며, 그리고는 大內에 맞이하여 百官을 인솔하고 摳衣禮(옷 뒷자락을 걷어 올리고 절하는 예)를 행하였다.

國師라고 하지 않고 國尊이라고 한 것은 元의 國師의 號와 같음을 피한 것이다. 一然은 京輦(서울, 개성)을 좋아하지 않고 또 母가 늙었기 때문에 舊山에 돌아갈 것을 청하여 왕이 이를 윤허하였다. 明年에 조정에서 麟角寺를 下安의 처소로 삼으니 一然이 麟角에 들어갔고, 叢林의 鼎盛이 近古에 그에 비할 만한 것을 볼 수 없었다.

15년(1289년)에 示疾하였다. 法鼓를 치게 하고 法堂 앞에 이르러서 禪床에 걸터 앉으니, 僧이 묻기를, "釋尊示滅於鷄林 和尙歸眞於麟嶺 未審相去多小"하니, 일연이 卓拄杖 一下云, "相去多小"라고 하였다. 僧이 進曰, "伊麼則 今古應無墮 分明在目前"하니, 일연이 又卓一下云, "分明在目前"라고 하였다. 또 進曰 "三角麒麟入海中 空餘片月波心出"하니, 師云 "他日歸來 且與上人 重弄一場"이라고 하였다.

또 僧問 "和尙百年後 所須何物" 然云 "只遮個" 進云 "重與君王造個塔樣 又且何妨" 然云 "什麼處去來" 進云 "也須問過" 然云 "知是般事便休" 又僧問 "和尙 在世如無世 視身如無身 何妨住世 轉大法輪" 然云 "隨處作佛事"

문답을 마치고 말하기를, "諸禪德 日日報之 痛痒底不痛痒底 模糊未辨"이라고 하고, 乃拈拄杖 卓一下云, "這箇是痛底" 又卓一下云, "這個是不痛底" 又卓一下云, "這個是痛底 是不痛底 試辨看"

그리고는 법좌에서 내려와 方丈으로 돌아가 작은 禪床에 앉
아서 言笑自若하다가 갑자기 손으로 金剛印을 하고는 무심히
普覺國尊 입적하니 향년 84세였다. 普覺이라고 謚號하였다. 비명에 一然
의 평생을 서술하였다.

"師爲人 言無戲謔 性無緣飾 以眞情遇物 處衆若獨 居尊若卑 於
學不由師訓 自然通曉 旣入道穩實而縱之以無碍辯 至古人之機緣語
句 盤根錯節 口口(口는 缺字)彼險處 抉剔疏鑿 恢恢焉游刃 又於禪
悅之餘再閱藏經 窮究諸家章疏 旁涉儒書 兼通百家 而隨方利物 妙
用縱橫 凡五十年間 爲法道稱首 隨所住處皆爭景慕 唯以未參堂下
爲恥 雖魁傑自負者 但受遺芳餘潤 則莫不心醉而自失焉 養母純孝
慕睦州陳尊宿之風 自號睦庵 年及耄期 聰明不少衰 教人不倦"(조선
금석총람 上, 469472쪽)

一然著作 一然의 저술은 『語錄』 2卷, 『祖圖』 2권, 『重修曹洞五位』 2
권, 『大藏須知錄』 3권, 『諸乘法數』 7권, 『祖庭事苑』 30권, 『禪
門拈頌事苑』 30권, 『三國遺事』 5권 등이 있다. 一然의 탑비는
문인 竹虛가 왕희지의 文字를 集刻한 것으로 세상에 알려졌다.
一然法系 一然의 法系는 道義의 迦智山門 下에 속하였다. 一然이 처음
就學한 海陽의 無量寺, 삭발, 受具한 陳田寺, 開堂한 京師의
禪月寺, 입멸한 義興의 麟角寺가 모두 迦智山下의 사찰인데 法
系도 또한 이와 같다. 碑에 牧牛에 嗣하였다고 기록하였으나
牧牛子 知訥의 법을 이은 것이 아님은 金包光 씨의 禪門九山
의 내력을 말한 것과 같을 것이다.
一然은 널리 諸學에 통하였고, 저서가 매우 많은데 모두 그

의 鴻學임을 보여주는 것 아님이 없다. 그러나 아깝게도 時代의 思潮에 빠져서 思想과 信仰 두 가지가 모두 純粹하지 못하였고, 迦智山門의 玄風을 떨치기에 不足하였다.

제6절 萬僧會와 百八萬燈

제26대 충선왕(1309-1313년)이 즉위하여 吐蕃(티베트) 僧에게 계를 받고, 壽寧宮에 行幸하여 蕃僧을 대접하고 呪咀와 푸닥거리를 하였으며, 원년에 壽寧宮을 희사하여 절을 만들어 母後를 追福하고 편액을 하사하여 旻天이라고 하였다.

曉可의
妖術

5년에 僧 曉可가 스스로 見性했다고 칭하고 요술로써 士女를 현혹하였다. 일찍이 蜜水와 米屑을 가지고 사람에게 보이면서 그것이 甘露이고 舍利인데 모두 제 몸에서 나왔다고 하니 사람들은 그의 속임수를 모르고 마시고 간직하는 이가 있었다. 또 그는 몸이 들어갈 만한 窟을 마련하고 땔나무를 그 위에 쌓은 뒤, 그 위에 올라가서 그의 무리들에게 말하기를, "나를 茶毗한 후 7일이 되면 法身으로 化할 것이다."라고 하고 드디어 불을 놓아 사방에서 연기가 일어날 때 曉可는 땔나무 속에서 窟로 들어가서 柿栗을 먹으면서 期限이 되자 재를 헤치고 나왔다. 有司(관리)가 그의 속임수를 알고 案問하니 曉可가 실토하였다. 드디어 巡軍獄에 가두었다.

왕이 연경궁에서 2천의 僧에게 공양을 베풀고 燃燈 一千을 밝혀서 5일에 미쳤으며, 銀瓶 一百을 佛에 보시하였고, 선승沖坦과 敎僧 孝楨을 맞이하여 설법하게 하고, 각각 白金 한 근을 보시하였으며, 僧 2천에게는 20근을 보시하였다.

또 왕은 일찍이 百八萬僧에게 공양을 베풀고 百八萬燈을 點燈할 것을 원하였던 것이다. 이에 이르러서 날마다 二千僧에 飯하고 二千燈을 點하기를 5일 간 하였다. 僧一萬, 燈一萬이 찬 것을 기한하여 이를 萬僧會라고 하였는데, 그 비용이 말할 수 없었다.

萬僧會

충선왕은 조계종 僧 景麟, 景聰을 寵遇하여 禁中(궁중)에 출입하게 하고 大禪師 품계를 제수하였다. 王이 元에 가는 길에 연경궁에 들어 萬僧會를 베풀었고, 僧 萬恒에게 白金 130斤을 보시하였다.

충숙왕 6년에 왕은 長江, 浙江을 보고 寶陀山에 갔다가 돌아왔는데, 李齊賢 등이 함께 다니면서 山川勝景을 기록하여 行錄 1권을 만들었다. 또 7년에는 金山寺에 이르렀다. 10월에 元 仁宗은 충선왕을 刑部에 내렸고, 祝髮시켜서 石佛寺에 두었고, 12월에 吐蕃(티베트) 撒思吉(살사길, 撒思結)에 유배시켰다.

忠肅王
奉佛

제27대 충숙왕(1314-1330년)이 즉위하던 해에 왕사 丁午를 國統으로 삼고, 國一大禪師 混丘를 왕사로 삼았으며 12년에 僧 祖菴으로써 왕사를 삼았다. 15년에 胡僧 指空이 연복정에서 說戒하니 士女들이 달려가서 이를 들었다.

제7절 無畏國統의 小傳과 萬恒의 禪風

無畏國統

전남 영암군 월출산에 위치하는 영봉산 龍巖寺는 無畏國統 安下의 處所이다.

國統은 妙齡(20세 전후)으로서 僧選에 올랐고, 名韁을 離脫하여 住山한지 有年에, 元 大德 6년 충렬왕이 그의 道行을 듣

고 中使를 보내어서 월출산 白雲菴에 맞이하고, 願刹 妙蓮社에
主가 되게 하였다.

충렬왕 32년(원 大德 10년)에 白月朗空寂照無碍大禪師라는
法號를 제수하였다.

11년에는 왕사로 삼고 法號를 贈進하여 佛日普照静慧妙圓
眞鑑大禪師라고 하였다. 충선왕 즉위 원년(원 至大 원년) 왕이
즉위하던 날에 無畏를 청하여 龍床에 함께 앉게 하고, 禪教各
宗山門道伴摠攝提調의 號를 올렸으며, 明年에 命하여 國清寺
로 移住하게 하고, 인하여 都監을 세워 修造하고 金堂을 창건
하여 閔漬로 하여금 金堂創建記를 짓게 하였다.

충선왕 3년(원 至大 3년, 1310)에 왕이 또 명하여 瑩原寺로
옮기게 하고 金堂을 改創하였다. 원 皇慶 2년에 충숙왕이 即
祚(即位)하여 父王의 명에 의하여 無畏를 國統으로 책봉하고
法號를 大天台宗師雙弘定慧光顯圓宗無畏國統이라고 하였다
(『東文選』 68권, 40-42쪽. 『조선불교통사』 下編, 325-326).

朝鮮 尹淮 撰 萬德山 白蓮社 重創記에 의하면 同社 圓妙國
師로부터 11대 째로 無畏國統에 이르렀다고 하는데 年數가 매
우 짧고 代를 거듭함이 너무 많은 것 같다.

萬恒傳　　李齊賢이 撰한 曹溪山 修禪社 第十世 慧鑑國師碑銘에는 萬
恒에 대하여 다음과 같이 기록하고 있다.

"萬恒의 俗姓은 朴氏, 熊津(충남 공주)人, 儒家의 子로서 僧
이 되었고, 九山選에 나아가서 魁科에 들었으며, 楓岳에 가서
여름을 지내고, 지리산에 移栖, 苦修練行한 지 累年에 자취를
숨겼으나 이름은 빛났다. 충렬왕이 명하여 三藏社에 住하게
하였고, 그의 師 曹溪의 圓悟(天英)도 또한 이를 권유하여서

갔다. 후에 朗月, 雲興, 禪源 등의 社에 歷主하였고 제자가 700에 이르렀으며 士大夫로서 社에 들어오는 자가 이루 헤아릴 수 없었다.

中吳의 蒙山德異가 그 文偈를 보고 歡賞하여 마지않았고, 글을 보내어 古潭이라는 號를 주었다. 元 仁宗 皇慶 2년(충선왕 복위 5년)에 京城으로 맞이하였고, 그때 禪教의 名流를 모아서 날마다 차례로 講論하는데, 만항의 차례가 되면 棒喝에 바람이 나고 言辯이 懸河와 같았다. 王이 매우 기뻐하여 行할 때는 그와 輿(수레)를 같이 하였고, 손수 饌을 받들었으며 法號를 올려서 別傳宗主重續祖燈妙用尊者라고 하였다. 그리고 가사와 아울러 銀 五十鎰을 주었다.

원 仁宗 延祐 6년(충숙왕 6년)에 疾患이 있어 遺誡하기를, **慧鑑國師** "廓淸五蘊 眞照無窮 死生出沒 月轉空中 吾今下脚 誰辨玄蹤 告爾弟子 莫漫捫空"이라고 하고 淹然坐化하니 壽 71세였다. 慧鑑國師라고 시호하였다.(조선금석총람 上 601-602쪽. 동문선 118권, 236-237쪽)

제8절 義旋, 混丘, 海圓의 玄化

光教社
創立 충숙왕 4년(원 延祐 4년)에 충선왕이 城外에 大報恩光教寺를 창건하여 3년 만에 낙성하고 錢塘의 行上人으로 하여금 天台教를 演하게 하였는데 얼마 안 되어 還山하였고, 明年에 華嚴教師 澄公을 延致하여 寺事를 綱維하였다. 이미 王命을 입
澄公 은지라 江南에 捧香하고, 西域에 求法하여 편안히 있을 겨를이 없다가 泰定 乙丑에 京師에서 薨하였다. 澄公도 이어 또한 示

寂하였다.

今上(忠肅王 再 즉위)이 즉위한 해 3月에 本國天台師住持瑩
源寺重大匡慈恩君特賜定慧圓通知見無碍三藏法師義旋이 其寺
에 主가 되었다. 福國祐世靜明普照玄悟大禪師라고도 한다. 義
旋은 順菴이라 號하였고, 趙仁規의 셋째 아들이다. 仁規의 字
는 去塵, 평양인, 貞肅公이라고 칭하였고, 충렬왕 代의 名臣이
다. 佛을 돈독히 信하여 淸溪佛寺를 창건, 大乘妙典을 金書하
게 하였고, 대장경을 印刻하고 造佛作像하는 등 이루 기록할
수 없다.

義旋은 출가하여 중국에 들어가서 元帝의 寵眷을 입고 天源
延聖寺에 住하였으며 또 本國(고려) 瑩源寺의 住持를 겸하였
다. 원 延祐 원년 甲寅에 王京에서 병이 나서 藥石의 功이 없었
는데 天台 佛恩寺의 약사여래께 기도하고 나았다. 그로 인하여
불은사를 그 해에 기공하여 20년만에 중흥하였다. 원 至元 4년
戊寅에 順宗皇帝의 명을 받들고 와서 충숙왕의 존중하는 바가
되었고, 輦轂下에 居하기를 15년, 크게 教綱을 떨쳤다.

妙蓮寺 重興碑에 云, "順菴 旋公은 圓慧의 嫡嗣요 無畏의 猶
子"라고 했고, 또 말하기를, 至元 二年 丙子에 東歸하여 忠肅王
에게 하는 말이, "妙蓮之為寺 忠烈 忠宣之祇園也 其眞容故在
殿下葺而新之奉先之孝 孰此為大"라고 하여 王이 듣고 感動,
殿宇를 鼎新하였다. 義旋은 大字를 잘 썼는데 佛殿의 편액을
金書하여 이를 簷間에 걸으니 光을 日星과 다툴 정도였다.

李齊賢이 撰한 密陽慈氏山 瑩源寺 寶鑑國師碑銘이다. 混丘
의 字는 丘乙, 舊名은 淸玢, 俗姓은 김씨, 淸風郡(충북 충주군)
사람이다. 忠憲王(高宗의 諡)27년 신해(고종 38년)에 탄생하

義旋

妙蓮寺
重興碑

混丘傳

였다. 形貌가 단엄하고 천성이 자상하였으므로 친척들이 小彌陀라고 하였다. 10세에 무위사의 선사 天鏡에게서 祝髮, 九山選首로써 上上科에 올랐다. 국사 普覺一然에게 가서 從學하여 드디어 閫奧에 이르렀다.

嗣席 開堂함에 미쳐서 충렬왕이 伽梨法服을 하사하고 누차 批(승계, 승직)를 내리어 大禪師로 삼았다. 충선왕은 특히 兩街都僧統을 제수하고 大師子王法寶藏海國一의 호를 加하였다.

충선왕 복위 5년(元 仁宗 皇慶 2년)에 왕이 永安宮에 있으면서 中使(내시)를 보내어서 이를 초치, 조용히 道를 談하였다. 또 충숙왕은 그를 책봉하여 悟佛心宗解行圓滿鑑智王師로 삼았으니, 兩王이 摳衣 請益한 것은 前古에 없던 일이다. 數年이 되자 退休를 청하여 瑩源寺에 住하게 하였다.

충숙왕 9년(元 英宗 至理(至治) 2년. 1322년)에 병을 느끼고 松林寺로 移席, 설법하기를, "荊棘林中下脚 干戈叢裏藏身 今日路頭 果在何處 白雲斷處是青山 行人更在青山外"라고 하고 方丈에 들어가서 床을 의지하고 입적했다. 보령 72세였고, 시호는 寶鑑國師라고 하였다.(東文選 118권, 238-239쪽. 조선금석총람 上, 602-603쪽)

混丘入寂
年代考 그런데 混丘가 元 至治 二年 壬戌에 72세로 歿한 것인데, 碑에 73이라고 기록한 것은 잘못일 것이다. 또 그 탄생을 충헌왕 27년 辛亥라고 기록한 것은 38년의 착오이고, 『조선불교통사』下編에 "二十七年 己亥"라고 한 것도 착오이다.

混丘의
著書 混丘에게는 『語錄』 2권, 『歌頌雜著』 2권, 『新編水陸儀文』 2권, 『重編拈頌事苑』 30권이 있어 叢林에 行하여 진다. 中吳의 蒙山德異 선사가 일찍이 無極說을 지어서 海舶에 부치어 보내

오니 混丘가 잠잠히 그 뜻을 받고 스스로 無極老人이라고 號하였다.

海圓傳　　당시 瑜伽宗의 海圓이 持律로써 元帝의 존숭을 받았다. 海圓의 속성은 趙氏, 咸悅郡(전라북도 全州)사람이다. 나이 一紀(12세)에 金山寺 釋宏에게 가서 薙髮(치발, 삭발)하고, 元 至元 31년에 登科했다. 그후 佛住寺에 住하였다. 元 成宗 大德 9년에 安西王이 해원의 계행이 淸高함으로 帝에게 청하여 그를 招致하였다. 海圓이 명을 받고 入覲(입근. 입궐하여 황제 알현)했고, 朔方(중국 北方 지역)의 安西王에게로 갔다. 중국 북방의 풍속은 畜牧을 業으로 해서 食肉, 飮汁하고 그 가죽은 옷으로 만들어 입었다.

海圓이 朔方에 있기를 二寒二暑(2년)였는데, 그의 持律이 더욱더 굳었다. 武宗이 大崇恩 福元寺를 창건하기 시작하여 仁宗이 완성했고, 仁宗 皇慶 원년에 海圓을 第一世 주지로 삼았다. 道譽가 더욱 나타났으며, 文宗 天曆 元年에 楮幣(저폐. 고려말 지폐) 二萬五千을 하사하였다. 충숙왕이 더욱더 尊禮해서 멀리 백제 金山寺에 주하게 하고 慧鑑圓明遍照無礙國一大師라는 호를 하사하니 명성이 一時에 으뜸이었다.

海圓은 유식에 통하고 福元寺에 주하기를 29년, 順宗 至元 6년(충혜왕 복위 원년, 1340년)에 입적하니 춘추가 79세였다(『동문선』 118권, 244-245쪽).

제9장 指空의 禪機

指空來儀
충숙왕 시대에 인도 僧 指空이 來儀하였다. 지공은 棒과 喝을 並行하였고 禪機가 뛰어났다. 비록 고려에 길게 머물지는 않았으나 고려의 禪은 지공에 의하여 再興된 것으로 보이는 바가 있다. 인도승 가운데는 임제, 덕산이라고 할 수 있지 않을까. 속리산의 子安이 義學으로 盛名을 날린 것도 역시 이때의 일이다.

제1절 충숙왕과 그 上王(충선왕)

忠肅王

충숙왕도 또한 불교를 좋아하여 친히 왕사 混丘를 廣明寺에까지 가서 찾는 정도였다. 그리고 국통 丁午를 妙蓮寺로 찾았고, 萬恒을 銀字院으로 찾아서 이를 寵遇하였다. 더구나 상왕 충선왕은 함부로 승직을 주고, 施佛 施僧에 그 費目이 이루 기록할 수 없었다.

忠宣上王
箋

충숙왕 원년에 上王(충선왕)이 스스로 그 德 10여 조를 기록하여 비밀히 式目에게 내리어서 上箋陳賀하게 하였으니 그 上書에 말하기를, "功高德厚 惟休無疆 情動言形 永歌不足 恭惟能哲而惠 知幾其神 妙齡入侍於天居 幾歲 別承於宸睠"이라고 하였다. 이것은 元에 알리어서 上王의 聲價를 회복하고자 한 것이다.

충숙왕 3년에 黃州牧使 李緝의 처가 간음하여 그 지아비를
宏敏
죽였다. 그런데 그 처의 族人에 僧 宏敏이란 자가 있어 上王에

게 총애를 받았으므로 상왕은 이를 용서했다. 이렇게 되자 대사헌은 姦婦를 잡아서 祝髮하게 하고 淨業院에 두었다. 7년에 상왕(충선왕)은 元에 의하여 吐蕃(티베트)에 유배되었다. 왕(충숙왕)은 僧人을 旻天寺에 모아서 상왕을 위한 기도를 하였다.

祖衡
祖倫

충숙왕12년에 僧 祖衡을 왕사로 삼았다. 公主(충렬왕의 妃王)가 한양 龍山 行宮에서 죽었다. 飛書가 있었는데, 선사 祖倫은 主上을 유인하여 오래 龍山의 卑濕의 地에 머물게 하여서 공주로 하여금 병을 얻게 하였으니, 만약 元帝가 들으면 용서되지 않을 것이라는 것이었다. 祖倫은 청탁에 의하여 왕의 寵眷을 얻고 정치에 참여하였던 것이다.

雲默

당시 사문 雲默이 『석가여래행적송』을 무릇 776句를 지었는데 句下에 注解가 있고 2권으로 되었다. 雲默의 자는 無寄이고 호는 浮菴이라고 하였다. 佛印靜照 국사에 의하여 출가하고 上上科에 뽑혔다. 만년에 始興山에 一菴을 짓고 살았는데, 20년 동안 일과는 『묘법연화경』을 誦하고 미타를 염하고 佛을 畵하고 經을 書寫하는 것이었다.

忠肅王과
密教

또 당시 밀교의 대장경 90권이 있어 세상에 간행되었는데, 충숙왕은 깊이 밀교를 믿어서 이를 泥金으로 쓰게 하고 다시 密藏 중에 未收된 경전 40권을 얻어서 보태어 130권으로 하고 巧書者로 하여금 이를 寫하고 李齊賢에 명하여 序를 짓게 하였다.

제2절 指空傳

指空傳

고려 李穡이 지은 양주 회암사 薄陀尊者 指空浮屠碑에는 迦

葉百八傳 提納薄陀(Dhyāna-bhadra)존자 禪賢은 指空이라 號하였다. 元 泰定 때에 황제(鐵木兒)에게 難水 上에서 발견되어 佛法을 논하였는데, 뜻에 칭합하였다. 그로부터 고려에 가서 여러 사찰을 유람하고 금강산 法起도량에 禮하였다.

『益齋集』에 수록되어 있는 重修乾洞禪寺記에는 원 泰定 4년 (충숙왕 14) 10월에 指空이 이 절에 머물렀다고 하였다. 뜻을 이미 갖고 있어 燕京으로 돌아가서 天曆 원년에 불법을 內庭에서 강의하니 元 文宗이 친히 와서 들었다. 元 至正(順宗) 때 황후, 황태자가 延華閣으로 맞아들여 法을 물으니 指空이 말하기를, "佛法自有學者 專心御天下幸甚"이라고 하였다.

天曆 이후 不食, 不言하기를 10여 년, 그는 말하였다. "나는 天下의 主人이다."라고. 그리고 또 皇妃를 물리쳐 말하기를, "다 나의 侍奉이다."라고 하니 듣는 이가 이를 괴이하게 여겼다. 順宗은 이를 듣고 말하기를, "渠是法中王 宜其自負如此 何與我家事耶"하였다.

中原에서는 병란(元末의 난)이 장차 일어나려고 할 때 지공이 무리에게 말하기를, "汝識兵馬之多乎 某地屯幾萬 某地屯幾萬"이라고 하였다. 지공이 기거하는 절에는 모두 고려승이 있었는데 하루는 갑자기 말하기를 "汝何故叛耶"하였다. 수일 만에 요양성에서 馳奏하기를, "高麗兵이 지경을 범하였다."라고 하였다. 京師에 무리가 모이니 그들에게 "速去之"라고 하였다. 천자는 벌써 북으로 달아났다. 지공의 말한 바가 어찌 우연이었으랴.

指空이 스스로 말하기를, 指空의 曾祖는 師子脇(Simha-parsva), 祖는 斛飯(Droṇodana)으로서 모두 伽毘羅國(Kāncivastu)의 王이었고 父는 滿(Pūrṇa)인데 摩竭提國(Magadha)의 王이었으며, 母는 香至國(Kānci-pura)의 공주라고 하였다.

普明　　　지공은 8세에 출가하여 나란타(Nālanda)寺의 강사 律賢(Vinaya-bhadra)에 의하여 剃染하고 19세에 남인도 능가국(Lankā)吉祥山 頂音菴에 나아가서 普明(Samanta-pradhāsa)을 뵈니 보명이 물었다. "從中竺抵此 步可數否" 지공이 대답을 못하고 물러나와서 石洞에 앉아 선을 하기를 6개월 만에 깨달음이 있었다. 普明에게 고하기를 "兩脚是一步"라고 하니 보명이 이에 의발을 주면서 예언하기를 "下山一步 便是獅子兒 我座下 得法出身二百四十三人 於衆生 皆少因緣 汝其廣吾化 其往懋哉"라고 하고 號하기를 蘇那的沙野(Sūnyādisya)라고 하였다. 華言(중국어)으로는 指空이다.

指空의　　　지공이 게송으로 師恩을 사례하고 나서 대중에게 말하기를,
入支　 "進則虛空廓落 退則萬法俱沈"이라고 하고 喝을 하였다. 지공이 중국에 行化하는데, 북인도의 摩訶班特達(Mahā-pandita)과 西蕃에서 만나 함께 燕京에 이르렀고, 있은 지 오래지 않아서 西, 安西(감숙성 胡盧河岸 安西府)王府에 있다가 王傳可提와 相見하였는데, 王傳可提가 머물게 하고 法을 배울 것을 청하니 지공의 뜻은 周流에 있는지라, 그에게 말하였다. "我道以慈悲爲本 子之學倍是何耶" "無始以來 惡業無算 以眞言一句度彼 超生受天之樂"이라고 王傳可提가 말하니, 지공이 "汝言妄也 殺人者 人亦殺之 生死相讐 是苦之本"이라고 하였다. 王傳可提가 말하기를 "外道也"라고 하니 지공이 말하기를, "慈悲眞佛子 反是眞外道"라고 하였다.

　　　西蕃의 摩提耶城(Madiya)에서 師班特達과 함께 교화를 드

날리고자 하였으나 되지 않았다. 또 伽單(Gatan)으로 갔다. 呪師가 지공을 죽이고자 하여 蝦城으로 가니 城主가 호송하여 蜀에 이르렀다.

普賢의 巨像을 禮하면서 좌선하기를 3년이었다. 大毒河에서 도적을 만나서 또 赤立으로 羅羅斯(Lolos)의 地界로 달아나서 金沙河를 거처서 雲南城西에 이르렀다. 절이 있어서 門樓에 올라가서 入定하였다. 居僧이 청하여서 城에 들게 하였다. 祖變寺에 이르러서 桐樹下에 앉으니 이 밤에 비가 왔는데 밝은 뒤에 보니 옷이 젖지 않았었다. 그 省에 나아가서 기우제를 올리니 곧 感應되었다.

龍泉寺에서 坐夏하면서 梵字般若經을 썼다. 大理國에서 衆味를 물리치고 다만 胡桃 9매를 먹으면서 날을 지내었다. 金齒, 烏撒, 烏蒙은 一部落이다. 指空을 스승으로 禮하고 塑像을 하여 이를 모시었다.

安寧州에서 僧이 묻기를, "昔三藏入唐伏土知音"이라고 하니 그때 指空이 雲南語를 알아서 應하여 말하기를 "古今不同 聖凡異路" 라고 하였다. 請하여 戒經을 설하는데 燃頂 焚臂하는 것이 官民이 다 그러하였다. 中慶路의 諸山에서 演法을 청하기를 무릇 5회였다. 太子는 指空을 禮하여 스승으로 삼았다.

羅羅人은 본디 佛과 僧을 모르더니 指空이 이르자 모두 발심이 되어서 飛鳥도 佛名을 念할 정도였다 貴州 元帥府官이 모두 受戒하였고, 猫蠻, 猺獞, 靑紅, 花竹, 打芽, 獦獠의 諸洞蠻이 함께 異菜를 가지고 와서 受戒를 請하였다.

鎭遠府에 馬王神廟가 있는데 배로 지나는 자는 반드시 肉祭를 하였다. 그렇지 않으면 舟損이 있는 것을 指空이 一喝하여 배를 놓아 보내게 하였다. 常德路에서 金剛, 白鹿, 三祖師의, 觀音自塑의 像을 禮하였는데, 洞庭湖에서 靈異가 파다하여 능히 風雨를 지었다. 지공이 가자 마침 바람이 일어 파도가 솟으니, 위하여 三歸 五戒를 설하였는데 唐語와 梵語로 아울러 宣說하였다.

湖廣省 參政이 指空을 쫓아 보내고자 하니 지공이 말하기를, "貧道 西天人也 遠謁皇帝 助揚正法 汝不欲我祝皇帝壽耶" 하였다. 廬山의 東林寺를 지나서, 前身의 塔이 巋然한데 骨이 아직도 썩지 않았음을 보았다. 准西寬이 般若의 意를 물으니 지공이 말하기를, "三心不可得"이라고 하였다.

楊州의 太子가 배로 指空을 보내어서 都에 이르렀다. 大順丞相의 室 韋氏는 高麗人이었는데, 그가 청하여 崇仁寺에서 施戒하였고 灤京에 이르러서 泰定(元帝)과 만났다. 지공은 天曆(元의 文宗)으로부터 僧衣를 빼앗겼다.

大府大監 警罕帖木兒의 室 金氏 역시 高麗人인데 指空을 따라 출가하고 宅을 澄淸里에 買入해서 佛宮을 삼고 指空을 맞이하여 여기에 있게 하였다. 지공은 그 額에 法源이라 題하였다. 지공이 辮髮白髯에 神氣가 黑瑩한 데다가 服食이 侈를 다하였다. 그리고 平居 儼然하니 사람이 보고 이를 두려워하였다. 至正 23년(공민왕 12년, 1363년) 11월 20일에 貴化方丈에서 示寂하였다. 貴化는 지공이 構築한 바로 이름도 지공이 붙인 것이다.

旨에 의하여 儀衛를 갖추고 龕을 天壽寺로 보내고 明年에 香柴泥를 쓰고 梅桂水를 뿌려서 肉身을 團塑하였다가, 明의 洪武 元年에 다비하고 4分하여 達玄 淸慧 法明 內正張祿吉이 각각 가지고 갔다. 其徒 達玄은 航海하고, 司徒達叡은 淸慧로부터 이를 얻어 가지고 함께 東으로 돌아왔다. 明의 洪武 5年에 공민왕의 명에 의하여 浮屠를 檜巖寺에 세웠다.

　지공은 西天으로 부터 文殊師利無生戒經 2卷을 휴대하고 왔고, 또 손수 『圓覺經』을 썼다. 지공의 게송은 매우 많아서 別錄이 있어 다 세상에 행한다.

　雲南悟가 7세에 지공에게 출가하였을 때 이미 지공의 甲子一周였다고 한다. 그런데 雲南悟가 75세에 지공이 入寂한 것이다.(朝鮮金石總覽, 下, 1284-1288쪽 참조. 高楠順次郎, 梵僧指空傳考)

제3절 指空의 法語

指空의
法系
　指空의 法系는 대가섭으로 부터 22조 摩拏羅에 이르러서 2인의 제자가 있었으니 1은 鶴勒那로서 傳하여 보리달마에 이르렀고, 2는 左陀瞿那(一作頗)로서 傳하여 107祖 三曼陀毗提즉 吉祥山 普明에 이르렀다.

指空
禪要錄
　107祖의 列名과 및 付法의 偈는 『禪要錄』에 보인다. 閔清撰인 指空禪要錄序에 말하였다.

　"師(指空)於八歲出家 年至二十 學究三藏 (…) 然後不憚險艱 至南天竺 吉祥山普明尊者住處 密傳心印 爲西天第一百八祖矣 (…) 師既傳衣 即以道眼 普觀四方 知東方有可化之機 決意向東 人始號曰 指空和尚 (…) 跋涉十萬八千餘里 初入雲南界 遊化許多年 遂達于帝京 親對日角 默傳妙旨 因受御香 名以往觀金剛山而出來 越泰

定 三年(忠肅王十三年)三月日 到于我王京城西 甘露寺 城中士女
咸曰釋尊復出 (…) 寺門如市者 幾於二旬 及師移錫 到處皆然 至往
金剛山然後乃已 師以是年四月下旬 還自彼山 因受檀越順妃之請
住錫于城東崇福寺 興其門弟 及請山精衲之 願赴者 約爲一夏安禪
於寺之西南高爽處 別作戒場 依最上無生戒法 大開甘露之門 於是
自王親 戚里公卿大夫士庶人 乃至愚夫愚婦 爭先雲集於會場者 日
以千萬計 凡得聞一言話者 如得無價寶珠 (…) 嗜酒肉者 斷酒肉 好
巫覡者 絕巫覡 (…) 貪競之風漸息 驕淫之俗 稍變 又當大旱 師乃
一念興悲即致雨 (…) 我宗室昌原君 見此禪要 切欲鋟梓流傳 請予
爲序 予雖老病 亦參門弟之數 故不敢固辭 粗記海山之一滴一塵云
耳 時泰定三年丙寅秋八月日 (…) 致仕驪興君 默軒居士閔漬序"

禪要錄思想

『禪要錄』은 자세히는 『順入無生大解說法門指要』로서 戒定
慧 삼학과 및 이에 의하여 해설하는 道를 설하였다. 그 사상의
基因하는 바는 般若에 있다. 그 내용은 다음과 같다.

無生戒

"夫欲成於道 道以無修可證 欲悟於法 以無思可悟 問曰 云何 無
修可證 無思可悟 師云 道則非修而證法則非思而悟 於道法中 無有
一法而得成(證乎)悟 問曰 修何善法 可得證悟 師云 惟有最上無生
戒法 若能受持 即得證悟 問曰 此戒法 云何受持 師云 若受此戒法
者 皆不可以 愛厭有無而爲受持 (…) 問曰 云何以正受持 師云 於
此戒中 無凡無聖 非性非相 非有非無 亦非身心 亦非善惡 此則是
戒 (…) 問曰既然 不修善不行惡 作何正見而 可受此戒法 如何昇
入解脫法門 師云 若受此戒 不作不斷不受不犯 處自在中 即得解脫
問曰 云何處自在之法而 得解脫 師云 以不思是非 不念善惡 亦不

思眞 亦不妄想 於中放下 此則名得大自在 旣得自在 又不作自在觀
者 此則解脫"

이상은 無生戒의 설명이다.

禪定   또 禪定에 대해서는 다음과 같이 설하였다.

"問曰 旣由解脫 云何入觀諸定 師云 定以無行可得 問曰 云何無
行可得 師云 所以定者 非行可得 旣無可得者 於禪定中 自然定觀實
相是也 (…) 若得 禪定而 不作禪 定觀者 即名正定 (…) 問曰今得
正定後 昔所作惡 還受罪否 師云 亦無罪也 (…) 罪者 猶如夢中所
作 夢未醒時 明明有罪 罪根未釋 夢已覺矣 空空無物 罪自何來"

智慧   또 智慧에 대해서는 다음과 같이 설하였다.

"問曰 從正定 云何發慧 師云 慧以無知可發 (…) 若以知而 發者
則名愚 (…) 欲發慧者 過去慧不可知 現在慧不可知 未來慧不可知
如是一切妙慧 實不知 諸般衆慧如斯斷者 則得諸佛 眞實智慧也"

다음에는 慧 中에서 妙用을 일으킴을 說하였다.

"問曰 從妙慧中 云何作用 師云若作 用時 不住一處 於不住境 不
念不住 若能如此則 名眞空般若 無礙之妙用也 (…) 如斯妙用 若能
了知 雖凡夫則能頓入佛地也"

다시 妙用의 體를 설하였다.

有情體   "問曰 此妙用中 以何爲體 師云 以自在不動為體 (…) 問曰 若生
死時 體隨其否 師云 體本不動 亦無生死 問曰 一切衆生 有此體否
師云 有情無情悉同一體 問曰 人皆有體 如何生死 師云 本無生滅
衆生迷本失路 妄見生死 故體同虛空 天地萬物 雖生動轉 虛空自性
不隨其動 四大五蘊 雖然來往 其體寂然不動 即虛空之義也"

指空宗旨   다음은 宗에 대하여 말하였다.

"問曰 以何為宗 師云 以眞空無相為宗 (…) 眞空者 非空非不空
非相非不相 非有非非有 (…) 淨垢長短元俱無 斯即眞空也 無相者
巍巍堂堂 洞映十方 杲杲明明 寂然不動 不形不相 (…) 相體性心
本來非有 此爲無相也 而頌之曰 佛相眞空無相宗 古今非相亦非空
妙體如如充法界 一輪赫赫大千中"

지공은 般若空宗에 그 敎旨를 두었다. 그러므로 頌하기를,
"我愛眞空般若宗 巍巍充塞太虛空 堂堂妙法誰能識 寶鑑沈西生
自東 邪正無分妙法蹤 含靈蠢動體皆同 有人着相求三昧 難了眞
空般若宗"이라고 하였다.
또 말하였다.

"西來直指 重重指示 若有衆生 能返本捨幻 越聖超凡 重宣妙旨
使同圓種智者 所謂衆生 若能識心達本 若能以無碍大智 照破四大
指空   五蘊 悉皆空寂 所謂一了一切了 一不了一切不了 一動一切動 一不
皆空說   動一切不動 所以者何 則此一生 常在於定 臨終之時 悉不能亂即此
一生 常在於亂 臨終之時 終不能定 若能一念相應者 衆魔不能起也"

라고 하였다.

指空法語   그리고 지공화상의 법어가 있으니 다음과 같다.

"師云 釋迦老子 棄却金輪王位 入於雪山中 六年苦行 達磨大師
亦去西天 來於東土 九年面壁 釋迦牟尼 旣三界大導師 福智兩足
何故持鉢入城 赤脚乞食 達磨旣禪宗 東方初祖 何故被梁王擯出 一
葦渡江 這箇無非是爲衆生 作箇榜樣也 若不如是 自肯辛苦 如何作
得三界師 如何作得五派祖 我今與儞東西南北人 同會一處 莫非無
量往劫中 好因緣也 嗚呼一切衆生 果報相還 輪廻不輟 汝等諸人
何不廻頭 自取輪轉生死大夜 於汝身中 三障四魔 最難調脫 何謂三
障 一作惡障 二邪見障 三解脫障 何謂作惡障 一切凡夫背覺合塵
隨貪嗔痴 損他利己 失慈悲種子 恣殺盜婬 作種種惡 輪轉三途也
何謂邪見障 諸修行人 破佛律儀 撥無因果 成就邪空 『楞嚴經』中
五十種魔也 墮無間獄 何謂解脫障 證無爲涅槃 三界惑滅 悲智亦亡
不能發起 廣大行願 濟度衆生 離此三障 卽能頓入 不思議境界 何
謂四魔 一天魔 二法魔 三人魔 四鬼魔 何謂天魔 汝之壽夭苦樂貧
富貴賤 皆在於汝 隨他轉 謂之天魔 何謂法魔 汝眞實暫悟 爲大法
王 於法自在 不能如是 作得主 假如來眼 爲利養故 托法資生 超得
來 不如意事 謂之法魔 何謂人魔 汝旣出家 不能出塵寰 每順人情
作生死業 謂之人魔 父母師長施主檀越 奴婢眷屬 汝若愛着 皆是障
道之處 早宜提防 西天古語云 水深海子 利牙利角利爪的 根前 愼
忽親近 汝若親近他必遭傷害 汝先得果 以道施恩 兩相有益 汝但順
人情 不發道念 必遭沉溺之患 後悔難追 何謂鬼魔 大小鐵圍山 五
無間獄 十八地獄 沃焦山下 乃至八萬四千 隔子地獄 皆屬鬼府 汝
不超生脫死 如上鬼府 皆有受苦之分故 謂之鬼魔 汝若難得人身 更

於袈裟下失却 牛頭馬首 諸惡鬼魔 將熱鐵棒 熱銅瓦 待汝供養 到
那時節 休道指空不說 嗟呼痛哀 一念之錯 萬劫之報也 十方諸佛
三大阿僧祇劫歷修 只爲降伏 一切魔軍 廣度一切衆生 一切魔軍 降
伏了 如水精珠 內外俱明徹 一切塵垢染不着故 名曰妙福 汝等諸人
若解脫 親到這介田地 如上所說三障四魔 皆是解脫遊戲之場 八萬
四千諸魔軍 亦是 汝等諸菩提眷屬"

〈指空和尚 法語頌〉

"啞者高聲說妙法 聾人遠處聽微言 無情萬物皆讚嘆 虛空趺坐
夜來參" 이 밖에 指空和尚 著, 西天百八代祖師頌이 있다.

通度寺　　　 通度寺 事蹟에 말하기를, "西天指空和尚 爲舍利袈裟 戒壇法
事蹟　　 會記" 云云한 것은 아마 後人의 作이리라. 指空이 慈藏의 所遺
인 佛衣佛骨을 보고 대중에게 말하기를 "本師之衣 己半襤滲
本師之身 己半露醜吾此日 蹇路相逢 義不忍 將所著屈循布衣
補綴完全去也 永使流傳 以後代兒孫知釋迦老子 猶在今日也"라
고 하였다.

奎章公　　 指空과 동시에 元의 奎章公이 泰定 중에 海東에 와서 楓嶽
(금강산)을 참배할 적에 普賢庵에 나아가서 그 奇勝을 칭찬하
고 菴主 智堅과 약속하여 檀越이 되었다. 원 至元 丙子(충숙왕
복위 2년)에 이르러서 本菴 比丘 達正이 入都하여 奎章公을
만나니 公이 楮幣를 베풀었다. 同年에 達正이 歸東하여 다음
해 여름에 禪悅會를 시작하여 至元 4年 戊寅에 緇流三百을 延
請하고 의발을 보시하여 크게 佛事를 지었다.

제4절 檜巖寺 · 華藏寺 · 瑚大師 · 達蘊

檜岩寺 　　『신증동국여지승람』 권11에 보면 회암사에 대하여 다음과 같이 서술했다.

　　　　"檜巖寺 在天寶山 高麗時 西域僧 指空到此云 山水之形 宛同天竺 阿蘭陀寺 後僧懶翁□建寺 (…) 金守溫重修記 我東山川之勝 名於 天下而 佛廬之處于其間者 又不知其幾百十 至於極仁祠制度備 而 具法王行化之體 則未有如檜巖者也 昔天曆間 西天薄伽納提尊者 見此寺基 以為酷似西天阿蘭陀寺 且曰 迦葉佛時 已為大道場 於是 執繩量地 以定其位 時得劫前礎砌 當時暫庇屋宇 以識其處而已有 玄陵王師普濟尊者 受指空三山二水之記 遂來居此乃欲大之分授棟 樑 奔走募緣 功未及半而王師亦逝矣 其徒倫絕潤等 念王師未究之 志 踵其遺矩 以畢其績 牧隱文靖公記之 (…) 凡為屋二百六十二 間"(8쪽-9쪽)

華藏寺 　　또 華藏寺에 대해서는 『신증동국여지승람』 卷12에, "長湍 郡 華藏寺 在寶鳳山 寺初為繼祖菴 指空相地 大構蘭若 遂為 大叢林 其佛殿僧堂制度甚□ 每年夏 僧徒聚居坐禪 與楊州檜 巖 相甲乙 寺有指空持來西竺貝葉梵經 至今相傳"(16쪽)이라 고 하였다

靈鷲山 　　경상북도 靈山郡에 靈鷲山이 있는데, 指空이 여기에 와서 天 竺의 靈竺山과 같음을 보고 이름을 그렇게 지었다. 이 山에 寶 林寺 般若樓가 있는데, 高麗의 金倫이 指空을 위하여 세운 것 이다. 지공이 이에 올라가서 『般若』를 설하였다고 한다.

瑚大師   또 당시 瑚大師가 있어 지공을 참알하였으나 계합되지 않았다. 李齊賢이 送大禪師瑚公之定慧社詩序에는 이렇게 쓰고 있다.

     "吾 瑚公 (…) 往楓岳 精修己事 時有西域指空師 若岸然 以菩提達磨自比 國人奔走 爭執弟子之禮 公亦來造焉 指空曰 我燒一炷 子便脫去 我喝一聲 子便却來 答曰 請和尚先焉 某甲提笠子相隨 其徒指目以為不遜 欲加以非禮 公拂袖不顧而去 遂北觀京師 南遊江浙二廣四川甘肅雲代 炎涼幾年 靡所不至 (…) 悠然而歸 澹然而止 向之疑者惡 譏者服矣 公曰 疑而譏者 果可謂非耶 惡而服者 果可謂是耶 是與非在人 吾不自知也 上聞而益重之 命住定慧社"(益齋集 244-245쪽)

達蘊   李穡의 松月軒記에 말하기를, 泰定 연간에 指空이 東國에 이르니 達蘊이 보고 기뻐하여 따라서 출가하였다. 達蘊은 玉田이라고 號하였는데, 속성은 曹氏, 昌寧 사람이다. 天曆 초에 指空이 燕京으로 돌아가니 達蘊도 따라서 入西하여, 명산승지를 歷觀하고 고려로 돌아와서 當世의 名公 雅士와 교류하였다. 그들의 존경을 받았으며, 능히 書畫를 精鑑하고 널리 古今을 통하였다고 하였다.

達順   指空 문하에 達順이 있어 계행이 매우 청결하여 同列이 모두 따랐다. 나옹도 또한 이를 기특해하였다. 공민왕 9년(원 至正 庚子)에 釋小山이라는 자가 達順과 꾀하여 牛頭山(海印寺)에 見菴禪寺를 창건, 五閱歲(5년)에 이루니 울연한 대총림이 되었다.

제5절 子安의 教學

충청북도 보은군 속리산 법주사 慈淨國尊碑銘에 보면, 子安의 속성은 金氏요, 一善郡 사람이며 夢感에 의하여 彌授라고 개명하였다. 9세에 詩書를 배웠고, 13세에 元興寺의 宗然에게 가서 剃度受具하고 經論을 배웠으며, 19세에 選佛場에서 上品科에 오르고 國寧寺에 주하였다. 29세에 三重大師가 되었고 唯識論의 主講이 되니 一宗의 耆宿이 모두 그의 座下에 經을 폈다. 三重大師로서 主法이었음은 前古 미증유라고 하였다.

熊神寺에 주하여 首座가 되었고, 莊義寺에 주하여 僧統이 되었으며, 속리산 법주사에 주하면서 왕명으로 經論章疏를 撰述하기를 무릇 92권이었다. 다음은 重興寺로 옮겼고, 충렬왕 24년에 충선왕이 復位하여 圓明大師라고 하여 존숭하였고, 釋教都僧統으로 제수하였다.

王이 元에 가서 燕都에 있을 적에 『대반야경』을 믿어서 宿衛의 신하들로 하여금 매일 밤 『대반야경』 독송하게 하였는데, 왕이 일찍이 「難信解品」을 해석할 것을 청하니, 元의 강사로는 능히 해석하는 자가 없었다. 因하여 사신을 보내어서 子安으로 하여금 이를 찬하게 하고, 『心地觀經』을 疏記하게 하니 모든 講師들이 보고 찬미하지 않음이 없었다.

癸丑(충선왕 5년)에 이르러서 大慈恩宗師 三重大匡兩街都僧統에 임명되었고, 乙卯(충숙왕 2년)에 內殿 懺悔師에 봉해졌다. 戊午(충숙왕 5년)에 敕旨가 있어 大旻天寺에 들어가서 三家章疏를 강의하였다. 甲子(충숙왕 11년)에 封崇하여 悟空眞覺妙圓無礙國尊이라고 하였다. 다음 해에 法住寺에 復住, 丁卯

12월에 坐逝하니 향년 88세였다. 慈淨國尊이라 贈諡하였다."
(조선금석총람 上, 487-489쪽)

제10장 復丘의 利生과 普愚의 接化

忠惠王
淫縱

충혜왕은 狂荒淫縱하여 失德이 極多하였고, 거기에 불교의 폐해를 더하여 社稷이 累卵(쌓아 놓은 계란)과 같았다. 공민왕에 이르러서 敗頹가 더욱 심하여서 復丘의 福國利民과 太古普愚의 接化應物이 있었으나 이를 구하기에는 부족하였다, 드디어 排佛의 기세를 誘起하기에 이르렀다.

제1절 忠惠王의 淫縱

고려 제28대 충혜왕(1331-1334) 원년 僧 乃圓으로 왕사를 삼았다. 復位 원년에 順天君 蔡洪哲이 죽었다. 洪哲의 사람 됨이 문장과 기예에 巧妙하고 특히 불교를 좋아하였다. 일찍이 長興府의 태수가 되었다가 官을 버리고 閑居하기를 무릇 14년, 敎禪琴書劑和로써 日用을 삼았다.

洪哲

충선왕이 이를 등용하여 相으로 삼았다. 저택 북쪽에 栴檀園을 구축하여 禪僧을 기르고 또 施藥하였으며, 저택 남쪽에 中和堂을 짓고, 國老 8人을 맞이하여 耆英會를 하였으며, 紫霞洞의 新曲을 지었다.

鷽仙

충혜왕 복위 2년(1332)에 洪法寺로 行幸하여 僧 鷽仙(학선)을 보고 長生의 비결을 물으니 대답하기를, "人有定分 無過限之理 但不可 爲惡促之"라고 하였다. 그때 왕은 술사의 말을 믿고 崇敎寺를 철폐하고자 하니 鷽仙이 그 까닭을 물었다. 충혜왕이 대답하기를 "書雲觀云 此地有寺 逆臣必生 予恐曹頔 復生

是以毀之"라고 하였다.

鶖仙(학선)이 또 묻기를, "自穆宗時 已有此寺 其間 逆臣有
幾"라고 하였다. 충혜왕 4년에 鶖仙이 하옥되었다. 鶖仙은 琴
書와 의술을 잘하고, 또 漢蒙의 말도 알았다. 왕이 敬重하여
사부라고 칭하였고, 大殿에 오를 때도 절을 하지 않게 하니 그
때 사람들이 이를 질투하였다. 이렇게 되자 칙지를 거짓하여
囚人을 놓았는데, 왕이 노하여 監司에 명하여 이를 국문하고
濟州에 유배하였다.

忠惠王
遷流

충혜왕 4년에 元의 順宗이 왕의 狂荒淫縱과 失德이 매우 많
음을 들어 檻車에 가두어 싣고 揭陽縣(중국 廣東省 湖州也)에
유배시켰다. 순종이 말하기를, "그대가 인민의 上이 되어 가지
고 백성을 괴롭힘이 매우 심하였으니 그대의 피를 천하의 개에
게 먹인다 하더라도 오히려 부족하다."라고 하였다. 다음 해 1
월에 왕이 兵陽縣(호남성 岳州)에서 薨하였다.

제2절 공민왕 시대 불교의 폐해와 復丘의 利生

고려 제31대 공민왕(1352-1374) 원년에 李穡이 다음과 같이
上書하였다.

"我大祖 化家爲國 佛利民居 參伍錯綜 中世以降 其徒益繁 五教
兩宗 為利之窟 川傍山曲 無處非寺 不惟浮屠之徒 浸以卑陋 亦是
國家之民 多於遊食 識者 每痛心焉 佛者大聖人也 好惡必與人同
安知己逝之靈 不恥其徒之 如此也哉 臣伏乞 明降條禁 己為僧者
亦與度牒 而無度牒者 即充軍伍 新創之寺 並令撤去 而不撒去者

即罪守令 庶使良民 不盡髡緇 臣聞 殿下奉事之誠 犬篤於列聖 其所以祈永國祚者 甚盛甚休 然以臣之愚 竊惟 佛者 至聖至公 奉之極美 不以爲喜 待之甚薄 不以爲怒 況其經中 分明有說 布施功德 不及持經 聽政之餘 怡神之暇 注目方册 留心頓法 無所不可 但爲上者 人所則効 虛費者 財所耗竭 防微杜漸 不可不愼 孔子曰 敬鬼神而遠之 於佛亦宜如此"(『東國通鑑』 卷46, 117쪽. 『高麗史』 卷115, 412쪽)

佛法의 頹敗

대체로 공민왕 시대에 불교도의 퇴패함이 이와 같았던 것이다. 여기에 몽고의 미신까지 보태었으니 國祚의 위태로움도 또한 당연의 형세라 할 것이다. 공민왕은 胡服 변발로 蒙人의 風을 본받으니 近臣이 간하여서 이를 그만두었다는 것이다. 風潮를 알만하다.

復丘傳

왕사 大曹溪宗師 覺嚴尊者 贈諡眞覺國師 碑銘에 云, "復丘는 스스로(또는 無能叟)라 號하였다. 경상남도 고성군 사람으로서 元 세조 至元 7년에 탄생하였다. 자질이 명랑하여 塵凡의 종류가 아니었다. 나이 10세에 曹溪의 圓悟國師 天英에게 나아가서 剃落 受具하였는데, 얼마 안 있어 圓悟가 입적하면서 유촉에 따라서 대선사 道英에게 가서 10년 동안 공부하였다. 1270년 23세의 나이로 禪選上上科에 들었다. 그로부터 泉石에 觀心하고 雲林에 소요하여 명리를 가까이하지 않았다.

慈覺國師

慈覺國師(조계산 12세)는 復丘의 두 스승이다. 일찍이 學徒들을 復丘에게 맡기고자 하였으나 復丘가 한사코 사양했다. 그리고는 白巖寺로 가서 10년 동안 동지와 주야로 참구하고, 뒤에 月南松廣大道場에 住하기를 전후 40여 년이었는데, 그 사이에 福國 利生한 것이 이루 기록할 수 없을 정도였다. 만년에는 왕명에 의하여 전남 영광군 불갑사에 머물렀다. 元 順宗 至正 12년에 공민왕이 왕사로 책봉하였다.

공민왕 4년(1335)에 병이 생겨 왕과 宰府에 글을 올려 辭職하고, 更衣剃沐하고 禪床에 앉아서 말하기를, "即心即佛江西老 非佛非心物外翁 鼯鼠聲中吾獨徃 涅槃生死本來空"이라고 하고 **覺眞國師** 말을 마치고는 천화하였다. 시호를 覺眞國師라고 하였다. 춘추는 86이었다. 그의 祖派는 普照에서 復丘에 이르기까지 무릇 13세이고, 제자에 禪源 등 천여 인이 있다.(『조선금석총람』上, 659-661쪽. 『東文選』118권, 246-248)

제3절 普愚의 臨濟正傳

普虛 공민왕 원년에 사신을 보내어서 僧 普虛(普愚)를 불렀다. 普虛는 普愚로 太古라고 號하였다. 스스로 말하기를 衣鉢을 石屋화상에게서 傳受하였다고 하였다. 廣州 迷元庄에 寓居하면서 친척을 모아서 여기에 家庭을 갖게 하였다. 그리고는 왕에게 사뢰어서 迷元을 縣으로 올리고 監務를 두게 하였으며, 스스로 號令을 主掌하고 널리 田園을 차지하였다. 그리하여 牧馬가 들에 가득하여 비록 禾穀을 害하여도 사람이 감히 쫓지 못하였다.

普虛가 都에 이르매 王이 이끌어 入內하고 法을 물으니 보허가 말하기를, "爲君之道 在修明教化 不必信佛 若不能理國家 雖致勤於佛 何有功德 無已則 但修太祖所置寺社 愼勿新創"이라고 하였고, 또 말하기를 "君王去邪用正 則爲國不難矣"라고

하였다. 왕이 말하기를 "予非不知邪正 但念其從我于元皆效勤勞 故不能輕去耳"라고 하였다.(高麗史 卷38, 577쪽)

普愚   공민왕 5년 2월에 普愚를 內佛堂에서 대접하였다. 普愚는 곧 普虛이다. 3월에 왕과 및 공주가 大妃를 받들고 奉恩寺에 가서 普愚의 禪법문을 듣고 정례하고, 폐백, 銀鉢, 繡袈裟를 베푸니 쌓인 것이 丘山과 같았다. 그 무리 300여 僧에게도 모두 白布二匹과 袈裟一領을 베풀었다. 士女奔波가 오히려 미치지 못할 것을 두려워하였다.

    5년 4월에 普愚를 봉하여 왕사로 삼고, 延慶宮으로 맞이하여 師弟의 예를 행하였다. 5월에는 왕이 생일에 보우를 내전에 맞이하여 僧 108인에게 공양을 올렸다. 당시 승도로서 住寺를 구하는 자는 모두 보우에게 붙어서 왕에게 청하니, 왕이 말하기를 "自今 禪敎宗門 寺社住持 聽師注擬 寡人但下除目耳"라고 하였다. 이에 僧徒가 다투어 문도가 되었으니 이루 헤아릴 수 없었다.(高麗史 卷39, 587쪽)

普愚傳   고려 李穡이 지은 경기도 楊州(경기 고양 신도면 북한리) 太古寺 圓證國師 塔銘과 아울러 維昌의 찬인 행장에 의하면 普愚는 처음 이름은 普虛이고 太古라고 호하였으며 속성은 홍씨인데 洪州 사람이다. 원 成宗 大德 5년에 탄생하여 13세에 회암사의 廣智에게 가서 脫塵하고, 제방의 총림에서 訪道하다가 19세에 萬法歸一의 화두를 참구하였다. 순종 元統 원년에 城西의 甘露寺에 寓居할 때 하루는 의단을 없애고 게송을 지으니 "佛祖與山河 無口悉吞却"이라는 句였다.

    그 뒤 37세에 松都(개성) 전단원에 寓居하면서 無字를 참구하다가 다음 해 정월 7일 五更에 활연대오하고 송하기를, "打

破牢關後 淸風吹太古"라고 하였다. 순종 至正 원년에 한양 삼각산 重興寺에 주석하니 玄學이 운집하였다. 절 동쪽에 一菴을 짓고 扁額을 太古라고 하였다. 거기서 소요자적한 지 무릇 5년에 永嘉의 『證道歌』를 본따서 歌 1편을 지었다.

원 至正 6년에 46세로 원에 들어가 연경의 大觀寺에 머물렀다. 다음 해에 竺源盛이 南巢에 있음을 듣고 가서 이를 보았는데, 竺源盛은 곧 逝世하였다.

石屋淸珙　또 호주 霞霧山 天湖菴에 이르러서 石屋淸珙을 만나 증득한 것을 말하고 또 太古菴歌를 드리니 淸珙이 기특해하면서 시험하고자 물었다. "子旣經如是境界 更有祖關 知否" 보우가 "何關之有"라고 하였다. 淸珙이 "據汝所得 工夫正而 知見白矣 然宜一一放下 若不爾也 斯爲理障 碍正知見矣"라고 했고, 보우는 "放下久矣"라고 대답하였다. 청공은 "且歇去"라고 하였다.

다음날 위의를 갖추고 청공에게 나아가니 청공이 말하기를, "佛佛祖祖 唯一傳心 更無別法"이라고 하고, 馬祖가 僧을 보내어서 大梅에게 묻게 한 인연을 가지고 말하였다. "纔有些子光明 以爲實者 墮在光影裏 作活計矣 故從上諸祖 見此人病無奈何 於淸平境上 設關去縛了 若眞正徹去 盡是閑家具也 且子於無人之境 奚辨得岐路若是其明乎"하였다. 보우가 "佛祖垂示方便具在故也"라고 말하니, 淸珙이 "良哉 非宿植正因 亦未免罹邪網矣 老僧雖在窮山常說祖門 待爾兒孫久矣"라고 하였다.

보우가 "善知識者 浩劫難逢 誓不離左右矣"라고 拜手하니, 청공이 "老僧亦要與爾 同甘寂寥 恐他日 無去路 於法値難 不如留半月 相與打話而 歸之得也"라고 하였다. 그리고 淸珙이 "云何是日用涵養事 云何是向上巴鼻"라고 물으니, 보우가 답하기

를 "未審此外 還更有事否"라고 하였다.

　清珙이 놀란 모습으로 "老僧亦如是 三世佛祖 亦如是 長老說
別有道理 烏得無說耶"라고 하니, 普愚가 禮하면서 "古有父子
不傳之妙故爾耳 弟子何敢辜負和尚大恩乎"라고 하였다.

　청공이 「太古菴歌」에 발문을 써 주고, 가사를 傳付하여 信을
표하여 말하기를, "衣雖今日 法自靈山 流傳至今 今付於汝"라
고 하였다. 보우가 拜受하고 燕京으로 돌아오니 元의 순종이
이를 듣고 청하여서 永寧(一作 明)寺에서 開堂 설법하게 하고
금란가사와 침향 등을 하사하였다.

　원 至正 8년에 고려로 돌아와서 重興寺에 주석하고 韜光(隱
居)하고자 하여 迷原(廣州)의 小雪山에 들어가서 몸소 農耕하
면서 聖胎(佛性)를 養하기를 4년, 山中自樂歌 1편을 지었다.
至正 12년에 공민왕이 불렀으나 나가지 않자 다시 사신을 보
내어서 억지로 일으키어 궁중으로 맞아들이니 開京의 士庶가
너도 나도 달려와서 禮拜하였다. 보우는 機變이 있을 것을 알
고 힘써 사양하고 小雪山으로 물러갔다.

　至正 16년(1279)에 왕의 청에 의하여 奉恩寺에서 설법하였
고, 그해 4월에 왕사로 책봉되어 廣明寺에 주석하였다. 다음
해에 사직하였으나 허락되지 않으니 밤에 도망하여 갔다. 왕이
그의 뜻을 빼앗지 못할 것을 알고 법복과 印章을 모두 보우의
처소로 보내었다.

　당시 古潭寂照玄明은 淅人으로서 迷原의 隱聖寺의 客으로
있었는데, 「太古歌」를 보고 찬탄하여 小雪山으로 참방하였다.
至正 22년에 왕이 淸州의 행재소에서 사신을 보내어서 희양산
봉암사에 주석하게 하였고, 다음해에 왕이 還京하자 보우에게

명하여 迦智山 寶林寺로 옮기게 하였다.

至正 26년에 다시 印章을 돌리고 任性養眞할 것을 청하니 왕이 이를 윤허하였다. 辛旽이 왕의 총애을 얻어 일을 마음대로 하게 되자 상서하기를 "國之治 眞僧得其志 國之危 邪僧逢其時 願上察之遠之 宗社幸甚"이라고 하였다.

明 洪武 원년에 雲遊하여 全州 普光寺에 寓居하였다. 신돈이 떠도는 말을 가지고 보우를 비난하여 그가 "江浙에 遠遊하겠다"고 함을 가지고 왕에게 아뢰기를 "太古蒙恩至矣 安居送老 是渠職也 今欲遠游 必有異圖"라고 하니 왕이 이 말을 믿고 보우를 俗離寺에 가두었다.

明 洪武 2년에 왕이 이를 뉘우치고 다시 小雪山으로 돌아오게 하였다. 명 홍무 4년에 辛旽이 자기 分(자기 분수)이 아닌 것을 覬覦(개유, 몰래 틈을 엿보는 것)하다가 伏誅되었다. 왕이 禮를 갖추어서 태고보우를 국사로 進封하고 청하여 瑩原寺에 주하게 하였으나 병으로 사양하였다. 勅旨가 있어 멀리 寺事를 領한지 7년, 洪武 14년에 陽山寺로 옮기었고, 入院하던 날에 우왕이 다시 국사로 봉하였다.

圓證國師 普愚의 憂國

명 洪武 15년(1382)에 소설산으로 돌아가서 입멸하니 세수는 82세였다. 우왕이 圓證이라 贈諡하였다(조선금석총람 상, 525-528쪽. 조선불교통사 中編, 195-205). 태고보우는 깊이 선문구산의 폐단을 근심하였고, 또 政道의 패퇴를 고치기 위하여 한양으로 遷都하여 人心을 革正하려고 하였다.

維昌이 撰한 圓證國師行狀에는 이렇게 말하였다.

"今九山禪流 各負其門 以爲彼劣我優 鬪鬪滋甚 近者 益以道門

持矛盾 作藩籬由是傷和 敗正 噫 禪是一門而 人自闢多門 烏在其
本師平等無我之道 列祖格外清歇之風 先王護法安邦之意也 此時
之弊也 而凡爲老陽一爲初陽 老而衰也 理之常而 又立都之時 九山
之來旣久 不如反其初 爲新陽之爲愈也 此數之變也 當是時也 若統
爲一門 九山不爲我人之山 山名道存同出一佛之心 水油相和一槩
齊平 於是乎 百丈大智禪師 禪苑淸規 薰陶流潤 其日用威儀 精嚴
眞淨 參請以勤 鍾魚以時 重興祖風 而五敎各以其法弘之 以奉萬歲
聖祚延而 佛日明矣 豈不暢然哉 然甞觀王氣不在此都 以復古初全
盛之時難矣哉 若南遷漢陽 行向所陳之言 自化孚六合 澤被萬靈矣"

즉 도읍을 개성에서 한양으로 옮기고 人心을 일신하게 하여
政敎의 혁신을 꾀한 것이었으나 아깝게도 그 말이 중용되지
않고 말았다. 太古普愚의 法系는 다음과 같다.

普愚法系 臨濟義玄-興化存奬-南院慧顒-風穴延沼-首山省念-汾陽善
昭-慈明楚圓-楊岐方會-白雲守端-五祖法演-昭覺克勤-虎丘
紹隆-天童曇華-天童咸傑-臥龍祖先-徑山師範-仰山祖欽-道
場及菴(宗信)-福源淸珙-太古普愚. 이상과 같이 普愚는 臨濟
의 19세 孫이다.

제4절 普愚의 心要

普愚의
心要 보우의 語錄은 侍者 雪棲가 편한 것이고, 洪武 20년에 李崇
仁이 序를 지었는데, 그중에는 공민왕에 대하여 心要를 설한
글이 있어 第一義를 제창하였다. 거기에 이르기를, "有一物 明
明歷歷 無僞無私 寂然不動 有大靈知 本無生死 亦無分別 亦無

名相 亦無言說 吞盡乾坤 蓋盡天地 蓋盡聲色 具大體用 言其體
則 包羅盡廣大而無外 收攝盡微細而無內 言其用則 過佛刹微塵
數 智慧神通三昧辯才 即顯即隱 縱橫自在 有大神變"이라고 하
였다.(『조선불교통사』中編, 22쪽)

우주적인 大靈의 존재와 그 神力이 妙用함을 설하되 餘蘊이
없다. 또 這個 第一義와 吾人과의 관계를 설하되, "此一物 常在
於 人人分上 擧足下足時 觸境遇緣處 端端的的 (…) 頭頭上明
物物上顯 一切施為 寂然昭著者 方便呼為心亦云道 亦云萬法之
王 亦云佛"(同上)이라고 하여, 吾人과 佛은 不二임을 道破하였
고, 또 이른바 心이라는 것은 망상의 心念이 아니라는 것을 지
적하여 "所以名此心者 非是凡夫妄生 分別之心 正是當人 寂然
不動底心也"(同上 222쪽)라고 하였으며, 나아가서 이 一心을
깨닫는 방법을 다음과 같이 설하였다.

"一切善惡 都莫思量 身與心法 一時都放下 一如金木佛相似則
生滅妄念盡滅 滅盡的亦滅 聞爾之間 心切寂然不動 無所依止 身心
忽空 如倚太虛相似 這裏只個明明歷歷 歷歷明明底現前 此時正好
詳看父母未生前 本來面目 才擧便悟 則如人飲水 冷暖自知 (…)
只是個靈光 蓋天蓋地 (…) 即與佛祖相見了也"(『조선불교통사』中
編, 22쪽)

이는 바로 禪門相承의 口訣이었다. 육조가 惠明에게 말한 바
와 합치된다.

제5절 普愚의 看話

普愚의
看話

　　보우의 看話 공부는 공안으로써 分別知解를 截斷하는 데 있었으니 이는 宋의 원오, 대혜 등의 간화와 같은 것이었다. 그러므로 芳山居士에게 답한 글에 말하기를

　　"念起念滅 謂之生死 當生死之際 須盡力提起話頭純一 則念頭起滅即盡 起滅盡處 謂之寂 寂中無話頭 謂之無記 寂中不昧話頭 謂之靈知 (…) 身心與話頭 打成一片 無所依倚 心無所之 (…) 千疑萬疑 一時透了也"(『조선불교통사』 中編, 224쪽)

라고 하였다. 또 無際居士에게 보인 글에서는

　　"趙州云無 這個無字 不是有無之無 不是眞無之無 畢竟如何即是 到這裏 直得通身放下 一切不爲 不爲底也不爲 直到閒閒地 蕩蕩地 切無擬思 前念已滅 後念不起 當念即空 空亦不守 不守亦忘 忘亦不立 不立亦服 服亦不存 到恁麼時 只時個惺惺寂寂底靈光 卓爾現前 切莫妄生知解 但擧話頭 十二時中 四威儀內에 單單不昧 切切參詳 (…) 猶老鼠入牛角相似 便見到斷 利根者到此 豁然打破漆桶"(『조선불교통사』 中編, 224-225쪽)

라고 하였으니, 보우의 看話는 南宋 말의 그것과 완전히 동일한 것임을 알 수 있다.

念佛略要

　　普愚는 염불공안도 말하였으니, 樂庵居士에게 보인 念佛略要에는 이렇게 말하였다.

"阿彌陀佛 梵語 此云 無量壽佛 佛者亦梵語 此云覺 是人人個個
之本性 有大靈覺 本無生死 亙古今而靈明淨妙 安樂自在 此豈不是
無量壽佛也 故云 明此心之謂佛 說此心之謂教 佛說一大藏教 指示
人人 自覺性之方便也 方便雖多 以要言之 則唯心淨土 自性彌陀
心淨則佛土淨 性現即佛性現 正謂此耳 阿彌陀佛 淨妙法身 徧在一
切衆生心地 故云 心佛及衆生 是三無差別 亦云 心即佛 佛即心 心
外無佛 佛外無心 若相公 眞實念佛 但直下念自性彌陀 十二時中
四威儀內 以阿彌陀佛名字 帖在心頭眼前 心眼佛名 打成一片 心心
相續 念念不昧 時或密密返觀 念者是誰 久久成功 則忽爾之間 心
念斷絕 阿彌陀佛眞體 卓爾現前 當是時也 方信道舊來不動名爲佛"
(同上 227쪽. 『太古菴歌』 四葉右-左)

이것이 곧 남송 말에서 明代에 행하여진 念佛公案이다.

제6절 太古菴歌

『太古語錄』에 실은 「太古菴歌(在三角山 重興寺作)」, 「雜華
三昧歌」, 「山中自樂歌」, 「白雲菴歌」, 「雲山吟」 등이 있는데,
吟誦할 가치가 있다. 「白雲菴歌」는 아래와 같다.

普雨의 詩   逍遙山上多白雲 長伴逍遙山上月 有時淸風多好事 來報他山更奇
絶 白雲無心徧太虛 其如烘爐一點雪 行雨四方無彼此 是處是物皆
欣悅 刹那歸來此山裏 山光着色水嗚咽 古菴依稀非霧間 連雲畏道
蒼苔滑 左傾右傾住復行 誰其侍者惟櫟栗 路窮菴門向東開 賓主同
會無言說 山默默 水潺潺 石女喧譁木人咄 汲汲西來碧眼胡 漏洩此

意埋佛日 傳至曹溪盧老子 又道本來無一物 可笑古今天下人 不惜
眉毛行棒喝 我今將何為今人 春秋冬夏好時節 熱向溪邊寒向火 開
截白雲衣半結 困來開臥白雲樓 松風蕭蕭聲浙浙 諸君來此保餘年
飢有蔬兮渴有泉(同上, 238-239쪽)

제7절 麗末의 天台와 排佛의 기세

**고려말의
天台**

공민왕 2년에 경기도 水原 萬義寺에서 天台 龍巖寺 住持 大
禪師 重大匡奉福君 神照가 있어 일찍이 공민왕의 知遇를 받았
다. 그로 인하여 대법회를 열고 나라를 위하여 복을 빌었다.

임신년(조선 태조 원년, 1392) 2월에 대법회를 베풀었다. 天
台宗師 國一都大禪師 玄見 等 三百三十指는 다 한때 天台의
碩德이었다. 外護에 前 洪濟寺 住持 大禪師 明一 等 一百九十
指며, 諸執事監院에 禪師覺一 등 一百九十指였다. 華嚴三昧懺
儀를 행하고, 이어서 『法華經』戒環疏를 강의하기 37일이었으
니 麗末에도 천태가 아직 쇠하지 않았음을 증거하는 것이다.

**恭愍王의
告諭**

공민왕 4년(元 至正 15년)에 왕이 臺官을 불러서 유시하기
를, "僧 禪近所犯 不須窮治"라고 하였다. 禪近은 內願堂의 僧
으로 본디 왕의 총애가 있었다. 士人의 처와 통하여 사헌부의
국문을 받았는데, 왕이 명하여 이를 놓아주었다.

그때 자은종의 英旭이 邪淫罪를 범하자 臺官이 鉤致하여 罪
하고자 하니 英旭이 말하기를, "若欲罪我 須罷宗門 今宗門僧
誰非我乎"라고 하였다(『高麗史』 卷38, 585쪽).

공민왕 10년(元 至正 21)에 御史臺가 아뢰기를, "釋教 本尙
清淨而其徒以罪福之說 誑誘寡婦孤女 祝髮為尼 雜處無別 恣其

淫欲 至於士大夫宗室之家 勸以佛事 留宿山間 醜聲時聞 汚染
風俗 自今一切禁之"라고 하였다.(『동국통감』卷47, 137쪽)

金子粹의
痛擊

　　金子粹의 傳에 佛徒의 망설을 痛擊하여 아래와 같이 하였다.

　　"彼學佛者 始唱邪說 上誣群臣 下誑愚民 仍作太祖九世之像曰 太
　祖前身 某生爲某院主 某生作某塔 某生造某經 至曰某生太祖 爲某
　寺之牛 至某生乃得王位 上賓之後 今爲某菩薩 成書開板 藏于深山
　以欺萬世 玄陵見之 深加敬信 於是 內佛堂之法席 演福寺之文殊會
　講經飯僧 至屈千乘之尊 拜髡爲師 親執弟子之禮 至于甲寅 朱蒙事
　佛之福 臣等未知太祖九年像 釋迦達摩 復生於東方 親見太祖於天
　堂佛刹 而作此像歟 太祖前身 爲牛爲院主之時 親見者何僧歟 彼之
　邪說 誣上以太祖爲牛 此豈聖子神孫之 所可開口者也"(『고려사』卷
　120, 502쪽)

제11장 惠勤의 간화선

공민왕은 신돈을 임용하여 국정의 문란을 가져왔고 사람으로 하여금 溺佛의 폐해를 통감하게 하였으며, 유교의 재흥을 촉진하여 鄭夢周, 鄭道傳 등의 闢佛을 誘起하였다. 懶翁 惠勤이 그 가운데서도 看話禪을 弘宣하여 종풍이 한때 성하였다.

제1절 遍照(신돈)와 공민왕

妖僧 遍照

공민왕 14년(元 至正 25년) 요승 遍照(신돈)로써 사부를 삼고 淸閑居士의 호를 賜하였으며 국정을 諮問하였다. 遍照는 靈山縣 玉川寺의 종으로서 어려서 僧이 되었는데 그 또래는 달랐다.

왕이 꿈에 웬 사람이 劍을 빼어 자기를 찌르는데 어떤 僧이 구원해 주었다. 마침 金元命이 遍照를 천거하니 그 모습이 夢中의 僧과 같은지라, 왕이 이상해하면서 더불어 말하여 보니 聰慧辨給했으며, 스스로 得道했다고 말하였다.

이로부터 자주 불러 入內시키고 空을 談하였는데, 遍照(신돈)가 비록 無學不德하였으나 힘써 矯飾하여 그 형모가 枯槁하였고, 盛夏 隆冬에도 一破衲을 입으니 왕이 이를 더욱 존중하여, 무릇 의복과 음식을 공급하되 반드시 정결히 하고 足襪에 이르기까지 반드시 頂戴하여 바치는 정도로 致敬하였다.

遍照가 入內하여 用事하자 그의 말대로 따르지 않음이 없었고, 많은 사람이 편조에게 붙었다. 사대부의 妻들이 神僧이라고 하면서 法을 듣고 복을 구하기에 이르렀다.

편조가 密直 金蘭의 家에 主人을 정하였다. 이에 金蘭이 二處女를 주었다. 그러나 贊成事 崔瑩이 金蘭을 책하였다. 편조가 이에 최영을 참소하여 鷄林尹으로 좌천시켰다. 편조가 이로부터 威福을 방자히 하고, 忠良을 斥去하고 邪姦과 결탁하였다. 왕이 편조를 봉하여 眞平侯를 삼고, 또 守正履順論道燮理保世功臣 鷲城府院君 提調僧錄司事 兼判書雲觀事로 삼았다. 이에 비로소 姓을 辛이라고 칭하고 旽이라고 개명하였다.

처음 왕은 재위한 지 오래되어 재상이 대부분 뜻에 맞지 않았다. 그래서 생각하기를, 世臣大族은 親黨이 根連하여 서로 엄폐하고 초야의 新進은 情을 矯하고 行을 飾하며, 名望을 얻은 즉 大族과 連姻하며, 儒生은 나약하여 강하지 못하고, 門生座主는 黨比徇情하니 이런 세 부류는 다 쓸만한 것이 못 된다. 그러니 離世 독립한 사람을 얻어서 因循의 폐를 고쳐야겠다고 생각하였다.

그러다가 신돈을 보고는 도를 얻어 욕심이 적고, 또 미천한 출신으로 다른 親比가 없으니 大事를 맡긴즉 반드시 徑行하여 顧籍할 것이 없다고 하였다. 신돈은 貪淫이 날로 더하였고 貨賂가 폭주하였다. 집에서는 음주 啗肉하고 聲色을 마음대로 하다가 왕을 뵌즉 淸談하면서 菜咬飮茗하니 왕은 더욱 신임하였고, 公卿舊臣은 신돈에게 쫓긴 바가 되었다.

제2절 高麗文教의 再興

成宗과   고려의 學政은 태조에서 成宗에 이르러 그 기초를 확립하였

文教 　다. 성종 5년에 교지를 내리어 周公, 孔子의 風을 일으켰고, 6년에는 12牧에 經學博士, 醫學博士 각 1명을 두어서 教授하였다.

國子監 　성종 9년에는 修書院을 西京에 열고 諸生으로 하여금 史籍
創立 을 抄書하여 이를 藏하게 하였다. 11년에는 庠序學校에 명하여 文武의 재략이 있는 자를 천거하였고, 그해 12월에 國子監을 창립하였으며, 有司로 하여금 널리 書齋와 學舍를 운영하게 하였다.

　文宗 10년 8월에 西京 留守의 주청에 의하여 書簿을 인출하여 모든 學院에 두었고, 숙종 6년 4월에는 국자감의 진언에 의하여 文宣王 殿의 左右廊에 新書한 六十一子 二十一을 釋奠에 從祀하게 하였다.

養賢庫 　예종 14년 7월에 비로소 國學에 養賢庫를 두어 士를 양성하고 名儒를 가리어 學官에 임명하였다.

仁宗王 　仁宗 5년에 學士에 명하여 經義를 강론하게 하였고, 7년에 國學을 視하고 강론을 들었으며, 그해 8월에 書籍所에서 宋朝의 忠義集을 읽게 하였고, 8년에 國學의 진언에 의하여 教導官 각각 1명을 보내어서 學을 권하였으며, 9년에 老莊學을 금하였고 12년에 『孝經』과 『論語』를 閭港의 童稚에게 分賜하였다. 이리하여 인종에 이르러서 가장 융창하였던 것이 文武의 알력이 생겨서 教勢가 갑자기 쇠하였다

　특히 高宗 이후로는 軍旅多事하여 學政에 미치지 못하였다. 그러다가 충렬왕 15년(1289년)에 安裕(一名 安珦)가 왕을 따라서 燕京에 가서 『朱子全書』를 얻어 宋學을 수입하게 되었다.

安裕와
朱子學

안유는 學校의 황폐를 조심하고 義捐을 모집하여 學錢을 마련하였으며, 또 博士 金文鼎을 원에 보내어서 공자와 및 七十子의 像을 그리고, 아울러 樂器와 祭器斗 六經史子를 구하게 하여 學制를 다시 일으키니 수업하는 자가 수천에 달하였다. 安裕가 一日은 시를 지어서 學宮에 쓰기를, "香燈處處皆祈佛 絃管家家盡祀神 獨有一間大子廟 滿庭春草寂無人"이라고 하였다(『護聞鎖錄』 356쪽). 이로써 儒敎의 衰頹狀을 짐작할 수 있다. 安裕는 朱子를 사모하여 그 眞을 揭하고 스스로 晦軒이라 號하였다. 『晦軒實錄』 2책이 있다.

白頤程
朱學

安裕는 실로 조선 주자학의 先覺으로서 대학에서 주자학을 창도하였다. 주자학의 창도는 즉 배불의 제일보여서 뒤에 조선의 폐불훼석의 원인이 된 것이다. 安裕의 문인 白頤正이 또 원에 들어가서 程朱의 學을 전하여 왔고, 李齊賢이 이에 師事하였으며 그 뒤를 이은 자는 李穡 등이라고 한다.

高麗儒學
系統

그리고 보면 고려의 유학은 안향으로부터 白頤正(號 上黨)禹悼(號 易東)에게 전하였고, 頤正은 李齊賢(號 益齊)에게, 齊賢은 李穡에게, 이색은 權近(陽村)에게, 권근은 卞季良(號 春亭)에게 전하여진 것이다.

李齊賢

충숙왕 원년에 上王(충렬왕)이 원에 가서 燕京에 萬卷堂을 마련하고 李齊賢을 불러서 府中에 있으면서 文儒, 閻復, 姚遂, 趙孟頫, 虞集 등을 맞이하여 함께 지내면서 書史를 考究하게 하였다. 같은 해에 찬성사 權溥, 商議都監事 李瑱, 三司事, 權漢功 등이 성균관에 모여서 新購의 書를 考閱하고 經學을 시험하였다. 그때 박사 柳衍 등이 江南(중국)에서 經籍 10,800권

經籍輪入

을 사 왔고, 同年 7월에 元帝가 서적 4,371책, 17,000권을 왕에

게 하사하였다.

공민왕 16년에 李穡이 성균관 大司成이 되고, 金九容, 鄭夢周, 朴尚衷, 朴宜中, 李崇仁 등이 다 學官이 되어서 李穡이 날마다 明倫堂에 앉아서 經을 강의하여 수업하니 이에 程朱의 性理學이 비로서 일어나게 되었다.

鄭夢周 그때 東方에 들어온 經書는 오직 『朱子集註』뿐이어서, 정몽주가 成均博士로서 그것을 강설하는데 人意에 超出하여서 듣는 자가 자못 의심하였는데, 뒤에 胡炳文의 四書通을 얻고 나서 합하지 않음이 없었다. 이색이 이를 일컬어 말하기를, 夢周의 논리는 橫說竪說에 이치에 맞지 않음이 없다고 하였다. 추존하여 東方理學의 祖라고 한다.

李穡과 李齊賢은 불교를 崇信하던 터여서 아직 배불의 창(戟)을 드러내지는 않았다. 그러나 정몽주는 배불로써 유교를 선양하는 방책을 삼았다. 그러면서도 배불을 하는 동안에 佛典을 보는 것을 그만두지 않았다.

權近 權近은 『四書五經口訣』, 『五經淺見錄』, 『入學圖說』을 저술
鄭道傳 하였고, 鄭道傳과 함께 李朝 초기의 文柄을 장악하고 毁佛의 방침을 취하였으나 정도전처럼 격렬하지는 않았고 숭불의 文字를 짓는 일이 많았다. 『東文選』卷92, 送日本天祐上人 還歸序에 말하기를 "竊聞之 睦州蹤公 甞編蒲屨 以給其親 慈明圍(圓也)公遺若母 後世稱唐宋諸師 道行之著者 必日 睦州慈明之二師 豈外乎道哉"라고 하였으니 권근이 조사문의 事蹟에도 밝았음을 알만하다.

제3절 鄭道傳의 배불론

鄭道傳과
배불론

고려 말에 배불론을 高唱한 자 적지 않지만 그 심각하고 통렬함이 鄭道傳에 미칠 자가 없다. 정도전의 字는 宗之요, 安東府 奉化縣人이다. 어려서부터 학문을 좋아하여 이색의 門에 있었고 정몽주와 친구였다.

공민왕 19년에 成均博士로, 20년에 특히 太常博士로 제수되었다. 우왕 때부터 조선의 태조 이성계와 결탁, 계략을 올려서 심복이 되었고 우왕, 창왕 두 왕을 폐하고 공양왕에게 이성계에게 양위하게 하여 고려를 멸하였다. 조선을 세운 功에 의하여 寶文閣大學士 (…) 義興親軍衛節制使奉化伯으로 봉하여졌다가 태종 7년에 伏誅되었다. 정도전은 일찍이 삼각산 아래에 집을 짓고 三峰齋라고 하였으며, 여기서 講學하니 사방의 학자가 많이 從遊하였다.

三峰集

그의 저서에 『三峰集』이 있는데 9권에 佛氏雜辨 등의 글을 실었다.

第一 佛氏輪廻之辨에는 陰陽五行 人物生生의 이치로써 불교의 윤회설을 공격했고, 第二 佛氏因果之辨에는 음양오행 交運迭行 參差不齊가 모두 智愚, 貴賤, 壽夭의 원인이라 하여 불교의 삼세인과를 공격하였다.

第三 佛氏心性之辨에는 心은 氣로서 虛靈不昧하고 性은 理로서 純粹至善한 것이라고 논하여 불교의 心卽性의 설을 공격하였다.

第四 佛氏作用是性之辨에는 방거사의 運水搬柴神通妙用의 말을 끌어서 불교는 작용으로써 性을 삼는다고 단정하고, 生의

理요 作用은 生의 氣라고 논하여 이를 破하였다.

第五 佛氏心跡之辨에는 心은 一身의 主요 跡은 心의 事物上에 발하는 것이라 나눠서 둘로 할 수 없는 것이다. 그런데 佛氏는 그 心을 취하고 跡을 취하지 않았으니 文殊大聖 遊諸酒肆 跡雖非而 心卽是也라고 한 것이 그 일례라고 논하였다.

第六 佛氏昧於道器之辨에 道는 理요 形而上이며, 器는 物이요 形而下라, 만물이 道 아닌 것이 없는지라 道는 器에 섞이지 않고, 또한 器를 떠나지 않거늘 佛氏는 道와 器를 둘로 하였다. 그러므로 "凡所有相 皆是虛妄 若見諸相非相 卽見如來"라고 하여 空寂에 떨어졌고, 또 器를 가지고 道라고 하여서 善惡皆心 萬法唯識이라고 하여 猖狂放恣하지 않는 바가 없다고 논하였다.

第七 佛氏毀棄人倫之辨에는 불교도가 인륜을 갖추지 않음을 설하였다.

第八 佛氏慈悲之辨에는 儒의 仁愛는 次第와 本末이 있는데 佛의 자비는 次第와 本末이 없고 평등에 치우쳤다고 논하였다.

第九 佛氏眞假之辨에는 佛氏는 心性을 眞常이라고 하고 천지만물은 假合이라고 하기 때문에 윤리를 절멸하기에 이르렀다고 말하였고,

第十 佛氏地獄之辨에는 불교에 있어서 供佛飯僧 滅罪資福한다는 것이 妄임을 말했다.

第十一 佛氏禍福之辨에는 天道는 善에 福하고 淫에 禍하며 人道는 善을 賞하고 惡을 벌한다. 그런데 佛氏는 人의 邪正을 논하지 않고 佛에 歸하는 자는 禍를 면하고 복을 얻는다고 하니 그것은 非라고 論하였다.

第十二 佛氏乞食之辨에는 佛의 不耕不續하고 걸식하는 것의 그릇됨을 논하였고, 第十三 佛氏禪敎之辨에는 불교의 설이 그 처음은 因緣果報를 논하여 善을 하면 복을 얻고 惡을 하면 禍를 얻는다는 것에 불과하였다. 그런데 達磨가 중국에 들어옴에 이르러 直指人心 見性成佛의 설이 있게 되었고, 그 무리들은 이를 논술하기를 혹은 善亦是心 不可將心修心 惡亦是心 不可將心斷心이라고 하며, 혹은 淫怒痴 皆是梵行이라고 하면서 放肆自恣하여 못하는 짓이 없다고 논하였다.

第十四 儒釋同異之辨에는 儒의 虛와 佛의 虛, 儒의 寂과 佛의 寂然, 儒의 知行, 佛의 悟修, 儒의 心具衆理와 佛의 心生萬法과 같이 句句가 같으면서 事事에 다르다고 논하였다.

第十五 佛法入中國이라는 제목으로, 불교가 중국에 들어오자 楚王榮이 먼저 이를 좋아하였다고 기술하고,

第十六 事佛得禍의 편에는 양무제가 佛을 믿었다가 侯景의 난을 만나 마침내 同泰寺에서 아사하였다고 기록하였으며,

第十七 舍天道而談佛果의 편에는 唐 代宗이 佛事에 힘써서 政刑을 문란하였다고 하였고,

第十八 事佛甚謹年代尤促의 편에는 한유의 佛骨表를 인용하였으며, 宋, 齊, 梁, 陳, 元, 魏 이하 佛을 섬김이 漸謹할 수록 연대를 더욱 재촉하였다고 말하였고,

第十九 闢異端之辨에는 정도전이 맹자를 본받아서 이단을 막음으로써 자임한다는 뜻을 기술하였다.

이상 19편의 글을 정도전이 스스로 말하되 "著佛氏雜辨十五篇 前代事實四篇"이라고 하였으나 佛氏雜辨이 14편이고 前代사실이 4편이니 15편이라고 한 것은 아마 최후의 闢異端之辨

을 추가하여 말한 모양이다.

『三峰集』권10엔 心氣理篇을 실었는데 그것이 셋으로 되어 있다. 一엔 心難氣인대, 이것은 釋氏修心의 旨를 말하여 老氏를 비난하고, 二에 氣難心은 老氏養氣의 법을 말하여 釋氏를 비난하였으며, 三에 理論心氣는 주로 유가의 義理를 말하여 이로써 佛과 老莊를 비난하였다.

다음에는 心問이 있는데 此篇은 心이 天에 問한 辭를 述하였고, 또 天答이 있으니 此篇은 天이 心에 答한 辭를 述한 것이다. 權近이 撰한 跋에 다음과 같이 말하였다.

"先生(鄭道傳)嘗有言曰 辨老佛邪遁之害 以開百世聾瞽之學 折時俗功利之說 以歸夫道誼之正 其心氣理 三篇 論吾道異端之偏正 殆無餘蘊 愚己訓釋其意矣 先生又嘗作 心問天答二篇 發明天人善惡報應 遲速之理 而勉人以守正 其言極為精切 使怵於功利者觀之 可以祛其惑 而藥其病矣."

鄭道傳論　　살펴보건대 정도전의 논은 周氏의 太極圖說, 程朱의 理氣論 등을 의거한 외에 하등의 더 發明한 바가 없다. 宋儒가 陰으로 禪學思想을 채용하면서 빈번히 排佛을 일삼은 것을 흉내 낸 것이다. 그의 불교에 관한 지식은 그가 인용한 경론에 의하여 짐작할 수 있다.

"佛之言曰 人死精神不滅 隨復受形 於是輪廻之說興焉 楞嚴曰 圓妙明心 明妙圓性 以明與圓 分而言之 普照曰 心外無佛 性外無法 又以佛與法 分而言之 佛氏以為 眞淨心 隨緣是相 不變是性 如

一眞金 隨大小器物等 是隨緣相也 本金不變是性也 一眞淨心 隨善
惡染淨等 是隨緣相也 本心不變性也 龐居士偈曰 日用事無別 唯吾
自偶借 頭頭須取舍 處處勿張乖 神通並妙用 運水及搬柴 佛氏曰文
殊大聖 遊諸酒肆跡雖非 而心則是也 佛氏曰 凡所有相 皆是虛妄
若見諸相非相 即見如來 般若經言 目前無法 觸目皆如 但知如是
即見如來 佛氏曰 善惡皆心 萬法唯識 圓覺經言 衆生業識 不知自
身內 如來圓覺妙心 若以智照用則法界之無 實如空華 衆生之妄相
如第二月 妙心本月 第二月影也 楞嚴經言 大覺海中 本絶空有 由
迷風飄鼓妄發空漚 而諸有生焉 迷風旣息則空漚亦滅 所依諸有遂
不可得 而空覺圓融 復歸圓妙 佛氏則不論人之邪正是非 乃曰歸吾
佛者 禍可免而 福可得 金剛經曰 爾時世尊 食時 著衣持鉢 入舍衛
城 乞食 於其城中 達摩入中國 (…) 曰 不立文字 言語道斷 直指人
心 見性成佛 佛說大略有三 其初齋戒 後有義學 有禪學 緣之名有
十二 曰觸愛受取有生老死憂悲苦惱 業之名有三 曰身口意 指心性
謂即心是佛 見性成佛 超有無謂 言有則云 色即是空 言無則云 空
即是色 般若經言 應無所住 而生其心 四大身中誰是主 六根塵裏孰
爲精 黑漫漫地開眸看 終日聞聲不見形 此釋氏之體驗心處"

이렇게 그가 引用한 것은 楞嚴, 圓覺, 金剛般若, 般若心經
의 한 두 句에 국한된 것이고, 禪者의 語錄 중에서 片言隻語
를 採拾하여 이에 我流의 解釋을 한 것에 불과하다. 韓愈의
佛骨表를 끌어다가 논증한 것 같은 것은 兒戲와 같다고 할
것이다.

그러나 그 痛論激語는 이보다 더한 자가 적다. 그래서 吾人
이 그를 排佛家의 대표자라고 하는 까닭이 되는 것이다.

제4절 明太祖의 警告

공민왕 16년에 僧 千禧를 국사로 하고 禪顯을 왕사로 하였다. 왕은 九拜를 하고 禪顯은 서서 받았다. 百官은 朝服으로 就班하였는데 辛旽이 홀로 戎服으로 殿上에 서서 왕이 一拜할 적마다 문득 歎稱하였다. 그리고 가만히 宦者에게 말하기를, 主上의 禮容은 천하에 드물다고 하였다. 신돈이 陰으로 아첨하여 총애를 삼는 것이 이와 같았다.

공민왕 19년(明 洪武 3년)에 明의 太祖帝가 璽書(새서, 옥새가 찍혀 있는 문서)로 경고하여 말하였다.

明太祖의 警告

"近者 使歸 問國王之政 言王唯務釋氏之道 (…) 歷代之君 不開華夷 惟行仁義禮樂 可以化民成俗 今王舍而不務 日以持齋守戒 (…) 不崇王道 而崇佛道 失其要矣 (…) 所可汰者 冗僧耳 敬之則游食者衆 慢之則使民不敬於佛 不敬不汰 則善惡不分 王處之如何耳 朕幼嘗爲僧 禪講亦會參究 惟聞有佛而已 度死超生 未見盡驗 古今務釋氏 而成國家者 實未有之 梁武之事 可爲明鑑 今乃惟佛教是崇 非王之所宜"(高麗史 卷42, 634쪽)

同年에 왕이 王輪寺에 行幸하여 佛齒와 및 胡僧 指空의 頭骨을 보고, 이를 頂戴하고 드디어 궁중에 맞아들였다. 20년에 신돈이 不軌를 도모하다가 水原에 유배되고 그 일당이 모두 伏誅되었다. 왕은 명하여 신돈을 죽이었다.

慧勤王師

慧勤으로 왕사를 삼았다. 慧勤은 懶翁이라고 호하였고, 朝野의 존중하는 바가 되었다. 『용재총화』에 말하였다.

"懶翁 住檜巖寺 士女奔波 有儒生三人 相謂曰 彼髡有何幻術 而
　使人驚駭如此 吾輩往見壓之 遂到方丈 翁踞榻而坐 容貌雄偉 眼波
　明瑩 望之儼然 忽大聲唱云 三人同行 必有一智 智不到處 道將一句
　來 三人魄遁 頂禮而還"(『용재총화』 卷6, 131쪽)

제5절 懶翁慧勤의 행장

慧勤傳　　　고려 李穡이 撰한 楊州 天寶山 檜巖寺 禪覺王師碑와 아울러
覺宏이 기록한 행장에 의하면, 慧勤의 舊名은 元慧요, 懶翁이
라고 號하였으며 居所의 室을 江月軒이라고 하였다. 姓은 牙
氏, 寧海府 사람, 충숙왕 7년(1320년)에 태어났다.

　　나이 20세에 이르러서, 친한 친구의 죽음을 보고 父老에게
묻기를, 죽으면 어디로 가느냐고 하니, 모두 이것을 알지 못하
였다. 따라서 中心에 痛悼를 견디지 못하고 功德山 妙寂菴의
了然에게 가서 祝髮하였다.

　　了然이 묻기를 "汝為何事剃髮"고 하니, 혜근이 대답하기를,
"超出三界 利益衆生 請開示"라 하였다. 요연이 또 묻기를 "汝
今來此 是何物耶"고 하니, 말하기를 "此能言能聽者 能來耳 欲
見無體可見 欲覓無物可覓 未審如何進修" 하였다. 了然이 말하
기를 "吾亦如汝 猶未知之 可往求之 有餘師"라고 하였다. 이에
諸山을 遊歷하다가 원 順宗 至正 4년에 양주 천보산 회암사에
이르러서 一室에 宴處하였다.

　　그때 일본의 石翁화상이 此寺에 寓居하더니 一日은 僧堂에
서 내려와서 禪牀을 치면서 말하기를, "大家還聞麼" 하였다. 대
중은 말이 없었다. 혜근이 呈偈하기를 "選佛場中坐 惺惺著眼

看 見聞非他物 元是舊主人"이라고 하였다.

慧勤入元　　慧勤은 精修한 지 4년에 하루는 홀연히 開悟하였다. 그로부터 遠遊를 뜻하고 충목왕 3년에 북으로 향하여 출발하여 8년 3월에 元에 들어가서 燕京의 法源寺에 이르렀다.

처음 西天의 指空에 參詣하니 지공이 말하였다. "汝從甚處來" 혜근이 고려에서 왔다고 하니, 지공이 또 물었다. "船來耶 陸來耶 神通來耶" 혜근이 신통으로 왔다고 대답하니, 지공이 또 말하기를 "現神通看"고 하였다. 혜근이 앞으로 가까이 가서 叉手하고 서니 이에 대중을 따라서 參學하게 하였다.

指空이 一日은 垂語하기를 "禪無堂內法無外 庭前栢樹認人愛 淸涼臺上淸涼日 童子數沙童子知"라고 하니 혜근이 말하기를 "入無堂內出無外 刹刹塵塵選佛場 庭前栢樹更分明 今日夏初四月五"라고 하였다. 元 至正 10년 정월 초1일에 지공이 皇后가 내린 紅衣裳을 입고 方丈 내에서 대중을 모아 말하기를 "明然法王巍巍福國 天上日下有祖 不問大小 有智慧者 盡得對看"하니, 대중 가운데 대답하는 자가 없었는데, 혜근이 나와서 말하기를 "明然猶是那邊事 巍巍福國是虛聲 天日下祖俱打了 到這般底是什麼"라고 하였다. 지공이 衣角을 제기하면서, "內外都紅"이라고 하니, 혜근이 3배하고 물러갔다.

이해 3월에 都城을 떠나서 通州에 이르러 배에 올랐고, 4월 8일에 平江府 休休菴에 이르러서 여름을 지냈으며, 8월에 慈淨寺에 이르니 蒙堂이란 자가 있어 묻기를 "爾國 還有禪法也無"라고 하였다. 혜근이 게송으로써 답하기를 "日出扶桑國 江南海岳紅 莫問同與別 靈光互古通"이라고 하였다.

平山處林　　또 平山處林을 參見하니 평산처림이 마침 僧堂에 있었다. 혜

근이 곧장 승당 내로 들어가서 걸음에 맡기어 東으로 西로 갔다 왔다 하였다. 그러자 평산처림이 말하기를 "大德 從何方來"라고 하였다. "大都來"라고 대답하니, 평산처림이 "曾見什麼人來"하였다. "曾見西天指空來"하니, "處林曰指空日用何事"오 하였다. "指空日用千劍"이라고 하니, "指空千劍且置 將汝一劍來"오 하였다. 혜근이 坐具로써 평산처림을 치니 처림이 쓰러져서 禪床에 있으면서 크게 부르짖어 말하기를 "這賊殺我"라고 하였다. 혜근이 붙들어 일으키면서 말하기를, "吾劍能殺人 亦能活人"이라고 하니 처림이 呵呵大笑하였다.

여기에 머물기를 수 개월, 一日은 처림이 手書로써 부촉하기를, "三韓慧首座 來見老僧 其出言吐氣 便與佛祖相合 宗眼明白 見處高峻 言中有響 句裏藏鋒 慈以雪巖所傳及菴先師法衣一領 拂子一枝 付囑表信"이라고 하였다.

그리고 게송하기를, 拂子法衣今付囑 石中取出無瑕玉 六根永淨得菩提 禪定慧光皆具足"이라고 하였다.

원 至正 11년 2월에 하직하고 明州에 가서 보타락가산의 관음을 禮한 후, 育王寺의 悟光, 雪窓, 無相, 枯木榮 등과 商量(법거량)하였으며, 至正 12년에 무주 복룡산에 올라가서 千巖元長을 뵈었다. 千巖元長이 묻기를 "大德從甚處來"오 하였다. 淨慈에서 왔다고 하니, 元長이 말하기를 "父母未生前 從甚處來"오 하였다. "今朝四月初二日"이라고 하니, 元長이 "明眼人 難瞞"이라고 하고 곧 入室을 허락하였다.

그 후 그곳에서 하안거를 하고 燕京의 法源寺로 돌아와서 指空에게 문안하였다.

지공이 方丈으로 맞아들여서 法衣一領 拂子一枝 信書一紙

로써 부촉하기를 "百陽喫茶正安果(正安指空 方丈名也) 年年不昧一通藥 東西看見南北然 明宗法王給千劍"이라고 하였다. 慧勤이 답하기를 "奉喫師茶了 起來即禮三只這眞消息 從古至于今"이라고 하고, 한 달 동안 머물고는 하직하고 산천을 유람하기 여러 해에 道行이 조정에 알려졌다.

원 至正 15년에 順宗의 詔를 받들고 京師의 廣濟寺에 住하면서 16년에 개당하니 帝가 금란가사와 아울러 폐백을 하사하였다. 17년에 退院하여 여러 명산을 탐방하고 法源寺로 돌아가서 指空을 뵙고 말하기를 "弟子當往何處" 하니, 지공이 말하기를 "汝還本國 擇三山兩水間居之則 佛法自然興矣"라고 하였다.

공민왕 7년 봄에 指空을 하직하고 還東하여, 遼陽, 平壤, 東海 등에서 설법하고, 20년에 五臺山 상두암에 入居하였다.

至正 21년 공민왕 10년에 혜근을 城中으로 맞아들여서 心要를 설할 것을 청하여서 혜근이 三頌을 進呈하니 왕이 기뻐하고 만수가사와 水晶 불자를 하사하고 神光寺에 住할 것을 청하여 사양하였으나 윤허하지 않았다.

그해 11월에 紅賊이 京에 들어와서 나라가 온통 南으로 옮기니 僧徒가 震懼하여 홍적을 피할 것을 청하였다. 혜근이 말하기를 "惟命是保 賊何能爲"하고, 평소와 같이 演法하였다. 이미 紅賊의 기마 수십 騎가 절에 들어왔건만 혜근이 엄연히 이를 대하니 賊首가 沈香 一片을 드리고 물러갔다.

공민왕 23년에 九月山으로 나와 금강암에 있다가 왕의 청에 의하여 還山하여 머물기를 2년, 25년에 詣闕하여 물러갈 것을 청하였더니, 허락되어 諸山에 노닐다가 26년에 금강산 정양암에 주석하였다. 27년에 왕명에 의하여 청평사에 있더니, 그 겨울에 普庵長老가 指空의 가사 一領과 手書 한 장을 받아 가지고 절에 이르러서 나옹혜근에게 전하였다.

明 태조 洪武 2년에 병으로 사퇴하고 오대산에 들어가서 영감암에 주석하였다. 洪武 3년에 원의 司徒 達睿가 指空의 靈骨을 받들고 와서 회암사에 두었는데, 혜근이 이에 禮하고 성으로 들어가서 廣明寺에서 結夏하였다. 그리고 同年 秋에 회암사에 住하는데, 9월 10일에 왕이 불러서 入京, 廣明寺에서 크게 兩宗의 납자들을 모으고 그들의 자득한 바를 시험하였는데 功夫選이라고 하였다. 왕도 親臨하여 이것을 보았다.

功夫選

懶翁慧勤이 拈香하여 마치고 법좌에 올라서 말하기를 "破却 古今之窠臼 掃盡凡望之蹤由 割斷衲子命根 抖擻衆生疑網 操縱在握 變通在機 三世諸佛 歷代祖師 其揆一也 在會諸德 請以實答" 하라고 하였다.

이에 차례로 들어와서 대답하는데 曲躬流汗하면서 모두 모른다고 말하였고, 혹은 理에는 통하나 事에 걸리고 혹은 狂甚 실언하여 一句에 便退하니 왕이 不豫의 빛이 若然하였다. 幻菴混修(호는 幼菴)가 뒤에 이르자 혜근이 三句三關을 일일이 물었다. 모임을 마치고 회암사로 돌아갔다.

洪武 4년에 왕이 혜근을 봉하여 왕사를 삼고 松廣寺를 東方 第一道場이라고 하였으며 명하여 여기에 있게 하였다. 홍무 9년(우왕 2년, 1376)에 驪興의 神勒寺에서 졸하니 세수는 57세였다. 시호는 禪覺이라고 하였다.(조선금석총람 上, 498-502쪽. 조선불교통사 中編, 257-270쪽)

慧勤의 嗣法

慧勤의 法系는 문인 覺宏이 지은 행장에 혜근이 燕京(북경) 廣濟寺에서 開堂할 때의 말을 기록하였는데, "拈香云 此一瓣

香 奉爲西天一百八祖 指空大和尙 平山大和尙 用酬法乳之恩"
이라고 하였다(『동사열전』卷1.『조선불교통사』中編, 266쪽).
이는 바로 2인에 嗣法하였음을 말하는 것이다. 혜근의 傳에도
역시 指空, 平山 2인에게서 付法한 사실을 실었다. 따라서 이
는 常時 嗣法 亂統의 증거라고 볼 수 있다.

　　指空이 西天의 108祖라고 한 것은 그의 傳承의 次第를 이미
기술한 것과 같다. 平山處林은 及菴宗信의 嗣로서 石屋清珙과
동문의 형제이다. 惠勤의 嗣에 無學自超, 國師智泉, 高峰法藏
등 33인이 있다.

제6절 慧勤의 思想

慧勤의　　혜근의 사상은 太古의 그것과 전혀 다를 것이 없다. 그 第一
思想　　義의 拈提를 보면 다음과 같다,

　　"覺性如虛空 地獄天堂 自何而有 佛身徧法界 傍生鬼趣 甚處得
　　來 汝等諸人 曰僧曰俗 曰男曰女 從生至死 日用之中 所作所爲 或
　　善或惡 皆謂之法也 何者爲心 心在諸人分上 喚作自己 又喚作主人
　　公 十二時中 受他主使 一切處 聽他差排 頂天立地也是他 負海擎
　　山也是他 使汝開口動舌也是他 使我擧足動步也是他 此心常在目
　　前 視之不見 聽之不聞 著意求之 轉求轉遠 顔子有云 仰之彌高 鑽
　　之彌堅 瞻之在前 忽焉在後 便是這個道理 當其一念未生之際 一眞
　　無妄之時 皎皎然如古鏡之光明 無染無污 昭昭然如止水之澄潭 不
　　動不搖 胡來胡現 漢來漢現 照天照地 鑑古鑑今 無一絲毫隱蔽 無
　　一絲毫障碍 這個是諸佛諸祖境界 亦是諸人 自古至今 受用不盡底

本有之物"(『조선불교통사』 中編, 278쪽)

宇宙로써 覺界라 하고, 萬有를 佛身이라 하여, 天地日月 山
川草木을 法, 心으로 본 견해가 분명히 말하여졌다.

慧勤
生死觀
다음은 指空이 입적할 때 생사에 관한 소견을 서술하기를
"生來一陣淸風起 滅去澄潭月影沉 生滅去來無罣碍 示衆生體有
眞心 有眞心(恐脫一字)休埋沒 此時蹉過更何尋"이라고 하였다.
(同上, 283쪽). 즉 생사는 眞心海의 波瀾이라고 할 것이다. 또

"四大成時 這一點靈明 不隨成 四大壞時 這一點靈明 不隨壞 生
死成壞 等空花 寃親宿業 今何在 今旣不在 覓無蹤 坦然無碍 若虛
空 刹刹塵塵 皆妙體 頭頭物物 總家翁 有聲有色 明明現 無色無聲
默默通 隨時應節 堂堂現 自古至今 玄又玄"(同上, 285쪽)

이라고 하여 생사거래에 眞實人의 旨를 보였다.

慧勤
淨土論
또 娑婆即淨土임을 설하기를 "這一點靈明 淨裸裸 赤灑灑 沒
窠臼 如是則 盡十方世界 無內無外 是可淨佛土 是可無上佛土
是可無量佛土 是可不可思議佛土"(同上, 290쪽)라고 하였다.
그러므로 사람으로 하여금 아미타불을 염하게 하는 것도 다만
잡념을 버리는 방편으로 하였으니, "常常二六時中 著衣喫飯 語
言相問 所作所爲 於一切處 至念阿彌陀佛 念來念去 持來持去
(…) 免扞被六道輪廻之苦"(同上, 30쪽)라고 하였다.
또 "自性彌陀 何處在 時時念念 不須忘 驀然一日 如忘境 物
物頭頭 不覆藏 念念無忘 憶自持 切忌求見 老阿彌 一朝忽得 情
塵落 倒用橫拈 常不離"(同上, 316-317쪽)라고 하였다. 대체로

慧勤念佛 　　혜근의 念佛은 당시에 성행한 念佛公案이었다.
公案

제7절 慧勤의 가풍

　　혜근의 看話의 공부는 常型의 외에 벗어남이 없었다. 아래의
글을 보면 알 수 있다.

慧勤의
看話禪

　　"欲決了此段大事 須發大信心 立堅固志 將從前所學所解 佛見法
見 一掃掃向大洋海裏去 更莫擧著 把八萬四千微細念頭 一坐坐斷
但向二六時中 四威儀內 提議僧問趙州 狗子還有佛性也無 州云無
末後一句 盡力提起 提來提去 拶來拶去 靜中動中 不擧自擧 寤寐二
邊 不疑自疑 驀到這裏 只待時刻 其或擧起 冷冷淡淡 全無滋味 無
揷觜處 無著力處 無分曉處 無奈何處 切莫退之 正是當人著力處 省
力處 得力處 放身失命之處也"(同上，300쪽)

慧勤의
自心三寶

　　일찍이 自心의 三寶를 설하기를 "須是 歸依自心三寶始得 歸
依者 捨妄取眞之義也 卽今了了覺悟 虛明靈妙 天然無作者 是
汝佛寶 永離貪愛 雜念不生 心光發明 照十方刹者 是汝法寶 淸
淨無染 一念不生 前後際斷 獨露堂堂者 是汝僧寶"(同上，289
쪽)라고 하였다. 또 二祖의 是心是佛의 말을 끌어서 三寶가 一
體로서 一心에 갖추었음을 상세히 설하였다.
　　혜근이 工夫選 때에 三句 三轉語 工夫十節目에 언급하였는
데, 다음과 같다.

入門三句 　　〈入門三句〉
　　入門句分明道 當門句作麽生 門裏句作麽生

三轉語　　〈三轉語〉

山何嶽邊止 水何到成渠 飯何白米造

工夫　　　〈工夫十節目〉

十節目
① 盡大地人 見色不超色 聞聲不越聲 作麼生 超聲越色去
② 旣超聲色 要須下功 作麼生 下箇正功
③ 旣得下功 須要熟功 正熟功時如何
④ 旣能熟功 更加打矢鼻孔 打失鼻孔時如何
⑤ 鼻孔打失 冷冷淡淡 全無滋味 全無氣力 意識不及 心路不
　行時 亦不知 有幻身在人間 到這裡 是甚時節
⑥ 工夫旣到 動靜無間 寤寐恒一 觸不散蕩不失 如狗子見熱
　油鐺相似 要舐又舐不得 要捨又捨不得時 作麼生合殺
⑦ 驀然到得 如放百二十斤擔子相似 啐地便折 曝地便斷時
　那箇是爾自性
⑧ 旣悟自性 須知自性本用 隨緣應用 作麼生是本用應用
⑨ 旣知性用 要脫生死 眼光落地時 作麼生脫
⑩ 旣脫生死 須知去處 四大各分 向甚處去"(同上, 295-297
　쪽).

三句, 三轉語, 工夫十節目이 모두 이 閑模樣으로서 眞箇의
功夫라고 하기 어렵다. 혜근도 역시 시대의 풍조에 出沒한 것
으로서 아직 一頭地를 拔한 分이 없다. 慧勤이 檜巖寺에 있
게 되자 臺閣의 臣이 말하기를 檜巖은 京邑과 너무 가까워서
士女의 往還이 晝夜로 絡繹하여 혹은 업을 폐하기에 이르니
이를 금해야 한다고 하여 이에 칙지가 있어 瑩源寺로 이주하
였다.

제8절 慧勤의 戒牒

慧勤의 戒牒

　　지공이 나옹에게 준 계첩이 금강산 유점사 보물 가운데 현존한다. 그 가운데 나옹이 지공을 하직할 때 拜를 設한 그림이 있다. 그 贊에 曰, "奉喫師茶了 起來即禮三 只這眞消息 從古至于今"이라고 하였다.

　　나옹의 계첩에 말하였다.

　　"受持是故 毗盧遮那親宣 文殊菩薩傳授 諸佛由玆成道 菩薩賴此因圓 除煩惱之淸凉 嚴法身之瓔珞 於此戒內 不分有情無情 皆能成就 無漏法身 若有善男信女 欲受戒者 不得愛身捨身有心無心 若愛身者 郞墮邪魔 若捨身者 卽名外道 若以有心受者 卽續生死 若以無心受者 卽入斷滅 若以性相俱受 不能成就 此戒法者 本來無一"物" 無凡無聖 亦無善無惡 若有比丘比丘尼 優婆塞優婆夷 依此行者 皆得受持

　一, 受淨信四歸依
　歸依佛無形 歸依佛無生 歸依僧無諍 歸依最上無生戒
　二, 懺除諸三業罪
　本來淸淨道 爲迷無所知 造罪無邊量 受此煩惱身 我今求哀懺 早證佛菩提
　三, 發弘誓六大願
　一者 一切衆生 未成佛 我亦不登正覽
　二者 一切衆生 所有諸煩惱 我皆代受
　三者 一切衆生 所有諸昏愚 今得明智

四者 一切衆生所有 諸災難 今得安穩

五者 一切衆生 諸貪嗔痴 今作戒定慧

六者 一切衆生 悉皆與我 同登正等覺

四, 最上乘無生戒

衆善不修 諸惡不造

右條具前 如法精持 一歷耳根 皆證菩提 思惟修習 永作舟航 同出迷津 齊登覺岸 如斯勝利 廣大無窮

祝延皇帝 聖壽萬歲 太子諸王 壽等千秋 皇後皇妃 金枝永茂 國王殿下 福壽無彊 文武官寮 高迁祿位 天下泰平 風調雨順 國泰民安 佛日增輝 法輪常轉者

泰定 四年 二月 日牒

付 弟子 懶翁慧勤

如來遺敎弟子 傳授一乘戒法 西天禪師 指空

제9절 懶翁의 詩偈

懶翁詩偈 소화 4년(1929) 여름에 순천 송광사에 懶翁詩集인 一書를 보았다. 과연 나옹의 作인지 아닌지는 확실히 모르겠으나 거기에는 다음과 같은 게송이 있다.

靈珠歌 靈珠歌

這靈珠 歌此歌 莊嚴衆寶徧河沙 從來此寶寶無價 價直娑婆轉轉差 極玲瓏 絶點瑕 淸淨本然絶點瑕 寂滅凝然誰可度 無邊塵刹體空華 體徧河沙內外空 圓明寂照事能通 明明了了無間歇 無始無終劫外通 人人俗裏堂堂有 大施如春無欠少 物物頭頭眞體全 頭頭物物盡爲主

弄去弄來弄莫窮　用來用去用隨豐　從來此寶無窮盡　元是滿空體君風
或摩尼　物即名　體君虛空絕影形　物物頭頭非外得　須因萬物得爲名
或靈珠　其性靈　實業受生實業行　前作後因因不失　四生六途作諸形
名相雖多體不殊　春前萬物盡知否　盡知諸物自勞耳　大體須知春一壺
刹刹塵塵明了了　靈光一道古今曜　塵塵刹刹盡非他　自己靈光明了了
還如朗月滿江秋　一點明靈更有誰　別處求之徒乏力　明明寶月滿江秋
飢也他　飢食困眠也不差　也不差兮非外得　隨緣應用自家鄕
渴也他　趙老接人一椀茶　此用不疑只此用　不疑此用即非他
知渴知飢不較多　何人自自自居家　如如即是如如是　未是如如又更差
晨朝喫粥齋時飯　渴則呼兒茶一椀　門外日沈山寂寥　月明窓畔白雲散
困則打眠也不差　千般世事盡非差　牧童向日眠春草　漁父晚來到岸沙
差也他　山是山　片片白雲過前山　瑟瑟淸風松樹掛　齋僧煙寺徃來閑
正也他　水是水　床頭瀑泡潺潺水　門外靑山半碧天　山是山兮水是水
不勞開口念彌陀　一步非移即自家　何向西方開口念　無心脚下盡非差
君能着着無能着　寂滅性中何所着　萬物能生春亦然　能生萬物無能着
在世縱橫即薩埵　開聲見色即非他　頭頭物物名爲主　物物頭頭即薩埵
此心珠　了了明明物物隨　體若虛空非內外　假名爲得此心珠
難把捉　玲瓏正體淮能捉　巍巍玄劫自團團　凡聖悠悠難可測
宛轉玲瓏難可得　玲瓏正體誰能得　於中莫向着頑空　柳綠桃紅何梨白
無相無形現相形　境心非二境心形　是故境寂心空寂　幻化空來妙自明
徃返無蹤非可測　縱橫自在誰能識　巍巍玄劫等空平　此道無心可是得
追不及　覓休休　意在其中更是誰　誰去誰尋追不及　前無無後尙悠悠
忽自來　何去來　經云無去亦無來　分明佛說莫擬議　非邇非遐非去來

暫到西天瞬目廻　足無能到即能回　從來大法無能得　桃梨東風處處開

放則虛空為袍內　虛空無內亦無外　毘盧一體君何論　萬物春來何有意
收則微塵難析開　纖毫不許也難開　百千萬日難分說　此地莫尋安得來
不思議　性玲瓏　能生萬法體圓空　無終無始無增減　獨曜靈光亙古通
體堅剛　壽何量　如如不動號金剛　明明了了無增減　蠢動含靈本性王
牟尼喚作自心王　佛與衆生性者王　性智圓明非所礙　如春大施等陰陽
運用無窮又無盡　用來用去用可盡　春來群國一時春　物物更新春不盡
時人妄作本自忘　妄作區區鄉路荒　生死悠悠前路絕　古今遊子失家鄉
正令行　無心行　若人直道君能行　二邊中道何差路　即是如來眞實行
孰當頭　豈無君　涅槃會上釋迦尊　龍華三會主彌勒　世出世間主有尊
斬盡不魔不小留　理全闕事莫優遊　理全闕事言何正　衲子於中不可留
從玆徧界無餘物　理事全然誰變說　自自自然自自通　自然不捨無餘物
血滿江河急急流　有無爭戰未能休　輪廻生死何時盡　生死無邊業海流
眼不見　絕前緣　萬像森羅滿目前　不是死人何不見　本來面目自周圓
耳不聞　豈無聲　香嚴擊竹豈無聲　聞聲悟道超聲色　昔日香嚴直到明
不見不聞眞見聞　聞聲見色君何論　但於事上通無事　見色聞聲眞見聞
箇中一箇明珠在　聲色之中安本位　何事時人外覓尋　即心即色是為貴
吐去吞來新又新　本來收放自眞身　堂堂正體無增減　了了明明劫外新
或名心　本無心　有境心隨有本心　境寂心隨還自沒　本來非法亦非心
或名性　性無生　本來淸淨體圓平　性等虛空無處所　亦無形像亦無名
心性元來是緣影　本來心法如形影　日中形影步相隨　前境若無隨沒影
若人於此即無疑　物物拈來惣是機　刹刹塵塵全妙體　何勞向外更歸依
自己靈光常問問　寒光一道如圓鏡　森羅萬像都現前　萬像森羅眞鏡影
或為道　道無形　從來大道亦無名　非無非有非間斷　無始無終劫外平
或為禪　止啼兒　不在東南不在西　不知此意持黃葉　佛子堂前面壁之
禪道由來是獨宣　從來妙道本天然　天然妙道誰能作　劫劫巍巍天地先

實知師姑女人做 青黃赤白何人造 春來依舊自桃紅 物物分明何不悟
不勞擡步到那邊 彼此從來尚不然 無始無終無遠近 天然妙道體虛然
也無佛 不是衆生非是佛 物物拈來惣是機 本來面目元無別
也無魔 佛與衆生又與魔 亦與山河諸萬物 猶如病眼等空華
魔佛無根眼裏花 不知此意又如何 一切盡是無餘物 還似盲人失路家
常常日用了無事 自性隨緣應用事 佛祖堂堂覔不知 春來依舊薔薇紫
喚作靈珠也被訶 眞名不得體空花 玄玄劫外無增減 萬法能生用若何
也無死 誰見虛空終始事 大者虛空非始終 從來正體也無死
也無生 可憐悠悠無限情 大地春分生萬物 一壺春意本無生
常蹋毘盧頂上行 大地人身何處生 大地毘盧眞一體 不離大地野人行
收來放去隨時節 秋月春花冬有雪 夏則炎暉更是誰 清淨本然劫外平
倒用橫拈骨格清 比如大海水澄清 衆舡來徃如清淨 風來風去知時節
也無頭 體圓然 體若無頭絕後前 一顆圓光非內外 十方無處不周圓
也無尾 誰變說 自性寶珠尾首沒 了了明明劫外平 菩提自性本成佛
起坐明明常不離 隨形如影即同之 本來法性無先後 形影相隨同一時
盡力趕他他不去 即心即色何提擧 年年桃杏為誰紅 處處綠楊甘繫馬
要心知處不能知 即此身心同共之 非自非他難可得 自尋自自本來兒
呵呵呵 可笑然 拈花示衆本天然 飲光微笑何奇特 佛意祖心合本然
是何物 逢不逢 心法由來空不空 物物頭頭明了了 尋而覔則又無蹤
一二三四五六七 唯佛乃知深密密 佛祖玄門處處明 丹楓八月秋時節
數去翻來無有窮 翻來復去數何窮 恒河沙數數能盡 復去翻來也未窮
摩訶般若波羅蜜 日日明明明佛日 刹刹塵塵了了明 頭頭物物波羅蜜

臨終偈   臨終偈

七十八年歸故鄕 大地山河盡十方 刹刹塵塵皆我造 頭頭物物本眞鄕

又

清淨本然極玲瓏 山河大地絶點空 毘盧一體從何處 海印能仁三昧通

임종게는 나옹의 嗣 高峰法藏의 作이다. 그런데 懶翁의 詩中
에 있는 것은 의심스럽다. 우선 기록하여 두고 후일의 訂正을
기다리기로 한다.

제10절 休休菴主 坐禪文과 智泉의 道價

休休菴主   나옹이 일찍이 江南에 노닐 때 休休菴에 있었다. 休休菴主
坐禪文   坐禪文에 말하였다.

> "夫坐禪者 須達乎至善 當自惺惺 截斷思想 不落昏沉 謂之坐 在
> 欲無欲 居塵離塵 謂之禪 外不放入 內不放出 謂之坐 無著無依 常
> 光現前 謂之禪 外撼不動 中寂不搖 謂之坐 迴光返照 徹法根源 謂
> 之禪 不爲順逆惱 不爲聲色轉 謂之坐 燭幽則明愈日月 化物則力勝
> 乾坤 謂之禪 於有差別境 入無差別定 謂之坐 於無差別法 亦有差別
> 智 謂之禪 合而言之 熾然作用 正體如如 縱橫得妙 事事無礙 謂之
> 坐禪 略言如是 詳擧非紙墨能窮 那伽大定 無靜無動 眞如妙體 不滅
> 不生 視之不見 聽之不聞 空而不空 有而非有 大包無外 細入無內
> 神通智慧 光明壽量 大機大用 無盡無窮 有志之士 宜善參究 急著精
> 彩 以大悟爲入門 囮地一聲後 許多靈妙 皆自具足 豈同邪魔外道 以
> 傳受爲師資 以有所得 爲究竟者哉"(『조선불교통사』 하편, 866쪽)

休休菴考   休休菴主는 蒙山德異이다. 『增集續傳燈錄』 卷4에 云,

"松江澱山 蒙山德異禪師 示陽(瑞州)高安盧氏 (…) 參皖山
(凝禪師)於鼓山 室中擧狗子話 反覆徵詰 箭拄圅合 (…) 至元間
丞相伯顏 破吳 武暇詢決禪要 機契確請 出世于澱山 (…) 素軒
蔡公 施蓮湖橋菴 請居之 曰休休(在蘇州)"

『六祖壇經』肯竅에 말하였다.

"德異別號絶牧叟 鼓山皖山正凝禪師法嗣 自六祖二十有一世
之孫 休休禪菴開山 元朝人也 師傳詳載于元賢繼燈錄 卷三"

智泉 　　懶翁의 嗣에 智泉이 있어 道聲이 멀리까지 들리었나. 權近이
撰한 楊平郡 龍門寺 正智國師 碑에 의하면 智泉은 竺源이라
호하였고, 속성은 金氏며, 載寧人으로서 元 泰定 원년에 탄생
하였다. 나이 19세에 長壽山 懸菴寺에서 祝髮하고 禪旨를 참
구한 뒤에 『楞嚴經』을 배워 大義에 통하여 學解로써 도달하지
못한 바를 밝히었다.

　　원 至正 13년에 無學自超와 함께 燕京에 들어가서 指空을
法雲寺에서 참알하였다. 그때 나옹이 먼저 연경에 들어가서 지
공의 인가를 받고 道譽가 현저하였다. 그로 인하여 그에게로
가서 함께 교류했고, 至正 16년(공민왕 5년)에 고려로 돌아왔
다. 그로부터 名山을 歷遊하면서 이르는 곳마다 一室에 은거하
였고, 衆會를 따르지 않았다. 말이 적었고 신중하였다. 그래서
사람들이 그에게 異德이 있음을 알지 못하였다.

正智國師 　　明 洪武 28년(조선 태조 4년, 1395)에 天磨山(城開)寂滅菴
에서 坐化하니 춘추는 72세였다. 조선의 태조가 正智國師라
贈諡하였다.(조선금석총람 下, 727쪽)

제11절 高峰 및 그 同門

高峰傳

高峰行狀에 보면, 高峯선사의 諱는 法藏, 속성은 金氏, 愼州 사람이다. 卯歲에 출가하여 나옹을 뵙고 法을 받았으며 安東府 淸凉菴에 주석하였다.

山水에 소요하기를 30여 년, 洪武 28년 乙亥(조선 태조 4년)에 조계산에 들어가서 대선사 中印과 협력하여 松廣寺를 造營하였고, 조선 정종 원년에 아뢰어서 水陸社를 지었다. 세종 10년 戊申에 入寂하였는데 그 遺偈는 다음과 같다.

"淸淨本然極玲瓏 山河大地絶點空 毘盧一體從何處 海印能印 三昧通 七十八年歸故鄕 大地山河盡十方 刹刹塵塵(皆)我作(一 作造) 頭頭物物本眞鄕"

野雲

慧勤의 시자에 野雲이라는 자가 있다. 名은 玗인데 오래 좌우에 있으면서 謹格精實하니 혜근이 매우 사랑하였다. 혜근이 입적한 후 그의 벗 雄仲英과 함께 중국에 들어가서 법을 구하고자 하였다. 權近이 이의 送序를 짓고 陶隱이 野雲頌을 지었으니 "英莫野雲 杳乎無迹 惟其無迹 所以無着 南北東西 惟適其 適 出乎膚寸 彌乎六幕 其舒其卷 其體自若 萬物發榮 施雨之澤"

雲雪岳

야운의 동문에 雲雪岳이 있어 혜근을 섬기기를 20년, 牧隱이 堂號를 負暄이라 하고, 또 그 記를 지었으며, 權近이 送序를 지었다. "早菴日昇 古鏡釋希 鐵虎祖禪 谷泉尙謙 自照一珠" 등. 모두 나옹의 門人이다. 그러나 그들의 傳記는 볼 수 없다.

覺雄

覺雄은 仲英이라 號하였다. 혜근의 書記였는데 혜근이 매우 사랑하였다. 혜근이 입적한 뒤에 浮屠 곁에 있기를 6, 7년, 거기서 徘徊하여 떠나지 못하다가 뒤에 발분하여 尋師訪道하려고 하니 李穡이 그를 위하여 仲英說을 지었다.

乳雪牛 乳雪牛도 혜근의 문도로서 혜근이 대장경을 印出할 때 이에 참여하였고, 대장경을 읽는 데도 함께 하였다. 貌清行完하여 무리 가운데에서 빼어났었다. 慧勤이 雪牛라고 이름하였다. 이색이 雪牛說을 지었다. 無學自超와 幻菴混修는 慧勤의 高弟이다. 밑에 따로 기록한다.

勝智 勝智도 혜근의 門弟로서 師의 사리를 받들고 동문의 覺清과 함께 묘향산에 들어가서 이를 안치하였다. 금강산에도 潤筆菴이 있어, 무릇 七所인데, 좌선, 공양의 具가 다 정결하였다.

澈首座 澈首座도 혜근을 모신 지 오래인데, 혜근이 澄泉이라고 이름하였고 李穡이 澄泉軒記를 지었다. 華嚴大選 景元은 興王寺에 住하였다. 일찍이 慧勤에게 參詣하니 혜근이 이를 寂久라고 命名하였다. 李穡이 寂菴記를 지었다.

景元

詵上人 詵上人은 나이 21에 금강산에 노닐다가 혜근의 盛名을 듣고 나아가서 출가하여 學道 專精, 儕輩에 超出하였다. 그러나 이에 만족하지 않고 천하에 주유하여 그 식견을 크게 하려고 하였다. 李穡이 送序를 지었다.

日昇 日昇은 杲菴이라고 호하였다. 혜근의 嗣로서 일찍이 공민왕의 知遇를 받고 光巖寺에 주하기를 10년, 王이 日昇杲菴이라는 四字를 親書하여 내려 주었다. 退休할 것을 청하였으나 허락하지 않았고, 우왕 대에 미처서도 세 번이나 하직하였으나 허락하지 않으니 드디어 逃去하였다. 뒤에 江南에 놀면서 두루 知識을 參訪하였다.

友雲 공민왕의 知遇를 받은 자에 友雲이 있다. 友雲은 侍中 竹軒 金公의 子로서 華嚴宗에 출가하여 教觀에 통하고, 나아가서 燕

都에 들어갔으며 또 南江淅에 노닐어 往返하기 몇만 리였는데, 이르는 곳마다 尊宿들은 그릇으로 여기었으며, 送序別의 什物이 바랑에 가득하였다.

고려로 돌아온 후에 그 아우 曹溪岑公과 이름을 가지런히 하였고, 공민왕의 知遇를 입어 명산에 歷住하다가 늙어서는 鷄林의 檀菴에 퇴거하여 山水 간에 머물기를 5, 6년 하다가, 왕명에 의하여 팔공산 符仁寺에 住하다가 또 松京의 法王寺로 옮기었다. 華嚴宗師로서 종풍을 扶樹하기를 겨우 1년 만에 사양하고 떠남에 임하여 李穡 등이 詩歌를 보내어서 그 행을 칭찬하였다.

제12절 李齊賢의 參禪

李齊賢과 參禪

당시 參禪의 儒士로는 李齊賢이 가장 유명하다. 齊賢의 자는 仲思이고, 충렬왕 27년, 나이 15세에 成均試에 급제하고, 이것은 小技일 뿐이라고 하였다. 나아가서 經籍을 精硏하고, 34년에 뽑혀서 藝文春秋館에 들어갔다.

충선왕이 원에 가서 燕京에 萬卷堂을 구축하고 書史로서 스스로 즐기면서 齊賢을 불러서 이르게 하였다. 그때 姚燧와 趙孟頫 등이 왕의 門에 놀아 이제현과 相從하니 학문이 더욱 진보하였다.

『高麗史』卷110의 李齊賢 傳에 말하였다.

"(忠宣王)問 我國古稱 文物侔於中華 今其學者 皆從釋氏 以習章

句 何耶 齊賢對曰 昔太祖 經綸草昧 日不暇給 首興學致 作成人材
一幸西都 遂命秀才廷鶚 為博士 教授六部生徒 賜彩帛以勤 頒廪祿
以養 可見用心之切矣 光廟之後 益修文敎 內崇國學 外列鄉校 里
庠黨序 絃誦相聞 所謂文物 侔於中華 非過論也 不幸毅王季年 武
人變起 玉石俱焚 其脫身虎口者 逃遯窮山 蛻冠帶 而蒙伽梨 以終
餘年 若神駿悟生之類是也 其後國家 稍復文治 雖有志學之士 無所
於學 皆從此徒 而講習之 故臣謂學者 從釋子學 其源始此 今殿下
廣學校 謹庠序 尊六藝 明五敎 以闡先王之道 孰有背眞儒 從釋子
哉”(『高麗史』卷110, 321쪽)

왕이 이를 嘉納하여 知密直事로 임명하고 端誠翊贊功臣의
號를 賜하였다. 왕이 吐蕃에 유배되자 이제현이 崔誠之와 上書
하여 이를 구하였다. 왕이 朶思麻로 옮겨지자 齊賢이 가서 王
을 뵙고 忠憤의 志를 말하였다.

僉議評理政堂文學에 轉任되고 金海君에 봉하였다. 충혜왕이
元에 잡히자 國老들이 旻天寺에 모여서 상서하여 왕의 죄를
사면시켜 줄 것을 청하였는데 齊賢이 그 글을 작성하였다.

충목왕이 襲位하자 判三司事로 나아갔고, 府院君으로 봉하
여졌다. 공민왕 대에 이르러서 議政丞이 되었고, 사람의 忌하
는 바가 되어 致仕하였다가 다시 기용되어 金海侯에 봉하여졌
으나 6년에 고사하고 그 집에서 國史를 撰하였다. 16년에 卒하
니 나이 81세였다. 文忠이라 諡號하였다. 저술은 『益齋亂藁』
10권이 있다.

月潭　　이제현은 直指堂 月潭에 參하였다. 그러므로 自叙에 말하
였다.

書檜巖心禪師　道號堂　名後

"主上殿下　大書直指堂月潭五字　以賜　檜巖心禪師 (…) 心公北遊
燕趙　南抵湖湘　歷參尊宿　爲千巖無明長老所印　翰林歐陽承旨　作偈
以美之　余嘗造其室　扣以六祖壇經 (…) 至元　己亥　林鍾月朝　侍中
致仕　李某　識"(『益齋集』, 247쪽)

慧鑑　　공민왕 8년에 그는 또 松廣寺의 慧鑑과 交를 訂하고, 松廣
和尙 寄惠新茗順筆亂道 寄呈丈下라고 題한 장편의 시가 있어
『益齋亂藁』 4권에 실려 있다. 일찍이 禪燈의 相承을 논하여
말하기를,

李齊賢의　　"柳子厚　南岳碑云　由迦葉至師子　二十四世而離　離而爲達磨　由達
傳燈論　　摩至忍　五世而益離　離而為秀爲能　按傳燈錄　師子傳婆舍斯多　婆舍
斯多　傳不如密多　不如密多　傳般若多羅　般若多羅　傳菩提達摩　何得
云　至師子而離　離而為達摩哉　有達摩達者　師子之旁出也　柳子　蓋以
達摩達　為菩提達摩也"(『櫟翁稗說後集』一)

라고 하였다. 그가 禪史의 일반에도 통하였음을 알 수 있다.

제12장 混修, 覺雲의 宗風과 粲英의 法燈

麗末의
佛教
　　太古의 문하에서 幻菴混修가 나왔다. 혼수는 우왕, 공양왕 두 왕이 崇敬하는 바였고, 龜谷覺雲은 공민왕이 중히 여기는 바로서 『傳燈錄』을 간행하여 禪道의 흥륭을 도왔다. 粲英도 太古의 法燈을 들었으나 고려말의 暗黑을 깰 수는 없었다. 暗君과 劣主가 서로 이어서, 불교는 夕陽과 함께 西沈하니 길이 그 빛은 사라져 버렸다.

제1절 混修의 道譽

混修
　　普愚의 법을 얻은 자로는 幻菴混修가 가장 두드러졌다. 『해동불조원류』에 보면,

> 太古普愚嗣
> "國師智雄尊者混修　王師圓應尊者粲英　內願堂妙嚴尊者祖異　內願堂國一都大禪師元珪　都大禪師廣化君玄玄　大禪師九十人　禪師其他千三人
> 　太祖王　漆原府院君　尹桓　鐵原府院君　李琳　李仁任　崔瑩　禹仁烈等　二十一人"

이라고 하였으니 태고 문하의 盛況이 이와 같았는데 그 중에서도 혼수가 상수 제자였다. 혼수는 또 나옹혜근의 上足으로 그 이름이 알려졌다. 朝鮮 禪僧의 法系는 二師에 걸친 자가 많은

데 混修는 그 適例이다.

混修傳 　　忠州 靑龍寺 普覺國師 碑銘에 보면, 混修의 자는 無作, 幻菴
이라고 號하였고, 본성은 趙氏, 廣州(경기도 광주군) 豐壤縣
사람으로 元 인종 延祐 7년에 태어났다. 어려서 병약하여 점을
쳤더니, 이 아이가 출가하면 앓지 않고 마침내 대화상이 된다
고 하였다.

　　나이 一紀(12년)가 지나자 대선사 繼松에게 가서 출가하고
내외의 전적을 익히어 탁연한 명성이 났다. 원 순종 至正 원
년에 禪選上上科에 올랐고, 8년에 금강산에 들어가서 攝心하
여 자지 않으니 공부가 日進하였다. 그러기를 2년 그 어머니
가 戀望한다는 것을 듣고 곧 覲省하였으며, 京山에 寓止하여
감히 遠遊하지 않았다. 5, 6년 만에 어머니가 돌아가시자 『묘
법연화경』을 大字로 써서 명복을 빌었다.

　　그로부터 息彰監(息影菴乎) 禪源寺에서 『楞嚴經』을 배워서
그 뜻을 깊이 규명하였다. 뒤에 충주 靑龍寺에 있으면서 西麓
에 一菴을 구축하고 편액을 宴晦라고 하였다. 공민왕이 청하여
회암사에 주석하도록 하였으나 나아가지 않았고, 五臺山에 들
어가서 神聖菴에 居하였다. 그때 나옹도 孤雲菴에 주석하였는
데 자주 相見하고 道要를 咨質하였다. 나옹이 뒤에 가사와 불
자 등을 주어 信을 삼았다.

　　明 洪武 2년에 白城郡人 金璜이 그의 원찰 瑞雲寺에 혼수를
맞이하니 師가 이르러서 僧堂을 열고 크게 禪會를 폈다. 洪武
3년 혜근이 工夫選의 主가 되었는데 諸衲이 하나도 능히 대답
하는 자가 없었다.

　　혼수가 뒤에 위의를 갖추고 堂門의 階下에 서니 나옹혜근이

물었다. "如何是 當明句" 혼수가 곧 階上에 올라와서 대답하기를 "不落左右中中而立"이라고 하였다. 또 물었다. "如何是 入門句" 혼수가 門으로 들어와서 대답하기를 "入而 還同未入時"라고 하였다. "如何是 門內句"오 하고 물으니 답하기를 "內外本空 中云何立"이라고 하였다.

혜근이 또 三關으로써 묻기를 "山何 岳邊止"오 하니 답하기를 "逢高卽下 遇下卽止"라고 하였다. "水何到成渠"의 問에는 "大海潛流 到處成渠"라고 히였고, "飯何白米做"라는 물음에는 "如蒸沙石 豈成嘉餐"이라고 하였다. 혜근이 이를 긍정하였다.

洪武 5년에 공민왕의 명에 의하여 佛護寺에 주하였고, 다음 해에 왕의 부름으로 內佛堂에 들어갔다가 夜半에 出去하였다.

우왕이 즉위하여 廣通無碍 圓妙大智 普濟의 호를 하사하였다. 洪武 11년에 宴晦菴으로 돌아갔다. 16년에 우왕이 사신을 보내어 御書 印章 法服을 받들고 국사로 책봉하였다. 공양왕이 즉위하자 혼수는 牋을 갖추고 印을 봉하여 조정에 바치고 치악산로 들어갔더니 몇달이 안 되어 다시 국사로 책봉되었다.

조선의 태조가 일찍이 混修와 大藏을 이루고자 원하여 洪武 24년에 訖功, 瑞雲寺에 두고 크게 慶會를 베풀었다. 조선 대조 원년(1392)에 하여 遺書를 짓고 문인에게 말하기를 "吾行在今晚"이라고 하고 밤이 되자 坐化하니 세수 73세였다.

조선 태조가 시호를 普覺國師라고 하였다. 혼수는 粲英과 함께 太古 문하의 우두머리였다(『조선금석총람』下, 720-722쪽. 『조선불교통사』上編, 339-344). 混修는 書法을 잘하였다. 『東人詩話』卷上에 보면, "僧幻菴 書法絶妙 得晋體 一時求書者坌集 然所書必觀詩文 心肯然後 始下筆"이라고 하였다.

**混修의
思想**　　李穡이 撰한 幻菴記에 混修의 思想의 片鱗을 보이는 것이
있다.

"予之未冠也 喜遊山中 與釋氏狎 聞其誦四如偈 雖不盡解 要其歸
無為而已 夢者悟則已 幻者法則空 泡歸於水 影息於陰 露晞電滅 皆
非實有也 非實有焉 而不可謂之無 非實無焉 而不可謂之有 釋氏之
教 蓋如此 稍長縫掖十八人 結契為好 今天台圓公 曹溪修公與焉 相
得之深 相期之厚 復何言哉 及余宦學燕京 修公亦入山 今三十年矣
間或相值 信宿則別 廻思前日 詩酒淋漓 何可復得 信乎其如夢矣 信
乎其如幻矣 玄陵欽公之風 再請住持大寺 公皆辭之 難逼迫入院 不
久棄去 蓋視世如幻久矣 嘗一典十員法席 一年未竟 而玄陵賓于天
公於幻之味 益親嘗矣 青龍惠禪師之來京也 公以書索豫記曰 身之
幻 四大是己 心之幻 緣影是己 世界之幻 空華是己 然既曰幻矣 是
可見也 是可修也 見其可見 修其可修 非如指月指矣 是吾平日所立
之地也 夫豈入於 斷滅哉 又有所謂三觀者 單復以成清淨定輪 而起
幻鎖塵之術 貫乎其中 則幻之益於末學也 非淺淺矣 此吾所以表之
居室 而使聞吾風 入吾室者 皆得以自省也 不然 聞寂蕭灑閑居之境
何必立名立言 以架屋下屋哉 予固知公久 又於工夫選 獨公開口的
答問意 又知公名不虛得 出於衆萬萬矣 今觀名菴之義 非以自表 將
使遊其門者 有所據依 為其用力之地 故不以支拙辭 又作歌以寄之
曰 白雲兮行大虛 長風兮卷滄海 其來兮何從 其去兮安在 菴中高臥
兮閒道人 月作燈兮松作蓋 重為告曰 後之讀吾記者 當學幻人心識
然後 知修公之為人矣 知吾作記之意矣 請高着眼 戊午(洪武十一年
禑 四年)夏五月二十又六日記"(동문선 74, 161쪽)

제2절 龜谷覺雲

龜谷覺雲　　공민왕 때에 龜谷覺雲이 있었으니, 각운은 湖南(전북) 龍城(남원군) 사람이다. 일찍이 禁中에서 『傳燈錄』을 談하기를 만 1년, 공민왕이 그의 능력을 인정하고 숭상하였다. 왕이 달마의 折蘆渡江圖와 普賢六牙白象圖를 그려서 각운에게 내리고, 또 龜谷覺雲 4字를 手書한 것과 겸하여 大曹溪宗師 禪教都總攝 崇信眞乘勤修至道 都大禪師의 법호를 하사하였다. 李穡이 이를 讚하였다.

> 達磨 : 是身虛空 天水一色 眇然而逝 風清月白 芥乎其間 惟一不識
> 普賢 : 六牙白象 布衣大野 富貴風流 具此粲者 衰哉兎逕 方憑吾駕
> 龜谷 : 和氣在天 靈靈在物 惟藏神用 不或夭閼 疇均此施 六合為一
> 覺雲 : 無心爲心 出入太虛 友風子雨 亦曰勤渠 妙悟所以 非師誰歟"
> (동문선 51, 131쪽)

覺雲이 공민왕에게 청하여 전등록을 重刊하니 이는 공민왕 21년의 일이다.

覺雲法系　　각운의 法系는 松廣寺開創碑에 보면 "普愚傳之幻菴混修 混修傳之龜谷覺雲"이라고 하였고, 또 平安南道 平原郡 法弘山 法興寺 傳燈法脈에도 "第一祖太古普愚 第二祖幻菴混修 第三祖龜谷覺雲 第四祖碧溪淨心 第五祖碧松智嚴 第六祖芙蓉靈觀 第七祖清虛休靜"이라는 次第로 되어 있다.

그런데 覺雲과 친교가 있는 李穡은 그의 勝運寺記에 "大禪師 拙菴 諱衍昷者 爲曹溪之老弘慧之徒所推讓 合辭立卷契 俾拙菴

主之 (…) 戊戌之秋 其將示寂也 以雲師(覺雲)於族爲甥 於法爲
嗣 付以寺事 拙菴姓柳氏 文正公璥之曾孫 (…) 參學首四選 赴
試中甲科 歷住名山 道譽藹然 雲師柳氏之甥 學邃行高 筆法妙
一時 (…) 至正二十四年六月日記(동문선 72, 121쪽)"라고 하
여, 拙菴의 嗣로 하였다.

千峰卍雨 金包光 씨는 말하기를 "拙菴은 曹溪第十三世 覺嚴尊者(復
丘)의 嗣이다(禪宗九山來歷)"고 하였다. 귀곡각운의 嗣에 千
峰卍雨가 있다. 千峰은 이색이 이름한 것이고, 普滋菴에 있었
는데, 암자 이름은 幻菴混修가 이름한 것이다. 龜谷, 幻菴, 韓
山子가 모두 卍雨를 愛重하였고, 李崇仁도 또한 만우를 所重
히 여겨 그와 교유하기를 원하였다. 그의 저서에 『千峰集』 1
권이 있다.

卍(萬)雨의 送日本僧文溪의 詩에 "相國古精舍 洒然無位人
火馳應自息 柴立更誰親 楓岳雲生屐 盆城月滿闉 風帆海天闊
梅柳古鄕春"이라는 것이 있고, 山中吟에 "寒窓射朝旭 危坐爽
煩襟 振筆摹山水 開書閱古今 無心千萬乘 有籌享千金 自適泉
林興 因題方外吟"라는 것이 있다.

제3절 妖人의 跋扈(발호)와 排佛

妖人伊金 우왕 8년(1375년)에 妖人 伊金이라는 자가 있었다. 固城 사
람으로서, 미륵불이라고 자칭하면서 무리들을 현혹하기를 "나
는 능히 석가불을 부른다. 무릇 神祇를 禱祀하는 자거나 馬牛
肉을 먹는 자거나 貨財를 남에게 나눠주지 않는 자는 반드시
죽으리라. 만약 내 말을 믿지 않으면 3월에 가서 日月의 빛이

없으리라." 또 말하기를 "내가 作用을 한다면 풀에 靑花가 發하고 혹은 나무에 穀實이 맺고 혹은 한 번 심어서 두 번 거둔다." 라고 하니 愚民은 이를 믿고 다투어 米帛金銀을 베풀었고, 牛馬가 죽으면 곧 이를 버리고 먹지 않았으며, 貨財가 있는 자는 모두 남에게 주었다.

伊金은 또 말하기를 "내가 山川의 神에게 신칙하여 모두 日本으로 보냈다. 倭는 쉽게 사로 잡힐 것이다."라고 하였다. 이로써 巫覡이 더욱 敬信을 더하여 城隍祠廟는 그 神을 철기하고 伊金을 공경하기를 佛과 같이 하면서 福利를 빌었다. 무뢰한 무리들이 그에 호응하여 스스로 제자라고 칭하고 서로서로 誣誑하니 이르는 곳에 州郡의 守令이 出迎하여 이를 上舍에 舘하는 자가 있었다.

趙仁沃의 上疏

이에 諸道에 移牒하여 이를 베었다. 민간 미신의 만연이 이와 같았다. 昌王(1389년)이 즉위한 해에 典法判書 趙仁沃이 다음과 같이 상소하였다.

"佛氏之敎 以淸淨寡欲 離世絕俗爲宗 固非所以治天下國家之道也 近世以來 諸寺僧徒 不顧其師 寡欲敎士田之租 奴婢之傭 不以供佛僧 而以自富其身 出入寡婦之家 汚染風俗 賄賂權勢之門 希求巨利其於淸淨絕俗之敎何顧 自今選有道行 無利欲者 住諸寺院 其土田之租 奴婢之傭 令所在官收之 載諸公案 計僧徒之數而給之 禁住持竊用 凡留宿人家之僧 以犯奸論 貴賤婦女 難父母喪 毋得詣寺 違者以失節論 其爲尼者 以失行論 敢祝婦人髮者 加以重罪 鄕吏驛吏及公私奴婢 勿許爲僧尼 僧徒恒留宿人家者 俾充軍籍 其主家亦論罪"(東國通鑑 卷53, 136쪽)

그러나 이 설에 반대하여 奉佛을 可하다고 한 자도 있다. 공
양왕(1390) 2년 6월에 前典醫副正 金𥛑이 상서하였다.

"太祖創業 觀山水之逆順 察地脉之續斷 創寺造佛 給民與田 祈福
禳災 此三韓基業之根本也 比來無識僧徒 不顧創業之義 收民土之
產 自營其業 而上不供佛 下不養僧 鳴呼 其徒之自滅其法也甚矣 今
狂儒之淺見薄識者 不顧三韓之大體 徒以破寺付僧爲懷 噫 聖祖創
業之深智 及不如豎儒之計乎 伏望殿下 上順聖祖之弘願 重營佛寺
加給田丁 以興釋教(『高麗史』 卷46, 686쪽)

제4절 千熙, 粲英의 禪과 고려의 멸망

千熙傳　　경기도 水原郡 彰聖寺 眞覺國師碑銘에 보면, 千熙는 雪山이
라 호하였고, 興海(경주)사람으로서 고려 충렬왕 23년에 태어
났다. 13세에 華嚴盤龍社主 一非에게서 薙髮(치발)하고 19세
에 上品選에 올랐다. 操志가 매우 높았고 禪旨를 참구하였다.
　공민왕 13년에 58세로서 航海하여 중국 항주에 도착, 休休
菴의 蒙山의 眞堂에 이르렀다. 천희가 方丈에 이르니 경휼(扃
鐍)이 매우 견고하고, 三轉語가 벽에 있었다. 천희가 下語하니
鑰聲(약성)이 나면서 갑자기 열리었다. 室中에 櫃가 있어서 열
고 棒拂을 얻었고, 또 따로 漆을 한 小櫃가 無縫인 것으로 있는
데, 그 위에 씌어 있기를, 時未至而啓者 天必譴이라고 하였었
다. 천희가 말하기를, 文書로구나 하고, 이것을 열어보니 과연
書二帙이 있었다.

萬峰　　원 至正 26년에 聖安寺에 가서 萬峰을 참알하니 만봉이 말

하기를, "我病矣 誰有好眼 看我病"이라고 하였다. 천희가 주먹으로 그의 등을 어루만졌다. 그날 밤 三更에 만봉이 가사와 禪棒을 주었다. 만봉의 名은 時蔚인데 千巖元長의 嗣이고, 千巖元長은 中峰明本의 嗣이다.

千熙가 고려로 돌아오니 공민왕의 위로가 자못 두터웠고 國人이 앞을 다투어 瞻禮하였다. 얼마 후에 東海에 노닐다가 洛山에서 관음이 방광하는 瑞를 致感하였고, 至正 27년에 雉岳의 舊隱으로 들어갔더니 왕이 사신을 보내어서 맞이하여 국사로 삼았다.

明 洪武 3년에 왕이 懶翁을 청하여서 工夫選을 행하는데 千熙를 증명으로 삼았다. 홍무 5년에 부석사에 주석하여 殿宇를 重營하여 身後의 計를 하였다. 洪武 15년에 입적하니 나이 76세였다. 일찍이 三寶一鏡觀을 저술하였다. 中峰 下의 禪이 여기서 靑丘에 행해진 것이다.

粲英
제32대 공양왕 2년에 僧 粲英을 맞이하여 師로 삼으려고 하니 鄭夢周, 尹紹宗 등이 이를 그치도록 간하였고, 찬영은 崇仁門에 이르렀다가 들어가지 못하고 돌아갔다. 공양왕은 仁王佛을 別殿에 두고 조석으로 예배하였고, 무릇 災異가 있으면 곧 기도하였으며 매월 초하루와 보름에는 반드시 궁중에 僧을 초청하였다.

3년에 왕 탄신일에 王이 僧 천 명을 회암사에서 공양 올렸는데 손수 향로를 들고 東西의 僧堂을 돌면서 음식을 권하였다. 그해 3월에 婦女들의 佛寺 왕래를 금하였다.

金貂 等의 排佛
成均博士 金貂가 배불의 소를 올려, 출가한 무리들을 몰아내어 本業으로 돌아가게 하고 五敎兩宗을 파하여 軍士에 보충할

것을 청하였고, 成均生員 朴礎 등이 상서하기를 "佛은 夷狄人으로서 三途를 僞啓하고 六道를 謬張하여 드디어 愚迷로 하여금 망녕되이 공덕을 구하게 하였으니, 佛者를 抑勒하여 그 고향으로 돌아가게 하고, 그 사람으로 兵賦에 충당할 것이며 그 서적을 태워서 그 근본을 끊어야 한다.

學佛者가 처음 사설을 倡하여 위로는 군신을 속이고 아래로는 愚民을 속였으니, 즉 태조 9세의 像이라는 것을 만들어서 某生에는 某院을 지었고, 某生에는 某塔, 某經을 만들었고, 某生에는 某寺의 牛가 되었으며, 某生에 이르러서는 왕위를 얻었는데, 上賓 후 이제는 某菩薩이 되었다고 하여 成書開板한 것을 深山에 藏하여 萬世를 속인다."라고 云云하였다.

고려 말에 詩僧 禪坦이 있어 翰墨하여 士人 間에 알려졌다. 그런데 장차 쇠망하려고 하는 敎界의 현상을 알지 못한 것 같다.

海東 釋禪坦詩集 序(姜碩德撰)에 이렇게 말하였다.

"予嘗聞 高麗僧禪坦 能詩若琴 又見其早春詩云 管絃聲碎竹外澗 水墨畫點烟中山 立馬停鞭望亦望鶴鵒上下春風端 以謂格未甚高 思致未甚遠 語又未甚"巧"何見稱於後世 又如是耶 近從家兄弼善子脩氏 得雜詩一巨帙 謾不知何人作 間有所謂早春詩 竊意偶以此一篇附之耳 初非盡錄坦詩 讀至卷中 有益齊送完山通判詩云 春風無限相思意 說與江南坦上人 寄尹生詩云 坦也平生藜藿腸 撫琴詩云 飄零琴格淡無味 則東僧之 以琴詩名世者 除上人餘無聞 此編洒其全集 (…) 余於是反復諷詠 迨乎麗情橫發 不能自持 如貴遊年少 青樓縱酒 玩弄妖姬 己自不瑞 其朴野處 如田夫農談 殊乏雅致 其豪縱逸

邁 如王謝子弟 倜儻不羈 風流可愛 又有四五篇 淸新冲澹 天趣自高
其獎與於文章 巨公如益齋先生 固宜也向之早春詩 特率爾為之耳"

이로써 그 詩才를 檢할 수 있다. 坦의 詩 한 수를 抄한다.

〈古風〉
"有琴掛寒壁 爛盡南山石 唐堯與虞舜
九泉已零落 秋燈一曲謌 坐待東方白"

아래 粲英 등의 교화는 고려불교의 末後를 장식한 것이 된
다. 朴宜中이 撰한 忠州 億政寺 大智國師塔碑에 보면, 粲英의
字는 古樗이고 木菴이라고 號하였으며, 속성은 韓氏인데, 원
泰定 戊辰(天曆 元年)에 탄생하였다.

粲英傳　찬영은 나이 14세에 重興寺의 太古普愚에게서 祝髮, 受法 5
년, 그로부터 遊方하여 유점사 守慈에게 參詣했다. 거기서 얼
마되지 않아 禪悅을 배불리 하고, 元 至正 10년에 九山選 上上
科에 올랐다. 그로 인하여 大興寺에 주석하였으나 그의 素志가
아니므로 떠나서 小雪山으로 들어가서 大事를 究明할 것을 기
약하였다.

삼각산 중흥사에 이르러서 주석하기를 三夏러니 공민왕 8
년에 왕이 불러서 그 法을 존경하고 그 모양을 기이하게 여겨
碧眼達磨라고 칭하고 兩街都僧錄에 임명하였다. 在職한 지
數年에 사임하였더니 그 뒤 특명에 의하여 石南寺, 月南寺,
神光寺, 雲門寺 등에 歷住하면서 이르는 곳마다 禪那를 강연
하였다.

恭愍王의
賜號

明 洪武 5년 봄에 왕이 맞이하여 內院에 두고 淨智圓明無礙
國一禪師의 호를 하사하였다. 홍무 7년에 공민왕이 賓天하자
粲英도 또한 遁世하려고 하니 우왕이 이를 막고 迦智寺에 주석
하게 하였으며, 특히 禪教都總攝 淨智圓明妙辯無碍玄悟國一
都大禪師를 추가하였다. 10년에 고사하였으나 윤허하지 않으
니 드디어 寶蓋山에 들어가서 抗書하여 稱病謝去하였다.

16년에 册命하여 왕사로 삼고, 사신을 보내어서 충주 億政寺
에 안거하게 하였다. 18년에 왕이 廣明寺에 맞아들여서 섬기
기를 더욱 하였다. 공양왕 2년(1390)에 왕이 찬영을 開京에 맞
아들여서 册命하여 스승으로 삼으려고 하니 臺諫이 이를 非라
하여 諍議가 분분하였다. 찬영은 드디어 億政寺로 돌아가서 聖
胎를 길렀다.

하루는 문인에게 말하기를, "吾今 年數已窮 殆不可久於世"라
고 하고 方丈의 西에 壽堂을 지었다. 工事를 마치자 疾患을
느끼고 古德의 頌을 들어서 말하기를 "即此見聞非見聞 無餘聲
色可呈君 箇中若了全無事 體用無妨分不分"이라고 하였다.

문인이 遺偈를 청하니 찬영이 말하기를 "直饒更作千偈 吾意
不越是矣"라고 하고 말을 마치자 입적하니 세수는 63세였다.
王이 부고를 듣고 智鑑國師라고 시호하였다. 조선의 태조가 그
덕을 추모하여 洪武 26년에 大智國師라 시호하였다. 찬영은
太古 문하의 俊秀였다.(『조선금석총람』下, 715-716)

高麗滅亡

공양왕 4년 7월에 位를 조선의 태조 李成桂에게 讓하였다.
때는 明 洪武 25년(서기 1392)이었다. 고려는 32대였고, 475
년으로 멸망하였다.

제4편

禪敎의 쇠퇴시대

제4편 禪敎 쇠퇴의 시대

〈개설〉

조선 태조는 고려시대의 유습을 계승하여 비록 불사를 닦았으나, 태종 대에 이르러서 크게 배불을 단행하였다. 이것은 고려 말부터 발흥하기 시작한 유교가 정치에 채용되었기 때문이었다. 아들 세종도 태종을 본받아서 불교를 억누르고 불교의 교세를 압박하였으므로 禪敎가 모두 쇠하였다. 세조에 이르러서 불사 재흥이 있었지만, 그것은 일시의 현상으로서 영속될 수는 없었다. 더구나 연산군의 狂暴은 佛寺를 妓房으로 變作하기에 이르렀다.

선조 대에 일본군의 침입이 있자, 휴정이 일어나 국난에 나아가서 美名을 후세에 끼쳤으나 그것으로 佛家의 쇠퇴를 구할 수는 없었다. 休靜의 문하에 사람이 적지 않았으나 敎禪(교종과 선종)이 혼합되고, 禪定을 雜修하여 순수한 종풍을 擧揚(거양)하는 자가 없었다.

휴정의 동문인 善修와 휴정의 상족인 편양 彦機는 선승으로 알려졌고, 善修의 高弟 覺性은 國事를 위함이 휴정만 못하지 않았다. 휴정과 覺性은 나라를 위함이 조선시대에 있어서는 쌍벽이었다.

휴정의 적손 義諶은 돈오로써 心을 삼았고, 제자와 문인이 수백으로서 해동 교학의 중흥이라고 칭하였다. 그러나 배불의 대세는 어쩔 수 없었다.

정조 때에 最訥과 蓮潭有一이 博學鴻詞로서 심성론에 있어서 蘭菊을 다투었지만 아깝게도 종통의 복고에 힘쓰지 않았고, 순조 이후 조선의 衰運이 날로 심하여지면서 선교 二宗도 또한 威勢를 떨칠 수가 없었다.

철종 때에 白坡亘璇이 『禪文手鏡』을 저술하여 禪을 제창하였다. 草衣意恂은 백파의 『禪文手鏡』의 관점이 잘못되었다고 하여 『禪門四辨慢語』를 지었다. 洪基도 『禪門證正錄』을 저술하여 백파의 설을 반박하였다.

고종 때에 백파긍선의 법손에 雪竇有炯이 있었다. 그는 佛門三傑의 하나라고 칭하였는데, 有炯은 『禪源溯流』를 저술하여 草衣의 『선문사변만어』와 洪基의 『선문증정록』을 반박하였다. 徐震河는 『禪門再證錄』을 지어서 백파긍선의 설을 반박하였으니 논의가 매우 많아지면서 禪의 大旨를 잃어갔다.

조선 태조 원년 임신(1392년)으로부터 순종 4년 경술(1910년)에 한일합병이 있기까지 대략 519년을 禪敎 쇠퇴(불교 쇠퇴)의 시대라고 이름한다.

제1장 조선 초기의 禪敎

조선의 태조는 無學自超를 尊信하였을 뿐 아니라, 고려의 유습을 계승하여 불사를 닦았다. 2대 정종에 이르러서는 五部의 학당을 일으켰고, 태종이 이에 이어서 숭유배불을 단행하여 사찰을 제한하고 불사를 폐기하였다. 이에 선교가 모두 쇠퇴의 운으로 기울었다.

제1절 태조의 창업

조선 태조의 성은 이씨, 휘는 旦이며, 初名은 成桂이다. 영흥(함경남도) 사람으로서 天資强敏하였으며, 고려 공민왕을 섬기어 왜구를 쳐서 奇勝을 거두었고, 또 원나라 장수 納哈出과 싸워서 공을 세웠다.

고려 공양왕 때에 이르러서 왕의 신뢰하는 바가 되었고 威望이 中外(도읍과 지방)를 압도하였다. 당시 정몽주가 재상이 되어 義를 중히 하고 士氣를 고무하여 王家를 완전하게 하려고 하더니 태조(이성계)가 곧 정몽주를 죽이고, 공양왕을 원주에 추방하고 조선을 세웠다. 이것이 명 태조 홍무 25년(1392년)의 일이다. 명 태종 영락 6년(1408년)에 薨하니 향년 74세였다.

太祖와
無學
　　태조가 즉위한 지 2년에 도읍을 정하기 위하여 무학자초를 불러서 스승의 禮로써 대하고, 그로 하여금 地相을 보게 하였다. 무학이 한양에 이르러서 말하기를, "白岳으로 鎭을 삼고 인왕산과 낙산을 좌우 龍虎(左靑龍 右白虎)로 할 것"이라고 하였다. 태조가 이에 뜻을 정하고 태조 5년에 도성을 쌓고 여기에 鼎을 옮겼다. 이것이 곧 지금의 서울이다.

제2절 무학자초의 행실

無學傳   태조가 깊이 信認한 선승은 無學自超이다. 무학의 제자 祖琳이 저술한 행장을 살펴보면, 자초는 무학이라고 호하고 그의 거처의 당호를 溪月軒이라고 하였다. 고려 충숙왕 14년에 태어나서 18세에 뜻을 품고 송광사 慧鑑國師(萬恒)의 상족인 小止에게 나아가서 머리를 깎았으며, 법을 용문산 法藏에게서 배웠다. 법장은 무학을 부도암에 있게 하였다

원 순종 至正 겨울에 『楞嚴經』을 열독하다가 깨달은 바가 있었고, 그 뒤로 침식을 잊고 참구하여 12년에는 묘향산 금강굴에 살면서 공부가 더욱 진취되었다. 13년 가을에 挺身하여 燕都에 들어가서 서천의 指空을 참알, 예배하고 일어나서 말하기를, "三千八百里 親見和尙面目"이라고 하니 지공이 말하기를, "高麗人都殺了"라고 하였다.

14년 정월에 法泉寺에 이르러서 懶翁慧勤을 참알하고, 霧靈에 노닐다가 오대를 거쳐서 다시 서산 靈巖寺로 가서 혜근을 뵈었다. 거기서 머물기를 수년에 하루는 階上에 앉아 있을 때, 혜근이 묻기를, "昔 趙州與首座 看石橋 問 是什麼人造 首座答日 李膺造 州日 向甚麼處 先下手 首座無對 今人問爾 如何秖對"하니 自超가 양손으로 階石을 잡아서 보였다. 그날 밤에 혜근이 입실하여 말하기를, "今日乃知吾不汝欺也"라 하고 또 말하기를 "相識滿天下 知心能幾人 爾與我一家矣"라고 하였다.

至正 16년 여름에 고려로 돌아왔고, 혜근도 指空으로 부터 三山兩水의 記를 받고 돌아와서 天聖山 元曉菴에 거주하였다. 19년에 여름에 自超가 혜근을 뵈니 혜근이 拂子를 주었다. 명 홍무 4년에 공민왕이 혜근을 왕사로 봉하여 松廣寺에 머물게 하였다. 혜근은 의발을 自超에게 전해주었다.

홍무 25년 5월에 공양왕이 무학자초를 왕사로 봉하려고 하니 자초가 사양했다. 동년 7월에 조선 태조가 개성에서 즉위하고 11월에 자초를 왕사로 봉하였다. 26년에 태조가 도읍을 옮기고 자 토지를 보았다. 遷都하기 위하여 계룡산으로 行幸하였는데, 自超가 동행하여 땅을 보고, 한양을 도읍으로 정하였다. 왕이 명하여 회암사에 있게 하였다. 홍무 31년에 사퇴하고 금강산 眞佛菴에 들어갔고, 태종 5년(1405년) 봄에 미질이 있어 4월에 金藏菴으로 옮기었고, 9월11일에 입적하니 향년은 79세였다.

無學의 宗風

自超의 病革에 승이 물었다. "四大各離 向甚處去" 師가 "不知"라고 하니 또 묻는지라 師가 厲聲으로 또 "不知"라고 하였다. 승이 또 물었다. "和尚病中 還有不病者也無" 師는 손으로 옆에 있는 僧을 가리켰다. 승이 묻기를, "色身是 地水火風 總歸磨滅 那箇是眞法身" 師가 양팔을 相柱하면서 말하기를, "這箇是一箇"라고 답하고는 숙연히 입적하였다. 일찍이 〈印空吟〉을 찬한 것이 있는데, 李穡이 跋을 지었다.

卞季良이 찬한 檜巖寺 妙嚴尊者塔碑에 의하면, 자초가 왕사로 봉하여져, 陞座하여 拈香, 祝釐를 마치고 불자를 잡고 대중에 보이고 말하기를, "這箇是三世諸佛 說不到 歷代祖師傳不得底 大衆還會麼 若以心思口舌 計較說話者 何有吾宗"이라고 하였다.

하루는 태조에게 고하기를, "儒曰仁 釋曰慈 其用一也 保民如赤子 乃可爲民父母 以至仁大慈莅邦國 自然聖壽無疆 金技永茂社稷康寧矣 今當開國之初 陷於刑法者非一 願殿下一視同仁 悉皆宥之 俾諸臣民共臻仁壽之域 此我國家無疆之福也" 하였다.

태조가 듣고 이를 嘉納하고, 곧 中外의 죄수들을 용서하였다. 李文靖이 시를 自超에게 보내었는데, 聖主龍飛天 王師佛出世라는 구절이 있었다. (조선금석총람 下, 1281쪽, 동문선 121, 295-299쪽)

事蹟雜說　　　應允의 論無學事蹟說에 말하였다.

"卞公 季良撰 無學碑 其俗本姓名則 不錄故 謬襲滋多 有山人禔修修 隱身事蹟記曰 無學姓廉 名姓生 母業婢 三岐古縣人 又曰 未見實錄 但以塗聽爲記 僧志悅所得 無學秘記則 姓成 名士謙 麗朝敬讓尉益齋 庶子 余又見一錄 無學姓朴 贈輔國崇錄大夫 兵曹判書 諱致仁之子 三嘉浮屠寺有無學塔 縣人諺傳文姓家 婢妾子云云"

또 德裕山(安陰) 尋眞洞記에 云 "洞以尋眞名 境之眞乎 人之眞乎 國初無學祖師 隱居于此而 今絶頂 有隱身菴 自隱身東望 不數里有太祖菴古墟云云"하였다.

제3절 태조의 신앙

太祖의
信仰　　　태조가 불교를 믿는 것은 매우 높지 못하였다. 幻菴混修와 협력하여 대장경을 만들어서 瑞雲寺에 두었으나 그것은 다만 有爲의 공덕을 원한 데 불과하였다. 무학을 왕사로 삼았으나

그의 禪旨를 받은 것이 아니라 단순히 토지의 相을 본 것뿐이었다.

또 演福寺塔을 중창하고 가야산 해인사 고탑을 다시 세우고, 군신과 발원하고 대장경을 탑 안에 안치하고 한 것도 富國利民을 기원한 데 불과하였다. 그러므로 願成大藏御製文에서 말하였다.

"盖聞 經律論 通名大藏 佛教雖有方便萬殊 要之指歸 則不過乎戒定慧三學而已 原其三學 只在乎一心 然則心與大藏 三一俱圓矣 況佛教妙理 通三際 互十方 其功德 豈易量哉 寡人蒙天地之祐 祖宗之德 獲膺推戴 以即寶位 惟念否德 不克負荷 尚賴佛教方便之力 庶可以福先世而利群生也 肆於即位之初 重營古塔 莊嚴畢備 仍與群臣 願成大藏 以安于塔 冀因密護 法雲廣布 群物咸蘇 福國利民 兵韜世治 萬世永賴 此寡人之願也 朝鮮國 李旦 洪武二十六年 癸酉七月日 跋"(조선불교통사 上篇, 348쪽)

태조가 즉위한 지 3년에 고려 왕씨의 종족을 위한 발원으로 『법화경』 3부를 金書하여 명복을 資하였다. 동년에 천태종 승 祖丘로써 국사를 삼았다. 태조 6년에 신덕왕후 강씨가 죽으니 興天寺를 그 영역에 세워서 修禪의 본사로 하여 追福에 資하였다. 동년에 대선사 德惠, 志祥 등에 명하여 고찰 삼각산 津寬寺에서 水陸社를 베풀었다. 7년에 대장경판을 강화 禪源寺에서 支天寺로 옮겼고, 정종 원년에 사문 雲雪岳을 위하여 오대산 사자암을 중건하여 원찰로 하였다. 이런 일이 다 고려의 유습을 계승한 것이 아님이 없다.

高麗遺習

제4절 태조의 양위와 무학과의 관계

태조는 1399년에 왕위를 둘째 아들 芳果에게 양위하였다.

이를 제2대 왕 정종이라고 한다. 왕은 경성 안에 동서남북 중

定宗의
崇儒

에 五部학당을 설치하여 유학을 장려하였으니 이것이 조선 숭유정책의 시작이었다. 왕은 재위 2년에 왕위를 芳遠에게 전하니 이가 곧 제3대 태종(1418년)이다. 태종이 得位한 데는 무학 자초가 이에 관여한 것 같다는 것이다. 五山說林에 의하면, 태조가 양위한 후, 태종을 심히 미워하여 드디어 도성을 나와 함흥으로 갔다. 태종이 中使(내시)를 보내어서 문안하여도 그 情을 전달할 수 없었다.

無學
說(세)太祖

그래서 무학에게 청하였다. 무학이 함흥에 이르러서 태조를 뵈니 태조가 노하여 말하기를, "그대는 누구를 위하여 遊說(유세)하는 것인가." 하였다. 무학이 웃으면서 말하기를, "전하께서는 어찌 모르십니까. 貧道가 전하와 서로 알은 지가 몇 해입니까. 이제 특히 전하를 위로하기 위하여 온 것일 뿐입니다."

태조의 안색이 차츰 풀리면서 머물게 하여서 함께 잤다. 무학은 태조의 단점을 말하지 않으면서 십수 일을 지냈다. 그러다가 하루는 야반에 태조에게 말하기를, "태종은 진실로 죄가 있습니다. 그러나 만약 이 사람을 棄絕한다면 전하의 대업은 장차 누구에게 부탁할 것입니까? 타인에게 주는 것보다는 혈육에게 주는 것만 못합니다."라고 하니 태조가 자못 그 말을 옳게 여기고 드디어 回駕할 뜻을 가졌다. 무학이 권하여 속히 환도하도록 하였다.(『靑野漫輯』卷1, 69-70쪽)

逐睡篇에 보면, 태조가 함흥에서 돌아오니 태종이 교외로 나

가서 친히 맞이하고 성대히 帳幕을 베풀었다. 그때 하륜 등이 말하기를 "태상왕의 노여움이 아직 다 풀렸다고는 믿을 수 없습니다. 대체로 일이란 깊이 생각하지 않을 수 없는 것이니, 장막 중앙의 이 高柱는 마땅히 대목을 써야 합니다."라고 하여 태종이 이를 윤허하여, 高柱를 十圍의 대목으로 하였다.

兩宮(태조, 태종)이 相會함에 미쳐서 태종이 冕服으로 進見하니 태조가 이를 멀리서 보고 怒色이 발하여 가지고 있던 强弓으로 쏘았다. 태종이 급히 高柱에 숨으니 화살은 그 기둥에 맞았다. 태조가 웃고 노기를 누그리면서 "天意로구나." 하고 그제야 국새를 태종에게 던지면서 말하기를, "네가 욕구하는 것은 이것이다. 이제는 가져가라."라고 하였다.

태종이 눈물을 흘리면서 三辭하고 이를 받았다. 드디어 잔치를 열고, 태종이 장차 잔을 받들어서 壽를 올리려고 하니 하륜이 가만히 말하기를, "대왕은 마땅히 樽이 있는 대로 가서 잔을 잡고 올리십시오, 獻壽할 때 친히 드리지 말고 마땅히 中宮에게 주어서 올리십시오."라고 하였다. 태종이 또 그 말대로 하여 중궁이 잔을 올리니 태조가 마시고 나서 웃으면서 소매 속에서 鐵如意를 내어서 좌측에 놓고 말하기를, "하늘의 뜻인가보다. 할 수 없구나."라고 하였다. (『青野漫輯』卷1, 70쪽)

제5절 태조의 佛事

태종은 유교에 믿음이 깊고 불교의 폐를 미워했기 때문에 태종 원년(명 건문 3년)에 禁中(궁궐)의 誦呪僧을 없앴다. 그러나 태조는 아직도 불교를 섬기어 冥助를 얻는 데 생각을 두었다. 그래서 동년(태종 원년, 明 建文 3년)에 德安殿을 교종의 수찰인 興德寺로 만들고 國祚가 영원할 것을 빌었다. 權近의 記에 말하였다.

興德寺

"建文三年夏 太上王(太祖) 命相地於潛龍舊邸之東 別構新殿 秋功告訖 乃命臣近 若曰 高麗太祖 統一三韓 以其私第 爲廣明 奉先二寺 圖利國也 予以否德 代有邦家 仰惟前代時若 將以此殿 捨作精藍 永作世世 圖福之所 思以上福先世 下利群生 宗社永固 垂統無疆 故於正殿 揭釋迦出山之影 又於北楣爲庋 其上中 安密敎大藏一部 東置新造大字楞嚴板本 西藏新雕水陸儀文板本"(『조선불교통사』上編, 374쪽)

釋王寺

동년(태종 원년, 明 建文 3년)에 태조는 또 운봉산 석왕사에 親臨하였다. 대체로 석왕사는 태조와 인연이 있다. 『芝峰類說』, 또는 『藥泉集』에 말하였다.

"釋王寺 在安邊 劍峯山 世傳 僧無學 居此山土窟中 我太祖龍潛時 訪而問之曰 夢入破屋中 負三椽而出 此何祥也 無學賀曰 負三椽者 王字也 又問夢花落鏡墜 此則何祥 無學即曰 花飛終有實 鏡落豈無聲 太祖大喜 即其地創是寺 仍以釋王名之 舊有太祖眞筆 而失於兵火 只刻板存焉 僧休靜作山水記 備其事"(『芝峰類說』卷19, 『宮室部』)

釋王寺
文書

석왕사와 태조와의 관계에 대하여, 석왕사 新舊碑文寫에 云, "太祖가 洪武十年 夏에 淸州(北靑)에 갔을 때 海陽(吉州)의 香

積寺에 大藏經一部와 佛像 法器가 兵火에 毁壞된 것을 듣고, 그 없어진 것 若干卷을 補足하여 온전히 하여 釋王寺에 두어서 길이 壽君福國의 資로 하였다 云云"

釋王寺   이상의 글 158자는 태조의 친필이라고 일컫는데, 숙종왕은 이를 의심하지 않고 친서하여 말하기를, "鶴城雪峯山 釋王寺, 即我太祖大王 潛邸時所建 吉夢休徵 莫非天啓 景運之祥云云 歲戊子(34年) 夏四月灯夕自署"라고 하였다. 英宗, 正宗 두 왕도 또한 이 말을 반복하였다.

소위 태조의 길몽이란 꿈에 破屋 가운데 들어가서 三椽, 즉 서까래 3개에 눌려 있었다는 것인데, 그때 무학이 토굴 중에 있으면서 왕을 위하여 꿈을 해석하기를 서까래 세 개에 눌려 있었다면 임금 王字라고 하고 해석하여 천하의 왕이 될 조짐이라고 한 것이다. 인하여 태조가 즉위하자 석왕사를 세웠다고 전한다.

즉 正宗의 말에 "太祖夢 興王之徵而 就神僧無學於 土窟中 占釋其義 故龍飛之際 建寺於 土窟舊址 名釋王云云"하였으나 석왕사는 홍무 10년에 이미 있었고, 釋王寺記에도 홍무 19년 병인에 무학이 태조에게 권하여 五百應眞(5백 나한)의 석상을 만들고 나한재를 베풀어서 축복하였다고 하였다. 따라서 태조 즉위 이전에 이미 석왕사가 있었음을 알 수 있다. 그렇다면 왕은 석왕사라는 고찰을 중수한 데 그친 것 같다. 석왕이라는 이름도 왕의 꿈에서 나온 것이 아닌 것으로 의심된다.

西山撰   釋王寺藏 서산휴정의 眞筆 寺記가 있다. 벽두에 道詵傳이 있
寺記   는데, 도선이 입당하여 一行에게 수학하였고, 일행은 三韓地圖 상에 3,800개의 점을 찍고 여기에 사탑을 세우라는 지시를 하

였다고 운운한 다음에 석왕사기가 있어 태조의 꿈에 언급하였다. 그 끝에 말하기를, "余今日 適過此 不忍泯蹟 拔筆略記 釋王寺之 始終爾 著雍(戊)錦棚月下澣 淸虛子 時年七十九 思古染翰聰減手戰 可被後人笑也"라고 하였다.

서산의 79세는 선조 31년에 해당한다. 끝에 다음과 같은 기사가 있다.

"春日大王(李太祖) 與王師(無學) 對坐壽昌宮 松軒 王戲謔約鬪劣 師請曰 大王先立言 王曰 我見老師如猪也 師曰 我見大王如佛也 王曰 師何不鬪劣也 師曰 以龍眼觀之則龍也 以佛眼觀之則佛也 於是王與師共抵掌大笑曰 美哉魚水之一堂也 可謂天然天然"

이상 글 중 龍眼, 龍也의 두 龍字는, 서산이 猪字로 했던 것인데 후인이 깎아서 龍자로 고친 흔적이 분명하다. 涵月海源의 발문에도 이를 지적하였다. 요약컨대 태조의 불사는 첫째로 鎭護國家의 기도가 아니면 亡靈의 추복이었을 뿐, 불사의 眞精神에 이르러서는 아직 꿈도 못 꾼 것이다.

尚聰

그리고 당시의 僧徒도 고려 말의 누습에 머문 것 같다. 그래서 興天寺의 주승 尚聰(普愚門人)과 같은 이는 왕에게 사뢰기를 "禪是佛心 敎是佛語 其所以壽君福國安民則"이라 하고, 스스로 弘揚正法以盡祝釐之職이라고 하였으며, "祖師眞覺 有言禪遣延國祚 智論鎭鄰兵 夫豈徵而斯我哉"라고 하였다. 福國利民의 법회는 고려의 諸王이 가장 이를 성하게 행하였다. 그러나 그것이 도리어 국가쇠망의 하나의 원인이 되었음을 알지 못하였던 것이다.

제6절 태종의 사찰 제한과 종파의 축소

太宗의
排佛

조선 제3대 태종(1418)은 숭유배불의 방침을 세워서, 그가 즉위하자 대학으로 가서 先聖(공자)을 제사하고, 세자에게 명하여 學에 나가게 하였으며, 이를 상례로 삼았다.

태종 2년에 書雲觀이 상서하기를, "고려의 태조가 統三之初에 사찰을 창건하고 佛을 안치하여 田民과 노비를 하사해 주었고, 그 후에 군신들이 더욱 불교를 신봉하여 大伽藍을 만들고 각기 願堂이라 칭하며 또 田民과 노비를 주었습니다.

이로 말미암아서 오백 년간에 京外(도성과 지방)의 寺社가 이루 기록할 수 없습니다. 이에 禪敎 각종이 다투어 田民이 있는 절을 취하고, 肥馬輕裘에 심한 자는 주색에 빠져서 못하는 것이 없었으니 사찰 수천에 僧 수만이 있었으나, 그 행하는 바가 이러하다면, 그 불교의 道에 혹 福國의 이치가 있다 하더라도, 어찌 一毫의 도움인들 있겠습니까. 엎드려 바라오니 그 密記를 付한 京外 70寺 외의 諸寺의 土田의 稅는 길이 軍資에 소속시키고, 사찰의 노비는 나눠서 諸司에 소속하여야 합니다."라고 하였다.

태종이 이를 따랐다. 이리하여 조선의 배불은 먼저 경제적으로 사찰을 궁박하게 하는 것으로부터 착수되었다. 태종은 유학을 일으키는 데 마음을 쏟아서, 그 3년에 서적이 鮮少하여 보관이 불능함을 염려하여 鑄字所를 두고 銅으로 鑄字하여 활자

謁聖

수십만으로 서적을 간행하였다. 또 처음으로 幸學謁聖의 예를 행하였다.

당시의 鑄字에 대하여 『筆苑雜記』에 기록된 것이 있는데, 다

음과 같다.

鑄字

"太宗 始作鑄字 模樣有未盡善 歲庚子 世宗命李蕆 以中國善書字
樣 改鑄 比舊尤精 是謂庚子字 甲寅 世宗命爲善陰陽字樣 改鑄 極
爲精緻 是謂甲寅字 庚子字小而 甲寅字大 其所印書冊 極好 世宗末
年 用瑢所書樣 及 姜希所書字樣 改鑄 其所印書冊 漸不如舊 今則
銅字盡爲 工匠所盜 而兼用木字字之大小生熟不同 行列不齊"(『筆
苑雜記』1, 256쪽)

減寺刹
減宗派

태종 6년 의정부의 계청에 의하여 사찰을 제한했다.

曹溪宗 摠持宗 合七十寺, 天台疏字宗 法事宗 合四十三寺, 華嚴
宗 道門宗 合四十三寺, 慈恩宗三十六寺, 中道宗 神印宗 合三十寺,
南山宗 始興宗 各十寺(『조선불교통사』所引, 太宗實錄)

이상과 같이 정하였다. 또 明 成祖帝가 사신을 보내어서 銅
佛을 제주에서 맞이함에 당하여 왕은 藩國의 禍福은 銅佛에
있지 않다고 하면서 마침내 佛에 절하는 일을 하지 않았다. 『
용재총화』에 말하였다.

"我國 崇奉佛教久矣 新羅故都 招提多於閭閻 松都亦然 王宮甲第
皆與佛宇相連 王與後宮 詣寺燒香 無虛月 設八關燃燈大禮 皆依於
佛 王之第一子 爲太子 第二子則 削髮爲僧 雖儒林名士 亦皆效之
寺刹皆有藏獲 多者或至千百 爲住持者 或擁婢妾 其豪富 勝於公卿
置十二宗 以掌釋教 僧多封君辟除者 至我太宗 革十二宗 只置兩宗

盡革寺社之田 然遺風未殄 土大夫爲其親屬 皆設齋 又設法筵於殯
堂 行忌祭者 必邀僧飯之 亦有詩僧 與搢紳相唱酬者頗多 儒生讀書
者 皆上寺, 雖或有壞瓦畵墁之弊 而儒釋相賴者 亦不少 至世廟朝極
矣 僧徒雜於村落 雖有淫暴 人不得詰 朝官守令 亦不得抗 至有賴僧
蔭 而獲利者 大學生獻佛骨要恩寵 士林不甚驚怪 自成宗嚴立度僧
之禁 不許給帖 由是城中僧徒尠少 內外寺利皆空 士族無設齋飯僧
者"(『용재총화』 卷8, 170쪽)

그러나 禪敎 二宗의 제도는 태종왕에서 비롯된 것이 아니다.
세종왕 때에 있었던 것이다. 12종이라고 한 것도 아직 분명치
않다.

제7절 태종의 배불

태종 10년에 태조의 追福을 위하여 흥덕사에서 『大般若經』
을 독경하게 하였고, 12년에 開慶寺를 세워서 그의 菩提를 資
하였으며, 해인사에 대장경을 인출하여 이를 헌납하였다. 이것
이 태종의 一代 중에 한 유일한 불사이다.

태종 13년에 거듭되는 가뭄으로 승정원에서 승려를 모아서
禱雨할 것을 청하니 왕이 말하기를, "예전부터 水旱의 災는 다
인군의 부덕함이 불러오는 것이다. 이제 僧巫를 모아서 기우재
를 올린다면 부끄럽지 않은가? 나는 기도를 그만두고 人事를
다함이 옳다고 생각한다. 내가 약간 聖經을 읽어서 僧巫의 誕
妄함을 알거늘 이제 도리어 愚僧에게 부탁하여 天澤을 바라야
옳겠는가."라고 하였다.

金汝知가 말하기를, "古昔 聖王의 정도는 비록 아니오나 기도를 하는 것도 또한 古事입니다. 이제 승이 모이고 供辨 또한 갖추어졌사오니 풍속을 따라 이를 행함도 해가 없을 것 같습니다."라고 하니 왕이 말하기를, "극도로 가물면 반드시 비가 **罷祈禱** 오는 것이다. 만약 비가 온다면 사람들은 반드시 釋씨의 힘이라고 할 것이다. 이 뒤로는 卿 등은 다시 佛을 논하지 말라."라고 하였다.

태종의 妃가 죽자 古事에 의하여 殯殿에 법석을 설하니 왕이 말하기를, "妃가 앓을 때 佛에 기도하여 생을 구함이 지극하였으나 마침내 응험이 없었다. 그리고 성품이 佛을 좋아하지 않았으므로 불사를 하지 말 것을 바란다."라고 하였다.

山陵不建 또 山陵 곁에 僧寺를 세우는 舊禮를 고치게 하여 말하기를, **寺** "山陵은 내가 백세 후에 머무를 땅이다. 승려를 내 곁에 가까이 있게 한다면 내 마음이 편안하겠는가." 하였다.

『용재총화』에 말하였다.

> "陵室之傍 有齋舍 自昔然也 如健元陵(太祖) 顯陵(文宗) 有開慶寺 齊陵(神懿皇後) 有衍慶寺 厚陵(定宗) 有興教寺 光陵(世祖) 有奉先寺 敬陵(德宗) 昌陵(睿宗) 有正因寺 遷英陵(世宗) 於驪州 改神勒寺 爲報恩寺 以爲齋社 獨獻陵(太宗) 無社 盖因太宗 遺敎也 士大夫 亦於墓傍 作齋菴"(『용재총화』 卷2, 43쪽)

元禎國師 태종 때에 고려의 遺臣으로서 夷齊의 操를 지키는 자가 있었다. 전라남도 佛護寺元禎國師事蹟에 보면, 국사의 선조는 대대로 고려 왕조를 섬기어 顯官에 이르렀다. 속성은 조, 휘는 漢

龍, 고려 공민왕 4년 을미에 甲科에 발탁되었다.

고려가 망한 뒤에 출가하여 洗染이라고 칭하고, 忠臣不事二君의 여섯 자를 의대의 사이에 썼으며, 고려의 舊臣 徐甄과 衿川에 숨었다. 徐甄이 賦詩하기를, "千載神都隔渺茫 忠良濟濟佐明王 統三爲一功何在 只恨前朝業不長"이라고 하니 漢龍이 이에 和答하여, "天地人事兩茫茫 更向那邊拜聖王 莫道此間眞趣寡 山高處處水聲長"이라고 하였다. 臺官이 이를 다스리고자 하니 왕이 말하기를, "伯夷之流 何必治之"리고 하였다.

一日은 돌아가서 그 母를 뵈니 모가 비로소 그가 승이 된 것을 알고 울면서 말하기를, "汝雖爲前朝之忠臣 今汝母尚在 忍能剃髮而 不念父母之遺體耶 家門滅矣 吾誰依焉"이라고 하였다.

漢龍이 跪拜 사죄하기를, "生爲臣子 己爲不忠之臣 亦爲不孝之子 其罪甚矣 與其不忠而又爲不孝 孰若不忠而 獨能奉母之旨乎"하고, 머리를 기르고 衣帶를 바로 하고 入京하고 承旨의 官에 參議에 제수되었는데 모가 늙었기 때문에 청하여 귀향하였다.

佛會寺

母가 沒한 지 삼 년, 효를 다하고, 또 삼 년 후에 가야산으로 들어가서 一衣一鉢로 사방을 다니면서 수행하다가 남평 불회사에 이르러 이를 중건하였다. 그리고 시를 지었는 데, "千年王業一朝塵 白首孤臣淚滿巾 借問首陽何處在 吐涵明月自相親"이라 하여 二姓에 事하지 않을 뜻(不事二君)을 보였다.

후에 이름을 원정이라 고치고 京에 나아가니 왕이 말하기를, "汝胡名僧也"라 하였다. 원정이 말하기를, "吾乃老佛道也"라 하였다. 왕이 명하여 賦詩하게 하니 원정이 聲에 응하여 말하기를, "謫下人間八十秋 無情白髮已盈頭 乾坤有恨家何在 日月生輝世更休 東出嶺邊皆觸感 南歸湖上足消愁 君王莫道爲僧苦 不肖孤臣髮不留"라 하였다. 왕이 그 뜻를 가상하게 여겨서 物을 베풀고 淸閑의 호를 하사하였다.

佛護寺   태종 13년에 화순의 만연동에 佛護寺를 창건하고 14년에 입적하였다. 원정은 道衍國師의 제자인 것 같다. 그러기에 도연국사영정문에 "我道衍先師"라고 한 것이다. 원정은 篤孝로써 알려졌다. 그러므로 봉황산 아래에 효자비가 세워졌다. 태종이 鮮忠麗孝의 四字를 하사하여 이를 碑陰에 각하게 하였다.

제2장 배불의 기세와 涵虛堂의 玄風

세종 대에 이르러서 불교 7종을 합하여 禪教 양종으로 하고 그 세력을 감쇄하였다. 유생으로서 불교를 미워하고 질투하는 자들이 僧을 참하자고 청하기도 하였다.

排佛氣勢　배불의 기세가 점점 치성할 때에 현풍을 진작한 이는 涵虛得通이다. 득봉이 唱導한 바는 禪淨의 혼합에 불과하다고 하지만, 그 가운데 純禪의 妙旨가 있어 砂中에서 金을 줍는 감이 있다.

제1절 禪教二宗制

제4대왕 세종(1420년)은 태종의 셋째 아들이다. 왕은 몸소 經史를 講究하였고, 2년에 비로소 집현전을 설치, 문학사 13인을 선발하여 이에 충당하고 오로지 文翰에 임하여 고금을 토론하게 하였다. 3년에 왕자 珦을 왕세자로 삼고, 儒服으로 대학에 들어 謁聖하게 하였으며, 이로써 정식으로 太子를 세웠다. 동년 가을에 대법회를 베풀고 함허득통을 청하여 모후의 명복을 빌었다.

또 舊例에 매해 초 사람을 시켜서 佛宇와 산천에 복을 빌고 이를 年終還願이라고 하였는데, 왕이 명하여 이를 파하였다. 4년에는 經行(국태민안을 위하여 가마에 경전을 싣고 독경하면서 도성거리를 순회하는 것)을 파하였다. 경행은 춘추로 중월에 僧徒로 하여금 『반야경』을 송하게 하고, 螺를 울리고, 幡

蓋香火를 잡고 前導하면서 街巷을 순행하여 재액을 막는 것이다.

禮曹啓事　6년에 예조에서 아뢰었다.

"釋氏之道 禪教而已 厥後 正宗旁傳 各以所業 分而爲七宗 傳誤承訛 源遠末益分 實有愧於其師之道 且中外多建寺社 分屬各宗 其數猥多 緇流四散 曠廢莫居 修葺不繼 漸致頹敗 乞以曹溪 天台 摠南 三宗 合爲禪宗 華嚴 慈恩 中神 始興 四宗 合爲教宗 撰中外堪寓僧徒之處 量宜置三十六寺 分隸兩宗優給田地 (…) 仍革僧錄司 以京中興天寺 爲禪宗都會所 興德寺 爲教宗都會所 揀取年行俱高者 以爲兩宗行首掌務 令察僧中之事 於是減七宗 爲禪教兩宗 以三十六寺 分隸之 付屬田地 加增結數 廢僧錄司 以其所屬 奴婢三百八十四口 分給禪教兩宗"(조선불교통사 上編 388-389쪽)

禪教二宗制

세종 8년에 독서당을 설치하고 年少하고 才行이 있는 문신을 뽑아서 배우게 하였다. 19년에 太學生 등이 상소하여 천태종 僧 行乎를 참할 것을 청하였다. 그때 行乎는 왕의 교지로써 흥천사를 중흥하는데, 크게 僧徒를 모아서 노역에 服하는 자가 600여 명이 되었고, 새로 도첩을 받는 자가 일 년에 수만에 이르렀다. 백성이 이를 존경함이 懶翁과 다름이 없게 되자 이에 유생의 미움과 질투를 부른 것이다.

七宗制　예조의 啓에 七宗이라고 한 것은 天台, 摠南, 曹溪, 華嚴, 慈恩, 中神, 始興이다. 조선 초에는 11종이던 것을 태종 때에 7종으로 합한 것이다. 李能和氏는 다음과 같이 말하였다.

"高麗之五敎兩宗 傳至朝鮮 何又忽變 而爲曹溪 摠持 天台疏字 天台法事 華嚴 道門 慈恩 中道(卽八不中道之三論法性宗也) 神印 (結印密宗) 南山(律宗) 始興等十一宗 (…) 朝鮮太宗之六年或七年 中道宗 神印宗 合爲中神宗 (…) 摠持宗(摠持陀羅尼也 眞言宗) 南山宗 合爲摠南宗 (…) 天台疏字宗 天台法事宗 合爲天台宗 華嚴宗 道門宗 合爲 華嚴宗"(『조선불교통사』 하편, 479쪽)

이리하여 태종 때에 11종을 합하여 7종으로 하였고, 이제 또 7종을 합하여 2종으로 하였으니 이는 그 세력을 減殺하기 위한 것이었다.

제2절 五敎二宗에 대한 이설

五敎二宗
異說
李氏說

고려 때에 이미 五敎二宗의 명칭이 있었다.
李能和氏는 말하였다.

"高麗 元宗二年六月 設五敎法席於內殿 (…) 又十四年 夏四月 幸賢聖寺 集五敎兩宗僧徒 設道場 忠惠王四年 秋七月 令五敎兩宗 亡寺土田 及先代功臣田 屬內庫 恭愍王五年 王師普愚 言于王曰 若九山統爲一門 重興祖風 而五敎各以其法弘之 豈不暢哉

尚玄(李氏)曰 由是觀之 五敎兩宗 始見于高麗元宗時代 是在大覺 國師 立天台宗 普照國師 創曹溪社之以後也 (…) 然則元宗以後 稱 五敎者 疑卽戒律宗 法相宗 法性宗 圓融宗 天台宗是也 稱兩宗者 疑卽禪寂宗 曹溪宗 是也"(『조선불교통사』 下編 477-479)

金包光氏
說

그런데 金包光氏는 이를 파하여 말하였다.

"조선의 종파는 대각국사 이전에는 오교구산이 있고 대각국가 이후에는 오교양종이 있다. 五教九山과 오교양종에 대하여는 논자의 이설이 없지 않다. 이제 역사상에 나타난 선후에 의하여 이를 기술하고자 한다. 고려 선종 원년에 보제사 승 貞雙 등이 주청하기를, "九山門 參學徒 請依進士例 三年一試從之"라고 한 것에 의하면 대각국사 入唐(宋) 전에 구산의 名이 이미 세상에 전하였음을 입증할 수 있다.

兩宗의 명칭은 고려 강종 2년에 세운 화엄사 정각국사비명 중 "凡於兩宗之教 求可以承當大任者 無出師右"라고 한 것보다 먼저인 것을 아직 볼 수 없다. 이로써 대각국사가 천태종을 창립한 이후에 이르러서 비로소 양종의 명칭이 세상에 출현한 것임을 추상할 수 있다.

그렇다면 대각국사 묘지명 중에 보이는 6종 "계율종, 법상종, 열반종, 법성종, 원융종, 선적종"을 오교구산이라고 하는 것이 타당하다. 그 가운데 一禪寂宗을 內別하면 9산이고 9산을 총명하면 一禪寂宗이다. 그러므로 오교구산을 개칭하여 五教一禪이라고도 할 수 있을 것이다. 이리하여 대각국사 이전은 五教一宗이었는데 국사가 다시 천태종을 증가함에 이르러서 변하여 五教兩宗이 되었고, 동시에 禪寂宗을 개칭하여 조계종이라고 한 것은 자연의 형세이다. 그리하여 조계종과 천태종을 합하여 兩宗이라고 칭한 것이다.

論者(이능화)는 법성, 법상, 원융, 계율에 천태를 더하여 5교라고 했을 것이라고 하는데, 천태를 교종이라고 함은 불가할 것이 없을 것 같기도 하지만, 천태종 승려가 수지한 법계에 의

하면 천태는 교종이 아니라 선종인 것이 확연하다. 고려시대의 禪敎 각종 승려의 법계는 확연 相異하여 혼동할 수 없다.

교종 승려는 반드시 大德, 大師, 重大師, 三重大師, 首座, 僧統을 주었고, 선종의 승려는 반드시 大德, 大師, 重大師, 三重大師, 禪師, 大禪師를 수여하였으니 이것은 確乎 불변의 법이었다.

대각국사의 始闢인 台宗大選에 入格한 국청사 주지 敎雄의 법계를 살펴보면 예종 15년에 禪師를 拜하고 인종 13년에 대선사에 승진하였다. 이는 천태종이 선종임을 명증하는 것이다. 어찌 천태를 오교에 參入할 수 있으랴.

論者가 생각하기를, 禪寂宗은 재래의 구산문이고 조계종은 목우자가 창립한 것이다. 그러므로 禪寂과 曹溪를 합하여 양종이라고 한 것이라고 한다. 이는 宗名과 山名을 혼동하는 것 같다. 송광사 世代 주지의 비문을 試考하여 보면 조계산 第何世라고 기록하였어도 조계종 第何世라고 기록된 것은 없다.

더구나 고려 명종 20년(2년의 잘못된 표기)에 세운 坦然禪師 碑額에 "高麗國 曹溪宗 崛山下 斷俗寺 大鑑國師之碑"라고 기록되었다. 그렇다면 목우자가 송광산을 고쳐서 조계산이라고 한 神宗 2년보다도 28년 전에 조계종의 명칭이 세상에 전하였음을 알기에 족하다.

또 『삼국유사』에 "曹溪宗 迦智山下 麟角寺 住持圓鏡冲照 大禪師一然撰"이라고 하였으니, 목우자와 문파를 달리하는 가지산파로 조계종의 명칭을 쓴 것이다. 그러니 어떻게 後進인 목우자의 종명을 先進인 탄연선사의 碑額에 冠하며, 범일의 후손인 목우자의 宗名이 가지산의 문파인 일연선사에게 傳布될 리가 있으랴.

이러므로 내 소견 같아서는 由來 禪寂宗이란, 조계의 法脈인 구산에 전용한 협의적 종명인 것이다. 그리고 대각국사가 천태종을 창립하매 智者의 법손인 천태종에 통용되어 광의적 禪寂宗으로 된 것이다.

이리하여 교종을 상대로 할 때는 禪寂宗이라 칭하고, 선종 중에 나아가서 천태종을 상대로 할 때에는 조계종이라고 칭한 것이다. 소위 조계종이란 즉 구산이다. 구산이 무엇인가에 대하여는 古來 정설이 없는데, 구체적으로 구산의 명목을 기록한 것은 仔夔刪補文(자기산보문) 제9권 鄕唐祖師 請坐儀文보다 나은 것이 없다.

仔夔刪補文(자기산보문)은 金國의 승 仔夔(자기)가 편찬한 것으로서 후에 本國人이 刪補(산보)한 것이다. 구산에 상당하는 조항을 아래에 節錄한다.

一心奉請 迦智山祖師 海外傳燈 道義國師
一心奉請 闍崛山祖師 螺髻頂珠 梵日國師
一心奉請 獅子山祖師 霜氣湧天 哲監國師
一心奉請 聖住山祖師 無舌楡楊 無氣國師
一心奉請 鳳林山祖師 造塔供魚 玄昱國師
一心奉請 桐裏山祖師 南岳分輝 惠哲國師
一心奉請 曦陽山祖師 山神現請 道憲國師
一心奉請 須彌山祖師 太祖王師 利嚴尊者
一心奉請 實相山祖師 九夏持身 洪陟國師

이상은 請坐文 중에 列錄한 것이다. 그러나 간단히 鄕唐祖師 請坐儀文만으로는 아직 구산을 증거할 만한 것이 못 된다. 아래에 禮拜門이 있는데, 그것은 이러하다.

"一心信禮 新羅聖代 自古至今 九山門中 一切請大祖師"

앞의 鄕唐祖師 請坐儀文은 구산을 9항으로 별거한 것이고, 이 예배문은 구산을 1항으로 合擧한 것으로서 전후를 대조해 보면 분명하여 의심이 없다. 앞의 鄕唐祖師 請坐儀文 중 사굴산과 사자산 간에 眞鑑, 玄壯, 順應, 利貞, 大古下 等 4개의 조항이 개재되었다. 그 때문에 전후 분리되어서 구산의 연속을 잃었음을 본다. 그러나 진감 등의 4항은 후의 예배문에는 없을 뿐 아니라 書法이나 字體上, 後人의 삽입한 흔적이 나타나 있음을 의심할 여지가 없다. 이상 설한 바를 도시하면 아래와 같다.

	(大覺 以前)6宗	(大覺 以後)7宗
	圓融宗	華嚴宗
	法相宗	慈恩宗
五敎 …	法性宗 …………	中道宗 … 五敎 … 敎宗
	(附神印宗)	(附神印宗)
	涅槃宗	始興宗
	戒律宗	南山宗
	(附總持宗)	(附總持宗)
九山 …	禪寂宗(狹義) ……	曹溪宗 ┐ 兩宗 … 禪宗(廣義) 天台宗 ┘
		(金包光氏著 禪宗九山來歷)

始興宗이 무엇인가에 대하여는 여러 가지 설이 있는데, 일정하지 않다. 천태종의 일파인 것 같다.

제3절 己和의 小傳

배불의 기세가 처연한 때에 현풍을 진작한 자가 있으니 그는 무학의 嗣 己和이다. 기화는 득통이라고 호하였다. 舊名은 守伊요 無準은 호다. 거하는 집을 涵虛堂이라고 하였다. 속성은 류씨, 중원(충주)사람, 1376년에 태어났다.

어려서 經史 문장을 배우고, 나이 21에 이르러는 깊이 人世의 무상을 느끼고 관악산 의상암에 들어가서 출가하였다. 1397년 봄에 회암사에 이르러 무학에게 참알, 친히 법요를 들었다. 뒤에 하직하고 諸山을 歷遊하다가 1404년에 다시 회암에 이르러 一室에 독거하여 視聽을 두절하면서 고수하더니 一夜에는 經行次에 자신도 모르게 읊기를 "行行忽廻首 山骨立雲中"이라고 하였다.

또 하루는 측간에 들어갔다 나와서 洗桶을 放下하고 말하기를, "惟此一事實 餘二則非眞 此言豈徒然哉" 하였다.

태종 6년에 공덕산 대승사로 돌아가서 4년간 세 차례 반야강석을 베풀었고, 태종 10년에 천마산(개성北) 관음굴에 이르러 크게 현풍을 떨쳤으며, 이듬해 11년에 佛禧寺에서 결제 3년에 당우를 거듭 수리하고 조사선풍을 선양하였다.

태종 14년에 자모산(평산) 연봉사에 小室을 하나 占하고 이름하여 함허당이라고 하였다. 세종 3년에 세종의 명에 의하여 大慈寺(개성)에 거하면서 先妣 大妃를 위하여 명복을 빌고 王

과 신하들을 위하여 설법하였다.

세종 6년에 소를 올려 사퇴하고 諸山에서 一乘을 천명하였고, 세종 13년에 이르러 영남의 희양산(경남) 봉암사에 있었다. 1433년(세종 15)에 身心不豫, 탁연히 정좌하고 말하기를, "湛然空寂 本無一物 靈光赫赫 洞徹十方 更無身心 受彼生死去來徃復 也無罣碍" 라고 하고, 또 말하기를, "臨行擧目 十方碧落 無中有路 西方極樂"이라고, 말을 마치고는 입적하니 58세였다. 저서는 『함허당어록』, 『圓覺涵虛疏』 3卷, 『金剛般若經五家說誼』 1卷, 『顯正論』 1卷 등이 있다.(涵虛堂得通和尙行狀略抄)

제4절 己和의 正見

己和의
正見

　기화는 납승의 풍격을 갖추었고, 그의 말에는 向上一路에 투철한 것이 있다. 珍山和尙의 安鍾垂語에 말하였다.

　　"喚什麼 作珍山面目 若喚此骨頭 作珍山面目 面目安在 若道不是此之骨頭 從什麼處得來 切忌道法身是常 無生無滅 色身無常 有生有滅 而於法身色身 作兩般見 若作這般見解 未免截虛空 作兩片 既然如是 畢竟作麼生斷看 不見道 吾今色身 卽是常身 法身若是常身 法身天不能蓋 地不能載 劫火不能壞 大虛不能容 我今觀此頑石穴 不滿尺餘 鍾不過 ·們 還收得廣大難容底法身麼 若收此中不得 向甚麼處安著 還有道得者麼 良久云 如無山僧自道去也 以杖指石龕云 向這裏安 安訖云 珍山大師兄 平生使得父母所生底一把骨頭 既向這裏安着 正當任麼時 合談甚麼語 良久云 刹海毛孔元無碍 芥納

須彌有甚難 無縫塔樣今猶在 不須向外空尋覓 一自鍾鎭華山後 山
與此鍾作知音 直饒山倒爲平野 此鍾此石應不泯 畢竟承誰恩力 以
杖擊石三下"(涵虛堂得通和尙語錄 12葉右-13葉右)

이것을 보면 己和는 法身, 色身 不二無別을 알고, 永嘉玄覺
의 소위 幻化空身即法身을 제창하였으니 납승의 본분에 안주
한 所以이다.

生佛一如
觀

또 諸檀越請 對靈普說에 말하였다.

"諸佛子衆 還會山僧深深意旨麼 摩竭當年 有此榜樣 毗耶昔日亦
曾漏洩 山僧今日把著此箇消息 普與諸佛子 兩手分付去也 諸佛子
衆 還有荷擔者麼 若也荷擔得去 便能於生死海中 易短爲長 易鹿爲
妙亦能拈一莖草 作丈立金身 以丈六金身 作一莖草 隨所作爲 無不
自由去在 何更用多方便門 以求出身之路 (…) 且道怎麼生是 脫苦
輪證菩提處 齊開向上眼 不墮凡聖見 脫苦輪證菩提則不無 喚什麼
作向上眼 (以右手 擧數珠云) 此眼開時 生佛俱沈 罪福無處 (以左手
擧數珠云) 此眼開時 法法俱興 因果歷然 (以兩手擧數珠云) 此眼開
時 明暗交參 皂白難分 更有一眼 此眼開時 有甚麼用處 只如向上眼
爲是三眼所攝 爲是一眼所攝 (良久云) 三一不相攝 須知向上眼 (擲
數珠) 便下座"(同上 6葉左-7葉右)

이 또한 철저한 生佛一如의 見이며, 身心不二의 端的인 것
이다.

제5절 己和의 偏見

己和의
偏見

그런데 기화의 법어를 보건대, 己和는 這箇의 순일한 禪味로써 만족하지 않고 身心別體의 이견을 고집하여 四大 붕궤 후에 一物鎭長의 靈昏이 있다고 하였다. 그는 "生也一片浮雲起 死也一片浮雲滅 浮雲自體徹底空 幻身生滅亦如然 就中一箇長靈物 幾經劫火常湛然 所以道 湛湛有同香水海 深深無異補陀山"(同上 二葉右)라고 하였다.

心常身滅
說

이것은 소위 心常身滅의 先尼(인도육사외도)의 見으로서 순일한 禪旨가 아니다. 당시 중국에 있어서의 선승의 弊端과 같은 것이다.

함허득통은 老子의 염세관에 共鳴한 바도 있다. 육신을 고뇌의 因으로 삼아, 心靈은 항상 육신에 갇힌 바가 된다고 하였다. "老聃之言曰 吾有大患 爲吾有身 彼雖是俗 語合於理 可謂傾腸倒腹 吐心吐膽 誠諦之語也"(『함허어록』13葉右)

이미 육체는 心靈의 질곡이니 육체에 있어서의 心靈은 籠檻에 있어서의 飛鳥와 같은 것이다. 籠檻을 탈각한 후에는 飛禽은 자유인 것이다. 그래서 迎魂獻座下語에 云 "惠峰覺靈 六十餘載 處人間 幾登歡場 沒憂海 如今脫却皮袋子 揚揚踏得還家路"(同上 9葉右)라고 하였으며, 또 珍山和尙祭文에 진산의 死를 평하여 말하였다.

"想當此際(謂死) 如決疣潰癰 而無其患 如光風霽月 而朗其神者乎 快乎快乎 騰天遊霧 而逍遙於塵垢之外 于于乎于于乎 去住自由 而已得得夫 懸解者也"(同上 10葉左)

이는 실로 老莊의 견해로서 대승선의 本旨와는 거리가 천만 리이다. 己和가 心常身滅의 영혼설을 믿었다면 그가 서방 왕생을 설하는 것도 당연하다.

己和의 淨業

그래서 그는 "因山僧 結念佛香社 專想彌陀 專念寶號"(同上 9葉左)라고 하였는가 하면, 또 "正眼未開 無明未破 好承彌陀 大願力 直向九蓮臺上遊"(同上 2葉左)라고 하였고, 또 "庶仗平 生念佛功 九蓮臺上任遨遊"(同上 18葉左)라고 하였다.

또 勸念佛에는 "同念彌陀 齊登樂岸 同種善因 共成佛道 願興 萬萬千千 同統成佛正因 何以故 萬萬千千人中 豈無一人 最先 成道 一人若先成道 萬萬千千 盡於言下得證 萬萬千千 既各得 證 亦各教化萬萬千千 悉令成道 如是展轉 普與盡法界衆生 同 成無上佛果菩提"(同上 19葉左)라고 하였다.

이상에서 보면 己和는 아직 조사문하에 본래성불의 묘지가 있음을 모른 것 같다. 이 말 그대로라면 可惜한 일이다.

己和二見

당시 중국의 선승들은 모두 유심정토, 자성미타를 唱하면서 서방왕생을 믿었다. 그리고 己和도 역시 二途(유심정토, 자성 미타와 서방왕생)에 떨어져 있음을 볼 수 있다. 그래서 그는 또 말하였다.

"想當此際 用心之極 依平昔參話之功 仗諸聖扶佑之力 見自性彌 陀 達唯心净土去也 若也見自性彌陀 達唯心淨土 則神遊大方 去留 無碍定矣 雖未到如欺境界 承彌陀大悲願力 九蓮花中 隨功徃生 決 無疑矣"(同上 14葉左)

또 말하기를 "金剛身物物圓成 無量壽人人具足(右手擧數珠

云) 此是金剛身之正眼(又左手擧數珠云) 此是無量壽之慈光(同
上 三葉左)이라고 하였다.

己和는 영가현각에 사숙한 바 있어 왕왕 『證道歌』를 證權으
로 하였으니 "(以竹篦子 打卓一下云)亦無佛亦無法 大千沙界海
中漚 一切聖賢如電拂 夢裡明明有六趣 覺後空空無大千"(同上
8葉右)이라고 하였다.

또 말하기를 "洪相國仙駕 在生之日 還布施也未 還亦無能住
也未 了則業障本來空 未了還須償宿債"(同上八葉右)라고 하였
다. 이로써, 大悟한 사람은 업장을 면하고 迷悟한 사람은 숙업
에 고뇌한다는 것이 永嘉의 견해인데 이는 또한 己和의 견해라
는 것을 알 수 있다.

己和著述　　己和에게 永嘉集 十章讚頌 大乘起信論釋題並序 圓覺經頌
法華經頌 彌陀讚十首 安養讚十首 彌陀經讚十首의 作이 있어,
이로써 그 사상의 연원을 짐작할 수 있다.

제6절 己和의 詩偈

己和詩偈　　己和의 詩偈는 볼 만한 것이 많다. 禪味가 있는 것 몇 편을
아래에 초한다.

〈贈懶翁侍者覺牛 號野雲〉

江月軒前江月白 野雲堂上野雲閑 雲光丹色交輝處 一室含虛體自安

〈松皮飯〉

拏雲踞石老靑山 物盡飄零獨耐寒 知爾碎形和世味 使人緣味學淸寒

〈扇子〉

昔與桓因築鼻孔 今伴山僧解打空 打去打來空自噫 一噓噓出滿堂風

〈松堂〉

森森獨翠三冬雪 堂上主人心愈潔 閴寂清閑香一爐 耐寒枝上邀明月

〈秋日書懷〉

天高雲淡氣微凉 月白風清味自長 遙憶淵明三逕趣 菊花叢裏臥聞香

〈山中味〉

山深谷密無人到 盡日寥寥絕世緣 晝則閑看雲出岫 夜來空見月當天
爐間馥郁茶烟氣 堂上氤氳玉篆煙 不夢人間喧擾事 但將禪悅坐經年

제7절 己和의 顯正論

己和의
顯正論

　　己和 함허득통은 유학자들의 배불, 邪論을 파하고 불교의 정의를 나타내고자 『顯正論』을 저술하였다.

　　먼저 性情의 구별에 대해서 함허득통은 말하기를 "性本無情 迷性生情 情生智隔 (…) 夫情也有染淨焉 有善惡焉 淨與善 聖之所以興也 染與惡 凡之所以作也 故智情不生則 凡之與聖 悉無得而興焉"이라고 하였다. 즉 性은 자성청정의 靈心이요, 情은 冥妄虛假의 번뇌이다. 性에 수순하면 菩提를 이루고 情에 수순하면 偏邪가 되기 때문에, "三藏指歸 要令人 去情顯性而己 情生於性 猶雲起於長空 去情顯性 猶雲開而 現大清也"라고 하였다.

　　불교의 要旨는 사람으로 하여금 情을 제거하고 性에 복귀하게 함에 있는데, 이는 唐의 李翶 등이 이미 제창한 것이다.

또 불교는 비유컨대 청풍과 같아서 情雲을 掃除하고 性天을 나타내게 하므로, "佛敎比之則 若淸風之 掃浮雲也 欲所見之廓 如而 厭淸風者 惑矣"라고 하였다. 또 儒士는 백성을 다스리고 천하를 평정히 하고자 하는데, 그럼에도 불교를 厭忌함은 浮雲 을 쓸고자 하면서 청풍을 싫어함과 같다는 것이다.

또 "若敎人人 依此而修之則 心可得而正矣 (…) 可以治國 可 以平天下矣"라고 하였는데, 만약 천하의 백성으로 하여금 불 교를 믿게 하여 그 가르침에 의지하게 한다면 이로써 나라를 다스리고 천하를 평정할 수 있다는 것이다.

또 "儒以五常 而爲道樞 佛之所謂五戒 卽儒之五常也"라고 하 며, 儒도 佛도 도덕의 실행에 있어서는 같다는 것이다. 즉 두 이치가 있을 수 없다는 것이다. 그리고 상벌로만 백성들을 다 스린다면 겉으로만 따를뿐이라고 하여 "示之以賞罰則 或有面 從而已 示之以因果則 服乃心服也"라고 하였다. 즉 단순히 유 교의 가르침에 의하여 상벌을 분명히 하는 것으로써 정치를 한다면 백성들은 겉으로만 따를 뿐, 마음으로는 복종하지 않는 다. 그러나 만약 불교의 가르침인 인과로써 교화한다면 백성들 은 반드시 心服하게 된다는 것이다. 그러므로 "所以 儒與釋 皆 不可廢也"라고 하여 유교와 불교 모두 하나도 폐지할 수 없다 고 말하였다.

己和出家 辯 己和는 다시 나아가서 불자가 출가하여 世務에 참여하지 않 는 것을 설명하기를, 儒者의 五倫五常은 經으로써 正을 지키는 것이고, 불자의 출가득도는 權으로써 變에 응하는 것이므로 출 가는 비록 五常에 반한다고 하나 도에 합하는 것이며, 불자는

釋子로서 부모의 명을 나타내니 이는 大孝이고, 불자가 君國을 위하여 기복하고 인과로써 民을 선도하니 이는 大忠이므로 불자를 어찌 불효 불충이라 하여 배척할 것이냐고 하였다.

佛家에서는 살생을 금하고 희생을 바치지 않는 이유에 대하여 설명하기를, "天地之於物也 猶父母之於子也 (…) 子之相殺 非父母之心也 人物之相殘 豈天地之意乎"하였고, 또 불살생이 人道임을 주장하여, "天地與我同根 萬物與我一體 此釋氏之言也 仁者以天地萬物 爲一己 此儒者之言也 (…) 不殺生 (…) 此眞仁人之行也"라고 하였으며, 제사에 바치는 희생은 비록 예라하더라도 폐함이 옳다고 단언하였다.

또 불음주계에 대하여는 "酒爲亂神敗德之本 而尤害於道也"라고 하였다. 그리고 승려가 보시를 받아서 民財를 낭비한다는 비난에 대해서는 "布施 (…) 要令人 破除慳貪 以淨心田而已"라고 대응하였다.

또 윤회 전생설에 대해서는 "天堂地獄 設使無者 人之聞者 慕天堂而趨善 厭地獄而沮惡 則天獄之說之於化民 利莫大焉 果其有者 善者必昇天堂 惡者必陷地獄 故使之聞之 則善者自勉而 當亨天宮 惡者自止而免入地獄 何必斥於天獄之說 而以爲妄耶"라고 하여 윤회 전생설이 불교 포교에 도움이 된다고 주장하였다.

儒釋一致說 그리고 함허는 "夫人者 有形焉 有神焉 形比則如屋 神比則如主 形謝而其神往焉 猶屋倒而主不得住焉"이라고 하였는데, 이는 마음은 영원하고 육체는 없어진다고 하여 心常身滅의 邪見에 떨어져 있음을 볼 수 있는데, 이는 진실로 애석한 일이다.

己和는 승려의 汚行을 辯解하여 말하기를, "孔門三千 稱哲人

者 十人而已 如來海會 稱第一者 亦不過十人而已 況今去聖愈
遠 (…) 豈得因其失而廢其法也" 라고 하였고, 다시 儒釋의 一
致를 道破하여 "聖人 (…) 異世而同其心也 (…) 儒之明德 即佛
之所謂 妙精明心也 所謂寂然不動 感而遂通 即佛之所謂寂照者
也"라고 논한 것은 이로써 유불의 조화를 꾀하였다.

　뿐만 아니라, 己和는 老佛儒의 우열 없음을 논하여 "三家所
言 冥相符契而如出一口也"라고 하여, 삼교가 一揆(하나)임을
분명히 하였다. 그의 이론은 宋의 契崇의 補敎編과 다를 것이
없다. 다음에 隱夫顯正論도 또한 동일 논지이긴 하나 문장이
簡古하여 현정론보다 요령을 얻은 바가 많다.

제8절 세종의 毁佛·諺文의 창제

　『연려실기술』13권에 云, "世宗元年 命罷五教 只留禪教兩宗
(世宗故事)"이라고 하였고, 또 "盡革中外寺社 奴婢土田歸官"이
라고 하였다. 同文에 또 말하였다.

世宗의
毁佛

　"二年庚子 命罷陵寢傍僧舍(詳山陵典故) 三年辛丑 罷祈禱佛宇
四年罷經行 六年甲辰 王曰 功臣當太祖忌辰 就寺社 設水陸 雖是忠
孝之意 恐違禮云云 十九年丁巳 僧行乎重創興天寺 大聚僧徒 新受
度牒者 一歲之內 幾至數萬 太學生等 上疏曰 太祖嚴禁 僧徒之禁
太宗減革 寺社 十存一二 及我殿下 先廢內願堂 仍減宗門 且令僧徒
禁入城市 今行乎住興天 民之敬服 無異懶翁 雖以宗親貴戚 躬詣桑
門 恭行弟子之禮 下令攸司 斷行乎頭 以絶邪妄之根
　世宗癸卯 京外只留 三十六寺 餘悉罷之"(名臣錄)

世宗의
天文學

세종은 천문학에 통하였다. 儒臣에게 명하여 七政內外편을 纂修하게 하였고, 그 20년에 報漏閣, 簡儀堂, 大小簡儀 渾天儀 渾象定時儀, 日星定時儀, 圭表, 禁漏 등의 器機를 제작하게 하였는데 그 發案과 製法은 모두 왕의 裁定에서 나왔고 아주 정교하였다. 또 千秋殿의 西庭에 一小閣을 세우고 湖水와 산을 模造하고, 중앙에 水力運轉機를 갖춘 玉樓 1개를 裝置하였으며, 神人, 鼓人, 玉女 등의 形 백여 개를 만들어서 배치하였는데 이 기관들은 스스로 움직이고 스스로 치고 하는 것이 마치 神의 움직임과 같아서 天體의 운행, 天道盈虛의 理를 觀取할 수 있었다. 儒林의 士들은 왕의 明智에 놀랐다고 한다. (『李朝史大全』 71-74쪽. 取意燃藜室記述別集 卷15)

諺文創製

세종 28년에 諺文局을 궁궐 내에 설치하고 신숙주, 성삼문 등으로 하여금 子母音 28자를 창제하게 하였다. 그때 明의 한림학사 黃瓚이 요동에 귀양 가서 있었는데, 왕이 성삼문을 그에게 보내어서 黃瓚의 조력을 얻어 한자의 음운에 맞게 하였다. 성삼문이 요동에 왕래하기 13회, 그 音을 分하여 三聲으로 하고, 드디어 이를 撰定하였다.

諺文에
對한 異說

언문의 字體는 古瑑凡字를 모방하였다. 李能和氏는 다음과 같이 말하였다.

"按諺文發音之法 皆倣蒙古韻會 質問黃瓚者 即此也 申叔舟 洪武正韻序 見其端緒矣 又所謂諺文字體 倣梵字爲之者 即亦蒙古字也 此蒙古字 製於元世祖國師發思八 (…) 高麗末季 自忠烈王以後 世世娶元公主爲后 以蒙古字與語 用于宮中 舊韓宮中 御用之飯膳 名曰水剌 御用之樂工 名卒花赤 等 皆蒙古語 而即自麗代 流傳之宮中

用語也 所以朝鮮初葉 尚置蒙譯 又申叔舟 善蒙古語"(『조선불교통
사』上編, 394쪽)

그러나 安廓氏는 말하기를, "成俔, 李睟光, 金澤博士 등은 언
문은 梵字를 모방하여서 만든 것이라 하고, 李瀷, 柳僖, 白鳥博
士 등은 몽고문자를 모방하여 만들었다고 하나 언문의 자형은
樂譜에서 나온 것이라고 한다.

생각건대 字形은 안씨의 말과 같더라도 철자 발음은 모두
범어를 모방한 것으로 보인다. 왕은 24년 癸酉에 친히 언문
訓民正音   28자를 짓고 훈민정음이라고 이름하였으며, 28년 丙寅에 이를
中外에 폈다. 그 御製序에 말하기를 "國之語音 異乎中國 與文
字不相流通 故愚民 有所欲言 而終不得伸其情者多矣 予爲此憫
然 新製二十八字 欲使人人易習 便於日用耳"라고 하였다.
釋譜詳節   세종 29년에 수양대군 琈에게 명하여 석보상절을 찬하게 하
였다. 수양대군의 序에 말하였다.

"佛爲三界之尊 弘渡群生 無量功德 人天所不能盡讚 世之學佛者
鮮有知出處始終 亦不過八相而止 頃因追薦 爰采諸經 別爲一書 名
之曰 釋譜詳節 旣據所次 繪成世尊成道之迹 又以正音加譯解 庶幾
人人易曉而 歸依三寶焉 正統十二年七月二十五日 首陽大君 諱 琈
序"(豐基郡 小伯山 喜方寺板)

이로써 보건대 석보상절은 佛傳을 좀 더 상세히 한 것이다.
世宗의   세종은 만년에 佛을 좋아하여 그 24년에는 장려한 내불당을
崇佛   조영하였고, 25년에 興天寺重修慶讚會를 설치하여 5일 동안의

대법회를 행하였으며, 안평대군 瑢은 金佛 3구를 주조하여 흥천사에 안치하였다. 그리고 또 瑢은 왕에게 권하여 대자암을 중창하여 새롭게 하였다. 32년에 명하여 내불당을 세웠는데 군신들이 간하여도 듣지 않았다.

俊和尙   또 두 왕자에 명하여 俊和尙에게 나아가서 경률을 배우게 하였다. 그 두 왕자란 세조와 안평대군 瑢이다. 이는 실로 뒤에 세조 興佛의 요인이 된 것이다. 李能和氏는 말하기를, "俊和尙이란 오관산 흥성사의 弘濬"이라고 하니, 과연 그렇다면 함허 득통의 문인 홍준인 것이 분명하다.

제9절 姜碩德의 禪機

姜碩德   세종의 代에 姜碩德이 禪道에서 득력함이 있어 중국 禪機시대에 유행한 선풍을 띠었다. 그가 濬和尙(홍준)에게 부친 서신을 보면 이렇다.

"子明(字也)和南 五冠山興聖濬和尙座下 (…) 予少寓招提 肄業
之暇 與緇流劇談 略聞緖餘 請試訴之書云 靜擧祖師禪 閑看諸佛敎
餘力念彌陀 求生於淨土 此言眞實不誑之語也 余依此用心 以爲究
竟本分公案也 愚竊謂宗鏡 果以念佛看敎爲極 則何不置 此二事於
靜禪上乎 又何言 閑看餘力乎 (…) 釋敎有權實宗鏡此語 恐非眞實
乃權方便 豈不見 祖師云 佛之一字 誠不忍聞 三乘十二分敎 熱椀鳴
聲 則禪家唯論一心 除却此事 餘悉非眞 又不見 高峰參禪 若要尅日
成功 如墮千尺井底相似 單單只是箇求出歸心 若能伊麽做功夫 有
甚餘閑時節 念得佛誦得經 嗟乎從上師家垂訓 如許明白 不肯向這

裏致力 固守方便 不曾回頭轉腦 一向皮膚上用功 敢自謂究竟本分
伊麼則驢年去 儻不改轍 誠恐臘月三十日 生死符到 臥在延壽寮裏
孤燈照壁 眼花落地 念佛也不得 誦經也不得 四山摧倒 如蟹落湯
(…) 又有一等圓 頂方袍漢 遺落戒行 全工談辨 不曾眞實下功夫 一
朝頭白齒黃 點檢將來 都無所得 方始念佛誦經 以求西方 以除惡業
(…) 古德云 丈夫自有衝天志 不向如來行處行 大丈夫兒 如來行處
尙不肯行 其忍一措足於小人曲徑乎 請和尚 盡把所謂究竟本分公案
束一束擲向他方世界 切勿復顧 十二時中 危坐蒲團竪起育梁 但提
起云何是惟心淨土 自性彌陀 挨來挨去 拶來拶去 轉覺心頭迷悶 無
可用心 一朝忽然失却布袋 一回通身流汗 則彌陀淨土 當處自現 豈
不快哉 (…) 正統戊辰念一日 松易外史晋陽姜子明 和南"(동문선
63, 405-407)

姜碩德
性行

權近의 淸心堂記에 云 "晋州姜公 少入宮 事恭愍十數年 以淸
謹聞 後慕佛齊心 絶葷腥不茹者 又十數年矣 (…) 洪武丙子夏
五月記"라고 하였다(同上 78, 234-235쪽). 이로써 그의 性行을
볼 수 있다. 碩德이 스스로 말하기를, "昔予在童丱 肄業支天寺
支天實都下一名刹 其髡無慮五百指"라고 하였다. 그가 어려서
부터 불교에 친하였음을 알 수 있다.

일찍이 歸來圖의 시를 지었는데 다음과 같다.

先生初非避俗翁 歸來三徑任無沒 眼中忽見山河移 何如處士節獨高
誰知千載之英豪 恰有琴樽供笑傲 書晋甲子寸心勞 當時廊廟多俊髦
偶爾隨雲出林壑 環堵蕭然臥北窓 豈但高義凌天衢 余今撫圖重嘆息
鄕里小兒非吾曹 羲皇上人興陶陶 忠憤直與秋雲俱 淸風颯颯吹鬢毛

제3장 세조의 興法과 守眉, 智嚴 등의 門風

世祖王
興法

세조는 단종과 성삼문 등의 충신을 죽이고 왕위에 올랐으나 마음이 불안하였다. 더구나 왕세자가 죽자, 명복을 빌기 위하여 불사를 일으키고, 佛典을 간행하고 大圓覺寺를 창간하고 사문 守眉 등을 寵信하였다.

그러나 禪席은 荒虛하고 明師는 晨星과 같았다. 성종 대에와서는 유교를 숭앙하고 불교를 배척함이 더욱 심하였는데, 게다가 연산군의 狂妄은 사찰을 妓房으로 만들기까지 하였다. 중종이 또 사찰을 헐고, 동상을 녹여서 軍器를 만들었다. 碧松智嚴은 이 기간에 있어서 高峰, 大慧 등의 선풍을 고취하였다.

제1절 세조의 봉불

世祖奉佛
章疏印行

제7대왕 세조 2년(1468년)에 왕세자가 죽자, 왕은 세자의 명복을 위하여 『금강반야경』을 手書(筆寫)하였고, 또 명하여 『楞嚴經』, 『法華經』 등을 校正하였으며, 사문 弘濬, 信眉 등을 시켜서 함허당의 『金剛經說誼』를 교정하여 『금강경오가해』에 넣어서 一書로 만들게 하였고, 『永嘉集』의 諸本同異를 교정하였으며, 영가의 증도가 彦琪註 宏德註 祖庭註를 모아서 一書로 간행하였고, 『법화경』, 『능엄경』, 『翻譯名義集』 등을 印行하였다. 그 板木이 송광사 등 고찰에 현존한다. 또 대선사 克仁, 대선사 文炤 등을 시켜서 『법화경』을 金書하였고, 『地藏經』, 『梵網經』, 『起信論』, 「보현行願品」을 墨書하게 하였으며, 모두

跋語를 친히 지어서 經 뒤에 첨부했다.

守眉 　　또 사문 守眉에게 명하여 영암군 월출산 道岬寺를 重新하게 하고 약사상을 안치하였다. 3년에 慧覺尊者 信眉, 判禪宗事 守眉, 禪師 學悅 등에게 명하여 해인사 대장경 50부를 인출하여 명산의 사찰에 分置하게 하였다. 신숙주, 한명회 등이 이 일을 주간하였고, 김수온이 跋을 지었다. 『東閣雜記』 上에 말하였다.

　　"世祖三年 天順丁丑 教印出大藏經五十件 板在陜川海印寺 遣差官尹瓚 鄭垠 董其事 且使僧信眉 竹軒等 監督 論旨于各道觀察使 助其費 戊寅二月始役 四月畢印 分藏于各道 名山巨刹 凡入紙地 三十八萬八千九百餘貼 役粮五千石 他物稱是"(『大東野乘』 卷10, 406쪽. 海印寺古籍)

歸佛因由 　　왕은 또 大藏經 1部, 法華經 2部, 金剛經 2部, 金剛經拾漆家解 2部, 圓覺經 2部, 楞嚴經 2部, 般若心經 2部, 地藏經 2部, 起信論 2部, 永嘉集 2部, 證道歌 2部, 諸學士書證道歌 2部를 일본에 보내었는데 海路에서 폭풍을 만나서 간 바를 모른다.
　　대체로 왕은 제6대 단종왕과 성삼문 등을 죽인 大惡을 행하였기 때문에 그들의 명복을 빈 것이다. 故 왕세자의 원당으로 고양군 蜂峴의 東에 절을 짓고 正因寺라 이름하였다.
　　4년에 왕 스스로 지은 〈석보상절〉을 添削하고 序를 지어서 간행했다. 세종이 일찍이 〈석보상절〉의 찬송을 지어 〈월인천강곡〉이라고 하였다. 世祖御製 序에 말하였다.

月印千江曲 　"夫眞源廓寥 性智湛寂 靈光獨耀 法身常住 色相一泯 能所都亡 旣無生滅 焉有去來 只緣妄心瞥起 識境競動 攀緣取着 恒繫業報 遂昧眞覺於長夜 瞽智眼於永劫 輪廻六道 而不暫停 焦煎八苦 而不能脫佛如來 雖妙眞淨身 居常寂光土 以本悲願 運無緣慈 現神通力 降誕閻浮 示成正覺 號天人師 稱一切智 放大威光 破魔兵衆 大啓三乘 廣演八敎 潤之六合 沾之十方 言言攝無量妙義 句句含恒沙法門 開解脫門 納淨法海 其撈摝人天 拯濟四生 功德可勝讚哉 天龍所誓願 以流通 國王所受囑 以擁護昔在丙寅 昭憲王后 庵棄榮養 痛言在疚 罔知攸措 世宗謂予薦拔 無如轉經 汝宜撰譯釋譜 予受慈命益用覃思 得見祐宣二律師 各有編譜而 詳略不同 爰合兩書 撰成釋譜詳節 就譯以正音 俾人人易曉乃進賜覽 輒製讚頌 名曰月印千江 其在于今 崇奉曷弛 頃丁家厄 長嗣夭亡 父母之情 本乎天性哀慼之感 寧殊久近 予惟欲啓 三途之苦 要求出離之道 捨此何依 轉成了義 雖則旣多 念此月印釋譜 先考所製 依然霜露 慨增悽愴 仰思聿追 必先述事 萬機縱浩 豈無閑暇 廢寢忘食 窮年繼日 上爲父母仙駕兼爲亡兒 速乘慧雲 迥出諸塵 直了自性 頓證覺地 乃講麾硏精於舊卷 隱括更添於新篇 出入十二部之修多羅 曾靡遺力 增減一兩句之去取 期致盡心 有所疑處 必資博問 庶幾搜剔玄根 敷究一乘之妙旨磨礱理窟 疏達萬法之深原 蓋文非爲經 經非爲佛 詮道者 是經 體道者 是佛 讀是典者 所貴廻光以自照 切忌執指而留筌 嗚呼梵軸崇積 觀者猶難於讀誦 方言謄布 聞者悉得以景仰 肆與宗宰勳戚百官四衆 結願軺於不朽 植德本於無窮 冀神安民樂 境靜祚固 時泰而歲有福臻而消災 以向所修功德 廻向實際願共一切有情 速至菩提彼岸 天順三年己卯(世祖四年)七月七日序"(豐基郡 小伯山 喜方寺板)

왕의 불사 재흥의 뜻을 분명히 볼 수 있다. 序 중의 제1단은 불교의 진의를 道破하였으나 이는 다만 일종의 장식에 불과한 것이고, 바로 명복 운운하여, 국태안민의 自家福利를 기원하는 것으로 끝맺었다. 달마로 하여금 이를 평하게 한다면 다시 무공덕이라고 갈파하지 않을런지.

諺文經卷印行
왕은 諺文으로 『법화경』을 번역하여 8년(천순 7년)에 판각, 간행하였고, 『영가집』도 번역, 판각, 간행을 명하여 9년에 이루었다. 그리고 동년 2월에 왕이 속리산 법천사에 가서 信眉, 斯智, 學祖 등 여러 선사를 만나 보고, 대법회를 베풀기를 3일간 하였다. 4월에는 『금강경』, 『반야심경』을 譯하여 新彫하였다.

제2절 세조의 불사 재흥

世祖의 佛事再興
上述과 같이 세조는 고려 때 폐지했던 불사를 재흥하고 轉經의 古儀를 행하였다. 『용재총화』에 보면, "世祖朝 轉經法 即高麗古俗也 其法幡蓋前導 黃屋輿安黃金小佛 前後伶人奏樂 兩宗僧人數百 分左右隨之 各擎名香誦經 (…) 奉佛自闕而出 上御光化門送之 終日巡行市街"라고 하였다.(『용재총화』 권2, 44)

處容
同書에 또 세조 때에 행한 처용에 언급하기를 "處容之戲 肇自新羅憲康王時 (…) 初倣僧徒供佛 群妓齊唱靈山會 (…) 於是作蓮華臺戲 (…) 妓一人 唱南無阿彌陀佛 群從而和之 又唱觀音讚三周"라고 하였다.(『용재총화』 권1, 13-14, 處容)

孝寧大君
세조의 불사는 信眉, 守眉, 학열, 학조 등과 아울러 효령대군의 조성한 바 적지 않았다. 효령대군의 명은 補, 태종의 둘째 아들이며 세종의 형이다. 어려서부터 佛을 信하여 회암사를 원찰로 삼고 항상 왕래하면서 齋를 베풀었다. 9년에 同寺에 원각법회를 베풀으매 여래상이 나타나고 감로가 내리었다. 黃袈裟의 승이 있어 탑을 세 번 도는데 그 光이 번개와 같았으며 사리의 分身 수백이 나왔다. 허물어지는 흥복사를 일으켜 세워서 원각사로 하려고 하니, 왕이 효령대군 등과 흥복사에 행차하여 원각사를 세우게 하였다.

세조 10년에 효령대군이 『원각경』을 對校하고 번역하여 판각, 간행하게 하였다. 동년 4월에 원각사가 이루어지자 왕은 원각사로 가서 대법회를 베풀었다. 대원각사비에 의하면, 왕이 친히 『원각경』의 구결을 정하여 해석하고 한문과 諺譯을 交宣하여 국인들로 하여금 모두 대승의 도를 듣게 하였다. 당시에 세운 寒水石13층탑은 현존함을 볼 수 있다.

11년에 왕이 대비, 왕세자 등과 강원도 오대산 상원사로 가서 법회를 베풀었다. 왕은 먼저 병이 있어 이를 조심한 대비가 신미, 학열 등에게 자문하여 상원사를 중수하고 쾌유를 기원하였는데 효험이 있었기 때문이다.

世祖의 諸刹巡拜　왕은 또 금강산 장안사에 행차하여 曇無竭의 진신에 拜하였고, 양양 낙산사에서 관음대사를 禮하고, 학열에게 명하여 가람을 경신하게 하였다. 그리고 乾鳳寺에 머물기를 5일, 건봉사를 원당으로 삼았다.

제3절 信眉, 守眉의 演化

守眉傳　왕이 崇信한 신미와 수미에 대하여 栢菴性聰 撰 영암군 월출

산 도갑사 묘각화상비에 보면, 묘각왕사의 법휘는 守眉이고, 고량주(전라남도) 사람이며 속성은 최씨이다. 나이 13세에 월출산 도갑사에 가서 출가하였고, 곧 이어 구족계를 받았다. 講肆에 翶翔(고상)하여 속리산에 있더니 信眉와 만나자 同歲同名인지라 그와 함께 절차탁마하여 대장경을 읽고 毘尼를 익히니, 아울러 慈容道骨에 尾彩가 빛나고 詞辯이 종횡무애하였다. 학자가 이들을 推讚하여 二甘露門이라고 하였다.

얼마 후 동학에게 말하기를, "我所負者 其猶僧繇畫人物 雖曰妙畫 終非活者"라고 하고 드디어 배우는 것을 버리고 禪房에 출입하였다. 처음 龜谷에게 참예하였으나 계합하지 않았고, 늦게 登階(벽계정심)의 室에 들었다. 그러나 억불의 晦冥否塞의 시대를 만나서 禪席은 荒虛하였고 明師는 辰星과 같았다.

妙覺王師　　그 후 判禪宗事가 되어 宗瀾을 많이 회복했다. 도갑사로 돌아가서 寺門을 鼎新하니 영응대군 李琰이 대단월이 되어서 약사여래 三軀를 조성하여 안치하였다. 이것이 明 천순 원년의 일이었다. 그로부터 배우고자 하는 자들이 구름처럼 모였다. 세조가 왕사를 삼고 묘각이라는 호를 하사하였다. 입적한 해는 분명치 않고, 閱歲 63년이라고 하였다(『조선금석총람』下 857쪽). 『해동불조원류』와 『동사열전』에는 守眉를 벽계정심의 제자라고 하였다.

信眉　　守眉의 道友 信眉는 禪道를 홍선하고자 하여 晥山正凝, 蒙山德異 등의 법어를 釋解하여 세상에 유통하였다. 그러나 모두 간화선의 片影을 남긴 데 불과하다.

제4절 信眉와 學悅 및 김시습

信眉는 혜각존자라 칭하며 세조의 信敬이 가장 두터웠다. 오대산 월정사에 소장되어 있는 오대산 상원사 중창권선문은 천순 8년에 기록한 것으로서 왕이 手記를 붙이었는데, 그 가운데 이런 말이 있다.

上院寺 勸善文

"自予潛邸以來 我慧覺尊者(信眉) 早相知遇 道合心和 每提攝於塵路 使我恒懷淨念 不沈欲坑 致有今日非師功耶 非多劫之宿因 安能如斯契合耶 今聞我違和 力疾下床 晝夜奔來數百里之外 雖不事之高尚若度生之大悲 予聞驚動感淚無窮 又聞師與悅(學悅)師祖(學祖) 師 爲我盡賣衣資 重創靈刹 師之爲我用心 我之爲師感恩 非人所述 我故爲師等隨喜 略助所費 爲究竟之正因 所謂直心 菩提者也 於是付囑世子永垂後嗣云

佛弟子承天體道烈文英武朝鮮國王李瑈 慈聖王后 尹氏"

이 記에 의하면 왕은 잠저에서부터 신미에 귀의하여 그 인도를 받고 불교를 믿어서, 그 아버지 세종 25년에 흥천사 중수 경찬회에 참여하여 그 圖를 짓고 契文을 지었던 것이다. 高橋亨씨가 『이조불교』에 인용한 세종실록에는 다음과 같은 수양대군(세조)의 말이 있다. "大君曰 釋氏之道 過于孔氏 不啻霄壤" 이 말에서 세조가 불교를 숭신한 심도가 어느 정도인지 알수 있다.

金時習傳　세조 때에 왕의 橫逆을 미워하고 時潮의 黑流를 싫어하여 불문에 투신, 산수 간에 방랑한 김시습이 있다. 그는 一代의

수재로서 詩文으로 알려졌다. 김시습의 字는 悅卿, 雪岑, 東峯, 淸寒子, 碧山, 淸殷, 贅世翁, 매월당 등으로 호하였다.

세종 17년에 한양에서 태어났고, 3세에 능히 시문을 지었으며, 5세에는 대학에 출입하여 신동이라고 일컬어졌다. 세종이 그 이름을 듣고 불러다가 승정원에서 朴以昌으로 하여금 시험하여 보고 그의 총민함을 가상하게 여겨 帛 50필을 사하였다.

단종 3년에 삼각산 중흥사에서 독서하는데, 누가 말하기를 세조가 단종을 폐하고 스스로 왕위에 올랐다고 하였다. 김시습이 듣고는 통곡하다가 거짓 미친 체하고 불문에 들어가서 스스로 雪岑이라고 호하였다. 학식이 淵博하고 行業이 쇄락하여 道俗의 존중하는 바였다. 양주 수락산 수락사와 경주 금오산 茸長寺 등에 있었다.

세조가 일찍이 雲水千人道場을 원각사에 베풀자 모든 승려들이 모두 말하기를, 이 會에 雪岑이 없을 수 없다고 하였다. 왕이 드디어 명하여 그를 부르니 설잠이 이르자 곧 스스로 街頭의 厠圊(측청, 화장실)에 빠져서 半面을 드러내니 모든 승려들이 狂疾이 발한 것이라고 하였다. 왕이 이를 물리치고 말았다.

성종 20년에 김시습의 나이 47이었는데, 고기를 먹고 머리를 기르고 안씨의 딸을 취하였다. 얼마 뒤에 처가 죽자 또 산으로 돌아가서 동왕 24년 (1493년)에 홍산현 무량사에서 원적하니 59세였다.

제5절 김시습의 遊方

宕遊關西
錄

명의 영종 천순 2년, 戊寅에 나이 24세였는데 關西를 다녔고 『宕遊關西錄』을 지었다. 그 끝에 이렇게 기록하였다.

"予自少跌宕 不喜名利 不顧生業 唯以清貧守志 爲素懷 欲放浪山水 遇景吟翫 嘗爲擧子 朋友過以紙筆復勵薦鶚 猶不干懷 一日忽遇感慨之事 以謂男兒生斯世 道可行則 潔身亂倫恥也 如不可行 獨善其身可也 欲泛泛於物外 仰慕圖南思邈之風 而國俗且無此事 猶豫未決 一夕忽悟 若染緇爲山人 則可以塞願 遂向松都 登眺故城 徘徊墟里 宮殿陵墓 鞠爲梧楸禾黎 寧不感乎 又登天摩聖居諸山 以觀衆峰嶙峭之狀 瓢淵湫瀑之雄 而入關西 登岊嶺之險 涉浿水之波 以觀箕都井田城廓之趾 宮祠廟觀之壯人物之繁華 桑麻之蓊翳 可想殷之宗子餘風不墜矣 由是而遡薩水之涯 入安市之城 隋唐攻戰之跡 依稀然慘烈 使後之騷人墨客 徘徊踟躕 足以激千古之恨 又登香嶺 南望渤澥島嶼之縹緲 北眺朔漠山河險阻 坐巖扁 伴明月 或倚澗邊之石 或登巍峩之峰 見松櫟參天 蔬菌狼籍 鳥獸之奇怪 草木之精華 皆使我欣然吟哦 或題樹葉 或書巖崖 還于蓬蘆 翛然默坐 煮茗茹蔬 足以遣慮而忘情矣 若吾在官途 欲窮此清翫 不可得也 而又不能自在遊戲矣 嗚呼人生天壤之間 戚戚於利名 營營於生業 以困其身 如鶺鴒之戀苕苞爪之繫樹 豈不苦哉 是爲志以激俗士 時天順戊寅秋 山人淸寒志"

金時習遊
方

천순 4년에 관동지방을 유람했고 금강산, 오대산 등 명승을 보고, 천순 7년에 호남으로 가서 백제의 舊址를 보았으며 지리산을 보고 해인사를 참배하고, 또 경주에 가서 신라의 명승을 탐방하였다. 그리고 드디어 金鰲에 초암을 지었다.

명 성화 원년 즉 세조 10년에 왕이 원각사 낙성경찬회를 베풀었는데, 효령대군이 서신으로 초청하였다. 그때(을유) 경주 金鰲山室을 건축하고 장차 거기서 종신할 뜻을 가졌으나 억지로 법회에 참석하였다.

聖祖(孝寧大君. 아래 詩 참조)가 引見하고 京에 거하게 하려 하였으나 泉石에 유희할 뜻을 말하고 수일 만에 성을 나와 中路에 이르렀는데 왕이 또 부르기를 再三하였다. 그러나 굳이 사양하고 故山으로 돌아갔다. 이에 대하여 시를 지은 것이 있는데, 다음과 같다.

金時習의 詩

〈乞還山 呈 孝寧大君〉

蒙恩初下九重天 荊棘難堪捧瑞煙 渙汗聖言雖至渥 膏肓臣疾實難痊
五更客夢芳於草 一點歸心亂似綿 遙想故山千里遠 碧峰明月幾重圓

이때 보시 받은 재화를 모두 써서 圖書를 사 가지고 돌아갔다. 그 시는 다음과 같다.

〈所嚫貨財盡買圖書還故山〉

十年藜莧慣吾腸 天廚珍羞豈可常 名譽損人宜退屈 清談喪志莫承當
嚫錢已納校書閣 餘貨更賒工畫房 芋栗滿圓無羌熟 與狙分作一年粮

金時習 辭王

半途에서 왕이 또 명하여 그를 쓰고자 하였으나 가지 않았다.

〈半途復命任固辭陳情詩 並引〉

小臣既隱鰲峰 甘分寂寞 忽奉孝寧大君書內 兼逢聖旨 不敢以疾病
辭 馳賀盛會 浩然將歸 再蒙聖旨惶悚無地 但以臣夙遭罪釁 慈母早
背 幼失鞠育之恩 守墳奠祭 苫塊依制 遘此病疾 每於寒熱 輒復增劇
初欲遊山翫水 報聖上水土之恩 年才立歲 膏肓迫身 不得遂願 是可
憐也 且南方地暖 僅可安軀 已結茅茨 既養沈痾者有年 及蒙聖擢 載
懼載感 受命如京 然隨例受恩 既僭越吾分 而疾病之軀 安得勉強動
止也 故不敢承命 扶輿起臥 行至半途 伏乞許嚴光長汏之抗節 蒙懷
璉遂閑之明詔 曲憐垂慈 棄置山野 噫 草芥塵土 豈能補太山之一阿
潢汙行潦 不可加巨海之一漚 謹攄微懷 仰塵聖鑑

圖南欲下華山廬 聖詔慇懃復返車 萬里歸心同泛梗 一團旋計似池魚
微臣豈敢掛冠去 病轎只隨連舸書 倘獲霑恩令遂志 揷香長祝五雲居

遊金鰲錄　『遊金鰲錄』 뒤에 기록하기를 "自居金鰲 不愛遠遊 因之中寒
疾病相連 但優遊海濱 放曠郊墟 探梅問竹常以吟醉自娛 辛卯
(成宗 2년 37세) 春 因請入京 壬辰秋 隱城東瀑泉精舍 卜築終
年云 癸巳(성종 4년)春志"라고 하였다.

우리나라의 명산 勝區를 탐방하지 않은 데가 없고, 유람하지
않은 곳이 없다. 그러면서 諷詠吟哦, 기암괴석으로 하여금 빛
을 더하게 하였다. 古人이 김시습을 평하여 行儒迹佛이라고 하
였으나 생각하건대 的論이 아니다. 유불을 겸학한 염세의 시인
이라고 할 수 있다.

제6절 김시습의 사상

雜著의   김시습의 사상을 엿볼 수 있는 것은 그의 雜著이다. 雜著 無
梗槪   思第一에 말하기를 "夫世人 稱禪 是禪定 安閑之意 未知禪字
無事第一   乃思修靜慮之稱"이라고 하였다. 즉 선은 사려를 靜深히 하고
精研思慮하여 日鍊月磨 함으로써 自得의 경지에 도달하는 방
편이라고 한 것이다. 그러므로 "登山則 思學其高 臨水則 思學
其淸 (…) 萬像齊現於瑩然方寸之間 而各所所長 我皆悉而學之
精研其妙以入於神"라고 한 것이다. 이것은 선으로써 수양의
工夫를 삼은 데 불과한 것이니 그가 禪者로서는 미숙한 까닭
이다.

山林第二   산림 제2에 보면,

> "有道의 士로서 산림에 거하는 자는 放曠散誕하여 弛慢怠惰할
> 수 없다. 도를 지키어 뜻을 바로잡고, 미싯가루와 나물을 먹으면서
> 도 그 度量은 넓어야 하며, 蓽榻衡門에서도 그 뜻은 넓어야 한다.
> 利를 위함이 아니므로 그 말은 경직하고, 명예를 사랑함이 아니므
> 로 그 일은 바르고 엄하며, 왕후가 예경하여도 高慢하지 않고, 瓦
> 合輿儓일지라도 비굴하지 않으며, 異端들이 갖가지로 훼방할지라
> 도 그 도는 더욱 견고하고, 邪謗交攻하더라도 그 宗함이 마멸되지
> 않아야 이를 有道의 士라 한다."

고 하였으니 이로써 그가 스스로 거함이 높고 스스로 負함이
컸음을 알 수 있다.

三請第三   三請 제3에 말하기를 "高僧則 (…) 以三有爲一家 以四生爲

一幻 淡然離世 翛然絶俗 旣志彼此之情 又絶窮達之懷 (…) 坦
坦然怡怡然 如鳳之鳴 如獜之現 自去自來 如雲如鶴"이라고 하
여 고승으로써 자임한 것 같다. 또 心을 논하여 말하였다.

　　"心者 虛明洞然 出入無時 莫知其鄕 迷之則狂蕩而忘返 悟之則圓
　　明而匪失 (…) 語其神也則 毫髮充於大千 語其妙也則 性相融於三
　　際 語其道也則 鬼神所莫窺 語其德也則 龍天所欽仰 然則 其師事也
　　非徒問禮問政 決當時之務 受業解惑 資一時之用而已 實乃得受用
　　無盡之寶 傳萬世無彊之珍耳 以此在上則 高而不危 以此在下則 順
　　而不悖 施之五倫則 五倫極其叙 制之五典則 五典極其秩 乃至統理
　　萬事 帥御萬夫 何莫非此寶之妙用乎"

松桂第四　　松桂 제4에 釋氏傳心의 人을 서술하여 말하였다. "此人則不
然 乃高蹈遠引 無求於世 視名利如谷響 眒死生 如陽燄 (…)
遊城市則 如虛舟之駕浪 遁山林則 若孤雲之蕭散 故天子不得
臣 諸侯不得友"고 하였으며, 다시 불교의 공덕을 이렇게 서술
하였다.

　　"釋氏之 本意 以慈悲爲先 使君者知所以愛民 使父者知所以愛子
　　使夫者知所以愛婦 上無悖戾之政 下絶弑逆之懷 (…) 雖無仁義之
　　談 而不殺不盜之警 己形仁義之跡 其福祐王道 永綏生民之功 亦莫
　　加焉"

扶世第五　　浮世 제5에 석존의 출가수도 하는 所以를 말하였다.

"西胡部種 性多悖逆 或貪位而弑其父者(阿闍世王) 或爭寶而害其
兄者 (惡友太子) 或貪淫女色 (阿難) 或攻劫不厭(戰勝) 或慳恡無慚
(盧至) 無所不爲者 (…) 若非悉達 輕其寶位 慕其至道 以警其愚民
則 誰能開聵盲聾 而使格其非心乎 (…) 且父悲妻怨 雖一時之反常
開悟群生 乃千歲之盛事 所謂事能濟其功 功能掩其過也 (…) 悉達
聖王之子 猶且棄貪去愛 欣求至道 我亦何人 甘此苦輪 於是强勇者
息戰 悖逆者息簒 (…) 導以慈悲 率以淸淨 則彼割恩背義 猶湯武施
權之事 一點殘雲 何累太淸"

이와 같이 배불의 잘못을 논하였다.

梁武第六　다음은 梁武 제6에 帝를 평하여 말하였다.

"梁武 (…) 觀釋敎有禍福報應利益幽明之說 擬欲追報親恩 化利
人民 討論佛敎 窮其宗趣 長齋捨身 無所不至 其志則專矣 惜乎其溺
於筌蹄 而不究眞趣 大失覺皇用心之源也 (…) 梁主以胙僞之心 釣
爲善之名不慮邦本之失據 不思宗社之傾危 區區於二乘一方便門 欲
入如來大圓之海 逈如刻糞求香 炊砂作飯胡可得哉"

이것은 진실로 확론이라고 할 수 있다.

人主第七　人主 제7에는 人主로서 불을 섬김은 마땅히 인애로써 安民
濟衆하는 것이어야 한다. 한갓 持戒行齋의 小善에 걸려서는 안
된다 하여 다음 말을 인용하였다.

"宋文帝 謂求那跋摩曰 孤媿身徇國事 雖欲齋戒不殺 安得如法也
跋摩曰 帝王與匹夫 所修當異 帝王者 但正其出言發令 使人神悅和

人神悅和則風雨順 風雨順則萬物遂其生 以此持齋 齋亦至矣 以此不殺 德亦大矣 何必輟半日之餐 全一禽之命 爲之修乎”

魏主第八　　魏主 제8에는 벽두에 “魏主永寧瑤光之役 亦非佛之本心也 (…) 宮室之美 土木之麗 粧珠綴玉 炫人觀聽 豈佛之願哉”라고 갈파하고, 人君의 수복은 다만 백성을 적자와 같이 애무함에 있다면서 다음과 같이 설명하였다.

“當魏之時 主弱臣强 (…) 大后復淫恣無度 (…) 賞罰無章 綱紀大壞 (…) 又不是慮 而復崇奢華之費 以擾萬姓且有爲之福 不及無爲之門 況萬民之歡 愈於有爲之者乎 (…) 千戈不息 殺之甚也 盜賊鑫起 盜之甚也 淫欲無度 淫之甚也 負此三大罪 而歸依於佛 佛其受之乎 (…) 經云 我今實言告汝 若有人以七寶 滿爾所恒河沙 三千大千世界 以用布施 得福多不 曰甚多世尊 佛告 若人於此經中 乃至受持四句偈 而此福德勝前福德 蓋此經者 卽般若也 般若者卽智慧也 用眞智 以破愚暗則 將見天理存 而人欲遏矣 以之修身 (…) 以之齊家 (…) 天下無不治而平矣 是之謂種福”

이와 같이 말한 것은 공명한 논이다.

隋文第九　　隋文 제9에는 “隋文帝 (…) 三代以後 未有之主也 又復歸依正覺 與四海之民 同趨菩提之場 且禮樂文物 旣有先王之制慈悲濟世 復遵古皇之風”이라고 하여, 文帝를 칭찬하고, 다음에 三捨를 설하여 말하였다.

“有三捨 一捨心 謂放下心中煩惱 二捨身 謂頭目手足不恡與人 三

捨財 謂珍寶錢物 (…) 若能先捨其心不期捨二 而自無塵累故 如來
爲破昏惑 說三捨法 如不捨心 捨身捨財 百千萬計 奚益於道"

仁愛第十　다음은 仁愛第十에서 고승의 속정에 참여하지 않을 것을 논하여 말하였다.

"許由一窮民 猶能不屈於放勳 嚴光一俗士耳 亦且不仕於光武 彼
二帝之賢聖 猶不能同一高士 況其餘者乎 (…) 歐陽宦於洛中 欲遊
嵩山去漢吏放意而行 至一山寺 入門脩行滿軒 霜淸鳥啼 風物鮮明
公休于殿陛 旁有老僧 閱經自若 與語不甚顧答 問曰 古之高僧 臨生
死之際 類皆談笑脫去 何道致之耶 曰定慧力耳 又問曰 今乃寂寥無
有何哉 僧笑曰 古之人念念常在定慧 臨終安得亂 今之人 念念常在
散亂 臨終安得定 公大驚 不自知膝之屈"

　　이와 같이 스스로 淸高의 도풍을 가지려고 한 뜻을 나타내었다. 淸寒子라는 名에 그 實이 있다고 할 수 있다.

十章文　　김시습은 또 10章의 文을 지었다. 그 天形 제1에는 儒說에 기초를 두고 천지 인물을 설명하여 道佛二家의 천당설을 배척, 경천은 禮요. 祭天은 非禮라고 단정하였다. 道家의 眞武經을 파하여 "貴賤壽夭 命係乎天 貧富吉凶 運關於數 祈而不能免 禳而不能防"이라고 하여 巫祝의 淫祀를 배척하였고, 北辰 第2에는, "天體至圓, 地居其中, 半圓은 地上을 덮고 半圓은 地下에 있다."라고 하고, 북두를 설명하되, 성인은 天時에 순하여 법도를 베푼다는 뜻을 밝힘으로써 荒唐不輕의 속설을 물리쳤으며, 命을 알아서 本에 힘써야 할 要를 보였다.

性理 第3에는 먼저 효자의 도덕을 파하여, "彼老氏者 體道而 非率性之道 論德而非明命之德"이라고 하였다. 그리고 天命, 人性, 物理가 처음부터 양반이 없으므로 사람은 모두 至善하여 서 일찍이 악이 없는데 기질에 청탁이 있어, 性을 온전히 하지 못하고 인욕에 빠지는 자는 衆人이요 사욕의 가림이 없어 그 性을 다하는 자는 성인이라는 것과, 이 性은 곧 道이니 子思가 말한 率性이 도라고 하였다.

性이 자연에 따라서 일용사물 간에 행해야 할 길이 있으니 仁의 性을 率하여 부자상애함과 같은 것이 곧 이 길이다. 금수, 초목은 形氣를 偏受하였기 때문에 전체를 관철할 수 없을 뿐이 다. 노자의 소위 도는 希夷恍惚하여 보아도 보이지 않고 들어 도 들리지 않으며, 心을 고목과 死灰와 같이 하는 것을 도라고 하기 때문에 경세에 공이 없다.

德이란 천명의 性을 득하는 것이니, 先儒가 말하기를 明德은 人이 天에 얻는 바로서 虛靈不昧하고 衆理를 갖추어 만사에 응하는 자라고 하였다. 또 天의 덕은 元亨利貞, 性의 덕은 인의 예지이기 때문에, 저 노자의 不德의 德과 같지 않다고 하였다.

생각하건대 김시습은 理氣의 이원론에 입각하여, 老佛의 第 1義에는 달하지 못한 듯하다.

上古 第4에는 老氏가 上古朴略의 풍을 중히 한 것을 파하여, "문물제도를 갖추는 것은 百王不易의 大經大法"이라고 말하였 고, 修眞 第5에는 神仙養性의 설을 파하여, 伊川의 視箴, 聽箴, 言箴, 動箴을 끌어다가 존심양성의 방법으로는 이보다 나은 것 이 없다고 하고, 신선의 長生이 世道에 무익한 것이라고 단언 하였다.

服氣 第6에는, 神仙의 服氣법을 배척하여 말하기를, 성인의 도는 養氣를 논하고, 服氣를 논하지 않았으니 氣를 養함으로써 천명을 즐기는 것이라, 맹자의 호연지기를 기른다는 설이 이것이라고 하였다. 그리고 천지만물은 體가 하나이면서 分殊된 것이므로 나의 기가 순하면 천지의 기도 순하고 나의 기가 어긋나면 천지의 기도 어긋난다는 것과, 사람은 最靈의 기를 받았으므로 이를 操存하면 호연지기가 우주에 차고, 一團의 춘풍이 四肢에 暢하고 일심에 融하여 俯仰에 부끄러울 것이 없다고 하였다.

龍虎 第7에는 처음에 練舟의 方과 長生의 術을 말하고 다음에 이를 파하되, "壽夭長短 自有定數 關於天命 豈偸生而可安 苟能久視如松喬 謂之違天不知命也"라고 하였다.

鬼神 第8에는, "鬼神者 正眞之氣也 正眞之氣 運化兩間 下祐黎民 上順覆載 故立祠而禱之 非懼威靈也 蓋賽其功德也"라고 하였다. 蟒蛇猫狸虎豹猪羊의 類가 스스로 신이라고 칭하는 자는 眞神이 아니다. 천자는 천지를 祭하고, 제후는 산천을 祭하고, 대부는 五祀를 제하고, 士는 그 先祖를 祭하는 것으로, 僭越할 수 없다. "今之祀者 慢神瀆鬼 無所不至 而爲巫者 亦以妖語 駭人 妄稱禍福 耗費錢穀 而山鬼妖物 覻而助之 至有破蕩家産 而後已 豈眞神明之道哉"라고 하였다.

弭災 第9에는, "今者願弭災, 而聚左道與瞽者 讀神經異書 非也"라고 하고, "君子先愼乎 造次顚沛 隱微之間 則災禍無由而興"이라고 단언하였으며, 喪葬 第10에는 風水家의 妄을 가리어 "不善之裔 龍虎盤踞 其可保乎 爲善之餘 聚土不封 其可敗乎 禍福盈虛 與時消息 興亡吉凶 唯人所召君子何憂何畏"라고

하여, 善에는 반드시 복이 있고 악에는 반드시 禍가 있음을 말하고, 또 "親喪 聚僧而讀佛書 非法也 (…) 親死而祭巫鬼 非敬也 (…) 親死 請左道厭符 以禳之非愛親也"라고 하여, 불교의 葬儀와 左道의 淫祀를 배척하였으며 "人之始死也 魂始升 魄始降"이라고 논하여 혼백이 천지에 돌아간다는 속설을 시인하였다.

상술한 10장의 논은 주로 유교에 의거한 것으로서 불교의 진의와 배려되는 바가 적지 않다.

金時習의 著述　　김시습은 또 고금황제국가흥망론, 고금충신의사총론, 위치필사삼대론을 지었는데, 모두 通儒의 설이다. 『매월당집』은 詩題가 많다고 하지만 禪偈로 볼 만한 것은 드물다. 아래에 遁世를 좋아한 시 두 셋을 뽑아 수록한다.

遁世詩　　〈脫意〉

萬壑千峰外 孤雲獨鳥還 此年居是寺 來歲向何山
風息松窓靜 香鎖禪室閑 此生吾己斷 棲迹水雲間

〈感懷〉

我愛惠遠公 結社東林寺 時有宗雷輩 從遊常奉侍 堂堂千載下
芳蹤莫可企
自我來此山 無人論道義 學世競滔滔 盡趨名與利 有誰掛冠來
此味與我嗜

〈脫俗〉

我不客至嗔 山中無俗人 孤雲與明月 長作洞天賓

제7절 김시습의 法華讚

金時習의
法華讚
　　김시습이 법화찬을 찬술하였는데, 말하기를 "천태의 교관은 선에 속한다, 그런데 이 經을 講한 것이 敎門에 빠져 있어서 아직 선으로써 이를 勘辨하지 못하였다. 진실로 아까운 일이다."라고 하였다. 시습이 이 경을 본 것에 禪家의 趣가 있다. 따라서 直指宗乘의 見으로써 總頌을 지은 것이 다음과 같다.

　　"如是妙法已曾宣　未降王宮明歷歷　阿難結集强安名　鳩摩羅什謾翻譯

　　我今讚唄令樂聞　任意諸人能聽法　佛法只在堪保任　直下承當莫生惑"

　　다음에 김시습이 禪見으로써 七軸의 大義를 설하였다.

　　"只這蓮經七軸　人人本有　不可名言　縱橫强說　但以衆生垢重　不知世諦是實相　麁法是妙法　安處火宅坐待煎熬　故釋迦老子　初成正覺　在寂滅場中　現舍那身　服珍御服　與法身大士　根熟八部　以法界爲體虛空爲用　說華嚴頓教　其說離相寂然　衆德悉備　一麁一妙　圓別同時　所謂利說塵說　佛說菩薩說　三世一時說是也　然此頓教　宜於地上菩薩　及宿世上根　不宜於二乘　爾時如來　脫舍那服　現劣應身　示從兜率　降托摩耶　住胎出胎　納妃生子　出家苦行　見星悟道　六年出山　坐木樹下　以草爲座　說漸教法門　初爲五人　說諦緣法　以明修斷之相　次說方等　彈偏折小　歎大褒圓　半滿俱說　漸令純熟　次說般若　談諸法空　融三汰諸　轉教付財　俾克家業　衆旨貞實　方說此大乘圓教

其說開權現實 會三歸一 暢寂場之本懷 開靈山之勝會 圓昔頓漸之
義 融今法喻之說 空假雙彰 始終一貫 諦緣度等 莫不同攝 法會之
初 文殊居先 所以彰實智也 方便之初 鷲子在首 所以權智也 火宅
窮子 藥草授記 對中根也化城授記 與學無學 對下根也 法師之說廣
記也 寶塔之瑞圓證也 建多授記 龍女成佛 現此法之妙利也 菩薩忍
持 聲聞廣被 顯此法之弘化也 至若安樂之正行 菩薩之湧出 如來之
壽量 持此法也 分別隨喜 法師不輕 喻持法之利益也 如來神力 如
來流通之始也 藥王本事 菩薩流通之始也 至於神力 發起言法 囑累
然身 苦行三昧 妙行觀音圓行 乃至神力弘護 愛緣轉邪 其事雖殊
流通則一也 常行一段始終之義也 七軸蓮經智行之說也 一光東照
全彰智境 四法成就 行門悉備 初說三周 明體 終顯六行 明用也 許
多提唱 無非智行 智能證覺 行能成德 智行兩全 乃得其妙 故標其
題 曰妙法蓮華經 略釋題意 則眞性湛然 迥絕言辭 謂之妙 實相通
該 照然顯著 謂之法 華果同時 處染常淨 謂之蓮 虛而甚實 萬行圓
備 謂之花開佛智見 普令悟入 謂之經 而其一部大義 則皆以一大事
因緣出世 純以一佛乘 開示其寶 偈有曰 無二亦無三則教一也 正直
捨方便則行一也 但爲菩薩乘則人一也 世間相常住則理一也 其時
則日午也 其味則醍醐也 性相兼該 體用雙彰 迷悟雙泯 種果圓成
比如獅子窟中 盡成金色 栴檀林下 純是眞香 嗔喜偏圓 俱獲白牛之
車 見聞隨喜 盡授青蓮之記一相一事 無非妙法 一讚一揚 皆是妙心
推而舉之 擴而充之 則山河大地 明暗色空 皆顯妙體 生死涅槃 菩
提煩惱 皆是妙用 一一圓融 一一周遍 無取無捨 無欠無餘 風颯颯
月團團 燈明常顯於目前 鳥喧喧花簇簇 普賢常行法界 即法界明心
燈籠鼓舞 即麤顯妙 露柱懷胎諸佛之能事畢矣 衆生之筌筏大矣 莫
有伶利漢不惜身命 荷擔靈峰 奉宣流通者麼 不妨出來 將與汝隨喜

了也 雖然如是 妙法不可以言辭稱 蓮花不可以眞假喩 將什麼隨喜
咄 將大乘妙法蓮華經七字隨喜"

讚曰

一光東照 全彰法體 一雨普滋 應化群機 保任此事 終不虛也 誠諦
之語 無有錯也 如智醫之留藥 若輪王之與珠 直得雨霽雲收 空澄海
濶 快覩靈山玉毫 掀翻多寶妙塔 正當伊麼時 且道一光在甚處 千江
有水千江月 萬里無風萬里天

頌曰

雲起千山曉 風高萬木秋 石頭城下泊 浪打釣魚舟"

이렇게 법화의 낱낱의 品에 대하여 讚과 頌을 짓고 말후에
다음과 같이 말하였다.

"夫欲了大事因緣 必須智行兩圓 看他靈山黃面老子 欲暢本懷 與
人天大衆 說此一部蓮經 先以法開 後以喩説 廓然如日輪 當午罄無
側影 薰然若酥出醍醐 更無異味 人天聲聞 俱授記莂 見聞隨喜 俱
蒙利益 眞箇諸佛秘要之藏 降靈之本 致持經者 必以本智爲體 妙行
爲用 智行兩全 乃得流通 堪報佛恩 其或逐於名相 泥於句數 依舊
迷封滯殼 何啻白雲千里 所以講此經者 如麻似粟 解此經者 不滿什
一 鼠唧鳥空 不可彈論 雖然如是 古人道 聞而不信 尚結佛種之因
學而不成 猶蓋人天之報 則不可以一概論 況此經 以悲智立體 嗔喜
偏圓 同入寶所 訕謗罵辱 俱結勝緣 暫持一偈 隨喜亦圓 幸披蓮部
不勝鼇抃 而說偈言

開佛知見 暢佛本懷 言言獨步 法法純圓 滅斷常見 掃幻妄境 如
彼大雲 雨於一切 一味淸涼 四衆咸脫 凡所歸依 皆蒙利益 將此深

心 用報佛恩 龍天擁護 外道摧膽 上助佛化 下利幽冥 凡厥有情 俱生壽域

제8절 禪敎의 選試와 성종의 배불

選試之制 　제9대 예종왕 원년(1469년)에 度僧의 법을 정하여 丁錢(正布 34필)을 수납하고 도첩을 발급하였다. 선교양종에 3년마다 選試가 있어 선종은 『전등록』, 『선문염송』을, 교종은 〈화엄경 십지론〉을 의거하여 각 30인을 선발하였다. 사찰의 新創을 허락하지 않고 古基를 중수하는 것만 허락하였다.

奉先寺 　대비가 세조왕의 명복을 위하여 양주에 봉선사를 창건하였다. 『용재총화』에 말하였다.

"禪宗 講傳燈拈頌 敎宗講華嚴經 各取三十人 (…) 入格者 謂之大禪 禪宗則 自大禪升爲中德 自中德升爲禪師 自禪師升爲大禪師 拜判事者 謂之都大禪師 敎宗則自大禪 升爲中德 自中德 升爲大德 自大德 升爲大師 拜判事者 謂之都大師 兩宗分掌 內外諸寺 各十五 許"(『용재총화』 卷9, 201-202)

　이것이 그 당시의 제도였다.

成宗의 排佛 　제10대 성종(1494년)은 文敎의 진흥으로써 치국의 要道를 삼았고, 스스로 經史百家에 통하였으며 특히 성리학에 깊이 마음을 두었다. 왕은 유생의 말을 받아들여 불교를 배척하였다. 그러므로 김수온과 같은 자는 불교를 받드는 자로서, 孔門의 죄인이라고 물리치기에 이르렀다.

2년에 교칙을 내려서 城中에 있는 巫覡을 추방하고 도성 중의 念佛所를 금하였다. 成俔은 당시의 사정을 이렇게 서술하였다.

"本朝(朝鮮)太宗 雖革寺社奴婢 而其風猶存 公卿儒士之家 例於 殯堂 聚僧說經 名曰法席 又於寺設七日齋 富家爭務豪侈 貧者亦因 例措辦 耗費財穀甚鉅 親戚朋僚 皆持布施往施 名曰食齋 又於忌日 邀僧先饋 然後引魂設祭 名曰僧齋 成廟崇正學 闢異端 凡于佛事 臺 諫極言其弊 由是士大夫家 畏憲章物議 雖遭喪忌 俱依法行祭 不供 僧佛 其因仍不廢者 惟無賴下民 然不得恣意爲之 又嚴度僧之禁 州 郡推刷無牒者 長髮還俗 中外寺刹皆空"(용재총화 卷1, 16쪽)

이와 같이 말하였으니 사찰이 하나같이 텅 빈 空한 상태였던 것이다. 4년에 여주의 古신륵사를 중창하고 사액하기를 보은 사라고 하였다.

성종 6년에 城中 내외의 尼寺 23소를 철훼하였다. 尊經閣을 성균관 내에 세우고 경서를 藏하였다. 8년에 四學教官久任의 법을 세웠고, 20년에 四書, 五經과 諸史를 인출하여 諸道에 반포하였다. 또 문신에게 명하여 『동국통감』, 『동국여지승람』, 『동문선』, 『경국대전』, 『대전속록』을 집성하게 하였다.

貞熹王后
의 崇佛   11년에 정희왕후가 회암사 주지 處安에게 명하여 지평의 용 문사를 중수하였다. 19년에 인수왕비(한씨)가 學祖에게 명하 여 해인사를 중수하였다. 20년에 황해도에 鄕試를 設하였다. 이승건이 本道 惡疾求治의 법을 책문하니 영유의 權季소이 대 답하기를, "불공을 올리면 구할 수 있다."라고 하였다. 이에 왕 이 말하기를, "季소의 말에 나는 심히 분개한다. 국가 舉賢의

日을 당하여 요순의 도를 陳하지 않고 浮屠의 법을 唱하느냐. 이는 나로 하여금 梁武의 捨身과 唐宗의 膜拜처럼 되게 하고자 하는 것이 아니냐." 하고, 인하여 사헌부에 명하여 季소을 極 변방으로 보냈다. 그리고 僧을 度하지 못하게 하였다.

仁粹大妃의 崇佛 그때 인수대비가 불상을 조성하여 정업원(城中 비구니 절)에 보내는 것을 유생이 취하여 이를 焚燒하였다. 대비가 유생을 죄할 것을 청하니 왕이 말하기를, 유생들이 佛을 闢한 것은 賞을 할지언정 죄할 수 없다."라고 하였다.

제9절 연산의 狂暴과 中宗의 훼불

제11대왕 연산군(1505년) 때에 그 조모 인수태후(덕종의 비)가 불교를 尊信했으므로 왕은 그 뜻에 따라서 원년에 성종왕의 명복을 비는 수륙회를 베풀고 원각사에서 불경을 인출하였으며 성종을 위하여 광주에 봉은사를 조영하여 그 명복을 빌었다.

또 해인사 고적에 의하면, 왕 6년에 왕비의 발원으로 대장경 팔천여 권을 인출하여 主上의 寶算을 기원하였고 學祖가 跋을 지었다.

燕山君의 狂暴 그러나 왕 10년에 대비가 죽자 갑자기 억불을 하기 시작하여 삼각산 장의사의 불상을 반출하게 하고, 승도들을 추방하였으며, 교종의 수사찰인 흥덕사의 불상을 철거하고 절을 관용으로 사용하였다. 또 선종의 수사찰 흥천사의 불상을 회암사로 옮기고 철폐하였으며, 원각사를 기방으로 만들었다. 그 뒤 얼마 안 되어 흥천사와 흥덕사가 모두 화재를 당하였다. 이리하여 고려

때부터 행하여 온 승과는 시행되지 못하였다.

中宗의 毁佛

제12대 중종이 즉위하자 흥천사를 公廨(공해, 관아)로 삼았고 또 유생들은 사찰의 사리각을 태워버렸다. 2년에는 승과를 폐지하여 버렸다. 7년(정덕 7년)에는 원각사를 헐어서 그 재목을 연산 때에 헐린 집 사람에게 주었다.

또 경주의 塔左에 銅佛이 있다는 것을 듣고 명하여 이를 헐어서 軍器를 만들게 하였다. 또 11년에는 교칙을 내리기를 "忌辰齋는 고려 때부터 齋를 設하고 복을 薦한 것이 國俗을 이루었다. 我朝에 이르러 異教를 물리쳐서 풍속은 점차로 바로 잡혀가지만, 아직도 이 忌辰齋는 폐지되지 않았다. 奉先의 考는 스스로 正禮가 있으므로 마땅히 褻瀆(설독, 모독적 폐지)할 수 없었으나 이제부터 길이 이를 파한다."라고 하였다. 봉선사는 양주에 있는 세조의 능에 붙어 있다.(『國朝寶鑑』 卷19, 120쪽, 芝峰類說)

중종 13년에 무녀로서 도성 내에 있는 자는 추방시켰고, 城 남쪽의 尼寺를 철거하고 불상을 헐었으며 승려들의 발자취를 都下에 붙이지 못하게 하였다. 成俔의 記(용재총화)에 말하였다.

"城中尼社 曾已撤毁而 唯存淨業院 盡驅出于東大門外 安岩洞等處有三四舍 南大門外種藥山南 舊有一舍 其後兩尼 各構小舍於其傍而居之 至今有十餘舍 尼姑誑誘寡婦 作爲檀那 各作棟字奠錦丹艧如四月八日燃燈 七月望日盂蘭盆 臘月八日浴月 爭施茶菓餅物供佛而邀僧 僧徒作唄 紅粧繡裳 坌集山谷 頗有醜聲聞於外(『용재총화』 卷8, 171쪽)

중종 15년에 學祖에게 명하여 해인사 대장경 일부를 인출하고 百八法師를 모아서 轉讀하기를 3일에 미치었다.

제10절 智嚴의 禪敎雙擧

智嚴傳 벽송지엄의 演化는 중종의 시대에 있었다. 휴정이 지은 智嚴堂行跡에 보면, "지엄은 埜老라고 호하고 거소의 당을 碧松이라고 하였다. 속성은 송씨, 부안 사람이다. 명 영락제 천순 8년에 태어났다.

骨相이 奇秀한데다가 웅무함이 過人하였다. 어려서 書劍을 배웠는데 특히 將鑑을 잘하였다. 홍치 4년(성종 27년)에 野人이 朔方에 來寇하매 성종이 군사를 보내어서 이를 토벌할 때 지엄이 검을 仗하여 戰功이 있었는데, 정벌이 끝나자 탄식하기를, "大丈夫 生斯世也 不守心地 役役馳勞 縱得汗馬之功徒尚虛名耳"라고 하고 계룡산으로 들어가서 祖澄大師에게 참예하고 낙발하니 그때 나이는 28세였다.

그로부터 志行이 선정을 닦기를 좋아하였다. 먼저 衍熙敎師를 찾아가서 원돈의 교의를 묻고 다음에 正心(벽계정심)선사에게 가서 전등의 밀지를 연구하여 悟入하는 바가 많았다.

정덕 3년(중종 3년)에 금강산 묘길상에 들어가서 『大慧語錄』을 보다가 狗子無佛性 화두에서 의단을 타파하였다. 또 『高峰語錄』을 보고 갑자기 前解가 떨어졌다. 이리하여 지엄은 평생에 발휘한 바가 고봉과 대혜의 풍이었다. 그로부터 諸山에 遊化하다가 정덕 15년에 지리산에 들어가서 초암에 주하면서 杜門冥寂하여 人事를 돌보지 않았다. 그래서 배우고자 하는 많은 자들이 언덕을 바라보다가 물러가곤 하였다.

하루는 한 禪長老를 돌아보고 말하기를, "既是一也 離眞妄 絕名相 乾乾淨淨 洒洒落落 喚什麼作禪 若言萬象森羅 悉是如來實相 見聞覺知 無非般若靈光 猶是天魔種族 外道邪宗 怎生是一味禪"이라고 하고 불자를 들어서 撼一撼하고는 "侍者 點茶來"라고 불렀다. 그리고 良久 후 말하기를, "萬片落花隨水去 一聲長笛出雲來"라고 하였다.

벽송지엄은 어떤 때는 教로, 어떤 때는 禪으로 하여 化門을 펴고 쥐는 것이 실로 불가사의하였다. 어느 때는 初學을 인도하는데 『禪源諸詮集都序』와 『法集別行錄節要』로써 하여 如實知見을 세우게 하고 다음에는 『禪要』와 『대혜어록(書狀)』으로써 知解의 병을 제거하며, 어느 때는 문인 영관, 원오, 일선 등을 위하여 대장경론을 강하는데 원음이 낙락하였다.

가정13년(중종 29년, 1534) 겨울에 모든 문인에게 명하여 수국암에 모이게 하고 법화경을 강하다가 방편품에 이르러서 홀연히 크게 탄식하여 말하기를,

"衆生自蔽光明 甘受輪轉久矣 勞他世尊 一光東照 至於苦口開示 皆爲衆生 設方便耳 非實法也 盖諸法寂滅相 不可以言宣 今汝等諸人 苦信佛無言 直下悟入 自家心地 則可謂 開寶藏 報佛恩也 今日老僧 亦爲諸人 示寂滅相去也 諸人莫向外求 努力珍重."

라고 말하였다. 이렇게 말하고는 시자를 불러서 차를 달여 오게 하였다. 차를 마시고는 문을 닫고 단좌하였다. 良久 묵연하여 창을 열어보니 이미 입적하였다. 춘추는 71이었다. 所詠의

歌頌 약간 편이 있다. (『淸虛堂集』卷3, 31葉左-33葉左)

智儼法系
雜考

智儼의 법계를 살펴보면, 태고보우, 환암혼수, 구곡각운, 벽계 정심, 벽송지엄의 순으로 계승되었다. 『해동불조원류』에 보면

"碧溪淨心 金山(慶北道 星州郡) 崔氏 遠嗣龜谷 又入明 傳臨濟 宗下 摠統和尙 法印而來 恭讓王時辭退 後因沙汰 長髮畜妻孥 入 黃岳山 隱居于古紫洞物罕里 晦跡焉 將啓手足 傳禪于碧松 傳敎于 淨蓮"

이라고 하였다.

다음 碧溪淨心의 嗣로서 千峯萬雨(實 龜谷 嗣)와 古巖天亘 등의 이름을 열거한다. 『동사열전』권2에는 "太宗淘汰之時 長 髮入黃岳山 居於物罕里"라고 기록되었고, 『해동불조원류』에 는 벽계정심이 멀리 구곡각운의 법을 이었다고 하였고, 또 명 에 들어가서 臨濟宗師 雪堂 총통화상을 참예하여 그 심인을 얻고 돌아왔다고 하였으니 조선불교사상 법계의 정확하지 못 함이 이와 같다.

『청허집』에 실은 벽송당 행적에 보면, "師之平生 所發揮者 高峰大慧之風也 大慧和尙 六祖十七代嫡孫也 高峰和尙 臨濟十 八代嫡孫也"라고 하였으니 그렇다면 벽송을 반드시 태고 문하 라고 할 수 없는데, 서산 문하의 자들이 억지로 태고 문하에 붙인 것 같다.

다음에 浮休集에 수록된 松雲大師小祥疏에 보면 "迦繼碧松 遠承臨濟"라고 하였으니 이 또한 송운이 서산의 문하가 아님을 표시한 것이다.

허균(단보)이 찬한 청허집 序에는 이렇게 쓰여있다.

"道峰靈炤國師 入中原 得法眼永明之傳 宋建隆間 返本國 大闡玄
風 以救末法 祖師西來之旨 始宣揚而 東土蒙伽黎者 乃獲襲 臨濟曹
洞之風 其有功於禪宗也 詎淺尠哉 師之正法眼藏 傳于道藏神範 歷
清凉道國 龍門天隱 平山崇信 妙香懷瀅 玄鑑覺照 頭流信修 凡六世
而 得普濟懶翁 翁久在上國 博參諸善知識 圓通即詣 蔚爲禪林之師
表 傳其法者 南峰修能 爲嫡嗣 而正心登階 定繼之 即碧松智儼之師
也 碧松傳于 芙蓉靈觀 得其道者 唯稱淸虛老師 爲最傑云云"

이 설에 의거하면, 道峰靈昭(法眼宗)-道藏神範-淸凉道國-
龍門天隱-平山崇信-妙香懷瀅-玄鑑覺照-頭流信修-普濟懶翁
-南峰修能-登階正心-碧松智嚴-芙蓉靈觀-淸虛休靜의 순서
이다.
또 허균이 撰한 四溟石藏碑銓序에는 다음과 같이 기록되어
있다.

"惟牧牛江月 獨得黃梅宗旨 蔚爲禪門之冠 鉗鎚一震 萬人皆廢 俾
涅槃妙心 正法眼藏 秘傳於靑丘之域 豈不異哉 普濟(懶翁)五傳 爲
芙蓉靈觀 而淸虛老師 稱入室弟子 (…) 今世續牧牛江月之道脈者
捨我師(四溟)其誰"

이렇게 허균은 淸虛, 四溟을 목우(보조지눌), 강월(보제나옹)
의 법계라고 하였으니 가장 혼란이 심한 것이라 할 것이다.
그리고 應允의 碧松庵記에도 이렇게 기록되어 있다.

"我十代法祖 碧松大師 傳碧溪心印 以正德庚辰三月 入智異山 構
草菴居之 後人增製爲大蘭若 因以碧松名焉 屬咸陽郡 大師以慧眼
傍地理相 助道明區 無過於此 遂開法界 前後計悟心者七人 四代法
祖晦堂和尚 亦以是菴 爲平生道場"

智儼偈頌　　『碧松堂埜老頌』 1권이 있는데, 몇 편을 뽑아 수록한다.

〈贈一禪禪和子〉

旣是一也 離眞妄 絶名相 乾乾淨淨 洒洒落落 喚什麽作禪 若言萬
像森羅 悉是如來實相 見聞覺知 無非般若靈光 猶是天魔種族 外道
邪宗 怎生是一味禪 拈拂子撼一撼 喚侍者 點茶來 良久云 翠竹和風
直 紅花帶露香

〈寶六空求語〉

六窓虛谿谿 魔佛自亡羊 若更尋玄妙 浮雲遮日光

〈示眞一禪子〉

花笑階前雨 松鳴檻外風 何須窮妙旨 這箇是圓通

〈示義禪小師〉

一衣又一鉢 出入趙州門 蹈著千山雪 歸來臥白雲

〈示靈芝小師〉

芳草三春雨 丹楓九月霜 若將詩句會 笑殺法中王

제4장 普雨, 一禪, 靈觀

文定王后의 興佛 명종왕 대에 문정왕후가 섭정의 位에 있으면서 이미 추락한 불교를 재흥하고자 하여 보우를 기용, 팔도의 禪敎를 맡게 하니 고목에 다시 꽃이 피는 듯한 감이 있었다. 보우는 識量이 비범한, 참으로 얻기 쉽지 않은 재목이었다. 이에 儒士가 항소하여 보우의 죄를 논하고 드디어 비명에 죽게 하였다.

경성일선과 부용영관이 난형 난제의 자질로써 대법을 荷擔하였다고 하나 선교를 진작하여 보우의 원통함을 풀 수 있는 힘은 없었다.

제1절 禪敎의 부흥과 보우

普雨 제14대 왕 명종(1546년-1567년)이 즉위하자, 문정왕후(명종의 모)가 섭정을 하면서 佛寺를 숭상하고, 불교를 재흥하고자 하여, 인제군 설악산 백담사의 승 보우를 敬信하고 불법을 재흥시키고자 하였다. 명종 4년에 舊 정업원(尼寺) 터에 새로 인수궁을 構築하였고, 명종 6년(가정 30년)에 禪敎兩科를 회복하였다.

禪敎宗의 復活 문정왕후는 말하기를, "民에 四五子가 있으면 군역을 싫어하여 도망하여 僧이 된다. 그래서 僧徒는 日繁하고 軍額은 日縮한다. 승도 중에 統領하는 자가 없으면 雜僧을 금하기 어렵다. 祖宗의 大典(경국대전)에 禪敎宗을 설립하였던 것을 근래에 혁폐하였기 때문에 그 폐단을 구할 수 없으니 마땅히 봉은사와

제4장 普雨, 一禪, 靈觀 479

봉선사로써 선교종을 삼으리라"라고 하였다.

그래서 봉은사를 선종으로 하고 봉선사를 교종으로 하였다. 명종 7년부터는 學業(각 종파의 학업)을 시험하고 도첩을 발급하였다. 그리고 普雨를 判禪宗事都大禪師 봉은사 주지로, 守眞을 判敎宗事都大師 봉선사 주지로 삼았다.

儒臣의 反抗

이에 廷臣 유생 등이 보우의 죄를 논하고 이를 誅할 것을 청하였으나 왕은 허락하지 않았다. 李珥의 論妖僧普雨疏를 보면, "今茲普雨之事 擧國同憤 欲磔其肉 以至國子抗疏 兩司交章 玉堂進劄 累日不已"(靖陵誌)라고 하였다.

兩宗科制 再罷

이로써 在朝의 儒臣이 얼마나 보우의 흥법에 반항하였는가를 짐작할 수 있다. 명종 20년(가정 44년)에 문정왕후가 薨하매, 대간 등이 連章으로 보우를 誅할 것을 청하였다. 이에 명하여 제주에 유배하였는데 제주 목사가 보우를 살해하였다. 명종 21년에 보우의 힘으로 재흥하였던 선교양종의 승과가 폐지되었다. 보우가 저술한 것은 『허응집』, 詩1권, 禪偈雜著 1권, 文1권이 있다. 보우는 虛應堂 懶菴이라고 호하였고, 그 雜著에는 松雲의 跋이 있다.

제2절 普雨의 說敎

普雨 敎說

보우의 雜著의 벽두에 示小師法語가 있다. 그것은 다음과 같다.

"一日有小師 問於病僧曰 和尙常示我等云 汝等諸心 皆是虛妄浮心 切莫以爲眞實 未審 離此心 別有眞心否 弟子等 竊謂凡諸心心

皆是眞心上之妙用 唯此心外 更無他心也 若離此心 更有眞心 爲我
等輩 略垂鞭影 使有取捨 余即以偈示之曰

汝雖以諸心　曰眞心上用　應非眞妙用　乃其虛影像　若執此影像
以爲眞實心　影像滅去時　此心定亦滅　何以故如斯　爲汝聊說破
妄心自無形　攬塵而成體　正如鏡中像　又如水上波　迷水若執波
波寧心即滅　迷鏡執彼像　像滅心即亡　知濕性不壞　了鏡體常明
波浪本自空　影像自歸寂　故知佛鏡智　徧界而徧空　凡夫妄身心
如影亦如像　是執末爲本　認妄以爲眞　此所謂不了　認賊爲其子
阿難執此心　被如來呵斥　若也妄心起　都莫隨他去　若能如是修
臨終得自在　天上與人間　隨願而往生"

　　眞妄二心의 구별에 대하여 그 뜻이 명료하다. 唐代의 대종사
장사경잠의 의견과 같다. 말후에 隨願왕생을 말한 것만이 사족
이다.

"又問 學人未遇宗師 迷不覺悟之時 悟從何隱 忽遇善友開示 得悟
之後 迷從何去 以其迷悟而 有得失之名乎 曰
　　三界無別法　但是一心作　一切諸妄境　皆因動念生　念若不自生
　　諸境即無體　返窮其動念　念亦自空寂　即知迷無失　又知悟無得
　　是無住眞心　不增亦不減　譬如演若達　迷頭自狂走　忽然狂得歇
　　頭非因外來　縱不得歇狂　何曾有遺失一"

　　이 또한 禪家의 常談과 같다. 발명한 바는 없더라도 정통의
사상은 잃지 않았다.

"又曰 和尙常示衆云 汝等諸人 何不頓悟 一念不生 卽名爲佛乎
若悟此旨 不從地位漸次 便登妙覺去也 凡諸聞者 無不驚愕 自生障
礙云 博地凡夫 無始所造業果 大如須彌 如何但了一心 便斷煩惱惱
卽得佛果 此眞誑人魔說也 耳不堪聞 心可信受耶 曾不采聽 返生疑
毁 伏望莫更此說 以招人謗 曰

若執度境實 人法情不空 縱經萬劫修 終不證道果

若頓了無我 深達其物虛 能所卽俱消 何憂其不證

昔有二比丘 同時犯殺淫 維摩一言中 俱得悟無生

何況信佛法 諦了自心者 業雖大如山 如日消霜雪"

이 말도 또한 永嘉玄覺과 大珠慧海 등 唐僧의 심요와 합치된
것이다.

普雨의
偏見"又問 旣然如是 所造 殺盜淫妄 一切諸業 其不修斷乎 曰 諦觀殺
與妄 從一心上起 當處自便寂 何須更修斷 是代了一心 自然境如幻
何故得如斯 爲汝而更示 彼諸一切法 皆從心上生 心旣本無形 法何
曾有相"

이 글은 설명이 충분하지 못하고, 공적의 편견에 떨어지게
할 폐단이 있다.

"問 吾等 每因師說 已能得知眞心 以靈知寂照爲心 不空無住爲體
離幻實相爲相矣 不知妄心 亦有體相否 若無則已矣 如有則妄心以
何爲心 以何爲體 以何爲相也 曰 凡夫之人諸妄心 大塵緣影以爲心
無相空空而作體 攀緣思慮用爲相 此汝緣慮能知心 元無自體是前塵

境來則生境去滅　隨境有無處出入　因境起心全境心　因心知境全心境
各自無性但因緣　因緣之法本無實　正如鏡上形非形　又如水中月非月
喜汝學道有分明　詳問眞心與妄心"

心境不二의 묘체에는 언급하지 못하였고 因緣卽空만을 말하
였으니 隔靴搔癢(격화소양, 충분치 못함)의 감이 있다.

"問 卽心是佛　心佛無相　正同虛空　實非見聞之所及　奈何敎中　多
有稱見道見佛之說也　曰
約本智發明　斯假稱名見　非眼所能覰　唯證乃自知　若能離斷常　卽
見自身淸　見身淸淨處　卽見佛淸淨　乃至見諸法　悉皆非他物　無非是
諸佛　亦無非是法　何故理如斯　以一心普徧　若或一微塵　云不是佛者
卽成瞖理障　不入普眼門　又將假名論　更爲汝等示　如來法爲身　但應
觀法性　法性非所見　又非情所知　所謂法性者　陰陽四時是　此卽諸佛
身　無非第一義　倘能知此理　是名爲見佛　佛道非二物　以一隅知三"

佛身을 陰陽四時의 활동이라고 하였다. 그 견처가 最妙하고,
見佛의 설도 또한 불가한 것이 아니다.

"問 旣心佛無二　心外無佛　見佛是心　則何故經中　說化佛來現　以
應群機乎　曰
如來淨法身　無出亦無沒　但從眞起化　示現有往還　故不來相來
亦不示相示　不來而卽來　如水月頓呈　不示而卽示　似行雲忽現
是皆心感現　豈佛眞遣化　衆生機若熟　自心見佛臨　是知淨業成
開眼見佛身　亦如惡業熟　合眼見地獄　比如福德者　執礫礫變金

貧窮無福兒　遇金金變礫　礫非金金生　金非礫礫現　金生是心生
礫現是心現　轉變皆自我　金礫何從生　汝諸懷疑徒　急須知斯旨"

이는 敎家의 通途의 설과 다른 것이 없다.

제3절 보우의 一定說과 몽중문답

普雨의
一定說

보우의 雜著 중에 禪味를 띤 것으로는 위의 것이 주가 된다.
일찍이 一定의 설을 한 것은 참으로 天人의 妙合을 다한 것이
있다.

"一者非二非三　而誠實無妄之謂也　天之理也　其理冲漠無朕而萬
像森然　無物不具　然其爲體　則一而已矣　未始有物　以二之三之也
是以一氣之行　春生夏長　秋實冬藏　晝明夜暗　亘古亘今　未嘗有一息
之謬　天下之　洪纖高下飛潛動植　靑黃赤白　方圓修短　亦莫不各得其
一以生　而未嘗有一毫之差　此天理之所以爲常一　而誠實無妄者也
正者不偏不邪　而純粹無雜之謂也　人之心也　其心寂然無思　而天地
萬物之理　無所不該　靈然不昧　而天地萬物之事　無所不應　而未曾有
一念之私　以偏之邪之也　是故　一性之發　惻隱羞惡辭讓是非　以至喜
怒哀樂　隨應萬事　如鏡照物　而未曾有一事之錯　此人心之所以爲本
正　而純粹無雜者也　曰理曰心　雖有名言之有殊　其天人之理　一正之
義則　未嘗有異　故天即人　人即天　一即正　正即一而人之體　即天地
之體　人之心　即天地之心　人之氣　即天地之氣也　天地之慶雲景星
光風霽月　莫非人心　人氣之所出興也　是所謂天地萬物　本吾一體　吾
之心正則　天地之心亦正　吾之氣順則　天地之氣　亦順者也　一正之意

豈偶然哉 惟我貴人 常於十二時中 行住坐臥之際 顧號思義 須使一
心恒正 而不以衆欲雜之 於應物之處 以渾性發之情 則自然禍不禳
而禍無不滅 福不禱而福不圓 而可以能保其壽命 可以能養其子孫
而永享位祿於天長 聖代之太平矣"

普雨의
祈福

『허응집』에 실린 바 拈香법어는 宗乘의 현지를 談한 것 같으
나 왕후를 위하여 기복한 것으로 마친다. 그 예는 다음과 같다.

"此一瓣香 出於先天地 而涵天地 未嘗爲先 長於後天地 而立天地
未嘗爲後 今日奉爲王大妃殿下 聖壽萬歲 行合天高 道並地厚 壽星
永曜 益膺五福之祥 德日遐昇 逈掩二南之化"

또 擧揚이라고 題한 것이 있는데, 祖師禪의 道를 거양한 것
같으면서도 往生樂邦으로 마치었다. 그 예는 다음과 같다.

普雨의
往生說

"只這一卷經 無相可相 不可以形色求 無名可名 不可以言說得 然
而無相之相 能相一切相 而四聖六凡興焉 無名之名 能名一切名 而
千經萬論生焉 由是 聖有無量 經有多門 皆導生之大士 濟溺之 迅航
旣然如是 試問大衆 向何等聖 依何等經 可以導濟某人之靈 速道速
道 如未道也 即今自道去也(良久) 伏請大衆 同運悲心 同聲諷此大
乘某經 共濟冥遊 以導樂國"

夢中問答

『허응집』에 실은 水月道場空花佛事如幻賓主夢中問答이라고
題한 1편의 글이 있는데, 設齋 供佛 시에 비록 진언밀주를 쓰
더라도 圓觀으로써 하지 않으면 공덕이 圓成될 수 없음을 논

하였다.

　圓觀이란, 事理圓融 大小相容 染淨不二이기 때문에 世諦의
장엄에 即하여 묘법의 공양을 이루나니 그러므로 一禮一拜에
항사의 제불이 감응하고, 一香一花로도 시방의 모든 성인들에
게 공양하며 半句半偈로도 無量衆生을 제도하는 것이라고 하
였다.

　또 관법을 설하기를, 供佛하는 의식 중에 鍾鼓錚螺鈸磬 6종
의 악기를 울릴 때는 六識이 모두 공하고 일심이 獨露함을 관
하며, 시주가 향을 올릴 때는 香雲이 변하여 五分法身으로 되
는 것을 관하며, 燈偈의 경우는 菩提心燈이 徧照法界함을 관하
며, 花偈의 경우는 三密의 묘력이 無量 善事를 원만히 함을
관하여 一香一燈一花가 능히 무진시방에 두루하고, 다음에 귀
의삼보의 경우는 귀의불에 의하여 반야의 덕이 加持되어서 중
생 본유의 三智가 일념에 원각하며, 귀의법에 의하여 법신의
덕이 加持되어서 중생 본유의 三諦가 일념에 圓顯하며, 귀의승
에 의하여 해탈의 덕이 覆護하여서 중생 본유의 諦智가 相應和
合, 일념에 원성함을 觀한다고 하였다. 이렇게 낱낱의 의식에
낱낱의 관법을 설하여 화엄의 원리로써 진언의 密規를 證成하
려고 하였다.

제4절 보우의 華嚴經跋

華嚴經跋　　　大哉 華嚴之爲頓敎也 體本不生而無始與終 用實非滅而無成且
敬菴銘　　　壞 是爲衆敎之本而萬法之宗也 天以之淸 地以之寧 三光以之而明
　　　　　　四時以之而行 山川以之而流峙 禽獸以之而飛走 以至草木昆虫 亦

以之而動息　此所謂體萬物而不遺　性一切而無忒者也　我佛之所宣
說　蓋說此也　五十三善知識之所示人　蓋示此也　福城童子之　南求
乃求此也　洎夫唐堯之爲仁　虞舜之爲孝　孔孟之爲萬世師　老莊之爲
傲物輕世　乃至君仁臣忠　父慈子孝　兄愛弟恭　夫和婦順　亦無非得此
而然也　由是而擴而充之則物物盡是　毗盧之眞體　推而行之則步步
皆爲　普賢之妙行　故若有聞者　無不成佛　凡能隨喜　即得超凡　天下
之一事一相　無非此經之大本大用也　然而苟非才超天縱　智過生知
福德俱圓　宿世緣熟　上根大人　其孰能生正信　發大願　大揚斯旨乎
恭惟　我主上殿下　睿智日新　多能天縱　德過二祖之成　治蹟七宗之隆
聽國政之多暇　覽釋典而興敬　乃於世主妙嚴一品　知神家乘　擁護世
之妙應　及此五十三善知識讚頌　見善財尋師求法之高縱　非但上心
慶知　其所未知　感見其所未見而已　於是益信其法力神功　密有助於
國家　而使爲君爲子於天下者　皆蒙利樂於　無窮之世也　特發欽明之
聖敬　上以爲慈殿聖躬萬歲　下以爲萬民恒心常樂　謹依祖宗古事　隱
命工人　如法書之畫之　盛以琅函　安於寶藏　以示尊經之意　於九重之
中　其居九重而目是事者　孰不感聖上至孝之大　而至仁之深也　傳曰
孝爲　百行之初　仁乃五常之首　今我聖上　以無上法寶　爲慈殿萬壽孝
也　爲萬民安寢仁也　仁孝旣已行於上　而效於下　源於內而流於外　滿
於近而溢於遠　而能使一國之人　盡成仁孝之俗　而五常百行　由是而
興焉　則所謂若干神家　及諸知識　豈無冥擁護世之心　密助聖明之化
遂使天災地變　自弭自滅　堯風舜日自明　能以斯民咸樂　太平之樂　而
齊遊戲於　謳歌舞蹈之中也　於戲妙嚴一品　聖敬自發　聖上一孝　人神
咸悅　盡行其行而　同入華嚴　廣大刹海　此豈非所謂　初發心時　便成
正覺者也"

다음에 敬菴銘이 있는데, 보우의 사람됨을 아는 데 참고로 수록한다.

敬菴銘   〈敬菴銘 並序〉

蓋人之 所得乎天 而在我爲性者 其體靈明而不昧 其用光大爲無累 正如寶鑑之空照 無一毫人僞介乎其間 而其一動一靜 一語一默 渾是天理之本然 天未嘗爲人 人未嘗爲天也 但爲氣拘物弊 反覆垢汚則濶大高明底物事 被他隔礙了 或未免有時而昏 而終至於愚不肖之域 而曾莫之省者 何限焉 此所謂一爲客氣之感 而遂失靈明常照不空之 主人公者也 是故 凡古之有志於復性之士 莫不博求 其克己之號以助其不逮曰 正庵 曰 一菴 曰克齋 曰誠齋是也云云"

普雨의 名望

권근이 말하기를, "懶菴世族也 棄紈綺 蒙鑑縷 其貌淸 其行潔 予將以爲 方外之友也"(東國輿地勝覽 卷47, 八頁)라고 하였다. 이것이 보우가 士人間에 존경받았다는 증거이다. 아깝게도 그는 儒士의 미움을 받아 비명에 죽었고, 동시에 불교도 훼손, 배척된 것이다.

제5절 선조의 登位와 一禪의 玄化

宣祖王妃 의 崇佛

제15대 선조(1569-1608) 7년 5월에 城外의 尼寺인 정업원의 비구니들이 慈殿의 칙서를 받았다고 칭하면서 금강산 유점사로 가서 불사를 닦았다. 대사헌이 이를 듣고 淮陽의 옥에 구치하였다. 이에 유생 등이 상소하여 정업원을 파할 것을 청하였다. 연려실기술에 보면, "蓋是時 貴人金氏 寵冠後宮 爲子祈

福 以作佛事"라고 하였다.

유점사에 현재도 선조의 비인 인목왕후 筆의 銀字普門品 五十八幅 一帖이 소장되었다. 정명공주의 기복을 위하여 書寫한 것이다.

一禪傳　휴정이 찬한 敬聖堂 행적에 보면, "一禪은 休翁이라고 호하고, 한편 禪和子라고도 하였다. 그의 성은 장씨, 울산 사람으로 명 효종제 홍치 원년에 태어났다. 일찍 양친을 잃고, 13세에 단석산에 들어가서 海川에게 의탁하여 服勤하기를 3년, 16세에 머리를 깎고, 24세에 묘향산 문수암에 머물면서 고행을 專習하였다. 얼마 후에 지리산에 들어가서 智儼에게 참알하였다. 지엄이 그를 보고 일견에 그릇으로 여기고 게송 하나를 示하기를, "風颸颸月皎皎 雲冪冪水潺潺 欲識個事 須參祖師關"이라고 하였다.

一禪이 곧 마음을 活句에 머물고 즐기어 근심을 잊었다. 그로부터 금강산 시왕동에 주하여 공부를 專精하더니, 홀연히 죽비로 禪床을 치면서 말하기를, "趙州老 露刃劍 寒霜光燄燦 擬議問如何 分身作兩段喝 夢中說夢 漏逗不少"라고 하였다.

중종 31년에 이르러 중종이 僧軍을 동원하여 新川의 師(군대)를 막았다. 마침 능가산으로 가는 길에 役場을 경유하는데 一禪이 표연히 혼자 都廳으로 갔다. 대관이 이를 보았는데, 풍채가 비범한지라 만류하기를 半月에 京城의 士庶가 德音을 듣고 다투어 와서 施捨하니 날로 紛紜하였다. 그 소문이 臺論에 떨치매 혹세한다 하여 禁府에 구속되었다. 법에 의하여 국문하여도 종용자약하고 곧은 말에 이치가 통하니 금부가 듣고는 아뢰어서 이를 방면하였다.

곧 멀리 西山에 들어가서 종적을 감춘 지 9년, 중종 39년에 묘향산으로 돌아와서 보현사 관음전에 주하니 碩德 高士가 팔방에서 운집하였다. 이에 경론을 강설, 현풍을 진작시켰다. 一禪이 四恩에 보답하고자 하나 아직 뜻대로 되지 않자 늘 말하기를, "男兒處世 爲子則死孝 爲臣則死忠 然出家之人 不能兼行者 矛盾相觸 功不雙勝 水火同器勢 不俱全故也"라고 하였다.

明 가정 37년에 문인 義雄 등에 명하여 상선암을 창건하고, **敬聖堂** 암자 동쪽에 특별히 一堂을 일으키고는 이름하여 敬聖이라고 하였다. 여기서 일선은 몸소 향로를 잡고 날마다 聖壽를 축원하였다.

어느 때 심야에 모든 문인을 불러 이렇게 말하였다.

"大抵學者 不參活句 徒將聰慧 口耳之學 衒耀於世 不踏實地 言行相違 這邊那邊 討山討水 徒費粥飯 被經論賺過一生 終作地獄滓 非濟世舟航也 又一般漢 習閑成性 不求師範 野鬼窟中 徒勞坐睡如 到寶山 空手去來 深可憐愍 又曰 汝等諸人 自己靈光蓋天蓋地 不拘文字 體露眞常 夜繩不動 汝疑之爲蛇 闇室本空 汝怖之爲鬼 心上起眞妄之情 性中立凡聖之量 如蠶吐絲 自纏其身 是誰過歟 若一念廻光 則實是 菩提正路 云云"

명 목종 경륭 2년, 조선 선조 원년(1568)에 문도들에게 말하기를,

一禪思想 "界有成住壞空 念有生住異滅 身有生老病死 凡有始必有終 物之常也 今日老僧 欲示無常 諸人者須攝正念 勿懷眷戀 亦莫隨俗 爲壽

張不益事也 昔者 莊子 以天地爲棺槨之語 實自有理 莊子尚爾 況道
人乎 吾常欲向不思議之嶺 作佛事 須露屍骸 飼于鳥獸可也"

라고 말을 마치고는 곧 대서하기를, "八十人間命 迅如一電光
臨行忽擧目 活路是家鄕"이라고 하였다. 또 쓰기를, "年逾八十
似空花 往事悠悠亦眼花 脚未跨門還本國 胡園桃李已開花"라고
하였다. 그리고는 붓을 놓고 표연히 가니 세수는 81이었다."(淸
虛堂集 卷三, 39葉 右~41葉 左)라고 하였다.

　　일선이 말하기를, 自己靈光 蓋天蓋地라고 하였으나 오히려
저간의 견지를 철저히 하지 못한 감이 있다. 그러나 배불이
치열했던 때에 충효를 잊지 않았으니, 그 자성의 순진함을 볼
수 있다.

제6절 靈觀의 化門

靈觀傳　　一禪과 동문인 靈觀이 있다. 휴정이 찬한 芙蓉堂(영관) 행적
에 보면, 영관은 영남 진주 사람이고, 隱菴이라고 호하였으며,
한편 蓮船道人이라고 하였다. 생각을 서방에 두었으므로 芙蓉
堂이라 칭한 것이다. 명 헌종제 성화 21년(성종 16년)에 태어
났는데, 어려서부터 世網을 싫어하였고, 나이 13세에 심야에
홀로 집을 나와 덕이산(덕유산)에 도달, 苦行禪子에게 의탁하
여 삼년 동안 그 법을 배우고 머리를 깎았다.

　　명 효종제 홍치 14년, 나이 17세에 信聰을 따라서 敎學을
탐구하였고, 또 威鳳에게 예하고 禪樞에 들었으며, 구천동에서
암자를 짓고 있기를 九春秋(9년)였다.

明 무종제 정덕 4년에(중종 4년)에 용문산으로 가서 祖愚를 예방하고 참선의 여가에 노장의 학을 연구하였다. 같은 해 9년에는 청평산으로 향하여 學海에 투신함으로써 玄微를 공부하였고, 동 14년에는 금강산 대존암에 이르러 祖雲과 二夏를 보내었으며, 또 미륵봉 내원암에 들어가서, 律詩를 지어서 그 문에 대서하기를, "空費悠悠憶少林 因循衰鬓到如今 毗耶昔日無聲臭 摩竭當年絶響音 似机能防分別意 如痴必禦是非心 故將妄計飛仙外 終日妄機對碧岑"이라고 하였다. 그리고는 筆硯을 불사르고 묵좌하기를 9년, 그동안 遊客이 방문하면 이 시를 가리킬 뿐이었다.

明 세종 가정 9년(중종 25년)에 홀연히 반성하고는 망극지은에 보답하고자 南行하여 점차로 家山에 가까이 이르니 그때 한 老翁이 소를 끌고 나왔다.

영관이 묻기를, "여기가 진주이지요?" 하니 노인이 이상해하면서 "왜 묻는가?" 하였다. "여기는 제가 태어난 곳인데 우리 부모님의 存歿을 모르기 때문에 묻고자 합니다." 하니, 노인이 말하기를, "그대 아버지의 성명은 누구인가?" 하였다

"우리 아버지의 성명은 袁演이고, 제 아명은 九彦입니다" 하니 노인이 갑자기 소를 놓고 손을 잡으면서 말하기를, "今日父子的矣, 汝名我子 我名汝父 汝捨我逃走 三十餘年 求索不得 憂愁年邁 今忽自來 甚適我願"이라고 하였다.

부자가 슬픔을 이기지 못하여 일장 통곡을 하고 나서 노인이 눈물을 씻고 말하기를, "汝母十年前 棄世汝主七年前 喪室"이라고 하였다. 영관이 말하기를, "哀氏安在"라고 하니 노인이 말하기를, "汝妹從汝出家 夕閉門而臥 汝狗子亦 視日而坐 至七日

袁與狗俱死 葬於德山之西麓爾"라고 하였다. 영관이 이를 듣고 눈물을 흘리다가 황혼에 집에 이르러 본즉 옛날의 어린 친구들은 모두 할아버지, 할머니가 되어 있었다. 그들과 만나 夜語를 하는 동안에 날이 밝았다. 다음날 아침에 父가 이끌어 老主를 뵈니 主가 놀라면서 "이것이 九彦이냐?"하고 하였다.

老主가 자리를 권하여 앉게 하니 영관이 辭退하여 말하기를, "小賤背主背親 罪不容天 今欲盡納田宅以贖身 出家修道以報也"라고 하니 主가 말하기를, "出家 何能報恩耶" 하였다. 영관이 古答을 끌어서 말하기를, "出家者 遁世以求其志 變俗以達其道 變俗則不與世典同禮 遁世則宜高尚其迹 達三乘開人天 拯五族拔六親 猶如反掌也 是故 雖內乖天屬之重 而不違其孝 雖外闕奉主之恭 而不失其敬也"라고 하니, 主는 儒者인지라 듣고 좋아하면서 손을 잡아 뜰에 오르게 하고 말하기를, "沙門 物外人也 宜刪世禮矣"라고 하고, 머물 것을 청하였으나 영관은 좇지 않았다.

다음날에 文券을 물하고 田宅을 納하고 재배하고 물러나와 또 老父에게 고별하였다. 그리고 곧 두류산(지리산)에 올라가서 벽송지엄의 문을 두드리고 말하기를, "靈觀 自遠趨風 願一攝受" 하니 지엄이 말하기를, "靈且不敢 觀從何來" 하였다. 영관이 앞으로 가까이 가서 차수하고 말하기를, "請師鑑" 하니, 지엄이 웃으면서 말하기를, "堪爲彫琢"이라고 하였다.

다음날에 지엄을 師로 하여 參玄하매, 20년의 宿疑가 消散하였다. 그래서 감탄하기를, "此眞吾師也"라고 하고 執侍하기를 3년에, 지엄이 또한 세상을 厭하였다.

영관은 習性이 溫雄하여 미워하는 성정이 없었고, 한 그릇의

밥이라도 사람을 보면 곧 이를 나누었다. 또 문자가 允正하였고 의리가 명석하였으며, 무릇 七曜, 九章, 천문, 의술에 통하지 않음이 없었다. 中庸을 품고 莊子를 끼고 다니는 자가 의심을 터 놓지 않음이 없었다. 이러므로 호남과 영남에 백의로서 삼교에 통하는 자는 영관의 풍이었다. 영관이 한번 벽송지엄의 문을 밟은 뒤로 黃龍山, 八公山, 大乘洞, 義神洞, 燕谷洞에 주하여 41년을 지냈다. 明 목종제 융경 5년(선조 4년, 1571년)에 입적하니 세수 87세였다(淸虛堂集 卷3, 34~37葉 左).

靈觀의
宗風
영관은 항상 조사의 공안을 제기하고 사람으로 하여금 참구하게 하였으며 豁然大悟로써 입문을 삼았다. 어느 승이 名相을 물었다. 영관이 답하기를, "我此心王 言語道斷 心行處滅 名是語路 相是心處 八萬大藏 收不得者 向上路 三千古佛 說不及者 格外禪 若心如 虛空者 於道有少分相應"이라고 하였다(淸虛堂集 卷3, 38葉 右).

영관이 名相의 表에 出하여 '격외의 禪' 云云하였다. 지엄을 본 뒤로 서방의 名相을 잊었다는 것인가? 僧이 불법을 묻자, 대답하기를,

"眞佛無形 眞法無相 學人作樣 求佛求法者 皆是野狐精 外道見 若眞道人 逈然獨出 不着佛求 不着法求 求則雖見諸佛種種勝相 猶如兒戲 雖見地獄 種種惡相 亦如空花 不是強爲 法如是故也 我正法中 凡聖二見俱錯 魔佛二道俱惡 無凡聖解亦錯 無魔佛解亦惡 佛法本空故 不可以空更得空 佛法本無所得 故無所得亦 不可得也 一段靈光 廓然虛豁 豈可强是非耶云云"(淸虛堂集 卷三, 38葉 右)

하였다. 이로써 보건대, 靈觀의 견지가 범용치 않았음을 짐작
할 수 있다.

제5장 일본군의 침입과 휴정의 활동

壬辰倭亂 선조 25년 임진년에 豐臣秀吉이 대군을 보내어 조선 팔도를 석권하게 되자 왕은 몽진했다. 국가의 위태로움이 쌓아놓은 달 걀과 같았다.

　　이때를 당하여 瓶鉢을 놓고 劍戟을 잡고 승병을 거느리고 强敵에 항거한 이는 청허휴정이었다. 휴정은 禪道에 있어서 純眞하지는 못했다. 그러나 국가를 위하여 충절을 다하였고, 문하에 다수의 용상을 배출시켰으니, 王法에도 佛法에도 모두 홍익을 바친 것이다. 西山大師라는 이름이 靑丘史(한국사)에 빛남도 이 까닭이다.

제1절 일본군의 침입과 휴정의 위공

倭兵侵入 선조 25년(명 만력 20년)에 풍신수길이 대군을 동원하여 쳐들어오니, 朝鮮兵이 대패하여 왕은 의주로 몽진하였다. 국가의 운명이 累卵과 같은 때를 당하여 결연히 승병을 인솔하고 일어나 일본군에 항거한 이가 있으니 그는 곧 芙蓉靈觀의 嗣인 휴정이다.

休靜傳 휴정의 자는 玄應, 청허당이라고 호하였고, 또 묘향산에 많이 있었기 때문에 西山이라고도 호하였다. 속성은 최씨이고, 안주(또는 완산, 평안남도) 사람으로 明 무종제 정덕 15년(중종 15년) 3월에 태어났다.

　　9세에 모친상을 당하고 10세에 아버지도 歿하여서 의탁할 바가 없었다. 邑倅 李思曾이 이를 데리고 京에 이르러서 취학하기를 3년, 그러나 휴정은 뜻에 차지 않아서 남쪽으로 가서 두류산으로 향하였다. 드디어 노숙 崇仁에게서 經論을 보았고, 다시 靈觀에게 참예하여 수업하기를 3년, 스스로 靑髮을 끊고 경성일선을 수계사로 하여 계를 받았다. 그로부터 명산승지를 밟다가 하루는 용성(今 남원군) 역성촌에서 낮에 닭 우는 소리를 듣고 偈를 짓기를, "髮白心非白 古人(商那和修與麵多問答) 曾漏洩 今聽一聲鷄 丈夫能事畢"이라고 하고 산으로 돌아갔다.

가정 25년에 홀연히 遊方할 뜻이 나서 오대산, 풍악산(금강산) 등 여러 산을 歷訪하고, 나이 30에 入京하여 禪科(명종 4년)에 나아가서 選에 들었다. 승진하여 선교양종 판사에 이르렀다. 나이 37세에 인끈을 풀어놓고 一杖一笠으로 금강산, 묘향산 등 여러 산을 참방했다.

일찍이 三夢吟을 지어 가로되, "主人夢說客 客夢說主人 今說二夢客 亦是夢中人"이라고 하였다. 금강산 향로봉에서는 이런 시를 지었다. "萬國都城如蟻蛭 千家豪傑等醯鷄 一窓明月淸虛枕 無限松風韻不齊"

휴정이 자취를 감추고 비록 광채를 숨겼으나 道聲이 멀리 퍼지니 뭇 소인의 꺼리는 바가 되었다. 선조 22년에 전라도 고부 사람 鄭汝立이 반란을 일으키자 요승 無業이라는 자가 前記의 시를 증거로 삼아 휴정을 무고하였다. 그러나 왕이 그 무죄함을 알고 석방하였다. 그리고 墨竹에, 葉自毫端出 根非地面生 月來無見影 風動不聞聲의 찬을 붙여서 하사하였다. 휴정이 이에 和答하기를, 瀟湘一枝竹 聖主筆頭生 山僧香熱處 葉葉帶秋聲이라고 하였다.

만력 20년에 풍신수길이 조선을 침입하자 선조는 용만(평안 북도 의주)으로 몽진하였다. 휴정이 묘향산에서 나와 칼을 짚고 進謁하니 왕이 말하기를, "世亂如此 爾可弘濟耶" 하였다. 휴정이 울면서 拜命하고 청하기를, "國內緇徒之 老病不任行伍者 臣令在地焚修 以祈神助 其餘 臣皆統率 悉赴軍前 以効忠赤"이 라고 하였다.

休靜의 蹶起

선조가 팔도선교16종도총섭으로 명하니 휴정이 제자를 分遣 하여 각각 의병을 일으키게 하였다. 이에 송운은 700여 승을 이끌고 관동에서 일어났고, 처영은 1000여 승을 이끌고 호남 에서 일어났으며, 휴정 자신은 문도와 아울러 모집한 승려들을 합하여 오천 명을 얻었다. 이리하여 순안(평안북도)의 법흥사 에 모였다가 명군을 따라서 목단봉 전투에 나아가서 斬獲이 매우 많았고, 드디어 明軍은 평양에서 이겼으며, 松都도 이미 회복되니 한양의 왜병은 도망하였다. 선조가 환도할 때 휴정은 용사 100인으로써 王駕를 맞이하였다.

松雲 處英

명의 제독 李如松, 經略 宋應昌 등이 휴정의 이름을 듣고 帖 을 보내어 致敬하였다. 이여송이 서산에게 보낸 글은 明道大臣 의 감사장과 함께 묘향산 보현사의 보물 중에 현존한다.

休靜의 著述 休靜의 法系

휴정이 선조에게 청하기를, "臣老且死 請以兵事 屬弟子惟政 等 乞骸骨歸" 하니, 왕이 이를 허락하고 호를 하사하여 "國一都 大禪師 禪教都總攝 扶宗樹教 普濟登階尊者"라고 하였다. 이에 묘향산으로 돌아가서 淸閑十餘春秋, 明 만력 32년(선조 37년, 1604년) 정월 23일에 스스로 자신의 畫像에 題하기를 "八十年 前渠是我 八十年後我是渠"라고 하고 문인들에게 告訣하고는 圓寂菴에서 가부좌하고 천화하니 85세였다.

제자가 천여 인, 知名인 자가 70인, 一方의 종주인 자가 45인이었다. 저술에 『禪敎釋』, 『禪敎訣』, 『雲水壇』, 『三家龜鑑』 각 1권, 『淸虛堂集』 8권이 있다.

휴정의 법계는 太古普愚-幻菴混修-龜谷覺雲-碧溪正心-碧松智儼-芙蓉靈觀-淸虛休靜의 순으로 이어졌다.(『靜虛堂』 卷 2, 2葉 右~5葉 左)

제2절 휴정의 종풍과 사상

禪家龜鑑 　　휴정은 明 세종제 가정 43년(명종 19년)에 古人의 語句 중에서 공부에 중요한 것을 추려서 『禪家龜鑑』이라고 이름하였다. 그의 종풍을 아는 데 좋은 자료이다. 그 벽두에 말하기를, "有一物於此 從本以來 昭昭靈靈 不曾生 不曾滅 名不得狀不得"이라고 하였다. 이는 達磨 이래로 拈起한 바 第一儀이다. 그리고 이것을 불러, "或心, 或佛, 或衆生, 不可隨名而生解 當體便是 動念即乖"라고 하여, 這箇一物을 혹은 부처니 마음이니 하지만 원래 일체라는 것을 보였다. 이 一義로써 일체를 통철했다면 휴정의 종풍은 크게 볼 만한 것이 있었을 것이다. 그런데 아깝게도 그의 공부는 看話를 喋喋(첩첩, 재잘거리다)한 것에 불과하다.

休靜의 看話禪 　　그는 간화선에 대하여 "只擧 狗子無佛性話 擧來擧去 疑來疑去 覺得沒理路 沒義路 沒滋味 心頭熱鬧時 便是當人 放身命處 亦是成佛作祖之基本也"라고 공언하여 圓悟, 大慧의 窠臼에 떨어졌다.

또 그는 개오한 후에 明師를 구하여 正眼을 결택하여야 한다고 하고, "若欲敵生死 須得這一念子 爆地一破 方了得生死 然 一念子爆地一破然後 須訪明師 決擇正眼"이라고 하였고, 悟後에 그런 사람에게 보이지 않으면 醍醐의 上味도 독약으로 뒤집힌다고 극언하였다.

그러나 그의 이른바 개오는 正知正見을 연 것이 아니다. 또 그는 중국 선가의 설을 전승하여, "凡人 臨命終時 若一毫毛 凡地情量不盡 思慮未忘 向驢胎馬腹裡托質 泥犁鑊湯中煮煠 乃至依前再爲螻蟻蚊蚊"이라고 하였다. 그는 임종의 일념에 의하여 轉生說 영혼이 전생하여 고락의 果를 받는다고 하였고, 지옥에 있어서는 인간의 60겁을 일주야로 하여 鑊湯爐炭 劍樹刀山의 苦가 있다고 믿은 것이다. 더구나 휴정은 雜行 雜修도 싫어하지 않았고, 持呪, 禮拜, 염불의 이익을 말하여 객관적 정토의 존재와 미타의 원력을 믿었다.

그리하여 "祖師門下 亦有 或喚阿彌陀佛者(惠遠) 或喚主人公者(瑞巖)."라고 한 것은 여산의 혜원을 조사문하의 사람이라고 본 것이며, 또 多子塔前, 靈山, 雙樹下椔示雙趺로써 세존의 三處傳心이라고 하고, 雲門宗과 法眼宗 둘을 馬祖 下의 傍傳이라고 한 것과 道詵, 一行 2人의 相見을 말한 것은 모두 사실과 맞지 않는다.

제3절 휴정의 淨業과 南敎判釋

休靜의   휴정은 중국 명대의 禪者와 궤를 같이 하여 염불과 참선 두
淨業   가지를 다 행하였다. 일찍이 염불의 공덕을 이렇게 말하였다.

"心則緣佛境界 憶持不忘 口則稱佛名號 分明不亂 如是心口相應 念一聲 則能滅八十億劫生死之罪 成就八十億劫殊勝功德 一聲尚 爾 何況千萬聲 一念尚爾 何況千萬念耶"(清虛堂集 卷4, 17葉)

또 유심정토와 서방정토의 차별을 논하되, "佛爲上根人說 即 心即佛 唯心淨土 自性彌陀 所謂西方 去此不遠是也 爲下根人 說 十萬(十惡) 八千(八邪) 里 所謂西方 去此遠矣"(同上)라고 하였다.

그렇다면 上根人은 염불이 필요 없고, 下根人은 참선이 필요 없을 것이다. 휴정의 禪淨겸수란 과연 무슨 뜻인가.

阿彌陀佛   휴정의 阿彌陀佛幀跋에 말하기를, "敬畫 極樂教主 阿彌陀佛
幀跋   尊容一幀 焚香頂禮 發大誓願云 願我臨終滅罪障 往參西方大慈 尊 金色光中 蒙授記 盡未來際 度衆生 虛空有盡 願不盡 十方諸 佛作證明"(同上 22葉 左)이라고 하였으니 이는 그의 사후왕생 의 신념을 입증하는 것이다.

휴정은 4종의 염불을 말하였으니, "念佛有四種 一口誦 二思 像 三觀相 四實相 根有利鈍 隨機得入"(同上 30葉 左)이라고 하였다. 또 삼존의 眞影을 想像하여 말하기를,

"阿彌陀佛 眞金色 七寶池中 大蓮花上坐 身長丈六 兩眉中間 面 上有白毫 右旋轉 以停心注想於白毫 觀世音菩薩 立左邊 而身紫金 色 手執白蓮花 其天冠中 有立化佛. 大勢至菩薩 立右邊 而身紫金 色 其天冠中 有一寶瓶"(同上)

이라고 하였다. 三尊의 객관적 차별을 보인 것이 이러하다. 唐

代의 선승이 三聖一體를 믿은 것과는 天淵의 別이 있다.

휴정은 선교의 차별에 대하여, "禪敎起於一念中 心意識及處 即屬思量者敎也 心意識未及處 即屬參究者禪也"라고 하고, 나아가서 선교의 내용에 대해 언급하였다.

休靜
禪敎判釋

"祖師所示 皆是一句中 八萬四千法門 元自具足 故隨緣不變 性相體用 頓悟漸修 全收全揀 圓融行布 自在無碍 元是一時 無前後者禪也 諸佛開示 頓悟漸修 隨緣不變 性相全收全揀 圓融行布 事事無碍法門 雖有具足 有修有證 階級次第 前後者敎也"(同上 28葉 右)

즉 圓頓의 법문을 禪이라고 하고 通別의 법문을 敎라고 한 것이다.

禪敎에 대한 해석은 휴정이 그의 高弟 行珠, 惟政, 寶晶을 위하여 선교를 對辨한 것인데, 敎가 禪에 미치지 못함을 보인 것이다. 권말에 붙인 一文이 그 정신을 가장 잘 나타낸 것 같다.

"此卷 惟政 行珠 寶晶 三德士 欣受禮謝 即通禪敎兩堂 一日禪敎數五十學者 俱會一席 敎者曰 定慧等學 明見佛性 此理如何 禪者曰 我家無奴婢 敎者曰 菩薩觀衆生 若生慈悲心如何 禪者曰 慈者不見有佛可成 悲者不見有衆生可度 敎者曰 然則 如來所說法 不能度衆生否 禪者曰 若言 如來有所說 即是謗佛 若言如來 無所說 亦是謗法耳 其誰聞乎 敎者曰 然則 一大藏敎 無用處否 禪者曰 一大藏敎 如標月指也 利根者 如獅子 鈍根者 如韓獹 敎者曰 信解眞佛無口 不解說法 眞德無行證 階級分明 豈非等覺者照寂 妙覺者寂照 轉煩惱者 爲菩提 轉生死者 爲涅槃乎 禪者曰 等妙二覺 擔枷鬼 菩

提涅槃繋驢橛 至於認名認句 含屎塊 求佛求祖 地獄業 教者曰 佛
也祖也 又如何 禪者曰 佛是幻化身 祖是老比丘 教者曰 一切賢聖
豈無見處證處 禪者曰 自眼如何見 自心如何證 教中亦云 頭本安然
自生得失之想 心本平等 自起凡聖之見 豈非發狂耶 教者曰 畢竟其
理如何 禪者曰 自己分上 本無名字 方便呼爲 正法眼藏 涅槃妙心
更有一語 付在明日 於是禪教 對辨訖 各禮拜依位而坐 西山曰 此
一期問答 亦可跋禪教釋也 即喚沙彌 雙翼書"(『淸虛堂集』卷4, 42
葉 左~43葉 左)

여기에 소위 禪者의 見이란 臨濟, 德山 등의 餘唾를 拾取한
것일 뿐이다. 중국 禪機시대의 악폐를 가져다가 家珍을 삼았다
고 볼 수 있다.

제4절 휴정의 接人方法

休靜의
接人方法
휴정이 사람을 접한 것은 禪者의 상투에서 벗어나지 않았다.
示法玄禪子書에 말하기를,

"○此標心上妙 △此標法中玄 古人强安名 太虛之乎者也 進一步
則銀山鐵壁 退一步 則萬丈深坑 不進不退 則彌天葛藤 到此作麽生
出氣去也 不犯當頭 速道一句將來 咦 昨夜金烏飛入海 曉天依舊日
輪紅"(同上 15葉 右)

이라고 하였고, 贈印微禪子書에는,

"一念善心生 佛坐魔王殿 一念惡心生 魔王踞佛殿 善惡兩相忘 魔佛何處現 咦 魔不到處 衆生日用而不知 佛不到處 諸聖隨緣而不會 畢竟是箇什麼 孤輪獨照江山靜 自笑一聲天地驚"(同上 15葉 右-左)

이라고 하였다. 이로써 그 常型에 떨어졌음을 알 수 있다. 휴정이 사람을 活句에 참하도록 하면서 死活의 句를 설하기를,

"大抵學者 須參活句 莫參死句 活句上薦得 堪與佛祖爲師 死句上薦得 自救不了 活句者 徑截門也 沒心路 沒語路 無模搋也 死句者 圓頓門也 有理路 有心路 有聞解思想也"(同上 29葉 左)

라고 하였다. 소위 死句란 理路를 볼 수 있고, 聞解思想이 있음을 이른다. 그리고 활구란 無義無味의 공안을 이른다. 그러므로 "活句者 如狗子佛性, 柏樹子話, 沒理路云云"(同上 卷3, 6葉 右)이라고 한 것인데, 그렇다면 활구에 참한다고 하는 것은 간화의 공부일 수밖에 없다.

제5절 휴정의 禪教訣과 心法要

禪教訣 　禪教訣은 만년에 서산 금선대에서 지은 것이다.

"此禪之法 吾佛世尊 亦別傳于 眞歸祖師者也 非古佛之 陳言也 今錯承禪旨者 或以頓漸之門 爲正脈 或以圓頓之教 作宗乘 (…) 或認光影 (…) 爲自己者 至於恣行 盲聾棒喝 無慙無愧者 是誠何心哉 (…) 吾所謂教外別傳者 非學而知 思而得者也 須窮心路絕然後 始

可知也 須經自肯點頭後 始可得也 (…) 自釋尊拈華 (…) 迦葉微笑
乃至 (…) 達磨廓然無聖 (…) 至於雲門胡餠 趙卅喫茶 (…) 皆先佛
先祖 同唱教外別傳之典也 (…) 今當末世 多是劣機 非別傳之機也
故只貴圓頓門 以理路義心路語路 生見聞信解者也 不貴徑截門 沒
理路 沒義路 (…) 昔馬祖一喝也 百丈耳聾 黃檗吐舌 此臨濟宗之淵
源也"

라고 한 것을 보면 휴정의 선에 관한 의견을 알 수 있다.

教外別傳   教外別傳을 주장하여 말하기를, "訣曰 自迦葉 阿難 二尊者
至六祖慧能大師 所謂卅三也 此教外別傳之旨 逈出青霄之外 非
徒五教學者難信 亦乃當宗下根 茫然不識"(『禪教釋』5葉 右)이
라고 하였고, 또 원돈교와 선의 차별을 설하기를, "圓教有無碍
緣起之解 頓教有離名絕相之解 禪門無摸捺 無巴鼻"(同上 1葉
右)라고 하였으며, 나아가서 이를 비유하기를, "訣曰 禪門正傳
之機 一似三綱之上 雲外神龍 一似百僚之上 廟堂天子 其尊其
貴 不辨可知"(同上 16葉 右)라고 하여 禪을 天子에 비하고 教
를 백관에 비유하였다.

休靜雜考   또 휴정의 『心法要』(神溪寺藏)에는 선교 2파의 폐를 지적하
고 다시 나아가서 삼승학인의 병을 들었으며, 다음에 참선문,
염불문을 설하여 4종의 염불을 열거하였으니 이를테면 口誦,
思像, 觀相, 實相이 이것이다. 心法要抄(간본)가 있는데, 금강
산 乾鳳寺에 있다. 휴정 찬 說禪儀文並諸山壇儀文도 묘향산
에 있다.

   휴정이 입적 후 3년에 여러 문인들이 遺誠를 받들어서 그
유물을 해남 대흥사에 옮겼다. 효종 6년에 적손 虛白明照가

碧玉鉢, 袈裟 등을 대흥사에 옮긴 것이 지금도 보물로 수장되
어 있다.

제6장 休靜 문하의 龍象

休靜門下   청허 휴정 문하에 麟, 鳳이 매우 많은데, 松雲惟政은 그 제1
인이다. 유정은 비록 禪道에 조예가 깊지 않다 하더라도 국난
을 당하여 충렬로써 알려졌다. 鞭羊彦機 또한 청허의 선을 전
하여 문하에서 가장 성하였다. 逍遙太能은 우국진충의 뜻에 송
운과 轍을 같이 하였으나 禪的 풍격에 있어서는 송운보다 勝한
것이 있었다. 이렇게 三師가 鼎峙하여 서산의 眞宗을 唱한 것
은 성황이었다고 할 수 있다. 中觀海眼과 靜觀一禪과 詠月淸學
도 청허의 문하에서 공부해서 심요를 얻었다.

제1절 청허 문하 송운의 戎軒

四溟傳   휴정의 상족 惟政은 휴정을 대신하여 국사에 진력하였다. 四
溟(泗溟)大師라고 하여 휴정과 함께 칭송된다.
　　『사명집』에 실은 碑銘과 아울러 행적에 의하면, 惟政의 字
는 離幻, 스스로 이름하기를 四溟, 松雲, 鍾峰堂 등으로 호하
였다. 속성은 임씨, 밀양 사람으로 明 가정 23년(중종 39년)에
태어났고, 13세에 황유촌 汝獻에게서 맹자를 배웠다. 하루 저
녁은 책을 덮고 탄식하기를, "俗學賤陋 世緣膠擾 豈若學無漏
之學乎" 하고 곧 황악산 直指寺로 가서 信默에게 예하고 체발
하였다.
　　처음 『전등록』을 보면서 모든 老宿들에게 가서 奧旨를 물었
다. 明 세종제 가정 40년(명종 16년)에 禪科에 들었고, 華聞이

점점 나타났으며, 문인 詩客들과 교류하여 문장이 날로 더욱 진보되었다. 겸하여 내전을 섭렵하여 교학의 旨를 탐구하였다.

명 신종제 만력 3년(선조 8년)에 衆望에 의하여 禪寺에 주지로 청하였으나 유정은 사양하고 묘향산에 들어가서 처음으로 휴정에게 請益하였다. 휴정은 위곡히 提遊하여 곧장 性宗을 주었다. 고행 수행한 3년 만에 그 심요를 다 얻었다.

만력 6년에 묘향산을 하직하고 풍악산(금강산)으로 향하여 報德寺에서 三夏를 결제하고 남방의 여러 사찰에서 수행하였다. 만력 17년에 오대산 靈鑑精舍에 머물다가 逆獄에 誤坐하여 강릉부에 招禁된 것을 儒士들이 그의 억울함을 하소하여서 석방되었다. 이때 읊은 시가, "峨媚山頂鹿 擒下就轅門 解網放還去 千山萬樹雲"이다.

만력 20년(임진년, 1592, 선조 25년) 여름에 일본兵이 영동에 난입하여 금강산 유점사에 이르자 유정이 곧 10여명의 제자들을 거느리고 바로 산문으로 들어가니 日兵이 모두 그 무리를 묶었다. 유정이 홀로 中堂에 이르니 일본 장수가 그가 비상한 인물임을 알고 예로 대하였으며, 또 그 무리도 풀어주었다.

유정이 글로써 왕복하여 寺門을 구호하였고, 그 길로 飛錫하여 高城으로 들어가서 일본 장수 3인과 필담으로 嗜殺하지 말라고 권하였다. 이에 두 명의 장수는 유정에게서 계를 받고, 공양을 하였다. 3일 만에 성에서 나오니 9郡의 사람이 殘害를 많이 면하였는데 이것이 유정의 힘이었다.

이미 선조가 서쪽(평양)으로 피난함에 유정은 개연히 말하기를, "我等生居此土 食息優游 閱有年紀者 秋毫皆上力也 値此艱危 其忍坐視"라고 하고 곧 乾鳳寺에서 義僧 수백을 모집하여

順安으로 나아가니 諸僧이 모여와서 무리가 수천에 이르렀다.

그때 휴정은 왕명에 의하여 諸道의 승병을 총섭하였는데, 서산휴정은 제자 사명유정으로 하여금 대신 대중을 통솔하게 하였다. 유정이 體察使 柳成龍과 협동하여 명군을 따라서 만력 21년 정월에 평양을 공격, 小西行長을 달아나게 하였다. 또 도원수 權慄을 따라서 영남으로 내려가 의령에 주둔, 殺獲함이 자못 많았다.

만력 22년에 總兵 劉綎이 유정에게 명하여 金營에 들어가서 加藤清正을 깨우치게 하였다. 가등청정이 묻기를, "朝鮮有寶乎" 하니 유정이 대답하기를, "我國無他寶 以汝頭爲寶"라고 하였다. 가등청정이 "何謂也" 하니, 대답하기를, "方今 我國 購汝頭 金千斤 邑萬家 非寶而何"라고 하니, 이에 가등청정이 경탄하였다.

선조가 유정을 불러서 內閣에 이르게 하고 말하기를, "昔 劉秉忠 姚廣孝 俱以山人 建立殊勳 名流後世今國勢 如此 爾若長髮 則當任之百里之寄 授以三軍之命矣"라고 하였으나 유정이 사양하고 받지 않고 영남으로 돌아가서 龍起, 八公, 金烏의 諸城을 구축하여 保障을 삼았다. 그런 뒤에 上章하여 乞開하였으나 왕이 돈독히 下諭하여 불허하였다.

25년 겨울, 提督 麻貴를 따라서 烏山에 들어갔고, 26년에 劉綎을 따라서 曳橋에 들어가서 모두 首功이 있었다. 왕이 이를 가상히 여기어 특히 嘉善同知中樞府事로 올리었다. 만력 29년에 부산에서 築防하고 돌아와서 가야산에 은거했다.

만력 32년(선조 37년)에 일본과 화친을 위하여 국서를 받들고 일본으로 가서, 후시미성(伏見城)에서 德川家康을 만났는데 相國寺 西笑가 이에 참석하였다. 유정이 말하기를 "양국의 생령이 오래 도탄에 빠졌소. 나는 普濟를 위하여 온 것이다"고 하니 德川家康이 이를 예우하였고, 緇流(승려들)가 또 와서 환영하였다. 和好가 이루어지자 일본으로 잡혀간 조선의 남녀 삼천 오백을 데리고 본국으로 귀환, 33년에 한양에 이르러서 복명하니 왕이 그 노력을 가상히 여겨 嘉義階를 더하였다. 이때 휴정은 이미 입적하였으므로 묘향산에 들어가서 그 탑에 예하였다. 35년 가을에 乞骸하여 치악산으로 돌아갔다. 36년에 선조의 부음을 듣고 한양으로 가서 拜哭하고 그로 인하여 병을 얻어 가야산에 들어가서 요양, 치료하였다.

만력 38년(광해군 2년, 1610년) 가을, 8월 26일에 크게 禪那들을 모으고 고하기를, "四大假合 今將返眞 何用屑屑往來 勞此幻軀 五將入滅 以順大化也"라고 하고 드디어 가부좌하고 가니 향년 67세였다. 시호는 慈通弘濟尊者라고 하였다.

제2절 四溟惟政과 日本兵

『東國僧尼傳』 유정 條에는 다음과 같이 쓰고 있다.

"萬曆壬辰 居金剛山 楡岾寺 倭兵大至 與同舍僧 避寇深谷間 有僧往覘 倭人楡岾寺 縛居僧數十人 索金銀諸寶 不出將殺之 惟政聞之 欲往救之 僧皆挽之曰 吾師欲爲同舍僧救其死 其慈悲莫大 然探虎口將虎鬚無益 只取禍耳 惟政不從 入亂兵中 傍若無人 倭兵惟之 至寺門 諸倭 或坐 或臥 劍戟交鏦 故不拜揖 不顧眄 不留行 曳笻揮手而入 倭熟視而不之禁 歷山影樓 至法堂下 僧皆縛在 兩廡下 見惟

政而泣 惟政不之顧 有倭在禪堂外 治文書 如軍目者 政立觀 倭兵亦
不禁呵 觀其文字 不可曉 直上法堂 諸倭將 皆列椅而坐 惟政垂手不
爲禮 彷徨縱觀之如痴人 有一將以文字問曰 爾解字否 惟政曰 粗解
文字 又問之曰 爾國尊七祖乎 惟政曰 有六祖 焉有七祖 曰願聞之
即列書六祖視之 倭將大異之曰 此寺有金銀諸寶 爾可盡出之 不然
當殺之 我國不寶金銀 只用米布 金銀諸寶 擧一國所罕有 況山之僧
只事供佛 菜食草衣 或絶粒湌松 或乞食村閭 以爲生 豈有蓄金銀之
寶 曰觀將軍 能知佛事 有六祖 佛法全以慈悲 不殺爲上 今觀無罪愚
僧 縛在廡下 責以珍貨 彼一笻千山 寄食民間 以度朝夕者 雖刲身粉
骨 豈有一寸寶 願將軍活之 諸倭傳示 其書動色 顧下卒云云 下卒趍
下堂 盡解兩廡二十餘僧 惟政又揮袖曳笻而出 倭將以大字 書大板
掛寺門曰 此寺有知道高僧 諸兵勿更入 即罷兵而去 自此倭兵更不
入楡岾寺 朝廷除政僧將 統營八道僧軍 出入倭陣 以遊說爲任 嘗入
賊陣 見倭將淸正 淸正曰 爾國何寶最貴 惟政曰 吾國無所寶 所寶唯
將軍之首也 淸正强笑 而中實憚之 亂旣定 奉朝命入日本國 家康以
雲綿子 二萬斤與之 辭不得 盡與對馬島主 橘智正而歸 及朝廷重修
廟闕 政鳩一國僧軍 以助役"(『於于野談』)

일본병이 금강산에 들어갔을 때 그 상태가 과연 그러했을
것이다.

제3절 使節로서의 四溟惟政

惟政使節　　『동국승니전』에 惟政이 일본에 사신으로 간 것에 대하여 다
음과 같이 서술되어 있다.

"關白(家康)問 以大師所欲 吾必敬承 試言之 政曰 山人本無欲 唯願 還我國佛畫一幀 關白曰 敝國雖小 尚多重寶 何捨此而取彼 政曰 此佛甚靈 可以祈風禱雨 可以禳災致祥 故願還也 關白以下齊聲言 曰 大師亦能 呼風喚雨 何必求還佛幀 政不復强迫而歸"

여기에 말한 佛畫라는 것은 黃雀이 그린 것으로서 桐華寺에 소장되어 있었는데 왜병들이 임진란을 틈타서 노략질해 간 것 이다. 그런데 이 佛畫는 매우 영험이 있어서 장마와 가뭄, 질역 에 기도하면 반드시 효과가 있었다고 한다. 유정이 이것을 찾 아오려고 하였으나 뜻대로 안 되었다는 것이다. 유정은 일본에 가서 여러 사찰의 長老(고승)와도 만나서 禪을 말하였다.

日本僧 仙巢 仙巢(대마도僧 玄蘇)에게 보낸 글에 말하기를, "至日本 得見 西笑老兄 圓光長老 五山諸德 盛論旨"(四溟集 卷六, 11葉 右) 라고 한 것이 있는데, 仙巢, 西笑, 圓光 외에 松源宗長 承悅 등과 詩偈로써 응수하였고 그 중에서도 仙巢와 가장 친하였 던 것이다. 유정은 국사 다단한 날을 당하여 강개함을 금하지 못하였다.

惟政之 慨詩 聞龍旐西指 痛哭而作辭에 云, "龍輿兮西幸 鳳城兮一空 文武 多士兮 轉于丘壑 犬兮羊兮 南北與東"(四溟集 卷一 1葉 右)이 라고 하였고, 10월 초삼일 雨雪寫懷의 辭에 云, "天寒旣至 白 雪如斗 赤頭綠衣兮 絡繹縱橫 魚肉我民兮 相枕道路 痛哭兮痛 哭 日暮兮山蒼蒼 遼海兮何處望 美人兮天一方"(同上 1葉 左)이 라고 하였으며, 임진 10월에 의승을 거느리고 祥原을 건널 때 는, "十月湘南渡義兵 角聲旗影動江城 匣中寶劍中宵吼 願斬妖 邪報聖明"(同上, 卷四, 9葉 右)이라고 하였다.

국가는 쇠망에 임하였고 생령은 도탄에 괴로워하며 사찰은 황폐해 버렸는데, 유정이 일본 福州 西原寺를 지나면서 감개무량 하여 읊은 시는, "前朝郭外寺 零落對長河 古井生秋草 空樑散曙鴉 千年香火盡 今夕水雲多 游子獨怊悵 亂山生暝霞"(同上 卷二, 1葉 左)라는 것이 있고, 나랏일로 분주한 중에도 항상 송풍죽우의 禪居를 잊지 못하던 유정은 震川을 지나면서 다음의 시를 읊었다.

"古驛重陽抱劍悲 病身唯有月相隨 衡峯燒芋眞吾願 官路乘肥豈我宜 瘴海十年空遠戍 香城何日定歸期 天淸一鴈江東遠 明滅燈前攬弊衣"(同上 卷三, 7葉 左)

제4절 四溟惟政의 사상

惟政의 思想

『사명집』 중에서 유정의 사상을 표현한 것이 적다. 甲會文 같은 것은 유정의 평생의 용심을 나타낸 것으로 볼 수 있다.

"我輩 生逢減劫 未免襁褓 而夭者居半 我輩至於餘二十春秋 其幸也一 我輩未至于學 而値此蒼黃之際 竟不失遺體 其幸也二 塵點劫來 散經諸趣 鍼芥相投 遇此正法 其幸也三 蜉蝣火宅 泡幻身世 一月之內 開口而笑者無幾 我輩同寓仙山 同參法會 談笑同遊 其幸也四 人生於世 盲聾瘖啞 保遺體全 而歸者幾稀 我輩耳目聰明 具男子之典形 不爲人之所棄 其幸也五 具五幸 而不宜如禽獸之空死生也 願我朋輩 更無惜囊儲 以報天地聖賢 罔極之恩 祈國祈民 以成天下太平 仍成無量劫 兄兄弟弟之因也 願我良朋 更回首自思"(『四溟集』 卷六, 11葉 右)

라고 하였는데 그 용심의 愼密함을 볼 수 있다.

華嚴經跋   유정의 선학의 第一義에 대한 견해는 그의 華嚴經跋에 나타나 있다.

> "大哉 華嚴之爲頓教也 體本不生 而無始無終 用實非滅 而無成無壞 是爲衆教之本 而萬法之宗也 天以之而清 地以之而寧 山川以之而流峙 禽獸以之而飛走 以至草木昆虫 亦以之而動息 此所謂 體萬物而不遺 性一切而無忒者也 我佛之所宣說 盖說此也 五十三善知識 所示人 盖示此也 乃至 君仁臣忠 父慈子孝 兄愛弟恭 夫和婦順 亦無非 得此而然也"

라고 한 것은 철저한 것이다. 그러나 오히려 有爲의 공덕에 집착되어서, "時無百害之災 日有千祥之慶 天災地變 自弭自滅 堯風舜日 自扇自明"이라고 하여, 기도불교의 폐습을 답습한 것은 가석한 일이다.

惟政詩偈   유정은 頓悟成佛의 第一機 이외에 왕생정토의 第二機에 墮하였다. 그러므로 말하기를, "回機有二種 一自力 二他力 自力謂一念回機 便同本覺者也 他力乃歸依 慈父十念功成者也"(『四溟集』卷六, 1葉 左)라고 한 것이다.

유정의 禪偈는 超方失格의 分이 없는 것이다. 몇 편을 수록한다.

〈贈 靈雲長老〉

千魔萬難看如幻 直似灘頭掇轉船 吞透金剛并栗莉 方知父母未生前

〈酬 李公求語〉

懸崖峭壁無栖泊 捨命忘形進不疑 更向劍峰翻一轉 始知空劫已前時

(同上 卷五, 1葉 右~左)

〈贈 蘭法師〉

萬疑都就一疑團 疑去疑來疑自看 須是挐龍打鳳手 一拳拳倒鐵城關

(同上 卷二, 2葉 左)

〈贈 淳長老〉

正宗消息沒滋味 不用如何又若何 打破銀山鐵壁去 此時方渡死生河

(同上 4葉 右)

유정이 일본에 있을 때 德川家康의 長子에게 준 싯구가 있다.

家康長子 有意禪學 求語 再勤仍示之

太空間口無盡藏 寂知無臭又無聲 只今聽說何煩問 雲在青天水在瓶

(同上 卷七, 5葉 右)

五山三倭僧來見 因問禪宗綱領 以無頭話贈

人人脚下活獅子 誰怕南山瞥鼻蛇 一口倘能吞海盡 珊瑚帶月出滄波

『사명집』序에는 유정의 시를 可班於唐九僧也라고 했으나 대체로 溢美(過讚)의 言인 것 같다.

惟政派　　『重刊逍遙堂集』序에 云, "逍遙禪師 西山淸虛祖師之 高足弟子也 祖師門中 禪師與鞭羊師 爲禪宗 松雲師 爲敎宗"이라고 하였으니 과연 그렇다면 유정은 교종에 치우친 것 같다. 당시 선과 교가 융합되어서 서로 그 특색을 잃었으므로 두 종을 준별

하기는 어려웠다. 유정의 문하가 일파를 이루고 송운파라고 하였다.

제5절 清虛休靜 문하 彦機의 종풍

彦機傳　　청허휴정의 제자 鞭羊彦機가 西山의 禪을 얻었다고 칭한다. 彦機는 鞭羊堂이라 호하였고, 속성은 장씨며 죽주(경기도 광주군) 사람으로 선조 14년(1581)에 태어났다. 어려서 玄賓에 의하여 세속의 인연을 謝絶하였고, 자라서 묘향산(서산)에 주석하였으며 의발을 청허휴정에게서 받았다. 그 뒤 남쪽의 여러 사찰을 방문하여 諸 노숙들을 歷參하고 얻은 바가 있었다.

鞭羊派　　또 풍악산(금강산)의 天德寺와 묘향산 天授菴 등에 주석하면서 개당설법하여 널리 禪教를 펴니 悟解하는 자가 많았다. 명 숭정 17년(인조 22년, 1644)에 西岳의 내원에서 입적하니 세수는 64세였다. 저서는 『鞭羊堂集』 3권이 있다. 彦機의 문하가 일파를 이루니 이를 편양파라고 한다(鞭洋集序)

彦機之詩　　편양집을 살펴보면, 彦機가 尹巡使에게 답한 게송이 있는데, "不學宣王教 寧聞柱吏玄 早入西山堂 唯傳六祖禪"(편양집 卷一, 2葉 右)이라고 하여 스스로 孔孟의 교를 배우지 않고 老莊의 학설도 들음이 없이 일찍이 서산의 문에 들어가서 참선을 했다고 하였다.

또 遊方한 뒤에 香岳에 安禪하였음을 서술하여, "百城遊方畢 香岳伴雲閑 獨坐向深夜 前峰月色寒"(同上)이라고 하였고, 世外에 소요하는 경지를 읊기를, "雲走天無動 舟行岸不移 本是

無一物 何處起歡悲"(同上, 2葉 左)라고 하였다. 또 언기는 禪衲의 機用을 보이고자 하여

"追風忌鞭影 誰是真龍骨 手把碧玉槌 打破精靈窟 錦鱗須透網
丹鳳鐵銷裂 深深海底行 高高峰頂立 風前嘯兩嘯 天外喝一喝
烏石嶺頭雲 望州亭前月 朝歸白鷺洲 暮宿黃牛峽 已靈猶不重
佛祖是何物 暮天雲未合 遠山無限碧 疎雨過前山 野塘秋水綠
劍樹喝使摧 鑊湯吹教滅 火宅清凉雨 昏衢光明燭 爲報清禪人
還知此消息 仲春風色寒 尚對千岩雪"(同上, 16葉右)

이라는 시를 지었는데 이는 尋常一樣의 선풍을 보인 것이다. 또, "雨後秋天萬里開 川流白石淨無苔 念佛人心正若此 娑婆國界卽蓮臺"(同上 12葉右)라고 한 것은 禪者의 茶飯만을 쓴 것이 아니다.

彦機의 宗風

"六祖曰 有一物於此 上拄天下拄地 明如日 黑似漆 常在動用中收不得 儒謂之一太極 老謂之天下母者 皆不離於此也 此物之爲體也 虛靈不昧 具衆理 應萬事 天地陰陽 日月星辰 山川草木 人及禽獸之屬 無一箇不承渠之恩力 而得成立焉 有生皆具 誰獨且無 但昧者不知 所謂而民 日用而不知者也 惟我釋迦如來 自以淨飯王太子唾金輪萬乘之位 入雪山六年修道 臘月八夜 見明星豁悟 向所謂一物者 而成正覺 歎曰奇哉 一切衆生 皆具如來智慧 但以妄想執着 而不證得"(同上 卷三, 34葉右-左)

이라고 공언한 것은 純禪의 眞訣을 얻었다고 할 것이다. 그러

나 敎와 禪을 구별하여,

"四十九年 東說西說 慈雲廣布 法雨遇沾 於是聾駼枯槁 咸蒙其澤
而滋榮 此中才下根 承言會意者 是敎門也 祖師所示機關 迥異於前
未嘗開口 直指人心故 但良久默然 或據座垂足 或揚眉瞬目"(同上,
34葉左~35葉右)

이라고 말한 것은 후세에 禪機의 남용을 眞禪으로 오해하게
한 요인이 되었다.

또 선과 염불을 논하기를, "參禪則念佛 念佛則參禪 初何嘗有
間哉"(同上 33葉左)라고 한 것은 명 말에 있었던 중국의 선풍
을 모방한 것일 뿐이다. 『편양집』 권3에 실은 願佛表와 같은
것은 鞭羊彦機가 念佛 信者로서, 禪門 直指의 가훈에는 하나
도 의거하지 않은 것임을 나타내었다. 『편양집』 권2에 禪敎源
流尋釰說이 있는데 편양언기의 견처를 증거하기에 족하므로
아래에 초록한다.

禪敎原流　　　禪敎源流尋釰說
尋釰說
　　　昔馬祖一喝也 百丈耳聾 黃檗吐舌 此一喝 便是拈華消息 亦是達
摩初來底面目 即空劫已前 父母未生時消息 諸佛諸祖 奇言妙句 良
久 棒喝 百千公案 種種方便 皆從斯出 銀山鐵壁 措足無門 石火電
光 難容思議者也 此敎外別傳禪旨 所謂徑截門也
　　　敎有四等差別 初成道 爲緣熟菩薩 上根凡夫 說二頓華嚴也 爲聲
聞 說四諦 爲緣覺 說十二因緣 阿含也 爲菩薩 說六度方等也 爲前
三乘究竟 說阿耨多羅三藐三菩提 法華也 是爲四敎也 然當機 自有

差別 法無差別 不起樹王而 遊鹿苑而於頓說 即說四諦 然則仙苑覺
場一座也 華嚴四諦一說也 華嚴不必玄於四諦 四諦不必淺於華嚴也
但隨機而有大小差別 如天降雨 草木受潤 草木自有長短 其雨一味
也 佛說亦爾 教隨機異 其實皆一法也 華嚴所示 即心即佛 即三乘教
所說 根境諸法也 心外無境 境外無心 心境一如 眞俗無礙 華嚴即得
菩提 其機之利也 非教之勝也 阿含但悟偏空 其機之鈍也 非教之淺
也 推此而論之 若上根大智 聞阿含而 便成正覺 小根淺智 聽華嚴而
逃走天涯 四教所示法體 皆妙萬法 明 心 即幻化 示實相 其所示也
根境諸法也 其能悟也 亦根境諸法也 空本無花 見花者病也 法無差
別 見差別者妄也 一念不生 火宅即寂光也 毫厘有差 寂光即火宅也
禪門爲最下根者 借教明宗 所謂性相空 三宗也 有理路 語路 聞解思
想故 圓頓門死句 此義理禪也 非前格外禪也 雖然之二者 亦無定意
只在當人機變 若人失之於口則 拈華微笑 盡落陳言 若得文於心則
麤言細語 皆談實相也

凡夫見生死 二乘見涅槃 諸佛出世 說諸正法 只度其生死涅槃 二
種邪見而已 非別有能事也 而二人聞法 知非只改從前錯解而已 亦
非別有聖解也

人見佛出世 又見滅度 非佛身有生滅去來之相也 自是當人 有感
則見 無感則不見 猶水澄則月現 水濁則不現 不現過在水濁 非月之
不能現也 不見過在無信 非佛之不能應也 佛身如虛空 本無隱現去
來之相也 若以理言之 佛者白己 本源天眞是 常在覺觀波濤中 而活
潑潑焉而人也 用覺觀而置之則凡也 用般若而照之則佛也 若人知一
切法 色則是空則不爲有相所礙 知一切法 空即是色則不爲空無所滯
知一切法 非空非色 能空能色則不爲中道所留 此透出三關 眞道人
之境界也 亦猶逸驥之於 春風曠野神龍之於 月明滄海者也 雖上根上

智 徑截得入 未免新熏 只是這邊底消息 非黃閣中 向上事也 故云
還鄉盡是, 兒孫事祖 元來不出門 況依言信入 積功累德而後成之者
乎 不如一念不生 坐斷千差 本來無事者也

　　徑截門工夫：於祖師公案上 時時擧覺起疑 惺惺不徐不疾 不落昏
散 切心不忘 如兒憶母 終見憤地一發妙也

　　圓頓門工夫：返照一靈心性 本自清淨 元無煩惱 若當於對境分別
之時 便向此 分別未起之前 推究此心 從何處起 若窮起處不得則心
頭熱悶 此妙消息也 不得放捨

　　念佛門工夫：行住坐臥 常向西方 瞻想尊顔 憶持不忘則命終時
陀佛來迎 接上蓮臺也 此心即六道 萬法故 離心別無佛也 離心別無
六途 善惡諸境也 命終時 若見佛境界現前 無驚動心 若見地獄境界
現前 無怖畏心 心境一體 是爲不二 於此不二法門中 何有凡聖 善惡
差別乎 如此觀察不惑則生死魔何處摸索 此亦是道人制魔之要節也
學者須著眼看 此但鈔禪敎法門關節及學者日用中 用心處 其廣現宗
風 在人天眼綱要集 其入敎次第 頓漸修證 禪敎和會 在天台四敎圓
覺懸判禪源諸詮故 此不婦云(『鞭羊集』卷二, 17葉 右~20葉 左)

　　이로써 보건대 彦機는 서산휴정의 문하에서 선에 있어서 뛰
人天眼目　어나다고 칭하지만 그대로 믿기란 좀 어렵다.『인천안목』을 證
權으로 하고,『禪源諸詮集都序』로써 準繩을 삼은 것 등이 그
분명한 증거이다.

제6절 逍遙太能

太能傳　　태능은 逍遙라고 호하였다. 성은 오씨요, 호남 담양 사람으

로 명종 17년(명 가정 41년, 1562)에 태어났다. 나이 13세에 백양산에 놀러 갔다가 物外의 경치를 보고 출가할 뜻이 있어 삭발하고 경률을 익혀서 능히 그 뜻에 통하였다.

그때 浮休善修가 속리산과 해인사에서 교화를 펴자, 이에 따라서 大經(화엄경)을 받고 그 玄微를 얻었다. 부휴의 會下가 수백 인이었으나 오직 太能과 雲谷冲徽와 松月應祥을 法門三傑이라고 불렀다. 명나라의 장수 李如松이 와서 해인사에 주할 때에 소요태능을 보고 부휴에게 말하기를 "伯樂之廐 多駿驥"라고 하였다.

휴정이 묘향산에서 玄化를 연다는 소식을 듣고 가서 西來祖師意의 嫡意를 물으니 휴정이 일견에 器許하고 의발을 전하였다. 모시기를 3년, 휴정의 命에 의하여 開堂揮塵하니 그때 나이 20이었다. 휴정이 준 게송(斫來無影樹 燋盡水中漚 可笑騎牛者 騎牛更覓牛)을 가지고 제방의 종장에게 질문하였으나 하나도 그 뜻을 아는 자가 없었다. 다시 서산에 이르러서 휴정에게 물어서 비로소 無生을 알았다.

그로부터 觀心 任性하여 逍遙放曠하니 배우는 자들이 그를 宗으로 하여 크게 현풍을 떨쳤다. 임진란에 서산의 師弟가 義를 부르짖고 적진으로 나아가니 소요태능은 불전에서 정성을 다하여 기도하였다. 뒤에 인조가 남한산성으로 옮기자 명을 받들고 西城을 수축하였다. 忠君憂國의 뜻은 서산휴정, 사명송운 등과 같은 것이었다.

인조 27년(1649) 입적에 임하여 게송을 쓰기를, "解脫非解脫 涅槃豈故鄕 吹毛光爍爍 口舌犯鋒鋩"이라고 하고, 드디어 입적하니 나이 88세였다. 孝宗이 慧鑑禪師라고 시호를 내렸

다.(逍遙大師 行狀)

太能의
風格

重刊逍遙堂集序에 云, "逍遙禪師 西山淸虛祖師之 高足弟子
也 祖師門中 禪師與鞭羊師 爲禪宗 松雲師爲敎宗 一時竝峙"라
고 하였다. 그렇다면 서산의 禪을 얻은 자는 편양언기와 소요
태능 두 사람이다. 그러므로 소요집에, "東國三山一太能 年登
九十百無能 雖然開豁宗門眼 隻手全提殺活能"이라고 자부하였
음이 보인다.

同書에 선승의 胸次를 쓰기를, "菜根兼葛衲 夢不到人間 高臥
長松下 雲閑月亦閑"이라고 하였고, 또

饑則松花渴則泉 健兮閑步困兮眠 蹈破天魔生死窟 騰騰山后與山前

多事塵寰無事客 一生行止白雲中 身閑野鶴愁難並 心淨寒潭愧不同

秋晚鳴笻五湖月 春深翻衲萬山風 世間榮辱何曾夢 物外優遊無定蹤

層阿懸小屋 俗累未曾干 山暝雲生墍 窓明月入欄

臺前散花竹 簷外亂峰巒 獨坐松陰睡 濤聲繞夢寒

山矗矗水冷冷 風習習花冥冥 活計只如此 何用區區順世情

이라고 읊은 것 등은 그의 超世的 풍격을 짐작하기에 족하다.

太能禪의
思想

그의 禪的 사상에 이르러서는, "前溪柳色黃金嫩 後苑梨花白
雪香 欲知格外傳禪妙 百草頭頭不覆藏 學道年深道亦深 古今天
地一靈心 靈心何涉春秋老 夫子牟尼不二心 水也僧眼碧 山也佛
頭靑 月也一心印 雲也萬卷經."이라고 하였는데 그의 모든 게
송은 그 大要를 보인 것에 불과하다.

逍遙派

태능의 문하가 일파를 이루었으니 이를 소요파라고 한다.
『東師列傳』에 의하면, "逍遙門徒數百餘人 惟敬悅獨得其宗 故

號之曰海運（…）海運有法嗣 曰醉如三愚 三愚之嗣 曰華岳文
信 文信之嗣 曰雪峰懷淨 懷淨之嗣 曰松坡覺暄 覺暄之嗣 曰晶
巖即圓 即圓之嗣 曰蓮坡惠藏"이라고 하였다.

제7절 中觀海眼

中觀派
海眼傳

　　서산의 嗣 中觀海眼이 또한 일파를 이루었다. 『佛祖源流』에
의하면, 중관해안의 성은 오씨이고, 무안 사람이며, 어려서 총
혜하여 신동이라고 일컬었다. 서산휴정에게 심인을 받았다. 그
러나 스스로 雷默處英을 불러 師翁이라고 한 것을 보면 雷默
에게도 청익하였다고 볼 수 있다. 중관해안도 임진란을 당하여
의병을 일으켰다. 금강산 건봉사에 사명대사비가 있는데, 거기
에 보면, "同時 從西山學者 又有海眼與靈圭 海眼起義嶺南 靈
圭嘗與趙文烈公憲 從死錦山之役者也"라고 한 것이 그 증거이
다. 뒤에 지리산에 있으면서 法化를 치성히 하였다. 그가 입적
한 해는 알 수 없다. 그의 저서에 『中觀集』이 있다. 거기서 시
두 구절을 뽑아서 옮긴다.

海眼의 詩

〈閑中 雜詠〉

松風牕外夜生涼 時有泉聲抑更揚 閑坐覓心心不得 求安心法是膏肓

〈次人韻〉

天地都盧一鏡明 孰云生滅許多情 勿問西來端的意 春禽猶漏兩三聲

中觀集

　　『중관집』 중에 고인의 시를 편입하여 표절의 비방을 면할 수
없는 것이 있다. 王陽明의 시 2절을 혼입한 것 따위가 그 일례

이다. 金山寺事蹟, 大芚寺竹迷記도 해안의 찬인데, 杜撰된 것이어서 보잘것없다. 草衣가 일찍이 竹迷記를 評破한 것은 그럴 만한 이유가 있다고 할 것이다.

제8절 靜觀一禪

一禪傳　　　중관해안의 문하에 一禪이 있어 靜觀이라 호하였다. 속성은 곽씨이고, 연산 사람이며, 중종 28년(명 가정 12년)에 태어났다. 어려서 출가하여 精修博學, 불교의 모든 교학을 널리 통하였다. 그리고 서산의 강석에 참예하여 言外의 심법을 얻으니 훌륭한 소문이 밖에 퍼져서 와서 배우는 자가 수백인에 이르렀다.

만년에는 속리산에서 덕유산 白蓮社로 이석하였더니 선조 41년 가을에 병이 나자 스스로 遺偈를 쓰기를, "平生慚愧口喃喃 末後了然超百億 有言無言俱不是 伏請諸人須自覺". 또 "三尺吹毛釼 多年北斗藏 太虛空散盡 始得露鋒鈶"이라고 하고 무심히 입적하니 세수는 76세였다.(靜觀集序)

靜觀集　　　정관집 1권이 있는데, 그 詩偈에 禪味가 풍부한 것이 많다.

〈贈雪岑〉

足蹈千峰雪 笻侵萬壑烟 世緣除蕩盡 物外自超然(靜觀集)

〈夜坐〉

風淸月白夜塘寒 坐對孤燈意自閑 一顆靈珠光燦爛 更於何處問心要
(同上)

〈贈芝禪客〉

優遊超物外 自由度朝昏 足蹈千山月 身隨萬里雲

本無人我見 那有是非門 鳥不含花至 春風空自芬(同上)

〈贈觀禪子〉

靜坐南臺上 觀空不是空 勿拘聲色外 寧墮見聞中 湛湛秋潭月

亭亭雪嶺松 玄關搊擊碎 方得震禪風(同上)

〈贈禪者〉

出家須是出凡流 一鉢身隨萬事休 物外烟霞心已契 人間榮辱意何求

悠悠歲月道遙遣 處處山川自在遊 欲何言語知自性 還如撥火覓浮漚

(同上)

一禪의 施經	『정관집』을 살펴보면 一禪 문하에 淸遠이 있다. 법화경을 읽고 持經의 공덕은 七珍萬寶를 보시하는 것보다 수승함을 알고는 동지와 재물을 모아서 造紙 3천 권, 印經 3천 부를 만들어서 동학들에게 베풀었다고 하였다.
一禪의 慷慨風	조선불교의 시대적 정신을 보인 것 같다. 一禪은 아프게 時勢에 개탄한 것이 있다. 上都大將 年兄의 書에 이런 글이 있다.

"於戱 季法之衰 世又亂極 民無安堵 僧不寧居 賊之殘害 人之勞苦 不可道也 而益增悽感者 僧衣俗服 驅使從軍 東西奔走 或就死於敵手 或逃生於閭閻 塵習依然 復萌于中 全忘出家之志 永廢律軌之行希赴虛名 火馳不返 禪風將息 從可知矣"

兵亂의 결과 더욱더 승풍이 퇴보되었음을 알 수 있다. 一禪은 그 友人이 干戈에 분주하여 禪家의 본분에 복귀하지 않음을 간하였다.

"足是大丈夫也 想必有匪石之心 松筠之操 而涅不緇 磨不磷也 雖
然荊山之寶 觸頑石而必分 驪龍之珠 在波瀾而不輝 (…) 且古之聖
賢 視富貴 如浮雲 安陋巷不改樂 (…) 況僧去就 異於世俗之人 是
以六祖 道播天下 而不赴天子之詔 僧稠德隆一世 而現拒魏王之招
而二主不可罪 而反加敬焉 (…) 今倭賊已退 大功旣遂 欲詣闕辭退
云 何必如斯乎 不告而逃之可也 若告辭 則必有難去之勢 願須速解
印綬 封付裨將 使致丹墀 卽脫戎服 還掛衲衣 入深山 絶蹤跡 掬溪
而飲 煮藜而食 再澄定水 重朗慧月 快登般若慈舟 直到菩提彼岸 至
祝至祝"

제9절 詠月堂 淸學

淸學傳　　영월당 청학도 휴정의 문인이다. 청학의 자는 守玄, 선조 4년
에 태어났다. 冠山勝府의 사람으로 속성은 강씨이며, 나이 13
세에 가지산에 가서 寶林에게 출가하였고 남쪽으로 가서 물은
지 여러 해, 서산에 올라가서 휴정의 室에 들어 심인을 얻었다.
뒤에 봉래산(금강산)에 머물렀고, 또 방장에 掛冠하였으며, 금
화산 澄光寺에 은거하였다. 효종 5년(淸 순치 11년) 10월에 입
적하였는데 세수는 85세였다.

詠月集　　『영월집』 1권이 있는데, 그 禪偈를 보면,

"了空花不實 知水月非眞 風起微雲斷 性天智月新
活物通三界 何曾滯死空 不關成敗數 高出有無中

心具衝天氣 性含透地才 靈光長不滅 明鏡掛高臺

不變天眞性 長居五蘊山 朝見雲片片 暮聽水潺潺

山河爲自己 萬物是吾心 刹海咸寂滅 於中泯古今"

이라고 하였으니 禪的 心境의 尋常함을 알 수 있다.

　청학은 항상 聲色에 即하여 大道를 觀하였으니, "簷白雲爲帳
窓明月作燈 道非聲色外 何必問高僧"이라고 한 것이 그 일례이
다. 그리고 山中閑淸의 낙을 서술하기를, "山下爲堂堂下泉 西
江十里碧連天 淸眸月色當窓畔 爽耳松聲落案前 身在靜中甘一
世 神遊物外樂吾年 時人莫採長生藥 半日淸閑半日仙"이라고
하였다.

清學의 抗疏　광해군 10년 무오에 大闕을 경영하는 데 승속이 많이 京師에
소집되어서 就役하였는데, 언행이 불미함으로써 僧徒에게 형
벌하고자 하자 청학이 항소하기를,

　"竊惟人在世間 莫非王臣 則子來王事 乃其職分 故頃者經始宮闕
之際 僧徒亦赴 是皆烏合 瑣末之衆 纔辨皂白之賴 必不濫及於負君
誤國之兇謀也而 其有鄙俚言辭 戲謔浮行 僅出於呼耶聲裡 困役軍
中半僧半俗之混淆 而禍萌於不圖之地 難蔓於無心之域 可謂殃及
池魚 禍延林木者也 (…) 伏願 擬山藪之藏疾 置熒獨於烟霞 特施
仁恩 使得其所 則香焚石室 日祝王化遐昌而已 小僧不勝屛營 謹昧
死以聞"

이라고 하였는데, 당시 僧徒가 官權에 驅使(사람이나 동물을
몰아서 부리는 것)되어 忍苦를 겪은 것이 짐작된다.

제7장 靈奎, 敬軒, 印悟

清虛의
門下

청허 문하의 영규가 의병을 일으켜 임진란에 순직하였으니 義烈의 魂은 그 스승에게 양보하지 않았다. 제월당 경헌은 비록 같은 청허 문하의 제자였으나 전쟁으로써 己任을 삼지 않고, 출진(出塵, 세속을 벗어남)의 지조를 지키었다. 청매인오도 또한 동문의 출신인데, 그 학덕에 있어서 동년배에 미치지 못한 것 같다.

제1절 靈奎의 의병

靈奎傳

휴정의 제자에 靈奎가 있다. 성은 박씨이고 공주 사람인데, 계룡산 갑사에 들어가서 出俗하고 뒤에 휴정에게 참알하여 득법하였으며, 공주 青蓮菴에 머물렀다. 禪杖으로써 즐기어 武技를 연습하더니 임진란에 선조의 播越을 듣고 분에 견디지 못하여 통곡하기를 3일, 스스로 將이 되어 의승 수백 인을 규합하고 諸將과 더불어 청주의 일본병을 쳤으나 패배했다. 이에 영
趙憲
규가 홀로 적과 싸우니 의병장 조헌이 달려와서 州의 西門의 적을 눌렀으나 크게 패하여 밤에 도망하였다.

조헌이 나아가서 금산의 적을 치려고 하자 영규가 이를 만류하며 간하였으나 따르지 않자 영규가 말하기를, "조공을 혼자서 죽게 할 수 없다" 하고 함께 갔으나 결국 조헌은 칠백의 병과 함께 전사하였다. 지금 금산군 금산면 의총리가 있으니

그 骸를 묻은 곳이다.

누가 말하기를, "적이 驟至하는데 왜 도망가지 않는가" 하고 물으니, 영규가 꾸짖기를, "죽을지언정 어찌 살기를 바라리오" 하고 분투하여 죽었다. 때는 선조 25년(1592) 8월 18일이었다. (『조선불교통사』上編 465-466쪽, 『國朝寶鑑』卷31, 343쪽)

處英
靈奎軍功   이때 휴정의 제자 처영(뇌묵대사)은 호남에서 의병을 일으켰고, 海眼은 충주에서 의병을 일으켰으며, 義嚴이 또한 승병을 거느렸다. 『佛祖源流』에 말하기를, "騎虛靈奎 號騎虛 俗姓朴氏 公州板峙人也 入鷄龍山薙髮 參西山傳法"이라고 하였고, 영규의 軍功에 대하여는, 『寄齋史草』下에서 이렇게 말하였다.

　　"忠淸監司先覺 啓曰 大賊入淸州 分兵搶殺 有僧靈奎者 能聚其徒 皆持鎌子 號令甚嚴 見賊不避 遂進攻淸州之賊 連日相持 雖無大勝 亦不退北 賊遂棄城而去 皆靈圭之功也 遂陞堂上爲僉知 賜段衣一襲"(『大東野乘』卷10, 290쪽)

이라고 하였다. 또 말하였다.

　　"趙憲曰 錦山之賊 腹心之疾 移書靈圭 遂進次其境 期明日共擊之 令旣布 天下雨 營陣未具 靈圭謂憲曰 兵有備無患 作營未畢 明日不可戰 憲心思良久曰 此賊本非我敵 欲區區速戰者 徒以因忠義之激 乘士氣之銳也 翌曉賊引衆先出 時靈圭 作營粗完 憲軍露立於野 賊遂薄之 將軍大呼合戰 短兵相交 殺傷相當 賊兵久而益至 憲軍見賊暫退 遂移入靈圭陣 賊踵後乘之 諸軍遂大亂 赤手搏戰 猶不少挫 未幾憲爲亂兵所殺 或謂靈圭曰 趙義將死矣 賊益至 不如去之 靈圭大

呼曰 死則死矣 豈可獨生 鏖戰終日 靈圭亦死"(『대동야승』 卷10,
292)

라고 하였다. 『聞詔漫錄』에는 말하기를, "此後僧兵 處處繼起
實圭倡之也"(同上, 599쪽)라고 하였다.

제2절 敬軒의 淸高

敬軒傳　　　임진란에 국난을 피하여 전쟁에 참여하지 않음으로써 淸高
하다고 한 자가 있으니 그는 청허 문하의 敬軒이다. 경헌은 스
스로 虛閑거사라고 호하고, 그 거실을 霽月堂이라고 하였다.
호남 사람이며, 속성은 조씨인데, 중종 39년(1544)에 태어났
다. 10세에 부친을 喪別하고 15세에 천관산에 들어가서 玉珠
를 쫓아서 축발, 두루 史子(經史子集 중에 史書와 諸子)를 읽
어 고금의 사물의 이치에 통하였더니, 하루는 탄식하기를, "此
世法也 非出世法也"라고 하고, 이에 여러 경전을 섭렵해 다하
고, 삼장에 관통하였다.

　　만력 4년에 묘향산에 들어가서 청허에게 참알하고 西來의
밀지를 들었으며, 동 6년에 금강산 내원동에서 住坐하기를 수
년, 확연하게 얻은 바가 있었다. 그 뒤로 문을 두드리는 자가
있으면 『都序』, 『節要』로써 이를 결택하였는데, 문에 들어오는
자로서 虛往實歸하지 않음이 없었다.

敬軒辭軍　　　임진란을 당하여 휴정이 승병을 모집하여 義를 외치면서 적
을 무찌르고자 하였다, 선조가 敬軒에게 좌영장을 제수하였는
데, 경헌이 잠시 군문에 나아갔다가 갑자기 사직하고 가니 왕

이 그의 절조를 높이 여기고 특히 명하여 判禪教兩宗事를 삼았으나 경헌은 이를 받지 않고 풍악(금강산), 오대산, 치악산, 보개산 등으로 자취를 감추었다. 경헌은 그중에서도 풍악을 가장 좋아하여 만력 46년에 은선동에 암자를 짓고 七夏安居를 지내었고, 암자의 편액을 霽月이라고 하였다.

희종 천계 3년에 문득 산을 나가고자 하니 이를 말리는 자가 있어 한 구절의 시를 지어 보이기를, "好在金剛山 長靑不起雲 簞瓢宜早去 風雪夜應紛"이라고 하고 오대산으로 이석하였다. 그 후 경헌의 말이 과연 徵驗이 있었다.

明 숭정 5년에 치악산에서 靈珠의 靈隱으로 옮겨 二夏를 지내었는데 그때 미질이 있자 문인이 게송을 남길 것을 청하자 곧 응하기를, "泥牛入海渺茫然 了達三世一大緣 何事更生煩惱念 也來齊閣乞陳篇"이라고 하고 무심히 천화하니 때는 숭정 6년(인조 11년, 1633)이고, 향년 90세였다.(霽月堂大師行蹟).

霽月集　『제월집』 1권이 있다. 贈熙玉禪子의 偈에 云, "圓頂方袍有宿緣 塵煩早脫入林泉 麁衣禦冷經千日 糲食充飢過百年 洗浴必臨碧澗水 安禪須向最高巓 松筠節操兼霜月 終老笻無出洞天"이라고 하였는데, 이 시는 그의 광풍제월의 정취를 보기에 족하다. 密雲大師에게 보이는 법어는 경헌이 宗으로 하는 바를 서술한 것이다.

敬軒의 宗旨　"只這一點靈明 圓同太虛 無欠無餘 上而無頂 下而無底 傍無邊際 離言說相 離文字相 離心緣相 諸佛說不及 萬藏收不得 强稱曰一物 此是人人之寶藏 亦是西來之法印 百骸潰散 歸火歸風 此一物長靈 蓋天蓋地 先天地而無其始 後天地而無其終 歷千劫而不古 互萬歲

而長今 最初一句 無位眞人 諸佛知見 當人妙心 萬法實相 天地根源
六道衆生日用處 聖不增處 凡不減 虛空讓其高廣 日月慚其光明"

이것이 능히 절대의 一物을 제시하여 餘蘊이 없다. 月華道人
에게 보인 게송에 말하기를, "有物無鼻亦無巴 常在勞生日用中
佛祖當頭說不及 八萬大藏收不得 若人欲識這箇事 動靜須參祖
師關 不覺全身都放下 九霄雲散月當天"이라고 하였다.

제3절 靑梅印悟

印悟　　휴정의 문하에 松雲惟政과 더불어 의발을 서산에게서 얻은
이가 靑梅印悟이다. 임진란을 당하여 國事에 분주하였고 普
濟(임진란 종료) 후에는 지리산 천왕봉 아래 舊庵으로 歸老
하였다.

靑梅集
印悟行道
인오에게 『청매집』이 있는데 그 상권은 頌古로서 단순히 死
型에 떨어진 문자를 나열했을 뿐이고, 하권의 詩偈는 그 미숙
한 사상을 누설한 것이다. 寒拾 二子를 詠하여 말하기를, "天台
國淸寺 曾有二貧子 笑指黑白牛 前生諸大士 吁嗟至人言 因果
無差矣 寄語袈裟輩 莫誇無妻子"라고 하였으니 이것은 僧徒가
牛胎에 재생했다는 妄談을 믿은 것이다.

또 『청매집』에서 스스로 자신이 (선승임에도 불구하고) 雜行
의 사람임을 진술하였으니, 行道의 偈에, "生年五十三 躬自行
柴水 氣異過現未 心非初中後 靜聽杜宇聲 慢弄花奴手 時復禮
彌陀 間誦楞嚴呪"라고 하여, 염불과 송주로 쓸데없는 雜行이
많았고 철저한 正行이 결여된 증거를 보였다.

석씨가 충효를 다한다는 뜻을 서술하되, "殺生爲養親 食祿稱安社 唯知盡忠孝 曷信返招禍 全生孝父母 養性平天下 祝釐每朝昏 粥飯思仙駕"라고 한 것은 좋으나, 세상을 슬퍼하여, "野人自外來 道我世煩劇 癘氣捲閭閻 餓莩滿阡陌 干戈日益尋 骨肉不相惜 賦役歲益迫 妻兒走南北 山中絶悲喜 不勝痛病膈"이라고 하여 時事에 불평의 뜻을 말한 것이 많음은 애석하다.

病吟詩에, "沉吟客臥暮江頭 却憶靑山淚不收 紅葉獨憑關樹夕 白雲空望故鄕秋 霜侵白髮添吾恨 雨打黃花益旅愁 頑首擧來歸路遠 錦城門外水悠悠"라고 한 것은 禪家臥病의 襟懷일 뿐이다.

통도사 石鍾祭文에 釋尊傳을 쓴 것을 보면 구습에 따라서 전통적인 문자를 늘어놓은 외에 하등의 연구도 식견도 없다. 指馬論이라고 제하여 "天地一指 萬物一馬也 若知如是理 則群動爲同春 四海爲兄弟也"라고 한 것 같은 것은 莊周의 糟粕을 주은 것밖에는 一技도 없다.

印悟의
思想

十無益이라는 제목으로, "心不返照 看經無益 不達性空 坐禪無益 輕因望果 求道無益 不信正法 苦行無益 不折我慢 學法無益 內無實德 外儀無益 缺人師德 濟衆無益 心非信實 巧言無益 一生乖角 處衆無益 滿腹無識 憍慢無益"이라고 한 것은 얼마나 그가 상식적이고 평범하였는가를 알게 하는 것이다. 『청매집』 중 禪僧의 작이라고 하여 다소 볼 만한 것이 있다.

印悟의
禪的 見界

〈三聖詩續吟〉
豐干師云 本來無一物 生死涅槃常寂靜 寒山子云 吾心似秋月 不假修治自淸淨

拾得子云 永劫在迷津 曾息多生貪愛情 若人知此理 免他高屈
兩重病

〈忘心頓證〉

常居一切時 不起諸妄想 而住妄想境 不用息滅想

了知眞實性 總是虛撓攘 有求皆是苦 忘心最爲上

〈外覓〉

貧富與貴賤 莫言前世作 舜有歷山耕 說乃傳巖築

王侯及將相 本來無種族 凡人若回心 現世即成佛

〈山居〉

山間勝槩多 準擬人間樂 松風琴瑟聲 楓林綺羅色

獨坐足見聞 不要知得失 人來慰寂寥 我笑渠齪齪

〈看金剛經〉

了知一切法非法 畢竟自性無所有 知一切法性空者 即是自性
淸淨心

〈示求法人〉

一海衆魚遊 各有一大海 海無分別心 諸佛法如是

제4절 性淨, 學隣, 震默一玉

性淨派　　불조원류에 의하면 청허 문하에 無染性淨이 있어 그 법계가
　　　　　일파를 이루었다. 성정의 밑에 無影頤凜, 秋月寶休, 碧眼淨輝
　　　　　가 있으나 그 詳傳을 아직 볼 수 없다.

學隣傳　　서산의 嫡孫 學隣에 대해서는 강원도 보개산 심원사 翠雲堂

大師碑銘의 略에 말하기를 학린(一作 璘)의 속성은 손씨이고 강화 사람이며, 명 만력 3년 을해에 태어났다. 나이 15세에 印淨에게서 삭발하고 금강산에 들어가서 서산휴정을 뵈었다. 그로부터 서산의 제자 靑蓮의 문하에 있기를 10여 년, 靑蓮은 그를 그릇으로 소중히 여겨 의발을 전하였다.

일찍이 화엄경을 읽다가 책을 치워 놓고 탄식하기를 "求諸經不如求諸心"이라고 하고 竺修窟로 들어가서 면벽 9년, 그 후 운달산에 올라가서 있기를 5년, 그리고는 산에서 나와 명승지를 편력하였으며, 명 숭정 7년 갑술에 보개산으로 들어갔다.

명 영력 4년 경인(효종 원년, 1650)에 입적하니 수는 76세였다. 一法을 고행정진하였고, 입적에 다달아서 제자들에게 경계하기를, "爾等 棄父母出家 虛過一生 反不如還俗之爲愈 爾其勉哉"라고 하였다.(『조선금석총람』下, 891).

學隣臨終   學隣이 장차 천화하려고 하자 제자 등이 청하기를, "師今化矣 獨無一偈耶"라고 하니 학린이 말하기를, "死生一理 恒寂恒照 有何生死 既無生死 何以偈爲"라고 하였다.

一玉傳   사명유정 등과 때를 같이하여 震默一玉이 있었다. 그 법계가 미상하여 혹은 말하기를 서산의 嗣라고 하였다. 震默祖師遺跡考에 말하기를, "진묵당의 이름은 一玉이고, 전라도 만경현 불거촌 사람이며 7세에 전주부 서방산 봉서사에 들어가서 출가하여 同寺에서 교화를 왕성하게 하였고 이적이 많았다. 명종 17년 임술에 태어나서 인조 11년 계유에 입적하였는데 향수는 72세였다.

震默臨終   同書에 진묵의 임종을 서술하기를,

"師 一日沐浴 淨髮更衣 曳杖沿溪而行 植杖臨流而立 以手指水中
己影 而示侍者曰 遮箇是釋迦佛影子也 侍者曰 這是和尚影 師曰 汝
但知和尚假 不知釋迦眞 遂負杖入室 疊足加趺而坐 召謂弟子曰 吾
將逝矣 恣汝所問 弟子曰 和尚百歲後 宗乘嗣誰 師默然良久曰 何宗
乘之有 弟子再乞垂示 師不得已而言曰 名利僧也 且屬靜老長 遂怡
然順寂 世壽七十二"

라고 하였다. 대체로 서산휴정을 名利僧이라고 輕侮한 것이다.

진묵은 愛酒하였다. 그러나 술이라고 하면 마시지 않았고 곡
차라고 하면 마셨다고 한다. 곡차라는 이름이 여기서 시작된
것이다. 일찍이 게송을 짓기를, "天衾地席山爲枕 月燭雲屛海爲
樽 大醉居然仍起舞 却嫌長袖掛崑崙"이라고 하였다.

진묵일옥이 일찍이 전주 봉서사에 머물렀는데 전주에 봉곡선
생이라고 하는 儒士 金東準이 있어 진묵일옥의 방외의 벗이었
다. 봉곡 사제는 진묵일옥을 崇信하여 眞道人이라고 하였다.

진묵일옥이 그 모친상을 당하고, 그 제문에, "胎中十月之恩
何以報也 膝下三年之養 未能忘矣 萬歲上 更加萬歲 子之心 猶
爲慊焉 百年內 未滿百年 母之壽 何其短也 (…) 前山疊 後山重
魂歸何處 嗚呼 哀哉"라 하였으니, 비록 그 형모는 기이하였으
나 그의 마음의 바름을 알 수 있다.

하루는 봉곡에게서 『자치통감』을 빌려서 바랑에 넣어가지고
스스로 메고 가는지라, 봉곡이 사람을 시켜서 뒤를 따르면서
엿보게 하였더니, 가면서 그것을 읽었다. 한 권을 다 읽고는
땅에 버리고 또 한 권을 보곤 하였다. 이렇게 하여 寺門에 이르
는 동안 書囊까지 던져버리고 돌아보지도 않고 들어갔다. 뒤에

서 봉곡이 일옥에게 말하기를, 서책을 빌려다가 땅에 내버리니
무슨 일인가 하였다. 일옥이 말하기를, 魚를 득한 자는 筌을
잊는다고 하였다. 시험하여 逐篇擧難하여 보니 하나도 洞悉치
않음이 없었다.

제8장 浮休善修, 碧巖覺性, 虛白明照

光海君의
代

광해군 대에 부휴선수가 芙蓉영관의 嗣로서 크게 化門을 열었고, 胸次(胸襟. 마음) 淸白하여 物外에 초연한 기풍이 있었다. 그의 嗣 벽암각성이 靑出於藍의 譽가 있어, 師資道合함이 圖澄道安과 같다고 일컬었다.

벽암각성은 승병을 거느리고 국가를 위하여 항마군을 조직하였는데 대체로 西山休靜의 義氣를 相承한 것이다. 이런 때에 벽암각성과 막역한 熙彦은 許巢의 지조를 온전히 하였으니 기이하다고 할 것이다.

虛白明照의 의병과 悔隱應俊의 전력은 특기할 만한 것인데, 사직이 위태하면 충신이 나오는 것인가 보다.

제1절 善修와 광해군

光海君

선조를 이어 왕위에 오른 사람이 제15대왕 광해군(1609~1622년)이다. 이때 청허의 동학인 부휴선수가 그 문호를 넓혔다. 광해군의 서비 유씨는 불교를 아주 숭신하여 불상을 조성하여 내외의 사찰에 봉안하였다.

性智

또 승 性智는 풍수설로 왕의 寵任을 받는데, 왕에게 권하여 仁慶, 慶德, 慈壽의 三宮을 짓게 하고, 그 8년에 영조도감을 설치하여 八道에서 재목을 징발하고 팔도의 승군을 동원하여 부역하게 하니 이에 緇髡(승려)이 서울에 가득하였으며, 여기에 복역한 僧徒에게는 도첩이 주어졌다.

僧人赴役　다음 제16대 인조(1623~1649)가 즉위하여, 인조 2년에 남한산성을 쌓는 데 팔도의 승려를 징집하여 공역을 시키고, 松月應祥, 벽암각성을 시켜서 統督하게 하여, 두 사람에게 도총섭을 제수하였다. 그리고 성내의 개운사를 본영으로 하여 緇軍(승군)을 주둔시켰다.

善修　白谷處能이 찬한 弘覺登階碑銘에 보면, 善修는 浮休라고 호하였고, 속성은 김씨며, 고대방(전북 남원 지방) 오수 사람으로서 명 세종 가정 22년(중종 38년)에 태어났다. 어려서 頭流山에 들어가서 信明을 스승으로 삼아 삭발하고 그 뒤에 부용영관을 배알하고 그 堂奧에 나아갔다. 爲人이 皤腹脩眉에 장신 豐頰인데 다만 左手가 適失(왼쪽 팔이 없음. 또는 쓰지 못함)하였다.

득법한 뒤에 정승 盧守愼의 藏書를 借覽하여 일곱 번 寒暑를 겪는 동안 글이란 안 읽은 것이 없었다. 필적도 유미하였다. 송운유정과 이름을 가지런히 하여 당시에 二難이라고 일컬었다.

만력 20년에 일본군이 강토를 유린하였다. 그때 부휴선수는 덕유산에 있었는데, 몸을 깊은 산악 속에 숨기고 적의 칼을 피하였다. 날이 저물 때 왜병이 이미 지나갔을 것으로 생각하고 계곡물을 따라 암자에 돌아오는데 왜병 십수 명이 산기슭에서 나왔다. 부휴선수가 叉手하고 서니 왜가 칼을 휘두르는 기세를 지었다. 부휴선수가 태연히 동하지 않으니 倭가 크게 기이해하면서 가해하지 않았다.

병란이 이미 평정된 뒤에 가야산으로 가니 마침 명장 李宗城이 황제의 명을 받고 와서 關白을 봉하여서 間路로 해인사에 들어갔다. 부휴선수와 상견하매 문득 돌아갈 것을 잊었다.

얼마 안 있다가 덕유산 구천동으로 옮기어 편안히 있으면서, 하루는 원각경을 독송하여 아직 마치지 않았는데 바스락거리는 소리가 들렸다. 눈을 들어서 살펴보니 큰 이무기가 계단 아래에 누워 있었다. 부휴선수가 한 발로 그 꼬리를 건드리니 이무기가 머리를 숙이고 갔다. 그날 밤 꿈에 한 노인이 절하면서 말하기를, "蒙和尚說法 已離苦矣"라고 하였다.

광해군 때에 두류산에 머무는데 狂僧에게 무고되어 잡혀서 옥에 갇혔더니 有司가 부휴선수의 氣宇가 軒輊하고 언사가 璀璨함을 보고 광해군에게 사뢰었다. 광해군이 그의 무죄함을 알고 궁궐로 불러서 桃夭을 詢問하니 대답이 機에 맞았다. 紫襴의 方袍(네모난 법의가사) 등을 하사하였다.

또 봉인사에 雪齋하고 부휴선수로 하여금 증명하게 하였다. 재가 끝나자 산에 돌아오니 도속이 앞을 다투어 도를 물었으므로 대중이 항상 七百으로 찼다.

나이 72세에 조계산 송광사에 주석하다가 또 칠불사로 옮겼다. 만력 43년(광해군 7년, 1615)에 병이 있어 상족 碧嵒을 불러서 법을 부촉하고 말하기를, "吾意在汝 汝欽哉"라고 하고 게송으로 설하기를, "七十三(浮休集 作餘)年遊幻海 今朝脫殼返初源 廓然空寂元無物 何有菩提生死根"이라고 하고 홀연히 입적하니 세수는 73세였다. 광해군이 弘覺登階라고 追諡하였다.

善修法系   松廣寺嗣院 事蹟碑에 云, "自臨濟十八傳而 爲石屋清珙 麗朝太古普愚 得珙之傳 又六傳而 爲浮休"라고 하였고, 송광사 開創碑에 云, "麗僧普愚 入中國霞霧山 參石屋清珙禪師 清珙即臨

濟十八代嫡孫也 普愚盡得其法 傳之幻菴混修 混修傳之龜谷覺雲 覺雲傳之碧溪淨心 淨心傳之碧松智儼 智儼傳之芙蓉靈觀 靈觀傳之上足弟子 其名曰 善修 自號浮休 淹貫內典 爲一代宗師"라고 하였으니 부휴선수가 서산휴정과 동문의 형제임을 알 수 있다.

제2절 浮休와 盧守愼

盧守愼傳
李彦迪

부휴선수가 노수신의 藏書를 빌려다가 보았다는 재상 노수신의 자는 寡悔, 蘇齋라고 호하였으며 광주 사람이다. 총명 박학, 문장 웅건, 經術에 깊었다. 나이 20세에 박사로 뽑혔고, 27세에 晦齋 이언적에게 存心의 要를 물었다. 그때 이언적이 손바닥을 가리키면서 "물건이 여기 있는데 쥐면 깨지고 쥐지 않으면 없어진다"라고 말하니 노수신이 기뻐하면서 말하기를, "이것은 忘助의 異名"이라고 하였다.

夙興夜寐
箴註

노수신은 중종 38년에 甲科에 올랐다. 윤임(윤원형)의 士禍에 의하여 인종 원년에 순천으로 流轉되었고, 명종 2년에 전라도 진도로 귀양 가서 19년 동안 살면서 『人心道心辨』, 『夙興夜寐箴註』, 『蘇齋集』을 저술하였다. 명종 20년에 귀양에서 풀렸다. 선조가 아끼어서 6년에 우의정으로, 18년에 영의정으로 제수되었다.

선조 22년에 정여립의 역모에 연좌되어 다음해에 歿하니 춘추 76세였다. 그가 夙興夜寐箴註에서 心의 體用을 설하기를, "其一物才過 眞體依前 聚其光靈 絶其思慮 如明鏡止水 無毫釐妍口之痕 有虛明靜一之象 雖鬼神 有不得窺其際者 此靜而存養

也"라고 한 것은 이퇴계의 평과 같이 禪의 寂照虛通과 다름이
없다.

그리고 또 "竊見通書 曰 聖可學乎 曰可 有要乎 有 請問 曰一
爲要 一者無欲也 無欲則靜虛動直 靜虛則明 明則通 動直則公
公則溥 明通公溥庶矣乎 故愚讀此箴 而未嘗不反覆於斯云"이라
고 하여, 禪化된 宋儒의 학설에 심취되었음을 나타내었다.

人心道心
辨

또 人心道心辨에, "道心卽天理具於心者也 而其發也以氣故,
謂之人心 便有中節不中節故危也 而其未發則無形故微 見其危
而知其微 所以必加精一之功 精者察人心 卽所謂察夫二者之間
而不雜也 在學者則動時功也 一者存道心 卽所謂 守其本心之正
而不雜也 在學者則靜時功也"라고 설한 것 같은 것은 禪學의
定慧雙修 動靜並進의 공부와 다르지 않다.

제3절 『浮休堂集』

浮休堂集

부휴선수의 시문집 5권은 高弟 벽암각성이 편집한 것이다.
스스로 그의 평생을 서술하기를, "浮休一老翁 活計淸無物 日
暮弄松風 夜深翫山月 機息絶營謀 心灰無所別 避世入深居 何
人寄問說 吾法有自來 一言具殺活"이라고 하였다.(『浮休堂集』
卷二, 8葉 右). 마음이 淸白, 息機忘心의 상태라고 볼 수 있다.

부휴선수가 某 선자에게 준 게송에, "尋師學道別無他 只在騎
牛自到家 百尺竿頭能濶步 恒沙諸佛眼前花 撥草瞻風無別事 要
明父母未生前 忽然蹈着毘盧頂 觸目無非格外禪"(同上 卷四, 1
葉 右)이라고 한 것이 있고, 또 贈閑道人이라는 게송으로, "有
物希夷不可明 無頭無尾亦無名 若知箇裏眞消息 得坐披衣判死

生"(同卷, 1葉 左)이라고 한 것을 보면 그가 격외선으로써 자임하였음을 알기에 족하다.

"獨坐深山萬事輕 掩關終日學無生 生涯點檢無餘物 一椀新茶一卷經"(同卷, 2葉 右)
"掃地焚香晝掩關 此身孤寂此心閑 秋風葉落山窓下 無事常將古教看"(同卷, 2葉 左)
"百年身世與雲閑 隔斷紅塵對碧巒 鴈叫江城秋日暮 道人時復扣松關"(同卷, 3葉 右)

이런 시는 그가 無事閑寂으로써 활계를 삼고 인생의 實事에는 관계하지 않는 것으로써 도인의 도인된 소이라고 한 것 같다.

慷慨詩 이렇게 부휴선수는 항상 林泉을 좋아하였으나, 밖으로는 강적의 침입을 근심하지 않을 수 없었고 안으로는 儒士들의 배불에 분개하지 않을 수 없었다. 그러면서도 世外의 도인으로는 어찌할 수 없어 壯志를 헛되이 하고 山雲에 閑臥하였던 것이다. 그러므로 感懷에 말하기를, "玉殿苔生沒路頭 進前無力意悠悠 可憐不把金剛劍 空向雲山暗度秋 浮生冉冉水東流 不覺秋霜已落頭 事與心違身入老 斜陽獨立不堪愁"(同卷, 15葉 左)라고 하였다.

또 避亂書懷에, "移棲避寇入山深 四境干戈日益侵 又陷京都人枕死 誰能禦敵慰天心 兇倭渡海陷諸城 兵火屠燒又兩京 中外無人效死戰 事君何處見忠誠 生斯季運命途薄 身帶窮愁世亦危 擧國人民交枕死 斜陽獨立淚雙垂"(同卷, 18葉 左)"國勢傾危久

不平 法門衰廢又難明 逢君說盡當今事 一夜靑燈白髮生"(同卷, 20葉 右)이라고 하여, 무량한 감개를 능히 금할 수 없었던 부휴선수의 심사는 참으로 동정할 만하다.

부휴의 看話禪　　당시 세상에 성행하였던 간화선은 부휴선수의 바랑 속에도 있었다.

"趙州無字起疑團 十二時中着意看 若到水窮雲盡處 驀然撞破 祖師關 箇中消息有誰知 發憤忘身功起疑 囫地一聲天地毀 何 論北海與南陲"(同卷, 28葉 右)라고 하였는데, 이것은 大慧宗杲 一流의 口吻(구문 : 말, 말투)이 아닌가.

"道不在他唯在我 不須求遠又求天 收心靜坐山窓下 晝夜夜常 參趙州禪"(同卷, 29葉 右). "道本虛玄難指的 迷頭狂客謾尋經 一團疑破通身汗 佛祖門中信步行"(同卷, 36葉 右). 이런 것도 별로 출격의 分이라는 것이 없다.

그러나, "春早梅花發 秋深野菊開 欲說箇中事 浮雲空去來"라 든가 "靈山久默意 今日爲君開 孤鶴雲中去 閑猿門外來"(부휴당 집 卷一, 四葉右) 같은 것은 초목 금수에 대하여 個中의 事를 말한 古선승의 風이 있다.

善修禪淨 兼修　　그리고 "閑臥高峯頂 不與世浮沈 無事弄山月 虛懷聽水琴 隨 緣能悟道 卽物便明心 一笑相分手 落日掛西岑"(同上 卷二, 四 葉左). 이런 읊음은 物外의 초연함을 나타낸 것으로 보인다. 그러나 그 病吟에 "一身多病臥床頭 自夏沉吟又過秋 誰道須臾 人命在 延年不死亦多愁 冷熱交侵胷腹痛 千謀無計可安身 不如 星火闍維盡 還合眞如本自身"이라고 한 것은 염세에서 벗어나 서 생사에 優遊하는 기풍이 없는 것 같아서 안타깝다. 대체로 부휴선수는 禪淨을 겸수하였으므로 아직 欣厭의 情이 있음을

면할 수 없다.

俊老師百日疏에 "厭娑婆之短景而 求極樂之長年"이라고 하였고, 송운대사 小祥忌疏에, "伏願 亡師 速離五蘊幻質 高登九品蓮臺"(同卷 6葉 右)라고 하였으며, 燔瓦水陸疏에, "願法界亡靈速離三界之火宅 高步九品之蓮臺."(同卷, 9葉 左)라고 하였다.

제4절 松月應祥

應祥傳　　송운유정의 상족 松月應祥의 사적은 妙湛堂 國一都大禪師松月應祥大師碑銘에 보인다. 應祥의 속성은 방씨이고 황해도 문화현 人인데, 선조 5년에 태어났다. 어려서 어버이를 잃고 구월산에 들어가서 性衎에게 삭발, 뒤에 송운유정에게 참예하여 심요를 얻었다. 송운유정은 그가 대기임을 알고 금란가사와 傳祖心印, 圓相 등을 주어 信證을 삼았다. 그로부터 오대산에 들어가서 習定하였고, 금강산에서 演化하기를 30여 년이었다.

인조 2년에 왕이 僧人을 모아서 남한산성을 쌓게 할 때, 특별히 명하여 공사를 감독하게 하였고, 功으로 八道都總攝으로 제수하였으나 고사하고 받지 않으니 왕이 그 덕을 가상히 여겨 妙湛國一都大禪師의 호를 하사하였다. 인조 23년에 입적하니 세수는 74세였다.

師資道合　　사명유정의 贈應祥禪子의 語에,

"禪子 海西人也 生八歲入小學 習洒掃應對 年三五入大學 學明明德 知非蘊奧 遂說天口 服天竺緇 斷六根之塵 常以空空我身 悟三昧之法 更以活活我心 水草東西 放去收來 無自滯碍 亦不犯人稼苗 參

門下 一手撤藩籬 頹垣墻 不依他門戶 植當家種草 可成法王子 余嘉
而歌之 歌曰 若有人兮 仙山乃生鐵兮鑄就 漆桶兮爆破 重關兮擊碎
斬六窓之獼猴 露一天之明月 明月兮明月 翫兮閑兮 翫兮閑兮 我兮
君兮"(『四溟集』卷一)

라고 한 것은 師資道合의 장으로 볼 수 있다. 구월산 패엽사
에 송월집이 있다고 하나 아직 보지 못하였다.

雲谷冲徽　　松月應祥과 명성이 같았던 雲谷冲徽는 그 傳이 상세하지 않
다. 운곡집이 있는데 士人과 唱和한 시편에 비록 佳作이 있으
나 禪教上의 역량을 보인 것은 발견하기 어렵다. 自詠에 云,
"處世身爲惱 歸山計自安 餐霞知換骨 節食覺留顏 霽嶠雲猶合
陰崖雪未殘 林藜臨水岸 終日念經閑"라고 하였다.

제5절 인조와 碧巖覺性

仁祖　　제16대 인조(1623~1649) 원년에 僧尼가 한양에 들어오는
것을 금하였고, 또 한양 시내에서 騎馬하는 것을 금하였다. 인
조 2년(천계 4년)에 평안병사 李适이 반역을 하여 서울이 함락
되자 왕이 대비를 모시고 공주로 옮겼다. 인조가 승군을 설치
하고 성내의 개운사를 승군의 본부로 삼으라고 명하여 守禦營
에 예속시켰다는 것은 위에 기술한 바와 같다.

覺性　　또 벽암각성을 팔도도총섭(승대장)으로 삼아서 승려를 통솔
하고 남한산성을 쌓게 했다. 인조 4년(천계 6년)에 축성이 완
성되니 그 공을 치하하여 벽암각성을 報恩闡教圓照國一都大
禪師로 삼았으며, 특히 의발을 하사하였다. 南漢志 卷三에 云,

"仁祖甲子 築城時 以僧覺性 爲八道都總攝 專任城役 召集八道僧軍 且令城內各寺 分掌八道 赴役僧軍 供饋等事 故各寺 始有主管 各道義僧立番 及僧摠節制中軍主將之名 盖城內九寺 自甲子始 而 望月最古 玉井次之 其餘七寺 皆新創東林最後 靈源又晚置 皆任守 城事 九寺各藏軍麾器火藥"(南溪志 67쪽)

僧兵制度　軍器寺(군기시)를 세워서 그 가운데 군기와 화약을 수장하였 다는 것은 同書 개원사 조에도 보인다. 또 『남한지』 권4에 승 병의 제도를 서술하기를, "僧軍摠攝一人 僧中軍一人 敎練官一 人 哨官三人 旗牌官一人 十寺原居僧軍 一百三十八名 赴操 義 僧三百五十六名 列在 京畿 江原 三南 黃海 每年分六運 立番兩 朔 英宗朝丙子 罷義僧立番 收其雇錢 給原居僧 代其番"(『南漢 志』 87쪽)이라고 하였다.

覺性傳　전라도 구례군 화엄사 碧巖大師 행장의 略에 보면, 각성의 자는 澄圓이고 스스로 벽암이라 호하였으며 호서 보은 사람이 다. 속성은 김씨, 명 선종 만력 3년(선조 8년)에 태어났다. 9세 에 父喪을 당하고, 10세에 華山에 들어가서 雪默에게 출가하 였다. 14세 때에 부휴선수가 마침 화산에 이르렀다가 벽암각성 을 보고 그릇으로 중히 여기었다. 인하여 부휴선수를 따라서 속리산에 올랐고, 덕유산, 가야산, 금강산 등 여러 산을 轉歷하 면서 形影相隨하듯 하여, 날마다 경론을 읽었다.

三傑　만력 23년에 명장 李宗誠이 해인사에 이르러 부휴, 각성 두 스승, 제자를 보고 감탄하기를, "圖澄道安 復見於海外矣"라고 하였다. 부휴선수가 두류산으로 가자, 벽암각성도 또한 따라갔 다. 그때 雲谷冲徽와 소요태능과 松月應祥을 삼걸이라고 불렀

는데 그들과 함께 同會에 있었다. 詩에 있어서는 그들도 벽암 각성에 미치지 못하였다. 각성은 經史百家에 통달하고 草書와 隷書를 잘하였다.

覺性三箴　만력 28년에 칠불사에서 結夏하였는데 그때 부휴에게 병이 있어 벽암각성에게 강석을 넘겼다. 인하여 登座討論하니 크게 선풍을 떨치었다. 벽암각성이 學業을 부휴의 문하에서 받기를 20여 년에 입실 전법하여 계행이 청백하니 배우는 자가 책상 자를 짊어지고 구름 모이듯 하였다. 일찍이 스스로 三箴을 지 어서 학도를 경계하였으니 思不妄, 面不愧, 腰不屈이 이것이 었다.

광해군 때에 부휴가 狂僧의 무고로 옥에 들어갔을 때 각성도 연좌되어 포승줄에 묶여 있었는데 태연히 동함이 없으니 사람 들이 大佛, 小佛이라 칭하였다. 광해군이 국치하여 죄가 없음 을 알고 부휴는 석방하여 돌아가게 시키고, 각성은 봉은사에 두고 판선교도총섭으로 삼았다.

清兵入院　청 천명 원년에 新興으로 옮겼는데 대중이 700명에 미치니 벽암각성이 이를 싫어하고 밤에 도망하여 태백산 箭川洞에 은 거했다. 다음 해에 오대산 상원사에서 동안거를 하였는데 그때 광해군이 청계사에 設齋하고 宮使를 보내어 맞이하고 설법시 키고는 금란가사를 하사하였다.

인조 2년에 벽암각성을 불러서 팔도도총섭으로 삼아 승도를 거느리고 남한산에 성을 쌓게 하였다. 3년 만에 준공되자, 報恩闡敎圓照國一都大禪師의 호와 아울러 의발을 하사하였다. 청 천총 6년에 화엄사를 수리하여 울연한 총림이 되었다.

인조 14년(청 숭덕 원년)에 淸兵이 대거 침입하여 바로 서울에 이르니 왕은 남한산성으로 파천하였다. 벽암각성이 변을 듣고 戎衣로 일어나서 격문으로 승려들을 부르니 달려오는 자가 수천인이었다. 항마군이라고 이름하고 호남의 관군과 掎角의 세를 지으니 왕이 이를 가상하게 여겼다. 兵을 罷하고 지리산으로 돌아가서 인조 18년(숭덕 5년)에 쌍계정사로 옮겼다.

재상 元斗杓가 아뢰어서 糾正都摠攝의 인수를 주고 적상산성에 주하게 하였다. 승도들은 按廉에게 호소하여 송광사로 옮겨서 敎魁가 되게 하여 달라고 청하였다. 인조 20년에 사임하고 해인사로 돌아가니 6월에 조정에서 벽암각성을 日本使介에 채웠다. 이에 老病으로써 사양하고 백운산 상선암에 은거했다가 다음 해에 보개산으로 가서 법석을 크게 폈다.

관서의 관찰사 具鳳瑞가 각성의 道譽를 흠모하고 맞이하여 묘향산에 들게 하였다. 효종이 잠저에 있을 때에, 각성은 安州의 逆旅에서 뵙고 화엄의 종요를 담하니 왕이 크게 칭탄하고 厚嚫을 주었다.

왕이 즉위(청 순치 6년)하자, 연성군 李時昉에게 말하기를 "性老今無恙否" 하였다. 이렇게 묻기를 수차례였으니 그 恩顧가 이러하였다. 이보다 먼저 인조 24년(순치 3년)에 지팡이를 속리산으로 돌려서 孤閑熙彥과 이웃하면서 徜徉하였다. 이미 孤閑熙彥이 천화하자 각성은 지리산 화엄사 등에서 편안히 여생을 보내었다. 각성은 평생 납자들에게 無字를 참구하도록 가르쳤다. 사람을 대함이 恭謹하였고, 孤窮을 구휼하였으며, 하루에 두 끼의 죽반으로 지내었다. 빈궁 걸인이 문에 가득하였다.

覺性遺物 청 순치 17년(현종 원년, 1660) 1월에 遺偈를 남기고 坐化하니 寄世 86세였다. 저서는 『禪源集圖中決疑』 1권, 看話決疑 1

편, 『釋門喪儀抄』 1권이 있다.(處態撰碧巖大師行狀). 각성의 가사가 지금도 화엄사의 珍寶로 수장되어 있고 그의 사리탑이 송광사에 현존한다.

제6절 熙彦의 풍격

熙彦傳　　벽암각성이 동문의 지기로 相許한 熙彦은 어떤 사람인가? 『백곡집』에 수록된 孤閑熙彦大師行狀에 보면, 희언의 성은 이씨, 명주(함경북도 명천군) 사람, 조선 명종 16년에 태어났다. 낙발 후 經律을 精硏하고, 遊方하다가 덕유산에서 부휴를 뵙고 법성원융의 뜻을 물어 계합하는 바가 있었다. 모시기를 3년, 奧旨를 참구하였고 孤閑道人이라고 호하였다. 평생을 一衲만을 입되 세탁하지 않았고, 눈 속에서도 맨발로 다녔으며, 머리털이 寸餘나 길었으되 깎지 않았다.

혹은 음식을 폐하여 열흘이 지나도 굶주린 기색이 없이 힘차게 앉아서 정근하였다.

마침 한양 돈의문을 지나는데 나쁜 소년배 10여 인을 만났다. 그들은 희언을 둘러싸고 욕설을 하였다. "汝是訪道僧 汝是乞飯僧" 하고 그러면서 곧 모래를 파고 희언을 묻었다. 마침 淸信士가 있어 달려와서 구하여 주니 희언이 성난 기색이 없이 차수하면서 "성불 성불" 하였다. 惡소년들은 서로 보고 웃으면서 "진짜 방도승이다"라고 하였다.

희언은 사람을 만나기를 좋아하지 않았다. 누가 찾아오면 합장하고 절하면서 "가시오, 가시오."라고 하였고, 만약 안 가면 지팡이로 쫓아내며 말하기를, "어리석은 놈, 나 같은 禿(대머리)거사를 보고 무슨 기특함이 있다는 것이냐."라고 하면서 문을 닫고 앉았다.

大饌을 바치는 자가 있으면, 곧 말하기를, "吾於人 無應供之德"이라고 하였고, 大僧이라고 떠받드는 자가 있으면 "吾於道 無受敬之行"이라고 하였다. 때로는 파리한 꼴에 때묻은 얼굴로 있으면 학자가 처음 와서 보고는 野叟로 알고 인사하면서 "희언대사가 어디 계시느냐?"고 물었다. 그러면 대답하기를, "나는 그런 사람을 모른다"고 하였다. 사람에게 가르치기를 법성원융의 뜻으로써 하였다.

광해군 14년에 희언의 나이 62세였는데, 국가에서 齋를 청계사에 베풀고 희언을 청하여 증명을 삼았으며, 금란가사를 주었다. 재를 마치자 그는 도망하여 갔다.

숭정 15년 희언이 팔공산에 있을 때 벽암이 朝命을 받들고 대궐로 가다가 상봉하니 형제와 같았다. 얼마 안 있어 희언은 가야산으로 옮겼고, 나이 80여 세에 숲을 헤치고 움막을 만들어 무릎을 용납하고 쉬었다.

碧嵒이 향봉에서 와서 다시 만남을 기뻐하더니 명 융무 원년에 벽암이 離岳의 청으로 가니 희언이 나오면서 말하기를, "兄今捨我 我安適哉"라고 하였다. 그래서 함께 離岳으로 가는데 흑과 백이 길을 막고 정례하여 뵙는 자가 무수하였다.

청 순치 4년(인조 25년, 1647)에 문인 각원에게 고하기를, "雖六味八珍 養此穢軀 終必有滅 危脆此身 安取久長 吾將逝矣"라고 하고, 11월 22일에 또 각원에게 말하기를, "取淨水來"라고 하였다. 洗沐하고 나서 말하기를, "空來世上 特作地獄滓矣 命布骸林麓 以飼鳥獸"라고 말을 마치고는 아무렇게나 누워서 가니 閱歲 87세였다.

　벽암과 孤閑熙彥은 출신이 아주 다르면서도 그림자처럼 서로 따름이 이와 같았다. 천고의 미담이라고 할 만하다.

暮雲傳　　다음에 벽암에 참학한 名匠에 暮雲이 있다. 『설암잡저』권2에 暮雲의 행적에 대하여 적혀 있다.

　　"法諱 震言 字就古 晋陽人 天啓 壬戌(光海君十四年)二月七日生 軀烏之歲 從義悅老師 爲浮圖 參碧巖大師 數十年 行化母岳 德裕 伽耶 佛靈 黃岳 八公 鷲栖 智異諸山 晩樂華嚴 (…) 丙寅(康熙二十五年肅宗王十二年) 秋 以公山 遠公之請 居於雲浮精舍 大開華嚴法會 法被兩湖 敎溢三南 康熙癸未(肅宗王十二九年) 春 (…) 向西而坐 大聲曰唯願佛哀攝受 如是者 凡三唱 泊然入滅 乃三月二十一日也 塔雙溪寺 壽八十二 所著 大方廣佛華嚴經七處九會品目之圖"

제7절 明照의 義兵

淸兵의 入寇　　인조 5년에 청군이 대거 침입하여 왕은 강화도로 병란을 피하여 종묘사직을 받들고 강도로 들어갔다. 청의 軍使가 와서 和議를 강요하여 왕으로 하여금 명을 배반하고 청과 맹약하게 하였다. 인조 10년(명 숭정 5년, 청 천총 6년)에 청병이 명을 격파하고 요양에서 승리했다. 이듬해에 旅順을 취하고 장차 북경을 찌르려고 하였다. 한편 조선에 사절을 보내어서 청에 臣從할 것과 歲幣를 더하여 황금 만량, 오색 세포 10만 필, 精兵 3만, 기마 3천을 바치라고 협박하였다.

그러나 왕은 명나라를 믿고 이를 거부하였다. 14년 12월(명 숭정 9년, 청 숭덕 원년)에 청의 태종이 즉위하고, 대거 조선을 공격, 長驅하여 畿甸에 핍박하여 왔다. 왕이 남한산성에 들어 갔다가 다시 강도로 향하려고 할 때 청병이 진출하여 남한산성을 포위하였다. 왕이 사신을 보내어 항복을 청하고 왕이 세자와 더불어 나오자 백성들이 城에 가득 哭送하여 그 소리가 천지를 진동하였다. 태종이 단을 쌓아 거기에 왕을 오르게 하고 항복의 예를 행하게 하였다. 이리하여 청병은 포위를 풀고 철병하여 돌아가는 것을 왕이 東郊에 나와서 전송하였다.

明照傳　이때(인조 14년) 묘향산의 明照는 의승을 거느리고 義粟을 모아서 軍餉을 優佐하였다. 조정에서는 이를 가상히 여겨 嘉善大夫國一都大禪師扶宗樹教福國祐世悲智雙運 義僧都大將登階의 첩을 하사하였다. 明照는 홍주 사람, 속성은 李, 허백당이라 호하였고, 명 신종 만력 22년(선조 21년)에 태어났다. 묘향산에서 출가하여 사명송운에게 사사하였는데 사명송운이 朝命을 받아 入京함에 미쳐서 兩宗을 研鑽하고자 하여 敎를 완허당(淸虛嗣 名 圓俊)에게 듣고 선을 송월당에게 배웠다. 松

應祥　月堂 應祥은 송운의 高弟이다.

인조 5년에 조정의 칙지로 八道義僧都大將의 호를 주고, 승군 4천여 명을 거느려 安州를 수비하게 하였다. 이렇게 되어 다시 의승의 將이 되니 緇素의 높이는 바가 되었다. 청 세조 순치 18년(현종 2년 1661년)에 천화하니 세수 69세였다. 遺偈는 다음과 같다. "劫盡燒三界 靈心萬古明 泥牛耕月色 木馬掣風聲"(一作 光恐非).(『조선금석총람』下 913-914쪽.『조선불교통사』上編 492-497쪽).

明照의 法系 明照의 忠勇	『허백당집』 또는 『불조원류』에 의하면 淸虛休靜, 松雲惟政, 松月應祥, 虛白明照의 순으로 전법 상승된 것을 표시하였다. 허백당집에, 丁卯(인조 5년) 正月初八日 入安州鎭(평안남도) 聞龍旌西指江華島 痛哭而作이라는 제목의 시가 있다.

"金鑾西幸江華島 千歲王基一夕空 百萬阿衡悲路側 三千宮女泣途中 陣雲舒卷愁無盡 角唄高低恨不窮 願抱龍泉誅賊藪 宸襟回復大明宮"(虛白集 卷二, 22葉右-左).

〈在安州大陣見邊報入城軍點而作〉
"羽檄電馳星火速 義僧招集次第行 長旗幟影掀山岳 角唄高低動江城 精練習操連久旬 巡更木鐸過三更 同盟歃血抽寶釖 斬盡胡兵報聖明"(同 23葉右-左)

〈戰敗後幸得殘生憶戰亡鎭將與軍卒〉
"一身超入煙霞裡 殘命凄凉集百憂 將相何殊親骨肉 軍人恰似野狐裘 雲邊拭淚晨昏度 床上含悲歲月流 遙想當時退鼓事 嗒然無語恨悠悠"(同 22葉左-23葉右)

〈戰敗後入長安山〉
"禪菴獨坐寂無事 來往雲霞訪草扉 仙鳥亂鳴芳綠樹 一身孤影亦哀哀 地僻無人絕世境 焚香祝聖依柴扉 密旨眞經看讀罷 戰場遺恨滿腔脾"(同 3葉右)

明照의 詩	이런 시들은 그의 의용충렬의 뜻을 보기에 족하다. 明照의 가슴 속의 청백을 보인 것으로는, 山居咏에 "林泉終老志 坐臥

白雲間 谷邃溪聲壯 峰高月影寒 風琴千嶺樹 花簇萬重山 在世還非世 何由羨孔顏"(虛白集 卷1, 10葉右). 咏懷에, "久住香爐樂自多 金剛移入樂尤多 樂來樂去非塵樂 共樂無生樂亦多"(同卷2, 16葉左).

明照의
禪偈

또, "瓶錫搖空蝶舞輕 都城華地自由行 雖然不染紅塵累 爭似曹溪一滴清"(同 18葉右). "二十餘年遊覽罷 白頭重入妙香天 如今坐斷毘盧頂 世慮塵緣自蕩然"(同 20葉右) 등이 있고, 禪偈로 볼만한 것에는, "機關如得破 何必擧拈花 可笑河沙佛 元來眼裏花 留心活句中 勿染外塵風 此生翻一擲 祖佛總成空"(同 卷1, 3葉右). "相見無言處 山禽已了啼 若能重漏洩 他日恨噬臍"(同上葉右)이 있다.

이 밖에도 여러 首가 있다. 禪觀十調에서 말하기를, "調心不昏不馳 調息不澁不滑 調身不頉不久 調眼不高不卑 調鼻不垂不擧 調舌不拄不下 調手不撤不芯 調眠不恣不節 調食不飢不飽 調脊不前不後"(虛白集 卷二, 29葉左)라고 하였다.

제8절 應俊의 武功 矐彦의 小傳

應俊傳

백곡집에 실은 正憲大夫八道都摠攝兼僧大將悔隱長老碑銘의 略에 보면, 應俊의 성은 기씨, 남원 사람, 悔隱은 그의 호이다. 젊어서 출가하여 玉暹老師에게 낙발하고 늦게 逍遙, 浩然(一禪嗣 名 太浩) 碧岊의 모든 大老를 참알하였다.

몸은 桑門(불문)에 매였으나 뜻은 經濟를 생각하더니, 인조 11년 봄에 호남의 按廉使(지방 장관)가 그 뜻을 듣고 笠岩城(정읍 입암성)의 將을 삼자 여러 번 공이 있었다. 동왕 14년

겨울에 淸兵이 갑자기 이르자, 호남 안찰사 李時昉이 벽암을 일으켜서 의병승대장으로 삼았다. 應俊이 이에 따르면서 참모로서 兵勢를 도왔다. 明 15년에 그 공으로 양남(호남전라, 호서충청) 도총섭을 제수받았고, 동 25년에 팔방 도총섭이 되어서 南漢에 거하였다.

雙彦傳   효종 2년에 남옹성을 축성한 공으로 嘉議에 오르고, 현종 원년에 僧大將이 되었으며, 현종 4년에 특히 正憲大夫를 더하였다. 군진 속을 달리기를 30년, 옛부터 일러온 黑衣의 傑이었다. 13년(청 강희 11년, 1672) 봄에 성부산 천주봉 下에서 졸하니 閱歲 86세였다.

松月應祥의 문인 雙彦이 당시에 유명하였다. 楡岾寺 春坡堂大師碑에 보면, 雙(一作雙)彦의 성은 최씨, 其先은 완산(전주)이었는데, 연산군 때 안주(평안남도)로 옮겼다. 명 만력 신유(만력 19년, 선조 24년)에 태어났다. 眉宇가 秀異하였다. 7세에 부친을 잃고 9세에 어머니를 잃었다. 그로 인하여 묘향산에 들어가서 삭발하고 서산휴정에게 수계하였다. 16세에 竺書에 통하였고, 육경백가에 미치기까지 섭렵하지 않음이 없었다. 그로부터 명산을 편유하고 만력 병진(만력 44년, 광해군 8년) 봄에 금강산에 들어가서 應祥을 스승으로 하여 그 심인을 전수받았다.

정좌 참선하기를 20여 년이었고, 明 영력 12년, 1658년에 입적하니 향년 68세였다. 雙彦은 性根이 청정하고 기상이 고매하였으며, 사람을 許可함이 적었다. 그 심인을 전하지 못하여 항상 그것을 한하였다. 저서는 『春坡集』, 『通百論』이 있다.

제9절 松坡覺敏, 任性冲彦의 小傳

覺敏傳
"松月 문하에서 松坡覺敏이 나왔다. 각민의 성은 허씨이고
충주 사람이며 송파는 그의 호이다. 명 만력 24년에 태어났고,
容止가 단아하고 眉宇가 형연하였다. 하루는 거리를 걷는데 충
주 안찰사가 보고 이를 사랑하여 태워 가지고 함께 돌아가서
營中에 머물다가 入京한 지 수년이었다. 노모를 보기 위하여
집에 돌아갔다가 집을 하직하고 치악산 각림사에 들어가서 송
운의 大法弟 寒溪에게서 삭발하였다. 그리고 가야산에 들어가
서 내외의 전적을 받았고, 逍遙의 문하에서 結夏하였으며 經을
비슬산의 虎丘에게서 받았다.

다음은 벽암(각성) 홍연(태호)에게 질의하였고, 任性을 구천
동에서 뵈었다. 그리고 머물기를 7년에 삼교의 奧旨를 講究하
여 기록한 것이 若干 卷인데 이름을 解疑라고 하였다. 명 숭정
16년(인조 21년)에 금강산에서 송월에게 참알하고, 學業(공부)
을 마쳤다. 이때부터 道名을 높이 드날렸다.

특히 삼교에 정통하여 당시의 宗匠들이 나아가서 矯正받지
않음이 없었다. 이후 10여 년을 소백산, 용문사, 해인사 등에
왕래하다가 己卯年에 천화(입적)하였다."(『東師列傳』 卷二)

覺敏考
冲彦傳
살펴보건대 숭정 16년(계미) 이후 10여 년에 己卯年은 없다.
己亥(명 영력 13년, 청 순치 16년)이거나 또는 癸卯(청 강희
2년)의 착오일 것이다. 松坡覺敏의 법계는 『동사열전』에 任性
(冲彦)之子 靜觀(一禪)之孫 淸虛之曾孫이라고 기록되었다.

『불조원류』에 말하기를, "任性冲彦 姓金 全州峯上人 (…) 以
丁卯(明 隆慶 元年) 十二月 十九生 十八從天定剃髮 受具於誕

衍 二十四 參靜観得法 戊寅(明 崇禎 十一年) 三月 二十九 乃索
筆書偈曰 七十餘年遊夢宅 幻身幻養未安寧 今朝脫却歸圓寂 古
佛堂前覺月明 即投筆而臥 四月初吉 合掌端坐而逝 壽七十二."
라고 하였다.

제9장 白谷處能, 楓潭義諶, 기타의 宗師

효종 대에 부휴의 嗣 珀澄은 한 지역의 師主로서 학자들이 숭경하였다. 현종에 이르러서 백성들의 출가를 금하고 도성의 尼院(비구니 절)을 철폐하자 벽암의 高弟 처능이 이에 항쟁하였다.

청허의 적손인 楓潭義諶, 聰慧絶倫은 돈오로써 心을 삼았는데 제자가 수백 인이었고 해동의 중흥조라고 칭하였다.

소요태능의 법을 얻은 자로 枕肱懸辯, 海運敬悅이 있다. 敬悅의 嗣로서 醉如三愚는 의발을 華岳文信에게 전하였다.

제1절 孝宗과 西洋曆

제17대 효종(1650~1659) 4년에 비로소 서양의 曆法을 행하였다.

처음 조선은 중국에서 반포한 曆(달력)을 순용하였고, 아직 나라에 推策하지 않던 것을 세종 때에 비로소 추책법을 세웠다. 그러나 그 數術이 역시 大統曆法에서 벗어나지 못한 것이어서 氣朔交食이 왕왕 맞지 않았다.

인조 22년에 관상감 제조 金堉이 명을 받들고 燕(북경)에 들어가서, 서양인 湯若望이 세운 時憲曆法을 숭정 초부터 행하였는데 이 법이 전대의 것보다 훨씬 낫다는 말을 듣고, 그 數術諸書를 구해 가지고 돌아와서 10년 만에 비로소 門路를 얻고 주청하여 이를 행하였다.(『國朝寶鑑』 卷38, 115~116쪽)

珀澄傳　　　효종 때에 珀澄은 한 지방의 師主로서 학자들이 숭경하였다. 직지사 秋潭大師碑에 말하기를 "관징의 속성은 백씨이고 수원 사람이다. 선조 때 임오년에 태어났고, 나이 13세에 출가하였다. 구족계를 받은 후 晦菴, 洛岩, 喚醒, 雙運大寂 등 종사들을 참알하여 道聲이 높았다. 계축(明 만력 41년)에 학문을 이루고 교화를 펴니 공부하러 찾아오는 사람들이 운집하였고, 청익하는 자 수백에 달하였다.

珀澄은 儀容이 白皙하고 신장이 8척에 腰帶가 數圍였으며, 성품이 엄격하면서도 인자하였다. 내전 외에도 시문을 잘하였으며, 한번 산에서 나가면 사방에 바람이 움직였고, 교화가 바다처럼 깊고 넓어서 遐邇에 미쳤다. 효종 9년(1658)에 명적암에서 천화하였다. 珀澄은 부휴의 嫡傳이다"(『조선금석총람』下, 934쪽)라고 하였다.

제2절 현종의 毀釋과 백곡처능의 抗表

顯宗의
破佛

제18대 현종 재위(1659~1674) 원년에 양민이 삭발하고 승니가 되는 것을 금하고 관에서 일일이 환속시켜서 어기는 자는 죄를 부과하였다.(『國朝寶鑑』卷39, 151쪽). 현종 2년에 부제학 兪棨(一作綮) 등이 上箚하여 도성의 尼院을 훼철할 것을 청하였다. 慈壽, 仁壽의 두 尼院을 파하고, 列聖의 位版을 내어서 봉은사의 例에 의하여 깨끗한 땅에 매장, 안치하였다. 그리고 尼院을 헐은 材瓦로써 북학을 세웠다.(東賢奏議)

3년에 전라감사 李泰淵이 상서하기를, 도내 여러 절의 불상에서 땀이 난다고 하니 대사간 閔鼎이 거듭 아뢰기를, "불상은

모두 재질이 나무인데, 목불상에 칠을 더하고 금을 입힌 것이
므로 장마철이 될 때마다 습기가 음결 點滴하거나 혹은 霧露가
蒸鬱하여서 이루어지는 것이다. 이것은 심산 노승의 常談인데
이제 구태여 땀이 난다고 하니 백성을 혹란하는 것"이라 하고,
청하여 泰淵을 파면하고 땀이 난다는 불상을 파쇄하였다. (『李
朝史大全』 488, 老峰集)

**處能의
抗表**
현종이 釋教를 배척하고 비구니 절을 철훼하자, 벽암각성의
제자 백곡처능이 諫廢釋教疏를 올렸는데, 고금 治道의 成敗와
教法의 汚隆을 논하고, 널리 經史를 이끌며, 내외의 전적에 의
거하여 당당히 공론 正議를 개진하니 자못 그 의기가 볼 만한
것이 있다. 전문은 大覺登階 『白谷集』에 실려 있다. 그 중에
이르되,

> "조선의 태조는 無學(무학대사)을 높였고, 태종은 覺苑에 鈎深하
> 여 空宗에 索隱하였으며, 세종과 문종이 이를 이었고, 세조는 惠日
> 을 輪昇하여 진풍을 鼓振하였으며, 성종과 중종이 그 休命을 이었
> 고, 이 風規를 전하여 특히 승과를 베풀어 國試와 같은 예로 하였
> 으며, 명종과 선종이 그 훈에 힘쓰고 그 猷에 복하였으며, 인조 때
> 에도 蓮藏의 교와 菩提의 도가 존하였다."

라고 하여, 이렇게 처능은 역대의 왕이 아직 불교를 심하게 배
척, 毁釋하지 않았음을 말한 뒤, 비구니 사찰의 일에 언급하기
를, "夫慈壽 仁壽兩院 在宮掖之外 即先后之內願堂也 奉恩 奉
先兩寺 在陵寢之內 即先王之外願堂也 (…) 兩院廢則殿下之憂
也 (…) 今兩院盡廢"라고 하여, 尼衆을 추방하고, 外願堂의 노

비를 없앤 잘못을 논하였다.

처능은 백곡도인이라고 호하고 법을 벽암각성에게 얻었으며 인조 때에 八道禪教十六宗都摠攝이었다.

任性大師行狀後序에 전법의 유래를 기록하기를,

"余按釋譜暨東僧傳法源流 麗僧普愚 號太古 早歲入中國 參霞霧山 石屋淸珙禪師 得其法 東還乃傳之 幻菴混修 混修傳之 龜谷覺雲 覺雲傳之 登階大士淨心 淨心因沙汰 長髮蓄妻孥 入黃岳山 隱其名居古紫洞 水多村 晦迹焉 將啟手足 留偈傳禪于 碧松智儼 智儼傳之 芙蓉靈觀 靈觀之門下 傑出二法眼 曰淸虛休靜 曰浮休善修也"(『白谷集』卷二, 1葉 右-左)

라고 하였다. 또 말하기를,

淨心

"淨心傳教 淨蓮法俊 法俊精通 法華奧旨 人號俊法華 法俊傳之 白霞禪雲 禪雲傳之 靜觀一禪 一禪晩參 淸虛法席 代講 金剛 楞嚴等經 (…) 任性大師 受業于靜觀 靜觀講下 聽學雖夥 其得之深入 或並轡遐邁 或爭鞭後先者 唯浩然太浩 無染戒訓 任性忠彦 如干輩而任性之學 尤出其右云, 丁酉春 南峰大師英信 與余相會碧巖法席 南峯即任性大師 嫡傳神足也"(同上 1葉 右~2葉 右)

라고 하였다.

그렇다면 淨心은 禪을 벽송에게 전하고, 동시에 敎를 淨蓮에게 전한 것이다. 벽송의 선은 청허에게 이르고, 淨蓮의 교는 정관에게 이르렀는데, 정관은 또 청허에게도 참예하였음을 볼 수 있다.

또 청허는 禪을 편양에게 전하고 교를 송운 등에게 전하였으니 선교의 교섭융합함이 이와 같았다.

太浩傳 『불조원류』에 의하면, 淸虛休靜, 靜觀一禪, 任性冲彦의 차례로 전수하였다. 浩然太浩도 一禪의 제자이다.

"浩然太浩 姓張 錦城人 (…) 以嘉靖甲子(明宗 19년)生 十五就天冠山一宗禪師落髮 三十轉入俗離 依靜觀一禪得法 壬辰(孝宗王三年, 1652) 三月 年八十九 手書一偈曰, 八十人間事 猶如一夢漚 願親無量壽, 遂忘憂瞑然入寂"

제3절 白谷處能의 사상

處能의
思想
처능은 〈禪敎說〉을 지어 말하기를, "禪은 心으로 無言이고, 敎는 誨로서 依言이다. 선은 根機가 수승한 자를 위한 것이고 敎는 근기가 하열한 자를 위한 것이다. 가섭의 선과 阿難의 교가 하나요, 둘이 아니다"라고 하였다.

처능의 사상에는 유교적인 요소가 많다. 〈性命說〉을 지어 말하기를, "天이 人에 준 것은 命이고, 人이 天에서 받은 것은 性이다. 性과 命은 하나다. 天命은 보기 어렵고 인성은 알기 쉽다"라고 하였다.

또 〈인의설〉을 지어 말하기를, "愛人利物은 仁이고 隨宜制事는 義인데 모두 나의 性에 있다. 仁은 무겁고 義는 가볍다. 義는 仁에서 생하니 義는 仁 중에 있고, 인은 반드시 의인 것이다"라고 하였다.

贈元童子序에 말하기를, "天地之勢의 氣가 粹한 것이 사람이 寓하여 聖賢 道德文章의 士가 된다"라고 하였다. 이로써 처능은 佛說을 信하지 않고 儒道를 信하였음을 알 수 있다. 이것이 처능의 소양이 그렇게 한 것이다.

金錫冑의 撰인 전라북도 전주군 안심사 事蹟碑에 云, "有浮屠處能 師者自湖南來 訪余京師 且以主安心寺者 明能之言爲請曰 能也少居高山之安心寺 (…) 師自號曰 白谷 少嘗獲謁于 東淮先生之門 頗經先生指授 以通內典 諸子史家言名余故與相善"(조선금석총람 下, 1191-1292쪽). 이로써 처능의 私淑한 바를 알 수 있다.

禪教衰退論 일찍이 봉은사 重修記 중에 조선 禪教의 쇠퇴한 原由를 논하기를,

"國初 國家設禪教兩宗於陵寢室之外 特設僧科例 與國試同日開場 命遣夏官 考選釋子之通經者 特授 甲乙丙三等之科 曰大選 大選者 即儒家之大科也 次以制作 間有拔擢者 曰參學 參學者 即儒家之小科也 由大選而 再擧入格者 曰中德 中德者 即儒家之重口也 而寺宇在靖陵者 曰奉恩 即禪宗也 在光陵者 曰奉先 即教宗也 禪以例文 教以比武 禪教並行 斯道之蔚與架矣 盛哉 奧在嘉靖甲子歲(明宗 49年) 朝議革除僧科 故禪教之不振者 百有八年於斯矣"

라고 하였다.

제4절 義諶·三愚·文信

義諶傳　청허 문하 편양언기의 제자에 楓潭義諶이 있어 器量이 宏深하고 聰慧가 絶倫하며, 三藏의 法文을 通解하지 못한 것이 없었다. 돈오로써 마음을 삼고 宗旨를 扶樹하여 해동 중흥의 祖라고 평하여졌다.

　義諶은 楓潭堂이라고 호하였는데, 성은 류씨(一作 鄭)요, 경기 통진 사람이며, 明 만력 23년에 태어났다. 나이 14세에 출가할 뜻이 있어 묘향산에 들어가서 性淳에게서 낙발, 수계하였다. 처음에 천관산의 圓徹에게 참예하였고, 뒤에 묘향산으로 돌아가서 편양에게 입실하여 청허의 전법을 모두 얻었다. 이어 남쪽으로 가서 奇巖, 逍遙, 浩然, 碧巖 등 여러 老宿을 뵈었다. 금강산, 보개산, 雨山에 주석하면서 날마다 화엄경 등 수백 권의 경을 펴서 그 어긋난 오류를 바로잡고 그 音釋을 저술하였다.

　淸 강희 4년(현종 6년, 1665)에 금강산 정양사에서 입적하였는데, 병이 심하던 날 게송 한 구를 읊기를, "奇怪這靈物 臨終尤快活 死生無變容(一作異) 皎皎秋天月"이라고 하였다. 세수 74세였다.(『조선금석총람』下, 963쪽)

義諶門下　제자가 수백 인에 奧旨를 얻은 자가 48인. 霜峯淨源, 月潭雪霽, 月渚道安, 楓溪明察, 雪峰自澄, 靑松道正, 碧波法澄, 幻宴莊六 등은 각기 일파를 이루었다.

懸辯傳　소요태능의 법을 얻은 자에 枕肱懸(一作玄)辯이 있다. 『침굉집』에 말하기를, 懸辯의 자는 而訥, 나주인이며, 속성은 윤씨인데 광해군 8년에 태어났다. 어려서도 총민하여 課讀이 超

群, 一讀에 곧 외웠다. 9세에 부친을 잃었고, 13세에 冠山에 가서 葆光에게서 머리를 깎고 승복을 입었다.

懸辯이 스스로 말하기를, "父亡母老 兄薄弟寒 由是 托足無門 投葆光於冠山 削頭上之綠髮 訪玲老於東院 緇身上之白衣 然後 倚金峰而扣眞 唯味糟粕 靠碧岩而問道 亦滯筌蹄"(枕肱集 下, 14葉左)라고 하였다. 얼마 안 있다가 지리산에 들어가서 소요당을 뵈니 한번 보자 서로 계합하여 그 법을 얻었다.

숙종 10년에 입적하니 수 69세였다. 遺誡로 그 屍身을 水邊林下에 버리고 鳥獸들에게 보시하였다.(佛祖源流 並 行狀). 현변은 노장학에도 통하였고 文才가 종횡하였다. 『침굉집』 2권이 있다.

枕肱集

幽居偶吟을 보면, "飯蔬飮水曲肱枕 氣穩神淸樂在中 浮雲富貴非吾事 欲向金台聽柯風"(『枕肱集』 上, 10葉右-左)라고 하였고, 또 참선이라는 제목으로, "叅禪不在多言語 只是當人著意看 看去看來忘晝夜 十方坐斷獨閑閑"(同上 11葉右-左). 또 언문으로써 歸山曲, 太平曲, 靑鶴洞歌, 徃生歌를 지은 것이 『침굉집』 권하에 실려 있다.

敬悅傳

침굉과 같이 逍遙의 심법을 받은 자로서 海運敬悅이 있다. 『東師列傳』 권2에 정약용의 설을 끌어서 말하기를,

"敬悅 以萬曆八年庚辰生 崇禎甲申之越三年丙戌寂(仁祖二十四年 淸順治 三年 入寂) 年六十七 其受衣鉢於道遙時 年二十八也 傳法偈云 飛星爆竹機鋒俊 裂石崩崖氣像高 對人殺活如王劍 凜凜威風滿五湖 又云 金鎚影裡裂虛空 驚得泥牛過海東 珊瑚明月冷相照 今古乾坤一笑中"

三愚傳 이라고 하였다. 그의 법계를 기록하면 다음과 같다. "海運敬
悅-醉如三愚-華岳文信-雪峯懷淨-松坡覺暄-晶菴即圓-蓮坡
惠藏"

醉如三愚에 대하여는 東師列傳 권2에 말하였다.

"三愚號醉如 姓鄭氏 康津 寶岩坊 九亭子人也 幼年出家 落髮於
萬德山 白蓮社 歷參諸師 淹過內典 拈香於海運敬悅之室 顏如渥丹
故海運賜號曰 醉如子 蓋戲之也 (…) 師生於天啓二年壬戌 卒於康
熙二十三年 甲子(肅宗 五十年 西紀一六六八年)壽 六十三"

文信傳 일찍이 대둔사(해남 대흥사) 상원루에서 화엄의 종지를 연설
하니 청중이 수백 인이었다. 마침 한 승려가 田器를 지고 樓板
下에서 쉬다가 가만히 一二句를 듣고 그 자리에서 돈오하여
짐을 놓고 堂에 올라와서 눈물을 비처럼 흘렸다. 그는 罪悔를
진술하고 妙詮을 받고자 청하였다. 三愚는 그를 어루만져 가르
치고 마침내 의발을 전하였다. 이가 곧 華岳文信이다. 화악문
신은 새금현(『동사열전』卷三 云 海南 華山人) 사람이며, 대둔
사에서 출가하여 三愚의 법을 얻은 후에 大芚의 主로 來學 千
有餘人을 제접하였다.

月渚道安이 북방에서 와서 보고 더불어 禪旨를 논하자 화악
문신은 그가 종장이 될 만함을 알고 거느리고 온 대중을 모두
도안에게 맡기었다. 그리고 자신은 一室을 청소하고 문을 닫고
면벽하면서 그 會를 마치게 하였다. 강희 46년에 입적하니 세
수는 79세였다. 월저도안은 돌아와서 "吾至南方 見肉身菩薩"
이라고 하였다.(『兒菴集』卷二, 五葉右-六葉左)

若休傳　　다음은 枕肱의 嗣에 若休가 있는데, 護岩堂이라고 호하였다. 성은 오씨이고 본관은 해주이며, 현종 5년에 순천 쌍암면에서 태어났다. 12세에 선암사(순천)에서 출가하여 침굉현변에게 수계하였다. 타고난 자질과 성품이 강직하여 公私의 빈객에게 麻鞋를 주는 폐습을 고치고, 僧徒가 관리에게 절하는 잘못된 풍습을 끝내고, 호족이 寺田을 私有化하는 것을 막아서 산문을 부흥하였다.

　　영조 12년에 팔도도총섭이 되었고, 자헌대부 승군대장에 임명되어 북한산에 부임하였다. 승려들이 役丁에 당함을 그치게 하였고, 또 淸規를 찬하여 衆僧의 위의를 바로잡았다.

昇仙橋　　선암사에 昇仙橋가 있다. 이것이 소위 眼鏡橋로서 고아하고 사랑스러운데, 若休가 설계한 것이다. 숙종 33년, 若休의 나이 44세에 건조한 것으로 추정된다. 현존하는 다리는 강희 52년에 중수한 것이다. 영조 14년(1783)에 입적하니 세수 75세였다. 淸虛-逍遙-枕肱-護岩이 그의 법계이다.

제10장 翠微守初와 栢菴性聰의 문류

肅宗 時代　숙종 때 벽암각성의 高弟인 翠微守初가 크게 문호를 넓히고
선교를 융합하여 聖淨一致(聖道門과 정토문의 일치)의 종풍을
흥성하였다.

　　백암성총은 諸經을 간행하여 大法을 폈고, 禪淨을 쌍수하였
다. 그의 嗣인 無用秀演은 三敎習合의 시대사상에 빠졌고, 秀
演의 법사인 影海若坦이 또한 宏學이라고 일컬었다.

제1절　怪僧 處瓊과 천주교의 입국

怪僧處瓊　제20대 숙종(1665-1720년) 2년에 사문 處瓊이라는 자가 있
었다. 강원도 평해군 벼슬아치 孫□의 아들로 용안이 단정하였
고 출가하여 智膺을 스승으로 삼았다. 현종 12년에 향리를 나
와 京畿에 雲遊하면서 스스로 神僧이라 일컫고 絶穀不食한다
고 속였다.

妙香　항상 작은 玉佛을 가지고 있으면서 기원하면 반드시 영험이
있다고 하니 土民이 이를 믿고, 부녀가 따르면서 경을 배우는
자가 있어, 자못 醜聲이 있었다. 왕의 궁인 등이 이를 듣고 기
원을 위하여 왕래하기에 이르렀는데, 그때 女居士 妙香이라는
자가 있었다. 일찍이 인조의 세자 소현의 遺腹兒가 물에서 죽
었다는 말을 들은 그는 가서 處瓊을 보고 묻기를, "昭顯遺腹子
或言投水 或言生存 今師貌 甚淸秀 似王子 君貌樣無乃是耶" 하
니, 처경이 이를 듣고는 갑자기 사심을 일으켜 가지고 舊損된

倭紙를 취하여 언문으로 "昭顯遺腹子乙酉四月初九日生"이라고 쓰고, 또 그 밑에 강빈(소현의 비) 두 자를 기록하여 가지고 영의정 許積을 방문하여 울면서 그 종이를 보였다.

좌의정 權大運이 이것을 왕에게 사뢰어서 왕이 군신으로 하여금 의논하게 하였더니, 소현의 喪은 4월 26일이었으므로, 4월 9일생인 아들을 유복자라고 할 수 없다는 것, 강빈도 또한 그때의 칭호가 아니라는 것, 書風이 또 양반의 것이 아니라는 것이 드러났다. 이에 처경을 잡아서 그의 師 智膺 등과 대질하니 과연 그것은 僞妄이었다. 이리하여 처경은 重科에 처하고, 그와 왕래한 복창군의 궁인들도 죄를 받았다.

天主教
入國

숙종 12년에 佛國(프랑스)의 천주교師가 비로소 청나라에서 한양으로 들어와서 포교에 종사하는 것을 왕이 이를 엄금, 드디어 선교사를 국외로 추방하여, 일시 만연하려고 하던 천주교는 그 敎線이 단멸되었다.

僧營

숙종 37년에 북한산성을 쌓고, 성내의 11사찰을 僧營으로 하여 각 寺에 僧將을 두었다. 그리고 총대장을 임명하여 팔도도총섭을 겸하게 하였다.

제2절 翠微守初의 문풍

守初傳

숙종 대에 취미수초와 백암성총이 禪敎에 통하여 좋은 소문이 있었다.

취미수초는 벽암각성의 고제이고, 백암성총은 취미의 제자이다. 취미수초의 자는 太昏이고 속성은 성씨이니 名臣 成三問의 방계의 후손이다. 명 만력 18년(선조 23년)에 한양에서 태어나서 賦鷗(부구)의 세에 부모상을 당하였다. 志學(15세)에 미치자 출가를 구하여 설악의 耆宿 敬軒에 의하여 낙발하고 만력 34년에 두류산으로 가서 부휴에게 참알하여 수계한 뒤에 좌우에서 모시었다.

그때 벽암각성이 제1좌였다. 하루는 부휴가 각성에게 말하기를, "異日 大吾道者 必此沙彌, 吾耄且疾非久於世 以付汝 好自將護"라고 하였다. 두루 제방의 종장에 叩參하고 한편 外學을 겸수하고자 하여 入京, 翰相의 문에 출입하면서 墳典을 토론하여 菁華를 저작하였다.

碧嵒　　이 벽암이 관동으로 교화를 펴자, 그를 찾아가서 陞座說法함을 만났다. 곧 법상을 세 번 돌고 예를 갖추어 문안하고자 하니 벽암이 말하기를, "何處得一擔紅婆子來"라고 하였다. 답하기를, "欲放下無着處"라고 하니 벽암이 말하기를, "卸後相見"이라고 하였다. 守初가 擺袖하면서 寮에 돌아갔다. 그로부터 모신 지 여러 해에, 깊이 현지에 투철하였다.

이때 無染熏의 敎場이 동방에 으뜸이었는데 守初가 이에 나아가서 契經의 奧義를 精硏하였다.

明 숭정 2년(인조 7년)에는 衆請에 의하여 玉川의 靈鷲에 開堂하니 학도가 湊至하였다. 재상 張維가 希古上人에게 명하여 북산에 社를 결하고 자주 守初에게 주가 될 것을 청하였으나 굳이 사양하고 가지 않으니 인하여 그 덕을 존중하고 琉璃珠 一串을 보내어 왔다.

숭정 5년에 관북(함경도)에 있으면서 梧通, 雪峯 諸山에 설법하여 크게 종풍을 嶺外에 떨쳤다. 숭정 11년에 남으로 돌아와서 벽암에게 歸省하였다. 16년에는 진주 목사 李昭漢이 칠불에 출세시키자 대중이 삼백에 이르렀다.

효종 3년(영력 6년)에 지리산으로 옮기니 마침 李之蘊이 龍城(전남 남원)의 郡守였는데, 그를 맞아들이고 道를 논하여 그 고명함에 탄복하였다. 효종 10년(영력 13년)에 벽암이 노병으로 인하여 화엄사에 歸侍하였다. 다음 해에 백암이 입적하니 이때부터 일정한 거소가 없었고, 학자(배우는 자)를 이끄는 것으로써 임무를 삼았다.

曹溪道場에 앉기를 전후 一紀에 福慧雙行하여 더욱 道望을 더하였다. 청 강희 6년(현종 8년)에 황강의 심원에서 쉬는데 절도사 成杕과 별승 尹遇甲이 모두 이에 귀의하였다. 갑자기 병이 나자 成杕이 약을 보내어 위문하였다.

동년 가을에 자리를 묘향산으로 옮기니 바다 같은 대중들이 달려와서 수백에 이르렀다. 이보다 먼저 『선문염송』을 보다가 淨巖遂禪師의 偈에 "承春高下盡嬋姸 雨過喬林叫杜鵑"이라고 한 데에 이르러서 가슴이 쇄연하여지자 책을 덮어놓고 말하기를, "凡諸語言文字 盡爲糟粕 豈有餘味也"라고 하였다. 이에 이르러 猊座에 의거하여 禪旨를 드날리니 門風이 峭峻하여 미증유라고 일컬었다.

강희 7년(현종 9년, 1669) 정월에 嶺北으로 돌아갈 것을 대중들에게 고하고, 2월에 仲州 五峯의 三藏으로 옮겼다. 4월에 미질을 보이더니 6월에 이르러서 대중으로 하여금 丈室을 環擁하고 무량수불을 염하게 하고는 西向하여 입적하니 향년 79세였다. 『불조원류』에 永曆 庚子 寂이라고 한 것은 오류일 것이다.

歌詩 1권이 있다. 문인으로서 골수를 얻어서 사람의 師範이

된 자가 32인이다.(翠微大師行狀)

제3절 翠微의 종풍과 詩

翠微의
宗風

『翠微大師集』을 살펴보면, 翠微守初의 종풍은 선교 융합이며 聖道 淨土 二門의 합일이다. 그러므로 臨濟의 正宗을 전하였다고 일컬으나 그가 믿고 따른 바는 왕생정토에 있었다. 그러면서도 專信 타력의 淨業이 아니라 雜善으로써 왕생의 인을 삼은 것이다. 그러므로 萬德山白蓮社 萬景樓 勸化疏에 말하기를, "泰華萬仞勞寸趾而可登 淨土九蓮 修片善而能致"(翠微大師集)라고 하여, 淨財의 희사를 권장하였다. 또 施財는 災禍를 면하고 慶福을 초치하는 것이라고 믿었기 때문에, "光陰過隙 富貴如雲 捨萬金一朝之塵 修片善千載之寶 則三災八難 非特 消於現今 百福千祥 抑當享於來世"(翠微大師集)라고 공언한 것이다.

翠微淸節

그러나 수초가 도를 지키고 지조를 가진 것은 결코 고인에 양보하지 않았다. 명리를 위하여 그 道行을 더럽히지 않은 것이다. 答希古上人書에 말하기를,

"某濫厠方袍 年己衰邁 視聽不聰明 無一事可觀 無一行可取 分甘林下 飢茹蔬 渴飮泉 自期終吾年耳 雖有君上之命 有所辭而不就 況其他耶 且余不以聲利自累 而切欲踐履古人信得及處 然薄祐所鍾動 輒涉妄 至今因循 未償初志 以此爲歎 日夕殊不淺淺矣 昔宋仁宗 嘗召圓通訥公 俾住慈孝寺 表薦大覺應詔 而訥稱病竟不起 若余者安敢擬古人於萬一哉 然而如春坡 天馨輩數人 學識淹通 道德夙成 今

之言禪者 無出其右 師倘能擧其人 以應檀越之命 則全吾靜退之操
而亦祖敎回春之秋也 豈不幸哉 凡林下之人 內無所守 而挾外務利
徒自以文身者 一朝失其所挾 則將未免顚覆叢林 汚穢佛法之患矣
願師更勿以此事 累及疎慵幸甚"(同上)

이라고 하였으니 허명을 탐하지 않고 淸節을 온전히 하려는
뜻이 진실로 고귀한 것이다.

翠微之詩　　答鄭將軍詩에, "莫道腰金頂玉流 何如破衲此僧休 挑筇不顧
人事事 直入千峰萬壑幽"(同上)라고 하여, 다만 塵中勢利의 경
계를 버리고 泉石雲烟과 친하려고 하였다. 그러므로 山居의 게
송에, "山非招我住 我亦不知山 山我相妄處 方爲別有閑"(同上)
이라고 한 것은 眞個의 山人이라고 할 수 있다. 또 效拾得翁體
라는 제목으로, "衆人富而豪 我獨貧且愚 衆人達而榮 我獨窮且
枯 去年無錐地 今年錐也無 窮達各有分 安有妄勞劬 苟能達此
理 出世眞丈夫"(同上)라고 한 것도 그 뜻을 보인 것이다.

守初之　　　수초의 詩偈 중 禪味를 지닌 몇 편의 게송이 있다.
禪偈

〈贈坐禪僧道順〉
逢緣休着意 着意即還失 合眼莫忘懷 忘懷即鬼窟
忘懷與着意 於道難離疾 若無此兩魔 何慮不成佛

〈贈脫穎師〉
穎師愛文字 欲作文字遊 咀嚼烟霞味 諷詠山水秋 高義誠可尚
俗緣猶未休 奈何自己上 悠悠不回頭 所趨非一途 亦各修其修
靜境絶瀟灑 石窟頗淸幽 一念大千界 奇觀非求外

〈面壁〉

參玄不用問西東 面壁觀心是祖風 自笑一聲人不會 何須更覓主人公

〈閑中偶吟〉

盡日跏趺一炷香 清陰不散柳絲長 閑中得趣無他事 禪策金經共竹床

〈示敏宗師〉

境非心外有 休覓主中賓 學道還爲妄 攻玄己害眞 白雲疎雨夕

芳草落花春 此乃吾家業 何煩問別人

〈示性安老師〉

一道靈光觸處周 隨緣轉變實能幽 群生造化資渠力 諸聖神通籍自由

北祖南禪雖異解 濁涇清渭是同流 飢飡困睡無人會 可惜騎牛更覓牛

제4절 백암성총

性聰傳

성총은 백암이라고 호하였다. 성은 이씨이고 明 숭정 4년(인조 9년)에 태어나서 나이 13세에 조계산에서 출가하였고 18세에 방장산(지리산)에 들어가서 翠微守初를 뵙고 배우기를 9년, 그 법을 다 전수받았다.

30세부터 명산을 두루 다녔고, 순천 송광사, 樂安 澄光寺, 하동 쌍계사 등에 왕래하면서 教徒를 改遷하는 것으로써 마음을 삼았다. 스스로『緇門』3권에 대하여 注를 달았고, 겸하여 외전에도 통하였으며, 또 시를 잘하였다. 당시 사대부 金文谷(壽恒), 鄭東溟(斗卿), 南壺谷(龍翼), 吳西坡(道一) 등과는 함께 空門의 벗이었다.

請經刊行　일찍이 (『연려실기』云, 숙종 임술 8년) 浦 해변에 큰 배가
한 척 와서 정박하였는데(숙종 7년, 청 강희 20년, 船泊 임자
도), 거기에 실려 있는 것을 보니 모두 불교경전으로 명나라의
平林葉 거사가 校刊한 『華嚴經疏鈔』, 『大明法數』, 『會玄記』,
『金剛記』, 『起信記』, 『四大師所錄』, 淨土諸書 등 190권의 경전
이 실려 있었다. 성총이 이에 경이하여 제자들과 신심을 내고
諸經을 간행하니 수년 만에 세상에 다 갖추어 행하였다.

　『天鏡集』에 실은 重刻金剛經疏記 序에는, "康熙辛酉秋 千函
萬軸之船 自無何而來 漂湖南荏子島 至丙寅春 栢菴和尚 得此
全寶 剞劂而眼目人天"이라고 하였다. 숙종 7년에 임자도에 배
가 표류하여 있는 것을 동왕 12년에 백암이 얻었다고 한다.
백암이 九峯山 보현사 승려에게 주는 글에 말하기를,

　　"頃年 商船 忽被黑風所駈 漂泊强場浦溆 所載葉經 流入龍宮 而
　或斷篇敗冊 或爲蒿師梢子不所獲 太牛輸入朝家 然後瀕澥諸刹往往
　有得而藏之者 (…) 某三入楞伽 再入逍遙禪雲 其餘並海諸山 無不
　投蹤 搜采衆經 己得四百餘卷 裒庋域中名刹中 使將來間世英傑者
　出而講通之 再續佛祖慧命 (…) 雜華疏鈔八十卷 才得太牛 而末由
　完部 此余朝夕懸係者也 貴寺所留一匣八卷 快然見許 少補其缺 則
　法施之一大緣也"

라고 하였다.
　백암성총은 임자도에 표류해 있는 배에 실려 있는 여러 불교
경전들을 간행한 것인데 특히 『華嚴經淸涼疏』와 『華嚴懸談會
玄記』가 합본된 『화엄경』 80권 간행에 가장 심혈을 쏟았던 것

같다. 그가 쓴 海東新刻淸凉華嚴疏抄後序에 의하면, "頃年載
大藏一航 漂至蝶域 有明平林葉居士祺胤 所釐合登梓者八十卷
全經幸入掌"이라고 하였다. 이것을 樂安(순천 지역)의 澄光寺
에서 간행하였는데 송광사 백암의 碑陰記에 의하면, 經이 표류
하여 도착 후부터 숙종 21년까지 무려 15년에 걸쳐서 5천의
板子(板木)를 만들고, 澄光寺, 쌍계사 2寺에 판목을 收藏하였
다고 한다.

강희 31년에 대화엄회를 베풀자 학자가 운집하였다. 숙종 26
년(청 강희 39년, 1700)에 쌍계사 신흥암에서 입적하니 세수
70세였다. 저술한 것은 私集二卷, 經序九首, 淨土讚百詠이 세
상에 행한다. 碑陰記에 의하면, 성총의 법은 無用, 影海, 楓巖,
最訥로 전하여졌다.

性聰淨業 　　『백암집』 상하 2권이 있는데, 典故를 인용하고 美辭를 많이
사용하였으며 想華絢爛, 禪敎二宗에 통하였음을 짐작하게 한
다. 성총은 淨業에 귀의하고 왕생을 염원하였다.

代人薦母疏에, "九品蓮臺上 潤一步而徑登 七重羅網中 與衆
聖同戲"라고 하였고, 薦翠微大師疏에, "伏願遄歸淨域 速證眞身
風雲際會 奉儀形於方丈山中 感應睽乖 輟慈誨於三藏寺裡 (…)
伏願先大師覺靈 生九品蓮 越三界海"라고 하였다. 중국에 있어
서의 禪淨일치의 여풍이 조선에서도 성행하였음을 알 수 있다.

性聰의 　　성총의 참학 공부는 〈與檜道書〉에 나타나 있다.

工夫

"若乃坐多散亂 則是適郢 而求冥山耳 去地甚遠 此箇工夫 無他伎
倆 但善惡諸緣 一時放却 心無異緣 如海東靑 取天鵝時 心目昭昭然
不得沉不得浮 然後才有趣向分爾 只如此做得 到心機迷悶地 乃是

得力處也 決定見得本來面目 少無疑矣"

이 또한 송말 이후 임제 문하에 유행한 공부인데 그 결과는
자못 의심스럽다.

排佛에
辯護

성총이 법운산 옥천사 사적 중에 儒士의 배불에 대하여 변호
하기를,

"世之縫掖 爭以攘釋氏 爲侈談 必曰 釋之徒 游手游食 耗蠹民財
招提梵刹 宏敞美麗 勞民力於土木奪資產於金帛 財用易竭 風俗易
澆 宜乎掃除不得滋 請試言之 吾佛之道 以淸淨無爲爲宗 慈悲不殺
爲敎雖若不切於世治 苟能推是心 使一世人 皆知善善惡惡 以躋仁
壽之域 則豈少補哉 今夫衆生 苦海沉浮莫知津涘而 以佛爲彼岸 則
圓顱方服者 皆奉佛之徒 殿宇堂寮之壯 像設金碧之嚴 其可已乎 譬
如醫師治病 必應病與藥 其於病寒者 投以丹砂烏啄 病喘者 授以白
术紫園 旣無病則 母用藥餌 寒疾未瘳喘病未去而 欲先除其丹砂白
术者 吾未知其可也"

제5절 無用秀演과 影海若坦의 宏學

秀演傳

백암성총의 제자에 無用秀演이 있다. 자는 무용, 속성은 오
씨, 용안(전라남도) 사람, 청 순치 8년(효종 2년)에 태어났다.
나이 8세에 書史를 배웠고, 13세에 부모가 돌아가고 곤궁하여
의지할 곳이 없는 가운데서도 두루 제자백가의 책을 열독하였
다. 19세에 조계산 송광사 들어가서 慧覺에게 의지, 慧空에게
나아가서 출가하여 구족계를 받고 宴黙하기를 수년이었다.

22세에 혜각이 말하기를, "自古通大道 悟心源者 不過禪敎雙行 獨顓禪門 於理可乎" 하였다. 이에 뜻을 고치고 침굉의 문에 참알하였는데, 한번 玄旨를 들으면 다시 설명할 필요가 없었다. 침굉이 말하기를, "圓頓法界 全在汝矣"라고 하였다. 이에 백운산에 들어가서 정혜를 닦기를 1년, 26세에 침굉의 부촉을 받고 조계산 은적난야에서 백암을 뵈니 백암이 일견에 대단히 기특해하였다. 수년간 대장경을 다 섭렵하고 용문산으로 옮기어서 다시 內觀을 닦았다.

숙종 6년에 금화동 신불암에 주석하였고 선암사, 송광사 등에 옮겼으나 번다한 것을 싫어하여 숙종 10년에 팔영산 제7봉 아래에 掛錫하고 신심을 精硏하였다. 14년에 다시 백암을 조계산으로 찾아가서 『華嚴疏鈔』를 받아 그 정수를 다 얻었다. 26년에 백암이 지리산 신흥사에 주하다가 입적하자 無用秀演이 그 자리를 계승하고, 다음 해에 칠불암으로 옮기니 禪侶와 義學이 크게 그 밑에 모였다.

숙종 30년에 갑자기 대중을 물리치고 말하기를, "徒自饒舌 豈若是專心念佛乎" 하고 용문의 은암봉에 거하였다. 45년에 湖嶺(전라, 충청, 경상)의 여러 사찰에서 禪虎, 義龍 300여 인이 『화엄경』과 『선문염송』을 강할 것을 청하여, 자리에 올라 법을 설하니 모든 대중들이 탄복하지 않음이 없었다. 동년(강희 58년, 1719) 夏末에 미질이 있더니 겨울 10월에 良工에 명하여 미타삼불상을 조성하여 전심 염불하면서 입적하니 세수 69세였다.

秀演의 思想　　무용당 秀演의 遺稿를 살펴보면 詩偈와 문장에 많이 노장의 遺意가 들어있고, 삼교일치에 입각한 사상임을 볼 수 있다.

〈上江南府伯啓〉

"揸梨橘柚之味不同 皆可衆口 孔釋楊墨之道相反 都是一心"

〈栢菴和尚文集序〉

"三教聖人 以無相之身 說無言之教 留與人間 至今不衰"

水石亭記 이런 것이 바로 그러한 뜻이다. 〈水石亭記〉는 秀演이 襟懷를 보인 것이다. 그 가운데 말하기를,

> "水石予之平生所愛者 石堅而靜 吾以欲存心而不動 水流而清 吾以欲應物而無滯 清風明月 亦我之所愛也 不常有常有其水石乎 夏五月六月天亢旱 金石欲流 余俗乎天登亭 而坐臨水石也 清凉四來 遠者茂樹濃陰 近者白石寒潭 余於是焉 胸中灑然 萬慮雲散 本心如月 始知夫子之曲肱 非徒曲肱 曾點之詠歸 非徒詠歸 而起予心上真樂 莫此亭若也"

秀演禪偈 이 또한 儒佛同詮의 사상이다. 그러나 遺稿 중에는 조사선 정통의 묘지가 아주 없는 것이 아니다. 栢菴文集序에 말하기를, "先師(栢庵) 若曰演爾(秀演)徒知我迹 未知我本 我有廣大沒字經一卷 爾亦刻此否 豈獨此數卷文 從此流出 三藏十二部 儒道諸書 亦如是 乃至四聖六凡 山河大地 森羅萬像 亦如是 若如是如是 種種謂吾面目 非吾弟子 非吾面目 亦非吾弟子 弟子曰唯"라고 하였다. 그러면서도, 한편 有漏의 복덕을 기도하고 多神의 존재를 믿고, 서방왕생을 원한 뜻이 유고 중 수처에 발견된다. 無用秀演의 禪偈 두셋을 기록하면 아래와 같다.

〈題澄光寺五禪樓〉

快樓閑上坐禪餘 眼底群峰散不齊 高步自疑形外出 俯觀人似甕中居
鴉邊落日沈西去 鷹背秋空入海底 何必登山天下小 倚欄今夕十方虛

〈次冷上人軸韻〉

師也東西南北客 出乎人上知幾層 七斤布衲心珠隱 一寸方塘智水凝
鵬怒三千蒼海繫 島飛九萬紫霄升 丈夫氣象能如此 不曰西江吸盡僧

若坦傳　　　무용의 제자에 影海若坦이 있다. 자는 守訥, 성은 김씨, 고흥
(전라남도)군 粉川 사람이다. 현종 9년(청 강희 7년)에 태어났
고, 10세에 능가사의 長老 得牛에게 의탁, 17세에 처음으로 무
용을 만나 스승과 제자가 서로 계합하였기에 자신도 모르게
涕泣하였다. 19세에 삭발, 수계하고, 22세에 經法을 수학하여
공부, 정진하였으며, 28세 이후에 만법유심의 뜻을 信하여 침
식을 폐하면서 참구하여 연구하기에 이르렀다.

　　37세에 鳳山의 청을 받고 처음으로 자수암에 들어가니 來學
이 수백을 헤아렸다. 55세에 畫工에 명하여 53불을 그리게 하
고 경종 3년에 옮기어 普照의 부도에 넣었다. 87세(영조 30년,
1754)에 미질이 있어 목욕하고 옷을 갈아 입고 대중과 작별했
다. 게송을 하나 지으니, "凝圓一相誰能嘎 濶步乾坤露裸裸 踏
着自家不壞珍 獨尊獨貴猶稱我 呵呵呵是什麼 淨洒洒沒可把"라
고 하였다. 단좌하여 입적하였다.

　　影海若坦은 박학했고, 내외의 모든 책을 다 꿰었고, 겸하여
음양, 수학에도 통하였다. 지조를 지킴이 청엄하고, 대중에 임
하되 장중하였으며, 예법으로써 자신을 가누었다. 문집 3권이

있었는데 이미 두 권은 없어졌고 詩 1권이 있을 뿐이다. 若坦의 문집이 없어졌기 때문에 그의 사상을 살필 수는 없고, 아래의 시에서 가풍의 일단을 볼 수밖에 없다.

若坦宗風

〈咏月夜聞杜鵑〉

眼外一輪靑嶂月 耳邊千囀杜鵑聲 淸吟散步逍遙地 塵世何人會此情

〈題神德菴〉

神德菴高豁 登臨眺望通 不燈唯白月 無扇自淸風
嵒嶂磨天岌 流川動地雄 忘機終夕坐 境寂又心空

〈送性長老之歸山〉

忙忙終日鬧 那事甚無妨 不願兜率界 寧求極樂方
生死本無繫 解脫又何望 欲識歸歟路 毘盧頂上行

〈次山居遣興〉

獨占壺中別有天 禪窓終日意悠然 都將禍福歸身外 那帶是非到耳邊
白日己沈芳樹裡 仙禽飛過畫樓前 居山寂寂無餘事 客至淸談客去眠

제6절 無竟子秀

子秀傳

청허의 6세손 無竟子秀는 매우 文翰을 잘하고 식견 또한 비범하였다. 자수의 자는 고송, 무경은 호, 전주 사람, 현종 5년에 출생하였다. 12세에 출가하였고, 16세에 澄波大德에게 수계하였다. 秋溪有文大師를 岌崒山(지금 위봉사의 산)으로 찾아가서 10여 년 공부하여 그의 인가를 받았다. 법계는 淸虛, 一禪,

任性, 圓應智根, 秋溪有文, 無竟子秀이다. 백련사에서 개당하고 내원암에서 講經하였으며 제방의 강석을 맡았다.

경종 3년, 나이 60에 미쳐서도 向上一路로 매진하였고, 영조 9년, 70세에 전주 사자산 숙조암에 주석하였다. 동왕 11년에 전주 쌍계암으로 돌아가서 13년에 입적하니 춘추는 74세였다. 임종게에 云, "一星揮破三省夢 雙釰撞開大寂關 萬古堂堂眞面目 何時何處不相看"이라고 하였다.

無竟集

子秀는 시문을 잘하였다. 저서로는 『無竟集』이 있고, 전주 모악산 歸信寺事蹟詞, 전주 終南山松廣寺事蹟詞, 金滴縣 母岳山 金山寺事蹟詞 등을 찬하였다. 그의 詩偈는 다음과 같다.

子秀宗風

〈眞說〉

法本無人說 說即非眞說 無說即眞說 目前無別法 鳥鵲爭擧揚
桃柳開妙色 色色非他物 聲聲是眞訣 元來不覆藏 箇事分明極
德臨徒棒喝 輸他鼻祖格 歙羞面壁坐 丈夫行事足 令余長想憶

〈示衆〉

折却德山棒 碎着臨濟喝 逢人不被瞞 然後對風月
月嫌無好風 風愛有好月 風月好好處 法喜長自悅

〈參玄〉

心外無法 法外無心 心法即無 物我俱沈 俱沈亦沈 是曰參玄

이로써 子秀의 견처가 비범함을 알 수 있다. 자수의 도학설, 修善說, 시비설, 性情說 등의 文이 通途 밖에 나가지 않은 것이고, 또 삼교설이 있는데 삼교의 일치를 말한 것이다.

제11장 月潭雪霽, 霜峰淨源, 月渚道安, 喚醒志安, 晦菴定慧

楓潭 문하의 月潭雪霽가 또한 일대의 사표였고, 雪霽(설제)의 동학인 霜峰淨源은 특히 화엄을 精硏하였다. 그러나 楓潭 문하에서 가장 쟁쟁한 이는 月渚道安이 아닐가? 도안은 화엄종주라고 일컬으며, 법석의 성황이 근세에는 비교할 수 없는 정도였다.

道安의 제자에 雪巖秋鵬이 있는데 선의 경지가 비록 깊지는 않으나 도골이 있고 禪機가 있으며 詩偈삼매에 들어서 吟咏이 자재하였다. 월담 문하의 喚醒志安은 『오종강요』를 찬하고, 한때 종풍을 떨쳤다. 晦菴定慧도 화엄에 通曉하고, 講授의 妙가 當世에 독보였다.

제1절 雪霽와 淨源

雪霽傳 　풍담의심의 제자에 월담설제가 있고, 雪霽와 淨源 두 문하에는 많은 이들이 濟濟하였으며, 일대의 사표였다. 설제의 속성은 김씨, 昌化 사람으로 명 숭정 5년에 출생하였다.

나이 13세에 출가하여 설악산의 崇揖에게 의탁, 16세에 낙발, 수계하였다. 同志 一如와 함께 보개산 說淸에게서 수업하다가 다시 楓潭에게 수학했다. 풍담이 그릇으로 여기고 이끌어주었다. 금강산과 묘향산에서 서로 만나면서 선교의 종지를 가는 곳마다 대나무 쪼개듯이 분석하여 강의하였고, 또 문예도

익숙하여 입을 열면 문장이 되었다. 『화엄경』과 『선문염송』을 가장 좋아하여 입에서 외우는 소리가 끊어지지 않았다.

크게 후학을 개도하니 그 깊은 뜻을 얻은 자가 수백 인이었다. 명산 勝區를 편력하였으나 항상 풍악산(금강산)의 정양사에 주석하다가 만년에 금화산 징광사에 이석한 이후로는 그림자가 산을 나가지 않았으며 강의하기를 철폐하지 않으니 湖海之間에 經敎가 크게 천명되었다.

志安 청 강희 43년(숙종 30년, 1704)에 문인을 모으고 게송을 읊기를, "道死道生擔板漢 非生非死豈中途 說破兩重生死字 殺人劍與活人刀"라고 하고 갑자기 입적하니 세수 73세였다. 설제의 문하에서 환성지안이 나와 편양의 가풍을 크게 선양하였다.

淨源傳 다음, 풍담에게 입실한 자에 雪峯堂 淨源이 있다. 정원의 속성은 김씨이고, 명 천계 7년에 영변부 중양리에서 출생하였다. 일찍이 善天을 따라서 낙발, 수계하고 玩月, 秋馨 두 師匠에게 참예하여 경론을 익혔다. 나이 30세에 이르러서 비로소 풍담의 室을 두드리니 풍담이 이를 기이하게 여기고 배울 바를 다 말하였다.

그로부터 一鉢 一錫으로 국내의 명소를 歷探하니 拈鎚竪拂하는 자가 모두 자리를 피하였고 摳衣問法하는 자가 항상 자리에 가득하였다. 가야산 해인사에서 『涅槃經』 등 삼백여 부의 口訣을 정하고 희양산 봉암사에서 『都序』, 『節要』의 科文을 지었다.

특히 화엄에 정통하여, 경에 四科가 있는데 그 중 三科가 없어진 것을 정원이 文에 의하여 義를 궁구하여 드디어 三科를 정하여 독자로 하여금 그 뜻을 놓치지 않게 하였다. 후에 唐本

을 얻어 대교하여 보니 差違가 없어 학자들이 탄복하였다.

청 강희 48년(숙종 35년, 1709)에 지평의 용문산에서 微疾이 나타나 문인들에게 말하기를, "夫界有成住壞空 身有生老病死 有始有終 無常之體也 汝等宜持正念 勿生煩惱"라고 하고 게송을 쓰기를, "雪色和雲白 松風帶露靑"이라고 하고 붓을 던지고 입적하니 세수는 83세였다.(『조선불교통사』上編, 526-527쪽).

淨源의 文才

淨源의 문장은 화려, 현란하고 문장의 질에도 수승함이 있었다. 정원이 찬한 孔雀山水墮寺事蹟이 그 일례이다. 그것을 보면,

> 新羅三十九王之師尚 姓薛 元曉 其名, 三台事唐之華冑 六世相梁之苗裔 (…) 遂生二子 兄曰元曉 弟曰義湘 皆少挺生知 能通六藝 (…) 身入神州 咀華嚴於賢首宗中 喎禪河於曹溪門下 (…) 創芬皇寺 請居焉 (…) 遂乘此山 穴土而居 (…) 四遠苦問津 千里如跬步 猶未及旋踵 因成大道場 (…) 是時李唐中宗景龍年中也라고 하였다.

明眼傳

당시에 靑梅印悟의 후손에 雪嵒明眼이 있었는데, 역시 一方의 종사였다. 설암명안의 자는 百愚이고 영남 진양 사람이며, 성은 장씨이고 인조 24년 병술(청 세조 순치 3년)에 출생하였다. 나이 12세에 지리산 덕산사 性覺에게 의탁하였고, 청매의 법손인 無影(坦憲)에게 참학하기를 10년, 현종 13년에 이르러서 師資가 서로 계합하였다. 그로부터 遊方하는데 마침 栢庵이 조계산에서 불렀다. 현종 15년부터 백암에게 수학하기를 四白, 숙종 4년엔 덕산의 佛藏寺에 주석하였다.

후에 여러 곳에서 홍법하다가 만년에 염불을 전수하였다. 숙종 35년 기축에 七佛에 주석하니 모인 무리가 70여 인이었는데 함께 西方도량을 결성하였다. 다음해 36년(1710)에 입적하니 세수는 65세였다.

百愚隨筆 백우수필이 있다. 거기서 禪偈 2수를 아래에 수록한다.

〈示禪河禪人〉

心是彌陀佛 從來不在西 若向他方去 迢迢十萬餘

〈寄月松長老〉

無心如水月 有節似寒松 寒松與水月 終古自相容

수필집 가운데 발원왕생의 詞와 염불가가 있어 간절한 情을 서술하였다.

제2절 月渚道安

道安傳 楓潭의 법을 얻은 자가 아주 많다. 선교 모두에 통하였는데, 그중에서도 쟁쟁한 자는 월저도안이 아닐까 한다. 도안의 성은 劉씨요, 평양 사람이며, 명 숭정 11년에 태어났다. 키가 7척에 풍채가 엄중하여 바라보면 태산과 같은데 대해보면 훈풍과 같았다.

처음 鍾山의 天信에게 가서 삭발하고 장년이 되자 풍담에게 가서 三敎에 博通하고 上乘을 超悟하여 西山의 密傳을 얻었다. 항상 뜻을 화엄법계에 두어 淸凉에 방불하였고, 사람에게 염불을 권하여서 혜원과 依俙하였다.

청 강희 3년에 금강산에서 묘향산으로 들어가서 화엄의 대의를 강구하여 세상에서는 화엄종주라고 하였다. 강석에 청중이 수백 인으로서 법석의 성함이 근세에는 아직 없었다. 청 강희 54년(숙종 41년, 1715)에 입적하니 세수 78세였다.(『동사열전』卷2, 『月渚堂大師集』卷下)

月渚集 『월저당대사집』상하 2권을 보면, 도안은 노장에도 통하여서 詩의 깊이와 문장이 찬연히 빛이 있었고, 想華(수필)가 뛰어나서 名儒와 석학이 望風歸服하지 않음이 없었다.

그러나 그의 사상은 아주 雜駁한 것이어서 冥府의 시왕, 鬼魅의 精靈, 객관적 정토니 하는 것을 믿지 않는 것이 없었다. 항상 화엄을 右로 하고 淨業을 좌로 하였다고 하나 禪道의 조예는 깊은 것이 못 된다. 禪旨를 띤 것으로 볼 만한 것이 그 『월저당대사집』가운데에는 참으로 적다. 아래에 몇 개를 수록한다.

道安詩偈 求仙何必訪瀛州 登陟牙山萬景收 竹院遇僧請話足 浮世半日得閑遊
(月渚集 卷上 12葉左)

大道圓成不可求 時人外覓謾騎牛 何如透得州無意 祖意明明百草頭
(同 13葉右)

格外同參豈偶然 拈華密旨遞相傳 人能忘指流沙月 道自無言少室禪
千聖一門心卽佛 衆生三昧地昇仙 望州烏石時時見 江月松風幸莫筌
(同 38葉右)

圓缺何嫌上下弦 卷舒行止任天然 光明藏裡凡同聖 石火人間海變田
風雨隔時千劫月 水雲深處一壺天 栴檀樹裏沈香閣 誰與歡呼混沌前
(同 45葉右)

道安心境　　　幽居雜詠 次東坡雷州八韻이 있는데 도안의 심경을 짐작할
　　　　　　　수 있다. 그 가운데 말하기를,

　　　　　廣莫無何有 消搖方外遊 不沈又不擧 無喜亦無憂(同 51葉左)
　　　　　功名一髮輕 道德千鈞重 北風時拂面 擎起周公夢(同)
　　　　　誅茅亂山側 索居而離群 卷舒本無心 飄飄出岫雲(同 52葉右)

念佛偈　　　　염불게에 말하기를,

　　　　　彌陀國土十方欽 八苦千魔何有侵 濁世群迷葵仰感 眞身導士鏡光臨
　　　　　花間衆鳥音宣法 他底流沙水注金 寶網瓊林風動樂 百千三昧自生心
　　　　　(同 46葉右)
　　　　　拔與慈悲自有期 南無六字佛阿彌 蓮華寶樹吾歸土 金色玉毫我導師
　　　　　晝夜時時除妄想 經行步步仰眞儀 往生只願臨終日 玉殿瓊樓任所之
　　　　　(同 36葉右)

臨終偈　　　　임종게에 말하기를, "浮雲自體本來空 本來空是太虛空 太虛
　　　　　　　空中雲起滅 起滅無從本來空"(同 58葉右-左)이라고 하였다.
　　　　　　　풍담에게 참학하여 득법한 자에 묘향산 松溪堂 圓輝가 있다.
　　　　　　儒를 버리고 釋子가 된 지 51년이고, 拈鎚竪拂하기를 36년이
　　　　　　었다. 숭정 경오(인조 8년)에 출생하여 강희 갑술(숙종 20년)
　　　　　　에 입적하였다.
　　　　　　　또 묘향산의 송암당 性眞도 풍담에게 득법하였다. 뜻을 지킴
　　　　　　이 독실하였고 도를 봄이 깊었다. 청 강희38년(숙종 25년)에
　　　　　　입적하니 세수는 72세였다.

제3절 雪巖秋鵬, 雲峰, 南岳

秋鵬傳

　　월저의 제자에 설암추붕이 있다. 성은 김씨이고, 강동현(평안남도) 사람이며, 명 영력 5년(효종 2년)에 출생하였다. 처음 宗眼장로를 스승으로 삼아 삭발하고, 碧溪九二에게 참예하여 몸소 井臼를 잡았고, 경론에 박통하였다. 다음에는 月渚道眼에게 가서 針芥相合되었는데, 도안이 그를 깊이 그릇으로 여겨 소중히 하여 의발을 주었다.

　　남방으로 가자 諸釋이 望風心醉하였다. 추붕은 계행이 심고하였고, 사람을 접하되 귀천을 가리지 않았다. 안광은 사람을 쏘았고 談鋒은 불과 같았다. 묘향산에 幽栖하기를 多年, 청 강희 45년(숙종 32년, 1706)에 입적하니 세수는 56세였다.

秋鵬禪偈

　　『설암집』 3권을 살펴보면 추붕은 선에 들어간 경지가 그다지 깊지 않은 것 같다. 그 精髓를 道破한 시구가 적다. 그러나 禪偈로서 취할 만한 것이 없는 것은 아니다.

溪聲自是廣長舌 八萬眞經俱漏洩 可笑西天老釋迦 徒勞四十九年說
(雪巖雜著 卷一, 65葉左)

公案分明本現成 放三十棒亦多情 爲君一線聊通信 萬古晴天霹靂聲
(同上, 69葉右)

三千法界道初成 覺樹曇華任性情 時唱浩歌歌一曲 石欄寒聽老松聲
(同上)

春暖洞深雲不散 澗空林寂鳥忘飛 焚香細讀蓮華偈 風送天花亂撲扉
(同, 69葉左)

巖前澗水碧於藍 雨後梨花白如雪 物物自開大施門 也知不費娘生舌

(同, 64葉左)

桃花紅李花白 誰非妙法門 自是如來色 若能信得此無生 公案盡翻
千七百(同上)

이런 것들은 모두 禪味를 머금은 것이라고 할 수 있다. 추붕
은 도골을 띤 仙家의 사상에 매우 물든 것 같다.

秋鵬思想　　幽居無事少逢迎 起坐偏宜養性靈 摘果穿林秋露滴 煉茶燃桂
暮烟生 池通野水鳧來集 庭枕山雲鹿入行 静裏遍觀消長理 芸芸
庶物自生成(同上, 4葉左)이라고 노래하였다. 또 그윽함과 청정
함은 추붕이 좋아하는 바였다.

流水同心性 浮雲一世間 今朝來此寺 明日又何山(同上, 2葉左)
袖裏長風滿 笻邊片月斜 斷雲無住着 何處是君家(同上)
半生嘉遁妙香峰 七尺茅菴膝可容 看院祇留雙老鶴 弄琴兼得數條松
六環錫杖依山虎 一鉢盂藏吐水龍 擊竹桃花餘事耳 困眠飢食送秋冬
(同, 33葉左)
萬仞山間一草菴 天香桂子落層岑 溪南隨步時回首 無限清風洗客心
(同卷三, 49葉左)

秋鵬의 詩　　그가 노송을 읊기를,

百尺丹臺上 亭亭五老松 四時蒼葉密 千載白雲封
鳳嘯三更月 龍吟十里風 歲寒無改節 何物與伊同(同 40葉右)

이라고 하여 스스로를 松에 견준 것 같다. 또 추붕은 詩 삼매에 들어서 吟咏自在하였다. 망부석이란 제목으로 이렇게 읊었다.

山頭恠石古人妻 佇立翹翹望隴西 雲鬢不梳新樣髻 月鉤懶書舊時眉
衣衫歲久生苔蘚 脂粉年深變土泥 兩目自從夫去後 幾番風雨幾番啼
(同 24葉左)

또 어부라는 제목으로는 이렇게 읊었다.

不事王侯豈有封 生涯水國自無窮 桃花浪裏垂絲網 杜若洲邊繫釣艟
竹笛吹殘初月白 蘭橈破棹夕陽紅 得魚沽酒醺醺醉 忘却風狂浪幾重
(同 25葉右)

樵夫에 대하여 다음과 같이 읊었다.

一生蹤跡寄巖阿 斤斧生涯日月磨 傲世心關辛苦事 遏雲聲唱太平歌
石林深處無心去 山路險邊信脚過 天子無緣難見面 爲何王質爛其柯
(同)

그리고 목동을 읊기를,

二三兩兩過前川 相喚相呼類拍肩 石上敲針閑作釣 水邊牽纜學撑舡
風吹翡笠花邊立 目暖簑衣草上眠 朝出暮歸牛背上 斷歌橫笛一江天
(同 25葉左)

라고 하였다. 문인 法宗이 말하기를, "吾師(秋鵬)獨坐空王殿 謌詠無生曲子 淸風明月鎭相隨時 此所謂 萬古長空 一朝風月 其誰謂 在於韻格耶(同 70葉右)"라고 찬탄한 것도 마땅한 것이 되겠다. 추붕이 불의의 誹訕을 받고 다음과 같이 술회하였다.

年年窮鬼甚 處處佞人誹 不盡二三債 難堪萬事非
顏衰添鬢髮 身瘦減腰圍 擧目無知己 吾將孰與歸(同 卷一, 11葉左)

라고 하였다. 산승이 窮에 처하여서 마음을 편안히 함을 얻지 못하였다는 것은 가석한 일이다. 또 栢鳥嘆을 보면 다음과 같다.

有鳥有鳥栢子鳥 飛來飛去啄于栢 擡頭一啄又一啄 啄又啄兮栢子落
栢子落於古巖前 僧隨落處爭奪却 鳥自悲鳴僧自樂 誰知鳥之情懷惡
誰云僧老足慈悲 僧虐甚於秦皇虐 人間何嘗物如斯 世人姦態皆相若
成湯至德及於禽 千古恨無守之約 我觀此鳥感於中 九回肝腸如刀斫
栢鳥栢鳥不復啄 啄落雖多無儞食 從食遮莫栢子香 願隨白雲遊寥廓
(同 11葉左-12葉右)

이상과 같이 痛嘆聲을 발하였다. 묘향산에 소장되어 있는 『설암잡저』 권2(결권一)에 실은 시 몇 수를 수록한다.

雪巖雜著　　〈山居幽興〉
微吟何處最相宜 禪境眞機好入詩 石磬聲傳行道夜 天華香散誦經時
半簷山菓猿偸盡 傍砌松枝鶴蹈垂 門外永無車馬跡 一壺風月自相隨

이것은 壺中의 풍월에 자적하는 납승의 풍격을 보인 것이다.

〈言志〉

塹月岩風作老胡 水邊林下啓禪扇 何庸鍊客驂鸞去 静看閑雲戀岫歸
嵐逕細香春麝氣 石牕疎影古松枝 療飢亦有胡麻飯 啄腐呑醒永不爲

〈碧虛子韻〉

年老忘機任性情 生涯觸處自然成 春回法界心華發 月入禪池定水清
誰念世人榮頷事 但聞松鶴兩三聲 風來石秋吹巾落 驚起開牕曉日明

〈示門下〉

迷道由來北作南 觸墻痴面百無堪 林泉但欲龜藏六 人世寧知兎有三
暮捲疎簾迎素月 晨開石戶吸晴嵐 如瓶守只今多日 風雨人間事不談

南岳   설암의 문하에 남악이 있다. 본은 용성 사람이고 청허의 6세
손이니 서산, 편양, 풍담, 월저, 설암, 남악이 그 법계이다. 영조
8년 임자년(1732)에 입적하였다. 남악집이 있다. 거기서 시 몇
구를 수록한다.

〈妙寂寺偶吟〉

百年天地任身閑 一錫秋風海上山 紅樹影邊迷客路 白雲堆裏訪仙關
霜華紫菊明明細 松露青田滴滴斑 石榻坐來讀佛老 世間榮辱杳茫間

〈山房夜月聞杜鵑有感〉

獨坐虛堂聽子規 使余孤寂不勝悲 飛來渭北春天暮 啼送山南夜月時
釼閣幾呼王子怨 津橋曾動邵翁思 雲外處處聲聲苦 似訴人間道路危

〈謹次月渚大老寄金波室〉

太平天地捲風雷 處處丘山絕點埃 金色破顏眞小解 玉毫明瑞豈多才

千般曲直名雖沒 八字圓通戶打開 空劫已前師以會 不求聲色是如來

雲峰傳 묘향산 雲峰의 傳은 묘향산에 있는 비에 분명하다. 아직 검토할 틈이 없었으나, 설암과 동시의 사람이며 월저와 형제라고 한다. 운봉의 심성론이 있는데, 그 序만을 옮긴다.

人有圓滿空寂之心體 絕視聽而含太虛 人有廣大靈通之性 用離方處而周法界 蕭焉空寂 湛而冲虛 無名可名 無相可覩 體量恢恢 恒沙性德 無量妙用 元自具足 虛空世界 皆在本覺之內 三界大道 悉是眞性之相 能大而俱該沙界 能小而在一微塵 無去無來 歷千劫而不古 非中非外 徧十方而無窮 疾雷何大急 迅電亦非光 不離日用渴飲飢餐 常對面而常在動用 起坐相將歲月長 希夷然 恍惚焉 逈出思議之表也

제4절 喚醒(一作 惺)志安의『五宗綱要』

志安傳 제21대 영조 25년(재위 1725-1776)에 승려들의 도성 출입을 금하였다.

영조 때에 월담설제의 제자인 환성지안이 있어『五宗綱要』를 찬하였고, 종풍이 한때 성하였다. 환성지안의 성은 정씨이고, 춘천 사람이며, 청 강희 3년에 출생하였다. 나이 15세에 미지산 용문사에서 낙발하고 霜峰淨源에게 나아가서 구족계를 받았다. 17세에 법을 월담설제에게 구하니 월담이 이를 중히 여기고 의발을 전해 주었다. 이에 내전을 精硏하기에 침식을 함께 잊었다.

지안의 나이 27세에 慕雲震言(벽암각성의 嗣)이 법회를 금산 직지사에서 연다는 것을 듣고 가서 따르니 모운이 敬服하여 그 대중 수백 인에게 말하기를, "吾今可以輟獅子座矣 汝等禮師之"라고 하였다. 이에 그는 가만히 나와서 他山에 거하였다.

지안이 대중을 거느리게 되자 종풍을 크게 떨쳤다. 일찍이 대둔산 中에서 淨供을 베풀 때에 공중에서 세 번 그의 이름을 불렀다. 그래서 대답 또한 세 번 하였다. 드디어 자를 三諾이라고 하고 호를 환성이라고 하였다.

지안의 강의 방법은 보통과 달라서 말의 뜻이 그윽하고 묘했으며, 의심하는 자가 없지 않더니, 처음 임자도에 빈 배가 와서 언덕에 머물렀고, 그 경전을 판각하여 낙안(전라남도) 징광사에 두었다. 그 안에는 六祖 이래 註解한 諸經이 있어, 그것이 千百函일 뿐 아니라, 이를 고증하여 보니 지안이 말한 바와 印符가 계합하는 것 같아서 사람들이 모두 탄복하였다. 여러 산을 편력하여 혹은 지리산, 혹은 금강산 정양사 등에서 모두 이적을 나타내었다. 청 옹정 3년에 화엄대법회를 금구(전라북도) 금산사에서 여니 대중이 무릇 1400인이었다.

禪門五宗
綱要 옹정 7년(영조 5년, 1729)에 무고에 의하여 지리산에서 호남의 옥에 逮繫되었고, 얼마 안 있다가 탐라(제주도)에 유배되었다. 유배된 지 7일 만에 갑자기 입적하니 세수는 66세였다. 저술은 『禪門五宗綱要』가 있는데, 諸書의 要義를 채집하여 지은 것이다. 그의 문인 함월해원의 序에, "正其僞 補其闕 於雲門三句 引青山叟之解 於曹洞五位 引荊溪師之註 通其義 顯其要"라고

하였는데, 『선문오종강요』는 함월에 의하여 보수된 것임을 알수 있다. 임제종 條에, "赤手單刀 殺佛殺祖 辨古今於玄要 驗龍蛇於主賓 操金剛寶劒 掃除竹木精靈 奮獅子全威 震裂狐狸心膽要識臨濟宗麼 靑天轟霹靂 平地起波濤"(禪門五宗綱要 1葉右)

이것은 임제종의 기용으로써 전체를 삼은 것으로서 宋 이후의 諸師를 본뜬 것일 뿐이다. 삼현에 대하여는, "一體中玄 三世一念等 二句中玄 徑截言句等 三玄中玄 良久棒喝等 亦名體中玄 用中玄 意中玄"이라고 하여 전혀 임제 문하의 小徑을 천착하였음을 볼 수 있다.

또 三要를 이름하기를, "一大機圓應 二大用全彰 三機用齊施"(同上 2葉右)라고 한 것 따위는 독단적인 천착으로서 混沌에게 눈썹을 그리는 것을 면치 못하였고, 四大式이라고 칭하면서 "正利 少林面壁類 平常 禾山打鼓類 本分 山僧不會類 貢假達磨不識類"(同上 5葉右)를 들었으며, 八棒이라고, 이름하여 "觸令返玄 接掃從正 靠玄傷正 順宗旨 有虛實 盲伽 瞎苦責 掃除凡聖"이라고 열거한 것 따위는 사족도 심한 것이다.

조동종의 조에 편정오위를 구태여 功動五位니 五王子니 하는 수행의 계급 등에 맞추고, 偏中至를 誤錯하여 兼中至라고 하였다. 조동의 眞風과는 백운만리의 間隔이 있다고 할 것이다.

요컨대 지안, 해원은 『인천안목』을 위하여는 眼睛을 瞎却한 것이다. 권말에 잡록이 있는데 이 또한 두찬이다.

喚醒詩集　환성시집은 문인 화월성눌이 편록한 것으로서 禪偈로 볼 수 있는 것이 많다.

廓然繩墨外 不落有無機 打破虛空界 大千信步歸(喚醒詩集 1葉左)

曳杖尋幽逕 徘徊獨賞春 歸來香滿袖 蝴蝶遠隨人(同上 2葉右)

上人清淨心 萬里秋江月 半夜讀楞伽 猿偸床下栗(동상 2葉左)

百八手中珠 南無淸淨佛 松花落滿衣 獨坐西廂月(同)

喚醒宗風　　塵外의 경계에서 超出하여 廣寒의 宮에 閑遊하는 모양이 엿보인다. 또 문인 화월에게 보이기를, "入院寒燒佛 看經轉覺魔 出門行大路 赤脚唱山歌"(同上 5葉右)라고 하였고, 碧月에게 보이기를 "吾將兎角杖 謝子重尋來 八萬波羅密 一時盡擊開"(同)라고 하였으며, 또 평생의 용심에 대하여 말하기를, "平常心是道 何用世間情 兀然無事坐 春來草自青"(同上 5葉左)이라고 하였다.

〈西竹林〉

庵近西峰下 擁籬翠竹林 風來生雅韻 霜落忍寒心

茂幹和雲直 靈根入地深 香嚴聞爾悟 當日作何音(同上 12葉左)이라고 한 것은 그의 역량을 짐작하기에 족하다. 다시 환성의 시 중에서 몇 편을 더 수록한다.

〈呼韻〉

壁破南通北 簷踈眼近天 莫謂荒凉苦 迎風得月光

〈示道英〉

水逢深處淨 心到靜時奇 何事長途走 區區轉背馳

〈偶吟〉

盡日惺惺坐 乾坤一眼中 有朋來草屋 明月與清風

〈示柱巖〉

山月輝肝膽 松風貫髑髏 祖師眞面目 何必用他求

〈遊頭流山〉

西來密旨孰能知 處處分明物物齊 小院春深人醉臥 滿山桃李子規啼

〈贈演察沙彌〉

一鉢逍遙山市中 飄然身世片雲同 閑將玉塵尋常坐 更把金文次第窮

明月影分千澗水 孤松聲任四時風 柴扉半掩仍成睡 夢入蓬萊八萬峰

제5절 晦庵定慧

定慧傳 『禪源諸詮集都序』, 『節要』에 실은 회암대사 행적에서 말하기를, 정혜의 속성은 김씨, 창원 사람이다. 髫年(초년, 6-7세)에 이미 다른 아이들과 같지 않았고, 9세에는 부모에게 청하여 출가하고자 하였으나 부모가 이를 허락하지 않았다.

스스로 범어사의 自守에게 가니 자수가 그의 俊異함을 알고 장로 冲虛에게 보내 주었다. 충허가 정혜를 데리고 가야산에 들어가서 葆光圓旻에게 참학시켰다. 圓旻은 벽암의 법자인 모운진언의 上足이다.

圓旻이 구족계를 주고 대장경을 가르쳤다. 이때 향산의 설암(월저의 제자, 법명은 추붕)이 호남에서 講化하니 정혜가 가서 참학하고자 원민에게 하직을 고하였다. 圓旻이 말하기를, "風塵擾擾 恐傷瑚璉"이라고 걱정하니 정혜가 대답하기를, "綠竹霜中夏 靑松雪裏春 男兒持此節 何畏撼風塵"이라고 하였다. 圓旻은 이를 허락하였다. 드디어 뜻을 온전히 하고 다시 돌아오니 이때부터 명성이 여러 사찰에 들렸다. 원민이 이를 기뻐하여 의발을 전하고 栗寺의 石門에서 개당하게 하니 때는 강희 49년이고 나이 26세였다.

一庵, 喚惺 여러 노숙들을 역참하여 발전한 바가 있었고, 뒤에 方丈山, 德裕山, 佛靈寺, 釋王寺, 鳴鳳寺, 直指寺 등 여러 사찰에서 참학하여 穎鋒이 드러나니 학도들이 따르는 자가 많았다. 만년에 佛靈의 靑巖으로 물러갔고, 청 건륭 6년(영조 16년, 1741)에 미질이 있자, 문인을 모으고, 염불로써 永訣을 삼아 말하기를, "念佛 若不念念者 念佛非眞"이라고 하였다. 그리고 말을 마치면서 입적하니 향년 57세였다.(『조선사찰사료』 참고)

정혜는 식견이 精敏하고 총명이 남보다 뛰어났다. 날마다 경을 외우되 500행씩을 한번 읽고는 능히 외웠고 한번 외우면 잊지 않았다. 화엄에 通曉하였고, 이를 강의하기를 수십 번이었다. 또 易에 妙悟하였으니 絶倫한 것이었다.

定慧著述　　저술로는 『華嚴經疏隱科』, 『諸經論疏句絶』, 『禪源集都序著柄』, 『別行錄私記畵足』이 세상에 유행했다. 하루는 탄식하기를, "若徒誦佛語 而不會本心 如人數他寶 自無半錢分 吾今捨敎 請諸講生 願莫隨之"라고 하고 곧 금강산으로 들어가서 좌선하되 화두를 透破할 것을 기약하였다.

道法이 풍성하매, 墨白이 운집하여 敎授를 强請하자 講席을 도로 베풀었다. 佛乘을 연구하여 일일이 자기의 풍광에 消歸하고, 經藏을 披尋하여 하는 말마다 중생의 일용에 계합하니 講授의 묘가 당시에 독보였다.

연담유일이 찬한 『都序節要私記』 叙에 云, 『都序』, 『절요』

에는 전에는 私記가 없었는데 近古에 와서 상봉정원이 비로소 이를 지었으나 아직 완전치 못한 것이었다. 거기에 설암추붕(『都序節要二集科文私記』)과 회암정혜가 이어서 이를 보완, 수정하여 詳悉함을 얻었다고 하였다.

회암의 『別行錄私記畫足』은 종밀의 『법집별행록』과 보조지눌의 『法集別行錄私記』가 있고, 다시 회암이 畫足을 첨가한 것이다.

제12장 禪敎혼합, 北斗숭배, 『불조원류』

清虛,
喚醒門下

청허휴정 문하에 용상이 아주 많았다. 禪敎의 전법이 따로인 것 같으나 雪松演初에 이르러서 선교 2파를 하나로 통합하였고, 또 霜月璽篈(상월새봉)과 같은 이는 禪敎를 혼합하였을 뿐 아니라 北斗(북두칠성)를 숭배하기에 이르렀다. 환성지안의 문하에서 虎巖體淨이 나왔고, 체정의 제자에 楓嶽普印과 月波 兌律이 있어 法幢을 세웠다.

부휴의 6세손 秋波泓宥가 儒釋二道에 있어서 뛰어난 一隻眼을 갖추었으며, 그 사람됨이 옥과 같았고 문장에는 광채가 있었다. 월저도안의 후예인 獅岩采永은 『불조원류』를 지어서 법계의 본말을 밝혔다.

제1절 淸虛下 二派의 합동과 霜月璽篈의 북두숭배

淸虛下二
派合同

청허문하에 사명송운, 편양언기, 소요태능, 무염의 네 파가 있다. 사명송운은 敎를 전하고 편양은 禪을 전하였다고 한다. 『불조원류』에 의하면 송운파는 松雲惟政, 松月應祥, 春坡雙彦, 虛谷懶白, 銘嵓釋齊(一作 霽), 月坡冲徽의 순으로 서로 법을 전하고, 편양파는 鞭羊彦機, 楓潭義諶, 月潭雪霽, 喚醒志安, 涵月海源의 순으로 법을 전하였다. 그리고 이 두 파는 雪松演初에게 이르러서 하나로 통합되었다고 한다.

설송당 演初의 비를 보면, 淸虛之後 分而爲二派焉 有曰惟政 應祥 雙彦 釋霽 即敎派也 有曰彦機 義諶 雪霽 志安即禪派也

師(演初)初師釋霽 後參志安 皆傳其法 於是淸虛之派 師而始合
而爲一"이라고 하였다.

雪松演初는 청 건륭 15년(영조 26년, 1750)에 입적하니 세
수 75세였다.(『조선불교통사』上編, 544쪽). 이를 본다면 禪敎
의 混淆는 조선시대의 특색으로서 처음부터 純粹한 禪衲은 한
사람도 없었다고 할 수 있다.

璽對傳　　월저의 법손 상월새봉이 이때에 교화를 선양하였다. 새봉의
자는 混遠이고, 성은 손씨며, 순천 사람으로 청 강희 26년(숙
종 13년)에 태어났다. 나이 11세에 조계산 선암사 極峻에게 의
탁, 15세에 낙발하였고, 다음해에 洗塵堂 文信에게 구족계를
받았다. 18세에 월저도안의 고제인 설암추붕에게 參學하여, 道
가 통하였고 두루 여러 사찰의 노장들을 뵙고, 강희 52년에
본향에 歸覲하였다.

無用秀演이 일견하고 감탄하기를, "涉安後一人也"라고 하였
다. 새봉은 둥근 얼굴에 귀가 컸고, 그 소리가 洪鐘과 같았으
며, 앉음새는 泥塑와 같았다. 설암에게 의발을 받았고, 국내의
명산은 거의 편력하였다. 子夜에는 반드시 北斗에 절하고 心證
실천을 법으로 하였다.

일찍이 말하기를, "學者如無返觀工夫 雖日誦千言 無益於己"
라고 하였고, 또 말하기를, "一日念頭不著實功 便對食愧飯"이
라고 하였다.

청 건륭 13년(영조 24년)에 禪敎兩宗 都總攝國一都大禪師
에 임명되었다. 건륭 32년(영조 43년, 1766)에 微恙(가벼운
병, 자기 병의 겸칭)이 있어 게송을 하나 읊조리기를, "水流元
歸海 月落不離天"이라고 하고 입적하니 세수 81세였다. (『동사

열전』卷三)

海珠錄　　선암사에『해주록』1권이 있다. 이 책은 영조 30년에 霜月이 화엄강회를 열었을 때의 회중의 이름을 기록한 것으로서 그 序는 연담과 묵암 두 사람이 지은 것이다. 대중에는 有一, 最訥, 獅岩, 龍潭愼冠, 影波坦然, 喚月, 朗松 등 1207인이 있었으니 그 성대했던 상황을 짐작하게 한다.

北斗崇拜
濫觴　　살피건대 새봉이 북두를 숭배한 것은 밀교의 작법으로서 만력 중에도 북두에 拜하고 松葉을 복용한 僧이 있었다. 그러므로 松都記異에는 다음과 같이 말한다.

慶昌　　安慶昌 松都賤流也 號四耐 (…) 少時從僧 受業於花庄寺 有老僧 冬月 露頂跣足 行走雪上 盛夏著百結衣 臥於巖上 鼻息如雷 群髡咸敬 以爲神僧 慶昌心甚慕悅 願爲闍梨 師許之 從遊幾半年 竊瞯所爲 師每夜拜北斗 夜半而起 喇口誦經 所喫口松葉而已 慶昌請於師曰 願聞凌寒耐暑之方 師曰 是豈有他方 久服松葉則 自至寒不寒 暑不暑 飢渴不能侵矣 慶昌曰 尊師所誦何經 曰北斗 又問曰 他僧喫松者多矣 未聞有寒暑飢渴之能耐 師曰 他喫鹽醬 亦不能收斂精神 又問曰 何以則收斂精神 師曰無慾 慶昌粗傳其法 頗耐四苦 因以自號焉 盖師實異僧 而慶昌亦非常人也 冬月着布衫赤脚而行 又折氷入浴 顔如渥丹 年八十餘而逝 萬曆 甲辰 余以應教 爲試才御史於松都 以武額最多 留連幾十餘日 每慶昌同處 慶昌遍遊國內名山云云(『대동야승』권十三, 370-371쪽)

하였다.

북두에 절을 하는 것은 밀교의 작법으로서『妙見菩薩神呪

經』, 『妙見菩薩多羅尼經』 등에 의한 것이다. 『覺禪鈔』에도 尊星王法, 북두법이 있어, 福壽를 증장하고 善願을 원만히 한다고 하였다.

霜月集 　상월집이 있어, 그 襟懷를 엿보기에 족한 시 3편을 수록한다.

〈松風鳴夜絃〉

澗瑟誰彈曲 松琴自奏弦 鍾期何處在 惟有月當天

〈書懷〉

日月爲燈燈不盡 乾坤爲屋屋無邊 此身隨處生涯足 飢食松花渴飮泉

〈書懷〉

道無私我我常私 境不痴人人自痴 冥合八風俱静處 可爲三界獨尊師

제2절 普印 慥冠

普印傳 　청 건륭 13년 환성지안의 상족 호암체정(청 건륭 13년 입적, 62세)이 있고, 체정의 嗣에 풍악당 普印이 있다. 강원도 간성군 유점사 楓嶽堂大師碑에 말하기를, 보인은 楓嶽堂이라고 호하였다. 그 선조는 금천(경기도) 片씨이고, 고양(경기도)의 柿村에서 태어났으며, 북한산 중흥사에서 낙발하였고 九龍洞 草堂에서 입적하니 청 강희 40년에 태어나서 영조 45년에 입적했으니 69년을 산 것이다.

처음 환성을 좇아서 내외의 가르침를 받았고, 다시 남방의 명장에 참예하여 호암에게서 의발을 얻었다. 관동에 유방하면서 가르침을 펴기를 여러 해, 하루는 문득 대오하여 말하기를,

"終日數他寶 自無半錢分"이라고 하고, 드디어 금강산 내원통으로 들어가서 문을 닫고, 강설을 그만두고, 湛然히 禪을 생각하면서 마쳤다.

慥冠傳　　다음에 상월새봉의 제자에 龍潭慥冠이 있다. 자는 無懷이고, 성은 김씨며, 남원 사람으로서 청 강희 39년(숙종 26년)에 출생하였다. 9세에 입학하였고, 16세에 父를 잃었다. 피눈물을 흘린 지 3년에 드디어 出籠之志를 발하고 19세에 감로사의 상흡에게 가서 祝髮, 대허당 就侃에게 구족계를 받았다.

처음 상월새봉에게 참예하여 服役 수년, 24세에 두루 影海, 洛菴, 雪峰, 南岳, 晦菴, 虎巖 등에 참예하여 선과 교를 탐구하였다. 행각을 마치고는 返照에 전심하면서 견성암에서 『기신론』을 독송하다가 어느 날 밤에 홀연히 契悟, 여명에 이르러서 손에 잡히는 대로 經, 論을 보자 그 깨달은 바에 맞지 않음이 없었다.

그때 月渚의 高弟 冥眞堂 守一(略傳은 龍潭集에 보임)이 龍潭慥冠의 훌륭한 소문을 듣고 와서 보니 조관이 크게 기뻐하면서 말하기를, "適我宿願也"라고 하였다. 그래서 묻기를, "華藏遍一切處 現今天堂地獄 當在何處" 하니 守一이 답하기를, "懷州牛 喫草 益州馬 腹脹"이라고 하였다. 또 묻기를, "此是 格外相見 實不頓入 更乞一轉語" 하니, "天下人求醫 灸猪左膞上"이라고 답하였다. 이에 神機가 相投하니 그때 나이 33세였다.

그로부터 廻門의 深源, 動樂의 道林, 智異의 여러 암자에서 化門을 열고 拈頌의 旨로써 용상을 접하며, 원돈의 법으로써 총림의 주가 되기를 20여 년이었다. 전후하여 상월새봉을 모시기를 다섯 번, 청 건륭 14년에 그의 의발을 받았다.

건륭 16년에 대중에게 고하기를, "知命過二 文字工夫 豈不
愧哉" 하고 드디어 다음과 같은 율시 하나를 짓기를, "强吐深懷
報衆知 講壇虛弄說玄奇 看經縱許年靑日 念佛偏宜髮白時 生死
若非憑聖力 昇沈無計任渠持 況復世間頗鬧鬧 白蓮幽谷有歸思"
하고는 講을 그만두었다.

건륭 23년에 문인들이 또 강의해 주기를 청하여 이를 허락하
였다. 그런데 다음해에 다시 강의를 그만두면서 율시 하나를
지어 보였다.

"閱經何歲月 空費鬢邊春 托病知人蔭 藏蹤厭世紛 谷風時至
友 松月自來賓 定中知己在 於道喜相親"이라고 하였다.

慚冠淨業　　건륭 27년(영조 38년, 1762)에 입적하니 세수 63세였다. 게
송을 남겼는데, "先登九品蓮臺上 仰對彌陀舊主人"(용담대사행
장)이라는 것이다. 그리고 도우에게 유촉하기를, "滅後初三日
부터 시작하여 10일 동안 약간의 米로써 미타불공을 올려 달
라"고 하였다. 그의 염불선의 면목을 볼 수 있다.

『용담집』을 살펴보건대, 용담조관은 50세 이후 義解知見을
싫어하고 오로지 返照의 공부에 힘썼다. 일찍이 제자들에게 이
렇게 말하였다.

> 盖欲明本心者 當審諦推察 遇聲遇色 未起覺觀時 心何所之 是無
> 耶 是有耶 旣無處所 不墮有無 則心珠獨明 常照世間 而無一塵許間
> 隔 未嘗有一刹那頃 斷絶之相也 偈曰 性地無來去 何憂有生死 欲知
> 諸佛法 祇是頓忘情(『龍潭集』, 5葉右左)

이라고 하였다. 그리고 50년 동안 문자공부에 몰두한 것을 후

회하며 "一唱搔頭顧此身 稱僧自愧未超塵 文字工夫真可笑 虛
負人間五十春"(同上 7葉右)이라고 하였다. 또 依文解義를 배
척하여 "釋義元非道 消文豈是眞 五陰山下路 宜覓本來人"(同
上, 5葉右)이라고 노래하였다. 또 返觀을 숭상하여, "山雨濛ゝ
處 喃ゝ鳥語時 返觀心起滅 風動老松枝"(同上, 1葉右)라고 하
였다. (참고 : ゝ표시는 같은 글자를 뜻함)

慥冠禪學

慥冠(조관)은 靜을 지키고 空을 관하며, 다시 공도 잊는 것으
로써 禪道의 요의를 삼은 듯하다.

"靜坐觀心地 虛空亦是塵 本來無一物 然後道方親"(同上, 3葉
左)

"復性工夫在靜求 三空境上起雙修 渾忘理智空還病 忘此忘時
是大休"(同上, 14葉左)라고 하였다. 또 이렇게 말하였다.

"工夫只貴悟眞機 但看心佛自歸依 五陰山下如相見 無限千峰
帶落輝"(同上, 16葉左)

"青山綠水兩無心 僧在其間豈有心 無心不啻無他意 忘却工程
待悟心"(同上, 9葉左)

이 두 게송은 능히 달마선의 진풍에 합치된다고 할 수 있다.

제3절 聖訥, 大愚, 海源

聖訥傳

환성의 심요를 얻은 자에 華月聖訥이 있으니 역시 같은 시대
사람이다. 성눌은 斧巖이라고 호하였다. 본은 이씨인데 대대로
완산(전주)인이었다. 나이 14세에 운마산 玉心에게 배웠고, 또
燕雲堂 坦圭에게 가서 도를 들었으며, 동남에 雲遊하여 松藕,
南岳, 喚醒 등 여러 老匠(노장)을 뵈었다.

환성이 데리고 말하여 보고는 크게 기특하게 여기고 방장실에 들어가서 심인을 전하였다. 뒤에 환성이 호남 금산사에서 화엄법회를 베푸니 법중이 1,400인이었다. 성눌이 등좌하여 도를 논하니 河決風生에 모든 대중이 潛聽하여 소리가 없었다. 환성이 칭찬하여 게송 하나를 주니 그것은 "入院寒燒佛 看經轉覺魔 出門行大路 赤脚唱山歌"라는 것이었다.

이때 환성의 문하에서 공부한 雪松堂 演初, 虎巖堂 體淨, 醉眞堂 處林, 朗然堂 信鑑, 涵月堂 海源 같은 이들이 모두 聖訥(성눌)을 推重하였다. 뒤에 금강산에 들어가서 寶蓋, 雲磨 등을 왕래하면서 講道한 지 거의 30년이었는데, 寶月에 돌아와서는 徒衆을 해산하고 오로지 정혜에 집중하였다. 그때 나이 60이었다. 청 건륭 28년(영조 39년, 1763)에 문인을 불러 입적을 고하고 偈를 설하니, "翻身轉一擲 涼月碧峰西"라는 것이었다. 법랍은 61세였는데, 그 세수는 상세하지 않다.(『조선불교통사』上編, 550-551쪽)

大愚傳

華月聖訥의 동문인 碧霞大愚가 있다. 그의 성은 박씨이고 영암(전라남도) 사람이다. 敎를 華岳에게서 받고 禪을 喚醒에게서 받았으며, 孤鴨에게 참회하였으니 이들은 모두 서산의 5세 법손이다. 대우는 敎學과 經典 외에 子史(子書와 史書)에도 통하였고, 만년에는 禪頌을 좋아하여 손에서 책을 놓지 않았다.

일찍이 말하기를, "龜谷說話 間有誤處"라고 하였고, 스스로 筆說을 하여 老境에 이르러서도 그만두지 않았다. 미간에는 白毫가 있는 데다가 面貌稜稜하여 참문하는 자가 저도 모르게 망념이 消落하였다. 임종게에 말하기를, "生來寄他界 去也歸吾鄕 去來白雲裡 且得事平常"이라고 하고 무심하게 입적하였다.

청 강희 15년에 태어나서 건륭 28년(영조 39년, 1763)에 입적하니 세수 88세였다.(『동사열전』卷三)

海源傳 　다음에 涵月海源은 함흥 사람으로 성은 이씨이다. 나이 14세에 道昌寺에서 출가, 모든 名宿들을 역참한 뒤에 환성지안을 섬기어 입실한 지 40여 년에 종문의 妙詮을 다 얻었다.

　수행과 지계가 엄정하고, 대중을 대함이 온화하고 자비스러웠으며, 임종에 이르러 염불을 하면서 갔다. 청 강희 30년에 출생, 건륭 35년(영조 46년, 1770)에 입적하니 세수 80세였다.

　환성의 『五宗綱要』에 함월이 補綴(보철, 보완)한 바가 있다(『동사열전』 권三). 함월해원의 시집 두 권이 있는데,『天鏡集』이라고 한 것은 그의 별호가 天鏡이었기 때문이다. 내가 본 것은 상권뿐이다.

天鏡集 　〈偶吟〉

群生淸淨性　塵劫本無瑕　二萬燃燈佛　相傳是甚麼

이 시에서 本來本法性, 天然自性身의 趣를 저절로 보게 된다.

〈示病僧〉

四大本來空　痛者是甚麼　病中不病者　岩前綠水聲

이 시는 生死去來, 眞實人體라는 말을 상기시키기에 족하다.

〈示智聰上人〉

一物含天地　人將一物來　若能知一物　天地幻中開

육조의 소위 無背, 無面, 無名, 無字의 一物이 매우 잘 나타나 있다.

〈贈月松大師〉

月入松聲白　松含月色寒　贈君般若劍　歸臥月松間

眞智는 무지인 것인가?

〈壁上掛一瓢〉

終日忘機坐 諸天花雨飄 生涯何所有 壁上掛單瓢

맑기가 물과 같다. 지족의 생애야말로 참으로 기쁜 것, 다시 두 수를 抄하여 해원의 심경을 보인다.

〈心燈〉

歷劫傳々無盡燈 不曾挑別鎭長明 任他雨灑兼風亂 漏屋虛窓 影自淸

〈西臺偶吟〉

心心無所住 終日坐西台 疊嶂雲猶濕 聯溪水自廻 人無愁却喜 鳥有去還來 故友相從到 談論眼忽開

제4절 法宗, 兌律

法宗傳　　雪巖秋鵬의 제자에 虛靜堂 法宗이 있어, 오래 묘향산에 주하였다. 법종은 관서 三和 사람으로서 현종 11년에 탄생하였고, 나이 12세에 玉岑장로에게 가서 축발하였으며, 道正대사를 뵙고 언하에 得旨하니 도정대사가 말하기를, "圓頓法界 今在汝矣"라고 하였다.

묘향산에 들어가서 월저도안에게 참학하고는 대장경을 다 섭렵하니 그때 나이 20여 세였다. 마침내 월저의 고족인 雪巖에게 玄旨를 듣고 그로부터 인가를 받았다. 眞常, 內院, 祖院에서 주석하자 道侶가 운집하였고, 숙종 34년 봄에 청에 의하여 구월산으로 나아가니 그의 학문을 배우고자 따르는 자가 항상 수백 명이었다. 다시 묘향산으로 돌아가서 영조 9년(청 옹정 11년, 1733)에 입적하니 세수는 64세였다.

虛靜集　　『虛靜集』에, 법종은 '碧虛의 資, 월저의 宗, 설암의 故'라고 기록되었는데 법계의 불명함이 의연하다. 그의 저술『허정집』은 영조 8년에 그가 생존 중에 문인이 판각하여 간행한 것이다. 幽居의 辭에 말하기를, "天爲幕兮地爲席 雲作扃兮山作壁 事自簡兮身自閑 境亦幽兮心亦寂 生兼死兮旣兩忘 榮與辱兮念自釋 送吾年兮髮已霜 操不移兮松長碧"이라고 하였는데, 이는 衲僧의 본분에 안주한 상태를 잘 보여준 것이다.

雲月대사에게 준 게송에 "雲生嶺上白 月到天心明 二物元來淨 取之立道名 雲能復舒卷 月亦有虧盈 何似太虛色 蒼蒼無變更"이라고 하였고, 또 自警의 시에 "守志堅石 凝神潔氷 善保虛靜 亦如水澄"이라고 한 것은 그의 지조가 높았음을 짐작하기에 족하다.

허정은 항상 묘향산에 있으면서 세상을 잊었다. 그는 시에서 玉慧首座에게 보인 글에, "足不躡紅塵 來爲雲水客 都忘甲子年 一坐靑山白"이라고 하였고, 香山上院의 시에서는 "深山梵宇何寥廓 浮世塵緣殊寂寞 絶壁千尋鐵索攀 懸崖萬仞銀河落 上雲峰吐月當牕 引虎臺生風轉箔 脫洒衲僧在此中 誰人與學眞空樂"이라고 하였으니 진실로 人境不二의 묘라고 할 수 있다.

次奉月渚大和尙의 詩에, "宗門誰是主 月渚我師師 師去師猶在 偏深後學思"라고 하였고, 또 법문이 점차 쇠미해 지고 있음을 슬퍼하여 다음과 같이 自嘆하였다.

　　佛教衰微甚　無他在我徒　重生輕淺界　求利逐名途
　　世樂非玄樂　貧憂豈道憂　深慚稱釋子　獨立復長吁

허정은 다음과 같은 임종게를 읊었다.

有神足我畫影 示我曰 此是眞影 遂批其背曰 生前渠於我之影 死後
我於渠之影 渠我元來幻化形 不知誰是其眞影

脫殼超然出範圍 虛空撲落無蹤跡 木人唱拍哩囉囉 石馬倒騎歸自適

兌律傳

　　다음에 月波兌律의 성은 김씨이고 祖先이 누대로 관서 청북 가평군에 살아왔다. 그가 탄생한 때는 청 강희 34년(숙종 21 년)이다. 나이 15세에 묘향산 불지암에 들어가서 三卞을 은사 로 하고 史書를 일년 반 정도 배웠는데, 부친의 상을 만나자 낙발하고 雲峯에게 구족계를 받았다.

　　약관에 이르러 혜월환암 등의 법석에 참예하니 명성이 점점 퍼졌고, 請에 의하여 안심암에 들어가니 이때 나이 29세였다. 겨우 일년을 지내었는데, 어머니의 상을 당하자 발분하여 환몽 굉활(幻夢宏濶은 雪巖之嗣. 영조 18년 입적)을 安陵의 圓寂庵 으로 찾아가 모시고는 『대승기신론』, 『금강반야경』 등 경론을 배웠다.

　　그로부터 도반을 맺어서 南詢, 虎岩, 影海, 霜月 등 대종사를 뵙고 華嚴, 圓覺, 楞伽, 拈頌 등을 탐구하였는데 그중에서도 호암의 提撕를 받아 득력함이 가장 컸다. 드디어 향리에 돌아 오니 배우는 자가 望風來集하였다. 이리하여 묘향산의 불지암 과 松岳의 盤龍寺와 龍門의 內院庵 등에 法幢을 세운 지 30여 년, 나이 육순을 넘자 노병 때문에 講을 그만두었다.

　　나이 80이 가까워서 제자에게 다음과 같이 부촉하였다.

"我死之後 但精心闍維 而無出妄計 若不遵此言 而强爲非分之事
則非吾弟子也 千萬愼之 余只待登火之日 以平生翻經之功力 上昇
兜率天中 白玉樓上 共彌勒而逍遙內院宮中 與諸佛而遊戲 同從慈
氏佛 降生于 龍華之法會 重聽法界之眞經而 與諸同緣 再續香火之
緣 是吾之願也 此外無復可言 只此而已"(『月波集』40葉左)

月波集　　『월파집』을 보면, 閑居偈에,

"閑坐無他事 參詳格外禪 萬緣俱寂寞 一夢到西天"(『월파집』
1葉右)이라고 하였고, 春眠覺라는 게송에, "幻夢風塵界 誰能
大覺人 五更春睡罷 物物總天眞"(同上)이라고 하였으며, 월저
당의 운에 次하여 "日月爲雙燭 乾坤作一廳 渴飮淸溪水 探看海
藏經"(同上)이라고 하여, 禪敎 두 가지에 모두 깊이 用意하였
음을 볼 수 있다. 또 泉石雲林을 사랑하여, 여러 편의 게송을
읊었다.

"月到松窓外 風來石室邊 夜深人寂寞 無事臥林泉"(동상, 左)
"明月東西澗 白雲左右山 一區無限趣 天與此僧閑"(동, 2葉左)
"月作金環掛碧天 水爲玉屑落長川 箇中無限眞風景 豈易山人筆
下宣"(同, 5葉左)
"香岳山堂最寂寞 如登上界坐丹霄 忘機入定參禪句 百鳥含花戶
外朝"(同, 7葉左)
"避喧求靜已多年 渴極自甘飮石泉 人間滋味都忘却 高臥靑山紫
霧邊"(同, 8葉左)
"松風蘿月養精神 玉洞淸流洗垢塵 渴飮靈泉寒衣草 去來南北覺
天眞"(同, 12葉左)

"乘興訪仙境 風光冠海東 澗聲生玉洞 月影散青空 入室看眞佛 登
山見道翁 却忘塵世事 寄宿梵宮中"(同, 15葉左)

兌律思想　또 자기의 심경을 이렇게 묘사하였다.

"天地無邊際 鵬搏萬里程 眼含秋月影 神契水雲情 見性桃花色 惺
心擊竹聲 去來南北路 任運過平生"(同, 14葉右)
"性天心月白 覺海道風凉 閑坐青山頂 禪觀獨自香"(同, 2葉左)

또 본분에 대해서는 이렇게 읊었다. "四十九年金口說 謾將言
語洩眞機 若能坐斷毘盧頂 佛祖爲師萬古輝"(同, 8葉右) 또 "四
十九年說 隨機淺與深 能知言外旨 冥合本眞心"(同, 2葉右)라고
하여 평범한 중에 스스로 본 경지를 보인 것이다.

또 金에 대하여 읊기를, "德比崑山玉 古來富貴家 能塗千佛面
或作御前花"(同, 4葉左)라고 하였고, 月에 대하여 읊기를, "誰
作淸圓鏡 高懸萬丈空 光明無限量 遍照十方中"(同上)이라고
하였다.

제5절 秋波泓宥

泓宥傳　秋波泓宥는 부휴의 6세손이다. 성은 이씨로서 효령대군의
후예이며, 화순(전라남도) 현감 석관의 孫인데 숙종 44년 무
술(청 강희 57년)에 태어났다. 10세에 능히 수십 백 권의 책
을 읽은 비교할 수 없는 絕倫의 천재였고, 17세에 표연히 남
해의 방장산에 들어가서 세속의 塵緣을 모두 버리고 비로소

龍潭慥冠에 從學하였다. 조관이 하루는 손을 잡고 권면하여 말하기를,

"不聞先哲之 三登投子 九到洞山乎 華嚴 善財所參 五十三善知識 莫非善財之師也 汝行矣勿滯 遍參可矣"라고 하니 홍유가 그 말에 따라서 여러 사찰을 두루 다니면서 名師에게 問法하였고, 末頭(마지막)에 寒巖岸의 문하에서 承法 受法하였다. 宗師로서 접인하기를 거의 30여 년, 영조 50년 갑오(1774, 청 건륭 39년)에 입적하니 세수 57세였다.

泓宥法系 『추파집』 후서에 云

"宣廟朝 有尊者浮休修公 而休門出碧巖性公 巖門出慕雲言公 此下有葆光旻公 晦堂定公 寒巖岸公 秋波即寒巖之高弟也"라고 하였으니 이것이 그의 법계이다.

泓宥儒教 홍유는 儒釋에 통하였는데, 하루는 그 同異를 논하였다. 白室거사는 『추파집』 跋에서 이렇게 말하였다.

"歲己丑 南遊靈山 邂師(泓宥)於靑巖法席 其霜顱修眉 貌戌削有秀氣 翛然令人起敬 試與之講討儒釋 參錯同異 至夜深 鐘磬俱寂 衆禪就睡 師忽堅拂而言曰 人間桂花落 夜靜春山空 月出驚山鳥 時鳴春澗中 此靜中之動也 山月皎如燭 霜風時動竹 夜半鳥驚棲 窓間人獨宿 此動中之靜也 靜而自不得不動歟 動而自不得不靜歟 靜之者 是甚麽物 動之者 是甚麽物 余曰 衆禪睡而師與我覺而動者何歟 師與我覺而衆禪睡而靜者何歟 師與我相遇矣 其可睡乎 衆禪到夜分矣 其能覺乎 使師覺者我也 使我覺者師也 使衆禪睡者夜也 不過是而已 是外又何有甚麽物 是者吾儒所謂庸也 釋氏所謂幻也 師曰是者吾家所謂如也 子思子所謂費也 子思子既說費 而又說隱 因相笑而罷"

泓宥思想　　動中靜과 靜中動을 拈提하여 佛家의 如로써 중용의 費隱에 배치시킨 것은 斯道에 있어서 一隻眼을 갖춘 것이라고 할 수 있다. 홍유는 세상사를 매우 싫어하여 "不若謝絶人事 直入千峰 萬峰裡 獨居也"(秋波集 卷二)라고 하였으며, 또 "山人塊坐巖穴 許多煩惱 從此稍祛 以此而終 則林下之樂足矣"(同上)라고도 하였다.

　　또 老莊의 유풍을 띤, "功名一蝸角 文章一土苴)(同上)라든가, "天地一逆旅也 離合一浮萍也 以浮萍之離合 處逆旅之天地 離何戚 合何驩乎"(同上)라는 말도 하였다. 이렇게 塵世를 싫어하였고 마음을 오로지 서방에 두었으니, "如來化生 方便有無數 唯勸生淨土一門 爲最要"(同上)라고 공언하였는가 하면, 또 임종게에, "衲子平生慷慨志 時時竪起般若刀 好從一念彌陀佛 直往西方極樂橋"(同上)라고 읊었다. 생각컨대 홍유는 多血多淚의 士로서 정열이 있고 성의가 있었던 玉과 같은 사람이며 그 문장도 아주 광채를 놓고 있음을 본다.

泓宥의　　答機巖丈室書에 말하기를,
溫情

　　　　"公之來我心不寂 公之去我心復孤 日日倚欄以俟跫音 今見公書 始知公以親患不歸 如盲失杖 環顧左右 滿堂諸侶 無非益我 而死生 相顧者 唯公一人 睽離已久 我懷當如何 未委書後侍病 近有勿藥之 漸否 望須盡孝於湯灸之間 遄膺神感 弟旣無警策者 則懶習得勢 日 用工夫 常與睡眠泯成一團 奈何餘不究所言"(同上)

　　이라고 하였다. 또 與九峰丈室書에,

"我與兄生同年月 而日則兄後於我三矣 固難得之同年 而又同吮
法乳者六七年 則於法爲昆仲矣 況活計同淸者乎 相別後不得復合
今已十餘年 花朝月夕 寧無所思 每欲與兄 同做眞工 同到休歇之地
而事與人違 志不得成 可嘆 兄之動靜今何如 生涯比前又何如 弟粮
付於松 事付於睡 此二者 與我爲好 餘皆厭我分也 奈何因便寄言 幸
兄詳照"(同上)

라고 한 것은 마치 溫情이 봄과 같고 親愛가 꿀과 같은 것으로
서, 이것이 홍유가 다른 종사보다 수승한 점이다.

홍유는 또 군친에 충효할 것을 많이 말하여서 말마다 사람의
폐부를 찌르는 것이 있다. 『추파집』 서에 "隻牘短書 莫不拳拳
於 君親之誼 兢於人獸之分 幾乎一言而三涕"(同上)라고 평한
것은 진실로 맞는 말이다.

홍유의 시문 중에는 禪旨에 합치되는 것이 적다. "了心心卽
佛 何必在西天 臨海休尋水 要尋轉唑然"(秋波集 卷一) 같은 것
은 그 少數 중의 하나이다. 당시의 불교는 간화와 염불뿐이어
서 참선에는 부족한 것이 있었다. 홍유가 스스로 말하기를, "頭
陀輩 傍雲濱水 所業 惟西江水 栢樹子"(『秋波集』 卷二)라고 한
것을 보아도 그의 생각을 짐작할 수 있다.

제6절 獅岩采永 海峰有璣

采永
佛祖源流

『해동불조원류』의 저자인 사암채영이 이때에 나왔다. 『西域
中華海東佛祖源流』는 청 건륭 29년(영조 40년) 갑신에 월저의
5세손 금파의 문인 사암채영의 찬술이다. 채영은 발문에서 이

렇게 말하였다.

"昔 懶翁法嗣 無學祖師 深用悶然 刊出傳鉢之 源流次第 付諸簇
子 以傳之 而事在國初故 肇於佛祖止於指空懶翁 其後我月渚大師
重刊簇圖 始及本朝而起於太古 至於玩虛松雲 玩虛松雲之外 名師
大德之 遺漏不傳者多矣 可勝歎哉 采永以月渚之裔 未嘗不慨然於
是 而欲繼述先志 自壬午(乾隆 二十七年 英祖 三十八年) 春 周遊八
路 收集諸派 可記之文 鳩聚鋟梓 如干之財 積年緯紀 以至今夏 與
諸山碩德 會于全州府 終南之松廣 博探公議 考諸傳燈 定其序次"

채영이 無學, 月渚의 禪旨를 이어서 찬집에 고심하였음을 알
만하다.

海峰傳 풍담의 4세손에 해봉이 있다. 법휘는 有機이고, 청주 원안
촌 사람이며, 성은 류씨인데, 숙종 33년(강희 46년)에 태어났
다. 9세에 속리산에 들어가서 15세에 낙발하고 28세에 가야
산 洛岩에게 가서 수학하기를 3春秋, 화엄에 정통하였다. 31
세에 秉拂하고 해인사로 들어가서 나오지 않기를 15년, 해인
사에서 遷化(입적)하니 때는 정조 9년(1785)이었고, 보령은
79세였다.

好隱集 楓潭, 霜峰, 洛岩, 海峰이 그의 법계다. 해봉의 시문집을 『好
隱集』이라고 하는데, 게송 몇 편을 抄出하여 수록한다.

〈漫吟〉
自憐多蹇未成安 到處無端幾受訕 飽閱人情頭已白 薄嘗世味齒猶酸
一鉢不宜留鬧地 三衣可合入深山 觀時進退榮身策 何事躊躇費寒暑

〈幽居〉

幽居自得春眠足　忽爾覺來興滿腔　山上捲舒雲片片　林間出沒鳥雙雙

金文遮眼心無穢　勝友隨身語不哤　負笈選師行已畢　曉風山雨臥松窓

〈運命〉

運命由來係在天　多年養拙白雲巓　門無俗客瓶無粟　飢有松花困有眠

熱逼不曾停惡木　渴來寧許歠貪泉　傍人莫笑吾淸素　鳧短鶴長誰使然

〈蓮池會〉

人多昧却本來人　浪死虛生結業因　頭上幾經公道雪　口中頻喫衆生身

迷心數墨元非實　守默和眠也不眞　一宿蓮池成一夢　七重行樹四時春

〈偶吟〉

終日看經不雜心　心如明鏡絶昏沈　笑他役役營營者　未達其空鬢雪深

〈庚申病中作〉

病臥一年頭亦白　自羞於學未專工　往時萬卷筌蹄業　入海籌砂不見終

제13장 黙菴最訥, 蓮潭有一의 博學鴻詞

正祖王代 정조가 용주사를 창건하고, 천주교를 금단하였으며, 義沼 등을 소중히 하였으나 이미 추락한 불교를 만회할 수는 없었다. 묵암최눌과 연담유일은 博學 鴻詞에다 詩偈 문장에 있어서도 蘭菊이 美를 다툼과 같았으나 사상이 바르지 않았고, 신앙도 순수한 것이 못 되었으며, 宗統의 복고에도 노력하지 않은 것은 유감이라고 하겠다.

제1절 정조와 仁岳義沼

正祖 제22대 정조 원년(재위 : 1776-1800)에 교지를 내려 京外의 各司 각 宮房의 願堂을 파하여 이미 세워진 것은 훼철하고, 세우지 않은 것은 엄금하였다. 이보다 먼저 정조가 즉위하자 그 아버지 사도세자를 추시하여 莊獻尊垂恩이라고 하고 墓를 영우원이라고 하였다. 그러나 영우원의 형국이 淺狹하여서 좋지 않았기 때문에 땅을 수원부(경기도) 화산에 相하고, 정조 13년(건륭 54년)에 總護使 金熤으로 하여금 新園을 구축하여 옮기니 이것이 현륭원이다.

龍珠寺創 다음 해 정조 14년에 화산 葛陽寺의 옛 터에 용주사를 창건하
建 여 資福의 齋社로 하였다. 그리고 명하여 불상을 조성하게 하
寶鏡堂 고, 沙門 寶鏡堂(가지산 보림사 승려)을 용주사 도총섭 겸 팔도 도승통으로 삼았다. 보경당 獅馹은 팔도에 권선하여 왕의 조영을 돕고, 그 寵遇를 입어 왕에게 親侍의 恩典을 받았다.(『國朝

寶鑑』73권, 29쪽.『조선불교통사』上編, 564쪽).

義沼傳   왕은 또 금강산 신계사를 현룡원의 원당으로 삼았다는 것이 용주사 사적에 보인다. 왕이 용주사에서 재를 올릴 적에 인악 의소로 하여금 證師를 삼았다. 義沼(一作 沽)는 속성이 이씨이고 청 건륭 11년에 달주(경북 달성군) 인흥촌에서 태어났다. 18세에 龍淵寺에서 독서하다가 불가의 청정함을 보고 갑자기 느낀 바 있어 嘉善軒에서 삭발하고 벽봉화상에게 구족계를 받았다.

碧峰은 의소를 그릇으로 소중히 여기고, 다시 西岳, 秋波, 聾巖 등 여러 노숙들을 歷參시켜서 더욱 그의 학문을 밝게 하였다. 건륭 33년에 23세의 나이로 다시 碧峰을 뵙고 信衣를 받으니 임제下 34세(서산의 8세, 상봉의 5세손)이다. 또 설파의 道聲을 듣고 폐백을 가지고 영원정사로 가서 절하였다. 그리고 雜華의 강석에 참여하여 8개월 만에 마쳤으며, 이어서 禪頌을 받아 그 渣滓를 消融하고 원하여 禪弟가 되었다. 그로부터 瑟山, 公山, 鶴山, 龍山, 佛靈 등에서 교화를 펴서 法城을 嚴護하였다.

정조 14년에 조정에서 수원에 용주사를 창건할 적에 의소에게 명하여 증명법사가 되게 하고, 또 불복장의 원문을 짓게 하였다. 청 가경 원년(정조 20년, 1796)에 입적하니 세수는 51세였다. 저서로는 『華嚴私記』, 『仁岳集』3권이 있다. (仁嶽和尙行狀)

仁岳義沼   『인악집』을 살펴보면 인악의소는 儒釋混合의 견지에 섰던
思想   것이다. 그러므로 答訥村書에 말하기를, "一心爲萬法之源 天以之覆 地以之載 (…) 萬象森羅 由之而建立 依之而運行 花紅竹

翠 莫非天眞面目 鳶飛魚躍 渾是自然精神 譬之明鏡現像 像像
皆鏡 鈍金鑄器 器器皆金 烏不待日染而黑 則不必詰其所以黑
鵠不待日浴而白 則不必詰其所以白 鷄寒上樹 鴨寒下水 承誰力
也 (…) 所以悟一心 萬法臨鏡 迷一心萬法面墻 欲達萬法 先明
一心"(『仁嶽集』卷三)이라고 하였다.

　이 일심을 만법의 源이라고 하는 것은 불가의 常談이다. 그
러나 또

　　"氣蟒然太虛 飛揚升降 未嘗止息 此動靜之機 剛柔之關 判而爲上
　　下淸濁 合而爲風雨霜露 凝則爲人物山川之形質 散則爲糟粕煨燼之
　　渣滓 而其所以然者 則皆理也 且就鳶魚上看 鳶之飛魚躍氣也 而必
　　有一箇什麼物事 使得他如此 則其所以飛所以躍者理也 類此推之
　　物物皆然 可見充滿天地者 無一物不在性內 (…) 在物故曰理 而在
　　天曰命 在人曰性 主於身曰心 則心與理不可分 作二物看"(『仁嶽集』
　　卷三)

이라고 하여 心, 性, 命, 理를 一物로 한 것은 왕양명의 설과
똑같다. 또 말하기를,

　　"至於吾佛氏 則不言理氣 而專言心 蓋心者一公共底物事 非我得
　　而私之也 是心圓滿淸淨 如太虛空焉 如大溟渤焉 性則雖非一切相
　　而得爲一切 彼天地日月人物山川萬像森羅 皆心之相也 合而言之
　　萬法皆一心 合而言之 法法上 各具一心矣 (…) 一言斷之曰 鵠白心
　　也 烏黑心也 一心旣明 萬法自彰 此所以有頓悟之說也 萬法皆空 歸
　　於一心 一心之稱 亦强立耳 語其實際 則玄之又玄 名不可名 說不可

說 教別人下手不得 須是自家自肯自契始得 淨名之默對文殊 善逝
之密傳迦葉 皆以是耳"

라고 하여, 인악의소가 이렇게 만법일심설을 제창한 것은 좋
다. 그러나 이에 의하여 천당, 지옥의 실재를 증거하려고 하여
말하기를,

"萬法 旣從緣生 元無自體 唯一眞心 挺然現露 譬之鏡中諸像 物
對則現 物謝則亡 現亦無現 唯一明鏡 然則 四大雖目爲心可也 三千
大界 天堂在須彌之上 地獄在鐵圍之間 不可以我之不見 而謂之無
也"(同上)

라고 한 것은 결코 그 정당한 설이 아니다. 만법이 일심이라면
천당, 지옥도 역시 일심의 影像이 아닐 수 없다.
또 말하기를,

"我釋迦修鍊之極 萬累都盡 一眞獨露 寂焉默焉 無形無聲 而感則
遂通 於是乎 有千百億化身之紛紜矣 瞻之在前 忽焉在後 固難得而
測也 就體上看 唯一眞身而已 就用中看 千百億不足多也"(同上)

라고 한 것은, 석존을 역사적 인물이 아니라, 變幻自在의 者인
것처럼 말하였으니 그 불합리함은 말할 것도 없다. 『인악집』
중에서 禪偈라고 할 만한 것 몇 편을 뽑아서 수록한다.

義沼禪偈   夜久衣裳冷 山空枕席淸 多情惟有月 相伴到天明(仁嶽集 卷1)

少林當日有眞詮 不向常人取次傳 今夕遇君交手了 是時明月滿靑天
(同上)

心頭不許到纖塵 纔涉思惟便失眞 要識西來端的意 落花啼鳥滿山春
(同上)

道如地中水 無徃不相通 發越明爭日 窈冥細入空 梧桐晴上月 楊柳
嫩吹風 撒去千岐別 貫來一串同(同上)

邪學禁止　　정조 때에 천주교설을 信하는 자가 많아졌는데, 儒士 李星
湖, 丁茶山(정약용) 등이 그 설을 좋아하였다. 그래서 정조 15
년(건륭 56년)에 좌의정 채제공이 上書하여 邪學을 물리칠 것
을 청하였다. 왕이 이에 서양의 학과 아울러 『稗官雜記』 등을
중국에서 가지고 오는 것을 금하였다.(『국조보감』 권73, 45쪽.
『조선불교통사』 上編 570쪽).

經板作製　　정조 20년에 명하여 『부모은중경』 목판, 철판, 石板 삼판본
을 만들게 하고 영의정 채제공이 이를 書하여 화산 용주사에
수장하였다. 이것은 대체로 왕이 아버지 사도세자에 대한 追孝
를 위한 것이다.(『조선불교통사』 上編 579쪽)

제2절 묵암최눌의 小傳

最訥傳　　묵암최눌의 자는 耳食이고, 밀양 박씨의 아들로 숙종 43년
정유에 태어났다.

나이 14세에 澄光寺(전라도 낙안군)에 갔고, 18세에 僧이 되
었으며 19세에 비로소 조계산의 풍암에게 가서 경을 받았고,
4, 5년 사이에 一器瀉甁하였다. 다시 虎巖, 晦菴, 龍潭, 霜月

등 여러 大宗匠에게 歷參하였고, 明眞의 처소에서 禪旨를 깨달았으며, 影海의 문하에서 嗟磨를 가하였다. 27세에 풍암에게 복귀하여 대광사 영천난야에서 개법하자, 禪敎 兩門에 있어서 前人未發의 안목이 있고, 그 지혜가 신과 같다고 일컬었다.

정조 14년 경술년(1790)에 조계산 보조암에서 병이 없이 입적하니 세수 74세였다. 최눌은 今古의 전적과 詩書 백가의 語

最訥博學

를 박통하지 않음이 없었고, 三藏의 敎海에 游刃의 妙가 있었으나, 그릇이 약하고 병이 많아서 驥足을 八路에 펼 수 없었음이 유감이었다. 저술은 『華嚴科圖』, 『諸經問答盤着會要』 각 1권, 『內外雜著』 10권을 내놓았다.

또 연담유일과 성리학을 논하여 그 명성이 드러났다. 60세 때에 율시 한 수를 읊기를, "衰暮頹齡耳又鳴 流光六十減神清 律儀因病成疎逸 禪學多思未發明 虛說脫空消百歲 耽眠昏黑過三更 願將出得瓶鵝藥 分施刀圭起死生"이라고 하니, 연담이 이에 차운하기를, "竹裡寒泉月下鳴 獨憑禪几耳根清 鳶飛魚躍天機動 水綠山靑祖意明 至道無難皆可學 斯言有砧急須臾 默翁近日耽佳句 或恐愁肝太瘦生"이라고 하였다. 『默庵集』 2권이 있다.

연담의 挽詞에 云, "七十星霜又四年 講經吟病遞相連 平生博覽兼聰慧 那箇宗師敢比肩"이라고 하였으니, 세상을 위하여 소중한 존재였음이 이와 같았다.(『동사열전』 卷3)

最訥法系

묵암의 법계는 碧嵒覺性, 翠微守初, 栢菴性聰, 無用秀演, 影海若坦(건륭 19년 적수 87세), 楓巖世察(건륭 32년 입적) 묵암최눌의 순으로 전해졌다.

제3절 최눌의 諸經會要

諸經會要

최눌이 저술한 『제경회요』를 보면, 「大摠相法門圖」에는 기신론의 대요를 보였고, 「三阿僧祇圖」에는 삼아승지겁과 성주괴공의 20增減 및 三災의 관계를 보였고, 과거장엄겁, 현재현겁, 미래성수겁의 삼천불, 鐵銅銀金 四輪王의 출현을 설하였다.

「愚法小乘五位摠相圖」에는 資粮加行, 見道 修道, 無學道를 약술하였고, 「十本經論二障體說」에는 『기신론』, 『원각경』, 『반야경소』, 『起信論更料揀文』, 『佛地論』, 『능엄경』, 『淨名經』, 『起信論智淨相文』, 『起信論性淨本覺文』, 唯識第十을 끌어서 二障을 해석하였다.

空有迷彰句對不同圖에는 心境, 眞俗, 我法, 世俗勝義의 대구를 들었으며, 二十五種淸淨定輪圖에는 靜, 寂, 幻 三觀圓修二十五種을 보였고, 遣拂客塵通別義圖說에는 煩惱, 所知 二障에 취하여 俱生, 分別의 二가 있음을 辨하였다.

「般若經四句偈配六重圖」에는 凡所有相 皆是虛妄 諸相非相 即見如來의 4구를 四謗, 四門, 三觀, 五敎, 三性, 三身의 六重에 배당하여 淺深의 義를 示하였고, 「唯識習氣圖」에는 名言, 我執, 有支의 三習氣와 阿賴耶識의 三義, 異熟識의 三義 등을 서술하였다. 「業報四句映望圖」에는 선악부동의 三業, 現報, 生報, 後報를 설하였고, 「蘊處界三科圖」에는 五蘊 등의 三科를 示하였으며, 小乘二十部圖에는 20부의 執計를 示하였다.

다음에 「華嚴科圖」에는 『八十華嚴經』의 大旨를 과석하고, 「華嚴義理分齊四法界各有十門以顯無盡圖」, 「性相唯識圖」, 「相入相即二門句數圖」, 「見聞覺知爲六根摠圖」 등을 첨가하였다.

내가 본 바 그의 저서로는 궁내성(일본) 圖書寮 소장본으로서, 후기에 "海東沙門 默菴最訥 會要以述 受禪弟子 臥月敎華 重增以刊 湖左谷城 泰安寺留板"이라고 하였다. 先天八卦次配六十四卦之圖를 첨가한 것은 묵암이 한 것인지 臥月이 한 것인지 未詳하다.

제4절 최눌의 迷信

默庵集 『묵암집』을 살펴보면 최눌은 가장 기이한 신앙을 가졌던 것이다. 최눌은 자기의 병약한 원인을 惡神의 所爲라고 하여, 歐殺神文이라는 글을 지었는데 거기에 이렇게 말하였다.

> "夫人生斯世 莫不由神 厥初抱送之神 引接之神 産神 疫神 身神命神 乃至陰陽五行之神 昭布上臨 强柔六甲之神 森列下擁 則凡諸有形之物 無一介圖出於其範團之外也 唯我薄命 宿遭不淑 早纏病障 善神則已 害我者 今可數而格去也 眼有眼殺 使我生盲 口有口殺使我摜語 腦有腦殺 使我啖喘 此內三殺也 累失資財 爲我産業之殺頻失上佐 爲我白足之殺 疎散訓徒 爲我弟子之殺 此外三殺也 內外六殺 交功一身 困我愁我 不生不死 半世纏命 (…) 汝輩六殺 烏得與三十九品之靈 二十八品之靈 佛魂祖魂之靈 山川岳瀆之靈 明王聖帝之靈 比肩混跡而 爲之不去哉 宜其持朋摯儔 去故就新 以避金剛護法之凛鋒也"

또 음양오행의 妄談으로써 海洋의 潮汐을 설명하고자 하여, "潮者 地喘息也 隨月消長 早曰潮 晩曰汐 所以應月者 從其類也

一日之內 自子後陽昇之時 陽交于陰而潮生 午後陰昇之時 陰交 于陽而汐至"라고 하였고, 海水의 味가 鹹한 것을 설명하기를, "其味鹹者 有三 其一曰 海中有大魚 身長二萬八千里 不淨其中 是故味鹹 餘不具錄"이라고 하여 유치한 생각을 폭로하였다.

제5절 最訥의 사상

最訥思想   최눌은 儒禪이 하나임을 주장하였다. 먼저 禪을 설명하기를, "夫禪也者 乃人人心地 無亂無痴 寂寂朗朗底 一段自性光明之 謂也"라고 하고, 나아가서 儒와 禪의 계합을 이렇게 말하였다.

> "詩書語孟庸學中 格言不一 而禪亦在其中也 (…) 書之執厥中 詩
> 之不大聲 大學之明明德 中庸之無聲無臭 曾子之唯一貫 顏子彌高
> 堅 孟子之皆備我 此非三隅彰明之玄旨乎 (…) 以孟子之備我 可以
> 廓萬法唯心之旨也 將顏子之高堅 可以博水火 不焚漂之堅固一著
> 子也 以曾子之唯一貫 可以證迦葉之笑也 離四句絶百非 亦何外於
> 無聲無臭之消息也 悲智願之三心 正符合於大學之三綱也 不大聲
> 色之詩 而不禁頭邊鵲之旨趣存焉 於允執厥中之書 而黃面老一圓
> 融中道眞心合焉 餘可類推 (…) 以詩之思無邪 可以立三昧定受入
> 於大光明藏之張本也 (…) 吾無隱矣可出入於 觀面提示之場也 天
> 何言哉 互上下於口掛壁上之機也"

라고 하여 이와 같이 儒士의 배불의 잘못됨을 충고하였다.

당시 배불의 毒焰이 비록 치열하였으나 上金正郎(諱 相肅, 坏瓦居士) 書에, "近聞 大居士 天資好道 頓無所得 一心念退步

乃於還鄉之路 大加信向 以至看萬法歸一話 爲本叅公案云 眞火中蓮也"라고 한 것을 보면 더러 看話를 희롱하는 사람도 있었음을 알 수 있다.

납자가 일삼은 것은 교에는 화엄, 선에는 염송을 국집했던 것 같다. 그러므로 答如是居士(木川 金光秀) 書에, "日與衲子輩 所論者華嚴 所講者拈頌"이라고 하였다. 그러니 그 修禪의 단조함을 알 수 있다. 더구나 公府는 紙役으로 僧徒를 괴롭혀서 流弊가 百出하였고, 佛을 보기를 土塊와 같이 하였으며, 僧을 弊履(떨어진 짚신)처럼 대우하였다. 심지어 奴隷下賤之輩까지도 佛僧으로 칭하는 것을 수치스러워하는 정도였다.

紙役之制 최눌이 영조에게 올린 廢紙上疏에, "今僧之役 (…) 雖三冬丕寒之中 扣氷浮取 九夏酷暑之際 揮汗猛擣 弊履 (…) 然猶負紙被刑者 頂背相望 携柂呼泣者 夜以繼日."이라고 한 것을 보면, 당시 사찰과 僧徒들의 곤궁한 상황을 짐작할 수 있다. 이에 사찰은 황폐하여, "昔日琳宮 今變爲蒺藜之園 鍾沈鼓寂 樹老僧殘 佛面帶愁 澗聲含咽 (…) 今南藩巨刹 爲千年祝釐之所者 有土崩潰苽之狀 而恝然不動於耳目乎"라고 탄식하기에 이르렀다.

제6절 최눌의 禪旨

最訥禪旨 최눌이 禪學에 미숙하였음을 스스로 술회하기를, "禪學多思未發明 虛說脫空消百歲"라고 하였으나, 그래도 당시의 석학이었던 연담에 비하면 도리어 禪味가 짙은 것이 있다.

〈次栢巖哲韵〉

洗盃兼洗衲 閑坐又閑行 月向懷中照 風從脚下生

擲筇調二虎 放箭憶三平 誰識幽居樂 藏蹤不露名

〈次碧谷韵〉

光輝無表裡 風月滿全身 應物分長短 隨時任屈伸

放行彌六合 斂跡納纖塵 道本無彼此 何容面目親

〈題西不思菴〉

勝景無言絆我留 幾人於此作仙遊 尋真好趣知何處 臥看滄溟萬里舟

〈解禪吟〉

此道人人分上事 如何抛擲不回頭 飢飡困眠非他物 何笑騎牛更覓牛

〈玩春〉

露泣花千朶 風鳴竹一叢 綠楊芳草岸 終日坐禪翁

〈贈禪客〉

地鑿皆生水 雲收盡碧天 江山雲水地 何物不渠禪

제7절 蓮潭有一

有一傳　　묵암과 더불어 論陳을 편 자는 연담유일이다. 자는 無二, 연
담은 그 호이고, 호남 화순현(전라남도) 千氏의 자로서 숙종
46년(강희 59년)에 태어났다. 어려서부터 經史를 배우고, 나이
18세에 승달산 법천사 性哲을 좇아서 출가, 19세에 낙발, 수계
하고, 성철에게서 『선요』를 배웠으며, 20세에는 대둔사의 벽하
에게서 『능엄경』을 배웠고, 보림사의 용암에게 가서 『기신론』,

『금강경』을 익혔으며, 스스로 削記(기신론 筆削記), 刊記(금강경 刊定記)의 訛脫을 바로 잡았다.

體淨 영조 17년(신유)에 22세의 나이로 해인사의 호암체정을 모시기를 3년 했고, 同 21년(을축)에 雪坡尙彦에게 참예하여 내장산 원통암에서 화엄을 연구, 發明하는 바가 많았다. 다음 해 송광사 東菴에서 雪坡를 시봉하더니 28세(정유)에 입실이 허락되었다.

그 뒤로 동리산에 가서 풍암을 뵈었고, 법운암으로 霜月을 찾아갔다. 29세에 강원도 장구산에서 53불의 조성이 있어 호암을 청하여 證席에 앉게 하였는데, 호암이 가면서 有一에게 부촉하여 箕裘를 繼紹하게 하였고, 돌아와서 내원통에서 입적하였다. 유일이 스스로 參師 問法한 경위를 서술하기를, "初逢 靈虛 二碧霞 三龍岩 四靈谷 五逢先師(虎岩) 七處隨侍經過五年 六雪坡 七楓岩 八霜月 九龍潭 十影海 前後叅十大法師"(蓮潭大師自譜行業)라고 하였다.

有一의 著述 그 후 강석에 主로서 30여 년, 따르는 사람이 100인에 가까웠다. 정조 23년(1799)에 보림사 삼성암에서 천화하니 춘추 80세였다. 저술한 것은 『四集私記』 각 1권, 『起信蛇足』 1권, 『金剛蝦目』 1권, 『圓覺私記』 2권, 『楞嚴私記』, 『玄談私記』 2권, 『大教遺忘記』 5권, 『諸經會要』 1권, 『拈頌著柄』 2권, 『林下錄詩』 3권, 『文集』 2권이 있다.

제8절 有一과 晦菴

有一이 찬한 『都序科目並入私記』 序에 말하기를,

有一과
晦菴

"序要舊無私記 近古 霜峰老人 剙爲之 頗踈略 未能盡善 嗣後 雪
巖 晦菴 兩大老 繼而因修 始得詳悉而 次次後勝於前 故晦老之第三
記爲最 諸方宗之 但頓悟漸修 爲序要中大關節 而晦老判以理智 失
其本義 不同全依 故不佞從所聞乎先師 以事智現前 卞而明之 (…)
各言其志 非敢與先德爭衡也"(序要私記序)

라고 하였다. 이것은 유일이 그 스승 호암의 설에 준하고 회암
의 설을 破하여, 理智로써 돈오점수를 판단할 수 없다고 한 것
이나, 내가 이를 본다면 二者에 많은 徑庭이 없는 것이다.
　유일이 『林下錄』 권3에 실은 바 心性論序에 말하기를,

"此一卷 默老與不佞 共論心性於乙未(英祖 五十一年 五十有六
歲) 秋間者也 諸佛衆生之心 各各圓滿未曾一個者 默之論也 各各
圓滿者 元是一箇者 愚之論也 默詩云 我今任獨歸 勿行行處去 即自
得之論 愚詩云 先聖皆同說 後生孰敢違 即齊文定旨也"(『林下錄』
卷三)

　이에 의하면, 유일은 묵암과 심성을 논하여 往復 변론한 것
이 쌓여서 卷軸을 이루었는데, 이것이 곧 심성론이다. 그 논
점의 相違는 유일은 심성을 一이라고 하고 묵암은 多라고 한
것이다. 위에 인용된 시를 보건대 전자는 古說을 지켰고 후
자는 自得의 의견을 주장하였다. 묵암은 『심성론』 3권을 지
었다.

제9절 유일의 사상

『임하록』을 살펴보면, 연담유일은 一心을 설하기를, "聖凡人
畜 皆同虛徹靈明 卓然獨存 不生不滅 亙古亙今 此如虛空 無處
不在 無時間斷也"(『林下錄』卷四 上, 錦陵州 必壽長書)라고 하
였다. 즉 『기신론』에서 말하는 일심이다. 유일의 심성론의 뜻
은 이와 같음에 지나지 않는 것이다. 有一이 심성은 불생불멸
하는 것으로서 선악이 없으나 染淨의 훈습에 의하여 善不善이
있다고 한 것은 『기신론』의 설과 같다. 또 유일은 절대 유심을
제창하는 한편, 동시에 객관적으로 지옥, 극락이 있다는 것을
입증하고자 하였다.

> "蓋天下之世界 本依理而成 理旣無窮盡 故世界亦無窮盡 不可以
> 數知也 (…) 西方有古莽國 其民不衣不食而 常睡五十年一覺 故以
> 夢中爲實 以覺時爲虛 (…) 又有長眉一目之國 (…) 又有胸虛國
> (…) 獨不信極樂國 何哉"(同上)

라고 하여 고찰할 필요도 없는 망설을 하였고, "平生作惡 臨終
十念 猶能往生 況三十年 二十年 專意念佛者 尤易成就 可不勉
旃"(同上)이라고 하여 염불로써 객관적 실재의 극락에 왕생할
것을 권장했는데, 이것은 중국 淸代의 禪者와 다를 바 없다.
그리고 영혼 전생을 입증하고자 하여, "豈不聞乎 許詢死爲蕭
察 蕭察死爲裴休 靑草堂爲曾魯公 鷹蕩僧爲秦檜 (…) 智永爲
房琯 戒禪師爲東坡 (…) 前後身之理 分明可見"(同上)이라고
하여 단순한 전설을 확고한 사실이라고 妄斷하여 幽靈의 실재

를 증거하려고 하였다. 이는 身心別體의 소견이며 身滅心常에 빠진 것이다. 그러므로, "誦佛之口 死後入火 成灰而已 念佛之心 死後超然獨露 不隨生死 旣是念之心故 卽向佛國 斷然無疑"(同上)라고 공언한 것이다. 그러면서도 동시에, "自心淨土 自性彌陀 朗然現前"(同上)이라고 하였으니, 사람으로 하여금 그 것이 무슨 뜻인지를 알기 어렵게 하였다.

제10절 有一의 禪

有一의
禪學

참선인에게 보인 말을 보면, 유일연담의 공부는 心鏡을 拂拭하여 순일무잡하게 하는 데 있었다. "提智慧刀 萬緣俱勸絶 百花林裡過 一葉不沾身 方可有少分相應處也"(『林下錄』卷四)라고 하였으며, "禪客當於口誦(念佛)之時 雜念紛起 力戰勸除 回雜念 歸淨念 初則 雜淨相爭 久久純熟 雜少淨多 以至於純淨無雜"(同上)이라고 한 것이 그것이다.

대체로 연담유일은 선에 있어서 득력함이 없었으니, 스스로도 그가 미숙함을 깨달았기 때문에 上龍巖老人書에 말하기를, "十餘年 奔南走北 所得只是文字而已 其於心地法門 毫無入頭處 未知究竟將如何也 以此擺脫 深入靜處 一以調身 一以靜究 庶免虛生浪死"라고 자백했다.

또 "行年五十六 狂心猶未歇 鏡中演若頭 星星半夜雪 學儒不成去 入山圖成佛 佛亦不能成 空費千日月 讀盡瞿曇經 鵙鵙弄春舌 欲叅達磨禪 狗舐乾屎橛 可笑平生事 無口與人說"이라고 술회하였다.

祖門正系의 사상에 이르러서 유일은 또 붓을 대지 않은 것이 아니다. "驚吟燕語 盡轉根本法輪 黃花翠竹 普現色身三昧"(『林下錄』卷四). "一切色 是佛身 一切聲 是佛說"(同上). "四聖六凡 同在一眞法界中 一一天眞 一一明妙 不增不減 無高無下"(同上). "諸佛身中 衆生 念念成佛也"라고 한 것 등이 곧 이것이다.

또 선승의 일반적 경향과 같이 老莊의 意를 함유한 것이 있다. "騰騰任運老比丘 成佛生天總不求 西竺仙經輪白馬 東關夫子駕青牛 三生有路來時好 萬境隨心轉處幽 記得南華曾解道 大鵬斥鷃本同遊"(『林下錄』卷二)

有一의
清白

연담유일의 신앙은 그 종지와 융합되지 않았고, 기도에 마음을 기울여 서방왕생에 潛思하였으며, 十王을 믿고 귀신을 믿고 幽魂을 믿었던 것이다. 또 유일은 俗塵을 초월한 山人으로서 가장 청백한 襟懷를 지녔다.

〈題漁耘江亭〉

背山亭子俯青郊 中有幽人一枕高 斷岸栽松秋引鶴 方塘通海夜生潮 身間任是功名薄 歲計從他採釣饒 陸地神仙今始見 百年無日不逍遙 (林下錄 卷一)

〈題法泉寺上雲菴〉

曦色雲菴半堵紅 霜林初暖鳥啼風 不知人在蘿窓內 瞑目爐薰萬念空"(同上)

〈贈任性上人〉

清白家風月洗霜 房中只有一經床 安身肯效兔三窟 處世應如龜六藏 竹吐錦萌春雨飽 松含黃粉野吹香 不求眞又不除妄 任性逍遙步大方 (同上)

〈題佛出菴〉

遯世元無悶 居山不厭深 衲從齋後洗 詩或講餘吟

靜壑溪鳴玉 疎筠月漏金 幽禽共相樂 隔葉送淸音

〈和中峰樂隱詞〉

行增功加 漸抽道芽 日用事 種菜灌花 明月爲友 白雲爲家 足一衲衣

一鉢飯 一椀茶 世道甚艱 蜀道非難 歸去來 夢斷塵寰 誦諸佛敎 叅

祖師關 喜僧歸寺 鶴歸松 雲歸山(同上)

四十成翁 齒豁頭童 嗜瞌睡 萬事疎慵 黜人世外 置丘壑中 管困眠床

渴飮水 飢吃松(同上)

이런 것들은 그의 청백한 가풍을 말해 주는 것이다.

心性論   유일과 최눌의 심성론은 영조 51년에 된 것인데, 그러나 그
焚毁   후 10년, 정조 9년에 이르러서 법손 華日과 敬賢 등이 爭根을
끊고자 하여 구례부 천은사 상선암에서 이를 焚毁하였다고
한다.

제11절 雪潭自優, 大隱朗旿

自優傳   소요태능의 5세손에 雪潭이 있다. 법휘는 自優요, 자는 優
哉며 호는 설담이다. 속성은 구씨이고 담양 사람인데, 일찍
어버이를 잃고 옥천의 복천사에 가서 출가하여, 서암장로를
師로 하였다.

그때 호암이 방장산에서 개당하자 거기에 가서 뵈었고, 정조
20년 병진(가경 원년) 겨울에 남행하여 설봉선백에게 참알하
였으며, 또 暮隱에게 수학하고 그 법을 얻었다. 道岬의 東林에

出世하자, 暮隱을 위하여 拈香하고 逍遙의 정맥을 계승하니, 이는 정조 22년 무오 가을이었다.

만년에 돌아와서 복천의 蓮臺舊棲에 주하다가 순조 30년 경인(1830, 청 도광 10년)에 입적하니 향년은 62세였다.

雪潭集   逍遙, 霽月, 華月, 暮隱, 雪潭이 그의 법계이다. 『설담집』이 있고, 거기에 연담, 설파, 상월 등과 唱和하여 읊은 것이 있는 데 그 몇 편을 초록한다.

〈題漱玉樓〉

畫樓明麗壓湖天 漱玉泉鳴寶塔前 淸唄搖風喧洞裏 疎鍾和月落雲邊
五派禪從曹水滴 六時香起佛爐炬 長廊晝靜僧無語 山鳥成群每下筵

〈雙溪寺謹次接多士要和韻〉

寂寞柴扉盡日扃 人間榮辱不堪聆 推窓喜對岩雲白 倚榻閑看岳樹靑
半世行裝輕一鉢 百年事業富千經 淸禪羽客聯翩至 問我工夫水在瓶

〈送淸隱長老歸北〉

雲衲飄然欲遠遊 閑情日夜在名區 阿斯楓岳藏胸嶠 漢水浿江入夢流
破笠嘯風長路走 瘦筇鳴月暮林投 觸途切忌隨他轉 祖意明了物物頭

문집 중에 『夢行錄』이 있다. 『夢行錄』은 금산사에 나아가고, 국사봉에 오르고, 대둔암, 송광사, 명산 仙士를 방문한 기록이다.

朗旿傳   다음에 연담의 적손인 大隱朗旿가 있어 지계로써 알려졌다. 성은 배씨이고 낭주 사람인데 건륭 경자(정조 4년)에 태어났다. 월출산에서 출가하여 금담선사를 스승으로 하였다. 金潭은

연담의 문인이다. 朗昤는 연담, 완호 등 여러 노숙을 참알하였고 금담의 제자가 되었다.

개당 攝衆하는 여가에 삼장을 手書하여 좌우에 分安하고 三時로 공양하고 坐臥에 향례하였으며, 잘 一宿一食의 계를 지키어 동방의 道宣이라는 稱이 있었다.

월출산의 上見庵, 頭輪산의 挽日庵, 達摩山의 地藏庵, 德龍山의 천축암, 迦智山의 內院庵, 曹溪山의 三日庵, 동리산의 미타암, 쌍계사의 불일암, 칠불사의 僧堂은 다 朗昤의 遊化處였다. 도광 신축(헌종 7년, 1841)에 두륜산 만일암에서 설법을 마치고는 입적하였다.

雲潭傳　　설담의 문하에서 운담이 나왔다. 휘는 鼎馱, 자는 萬里, 호는 운담, 영남 상주 사람, 성은 윤씨, 영조 17년(건륭 16년) 신유에 태어났다. 7세에 아버지를 잃고, 광덕산의 毅菴(諱 덕총)에게 가서 출가하니 그때 나이 12세였다. 17세에 운담에게 가서 구족계를 받았고, 21세에 懶菴에게서 화엄을 전수받았으며, 또 설파의 강연을 들었는데, 설파가 그의 조예를 인가하였다. 36세에 덕유산, 적상산 두 산간에 깃들다가, 다음에는 남으로 가서 蓮臺에 주하니, 卽 先師 三塔의 도량이었다.

52세에 禪을 연담에게 받고, 53세에 화엄대회를 대둔사에 베풀었으며, 64세 된 가을에 천수 십만 편을 외워서 서방의 公據로 삼을 것을 원하여 15개월 만에 대원을 완수하였다.

林間錄　　운담의『임간록』이 있다. 거기서 禪偈 몇 편을 발췌한다.

〈山中雲月〉

無心雲共住 不約月相隨 多少山中樂 唯應道侶知

〈次老雲潭〉

禪餘泓一榻 睡起喚三平 法喜方充滿 茗茶更暢情

〈獨坐〉

丈夫行事日中天 獨坐還如對客然 俯仰若無天地愧 此時方覺性靈圓

〈和龍華〉

空門託跡已頭皤 道不加修更奈何 妄認緣塵爲物轉 看經只是學蒸砂

제14장 雪坡尙彥, 兒菴惠藏, 華嶽知濯, 白坡亘璇

佛道衰頹   정조는 문학을 좋아하여, 비록 강희, 건륭 二帝를 본받아 호한한 문서를 간행하였으나 俗儒만 더욱 세력을 떨쳤고 聖學의 作興에는 힘을 쏟지 않았다. 정조 이후로 조선의 운명은 落日이 시쪽으로 기우는 형세였다.

설파상언은 화엄을 純解하였고, 아암혜장과 영파성규는 교화의 문을 열었으며, 완허윤우는 千佛을 만들었고, 화악지탁과 백파긍선은 禪敎를 격양하였으나 모두 正法의 생명을 부활시키기에는 부족하였다.

제1절 정조의 치적과 雪坡尙彥

正祖王의 好文   제23대 정조(1777년-1800년)는 재위 24년 동안 정치에 마음을 깊이 기우려서 그 치적은 전대를 뛰어넘는 것이었다. 또 문학을 좋아하여 편찬의 업은 前古 미증유라고 일컬었다. 예를 들면 정조 6년에 『국조보감』 68권 동 별편 7권을 만들었으며, 20년에는 『속문헌비고』 240권, 『宋史筌』 150권, 『全史詮評』 80권, 『人物考』 130권, 『籌誤類輯』 75권, 『同文彙考』 129권, 『公車文叢』 93권, 『臨軒公令』 156권 등 대작을 만들었고, 그밖에도 여러 가지 서적이 이루 기록할 수 없을 정도이다. 대체로 청 강희, 건륭의 사업을 본받은 것이다.

그러나 강희, 건륭 이후의 청이 쇠운으로 향한 것처럼, 조선도 역시 지는 해가 서쪽으로 기우는 것을 어찌할 수가 없었다. 또 정조는 무학왕사의 開基라고 하는 석왕사에 태조가 봉안한 오백응진(오백 나한)이 있어 영험이 현저함을 듣고, 아들을 얻고자 기도하여 만 3년 만에 胄子가 태어났다. 이에 14년에 그 절에 토지를 희사하고 비를 세워서 그 공덕을 기록하였는데, 그 가운데 말하기를, "使求壽者 得壽 求子者 得子 求三昧者 得三昧 求麼尼者 得麼尼"라고 하였다. 이것은 왕의 신앙이 어디에 있는가를 알게 한다. 정조는 16년에 무학, 지공, 나옹의 三師에게 시호를 加賜하였다.

尙彦傳 　雪坡尙彦의 演法은 바로 이때에 있었다. 설파 尙彦(一作 常)은 호남 무장현(전라북도) 사람이고, 성은 이씨이다. 일찍 부모를 잃고 가난하여서 스스로 資糧이 없었다. 나이 19세에 선운사(무장현)에 가서 希遷에게 삭발하였고 뒤에 敎를 蓮峯, 虎巖 二老에게서 받았으며, 또 晦庵에게 참예하였다. 법계로 말하면 서산의 7세 법손이고 환성에게는 손제자이다.

설파상언은 33세에 대중의 청에 의하여 龍湫板殿에서 승좌하였는데, 상언은 삼승오교에 무소불통이었다. 특히 화엄을 잘하였다. 예전에 있던, 청량이 찬한 바 抄中疏科는 그 뜻이 隱晦하여서 講者가 이를 알기 어려웠다. 그것을 상언이 한번 보고 이를 도표로 하여 疏와 科에 각각 주장이 드러나게 하니 마치 객이 자기집으로 돌아감을 얻음과 같았다. 또 해인사에 머물면서 大經抄中에 인용한 諸文을 攷校하여 동이를 밝힌『鉤玄記』1권을 저술하였다.

청 건륭 35년(영조 46년)에 징광사에 재앙이 있어『화엄경』80권의 판이 空으로 돌아가니 상언이 대원을 발하고 재물을 모아서 다시 새겨서 완성하자 새로 영각사(덕유산) 곁에 장경각을 세우고 수장하였다. 老年에 이르러서 靈源에 들어가 死關을 세우고 날마다 염불을 한지 10여 년, 정조 15년(건륭 56년, 1791년) 정월에 입적하니 세수 85세였다.

議政 蔡濟恭이 찬한 雪坡大師碑銘序에 말하기를,

僧徒의
卑屈

"余因事 偶出廟門外 有弊衲僧 如不聞呵道 突黑衣卒伏於前 其色若有悶急者然 余怪問曰 若何爲者對曰 僧乃湖南沙門 名聖淵者 爲法師雪坡和尚 願得大人 一言之重 以詔十方衆生 有邦禁也 僧不可以入都城 相門又不可私情導達 乞城外旅店食 夏以秋 秋以冬 僵死在朝暮 然不得所願 欲死無歸 余油然感其誠 許令進所爲狀"(『조선불교통사』上編, 568쪽)

俗吏가 오만하게 승을 대우함이 이러하였고, 비굴 무식한 승도가 迂儒(어리석은 선비)의 脚下에 叩頭함이 이러하였다. 불법을 없신 여김이 이 지경에 이르렀던 것이다.

제2절 순조의 천주교 禁壓과 鏡巖應允

天主教
禁壓

제24대 순종(1801년-1834년) 원년에 천주교가 크게 만연하여 그 교를 받드는 자가 날로 불어갔다. 왕이 이를 근심하여 그 심하게 빠진 자의 목을 베고 개회하는 자를 용서하였다. 그리고 각 도에 명하여 항상 禁壓을 가하게 하였다.

周文模라는 자는 청나라 소주인인데, 선교사를 따라서 잠입, 남녀를 유괴하여 천주교 傳敎에 힘썼다. 조정에서는 이를 잡아서 軍門에 효수함으로써 서민을 경계하였다. 韓人 황사영은 주문모가 잡히자, 기회를 보아서 망명, 속으로 不軌를 품고 洋艦을 맞아들이려는 음모를 한 끝에, 장차 洋人을 전송하려고 하다가 일이 발각되어 대역죄로 그 무리들이 모두 주륙되었다.

鏡巖傳 순종 대에 鏡巖이 대종사로 일컬어졌다. 법휘는 응윤(應允), 첫 이름은 慣拭, 그 집은 鏡湖에 있었으므로 사람들이 그를 鏡巖이라고 호하였다. 속성은 민씨이고 여흥의 후예이다. 3세에 어머니를 잃었고, 5세에 입학하여 9세에 經史를 통하였다.

하루는 저녁에 달이 좋았는데, 아버지가 韻을 부르면서 시를 짓게 하였더니, 곧 대하기를, "秋高風動竹 水落月鳴川 何處隨陽雁 蕭蕭遠入天"이라고 하였다. 그가 재기였음을 알만하다. 13세에 부친이 돌아가자, 15세에 지리산에 들어가서 震熙장로에게 낙발하고, 寒巖和尙에게서 구족계를 받았다. 그 후 여러 老宿을 두루 참알하고 마침내 秋波의 문에 귀의하였다. 28세에 개당 化衆하여 거의 20여 년을 계속하였다. 그리고 喚菴和尙을 따라서 禪을 받으니 이에 배우는 자들이 禪敎兩宗대종사로 추존하였다. 순조 4년 (가경 9년, 1804년)에 방장산 벽송암에서 입적하니 춘추 62세였다.

鏡巖의 행장에 서술되어 있는 鏡巖의 법계는 다음과 같다.
法系 "我臨濟祖師 傳法石崖(屋) 石崖之後 有太古 太古四傳 而有碧松 碧松七傳 而爲誨堂 誨(一作晦)堂 傳之寒巖 寒巖秋波師也 淸虛七世 而爲喚菴 此實師之淵源也"

그의 임종게에 말하기를, "擺脫根塵縛 逍遙返大空 西行今日事 明月與淸風"이라고 하였다.

鏡巖集　　　『경암집』 3권이 있는데, 그 詩偈 중에 禪旨가 있는 것 몇 편
을 발췌하여 수록한다.

〈隱身幽居〉

有緣携一鉢 信錫步還迷 路入無人處 山高隱者棲 晚風松檜暗 新月
杜鵑啼 比處真安樂 何須更往西

〈送淳師之江東〉

勿偏於左勿偏右 正面中間歸去來 欲知佛祖安身處 霜後黃花滿院開

〈病後夜坐〉

對食恒飢是素病 煉砂成藥亦迷情 椀心脫去鐺無脚 獨守殘燈到五更

〈賽證師求法語〉

念佛佛非他面佛 念人人是本來人 一朝人佛兩忘了 爛熳山花極樂春

禪居嘆의　　일찍이 禪道의 쇠퇴를 탄식하여 禪居嘆이라고 題한 詩作
詩　　　　이 있다.

"謹白參禪士 參禪莫誤初 縱然無揀擇 箇中有親疏 我聞叢林語
荒唐良可歔 上惡同眞際 盜殺勿嫌諸 姪房與酒肆 無往不安居
慕佛縛於佛 學道總爲虛 波離拘小戒 不能入無餘 信此大乘法
惟魚乃知魚 乍入禪門者 聞之沒分疏 遂作波旬說 放達爲眞如
黨援稱師子 依稀混繼裾 若此而禪社 安得不爲墟"

雜著 중에 論韓子說이 있는데, 당당하게 韓退之를 논란하고
儒士의 배불을 파한 것은 우리들의 뜻에 크게 맞는 것이다.

염불왕생에 대하여 碧松社答淨土說이라는 글이 있다. 이를
수록한다.

往生論 　　　"僧問 西方淨土 是事信否 曰阿彌陀經 世尊說也 問只如六祖謂
　　　西方人造罪 何往爲什麼道 曰釋子謗三寶 十方世界不通懺 悔唯地
　　　獄是往 僧曰子之言 以釋子爲西方人 爲三寶 爲造罪 豈六祖意耶 曰
　　　汝何處 夢見六祖 佛祖方便 爲人解縛 無有定法 名阿耨菩提 六祖嘗
　　　解縛於西者 汝又縛於無西者 縛於西 猶可生於佛前 縛於無西者 一
　　　闡提也 閻羅鬼卒 豈肯放汝乎.

　　　僧問 西方十萬億國土 豈不云 衆生十惡業耶 十惡業淨則 枢樂現
　　　前 何必念佛爲 曰 佛若不念 念者阿誰 僧曰 我本無念 只是飢食困
　　　眠且足 强欲念佛 是佛縛耳 曰 高則高矣 贓賊露也 汝只能念食念眠
　　　不能念佛則 豈不足 好惡之情而 其所謂無念者 特無善念而己 分明
　　　數爾 奚但十惡哉

　　　僧問 阿彌陀經 五教中 何教所攝 曰智旭疏云 圓頓中之圓頓教
　　　僧愕曰 謬哉謬哉 如來法中 圓頓之經乃華嚴是己 是經果若 圓頓中
　　　之圓頓則 反覆勝於華嚴者乎 嘗試言之 經中一心不亂 豈非其宗耶
　　　厭娑婆生極樂 豈非其趣耶 言其因則 豈非執持名號而 言其果則 豈
　　　非業淨見佛耶 是不過攝心勞修 欣厭因果之經 圓頓裨末不顯 曰君
　　　言亦自一義是 豈如來一雨法中 各自隨機悟入者非耶 子諦聽如來
　　　法中 圓頓之經 莫如華嚴 其所宗必一眞法界也 一眞法界者 即此一
　　　眞心 不亂於此 一心上亦無一心 一眞之量方能信入 眞實不亂之地
　　　如云性界一味 一眞法界 一味相沈 始名不亂也 由此言之 雖有過於
　　　華嚴亦可也 問一眞法界之言 直指本有心性 一心不亂之言 乃是修
　　　行方便 豈會同一義也 曰此心之不變 謂之一也 不妄謂之眞也 此不

妄不變 政是不亂也 若作同異知見 依舊六十二見之本 其欲不亂得
乎 僧云 一心不亂 且不妨深淺商量 至於禮念求佛 豈大慧所謂 愚
人所爲耶 曰吾寧作大慧愚人 不願從若爲那人子於無取捨中 妄見
取捨 無優劣中 妄執優劣 愚耶非愚耶 必如君言 大勢圓通之門 不
在於列聖機緣 普賢願王之經 不可謂了義己乎 吁 業淨見佛 豈非事
智現前而 克就圓功則 只消十聲 至於一聲 言其遲限則不過一日 至
於七日 捨此一報 便坐寶蓮 我即彌陀 彌陀即我 其曰 圓頓中之圓
頓 不亦宜哉

　僧進問曰 某甲自以華嚴 稱性極談故 常讀之 今聞師言 寧欲棄華
嚴而 讀彌陀經則可乎 曰苦哉 人情之不通也 子謂華嚴 稱性之經
但讀得經 見得性 性是阿彌陀經 亦阿彌陀 阿彌陀中 有華嚴 華嚴
中 有阿彌陀 何生憎愛取捨 僧問 八萬四千方便 如一粒栗 念佛方
便 如都倉之粟 是意云何 曰一切方便 皆念佛之方便 佛爲總相故
念佛方便 如都倉之粟也 僧曰 然則 念佛之人 不爲萬行乎 曰 若無
積粟 何名都倉 一句阿彌中 非是非非 戒波羅密 非定非亂 禪波羅
密 非悟非迷 慧波羅密 無去無來 自淨土也 如是十度萬行 因果德
用 無量無邊 阿僧祇故 名阿彌陀 何曰念佛之人 不爲萬行也 僧曰
子之所論 乃自性彌陀也 如西方彌陀上 執持名號者 安能如是 曰汝
隔截虛空作麼

　僧問 十念往生 是意云何 諸經中 三大阿僧祇 歷修萬行 方證菩提
念佛之人 十念往生 便不退菩提因 修如其小 獲果如其大 大甚徑庭
不近人情 願爲解說也 曰 理實往生 只消一念故 祖師云 一念忘時
明了了 彌陀不在 別家鄉 言十念者 即十世也 現前一念上 己起未起
是爲三世 三世各具三世 是爲十世 如是無盡不可說故 亦即三大阿僧
祇劫也 然此十世三祇 不離現前一念故 曰一念普觀無量劫 無去無來

亦無住 又曰 九世十世互相即 仍不雜亂隔別成 故一念即十念 十念
即無量念得意者 彈指成正覺 未至妙者 歷修三祇大劫 方證菩提 然
則十念往生 該收頓漸之機 丁寧四實之語 但辨肯心 何苦疑難

問念佛門中 停五念 通五障 清五濁 戒身口意 一動靜語默寤寐
入於無心眞如門 程節煩瑣 未得捷徑頓入 幸爲垂示 曰汝欲捷徑頓
入之念 是障是濁故 戒汝身口意 汝動靜等 待汝衆念不能起時 是名
無心念佛 從無心三昧中 豁開極樂正眼 是名眞如念佛也 然一句阿
彌陀 未嘗有許多程節 始也阿彌陀 終也阿彌陀 不容絲毫異念 是乃
一行眞如三昧也 子欲捷徑頓入 但念阿彌陀 莫作閑思計較 庶不相
欺也

또 『論三教異同』 1편이 있는데 삼교일치의 시대사상을 말한
것에 불과하다.

제3절 兒庵惠藏

慧藏傳   鏡巖應允과 때를 같이하여 대흥사에 아암혜장이 있었다. 본
호는 蓮坡, 자는 無盡, 색금현 김씨의 아들이다. 어려서 대둔사
(대흥사)에서 剃髮(체발)하고 월송재관에게 구족계를 받았으
며, 春溪 天黙에게 의탁하였다.

天黙은 외전에 통하였는데 혜장이 천묵에게 배우기를 수년
하였고, 자라서는 널리 불서를 강의받으면서 연담유일, 雲潭鼎
晶嵒即圓   馹(운담정일)을 섬겼으며, 27세에 晶嵒即圓(정암즉원)에게 拈
香하니 즉 逍遙의 宗 華岳文信의 嫡傳이다. 나이 30에 이르러
서 해남 두륜산 대흥사의 주맹이 되었는데 모이는 자 백여 인

이었다. 혜장은 『주역』과 『논어』를 매우 좋아하여 深旨를 究索하였고, 또 曆律과 性理書도 연마하여 俗儒의 미칠 바가 아니었다. 내전에 있어서는 『능엄경』, 『기신론』을 좋아하였고, 竈經과 厠呪는 말하지 않았다. 순조 11년(1811년)에 입적하니 수 40이었다.(兒菴集附錄 15葉左~16葉右)

惠藏의 見解 혜장의 『주역』에 관한 견해는 『兒庵集』 권3, 『鍾鳴錄』에 보이고, 『논어』에 대한 의견도 이 책에 실려 있다. 또 이 책에는 楞嚴緖言도 실려 있다. 당시 총림의 폐풍이 심한 것을 보고 총림행이라는 시를 지었는데, 다음과 같다.

"叢林禪子數無央 頭白齒黃走諸方 口誦趙州狗子話 高髻竹枝倚繩床 三藏經文盡拋棄 不識玄津空屓屓 嚼蠟如蔗希頓悟 十箇五雙只坐睡 禪家頂針在我空 空腹高心最儱侗 夜虹夏雪誰得見 如今異派亂宗風 少林面壁雖奇絶 圭峰箋註那可闕 自是眞如不二門 莫向虛空捧打月"(참고 : 々표시는 앞 글자와 同字)

大芚寺誌 『아암집』 권1에 실린 시는 선승의 풍격을 방불하게 하는 것이 하나도 없다. 아암은 대흥사에서 크게 교화의 門을 열었다. 아암은 史眼이 있어서 함부로 기록하지 않았으니 大芚誌에 가한 그의 批註에서도 알 수 있다. 대둔지는 玩虎尹祐鑑定 兒菴慧藏留授라고 기록되어 있다.

丁茶山 即圓傳 대흥사 『挽日庵記』와 『대둔지』 두 책은 茶山이 스스로 필사하여 대둔사에 두었다. 다산은 또 『大東禪敎考』도 지었다.
『동사열전』 권4에 의하면 혜장의 師 정암즉원의 자는 離隅이고 영암사람이다. 나이 16세에 출가하여 松坡覺喧, 蓮潭有

一에게 수학하였고, 30세에 법을 松坡에게서 받았으며, 40세에 九峯에서 참선을 하였다. 정조 18년에 입적하니 수는 57세였다.

晶岩(정암)은 비록 대중을 거느리고 경을 설하였으나 그 마음은 오로지 자비를 힘썼다. 하루는 거지가 왔는데 사람들은 거지에게 이(蝨)가 많은 것을 싫어하여 문밖으로 쫓았는데, 정암이 방장실로 끌어들여서 따뜻한 곳에 같은 이불로 재웠다. 걸인 수십 명이 松旨의 市에 모여서 약속하기를, "有往得穀於晶岩禪師之 室中者 衆共棄不齒"라고 하였다. 그가 이렇게 보시를 베푸는데 유명하였다.

제4절 影坡聖奎 玩虎倫佑

聖奎傳   함월의 嗣에 影坡聖奎(영파성규)가 있다. 자는 晦隱, 성은 김씨, 합천 사람, 청 옹정 6년(영조 4년)에 태어났다. 나이 15세에 청량암에서 독서하였는데, 供佛 시에 모든 승려들이 回旋膜拜하는 것을 보고 출가할 뜻을 발하였으며, 4년이 지난 뒤 집을 하직하고 용천사로 가니 환응이 사랑하여 삭발시키고 또 계율을 주었다. 그로부터 海峰, 燕岩, 龍坡, 影虛 등 諸師를 歷參하였다.

하루는 문득 생각하기를, "釋門闡教者 以頓悟爲先"이라고 하고, 금강대에 設齋하고 관음의 법력을 祈求하여 화엄경을 감득

黃山退隱   하였다. 9년이 지나 黃山退隱이 한번 보고 마음에 맞아서 화엄 전부를 주었다. 衆賢의 이치를 탐구하고 衆妙의 뜻을 구한지 30년이었다. 청 건륭 43년부터 46년에 이르기까지 대비주를

외우기를 십만편, 이로써 일과를 삼았다.

　이보다 먼저 청 건륭 19년부터 이후, 설파, 함월 두 화상에게 참예하여 화엄과 선의 요령을 얻고 함월에게서 信衣를 받았다. 청 가경 19년(순조12년, 1812년)에 입적하니 수는 85세였다.

聖奎法系　영파성규의 법계는 碑記에 서산의 6세라고 하였다. 곧 다음과 같다. "清虛-鞭羊-楓潭-月潭-喚醒-涵月-影波聖奎"

　연담유일의 제자에 백련수연(청 가경 12년, 71세 입적)이 있고, 수연의 제자에 玩虎倫佑 (청 도광 6년, 69세 입적)가 있다.

倫佑作千　완호윤우는 청 가경 22년(순조 17년)에 한양에 이르렀고, 경주

佛　기림사에서 천석불을 조성하는데 7월에 기공하여 10월에 완성하고 배 두 척에 탑재하여 10월23일에 출범, 동래의 오륙도에 이르렀을 때 대풍을 만나서 한 척이 표류하여 일본의 나카사키(長崎)에 닿았다. 이것을 다음 해 23년에 일본에서 다시 發船하여 7월14일에 부산진 前洋에 도착했고, 전남 완도 원동의 大津江에 상륙하여 해남 대흥사에 도착 15일에 천불을 新造한 법당에 봉안하였다.

倫佑門下　倫佑의 문에 英靈漢이 많았다. 덕행에는 聖默, 縞衣, 荷衣이고, 언변에는 煥峰, 中和, 靈瑞며, 政事에는 雪岩, 痴玩이고, 문학에는 華潭, 草衣였으니, 공자의 四科十哲과 같았다.

始悟傳　縞衣始悟(고의시오)의 속성은 丁씨, 동복적벽(전남 보성군) 사람, 정종 2년(청 건륭 43년)에 태어나서 16세에 화순(전남) 만연사에 들어갔고, 19세에 白蓮을 좇아서 체발, 受具하였으며, 20세에 蓮潭에게 참예하였다.

　다음에는 玩虎, 朗岩 등 여러 스승에게 배우면서 諸山에 왕래하여 『기신론』, 『금강반야경』, 『원각경』, 『화엄경』 등에 통

효하였다. 순조 12년(청 가경 17년)에 玩虎의 室에 염향하였고, 17년(청 가경 22년)에 완호를 모시고 경주의 기림사에 가서 千佛을 만들었는데 歸路에 표류하여 일본 長崎에 이르렀다가 다음 해에 還寺하였다. 고종 5년에 입적하니 춘추 91세였다. 스스로 행장 1권, 견문록 1권을 저술하였다. 縞衣는 荷衣 (名 正持, 玩虎之弟子. 淸 咸豊二年 壬子寂, 壽 74), 草衣와 함께 三衣의 榮稱이 있었다.

大興寺   해남 대흥사는 두륜산 대둔사인데, 대둔은 산의 이름이다.
創刱   그 창건에 대하여는 정확한 연대를 알기 어렵다. 호남의 여러 사찰이 거의 신라 제49 헌강왕, 제50 정강왕, 제51 진성왕, 제52 효공왕 시대에 개창되었는데, 대흥사의 창건은 고려 도선 때일 것이라고 한다. 南宋 淳祐 연간 중에 고려 진정국사가 이 절에 있었다.

十二宗師   대둔사에 12종사와 12강사가 있었으니, 12종사는 楓潭, 醉如, 月渚, 華嶽, 雪岩, 喚醒, 碧霞大愚(강희 15년 생 건륭 계미년 입적, 88세), 雪峰懷淨 (강희 16년생 건륭 무오년 입적, 62세), 霜月璽篈, 虎岩體淨, 涵月海源, 蓮潭有一이다.

十二講師   12강사는 萬化圓悟(虎岩의 嗣 강희 갑술생 건륭 무인 입적, 65세), 燕海廣悅(호암의 弟子), 靈谷永愚(호암의 嗣), 影波聖奎(함월의 弟子), 雲潭异駍 (설담의 嗣), 退菴泰瓘(설파의 弟子), 碧潭幸仁(부휴의 裔), 錦州福慧(화악의 증손), 玩虎尹祐(연담의 孫), 懶菴勝濟(소요의 裔), 朗嵒示演(화악의 증손), 兒菴惠藏(설봉의 증손)이다.

제5절 華嶽知濯

知濯傳   지탁의 속성은 한씨, 청주 사람, 청 건륭 15년(영조 26년)에 태어났고, 이른 나이에 견불산 江西寺 性鵬에게 가서 出塵하였으며, 함월, 완월, 二老를 뵈었고, 금강산, 보개산에 머물었으며, 또 삼각산에 있으면서 三峯이라고 호하였다. 청 도광 19년(헌종 5년, 1839년)에 장안사 지장암에서 입적하니 보령은 90이었다. 임종게는 다음과 같다. "窮劫歷修諸善行 萬法歸一一歸空 自家本事未成就 九十年老幻夢中." 법계는 다음과 같다. "西山-鞭羊-月潭-喚醒-涵月-玩月-漢巖-華嶽"

三峯集   『三峯集』이 있다. 문인이 편찬한 것이다. 『삼봉집』의 게송 중에 선승의 풍격을 보인 것이 있다.

〈與人〉

樂則行之隨處佳 幻身空矣即心齊 終爲白髮無求世 早透玄關人忘懷 法界一門工幾許 人間多岐勢參差 悄然往彼深藏地 物外眞賢幸得偕

〈至樂〉

窮子得而喜 輪王失則夏 庸夫寵榮樂 英雄窮辱愁 得失一幻夢 寵辱雙縣疣 死生橫業海 起滅換浮漚 富貴及貧賤 從古埋荒丘 大塊將消盡 喬松一髑髏 世樂何耽着 吾所未曾求 這裏誰眞假 一夢蝶與周 君不見無生樂 至人又 ·遊 又不見法界樂 寂照心常留 此樂非外得 世人胡不由 大明天地內 盲者轉坑溝 爲君說不盡 聲色空悠悠 兀然曠漠處 浩劫彈指收 歸去碧岑外 誰能參我謀

知濯思想   위의 글에서 華嶽知濯(화악지탁) 胸次(흉차, 가슴)에 간직한

것이 심상한 것이 아님을 알 수 있다. 또

〈贈雄長老求語〉

大千量等大經卷 常在舌頭常說言 抖擻風雷驚海嶽 高明日月照乾坤

凝心頓入難思境 鳴指打開無盡門 妙用神通非外得 法身元我六和根

〈授淸信女極樂願〉

信發往生極樂願 彌陀佛有度生願 一眞法界聖凡同 眞法界中立大願

〈示仁城禪子〉

佛祖安身立命處 人人本有甚奇哉 無奇無處大男子 高步毘盧頂上來

이런 것들은 족히 그의 견지가 비범한 것임을 보여주는 것이
다. 일찍이 제불과 중생이 同一心임을 다음과 같이 논하였다.

"衆生心 與諸佛正覺之心 一體無二也 諸佛大光明 自諸佛 正覺心
中流出也 衆生燈火 自衆生心流出也 正覺心與 衆生心 一體無二 則
大光明與 一點燈 有何別也 在諸佛則 爲大光明 在衆生則 爲一點燈
也 其所以爲光明之性則一也"

제6절 華潭敬和, 雷默等麟, 白坡亘璇

禁天主教 　제25대 헌종(1835년-1849년) 5년에 천주교를 금하고 아울
러 거기에 빠진 자는 참수하게 하였다. 이보다 앞서 프랑스인
范世亨, 羅白多祿, 鄭牙角博尹 등 3인이, 韓人 류진길의 인도
로 조선에 와서 전도하다가 체포되어 법에 굴복하였다.(『국조

보감』卷84, 248쪽)

헌종 다음에 왕위에 오른 자는 제26대 철종(1850-1863년)이다. 華潭敬和, 雷默等麟, 白坡亘璇 등의 演化는 이때이다.

敬和傳 경화의 禪號는 示衆, 敎號는 華潭, 성은 박, 밀양인이고, 건륭 병오(정조 10년)에 태어났다. 나이 18세에 양주 화양사의 월화성찬에게 나아가서 낙발하고 보개산 석대암에서 농월율봉에게 수계하였다. 그리고 그의 受法은 화악당 知濯(지탁)에게서였다. 이후 飛錫雲遊하였고, 화엄대회의 주로서 을해(청 가경 20년)부터 시작하여 명산의 法席이 55에 무릇 83회였다. 밤낮으로 가사를 벗지 않았고, 눕지 않기를 40년이었다.

호남의 지리산에서 瑞鳳斗玉을 만나서 拈頌 격외의 법을 學得하였다. 강원도 철원 보개산 석대암에 주하면서 『화엄경』, 『열반경』 등 여러 경전을 열독하였는데, 꿈에 嚼月(작월)을 한 이상함이 있었고, 일찍이 금강산 마하연에서 밤에 大敎(화엄경 등)를 설하였는데, 꿈에 문수와 보현이 큰 金鐘을 치자 그 소리가 만폭동에 진동함을 보았다.

영남의 해인사에서 좌선하다가, "我今解了如來姓 如來今在我身中 我與如來無差別 如來即是我眞如"라는 말을 얻고 홀연히 대오하여 말하기를, "此非夢中作而 我則己蹈蹈睡矣"라고 하였다. 독경의 여가에 게송 67품을 강의하였다. 뒤에 가평의 운악산 현등사에 들어가서 따르는 대중을 해산하고 정혜를 專精하니 그때 나이 63세였다.

1848년(戊戌)에 제자를 불러 입적을 고하니 문인 해소가 十念을 청하였다. 이에 微哂하면서 말하기를, "小乘着於念句"라고 하고 붓을 찾아서 열반송을 쓰고 천화하였다. 법계는 다음과 같다.

敬和法系　西山-鞭羊-楓潭-月潭-喚醒-涵月-玩月-漢巖-華嶽-華潭
（三峰集 附錄 塔碑並行狀）

等麟傳　映虛善影이 지은 뇌묵행장에 의하면, 雷默等麟의 자는 君瑞
顔, 속성은 김씨, 관북 안변인인데, 그 거처를 뇌묵당이라고 호
하였다. 영조 20년(건륭 9년) 안변 방화산 풍촌리에서 태어났
고, 12세에 어버이의 상을 당하고 龜潭堂 靜演을 좇아서 출가
하였으며, 14세에 석왕사에서 체발, 翠松堂 明慧에게서 受具
하였고, 翫月堂 軌弘에게 從學하였으며, 또 翠雲, 影波, 影月
등에게도 배웠고, 翫月에게 嗣法하니 그때 나이 28세였다.

　그로부터 高原의 梁泉, 양주의 불암사, 황룡산 石泉寺, 설봉
산 석왕사, 도봉산 원통사, 수락산 흥국사 등에서 교화를 폈고,
만년에는 석왕사에 주하여 禪敎를 함께 설하였는데 제자가 거
의 천에 가까웠다. 순조 25년(1825년) 3월 초삼일에 입적하니
춘추 82세였다.

亘璇傳　다음, 당대에 있어서 대종장이었던 白坡亘璇은 호남 무장현
(전라북도) 사람이고, 성은 이씨인데, 12세에 선운사 詩憲에게
가서 득도하였다. 어려서부터 穎悟(영오)하여 大經(화엄경)을
참학하였고, 평안북도 초산의 용문암에서 안거하여 심지를 개
통하였으며, 방장산(智異山) 영원암으로 가서 설파상언에게
서래의 종지를 받고 영구산 구암사(전라도 남원군)로 돌아가
서 법통을 雪峰에게서 이었다.

　청도 백양산 운문암에서 개당하니 강의를 듣는 대중이 항상
百十이었다. 순조 30년(동광 10년)에 구암사로 발우를 옮기고
法宇를 중창, 크게 禪講법회를 열으니 찾아오는 학인들이 구름

처럼 모여서 嚴然한 禪門의 중흥주였다. 철종 3년(1852년)에 입적하니 향년 86이었다. 긍선은 율, 화엄, 선에 있어서 정수를 얻었다고 일컬었다.

亘璇著述 　著書는 『定慧結社文』, 『禪門手鏡』, 『法寶壇經要解』, 『五宗綱要私記』, 『禪門拈頌私記』, 『金剛八解鏡』, 『高峰禪要私記』, 『龜鑑集』 등이 있다. 금강산 신계사에 白坡 著 『太古歌釋』 및 『識智辨說』 두 책이 있다. 법계는 喝醒志安, 虎岩體净, 雪坡尚彦, 退菴, 雪峯日, 白坡亘璇이다.

제7절 긍선의 정혜결사문

定慧結社 文 　긍선의 정혜결사문은 능히 저자의 역량을 보여주고 있다. 그는 아래의 19개의 要에 이렇게 말하였다.

　第一 叅學要在 眼目眞正. 일체의 제법은 不思議法界, 六相圓融, 十玄具足이 아닌 것이 없으므로 言語道斷 心行處滅인 것이다. 이를 정안으로써 관하면 일체가 淨法이고, 邪眼으로써 관하면 일체가 染法일 뿐이다. 비유하건대 소가 물을 마시면 젖이 되고, 뱀이 물을 마시면 독이 되는 것과 같다. 그러므로 참된 수행은 안목을 바르게 함이 귀중하다.

　第二 正辨正眼 令生正信. 牧牛子와 圭峰은 正眼이 원묘하다. 二師의 말에, 법에는 불변과 수연이 있고 사람에는 돈오와 점수가 있어 一藏經論의 指歸가 모두 여기서 벗어나지 않는다고 하였다. 또 격외의 선법도 여기서 벗어나지 않나니 明暗, 殺活, 偏正, 體用이 모두 불변과 수연에 불과하다. 단 敎는 死句요 선은 활구이다. 만약 심성은 本淨하고 번뇌는 本空한 이 마음

이 곧 佛임을 돈오하고 이에 의하여 수행하면 이를 최상승선이라고 이름하고, 念念修習하면 자연히 백천삼매를 점점 얻게 된다. 만약 능히 이와 같이 信解하면 이를 정안이라고 이름한다.

第三 於諸方便 禪定最要. 제법은 唯識의 所現이니 다만 識心을 제거하면 생사는 저절로 끊어지고 眞性은 저절로 나타난다. 식심을 제거하는 방편은 선정이 최묘한 것이다.

第四 略引公案 以示榜樣. 荷澤은 지해가 없어지지 않았고 死句로 悟入하였으므로 의리선의 종주가 되었고, 남악은 심체를 철오하고 활구로 悟入하였으므로 조사선의 종주가 되었으며, 청원행사는 千聖不傳의 향상일로를 철오하고 역시 활구로 오입하여 여래선의 종주가 되었다. 여래선은 山山水水 法法全眞이요, 조사선은 根에 和하여 拔去하매 沒巴鼻이니 경에 말한 대로 若見諸相非相 即見如來로, 이것이 여래선이다. 법안이 말하기를, 若見諸相非相 即不見如來라고 하였으니 이것은 조사선이다.

第五 先以寂寂 治於緣慮. 삼세가 공적함을 요달하면 몽환삼매에 들어간다. 무념삼매는 十方諸佛祖의 一路涅槃門이다.

第六 以惺惺 切心參句. 무념공적한 가운데에서 자심의 現前一念으로써 格外沒滋味의 활구를 參商(참구 상량)하라. 이것이 참구의 最親切處이다.

第七 初雖靜坐 實通四儀. 경론에 많이 앉는 것을 설한 것은 이루기에 쉽기 때문이다. 또 行住 등에 통하나니 오래하면 순숙하기 때문이다. 正身端坐, 調息, 調身, 調心인 것이다.

第八 料揀念佛 結勸修心. 만약 大心 중생으로서 이 최상승법문에 의하여 信解한다면 비록 삼계 내에 처하여도 법성정토

아님이 없다. 혹 行者가 있어 空觀으로써 內心外境을 推破하면 비록 염불왕생을 구하여도 心外에 정토가 없음을 알고 念念寂知의 性에 어기지 않을 것이니 이와 같이 觀行雙照하면 心과 佛을 雙亡한다. 쌍망은 定이요 雙照는 慧이다. 정과 혜가 이미 고르면 어느 마음이 佛이 아니며 어느 佛이 마음이 아니랴 心과 佛이 이미 그러하면 依正萬境이 삼매 아님이 없나니, 이것이 一行三昧이다. 만약 이러한 慧目이 없이 佛을 칭하는 것 같은 것은 족히 가릴 것이 없다.

第九 對辨權實 切勸修心. 심성이 本淨하고 번뇌가 본공한 體中玄을 信解한 연후에 다시 沒滋味, 沒摸索의 句中玄으로써 참구하여 견성을 얻도록 할 것이요. 禮懺, 造像, 轉經 등의 癡福을 일삼지 말 것이다.

第十 歎世無常 切責名利. 마땅히 알라, 世樂은 오래지 않고, 정법은 듣기 어려운 것이니 어찌 명리를 구하여 일생을 허비하라.

第十一 勸成二利 引示功德. 文殊의 게송에 云, 若人靜坐一須臾 勝造河沙七寶塔 寶塔畢竟碎爲塵 一念淨心成正覺이라고 하였다.

第十二 若無定力 難免輪廻. 安禪靜慮하지 않으면 죽어서 고혼이 되어 윤회의 고를 받는다.

第十三 示學者 眞正行履. 올연히 단좌하여 外相을 취하지 않고 攝心內照하여 惺寂等持하면 이때 취사가 함께 없어지고 시비가 하나가 되어 융화되나니 부사의해탈 아님이 없다.

第十四 示唯人修 激令發心. 菩提에 나아가는 자는 오직 人道뿐이다. 此身을 금생에 제도하지 않으면 다시 어느 생에 제도하랴.

第十五 追論前因 嘆世不信. 과거의 업으로 인하여 윤회의 고를 받다가 이제 인생을 만났으니 慶幸함이 이에 지남이 없다. 이제 굶주렸던 사람이 玉膳을 만났거늘 입을 댈 줄 모른다면 어찌 슬프지 않으랴.

第十六 反驗信者 必爲上根. 이 법을 듣고 信解受持하는 자는 最上根人이다.

第十七 旣信此法 決心究竟. 수도하는 사람이 이제 이미 寶所에 이르렀으니 空手로 돌아가지 말아야 한다. 산에 오르거든 모름지기 정상에까지 오르고 바다에 들어가거든 모름지기 해저에까지 이르러야 할 것이다.

第十八 對辨三敎 以顯正理. 삼교를 관찰하건대 情을 버리고 性을 나타내는 것 아님이 없다. 儒는 有를 숭상하여 常見에 막히고, 老는 無를 賓(빈)으로 하여 斷坑에 빠지니, 아직 유와 무의 情累를 다하지 못한 것이다. 不有, 不無, 雙照, 雙遮로 情累를 탕진하고 중도를 나타내는 것은 불교이다. 천하에 二道가 없고 성인에 二心이 없으니, 유교의 五常은 佛의 오계요, 佛의 無我無人은 儒의 毋意, 毋必, 毋固, 毋我며, 儒의 明德은 佛의 妙精明心이요, 儒의 寂然不動, 感而遂通은 佛의 常寂, 常照이다.

第十九 略述鄙懷 結勸同修. 나는 妙年에 祖域에 몸을 던져 講肆에 遍參하였으나 후일 他寶만을 세었고 스스로는 半錢分도 없었다. 그래서 을해(가경 20년, 순조 15년) 가을에 무리를 버리고 산에 들어가서 習定 均慧한지 이미 8년, 그러나 아직 休歇의 경지을 얻지 못하였다. 이에 신유년 봄, 금강, 오대 등 명승을 다니면서 선지식을 참견하고, 돌아와서 古廬에 숨어서

壁見으로써 殘年을 마치리라 맹세한다. 때에 二三의 법려가 있어 結社規文을 찬집하여 후래에 내릴 것을 청하기에 곧 一藏 了義經論과 및 역대조사의 언구 중에서 참결에 필요한 것을 모아 修禪結社文이라고 하였다. 힘써 자성을 돈오하고 밖으로 치구하지 않도록 하자, 이로써 함께 수행하는 자를 위한 禪餘의 귀감을 삼는다."

社中規繩   上叔의 결사문은 청 도광 2년 임오(순조 22년, 1822년)에 지은 것이다. 여기서 첨가한 寺衆糾繩은 다음과 같다.

一, 돈오자성을 급무로 하고 예불, 轉經 등을 堅執하지 않는다.

一, 度生을 念으로 한다.

一, 淨戒를 엄수한다.

一, 인욕으로써 역순의 경계에 처한다.

一, 걸식으로 자활한다.

一, 老病자는 一會의 법려가 이를 부양한다.

一, 會中에서 청정하지 못한 자는 除名하여 퇴출시킨다."

제8절 백파의 禪旨

白坡禪旨   백파는 敎에 있어서는 不思議 法界를 旨로 하고, 선에 있어서는 돈오자성을 宗으로 하였다. 능히 敎禪의 묘체를 얻었다고 할 수 있다. 결사문 발문에 말하기를, "師博究經傳 疏釋開導 拈頌, 禪要, 壇經, 金剛, 尤得妙解"라고 한 것은 대체로 적평이 아닐까.

이를 본다면 백파긍선의 심요는 荷澤, 圭峰, 牧牛(지눌)의 流를 잡은 것이다. 그러므로 "荷澤云 心境空寂 靈知不昧 即此空

寂靈知 本來是佛 離此心外 無別佛也."라고 하여, 본래성불의
제1의를 제창하였다. 이는 달마 正宗의 골수이다. 다만 좌선으
로써 識知惡覺을 제거하는 방편으로 삼고, "除識方便 禪定一
門 尤爲最妙"(結社文 14葉左)라고 한 것은 祖師門下 禪定의
正旨를 크게 잃은 것이다.

또 긍선의 심요공부는 대혜의 그것을 모방한 것이다. 그러므
로 이렇게 말하였다.

> "今約主人公話 略示參究之榜樣 (…) 外息諸緣 內心無喘 心如牆
> 壁 然後 向虛空裏 拈來一物 是什麼 着得心頭 盡力提起曰 果是個
> 什麼 常於十二時中 惺惺起疑而不昧 四威儀內 密密回光而返照 如
> 猫捕鼠(心眼不動) 如鷄抱卵(暖氣相續) 又如當死罪人 越獄逃走(不
> 避災難勇猛直前) 亦如蚊子 上鐵牛相似(盡其伎倆) 惺切最要也 第
> 一不得颺在無事匣裏 不得向意根下卜度 (…) 眼定而心定 心定而
> 身定 身定切不得轉眼動睛 縱意馬之害群 任倩猿之矯樹也 (…) 才
> 覺昏散時 堅起脊梁 咬定牙關 瞠眉竪目 冷却面皮 抖擻精神"(結社
> 文 22葉右-23葉左)

이렇게 말한 것은 모두 大慧의 『서장』 중에서 취하여 온 말
들이다.

제9절 백파의 異說

白坡妄說 　　또 혼령불멸설을 내세웠는데, "心有二, 一肉團心 此則 果與
　　　　　　身就盡者也 二堅實心 即不生不滅之 眞明也"(同上 45葉左)라

고 하여 함허득통과 동일한 말로, 육체의 심장을 心이라고 하고 이를 무상으로 인정하였으며, 그 밖에 불생불멸의 心이 있어 常在한다고 믿었다. 그러면서도 선문의 心身一切의 대의에 이르러서는 덮어두고 말았다.

또 함허의 말을 본받아서, "夫神之於形 猶人之於屋也 屋倒而人不得住 形謝而 神不可留也"(同上 46葉)라고 한 것은 바로 先尼외도(육사외도)의 견해로서 전부터 조사들이 꾸짖은 바이다.

또 말하기를

"六祖示衆云 有一物 上拄天 下拄地(微上微下)明如日, 黑似漆機常在動用中(一切處披露分明) 動用中 收不得(一切處摸索不得) 汝等諸人喚作什麽 神會童子 時年十三 出衆云 諸佛之本源 神會之佛性 祖曰 我喚作一物尙不中 那堪喚作本源佛性 汝他後設有把茅蓋頭 只作得箇知解宗徒"(同上 16葉右)

라고 하였는데, 이것은 육조의 말이 아니다. 『육조단경』에 이와 같은 문자가 없다. 古則에 僞言을 첨가하고 뒤섞어서 만든 것이다.

또 말하기를 "其門下(南岳) 出臨濟, 雲門, 潙仰, 法眼, 四宗而道播天下."(同上 17葉右)라고 한 것도 당시 중국에 있어서의 선승의 僞謬를 그대로 전승한 것이다.

三處傳心 　또 삼처전심의 망설을 그대로 믿고, "格外禪法 亦不出此三處傳中 分座不變也 拈花隨緣也 槨示雙趺 二義齊示也"(同上 12葉右)라고 하여, 삼처전심의 망설에 불변 수연을 배당하여 오류를 보탰으니 空中架樓도 심한 것이다.

또 선은 남악으로써 조사선의 종주를 삼고 청원으로써 여래선의 종주를 삼았으니 妄判이 最甚하다. 선이 삼교일치의 旨를 말하여 儒士의 배불을 완화하려고 한 것은 비록 중국 전래의 시대사상이라고 하지만 凡庸한 見地에 坐한 것이 아닐 수 없다.

"夫子曰 予欲無言 天何言哉 豈非世尊 七日掩關 達磨九載面壁之消息耶."(同上47葉左). 이렇게 견강부회한 것은 道에 충실한 자의 言議라고 할 수 없다.

제10절 백파의 염불관

**白坡의
念佛觀**

백파긍선은 서방왕생은 眞乘이 아니라고 하여, 『識智辨說』 중에 말하기를, "或有 願離火宅而 生淨土者 完是厭下苦鹿障 欣上淨妙刹之 人天六事行也 尚不知染淨一致 何足與論 心淨國土淨之最上乎"(識智說 2葉右)라고 하였고, 또 말하기를, "念者 人人現前一念也 佛者人人本覺眞性也 現前一念 覺悟本覺眞性 即是可謂 上根人念佛也"(三根念佛辨)라고 한 것은 서래의 密旨와 맞는 것이다.

또 당시 폐습을 들어 말하기를, "內抱貪嗔毒蛇 而外修禮念等行 要免閻羅鐵棒"(同上)이라고 하였으며, "內抱名聞利養之心 善惡因果 都不掛念 但以日中 長坐轉經 禮懺等 著相蒸沙行 以爲最上乘 到處叢林 成群聚黨 詐現威儀 我稱佛後身 又稱肉身菩薩 誑惑信心男女"(同上 2葉左)

**佛徒의
墮落**

"認着 門頭戶口光影 自以爲見性而 飲酒食肉 不得菩提 行盜行婬 無妨般若 (…) 此等輩 眞所謂穢蝸螺 自穢穢他 亦是一盲引衆盲 入火坑也"(同上)라고 하였다.

제11절 백파의 禪文手鏡

禪文手鏡 　『선문수경』제1에 말하기를, "臨濟三句者 一代禪教詮旨 無 不該攝 故名蘊惣三句"(禪文手鏡 1葉右)라고 하고, 또 말하기 를, "凡欲尋究禪門語句者 必須先求人天眼目 五宗綱要 禪門綱 要爲先 究此三句義相 昭然無疑 然後 當於拈頌 傳燈 四集等語 句 以此三句 一一挖照 言言句句了然昭著"(同上)라고 하였다.

　즉 긍선은 『人天眼目』, 『五宗綱要』, 『禪門綱要』등을 證權 으로 하여 임제삼구의 義相을 밝히려고 하였다. 『인천안목』이 두찬으로서 취할 것이 없다는 것은 세상에 이미 정론으로 되 었다. 『五宗綱要』, 『禪門綱要』도 또한 그 선학상의 가치는 『인 천안목』과 큰 차이 없다. 그런데 백파긍선이 이로써 平衡을 삼 고, 삼구로써 일체 선교를 綜該的으로 計較하려고 하였으니 그 견강부회를 면하지 못함은 처음부터 분명하다. 三句를 三禪 에 배대하여 말하기를, "若第一句薦得堪與佛祖爲師(祖師禪) 第 二句薦得堪與人天爲師(如來禪) 第三句薦得自救不了(義理禪) (同, 1葉左)라고 하고, 다시 이를 해설하기를, "中士聞則 如印印 水 而有二種不同 潙仰, 法眼宗人薦得 三玄(有) 及本分一句(空) 曹洞宗人薦得 權實向上 而俱有尊貴頭角 則但見眞空 未得成佛 故但爲人天師"(同上)라고 하였다.

　이렇게 하여 임제를 第一句 祖師禪이라고 하고, 潙仰, 法限, 曹洞을 第二句 如來禪이라고 판별하였다. 긍선이 임제삼구의 뜻을 모르고, 또 위앙, 법안, 조동의 宗義에 통하지 못함이 이 와 같다. 그러면서도 삼구의 圖를 내어 놓았는데 이것은 아래 와 같다.(도표는 右側에서 시작)

第一句	第二句	第三句
佛祖師　三、祖師禪　佛祖嫡子	○格外禪　二、如來禪　人天師　佛祖嫡子	佛祖冤子　一、義理禪　自救不了　三種禪
殺活齊示　二、舉拈花　○二、覓心不得　三、梆示雙跌　○三、三拜得髓　活人劒	○一、諸緣已斷　如來三處傳心　○達磨三傳　一、分半座　殺人刀　一、一分半座金鋪	未入三處
本分真如　新熏三句	宗門向上　本分一句　新熏三句	但新無本
向上一鏃　向下三要：一、大機圓應　二、大用直截　三、機用齊施	三玄：一、體中玄　二、句中玄　三、玄中玄	隔別三句　一、有句　二、無句　三、中句
八識三分：一、見分　二、相分　三、自證分　四、證自證分	權實三句：權句　實句　中句 向上	
四照用：一、先照後用　二、先用後照　三、照用同時　四、照用不同時	雲門三句：一、隨波逐浪　二、截斷衆流　三、函蓋乾坤　別置一句	漸修　頓悟　修悟一時
四喝：一、金剛寶劒　二、獅子踞地　三、喝探竿影草　四、一喝不作一喝用	偏用　正體　古今　迷凡途中　聖家裡　一途中道　上上上上上	事功常見　理位斷見　中中中
雲門三句：一、隨波逐浪　二、截斷衆流　三、函蓋乾坤	放行俗諦　把定真諦　中道諦　第一義諦　斯亡	增益謗　損減謗　相違謗
殺心證體　活境化用　古今　中中中中	中中中中中	
不變　隨緣　涅槃　菩提		

第一句	第二句	第三句
阿呵笑	毘盧 ／ 眞空	拾得 寒山 三聖 ／ 呵呵笑
三寶三身三學五分法身：眞佛法身 慧學 慧 香 妙有／眞法化身 戒學 戒 香／眞道報身 定學 定 香／常寂雙暗 雙收 解脫香 眞空 染緣起／常照雙明 雙放 知見香 妙有 淨緣起		
三聖 寒山 拾得 中 ／ 青山 白雲 箭後路 ／ 毘盧向上 ／ 大機圓應 大用直截 三要齊施（機大大用齊施 應直圓 三要）	一鏃 ／ 三、人境兩俱奪	
○空印 ／ 不奪 ／ 四、人境俱不奪 ／ 三向上 眞寶 眞法 眞道 ／ 三向上 法身 化身 報身 ／ ○四、主中主 ／ ○三、圓成 ／ ○二、依他	○水印 ／ 三、人境俱奪 ／ 奪人 ／ 二、奪境不奪人 ／ ○三、賓中主 ／ ○偏計 ／ 三、俱奪	三關 四料揀 四賓主 三性 ／ ○泥印 ／ ○三印 ／ 一、奪人不奪境（奪人） ／ 奪境 ／ ○一、賓中賓 ／ 二、主中賓 ／ ○一、偏計
五派皆傳授 ／ 五宗向上無傳	五派宗旨 ／ 圓明今本三句 一、法眼宗。明惟心 ／ 偏明本分一句 二、溈仰宗。明體用 ／ 三、曹洞宗。明向上超出今本三句 ／ 四、雲門宗。明截斷 ／ 五、臨濟宗。明大用直截 多明大用直截 具明三要	未入格外禪 ／ 荷澤宗。明悟修 但新無本
見性 ／ 成佛	不立文字 ／ 直指人心	達磨西來意 ／ 建立文字
是一切禪山水杻杖子 一拄杖子的一節（一作挂杖端端的）	一切文佛祖安及總也 賞罰總等喚安祖賞等 ／ 一切禪外別傳 下皆教 ／ 文威音 那邊更 那邊 夢覺一 如夢等	一代時教配禪 及修禪節次 悟修 切與一代藏教配禪 北秀熏新文 一代配禪教

殺活辨　　五家로써 삼구에 배당하고, 寒山, 拾得, 呵呵笑까지도 제2구와 제1구에 배당한 것은 사람으로 하여금 가가대소하지 않을 수 없게 한다. 殺活辨(살활변) 중에 말하기를, "三處傳中 第一分座(眞空)殺人刀 即三句中第二句 本分及向上 則但傳不變眞如 唯殺無活故 靑原得之 爲六祖傍傳也"(『禪文手鏡』 11葉右)라고 하였으니, 삼처전심의 설이 이미 망설이어늘 하물며 이에 살활의 유무(唯殺無活)를 운운한 것이랴. 청원이 이를 얻어서 육조의 傍傳이 되었다고 말함에 이르러서는 마치 狂人이 꿈을 말하는 것과 같다.

또 말하기를, "第二處拈華(妙有)活人劍即第一句 機(殺)用(活)三要及向上眞空(殺活雙暗) 妙有(殺活雙明) 則具足殺活(三要)雙暗雙明(向上) 故南岳得之 爲六祖正傳也"(同, 11葉右)라고 하였다.

第一 分座(多子塔前分半座)를 唯殺無活이라고 단언하고, 염화를 殺活雙具라고 하여, 전자를 청원의 境涯라고 판단하고 후자를 남악의 證入으로 하였다. 고금의 禪史에 아직 이와 같은 독단은 없다.

三性說에는 "義理禪 (…) 爲偏計妄情 如來禪 (…) 亦是識情故 又爲偏計妄情 祖師禪三要 (…) 爲依他起性 向上一竅本分眞如 (…) 爲圓成實性"(同, 12葉左–13葉右)이라고 하였으니, 그렇다면 위앙, 법안, 조동과 같은 이는 偏計妄情에 떨어졌다는 것이다. 어떻게 盲判도 그다지 심할 수 있는가?

配金剛四句偈에 말하기를 "凡所有相句 三玄中用中玄 及義理禪有句也 皆是虛妄句 體中玄及無句也 若見諸相非相句 玄中玄及中句 即見如來句 本分一句也 (…) 四句偈圓具三禪 故六

百部般若 乃至一代禪敎大意 無不包含 (…) 達磨云 金剛, 楞伽, 是我心要"(同, 14葉右-15葉右)라고 하였다.

三玄을 用中玄 體中玄 玄中玄이라고 한 것이 이것이 후세의 妄談이다. 임제에 이 말이 없거늘 하물며 이것으로 금강반야의 偈를 판단함이랴. 達磨云 金剛, 楞伽, 是我心要라고 했다는 이 말은 과연 어느 전거에서 나온 것인가? 긍선의 허구위작이 어떻게 그다지 심한가.

喝聲圖 　　達磨三處傳心익 조에는 석존과 가섭과의 삼처전심의 망설에 부회하여 달마와 2조와의 삼처전심을 말하였으니 이 또한 架空 中의 가공이다. 최후에 喝을 논하여 말하기를, "획(喝聲)予曾未知喝聲形容 亦無可問處 心常慨然 忽得破傷語錄於小片中 有此喝聲 如暗中得燈 特書以傳 然四喝形容 想必不同 無從可考 可歎"(同 20葉左)이라고 한 것은 滑稽(활계. 諧謔, 해학)의 上乘이라고나 할까?

看堂論 　　긍선의 看堂論이 『作法龜鑑』下에 실려 있다. 叢林日用의 작법을 논하였는데 일일이 三玄, 三要, 三處傳心, 三禪, 三關, 三句 등에 견강부회하였다. 吾人이 비판할 가치가 없다.

　　긍선의 三句圖가 후세의 논의의 목적물로서 취급되더라도

五宗綱要私記 　역시 문제 거리가 안 된다. 긍선의 『五宗綱要私記』도 역시 『선문수경』과 동일한 망령된 판단을 하였다. 청 도광 19년(헌종 35년)에 저술한 『天日高峯和尚禪要私記』의 跋에서 스스로 말하기를, "行年七十有三 而尚未得 打破漆桶 以續祖焰 但以消文釋義 增長邪見 還顧脚下 豈不可憐乎"하였다.

少林通方正眼 　백파의 저술을 집록하여 『少林通方正眼』이라고 題한 1권의 저서가 있다. 答洪叅奉(洪在爀)來書附에는 儒의 破佛에 답하

고, 答金叅判(金正喜)에는 김씨의 논의를 辨破하고, 三句, 삼처전심, 경론의 本旨를 밝혔는데 그것이 9조로 되어 있다. 答華隱長老에는 『선문수경』에 대한 논쟁이 있다. 『선문수경』에 있는 시는 아래와 같다.

逐旋揑合成塊字 呑吐與人作醍醐 無文印字還文字 目盲活眼撮苗多
但着文字是常見(有句) 驢年可得成去
但無文字是斷見(無句) 焚燒善根可憐生
亦有亦無小兒戲(兩亦句) 魑魅魍魎徧大地
非有非無無脚跟(雙非句) 隨風颺蕩何時休

四句別執故 四面如大火聚 皆不可入이라고 평하였다. 다음에 또 사구를 송하였는데 아래와 같다.

不離文字是活眼(有) 石人夜聽水鷄聲
不即文字難能手(無) 道火不曾燒却口
亦離亦即圓通門(雙亦) 懸崖撒手丈夫兒
不即不離出格外(雙非) 春花滿地子規啼

四句相即故 四面如清凉地 皆可入이라고 평하였다.

제15장 草衣意恂 優曇洪基

高宗의 代   고종 대에 초의의순(1786-1866)의 학문이 내외에 통하여 禪敎에 있어서 일척안을 갖추었다. 의순은 백파의 오류를 맹렬하게 비판하여 『禪門四辯漫語』를 지었다. 초의의순과 동시에 海鵬展翎(해붕전령)이 있어 湖南七高朋의 하나였다. 枕暝翰醒(침명한성), 優曇洪基(우담홍기)도 역시 교계에 두각을 나타내었는데, 우담홍기는 『禪門證正錄』을 지어서 백파의 견해를 비판했다.

제1절 초의의순의 行業

高宗과   제26대 왕 고종(1869년-1906년)이 즉위하자 대원군 昰應(하
大院君   응)이 섭정했다. 고종 3년에 초의는 백파의 『선문수경』의 宗旨는 古義와 맞지 않다고 하여 이를 통렬하게 공격한 초의의순이 입적하였다.

意恂傳   意恂(一作 詢)의 자는 中孚, 草衣 또는 일지암이라고 호하였는데, 무안(전남) 장씨의 아들로 청 건륭 51년에 태어났다. 나이 15세에 남평(나주) 운흥사에 가서 碧峰敏性에 의하여 머리를 깎고 승복을 입었다. 19세에 월출산을 지나다가 奇秀함을 사랑하여 저도 모르게 걸음을 재촉하여 홀로 월출산 정상에 올라서 滿月이 바다에서 나오는 것을 바라보고 大觀한 바가 있었다.

   두루 선지식을 참예하고, 삼장을 배워서 통하였으며, 玩虎에

게 拈香하고, 禪을 金潭(연담의 제자)에게 받았다. 演敎의 여가에 겸하여 梵字를 배우고 또 神象을 잘하여 道子의 室에 들었으며, 정약용을 師로 하여 儒書를 배우고 詩賦를 익혔다. 교리에 정통하였고, 禪境을 恢拓하였다. 두루 참예한 뒤에 京都의 諸山을 巡歷하였고, 洪奭周(海居), 申緯(紫霞), 金正喜(秋史)와 교유하여 서로 더불어 唱酬(주고 받음)하니 聲名이 일시 喧噪(훤조)되었다. 그 뒤 자취를 두류산정에 감추고 작은

一枝菴   암자를 지어 편액하기를 一枝라고 하였다. 獨處하여 止觀하기를 40여 년, 혹자가 묻기를, "子專於禪者乎"하면 의순이 말하기를, "機苟不利 則專於禪 與專於敎 無以異也 吾何苦爲此哉"하였다.

백파긍선이 백양산에 숨어서 나이 80餘에 스스로 말하기를, "從十六歲投禪 未嘗一念退轉"이라고 하였고, 임제의 玄要를 演示할 적마다 機用을 分貼하여 悟徹이라고 하니, 의순이 인하여 백파의 저술인 『선문수경』의 誤를 가리었다. 淸 동치 5년(고종 3년, 1866년)에 입적하니 향년 87세였다.(『동사열전』卷4)

意恂著述   의순의 저술에는 『草衣集』 2권, 『東茶頌』 1권, 『一枝庵遺稿』가 있다.

제2절 초의의 『禪門四辯漫語』

禪門四辨   漫語   초의의순에게 『禪門四辯漫語』가 있다. 일찍이 목부산 六隱老人(백파)의 법손 某를 만나서 육은(백파)의 선론을 듣고는 백파의 『禪文手鏡』과 『五宗綱要』가 古義에 어긋남을 지적한

것인데, 그의 견지를 살피기에 족하다. 『선문사변만어』 벽두에
이렇게 말하였다.

"六隱老人云 分座之殺 但殺無活 故爲如來禪 拈華之活 兼殺故
具足機用 而爲祖師禪"

육은(백파)은 다자탑전 분반좌에는 殺이 있고 活이 없으므로
여래선이고, 영산회상의 염화(염화시중)에는 殺活을 함께 겸
하였으므로 위의 내용과 같이 조사선이라고 하였는데, 의순은
이를 잘못되었다고 비판하였다.

"三處傳心中 分座傳殺 拈華傳活 示趺殺活齊示 此龜谷老之言"

백파의 논은 龜谷의 설에 어긋남을 지적하고, 나아가서 살
활, 機用, 체용은 相資不離 하므로, "傳殺必兼於活 傳活必兼於
殺 此必然之理也"라고 하였다.

그리고 "古德云 祖師西來 特唱此事 (…) 持王子寶刀 用本分
手段 殺人活人 得大自在 (…) 若分座 果是單殺 是世尊非好手
也 清源單傳殺 而不知活 則清源亦非好手也 豈有此理哉"라고
단언하였다. 그리고 또 다음과 같이 말하였다.

"六隱老人曰 禪有三種 一祖師禪 對上根故 一一言句 如印印空
(…) 二如來禪 對中根故 一一言句 如印印水 (…) 三義理禪 但此今
時 建化門中 對下根故 一一言句 如印印泥 (…) 此三禪 配臨濟三
句 一祖師禪 即第一句也 既具機用 殺活兼全 故第一句薦得 與祖佛

爲師 二如來禪 即第二句 但殺無活 故云 第二句薦得 與人天爲師
三義理禪 第三句 但新無本 故此句薦得 自救不了"

이것이 三禪을 三根三印에 배당하고 다시 임제의 삼구에 끌
어다가 합한 설이다. 의순이 이를 破하여 상근기를 接함에는
언구로써 하지 않는다는 것, 언구로써 대하는 機라면 상근기가
아니라는 것, 그런데 육은이 상근기에 대하여 一一言句 如印印
空云云한 것은 自語相違라고 반박하고, 여래선이니 의리선이
니 하는 명칭이 古義에 맞지 않음을 논하였다.
또 삼구에 대하여 다음과 같이 설파하였다.

"夫第一句 主賓不分 言說未出 眞宗獨露之活句也 薦此句者 直透
威音以前 毗盧向上 所以爲佛祖之師也 第二句 分釋未容擬議處 言
說乍興 眞宗將隱 此不死不活之句 薦此句者 因言教之方便 悟離言
之寔相 所以爲人天之師也 第三句 指陳三要之機用 開釋三玄之權
實 薦此句者 只是滯他言句 認他光影 所以自救不了也."

그리고 나아가서 또 말하였다.

"又古德云 凡三句 三玄 三要之謂三者 如體用中 三般面目是也
在第一句中 爲三要 三要者 大機大用 機用齊施也 在第二句中爲三
玄 三玄者 體中玄 用中玄 玄中玄 在第三句中爲三句 三句者 第一
句 第二句 並本句爲三句也"

라고 하여 자못 기이한 말을 하였다. 또 말하기를,

"夫玄與要 如臨鏡者之形影相資 無所缺剩 自家宗師 將此三者 向
第一句中用之 則一一絶諸對待 故轉玄名要 如影即形 向第二句中
施設 則完成格則 轉要名玄 如形即影 而其三者 本不移易也"

라고 하였다. 다음에 引證하기를, "崇齊惠公 解三要云 第一要
大機圓應 第二要 大用全彰 第三要 機用齊施 與照用同時 特名
異耳"라고 하였다. 그의 근거한 바 있음을 알 수 있다. 최후에

"臨濟示衆云 大凡演暢宗乘 一句中 須具三玄門 一玄門 須具三要
有權有實 有照有用 此言一句 指第三句也 何以知其然 蓋不演暢則
己 如其演暢 則便當第三句也 故演暢之時 三玄便具於此句(第三句)
中 是謂一句中 具三玄也 玄是要之影 要乃玄之形 影之所在 形必具
焉 故隨擧一玄 便具三要 是爲一玄門 具三要也 有權有實者 三玄也
有照有用 三要也 此結指玄要之在第三句也(一愚曰 照用是要當第
一句 權實是玄當第二句 又當第三句)"

라고 결론하여, 육은(백파)의 설에 반대를 증거하였다. 또 말하
기를,

"六隱老曰 二禪若配五宗 則祖師禪 則臨濟雲門二宗 臨濟宗 具足
機用 故爲祖師禪正脈 雲門宗 但明截斷 而未能現說機用 故不及臨
濟宗也 如來禪 即曹洞宗 潙仰法眼三宗 於中 曹洞宗 洞明向上 而
窮盡眞金鋪 故爲如來禪正脈 潙仰宗 但明體用 而未明向上而 未盡
眞金鋪 故不及曹洞宗 法眼但明惟心 則唯攝用歸體 故亦不及潙仰
宗也"

이렇게 육은의 執見을 들고, 역시 이를 비판하기를, "雲門 但 明截斷 而未能現機用 故未及臨濟 然則 離機用外 別有截斷隨 波 離截斷隨波外 別有機用乎 是誠執言而迷義者也"라고 하여 임제의 機用과 운문의 截斷隨波가 不二無別이므로 우열이 있 을 수 없다고 설하였다.

意恂의
見識 또 "世尊 未曾現說機 是世尊無機用也 (…) 若言雲門 未曾無 乎機用 以其不現說 故不及於臨濟 云則是佛與祖師 皆不及於臨 濟 而不足爲祖宗也"라고 하였다. 즉 운문이 機用을 현설하지 않았다 하여 임제에 미치지 못한다고 한다면 佛도 또한 기용을 現說하지 않았으므로 기용이 없다하여 임제만 못하다고 할 것 이냐고 반박하였다.

그리고 나서 또 말하기를, "仰山 是二祖阿難尊者後身 西天羅 漢 時時特來問法 呼謂小釋迦 然猶不知如來禪之向上 嗚呼 苦 哉小言之害道也"라고 앙산에 관한 전설을 인용하였다.

또 위앙과 조동이 우열 없음을 논증하기 위하여 潙山은 小 釋迦의 師인데 洞山은 동산에게 참예하여 무정설법의 話를 물었고, 동산의 師 운암도 또한 위산에게 참예하여 悟絶滲漏 의 義를 들었으므로 조동의 연원은 위산에 있다는 것을 말하 고, "後人 都不知此 而但看 人天眼目一書 妄判二宗之優劣 如 此倒置 無稽之甚也"라고 말한 것은 그의 안목과 지식을 보기 에 족하다.

또 여래선 조사선의 말이 앙산에게서 비롯하였음을 보여서,

"潙山 聞香嚴擊竹頌曰 此子徹也 仰山往勘所悟 香嚴 呈去年貧 未是貧之頌 仰山曰 如來禪 許閑師弟會 祖師禪 未夢見在 香嚴又呈

頌曰 我有一機 瞬目視伊 若人不會 別喚沙彌 於是仰山報溈山云 舉看仰山(香嚴乎)弟會祖師禪"

이라고 사실을 서술하였다.

또 법안에게도 조사선이 있다는 것을 주장하여, "法眼云 若見諸相非相則 不見如來者 是祖師禪"이라는 말을 인용하였다. 또 棒, 喝의 喧으로써 禪을 삼을 것이 아니라는 뜻을 보이기를,

"馬祖因無業國師問 如何是祖師西來 密傳心印 祖曰 正鬧在 且去別時來 業一足纔纔跨門 祖曰大德 却便回顧 祖曰是什麼 業大悟 看馬師 接無業 極甚簡要 無復後世人 捧喝踏摑 惡氣態半點 業師之領荷 亦甚徑捷矣"

라고 하였다. 그러나 棒, 喝, 踏, 摑(괵, 후려 치다)이 모두 馬祖에 의하여 이용되어서 후인이 그 폐해를 입음은 말하지 않았다.

제3절 二禪來義

二禪來義   초의의순은 또 『二禪來義』를 지었다. 그 가운데에, "牧牛子曰 禪門語句 只貴破執現宗 務要直截悟入 不許繁辭註解 施設義理而知之"라고 하여, 지눌의 말을 끌어서, 선이 敎迹에 떨어져서는 안 된다는 것을 말하고, 33조와 아울러 남악, 청원 이하의 대종사는 일찍이 여래선, 조사선의 우열을 말하지 않은 것을 지적, 그 연원이 앙산에서 시작되었음을 논하였다. 이는 진

실로 사실이어서 確論이라고 할 것이다.

　여래선, 조사선의 구별에 논급하기를, "楞伽經云 何名如來禪 入佛地位 自證聖智三種樂 爲諸衆生 作不思議事 是名如來禪." 라고 하였다. 즉『능가경』을 끌어서, 佛이 중생에 대하여 義理 名字를 설하는 것을 여래선이라고 한다고 하고, 조사선에 대해 서는 "祖師禪則不然 分半座而令坐 默無言而承當 擧拈華而顧 視 默無言而承當 露雙趺而示之 默無言而承當 乃至百丈 因馬 祖之一喝 而耳聾無語 黃檗因百丈之傳喝 而吐舌無語 此皆不因 言教 而默授密契者也"라고 하였다.

　즉 조사선은 無言密契이므로 조사선이라는 이름도 둘 수 없다는 것, 이는 教外別傳 格外特得의 稱이 있게 된 까닭이라 고 논하였다. 이리하여 의순은 教와 禪과를 峻別하려고 한 것 같다.

　또 格外義理辨을 지어서,

　　"古者 但有格外之言 未有格外禪之名 但有義理之言 未有義理禪
　　之名 中古師家 欲曉學者 而始言之 曰 凡不由言教 以心傳心 謂之
　　祖師禪 此之傳受 逈出教格之外 亦可名格外禪 凡開言而說義 因言
　　而證理 謂之如來禪 是由言教義理而悟入 亦可名義理禪 此格外禪
　　義理禪之 所以立名之始也 故約人 名如來禪 祖師禪 約法 名義理禪
　　格外禪 此乃古叢林傳來之通談"

이라고 하였다. 또 육은(백파)의 설을 파하여,

　　"六隱老之所辨 言依一愚(淸風法師)而變易 一愚之所依 言從虎蓮

(虎巖蓮潭)而變易 虎蓮之所從 一愚以三處傳心 合爲祖師禪 而配臨濟第一句 今以分座 爲但殺無活 以爲如來禪 配第二句 以拈花示衆 謂兼殺活 以爲祖師禪 配第一句 此非言則依於一愚 而義則反於一愚耶 虎蓮二老 亦以三處傳心 爲祖師禪 而配第一句 不以分座爲如來禪 以開說義理 爲如來禪 約人法 而雙名二禪 一如古叢林而無殊 今以如來禪 爲格外禪 却駁古人"

이라고 하였다. 또 말하기를,

"夫虎蓮以上 諸老宿 依一愚風法師 而爲準繩 一愚風法師 依古洪 (古塔主洪覺範)二師 浮山遠, 仰山寂, 汾陽, 風穴, 諸古德 而爲準繩 旣有反於 一愚 則己上諸師 亦不可謂不反矣 反於古而 行於今 曾未之聞也"

라고 논하여 육은의 설이 古說과 맞지 않다고 비난하였다.

**禪과 教의
구별**

다음에 教禪의 구별에 대하여,

"古德云 禪是佛心 教是佛語 言由心發 故無異心之言 心是言本 故無異言之心 故悟心忘言 教爲禪也 滯言迷心 禪爲教也 古德云 若隨語生解者 但說之於口 則非但三乘十二分教 爲教迹 靈鷲拈華 少林面壁 宗師玄言妙句 一棒一喝 亦皆是教迹 若不尋言 一直便透 得之於心 非但拈華面壁 是教外別傳 三乘十二分教 乃至世間魚言細語 皆是向上一竅也"

라고 道破하였다.

다음에는 살활을 논하기를 "殺은 體요 活은 用이니 경에 이른바 生滅滅己는 殺, 寂照現前은 活. 不是心 不是佛 不是物은 殺, 是心 是佛 是物은 活, 斷惑은 殺, 照眞은 活. 殺無明賊은 殺, 現法身은 活이다. 文殊가 말하기를, 是藥能殺人 亦能活人이라고 한 것이 이것이다."고 하였다.

초의의순은 최후에 육은(백파)의 眞空妙有에 관한 잘못된 설을 배척했는데, 그러나 이것은 常談에 지나지 않는 것이므로 번거로움을 피하여 수록하지 않는다.

제4절 海鵬展翎(해붕전령)

展翎傳　　의순과 때를 같이하여 묵암최눌의 法印을 얻은 자에 해붕전령(1826년 입적)이 있으니, 자는 天遊이고 순천 사람이다. 禪敎에 날카롭고 문장이 구슬 같았으며 덕이 총림을 덮게 되자 이름이 士路에까지 들렸다. 湖南七高朋의 하나로서 납승의 풍격을 갖춘 이였다.

湖南七高
朋　　　七高朋이란 一에 盧質이니 字는 秀甫요, 荷亭이라고 호하였고 함양에 살았다. 二에 李學傳이니 자는 季朋이요 復齋라고 호하고 남원에 살았다. 三에 金珏이니 자는 太和요 雲臥라고 호하였고, 함양에 살았다. 四에 沈斗永이니 자는 七之요 永橋라고 호하였고 곡성에 살았다. 五에 李三萬이니 자는 十千이요 强齋라고 호하였고, 창암에 살았다. 六에 釋展翎이니 자는 天游요 해붕이라고 호하였고 선암사에 살았다. 七에 釋意恂이니 자는 中孚요 草衣라고 호하였고 대둔사에 있었다.

壯遊大方　　해붕에게 저서 『壯遊大方錄』이 있는데, 註에 말하기를, "天

地大方外 心地大方家"라고 했다. 아래의 圖를 지었다.

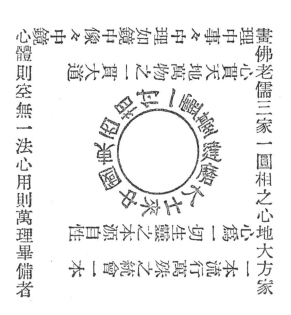

그리고 그 이하로 百條의 文이 있는데, 孔子는 方內의 성자이고 老子는 방외의 仙者이며, 佛은 방내외의 佛者라고 하였다.

또 佛身에 대해서는 이렇게 말하였다.

"萬像之中 獨露法身佛也 一切唯心 而即心即佛 則男女佛亦得 牛馬佛亦得 盡乾坤大地佛亦得 盡十方三世佛亦得 乃至 盡虛空徧法界帝網重重無盡 天々地々 山々水々 人々箇々 頭々物々 花々草々 聲々色々 塵々刹々 佛一々得々者"(々표시는 같은 글자 중복 표시)

또 眞心即佛임을 보여서 말하기를, "眞心本來 廓徹大覺佛 (…) 高超太極之先 逈出二義之先 先天地而不老 後天地而不滅

者"라고 하였다.

그리고 나아가서 이것을 儒說에 합치시켜서, "天命謂性 率性謂道之 天性廓落佛也 天性廓落 同虛空 而人情覆蔽同雲霧 故佛說大藏經文 使人人去其覆蔽之人情 得其廓落之天性"이라고 하였고, 태극과 불성을 합하여, "箇箇人人 各具太極 天君本自然"이라고 하였다.

또 달마의 廓然無聖과 附會하여, "廓然無聖之 廓落落大玄玄佛也 身是虛哉 即身觀空心非實也 觀心如幻 則幻化身心 空復空 無亦無 玄又玄者"라고 하였으며, 청정법신을 보이기를, "古佛未出以前 有一大覺者 最初最淸淨 一箇圓融眞心 即心即佛 淸淨法身也"라고 하였다.

三敎之判　萬法歸一에 언급하여, "萬法歸一而後 一亦歸無 而無亦無 玄又玄"이라고 하고, 삼교를 판별하여 말하기를, "儒家則 大有門 (…) 佛家則 大空門也"라고 하고, 有는 망견이므로, "人間有三道 佛道最高"라고 단언하였으며, 儒는 窮理盡性하여 立身傳名하고, 老는 修眞練性하여 寡慾上仙하며, 佛은 明心見性하여 가까이는 입신, 멀리는 성불하는 것이라고 판석하였다.

다음은 絶言의 경지에 대하여 언급하기를, "空王佛世界 初何有言說 空王佛所 亦何有傳心之事耶 不面而默契 無聲而冥符"라고 하고, 儒佛의 행을 비교하여, "百行具備而後 可謂君子 而孝行爲第一也 萬行悉備 而後可謂佛子 而施行爲第一也"라고 하였다.

돈오점수에 대해서는 "刹那頓悟一心 長時修鍊萬行 而智無不照 情無不盡 理無不現佛也 佛非造次可成 須任積累"라고 하였다. 生佛一如에 대하여는, "衆生之淸淨法身 即是諸佛之毘盧

遮那佛也 (…) 衆生諸佛一理齊平"이라고 하였고, 또 "道眼看來 無非道者 佛眼看來 無非佛也"라고 道破하였다. 끝에는 淨名, 迦葉 내지 근세 조사의 贊을 실었다.

제5절 月荷戒悟

戒悟傳　　　해붕과 동시에 월하계오가 있었다. 儒를 좋아하고, 佛을 싫어한 듯하다. 戒悟의 자는 붕거이고 月荷는 호다. 속성은 권씨며, 영조 49년(청 고종 8년)에 경주 천태산 아래에서 태어났다. 미목이 청수하고, 資性이 聰慧하였으며, 7세에 취학하였고, 11세에 팔공산 月庵에 의하여 삭발하고 智峰에 전법하였다. 지봉은 晦庵 3세의 嫡嗣이다. 後에 住하는 가람 곁에 토실을 쌓고 母를 봉양하였는데, 母가 연로하여 眼盲하였더니 갑자기 밝음을 회복하였다. 세인들이 이를 誠感의 소치라고 하였다.

禪餘에 백가의 學을 섭렵하였고, 시문을 잘하였으나 나이 60을 넘자 한묵을 마장이라 하고 專心念誦에 힘쓰다가 헌종 15년(1849년)에 가지산 연등정사에서 입적하니 수는 77세였다. 戒悟의 법계는 미상하다.

月荷集　　　『月荷集』 4권이 세상에 행하는데 詩, 文, 두 가지가 있는데 음미할 만한 禪旨가 없다. 儒를 익히고 佛을 싫어한 모양이다. 感古라는 시에, "孔子返于魯 隱公元年春 尊仰自有條 仁義己所陳 於止知所止 堯舜豈異人 其言正如髮 其德猶鬼神 庶幾顏氏子 三月不違仁 斯道用於世 必也濟斯民"이라고 한 것을 보면 그가 儒를 推稱한 정도를 알 수 있고, 따라서 그가 안심할 땅도 儒理에 세웠음을 볼 수 있다.

達理라는 시에, "己缺有時滿 至窮必期通 不見伯王國 視此阿房宮 祖龍滈池據 誰知劉起豐 隆中諸葛利 渭上呂望窮 十歲潛郎馮 弱冠請纓終 夢翻千萬古 雲點大虛空 衆醉獨何醒 人異我何同 違順從所適 得乎方寸中"

이는 천명에 自安함으로써 窮通의 理에 달한다는 것이다. 上梁山大衙書에는 스스로 말하기를, "悟亦人也 名雖爲墨 行則是儒"라고 공언하여 불자라고 말하지 않고 묵자라고 자칭하였다.

崔斯文(琳)이 계오에게 답한 글에 보면, "師(戒悟) 耽經得道 又於拈華 棒喝之外 知有吾道之 可嗜可求 尋常語言咀嚼 無非吾 孔孟程朱之書"라고 하였다. 戒悟는 僧衣의 儒라고나 할까?

제6절 映虛善影

善影傳　　　雷默의 적손에 映虛가 있어, 禪敎에 모두 통하였다. 영허선영의 자는 無畏, 호는 영허, 櫟山은 그의 初號, 속성은 임씨, 안동인, 정조 16년(건륭 57년)에 태어났고, 그의 나이 12세에 양주 수락산 학림암에 들어가서 龍雲勝行에 의하여 출가하여 聖巖德凾에게 가서 受具하였으며, 華嶽知濯에게서 참선, 朝參暮請, 撥草瞻風, 마침내 仁峰德俊의 鉏斧子(돌부자)를 얻으니 그때 나이 21이었다. 만년에 안변 석왕사 내원암에 주하였는데, 諸路의 사문이 조계종사화엄강백이라고 높이었다.

고종 17년(1880년)에 입적하니 수는 89세였다. 법계는 다음과 같다.

善影法系　　　"淸虛-鞭羊-楓潭-月潭-喚惺-涵月-甑月-雷默-仁峰-映虛"
映虛善影의 시문집을 『櫟山集이』라고 한다. 心性情說에 대하여 이렇게 말하였다.

心性情說
　　　　　"了了常知 靈靈不味之謂心 含於衆妙 萬流不易之謂性 從此心性
　　　　分別不息之謂情 性者心之體也 情者心之用也 心與性周以至乎萬物
　　　　莫不皆有 故經曰 心佛及衆生 是三無差別 應知此心 如月在空 無雲
　　　　故明 有雲故暗 然而在凡不染 在聖不淨 比如水波之 雖曰淸濁 濕性
　　　　一也 (…) 心也者 虛靈難測 妙要殊絶 貫古貫今 不改新舊 通中通
　　　　外 亦無方所 萬物之主 三才之元 現在覺樹 如桂輪之昇天 沒在迷海
　　　　若驪珠之隱塵 天地不及其長存 鬼神不測其神妙 擧理則松靑花紅
　　　　鳶飛魚躍 本如是也 約事則天高地卑 馬彊牛柔 隨流禀轉 雖然唯此
　　　　一物 如金剛幢子 千生萬死 不易其境 六道四生 不變其容 覺之故聖
　　　　迷之故凡 孔孟得之以儒 黃老得之以道 (…) 鬼神得之以靈明 山川
　　　　草木土石鳥獸人物 各得之以從流 乃至吾佛得之 以大覺度生入滅
　　　　雖廣大無際 不離於方寸之上 或得其一分 或得其全體 烈烈鳴於門
　　　　戶之內 而或勝或劣 是知公而無私者也 以至乎刑政 則善惡自分 以
　　　　至乎禮樂 則君君臣臣父父子子 而三綱以明 五倫自正 無所事以不
　　　　當 此心性情之 所以貴者也"

映虛善影은 山水詩酒 間에 자적하였다.

櫟山集
　　　　〈閑坐〉
　　　　看山雲盡處 得句月生時 酌酒松風下 與天同樂之(櫟山集, 1葉右)

　　　　〈題碧松臺〉
　　　　雪山深處碧松臺 忘却世間福與災 只對天高兼海濶 幾回古往又今來

萬錢奇貨猶芻狗 一鉢生涯勝玉盃 午磬因風煩夢罷 浮世窮達總塵埃
(同上 13葉右-左)

〈櫟山自吟〉

自知無用櫟樗材 不要功名富與才 地以江山營我宅 天將風月許公財
詩樽到處從離合 花鳥有時訪去來 利害毀譽常所賣 驢年始得讚奇哉
(同上 19葉右)

〈偶吟〉

松窓土壁溪邊地 白首緇衣懶一翁 意到忽然心自樂 朗吟閑步任西東
(同上 10葉右)

〈謹次龍岳和尚韻〉

洗足清川臥碧山 白雲還羨此僧閑 烟塵不入無生界 寥落疎菴晝掩關
(同上 7葉左)

〈題庭栢〉

卓立庭前柏 長青直聳空 影從千古月 聲任四時風(同上 3葉右)

〈水碓〉

爾本空山物 爲材受此任 擧頭形虎躍 垂尾發龍音 溟渤幾千斗 乾坤
似一尋 屈伸雖自健 信爾總無心(同上 5葉左)

〈玄隱室〉

教界濶時具十玄 禪林深處又三玄 太和一氣元無二 隨處市朝即隱玄
(同上 9葉右)

제7절 冲虛旨册

旨册傳

旨册(지책)도 또한 당시에 명성이 있었다. 법휘는 지책, 충허는 호, 흥양(경북 경주) 사람, 경종 원년(강희 6년)에 태어났다. 13세에 고아가 되었고, 25세에 출가하니 때는 영조 21년이었다. 문학을 좋아하고 특히 老莊을 사랑하였다. 경론을 精硏하여 발군의 명예가 있었고, 영조 30년에 학자의 청에 응하여 강단에 오르니 명성이 멀리 퍼졌다.

**旨册의
三師**

뒤에 자취를 감추어 지리산 등 명승에 悠遊(유유)하였다. 충허에게 三師가 있으니 時坦은 은사요, 碧虛는 계사며, 雙運은 법사이다. 영조 50년에 나이 54세였는데 질병이 있었고, 순조 9년(1890년)에 입적하니 수 89세였다. 성품이 인자하여 보시를 좋아하고, 밥을 남겨서 烏鵲을 기르니 새들이 떼를 이루어서 그의 뒤를 따라오곤 하였다. 詩偈를 잘하여 縉紳과 교유하였고, 또 筆札에 뛰어났고, 역술과 의방에도 통하였다.

冲虛集

그의 저서를 『冲虛集』이라고 한다. 『충허집』 중에 말하기를, "臨濟十傳而有圓悟 圓悟十傳而有太古 太古十傳而有喚醒 喚醒四傳而有雙運旨册"이라고 하였다. 그런데 환성의 적손은 松梅이고, 송매의 資는 쌍운이며, 쌍운의 자에 鷹岩, 응암의 資가 지책인데, 쌍운에게서 직접 법을 받았다는 것이다.

結制示衆에 말하기를, "靈丹一粒 點鐵成金 點金成汁 如是眞正一念 革凡成聖 轉愚成智 所謂眞正一念 乃懺悔一念也 懺悔之後 立大誓願 上底參禪看話 中底看經念佛 下底禮佛供養 禪話是意業結制 看念是口業結制 禮供是身業結制 是乃長亨蓮臺之要"라고 하였다.

그의 식견이 이런 것이라면 참학의 大事에 있어서 철저치 못함을 면하지 못한다. 또 師弟辨에 말하기를, "燃燈傳于釋迦 眞歸授于世尊 師道如是"라고 한 것은 해동 전통의 설에 잡힌 것이다. 또 말하기를, "其爲師者 雖識通內外 單瓠屬空 則棄若弊屣 宗通禪敎 權路坎坷 則視若廢撤 出者智之 入者愚之 後之人 雖欲傳師弟之道 其孰從而斅之"라고 한 것은 師道의 쇠퇴를 탄식한 것, 참으로 吾人과도 동감이다.

제8절 翰醒枕溟, 優曇洪基

翰醒傳　　순조, 헌종 2대에 걸쳐서 강석을 성하게 한 자는 翰醒枕溟(한성침명)이다. 호는 침명, 성은 김씨, 순조 원년에 경북 경주 흥양군에서 출생하였고, 15세에 흥양군 팔영산 능가사에서 출가했다. 강학은 운흥사 대운에게서 받았으며, 禪은 구암사 백파에게서 받았다.

28세에 송광사 보조암에서 개강하였고 다음 해에 선암사 대승암으로 옮겼다. 그로부터 30여 년을 강의만 하였고, 傳講의 일을 마치고 잠잠히 禪旨를 참구하더니 고종 13년 병자년에 發病하였다. 문도가 誦經하려고 하니 한성침명이 손을 저어서 그치게 하고 말하기를, "眞誦無響 眞聽無聞"이라고 하였다. 10월 초2일에 입적하니 세수 76세였다.

한성은 지계가 淨嚴하여 女人과는 같은 방에 앉지도 않았고, 옷은 搗鍊(도련, 다리미질)하지 않았으며, 美饌을 먹지 않았고 또 상을 쓰지 않고 반드시 발우를 폈으며, 혹은 子夜에 起坐하여 탄식하기를, "古來佛佛祖祖 必從此路而得入也 而名相俱絶

眞所謂 摸索不得 如空裏裁花 水中撈月"이라고 하였다.

　　또 매일 밤 자시에 꼭 목탁을 울리면서 크게 미타를 부르기를 10성을 하는데, 비록 취하여 자는 속인이라도 모두 놀라 일어나서 소리를 같이 하여 염불하였다.

翰醒門下　　그의 법계는 부휴선수의 11세손으로서 전법제자에 華山晤善, 普運應俊, 雪渚妙善, 影嵓尙欣, 萬嵓大淳이 있고, 전강제자에 函溟太先이 있으며, 傳禪제자에 雪寶有炯, 優曇洪基, 鏡潭瑞寬, 龍湖海珠가 있어 다 佛門의 용상이었다.

優曇傳　　다음 부휴의 말손으로서 크게 종풍을 진작한 자는 優曇洪基(우담홍기)이다. 우담은 초명이 禹幸(一作 行)이었는데 洪基라고 개칭하였다. 성은 권씨이고 안동인이다. 怙恃(호시, 부모)를 일찍이 잃었고, 天資穎悟하여 독서를 좋아하더니 나이 약관에 이르매 두루 명산을 다니다가 문득 出塵(출가)의 뜻이 있어 드디어 소백산 희방사 自信에게 출가하였다. 西遊하여 조계산 송광사에서 부휴 문하 벽암의 玄法孫이 되었고, 화엄, 염송은 先正의 문을 두드려서 수년만에 玄旨를 洞透하였다. 인하여 竪幢하여 개당하니 來學하는 자가 저자 거리와 같았다.

　　평상시에 말은 俗事에 미치지 않았으나 종교를 다루고 禪旨를 말하게 되면 말에 바람이 일고 파도가 솟구쳤다. 특히 화엄에 통하고 선학에 精하였는데, 만년에 『禪門證正錄』을 찬하여 불조전심의 奧旨를 서술하고 긍선의 『선문수경』을 격파하였다. 고종 18년(1881년)에 입적하니 춘추 60이었다.

優曇法系　　洪基의 법계를 살펴보면, "浮休-碧巖-翠微-栢菴-無用-影海-楓巖-碧潭-會溪-蓮月-優曇洪基"로 상승되었다. 그러므優曇의 行로 행장에 말하기를, "到曹溪山 松廣寺 因智峰和尙 爲世緣之狀

主 依蓮月禪師 結法印之父 (…) 二十七歲拈香於眞覺祖師之禪
社 傳鉢於碧潭大師之法會 (…) 師於世派 則爲浮休之十一世孫
浮休七傳有楓巖 巖有四大弟子 曰 霽雲燈 默菴訥 應菴允 碧潭
仁 潭傳于會溪輝宗 溪傳于蓮月 月傳于師"라고 하였다.(『조선
불교통사』 上編, 600-601쪽)

『동사열전』 권5에 말하기를, 高麗朝의 眞靜浮菴이 『禪門綱
要』 1권을 지었는데, 백파가 이를 바탕으로 『선문수경』 1권을
지었고, 초의가 이로 인하여 『禪門四辯漫語』 1권을 지었으며,
우담이 이에 의하여 『禪門證正錄』 1권을 짓고, 雪竇가 이에 의
하여 『禪源溯流』(『楷正錄』) 1권을 지었다고 하였다. 記事에 正
確을 缺하였다.

제9절 『禪門證正錄』

禪門證正錄 우담이 지은 『선문증정록』은 별칭을 『掃灑先庭錄』이라고
한다. 저자는 백파의 『선문수경』이 古釋에 어긋난다고 하고,
그 序에 자기의 입각지를 말하기를, "欲學禪門 先識臨濟三句
欲識三句 熟讀禪門綱要 欲識其餘釋 應熟讀說話也 於綱要說
話之外 別有所釋 違於古釋者何 固不信之執也 愚今但參差於
古釋者 引證而辨正之"(선문증정록 4쪽)라고 하여 그 근거하
는 바가 『禪門綱要』에서 벗어나지 않음을 알 수 있다.

三處傳心論 우담은 說話의 語에 의하여 여래 삼처전심을 설명하기를,

第一 分半座 (…) 殺人刀 (…) 沒分外
第二 擧拈花 (…) 活人劍 (…) 正法眼藏付囑有在

第三 示雙趺 (…) 泥蓮示趺 (…) 熊耳留履 此是第三傳心(同上 5쪽)

이라고 하고, 또 說話를 인용,『傳燈錄』本師釋尊章中 分半座, 擧拈花, 示雙趺를 차제로 기록하고는 此西域傳心之源也라고 하였다. 그러나 이 설이 타당하지 않다는 것은 識者의 밝힘을 기다릴 것도 없다. 이는 覺雲 등 일파의 억단에 불과한 것이다.

우담은 다시 나아가서 달마의 삼처전심을 설하되, 說話를 인증으로 하여 다음과 같은 차제로 하였다.

一, 覓心了不可得 (…) 悟得諸佛法印 (…) 會得祖師禪
二, 三拜得髓 (…) 親承入室克紹家業 (…) 傳衣付法
三, 手携隻履 (…) 此六代傳也(同上 5-6)

그리고 말하기를 "此爲震旦傳心之源也"라고 하였다. 이상 불조의 三傳으로써 제1구, 조사선, 격외선으로 하고, 백파의 설을 비난하기를, "以如來分半座 爲第一句祖師師禪 殺人刀 爲第二句如來禪 又以諸緣斷否問答 爲達磨之初傳 不知傳燈拈頌不載意 如是誤辨 於是禪源一濁 如來禪 祖師禪 殺人刀 活人刀等 千派萬流 一時渾濁"이라고 하였다.

그런데 백파의 삼구도를 살펴보면 분반좌는 제2구 여래선이고 제1구가 아니다. 우담의 오해일 것이다. 諸緣已斷을 달마의 초전이라고 한 것은 우담홍기의 말과 같다. 吾人이 관찰한다면 여래의 삼처전심이니 달마의 삼처전심이니 하는 것이 모두 갖다붙인 부회의 설인데 여기에 三句, 三禪, 살활 따위를 배당한 것은 지엽 중의 지엽인 것이다. 백파나 우담이 까마귀의 자웅 같아서 가릴 수가 없다.

如來禪論　　洪基는 또 여래선을 이렇게 설명하였다.

　　　　　"如來禪者 如來於正覺山前 見明星 而證得第二句 如證而說華嚴
　　　　　等經 而初現瑞動地 示第二句 (…) 此是如來自證之禪 故曰如來禪
　　　　　也 猶形於現瑞動地之義理 經敎之朕迹 故名義理禪也"(同上 11쪽)

祖師禪論　　그리고 조사선의 기원은 이렇게 말하였다.

　　　　　"祖師禪者 世尊自知所證 猶未臻極 尋訪眞歸祖師 始證第一句 了
　　　　　沒巴鼻之心印 此是世尊得之於眞歸祖師 故曰祖師禪也 此和根拔去
　　　　　了沒巴鼻之 第一句 (…) 故名格外禪"(同上)

　　이라고 하여 梵日 등의 妄談으로써 조사선의 기원을 삼았다.
그러나 여래선 조사선의 말은 위산 앙산의 말 가운데 처음으
로 보였는데 深淺의 차별이 있는 것이 아니었다. 두 선을 별개
의 것으로 한 것은 후인의 附會에 불과하다. 하물며,『선문증정
록』의 細注에, "達磨有頌云 眞歸祖師在雪山 叢林房中待釋迦
傳持祖印壬午歲 心得同時祖宗旨"(同上)라고 한 것은 언어도단
의 訛謬인 것이다.

優曇謬說　　우담홍기는 주장하기를, 여래선 조사선은 사람에 대하여 이
름한 것이요, 의리선 격외선은 법에 대하여 이름한 것이라고
하였고, 그리고 이 여래선 의리선은 一物異名으로서 제2구에
속하고, 조사선 격외선이 또한 一物異名으로서 제1구에 속한
다고 주장, 이로써 백파의 격외선을 제2구에 배당하고 조사선

을 제1구에 배당한 잘못된 견해를 비판하였다.

그리고 살인도 활인검에 대하여 말하기를 전자는 三不得, 후자는 三得이라고 하였다. 즉 恁麼, 不恁麼, 恁麼不恁麼의 세 가지를 總得한 것이 활인검이요, 總不得한 것이 살인도라는 것이다. 得不得은 放行, 把定의 意이다. 『拈頌說話』에, "若約第一句 則但殺人刀 活人劍而己"라고 한 것을 인증으로 하여, "殺活之名 獨在乎第一句 祖師禪中也"라고 단언, 백파가 살인도를 제2구에 붙인 것을 비판했다.

또 육조 이후 청원에 殺(殺人刀)을 전하고, 남악에게 活(活人劍)을 전하였다고 하여, 至于六祖 始乃分傳 而殺傳於淸源 活傳於南嶽 淸源云 聖諦尚不爲 何階級之有(聖諦一句也一句尚不爲 三句不爲可知也 是爲三不得) 南嶽云 修證即不無 汚染即不得(修證不無 三句也 汚染不得 一句也 是爲三得)이라고 단언, 청원과 남악을 논하는데 사활로써 기준을 삼았다.

다음은 이것을 純金鋪, 雜貨鋪에 배대하여, "殺謂之純金鋪者 淸源石頭 子子孫孫 傳授無變勢也 活謂之雜貨鋪者 馬祖百丈 子子孫孫 傳授變勢也"(同上 26-27)라고 하고, "殺下出曹洞一宗 活下出臨濟 雲門 潙仰 法眼 四宗"이라고 망론하였다. 이것은 우담홍기가 『禪門綱要』, 『拈頌說話』와 같은 膚淺의 禪書로써 證權을 삼았기 때문이다.

三句一句 說

다음에 홍기는 三句一句說을 지어서 말하기를, 佛祖傳授心印 上에 本文彩가 있으니 소위 體用中의 三이 이것이다. 體用中은 즉 삼구의 本名이다. 三玄 三要는 곧 삼구에 深淺을 구분한 異名이다. 불조의 心印을 전하는데, 機에 利鈍이 있으므로 심천을 나누었다. 深은 이를 三要라고 하고, 제1구 중에 있으며 形으로써 비유하였다. 淺은 이를 三玄이라고 하고, 제2구 중에 있으며, 影으로써 비유하였다.

제1구 중 三要를 들면 삼현도 그 중에 있다. 形과 影이 상즉하기 때문이다. 삼요 외에 삼현이 없고 삼현 외에 삼요가 없는 것이다. 소위 일구라는 것도 삼구 외에 따로 있는 것이 아니다. 삼구의 體에 둘이 없나니 一을 들면 모두 거두게 되므로 일구라고 하는 것이다. 그 제1구는 격외선의 機가 한번 삼요를 들고 同時의 三句, 不同時의 일구를 證하는 것이다.

三一雙奪은 즉 살인도요, 三一雙具는 즉 활인검이다. 이제 四喝로 약하여 이를 밝힌다면 前3喝은 삼구요 제4喝은 일구이다. 삼현은 權實의 異名이며 제2구 중에 있다. 임제가 말하기를, "妙喜豈容無着問 漚和爭負絶流機"라고 하였는데, 前句는 實이요 後句는 權이다. 이 권문에 나아가 삼현을 세웠다.

妙喜는 大智로서 實이니 這裏에 어찌 無着의 물음을 용납하랴, 문답이 俱泯한 때문이다. 漚和는 방편으로서 權이니 箇時에 어찌 絶流의 機를 저버리랴, 機應이 병존한 때문이다. 이 二句는 삼현을 밝힌 것이다.

第一 體中玄은 妙喜豈容無着問이요, 第二 句中玄은 漚和爭負絶流機며, 第三 玄中玄은 妙喜豈容無着問 漚和爭負絶流機이다. 제3구는 따로 삼구를 세우지 않았다. 제1구 제2구 제3구로써 제3구 중의 삼구로 하였다. 제1구 중의 삼요 제2구 중의 삼현을 설한 언설문이다. 一說一聽 一問一答은 벌써 이것이 제3구이다.

임제가 말하기를, "看取棚頭弄傀儡 抽牽全借裡頭人"이라고 하였다. 裡頭人은 임제가 아니냐. 佛을 만나면 불을 설하고 나한을 만나면 나한을 설하고, 아귀를 만나면 아귀를 설하고, 이것이 棚頭弄傀儡(붕두롱괴뢰)가 아니냐? 만약 저 언구에 걸리면 自救不了, 이것이 제3구이다.

제1구에 삼요의 삼구가 있으니 격외선이요, 불조의 師인 機다. 제2구에 삼현의 삼구가 있으니 의리선이요, 人天의 師인 機다. 제3구에 有無中의 삼구를 세우는 자 있으니 이는 架空의 설이라, 『선문염송』과 『선문강요』에 이와 같은 설이 없다. 지금의 三句一句를 설하는 자는 舛錯失條(천착실조)하여 迷本 迷末한 것이다.(29쪽-43쪽까지 내용 발췌). 이것은 『선문강요』와 『염송설화』를 준거하여 삼구, 삼현, 삼요 등을 논한데 불과하다.

洪基가 백파의 과실을 지적한 것은 불가할 것이 없다. 그러나 洪基 또한 本據를 잃어버린 과실이 있으니 왜냐하면 『선문강요』와 『염송설화』가 둘 다 억단이 많고 古義에 맞지 않는 것이다. 임제가 일찍이 삼요를 제1구에 붙이지 않았거늘 하물며 삼현을 제2구에 붙이는 것이랴. 임제는 삼현이란 말을 하지 않았으니 체중현, 구중현, 현중현과 같은 것은 후인이 첨증한 것일 뿐이다.

破禪圖　　　洪基는 또 다음과 같이 말하였다.

"近老 以諸緣斷否間答 爲達磨初傳 又以如來初傳 半座之第一句

殺人刀 爲第二句 又以如來禪 爲格外禪 以如來禪名義穿鑿 決不爲

如來之 如證所說 華嚴一乘教中之禪也 又爲殺有二種 以第二句 爲

殺 而又以第一句中 大機爲殺(前殺單殺 後殺兼活)又以第二句中 立

兩種三句 (三玄三句 權實三句)又第三句中 別別立三句(有無隔別

三句)也 甚可訝焉"(同上 43-44쪽)

이것이 백파의 禪圖를 破斥한 것인데, 우리들이 이를 본다면 洪基도 또한 삼구를 妄判하였다는 비난을 면할 수 없다. 아직 古를 증거로 今을 바로잡는다고 할 수 없는 것이다.

『禪門證正錄』에는 이렇게 말하였다.

"臨濟三句 即禪門之髻珠也 三聖二賢一愚之綱要 即禪門之指針也 是以 龜谷祖之 拈頌說話 至三句 玄要 殺活 機用等語 一遵綱要 毋或小差 洎于淸虛 浮休 雪坡 蓮潭 默菴 碧潭 諸先正 一如注甁捺印而己 近古六隱老人 著拈頌般若等 畫足 或失於 源流名實 或錯於 法喩本末 頗與綱要說話 參差而 世無燃犀之眼矣 優曇禪師 博攷祖章 證辨是非 昭若日星 實禪學之寶鑑也"

그렇다면 『선문강요』『염송설화』와 같은 말류에 噞喁(엄옹, 입을 뻐끔거림)하고 임제 황벽의 源泉을 풀지 못한 자의 논의임을 알 수 있다.

제16장 混元世煥, 梵海覺岸, 雪竇有炯, 徐震河

禪論繁忙

우담홍기와 때를 같이하여 混元世煥(혼원세환)이 있었는데 文才가 종횡하였으나 아깝게도 요절하였다. 범해각안은 저작한 바가 많고 令名이 멀리 들렸다. 颐溟太先은 禪敎 외에 유학과 성리학에도 통하였고, 雪竇有炯(설두유형)은 佛門三傑의 하나로 일컬었으며, 그의 저서 『禪源溯流』는 草衣의 『禪門四辯漫語』를 반박하였다. 大應坦鍾도 또한 한 때의 名衲으로 일컬었다. 徐震河는 『禪文再正錄』을 지어 여래선, 조사선을 논의하였는데, 논의는 더욱 많아지면서 眞과의 거리는 더욱 멀어졌다.

제1절 混元世煥(혼원세환)과 그 스승 克菴

混元傳

우담홍기와 때를 같이하여 혼원이 있었으니 법휘는 世煥, 자는 正圭, 호는 混元, 성은 杜, 청도 사람, 철종 4년(청 함풍 3년)에 출생하였다. 어려서 부모를 잃고, 10세에 취학, 16세에 克菴에게 나아가서 脫塵하였다. 학문을 좋아하여 제자백가에도 통하였다. 실로 임제의 33대 影波의 7세손이다.

고종 20년(청 광서 9년)에 예천 용문사에 올라가서 龍湖화상에게 經敎를 받았고, 고종 24년에 성주(경상북도) 靑巖寺의 청을 받아 塵埃를 떨치고 팔공산에서 교화를 성하게 하였다.

고종 26년(1889년) 가을에 병이 발생, 납월 2일에 이르러서 스스로 住世가 오래지 않을 것을 알고 대중에 고하기를, "世人泪於所欲 昧却明德 生不知來處 死不知去處 可勝惜哉 今夕乃余還元之日也"라고 하고, 화엄의 覺林菩薩의 게를 설하고 回向功德의 게를 罷하면서 홀연히 눈을 감으니 一會의 노소가 涕呼하지 않는 이가 없었다.

이에 다시 깨어 가지고 말하기를, "到彼土 國界莊嚴 與此地迴勝 佛菩薩敎化自在 善友知識 引路以逍遙矣 然恩師 年老在堂 而吾未供奉先歸 是所恨也"라고 하고 눈을 감았다. 徒衆이 부르니 또 깨어서 조용히 말하기를, "脩短命也 色身雖存 法身已去 須勤修功夫 期圖蓮國相逢 而勿爲悲痛"이라고 하였다. 말을 마치고는 가니 年 37세였다.

混元集　　　『混元集』이 있는데 그 글이, 水龍(人名)의 그림 松菊梅 3폭에 序한 것 같은 것은 그의 천재를 짐작하게 한다.

〈松賛〉

偃蹇特立 活畫天然 棟樑可作 霜雪愈堅
白椎龍虎 黑銷雲烟 閱歲不變 節侔忠賢

〈菊賛〉

青莖紫蔕 金盞玉台 當春不發 傲霜特開
憐屈子湌 宜陶令盃 愛其節操 毫上化來

〈梅賛〉

不借雨露 畫幅受出 鐵心石腸 氷脈瓊質
艶態無雙 淸香第一 風不飄零 春光滿室

『혼원집』 권2에 金剛錄이 있어 기사와 시로 이루어졌는데, 그 序에 말하기를, "계미(고종 20년) 여름에 예천 용문사에 올라가서 仲秋가 되매 師主와 금강으로 들어갔다. 당의 李靖은 말하기를, 願生高麗國 一見金剛山" 운운하였다.

금강록에 한 전설을 기록하였는데, 그것은 마하연 위에 있는 수미암에 대한 것이다. 수미암은 원효가 지은 것이다. "曉 每夜藏火 一夜毛公 入滅火 師提之曰 汝何物 答曰 此山居 永郎仙也 曰然則何時成仙 曰不知年代 只見桑海三變 而福盡墮落 師曰 汝同爲 吾道無爲之行如何 諾 以爲佐(門弟) 數日觀心大悟三空 撰自警文 號野雲"이라고 한 것인데, 이 설은 아마 아닐 것이다. 野雲은 나옹의 資일 것이다.

野雲

克菴傳

혼원의 師 克菴의 휘는 師誠, 자는 景來, 속성은 徐, 달성인이다. 순조 병신(恐 헌종 2년 병신)에 태어나서 팔공산 파계사에서 입적하니 보령 75세였다. (1910년 입적). 淸虛-鞭羊-楓潭-月潭-喚醒-涵月-影波-淸潭鏡月-湖月-慧峰-霞隱-克菴. 이것이 그의 법계이다.

克菴의 著述

그의 저서에 『克菴集』이 있다. 訪隱仙菴詩에, "間響傳琴譜 岩苔學篆書 白雲開一路 導我入仙廬"라는 것이 있고, 客中送別이라는 시에, "一雨東風三日留 對君胸海泛虛舟 暮春從古多離恨 花自無言水自流"라는 것이 있다. 『극암집』 중에 禪偈라고 할만한 것은 적다.

제2절 梵海覺岸

覺岸傳

다음에 범해는 일시의 학장으로서 성명을 떨쳤다. 蓮潭有一,

白蓮禱演, 玩虎倫祐, 縞衣始悟, 梵海가 그의 계파이다. 覺岸의 자는 幻如이고 범해는 호이다. 조선 순조 20년에 출생하였고, 호남 청해 범진 九㟧의 人이며, 신라 최치원의 후예로서 조선 崔壽崗의 6세손이다. 나이 14세에 해남군 두륜산 대둔사의 縞衣에게 의탁, 16세에 삭발, 荷衣에게서 10계를 받고, 초의에게서 受具하였으며 內典을 참구하는 외에 儒書를 李蓼翁(炳元)에게 배웠다.

27세에 縞衣의 법인을 받았고 진불암에서 개당, 화엄을 강하고, 선을 말하며, 또 범망경을 설하여 毘尼를 弘演하니 三敎학인의 敎父며, 12종사의 적손이었다. 헌종 10년에 조계산, 가야산, 鷲嶺(靈鷲山)의 宗刹을 순예하고, 淸 동치 12년에 바다를 건너 탐라 한라의 명승을 탐방하였으며, 동 12년에 한양, 송악, 箕都에 머물렀고, 다시 묘향산 보현사, 금강산 法起庵를 예배하니 수려한 산, 浩渺한 물이 胸宇之間에 있었다. 이에 있어서 사람과 酬唱함에 薰陶의 醉함이 있었고, 객을 대하여 和韻함에 宿構의 能함이 있었다.

覺岸著述 저작에는 『警訓記』, 『遺敎經記』, 『四十二章經記』, 『史略私記』, 『通鑑史記』, 『古文眞寶私記』, 『東萊博議私記』, 『四碑記』, 『名數集』, 『東詩選』 各一卷, 『東師傳』 四篇, 『詩稿』 二篇, 『文稿』 二篇이 세상에 전하여 지고 있다.

고종 건양 원년(1896년)에 입적하니 춘추 77세였다. 그 유게는 다음과 같다. "妄認諸緣稀七年 窓蜂事業摁茫然 忽登彼岸騰騰運 始覺浮漚海上圓"(梵海禪師行狀)

覺岸思想 梵海禪師遺稿를 살펴보면, 각안의 信하는 바는 醇淸하지 못한 것 같다. 雌雄鐘記에 말하기를, "어느 승이 사방에 모연하여

大鐘을 주조하였는데 종소리가 맑지 않아서 그 죄보로 蛇身을 받기를 무량겁이었다"는 것이 있고, 逐虻峙說에는 "동리산 태안사를 창립할 때 惠徹國師가 신력으로써 一洞의 蚊虻을 추방시켰다. 咸豐 中에 국사의 비와 및 부도, 墻垣이 붕락하였는데 그해 여름에 蚊子가 다시 와서 산곡에 가득하였다. 이에 대중이 부도를 수축하고 국사의 신당에 고하였더니 蚊虻이 즉시에 屛跡하여 僧人은 전과 같이 안도하였다"는 것이 있으며, 順天 朱黔突大同色說에는 "死者의 靈이 그 아들을 위하여 나타나서, 官을 청하였다"고 하였다. 각안의 신앙의 순수하지 못함이 이와 같았다.

각안이 禪匠으로써 自許하기를 "自釋迦 至菩提達磨 爲西天二十八世 自達磨 至慧能 爲中國六世 自慧能 至石屋 中華傍二十三世 自石屋 至不佞爲東國十六世 合七十三世也"(梵海禪師文集 第2, 17葉 右-左)라고 하였으나 문장과 詩偈에 禪旨로 볼 만한 것이 드물다.

眞佛菴志에 "眞佛者 對心佛而爲眞佛也 心佛假佛也 本佛眞佛也"(同上 18葉右)라고 한 것 같은 것은 납승 문하의 心佛이 무엇인가를 알지 못한 것 같다. 초의의순이 저술한 『禪門四辯漫語』에 序하기를 "吾嘗從於禪師之門(草衣) 得其緖餘者也."(同上 9葉左)

覺岸의 淨業 　　대체로 범해각안은 선을 초의에게 받은 것이다. 그러나 그 堂에 오르지는 못하였다. 대둔사 무량회 募緣疏에 말하기를 "東晉遠法師 創結白蓮社於廬山 異驗萬歲欽仰 高麗徵和尚 繼說萬日會於乾鳳 同日千人往生 (…) 我本寺 悔菴, 雪虛兩大師 (…) 開無量會於溪水之陽 念無量壽於尼壇之上"(同上 24葉左)

이로써 淨業의 유래를 서술하고 스스로 서방을 원하는 時潮에 몰입하였다. 그러면서도 "觀音 勢至 二菩薩 卽阿彌陀佛 左右補弼之法臣也 勢至以念佛接人 觀音以參禪誨衆 念佛參禪無二致"(同上 27葉右)라고 하여 염불과 참선을 勢至와 관음 二菩薩에 배당한 것 같은 것은 부회도 심한 것이다.

각안은 또 삼교일치의 迂論도 긍정하여 "儒之仁義 佛之定慧 名異而實同"이라 하였고, "人有聖人常人 道有三家九流 此皆開之爲多 合之爲一 多一卽一 一是一氣之妙理 更何有彼此親踈分別論端哉"(同上, 29葉右)라고 하였다.

각안이 정혜와 인의를 같은 것이라고 한 것은 옥석이 같은 질이요. 흑백이 같은 색이라고 하는 것과 다를 것이 없다. 一多相卽의 묘리로써 유불도 三家와 중국의 九流를 하나로 한 것은 원융의 남용일 뿐이다.

제3절 범해각안의 禪偈

梵海의 詩　　각안이 읊은 한 권의 책이 되었으나 詩偈로 볼 만한 것은 적다. 이제 그 몇을 초록한다.

〈次石屋和尚山居詩〉

南臺北岳盡吾家 只守天眞度歲華 蘿月松風爲伴侶 經床茶竈作生涯
三條椽下知吳馬 七尺單前覺盞蛇 葉落花開春秋至 但看喚友擇枝鴉
單名片利莫矜誇 不若幽居守拙家 路挾亭亭君子樹 溪流灼灼曼陀花
蘭泉迸瀉穿林井 梧月和明布地沙 獨自相羊芳草裡 七斤衣角滿輕霞
(梵海禪師詩集 第1, 1葉左-2葉右)

〈客隱跡〉

身上便同水上蘋 東西南北任漂人 一年通作耽羅客 半歲堪爲怳怛賓

尖察山中三結憂 藥師殿裏二經春 清溪白石聊相召 納履荷囊又趣新

訹師剙建舊伽藍 遺像千年鎭海南 越闍往還天作峙 隱身俯仰鬼慳庵

九生洞並三生洞 萬代岑連聖代岑 盡日清軒嗒然坐 山茶樹下鳥喃喃

(同上 16葉右-左)

제4절 函溟太先의 演法

太先傳　　　태선은 함명당이라고 호하였다. 밀양 박씨로서 순조 갑신(淸
도광 4년)에 태어났고, 나이 14세에 백양산으로 출가하여 豐谷
德仁에게서 삭발, 백양의 道菴定에게 수계하고, 뒤에 沈溟翰醒
에게 참학하였다.

그때 翰醒은 선암사에서 개당하였는데, 일견에 그릇으로 여
기고 순순히 啓迪하매 5, 6년 동안에 삼장을 모두 다 섭렵하니
翰醒이 감탄하여 권장하고 大戒를 전수하였다. 기유 19년(도
광 29년)에 瑞石에서 건당하여 豐谷의 법등을 이으니 이로써
임제의 嫡傳이 된 것이다.

仙巖寺의 청을 받고 南北兩岩에 개당하니 내학하는 자가 끊
이지 않았다. 병인(淸 동치 5년)에 講緖를 景鵬益運에게 전하
였고, 益運은 이를 擎雲元奇(今存)에게 전하였다. 이들은 모두
禪門의 鸞鳳(난봉)이었다. 고종 광무 6년에 입적하니 향년 79
세였다.

太先造詣　　太先이 하루는 示衆하여 말하기를 "佛敎三千年 只行小乘 以
佛旨參乎世運 則大乘宗旨 應昌于後五百世 不如是 佛願無功

不能使大地凡衆 圓成正覺"이라고 하였다.

姜慈屺文瑋(강자기 문위)가 太先을 南庵으로 방문하여 "盡大地 毘盧舍那全身體 向何處放屎"라고 물으니, 太先이 불자를 세워서 慈屺의 帽에 대면서 말하기를, '好圊厠'이라고 하였다. 慈屺는 呵呵하고 웃었다.

太先은 선교 밖에도 유학과 성리학에 통하였다. 일찍이 말하기를, "儒之知仁勇 即佛之悲智願也 佛有三寶 而曾傳之三綱領近之 俳有五戒 而鄒經之四端 與誠實之信近之 淺見末學 互相操戈 是未知聖人眞面故耳"(『조선불교통사』上編, 615-616쪽)라고 하였다.

太先의 法系　　태선의 법계는 다음과 같다. "淸虛-鞭羊-楓潭-月渚-雪岩-霜月-龍潭慥冠-圭岩朗成-瑞月巨鑑-會雲振桓-圓潭乃圓-豐谷德仁-涵溟太先"

제5절 雪竇有炯

有炯傳　　설두유형은 완산 이씨, 순조 24년에 호남 옥과현(전남 보성군) 옥전리에서 태어났다. 어려서부터 穎悟하였고, 대략 儒書을 섭렵하였으며, 19세(一作 七)에 장성부 백암산 백양사로 가서 正觀快逸에게 득도하였고, 다음 해에 조계산 枕溟翰醒에게 受具하였다. 두루 諸老를 참알하고, 學業을 영구산 백파의 법회에서 마치었으며, 법등을 白巖道圓에게서 계승하였다. 후에 徒衆을 敎授하기를 10여 년, 겸하여 서래의 祖意를 닦아 깊이 묘체를 통달하였다.

고종 7년(동치 9년)에 모악산 불갑사에 이석하여 한 草堂을 구축하고 養晦하면서 있기를 수년에 황폐된 사찰을 重開하였다. 동 26년(1889년)에 幻翁(백파법손) 喚眞의 청에 의하여 禪門講會를 양주 천마산 봉인사에서 열었고, 동년 8월에 시적하니 수 66세였다. 그의 법계는 다음과 같다. 白坡-龜峰仁裕-道峰國燦-正觀快逸-白岩道圓-雪寶有炯.

雪寶行狀　　저서는 『禪源遡流(楷正錄)』, 『詩集』, 『私記』가 있어 문인들 사이에 전한다. 靈龜山雪寶大師行狀에 말하기를 "太古圓證國師 (…) 是謂我東禪門初祖 六傳而出淸虛浮休 兩大師 爲禪門中祖 自淸虛四傳而至喚醒大師 以重來古聖示作沙門之傑 再傳而得雪坡大師 大師乃校刊華嚴細科義鈔 厥業殊大 故至稱華嚴菩薩徽號 三傳而爲白坡大師 大師之炯限 凡貫徹三學 而最得意於禪學 高竪一幟於近代叢林 于斯而曷少有徒 究論獨得宗旨者 雪寶大師其人也 詳分法系 則於白坡大師 實爲四世(恐非)法孫" (『조선불교통사』 上編 604쪽)

佛門三傑　　설두유형은 근대 불문의 삼걸이라고 칭한다. 『東師列傳』 권5에 보면 "鏡潭大師 法名瑞寬, 亦白坡之裔也 與龜岩之雪寶 仙岩之涵溟 年甲相同 道學相等而 其門徒又相均世謂近代佛門三傑"이라고 하였다.

제6절 『禪源溯流』

禪源溯流　　설두유형은 『禪源遡流』을 지어서 초의의순의 『禪門四辨漫語』와 우담홍기의 『禪門證正錄』의 견해를 비판하고 백파(선문수경)를 위하여 변호하였다. 그 벽두에 말하기를,

"佛見明星悟法　猶未甚深　遊行數十日　傳得祖師心、新羅梵日國師
　　因眞聖王問　禪教兩義　答曰世尊　見明星悟道　復知所悟之法　猶未臻
　　極　數十月　尋訪祖師　始傳得玄極之旨　謂如來悟底　名如來禪　祖師傳
　　底　名祖師禪也　是故如來禪　劣於祖師禪"(『禪源溯流』、一葉右-左)

　　이에 스스로 註하기를 "達磨云　眞歸祖師　在雪山　叢木房中
待釋迦　傳持祖印"(同上　1葉左)라고 하였다.

　　여래선, 조사선이라는 말은 달마 이후 육조 이전에는 아직
없던 것인데, 위산, 앙산에 이르러서 비로소 거론되었다. 본디
우열을 따질만한 뜻이 없는 것이다. 그런데 후세에 暗證의 무
리가 여래선을 조사선만 못한 것이라고 하였으니 가소로운
일이다.

　　달마가 조사선의 기원에 대하여 眞歸祖師에게서 나왔다고
했다는 것도 증거가 없는 망담일 뿐이다. 설두유형은 立論의
제1步부터 蹉過해 버린 것이다.

有炯의
謬說
　　또 말하기를 "如來悟底　名如來禪者　普曜經云　菩薩於二月八
日　成道　號人天師"(同上　2葉右). "臨濟云　第二句薦得　與人天爲
師"(同上　2葉左)라고 하였다. 佛에 천인사의 異號가 있으니 이
는 十號의 하나이다. 그런데 임제의 소위 與人天爲師라고 한
말과는 전연 다른 의의인 것이다. 이것을 하나로 합일시킨다는
것은 억지의 부회도 심한 것이다.

　　다음은 또 조사선을 해설하여 말하기를 "祖師傳底　名祖師禪
者　慧可問達摩　今付正法即不問　釋祖傳何人得何處　達摩曰　天
竺則諸祖傳說有篇　吾今爲汝說　示頌曰　眞歸祖師在雪山　叢木
房中待釋迦　傳持祖印壬午歲　心得同時祖宗旨"(同上　3葉右)라

고 하였다.

初祖 二祖의 문답과 아울러 초조의 頌이 과연 어느 전적에서 나온 것인가? 설두유형이 이와 같은 가탁의 망설을 믿는 것은 차라리 딱한 일이다. 傳持祖印壬午歲라고 한 것만 보아도, 釋尊 당시 인도에 干支로써 연월에 배산한 일이 없거늘 달마가 어찌 임오세를 말할 수 있었으랴. 이것을 임제의 제1구에 부회하여 與佛祖爲師라고 하다니 이는 몽중에 몽을 談함과 같은 것이다.

또 유형은 "理事無礙 是如來悟底說 事事無礙 是祖師傳底也"(同上 4葉左)라고 하여 如來自悟의 법문은 理事無碍에 그치고 眞歸所傳의 법문은 事事無碍라고 하였다. 어떻게 교주를 업신여김이 그다지 심할 수 있단 말인가? 더구나 四法界가 다 여래의 설법의 일반(同一)에 불과하다는 것을 모르는 것이다. 삼처전심설을 또 이렇게 말하였다.

三處傳心 說

"一, 在多子塔前 爲人天說法 迦葉後至 世尊遂分座令坐 座是法空座 故表殺人刀也

二, 在靈山說法 天雨四花 世尊遂拈華示衆 迦葉微笑 花是許多般 故表活人劍也

三, 泥蓮河畔 娑羅雙樹間 入涅槃經七日 迦葉至 繞棺三匝 世尊遂槨示雙趺 迦葉作禮三拜 (…) 殺活齊示也"(同上 3葉左-4葉右)라고.

이 삼처전심설은 梁에서 宋에 이르기까지 없던 것인데 후인이 억단한 것일 뿐이다. 이것을 살인도와 활인검에 배당한다는 것은 아무 의의가 없다.

그리고 또 초조에게도 삼처전심이 있었다고 하여 다음과 같이 말하였다.

一, 祖問慧可 諸緣斷否 可曰己斷 祖云 莫落斷滅否 可曰不落 祖云 爲什麼不落 可曰明明不昧 了了自知 言不可及 (…) 乃得如來禪

二, 可問 諸佛法印 可得聞乎 祖云 諸佛法印 非從人得 可曰 我心未寧 乞師安心 祖云 將心來 與汝安 (…) 乃會祖師禪

三, 祖一日 命門人曰 時將至矣 盡各言所得乎 (…) 慧可出禮三拜 又依位而立 祖曰 汝得吾髓 (…) 二禪齊得"(同上 6葉左-7葉右)

傳統論訛謬　삼처전심이 이미 假託인데 다시 초조 달마와 2조 혜가의 三傳을 추가하였다. 마치 龜毛, 兎角의 상황을 논함과 같은 것이다. 또 이렇게 말하였다.

"付法藏傳云 西天二十七 般若多羅尊者云 我佛 從兜率陀天 入摩耶胎中 與三十三人 摠授懸記云 吾有心法 付於汝 各各候時 當一人 傳一人 密護宗旨 勿令斷絕 頌曰 摩耶肚裏堂 法界體一如 三三諸祖師 同時密授記"(同上 10葉右-左)

라고 하였는데, 付法藏因緣傳에 이와 같은 내용이 없다. 同書에는 24조를 열거했을 뿐이다. 설두유형은 어떠한 책을 보고 이러한 말을 한 것일까.

또 28조에 대하여 이렇게 논하였다.

"圭山覺鈔 除第七婆須密 故佛陀難提爲第七 獅子尊者爲第二十

三祖 婆舍斯多爲第二十四 此下出優婆掘第二十五 婆須密第二十六
僧伽羅又第二十七 菩提達摩第二十八 此亦優婆掘者 婆舍斯多之傍
出 而至四世亦有菩提達摩 故圭山依而編之也"(同上, 11葉右-左)

라고 하였다.

당대에 28조에 관하여 두 종류의 다른 이름이 있었다. 圭峰
宗密, 일본의 最澄 등이 전한 바가 그 하나요, 『寶林傳』과 및
이를 전승한 『경덕전등록』에 실은 것이 그 하나이다. 설두유형
은 제1설을 억지로 제2설과 합하려고 하였다. 때문에 牽合(견
합, 억지로 맞춤)을 면치 못하였다.

또 말하였다.

"南嶽得活人劍 青原得殺人刀(同上 11葉左)
南嶽懷讓禪師 (…) 得活人劍 祖師禪也 (…) 爲六祖之正傳也
青源行思禪師 (…) 得殺人刀 如來禪也 (…) 爲六祖之傍傳也
自此分傳殺活 始有二禪 優劣之辨矣"(同上, 12葉左-13葉左)

이것은 언어도단의 妄判이다. 설두유형은 正과 傍의 뜻도
자세히 아는 것 같지 않다. 그리고 의리선의 해설을 보면 이
렇다.

"荷澤神會禪師 (…) 於無名無字處 喚作本源佛性 是知解 故爲我理
禪也"
"大慧云, 如忠國師 說義理禪 敎壞人家男女 此以涉理路爲人底 爲
義理禪也"(同上, 14葉右-15葉左)

이렇게 말하였다. 荷澤神會, 南陽慧忠 두 종사를 폄하여 의리선이라고 하고, 大慧의 간화선을 가지고 육조의 正傳이라고 한 것이다. 법에 대하여 흑백을 가리지 못하는 자라고 할 수 있다. 또 "牛頭宗 神秀宗 荷澤宗 可以配義理禪 法眼宗 爲仰宗 曹洞宗 爲如來禪 雲門宗 臨濟宗 爲祖師禪也(同上 19葉 내용 발췌)라고 한 것도 이 또한 억단이요 公論이 아니다.

또 말하기를, "若第一句薦得 堪與佛祖爲師(祖師禪) 第二句 薦得 堪與人天爲師(如來禪) 第三句薦得 自救不了(義理禪)" (同上 22葉右)

이것은 임제의 삼구로써 망녕되이 三禪에 배대하여, 하택, 남양을 의리선이라고 하여, 自救不了라고 한 것이다. 하택, 남양이 만약 自救不了였다면 어떻게 육조의 嗣가 되었단 말인가. 설두유형이 하택의 선을 얻은 圭峰을 證權으로 한 것은 유형 자신도 또한 自救不了漢임을 보여준 것이 아닌가. 유형은 三句圖를 지었는데 다음 그림과 같다.

〈三句圖〉

	第一句	第二句	第三句
自性三卽一皆空 三寶眞眞眞道法佛祖師宗旨	此句下薦得傳持祖師心印 爲佛祖師名祖師禪	此句下薦得如見星悟道 爲人天師名如來禪	此句下薦得 自救不了
祇自心得 佛祖不傳	三、示趺殺活齊示 ○三、三拜得髓 二、拈華 活人劍 亦名雜貨舖 ○二、覓心不得 得祖師禪	如來三傳 ○達摩三傳 一、分座 殺人刀 亦名眞金舖 ○一、諸緣已斷 得如來禪	
佛祖不傳 向上無傳無紋印時	南岳一物不中 六祖不傳 得祖師禪 活人劍 （名格外禪）	清源不落階級 得如來禪 殺人刀 似有文彩	荷澤作本源佛性 爲義理禪
四、照不同時 向上一竅	直名三要 了無朕迹 四照用三要 如印印空 權寶向上宗門向上別置一句	轉名三玄 如印印水 轉名三句 就此權門立三玄名	三印本頌 如印印泥 痕縫全彰 逢餓鬼說餓鬼 逢羅漢說羅漢 逢佛說佛 轉名三句 中句
眞如妙眞有空	一、先照後用 大機圓應 二、先用後照 大用直截 三、照用同時 機用齊施 四、照用不同時 向上一竅 分明箭後路	權寶三句 體中玄截斷衆流 句中玄隨波逐浪 玄中玄函蓋乾坤 本分一句一鏃破三關	本頌三句 隔別三句 圭山三宗 有句 息妄修心宗 無句 泯絕無寄宗 中句 直顯心性宗

〈三句圖〉

	第一句	第二句	第三句
一喝不作一喝用 毘盧向上	第四喝 金剛寶劍喝 文殊大智 獅子踞地喝 普賢大行 探竿影草喝 智行兩存	洞山偏正五位 正 君位 偏 臣位 正中來 君視臣 偏中至 臣向君 兼中到 君臣道合	眞俗三諦 俗諦 眞諦 第一義諦
	三聖	大慧偏正圖 正中偏 偏中正 正中來 偏中至 兼中到	天臺三止三觀 隨緣止 假觀 體眞止 空觀 中道止 中觀
四、主中主 宗師有鼻孔	三、主中賓 宗師無鼻孔	二、賓中主 奪境不奪人	四、賓主四料揀 一、賓中主 學者無鼻孔
本地風光	人境俱不奪	人境兩俱奪	奪人不奪境
一眞法界	事事無碍法界	法界無礙 理事無礙 事理無礙 忘理事雙	理事四法界 事 理無礙 理事中
見性成佛	直指人心	不立文字	達摩西來 意 建立文字
五宗向上無傳	雲門明截斷 臨濟明機用	五宗 法眼明體用 爲仰明體用 曹洞明向上	三宗悟修 神秀漸悟漸修 牛頭頓悟頓修 荷澤頓悟漸修
一切禪文山是山水是水但喚作主杖一一端端的的等	一切禪文各安其位總不動着 及擒賓總罰等	一切禪文威音那邊更那邊 及夢覺一如等	配一代禪教 一代禪教悟 修新熏 等

설두유형이 이 도표에서 三玄을 제2구에, 三要를 제1구에 배치하고 不立文字를 제2구에, 直指人心을 제1구에 붙인 것 따위는 보는 사람으로 하여금 그 의의가 무엇인지를 알기 어렵게 한 것이다. 또 유형은 이렇게 말하였다.

"古有三線之論 謂大公線者 大公之垂釣 是意不在此限 故爲第一句 虛空線者 是第二句 蚯蚓線者 是第三句 皆可知"(同上 25葉右)

라고 하여 점점 더 滑稽(활계)를 가하였음을 볼 수 있다. 이러한 견해로 『禪門四辨漫語』, 『禪門證正錄(掃灑先庭錄)』을 비판하였으니 能破도 所破도 취할만 한 것이 없다.
또 최후에 이렇게 말하였다.

"第觀錄說 四節皆誤爲引文 穿鑿不已 眩亂莫甚 然或易知其非略而不言 若邪解亂轍 事須決之 此所謂盲杖擿埴 貽笑具眼 假雞聲韻 難知音者也 以此見解 講得經論 曹溪嵐錄 瞎却幾箇眼目 蒼天蒼天"

이렇게 탄식하였다. 그러나 탄식하는 자를 또 탄식하는 자가 있다는 것은 알지 못하였다. 조선 禪道의 쇠퇴가 이러하였다. 또 이렇게 말하였다.

"大凡學者 慧眼真正 徹見義天 脚跟牢定 蹈著實地 然後遍看諸佛菩薩 所留經論 諸善知識 所述句偈 不爲文句所使 使得文句 竟歸於不偏不二之中道 而今四辨漫語 掃灑先庭錄(禪門證正錄) 皆眼

沒著落 莫定方隅 脚無立處 隨言走殺 其於實地義天 如何行得見了
然四辨漫語 義雖杜撰 文則炫燿 令人愛玩 而所謂掃灑先庭錄 義皆
十零百落 文亦七藤八葛 不可取 其文義無足覆其得失 且以義理言
之 此子學法於枕溟和尚 乃爲受禪 枕溟和尚 學法於白坡和尚 又爲
受禪 則白坡老和尚 即渠之先師也 然則 先師設有小瑕 其所斥破
須存禮義 不可自尊己德 下視先賢 今此錄說 發言不道 無所顧忌
是可忍乎 斯文云 君師父一體 一體之義安在 此子可謂斯文之亂賊
佛家之逆孫 扶昔大義 古今同然 願我同儕以此警策 俾爲後昆之永
規"(同上 58葉右-59葉右)

라고 하였다. 비록 이러한 논란을 하였으나 설두유형과 백파긍
선이 모두 禪門의 本據를 잘못 알고 末節에 拘泥하는 병폐를
면치 못하였다.

제7절 大應坦鍾의 잡행, 徐震河의 禪文再正錄

坦鍾傳　　조선 말기에는 대덕 명장이 드물기가 晨星과 같았다. 그런대
로 大應坦鍾, 徐震河 2인을 기록하고 붓을 놓으려고 한다.
　　탄종은 대응당이라고 호하였다. 그 선대는 한양인으로서, 성
은 趙이고, 순조 29년 경인(도광 10년)에 태어났다. 9세에 부
모를 잃고 혈연무의 하였는데 3년 후에 금강산 장안사에 들어
가서 설월당 勝寬을 따라서 삭발하고 송파당 日敏에게 계를
받았으며, 와설당 一禪에게서 참선하였고, 敎를 명허당 侖璇에
게서 이었다. 이들은 다 한때의 名衲들이다.
　　신해(헌종 17년)에 보운암에서 개강하였고, 그로부터 혹은

오대산과 설악산에 卓錫하였으며, 혹은 京山의 蘭若에서 설
법하자 승려들이 운집하였다. 화엄에 묘를 통하였으므로 화
엄종주라고 일컬어졌다. 항상 스스로 기도하기를, "願我得遍
法界六根 傳法門度衆生 稱無量福德 光明藏菩薩 白華道場"이
라고 하였다.

밤 꿈에 三佛에 頂禮하고 천수를 받은 일이 있다. 圓通禪會
에서는 無量壽如來根本呪를 誦하였더니 꿈에 금강주를 받았
다. 화엄고굴에서는 준제주를 읽었는데, 꿈에 뭇 용이 물을 뿜
어서 전신을 씻겼고, 또 항상 車輪이 구르는 것을 보았다. 입적
한 해는 알 수 없다.

徐震河   다음, 충청북도 보은군 속리산 법주사의 徐震河는 금강산 신
계사의 승인데, 일찍이 入支(中國)參詢하였고 법주사 주지로
있었다. 뒤에 제주도에 들어가서 입적하였다.

禪門再正   화엄강주로 알려졌는데 南에는 霽峰, 북에는 震河라고 일컬
錄   었다. 그가 저술한 『禪門再正錄』이 있는데 그 略에 다음과 같
이 말하였다.

"古來談禪 約法約人 各有二種 義理格外 約法名者 如來 祖師 約
人名者 立此兩重 (…) 白老(白坡)盡非 伸己見云 禪有三種 一祖師
禪 二如來禪 合名格外禪 三義理禪 又對三根 如次配於臨濟三句 其
三句之配 理固然也 以如來禪 祖師禪 獨配於格外者 不無疑焉 禪既
有兩重名 今將如來 祖師二禪 同配格外中 合爲一重 義理何無指配
之禪 (…) 若以佛祖落草之談 當之是得義理之名可也 未委將何法
而 落草示之 若配教乘 自是教文 何名禪也 若無可配之法 而別立爲
一種禪 格外亦應別立 爲四種禪"

이것이 백파가 삼선을 삼구에 배당한 가운데 여래 조사 2선을 합하여 격외로 한 것이 잘못이라는 것을 논한 것이다. 다음에 自說을 이렇게 진술하였다.

"請陳管見 夫義理格外中 皆具二禪 義理格外 是能具 如來祖師 是所具之禪 能具虛位 但從能示(師)能悟(資)邊立名 所具旣就所示 (師)所悟(資)法體上立名 不可將所具 卽目能具 謂宗師對機之時 不 陳言迹 或下沒道理之一句 或良久棒喝之類 擧之 伶利漢 直下承零 呈其悟地 不用多言 或微笑擧手 而應之 此機傳授之法 非情識言辭 之所可議度 直超義理之格 故名格外禪 若以老婆心 說玄談要 曲盡 其意學者 隨語生解 (…) 此機傳得之法 完有名相 義理詮旨之迹 可 借功熏修證之路 故名義理禪也 然此傳授之法 不可一同 宗師欲試 眼目 或迷蹤盖覆 落草說去 根利則 不滯其迹 卽入格外 而語去 設 以棒喝示之 根鈍則 墮落義理 而得入 故古德云 隨言生解 則拈花微 笑 却爲敎迹 得之於心 則乃至世間言語 皆爲敎外別傳之旨 故知 所 悟之法體(二禪) 本無義理 格外之異 所以有異 從傳授邊立名也 卽 與死句活句之名 名異義同故 古德云 死句下薦得 自救不了 活句下 薦得 與祖佛爲師"

이것이 격외선을 활구라고 하고 棒喝이라고 하고 無義語라고 한 것이며, 의리선을 사구라고 하고 落草談이라고 한 것이다. 또 여래, 조사 2선을 구분하여 말하기를,

"白老(白坡)云 若對上機 一一言句 了沒巴鼻 (…) 祖門中 所用之 言句 故名祖師禪 或對中機 所示言句 卽權明實 (…) 此亦祖門中事

以法法全眞之言　完同如來所說　萬法歸一心之言　故貶之名如來禪
此辨但二禪　法體之不同　的未言約人立名之本意也"

조사선은 상근기를 대하고 여래선은 중근기에 대한 법이라
고 한 것은 백파의 설인데, 서진하는 그것이 적절한 것이 아니
라고 한 것이다.
또 이렇게 말하였다.

"虐(雪乎)老云　如來所悟之法故(二月日夜　見星悟道)　名如來禪
如來悟道已　尋訪眞歸祖師　所傳得底故　名祖師禪　此老則　辨得二得
所從之淵源　有超師之見　而以如來獨當釋迦　祈師但爲眞歸　此法非
三世佛祖通用以禪也　愚則未知　二禪之名　始自何時　以現文詳之　必
自臨濟三句中出來　何也　其第一句云　與佛祖爲師　第二句云　人天爲
師　人天師　豈不是如來　佛祖師　豈非祖師乎　盖悟得　第二句法　則但
見性成佛而己　悟得第一句法　方爲諸佛之師　故云祖　此非以法名人
約人立名之明證處乎"

여래청정선이라는 명칭은 百丈, 黃檗의 시대에 쓴 예가 있
고, 여래선 조사선의 명칭은 위산 앙산 때에, 이미 병용되었
다. 서진하가 2선을 임제의 삼구에서 나왔다고 한 것은 잘못
이다.
또 백파긍선의 주장을 비판하여 이렇게 말하였다.

"白老(白坡)卽指三禪中　如來　祖師　二禪　爲敎外別傳　此老則　敎外
與格外　無別也　然則　以詮旨義理之迹爲敎　以事理融卽　時處無碍　三

世一念 萬法一心等 爲敎外 而此不過圓頓敎中 六相十玄之理 雖悟
修斯亡 即非聖凡識智之所可度量 何能超出於敎格之外 若以此爲別
傳一味之禪 花嚴菩薩 皆傳法之機 何至涅槃會上 獨付囑於迦葉 餘
衆則 悉皆罔措也 旣云一味 又何有 如來 祖師 二法之差別耶"

라고 하였다.

또 설두유형의 주장을 파하여 이렇게 말하였다.

"雪(설두)老 辨同異云 敎外格外 或同或異 同者 如來祖師二禪 元
是敎外 而義理禪 亦名敎外 刊正錄云 心法非文字 所可擬議 故云敎
外 又圭山云 不以文句爲道 須忘詮得意 得意則 是敎傳心也 其異者
唯義理名格 二禪獨得格外之名 此老則 敎外之名寬 格外之名狹 又
能詮之文爲敎 所詮之旨 爲敎外 只知文字爲敎 尙迷詮旨義理之爲
敎也 引文雖依圭山之說 而此師(圭山)所明 不過義理之知解 可以證
於義理之爲禪 何足爲別傳之禪也 又以花嚴中 理事無碍法界 配如
來禪 事事無碍法界 配祖師 若爾 花嚴皆二具禪 花嚴使是敎外 何至
靈山拈花枝 而爲別傳之標準也 大違一愚二賢之釋"

라고 하였다. 一遇二賢을 표준으로 한 것은 그 本據에 있어서
착오이다. 그러므로 그가 논한 바는 쓸데없이 枝葉末節일 뿐
이다.

맨 뒤에 이렇게 말하였다.

"白老(白坡)集禪文手鏡 中孚子著四辨漫語 優優師述 掃灑先庭錄
雪竇老述 禪源溯流 各盡其美 不可復贅 只撫數疑處決之 續諸四家

之後 然非尊己嫉賢 隨見杜撰 法應如是 專門舊學 不免矛盾 唯通人
校其當否也"

라고 하였다.

그러나 서진하의 著는 白坡, 草衣, 優曇, 雪竇의 四家의 뒤
에 나왔으면서도 이를 집대성하는 힘이 없고 쓸데없이 지엽을
논함으로써 마치고 말았다. 禪敎의 쇠퇴함이 참으로 슬픈 정
도였다.

제17장 조선의 종말

朝鮮의
終末 고종 대에 이르러서 대원군이 萬機를 裁決하여 風敎에 관한 2대 정책을 단행, 인심을 일신하려고 기도하였다. 그러나 그의 실정에 다시 고종의 실정이 가하여져서 동학당의 변란과 청일, 러일의 전쟁을 誘發하였고, 마침내 한일합병으로써 그 局을 매듭짓기에 이르렀다. 조선의 태조 즉위로부터 한일합병에 이르기까지 대략 오백여 년을 선교쇠퇴의 시대라고 한다.

제1절 대원군의 금교

大院君의
禁敎 고종(1864년-1906년) 시대에는 그의 부 흥선대원군이 섭정함에 당하여 風敎에 관한 2대 정책을 단행하였으니, 하나는 천주교도의 살륙이요, 또 하나는 서원의 철폐였다.

朝鮮禁敎
顚末 조선에 있어서 천주교는 선조 임진란 때 포르투갈 신부였던 그레고리오 데 세스페데스(Gregoria de Cespedes)가 일본에서 들어와서 포교에 종사한 것이 그 시초였다. 그후 200여 년이 지나 정조 대에 李僻, 李承薰 2인이 천주교를 믿었고, 정조 7년에는 이승훈이 사절을 따라서 북경에 가서 자진하여 세례를 받고 聖書를 휴대하고 돌아오니 이것이 다음 해인 정조 8년이다. 그 뒤로 천주교가 점점 국내에 전파되면서 西學이라고 일컬었다.

정조 18년(1794년)에 청나라 사람 周文謨가 변복하고 압록강을 건너서 다음 해 한양에 들어왔다. 周文謨는 才德을 겸비

하였기 때문에 천주교를 포교한지 7년에 크게 신도를 얻었다. 순조 원년(1801년)에 신자 黃嗣永, 黃沁이 체포 주륙되었고, 주문모도 또한 효수되었으며 앞서서 斬刑에 처해진 자에 李承薰, 丁若鍾, 李家煥이 있고, 그 밖에 유배 또는 주륙된 자가 수십 인이었다.

이와 같이 禁敎함이 엄격하였음에도 불구하고 천주교는 점차로 국내에 퍼져 가서 중요한 관리도 물이 들었다. 순조 31년(1831)에는 로마 교황이 방콕에서 포교에 종사하던 브뤼기에르(Brugiere) 주교에게 명하여 조선에 전도하게 하였다. 브뤼기에르 곧 방콕을 출발 중국 샤먼(厦門)으로, 다시 만주로 들어가서 주재하기를 3년, 그러나 뜻을 이루지 못하고 서거하였다.

순조 33년에 劉進吉, 丁夏祥, 趙信喆 등이 상의하고 청나라 사람 劉方濟(유방제)를 맞이하여 몰래 전도하기를 4년 했고, 불란서(프랑스) 선교사 모방(Maubant)이 또한 브뤼기에르의 뜻을 이어서 헌종 2년 (1836년)에 입국하였으며, 이어 샤스탄(샤스탕)(Chastan) 임베르(Imbert)가 들어와서 서울에서 회합, 몰래 홍교에 노력하였다.

그러나 발각되어 劉進吉, 丁夏祥, 趙信喆은 참형에 처하였고 세 선교사는 효수형에 처해졌다. 이리하여 한때 閉蟄(폐칩)되었던 西敎(천주교)는 철종왕 대에 다시 유행했다. 그리하여 불란서 선교사 베르뇌(S.F.Berneux, 張敬一), 다블뤼(M.A.N. Daveluy, 安敦伊) 등이 비밀히 전도하여 국내 도처에 펴니 왕왕 관민의 충돌과 교도의 쟁의를 유발하였다. 더구나 궁중에서도 고종의 유모 박씨 같은 이는 마르테 박(Marthe pak)이라

고 칭한 열성적 교도였다

그러나 섭정 대원군은 러시아와 불란서 두 나라를 두려워하여 감히 엄단하지 못하였고 조정의 논의가 크게 동요하였다. 南鍾三, 洪鳳周가 상언하기를, 불란서과 국교를 맺고 러시아의 세력을 막는 것은 국책으로 최상의 방법이니 마땅히 선교사의 힘을 빌려야 한다고 하였다.

그러자 대원군은 선교사를 만난다는 명목으로 그들을 상경하도록 촉구하고, 동시에 外人과 및 교도를 처형하여 異敎禁制의 舊典을 회복하고자 하였다. 고종 3년에 교도 金長雲, 崔炯이 먼저 잡혔고 洪鳳周, 張敬一(베르뇌), 丁義培(Bretinieres), 徐沒禮(Bernardus), 南鍾三이 모두 체포되었으며, 베르뇌 이하 세 불란서인은 효수형에, 洪鳳周, 金長雲, 崔炯은 참형되었다.

또 선교사 부루제(C.A. Ppurthie), 푸치니코라(M.A. Petinicalas), 조선인 목사 禹世英, 다불루이, 오메트루(Aumatre), 유인(Huin), 黃錫斗도 피살되었다. 목사 리데르(Ridel) 등은 몰래 조선을 탈출하여 청국 천진에 있는 불란서 함대사령관 해군 소장 로스(Rose)를 방문, 敎徒의 참해를 호소하고 그 구제를 청하였다.

이리하여 동년 8월에 불란서 함대사령관 로스는 소함대를 이끌고 인천으로 들어와 크게 한국의 조정을 위협하였다. 다음 달 9월에 로스는 다시 함대를 이끌고 강화도를 점령하였다가 얼마 안 있어 철퇴하였다. 대원군은 곧 팔도에 령을 내려서 천주교도를 체포하게 하니 잡힌 수가 12만 인이었다. (아마도 과장일듯) 그때 李景夏가 좌포도청의 대장이었는데 잔인하기 비할 데 없어서 죄상의 유무에 관계없이 모두 한데 묶어서 살육하였다고 전한다.

고종 13년에 평양에 斥邪紀蹟碑를 세워 그 전말을 기록하였는데, 그 가운데에는 수십백의 邪類를 捉致하여 괴수를 죽이어 강 가운데 던졌다고 하였다. 이로써 앞에 말한 12만이란 수는 정확한 것이 아님을 알 수 있다.

제2절 書院의 시작과 철폐

書院의
濫觴

대원군은 서원의 횡포를 미워하여 그 박멸책을 강구하였다. 살펴보건대, 당 현종이 麗正서원을 두고 문학사를 모아서 修書侍講에 종사하게 하였으니, 이것이 중국에 있어서 서원의 이름이 생긴 시초이다. 조선에서는 조야 名儒의 주처이거나 또는 그가 왕래하던 곳에 廟를 세우고 제사하며, 아울러 자제를 교육하는 學舍였다.

조선에서 서원의 시작은 태종 원년에 경상남도 단성의 도천서원이 이루어졌고 고려 문익점을 모셨던 것이다. 중종 23년에는 경상북도 성주에 천곡서원이 이루어졌고 金廣弼을 모셨으며, 중종 29년에는 전라북도 부안의 도동서원이 이루어졌고 고려의 金坵를 모셨고, 36년에는 경상북도 풍기군 순흥의 백운동서원을 짓고 고려의 안향을 모신 것이다. 이 서원은 명종 5년에 소수서원이라는 칙액을 하사하였으니 이른바 '賜額書院'의 으뜸인 것이다.

그런데 선조 이후로 서원 濫設의 폐단이 생기니 숙종 시대에는 院祠가 없는 읍이 없었고, 혹은 한 읍에도 수개의 원사를

설치하니 한 道에 팔구십을 계산하기에 이르렀다. 『韓國政爭志』에 말하기를,

"매 州마다 一書院이 있고 그 외에도 서원이 그 수를 헤아릴 수 없었다. 처음에는 다만 道義를 강론하던 것이 점차로 조정을 평판하기에 이르렀다. 一人이 선창하면 衆口同聲이었고, 檄(격문)을 국내에 전하면 數旬(30일 정도) 동안에 다 두루하였는데, 이것을 儒通이라고 하였다. 대체로 조정에 한 除拜(관직 임명)가 있을 때, 그 사람이 아직 衆望에 미흡하면 곧 논의가 비등하였고, 드디어 格塞하여 除拜(벼슬 임명)를 얻지 못하게 되었다. 이것을 淸議라고 하였다 (…) 뒤에는 결국 私怨으로써 각기 旗鼓를 세우고 서로 공격하니 일진일퇴 함이 마치 朝庭上에 潮汐과 같았다"(幣原坦,『韓國政爭志』, 명치 40년 6월. 일본 삼성당서점)

書院撤棄 더구나 서원은 광대한 토지를 소유하여도 조세를 면하였고, 인민은 서원의 노비가 되면 군역을 피하였다. 유생은 遊食橫議하여 조정을 비방하였다. 그 중에도 충청북도 괴산군 화양리의 화양서원(송시열 所刱)과 만동묘 같은 것은 화양묵패를 발행하고, 사람으로 하여금 그 명령에 복종하게 하니 그 세력이 官署를 능멸했다.

書院撤棄 대원군은 서원의 폐단을 일소하고자 하여, 고종 2년에 만동묘를 폐훼하고 계속하여 다른 서원을 철폐하였다. 다만 경상북도 풍기의 소수서원, 예안의 도안서원, 충청남도 연산의 둔암서원, 노성의 노강서원, 경기도 여주의 太老祠 등 47개 서원만 남겨두었다.

제3절 동학당의 변

東學의 變   대원군은 庶政을 개혁하여 인심을 일신하고자 하였다. 경복궁 중창의 대업을 일으켰기 때문에 나라 재정이 곤궁하였고, 또 外人과의 粉訌도 생겼다. 고종 3년(경응 2년) 천주교도를 학살하였기 때문에 불란서 함대가 강화에 내습하였고, 동년에 또 미국 汽船이 대동강에 침입하였으며, 5년에 유태계 독일인 오펠트(Oppert)가 충청도 아산만 행담도에 이르러서 폭행을 마음대로 하였다.

    고종 7년에는 普魯西(프로이센 ; Preussen, 프러시아 ; Prussia) 公使 브란드(Von Brand)가 부산에 이르러서 국교를 청하였고, 8년에는 미국 공사 로우(F.F. Law)가 함대를 이끌고 인천에 와서 국교를 요구하다가 쟁투가 생겼으며, 9년에는 일본사절 花房義質이 부산에 와서 수교를 요구하였다. 이와 같이 내외로 다사한 때에 대원군은 실정이 많았고, 드디어 은퇴하니 왕이 친히 정권을 잡게 되었는데 고종이 즉위한지 10년 만이었다.

閔氏荔扈   그 뒤로 왕비 민씨가 세력을 얻어서 閔씨 일족을 등용하고 대원군이 시설한 것은 거의 철폐하였다. 고종 19년에는 국고가 空乏하였고, 병사의 폭동이 발발하여 일본공사관이 습격되고, 민씨 일족의 저택이 파훼되었으며, 관리는 학살된 자가 많았다.

    이에 청나라의 李鴻章이 파병하여 폭도를 토멸하니 이로부터 조정은 淸日세력의 각축장이 되었다. 고종 21년에 영국 동양 함대가 갑자기 거문도를 점거하고 러시아의 남하에 대비하려고 하였으나 청, 러 두 나라의 항의로 철퇴하였다.

東學黨 　　고종 31년(1894년)에 동학당이 난을 일으키자 청나라 군대가 출병하여 이를 討平하였다.

崔濟愚 　　살펴보건대 동학의 시조는 경주인 최제우(一作 崔福述)로, 그는 스스로 체험한 바에 의거하여 佛, 老, 儒 삼교를 융합하여 일종의 종교를 만들고 이로써 인심의 퇴폐를 구원하고자 하였다. 이것이 동학으로서 서학 즉 천주교의 유행을 막기 위한 것이었다. 동학의 예배 대상은 天主로서 마음에 誠敬信의 3자를 두고 몸에 無惡, 無貪, 無淫의 계를 가지면서 天에 기도하고 天을 念하는 것이다.

　　天에 기도하는 데는 淨水를 盤에 떠놓고 주문을 부르면서 天을 염하는 데는 식사할 때 먼저 神告의식을 행한다. 이것이 동학을 천주교라고 하는 소이이다.

　　최제우는 이렇게 말한다.

　　　"천도교는 오륜과 五常을 세우고 仁에 바탕하여 의를 행하며, 정심성의로 자기를 닦아서 세상에 미치게 하는 것이니 이는 유교에서 취한 것이며, 자비 평등으로써 마음을 삼고, 몸을 버리어 세상을 구제하며, 도량을 정결히 하고 입으로 神呪를 송하며 손에는 염주를 갖는데 이것은 불교에서 취한 것이며, 玄을 極하여 무극에 이르고, 榮利 名聞을 견제하여 무욕 청정하게 몸을 가지며, 神髓를 연마하여 마침내 승천을 희구하는 것은 도교에서 취한 것인데 유·불·도의 세 가지가 그 源頭로 소급하면 함께 한 길로 나아간다. 한 길은 곧 천도이다"

라고 말하였다.

東經大全   최제우가 교법을 기록한 것을 『東經大全』이라고 한다. 한 권인데 동학교의 성전이다.

    최제우는 水雲이라고 호하였고, 철종 11년 4월 5일에 도를 얻고, 宗을 열어서 구세의 업을 시작하였으나 정부는 이를 左道 妖敎라고 단정, 백연황건의 적과 같다고 하여, 고종 원년 3월10일에 좌도 혹민의 죄로 대구의 옥에 가두었다가 사형에 처하였다. 그 때 최제우의 나이는 41세였다.

崔時亨   이보다 먼저 최제우의 문인에 崔時亨이 있어 海月이라고 호하였고, 철종 14년 8월 14일에 최제우의 敎統을 계승하였는데, 교조 최제우가 죽은 뒤 그의 유지를 이어서 弘宣에 크게 노력하였다.

    고종 17년에 『동경대전』을 간행하니 이로써 교도들의 성경이 성취되었다. 이리하여 교도의 수가 날로, 달로 불어가는 동시에 정부의 탄압과 배척도 점점 준엄을 가하였다. 정치의 문란은 민심의 이반을 투기하더니 고종 31년에 전라북도의 교도 전봉준이 궐기하여 除暴救民을 부르짖으면서 난을 일으키니 燎原의 세를 정부는 어떻게 하지 못하고 중국 청나라의 병력을 빌려서 이를 진압하니 이것이 고종 32년이었다. 이 난에 연좌되어 최시형이 잡혔고, 고종 광무 2년 6월 2일에 서울에서 사형에 처하였다. 향년 72세였다.

孫秉熙   최시형이 죽기 6개월 전에, 즉 1897년 광무 원년 12월24일에 그는 문인 손병희를 교주로 천거하였다. 손병희는 호를 義庵이라고 하였다. 1900년 광무 4년에 교주의 취임을 공포하였으나 국가의 상태가 옳지 않음을 보고 일본에 잠입하면서 동문

인 李容九, 金演局으로 하여 교무를 집행하게 하였다.

  그런데 1904년 광무 8년에 이용구는 송병준과 일진회를 조직하여 그 회장으로 추천되었고 일본의 세력을 조장하였다.

  손병희는 1905년에 동학을 천도교라고 개명하였고, 다음 해 10년 1월에 일본에서 돌아와 서울에 천도교 중앙총부를 설립하고, 친히 교무를 총재하였다. 그리고 손병희는 이용구 등이 정무에 참여하는 것을 옳지 않다고 하여 정교분리의 명분으로 이를 제명하였다.

侍天教 이에 이용구, 김연국 등은 따로 侍天敎를 창립, 이용구가 교주로 되니 1906광무 10년 9월 17일의 일이었다. 이용구는 鳳庵이라고 호하였고, 김연국은 龜庵, 송병준은 濟庵이라고 호하였다. 이들은 모두 시천교의 창립자로 알려졌다.

제4절 청일전쟁 러일전쟁 한일합병

淸日戰爭 위에 서술한 바와 같이 동학당의 변으로 인하여 청국은 조선에 파병하였는데 일본도 군대를 출동시켜서 드디어 청일전쟁이 시작되었고, 청국이 대패함으로써 전쟁은 끝났다.

佐野前勵 1906년 고종 32년에 일본 일련종 승 佐野前勵가 조선에 들
도성출입 어와서 정부에 상서하여 승려들의 입성금지가 해제되었다.
금지해제 1623년 인조 원년에 승니의 도성 출입이 금하여진 지 270년만에 승려들은 다시 도성출입의 자유를 얻은 것이다.

  1906년 고종 32년에 청일전쟁 후 요동반도가 일시 일본의 영유로 되었으나 러시아, 독일, 불란서(프랑스) 삼국의 간섭으로 다시 중국에 돌려주었다. 그로부터 러시아의 위압이 반도에

가중하였고 흉변이 자주 일어났는데, 1896년에 친노파 정치가는 고종을 러시아 공사관으로 옮기자 당시 조정은 1년 동안 온통 러시아 사람의 수중에 들어갔다.

1897년 건양 2년에 조정은 광무라고 改元하고 국호를 대한이라고 하였다. 동년에 魯國(러시아)의 西伯利亞艦隊(시베리아 함대)가 중국 旅順과 大連을 점령하고, 1898년 광무 2년에 청나라에 강요하여 그 租借를 승인하게 하였다.

1900년 광무 4년에는 北淸사변 후에 러시아가 대군을 만주에 주둔하고 장차 이것을 합병하여 소유하려고 하였다. 러시아는 또 1903년 광무 7년에 한국 용암포를 점령하고 그것을 租借하도록 조정에 강요하였으며, 海陸의 兵備를 整齊하여 일본과 싸울 태세를 취하였다.

露日戰爭　1904년 광무 8년에 러일 양국은 전쟁을 하여 결국 러시아가 크게 패하였고 다음 해에 강화조약이 이루어졌다. 1906년 광무 10년에 일본은 조선에 통감부를 설치하였다. 1907년 광무 11년에 고종은 황태자에게 양위하니 재위한지 44년 동안이었다.

韓日合邦　제28대 순종(李拓)(1907년-1910년)은 융희라고 개원하였다. 융희 4년에 일본은 조선을 합병하니 조선은 모두 28대 왕으로서 519년 만에 멸하였다.

結論
조선불교
不滅

아아, 폐불 훼석하기를 무려 오백년이러니 조선 이씨 왕조는 이제 어디에 있는가? 그러나 조선불교는 멸하는 것 같으면서도 멸하지 않았고, 쓰러질 듯하면서도 쓰러지지 않았다. 조선불교는 지금도 사찰이 1300여 개이고, 승려가 7100여 인이 엄연히 존재하고 있다. 불교는 폭정에 의하여 멸망하는 것이 아니다.

색 인

金山寺　95, 158, 207, 225, 327, 332, 524

金生　146, 161, 233

金守忠　103

金時習　454, 456, 457, 466

金演局　728

金庾信　73, 81, 85, 91, 101, 173

金仁匡　154

金藏　147

金貂　403

金春秋　152, 176, 185, 389, 475, 583

ㄴ

難陀　28

南岳　52, 432, 590, 594, 606, 608, 663

乃圓　349, 704

內帝釋院　207, 239

內天王寺　239

農伽陀　53

能仁　79

ㄷ

多婆那國　16

斷俗寺　52, 95, 115, 243, 250, 288, 310, 431

達順　346

達正　344

達玄　338, 339

曇始　27

曇旭　43, 44

曇育　58

曇眞傳　230

曇徵　32, 37

曇諦　177

曇慧　44

大覺國師　55, 215, 218, 223, 224, 429

大矩　106

大屯寺　648, 567, 701

大屯寺 12宗師 12講師　652

大報恩寺　193

大悲院　239

大安寺　39, 91, 128, 187, 235

大緣　173

大王興輪寺　50

ㄹ

누카리야 카이텐(忽滑谷快天)

누카리야 카이텐(忽滑谷 快天, 1867-1934)은 1867년 동경에서 태어났다. 1893년(메이지 26년) 게이오기주쿠 대학(慶應義塾大學) 문학부(文學部) 졸업했다. 렌코지(連光寺) 제25대 주지(住職), 고마자와 대학(駒澤大學) 초대 학장(學長). 불교학(仏敎學), 동양 사상사(東洋思想史), 양명학(陽明學) 전공.

일본의 불교학자로 조동종의 승려이자 문학 박사이다. 도호(道號)는 불산(仏山). 인도, 중국, 한국 선학(禪學) 사상사 등 동양 선학을 연구했고, 선불교를 내성 주관주의(内省主観主義)로 파악한 이른바 '누카리야 선학'(忽滑谷禪學), 누카리야파(忽滑谷派)라 불리는 선학(禪學) 사상을 확립했다.

1925년(59세) 조동종 대학(曹洞宗大學)이 고마자와대학(駒澤大學)으로 승격하는데 큰 역할을 담당했으며, 초대 학장으로 취임하였다. 이 시기 그의 가장 큰 업적은 인도와 중국 선학사상사를 연구한 『禪學思想史』(상권, 1923년, 하권, 1925년. 玄黄社)이다. 이 책은 그가 "선가(禪家)에는 아직 사상사가 없었다. 본서를 효시(嚆矢)로 한다"고 말했듯이, 중국 선학사상사의 효시적인 책이다. 이 책은 스즈키 다이세쯔(鈴木大拙)나 중국의 호적(胡適)에도 영향을 미쳤다.

1905년 그는 중국에 존재했던 《대범천왕문불결의경(大梵天王問佛決疑經)》을 위경이라고 정의한 논문을 발표했다. 이 논문은 教外別傳, 拈華微笑, 正法眼藏, 涅槃妙心의 전거가 되는 경전으로 그 경전을 僞經이라고 부정한다는 것은 곧 선종의 뿌리를 뒤흔드는 것이었다. 또 이 시기에 이슬람 연구나 양명학 연구에도 몰두해 이슬람의 성사 무함마드에 대한 연구도 시작했다.

1911년(메이지 44년)에는 조동종으로부터 유럽 종교 학술 시찰의 명을 받고 3년간 유학했다. 유럽 유학 도중 하와이에서 종교시찰원으로 열흘을 머물렀고, 샌프란시스코를 비롯한 각지에서 불교 강연회를 실시했다.

1914년(다이쇼 3년)에 유학을 마치고 돌아와, 이듬해 일본 정부로부터 문학박사라는 칭호와 일본의 국가학위(國家學位)를 받았다.

누카리야 카이텐은 공직과 연구 두 분야에서 모두 충실했다. 가이텐의 제자는 일본뿐만 아니라 중국과 대만, 한국 등 동아시아 전체에 영향을 미쳤고, 중국의 후스(胡適)와 스즈키 다이세쓰(鈴木大拙), 야나기다 세이잔(柳田聖山)에게 계승되어 '누카리야 불교학'으로 불리는 학파를 형성하기까지 이르렀다.

1929년 6월부터 8월에 걸쳐 한국을 방문하여 사찰의 사적과 고승들의 생애 등을 조사했다. 그리고 많은 문헌들을 수집하여 고마자와대학(駒澤大学)에서 朝鮮禪教史를 강의했고, 그 결과 1930년(64세)에 『朝鮮禪教史』(春秋社)가 출판되었다. 4년 후인 1934년(쇼화 9년)에 도쿄에서 강연하던 도중, 뇌일혈로 쓰러져 그대로 세상을 떠났다. 향년 68세.

| 역자 소개 |

湖鏡 講伯

역자 湖鏡 講伯 약력

湖鏡 강백의 성은 鄭씨, 법명은 基煥(기환), 법호는 湖鏡, 생몰연대는 1905-1989 음력 12월 12일(양력 1990, 1, 8)이다. 1978년 번역서 앞에 있는 '『朝鮮禪敎史』를 번역하면서'에는 '湖鏡 筌煥(전환)'이라고 표기하고 있다.

* 1908년 4세에 모친이 별세하셨다.
* 1913년 9세에 부친이 타계한 후 금산군 보석사에서 생활하였다.
* 1914년 충북 보은군 법주사에서 東秀護庵 스님을 은사로 사미계를 수지하였다.
* 1914년 竺源震河 스님을 계사로 보살계와 구족계를 수지하였다.
* 1920년 법주사 석상스님으로 부터 사미과(沙彌科)를 수학했다.
* 1921년 조선불교 선교양종(조계종 전신)으로부터 도첩을 받았다.
* 1921년 3월 10일 법주사 老明義塾 제3학년을 졸업했다.
* 1921년 법주사 석상스님으로부터 사집과(四集科) 수료. 법주사에서 수선 안거를 성만했다.
* 1922년 경성보성고보(보성전문학교) 졸업했다.
* 1926년 법주사 석상스님으로부터 사교과(四敎科) 졸업. 법주사에서 대선 법계를 수지했다.

* 1928년 법주사에서 석상스님으로부터 고등과를 졸업했다.
* 1929년 경성 중앙불교전문학교를 졸업했다.
* 1933년 법주사에서 大德 法階를 수지했다.
* 1934년 일본 대정대학(大正大學) 불교학과를 졸업했다. 같은 해 충북 괴산 채운암 주지를 역임했다.
  또 이 무렵 예천 용문사 용호해주(龍湖海株) 대강백으로부터 전강을 받았다.
* 1937- 1939년까지 전남 순천 선암사 강원 강주를 역임했다.
* 1942년 충북 청원군 보살사 주지를 역임했다.
* 1948- 1950년까지 법주사 주지를 역임했다
* 1953년 충북 옥천군 용암사 주지를 역임했다.
* 1965- 1967년 경남 통도사 강원 강주를 역임했다.
* 1969년 법주사 강원 강주를 역임했다.
* 1969년 경기도 양주 흥국사에 불교전문강원이 개설되어 잠시 강의했다. 학인은 덕민스님(불국사), 무비스님(범어사) 등 23명이었다.
* 1969년-1984년까지 약 15년 동안 충남 계룡산 동학사 전문강원 강주를 역임했다. 15년 동안 동학사 강원에서는 239명의 문하생을 배출하였으며, 기타 선암사, 통도사, 법주사, 흥국사 강석 수강자들을 합하면 약 1,000여 명의 제자들을 배출하였다.
* 1980년-1990년 1월(음력 1989년 12월 12일) 입적 무렵까지 동학사 조실을 역임했다. 조실로 계시면서 강원 학인들도 지도하셨다.
* 湖鏡講伯의 전강을 받은 제자로는 경해일법. 경천현주. 경월일초. 경화보관. 혜성. 수증스님 등이 있다.
* 동학사 조사전(祖師殿)에는 호경당 기환 대강사(湖鏡堂 基煥 大講師)의 진영이 보관되어 있다.

韓國禪教史(朝鮮禪教史)

초판 1쇄 인쇄 | 2025년 1월 30일
초판 1쇄 발행 | 2025년 2월 15일

저　자 | 忽滑谷快天(누카리야 카이텐)
역　자 | 鄭湖鏡
펴낸이 | 윤재승

주간 | 사기순　　편집팀 | 정영주
기획홍보팀 | 윤효진　　영업관리팀 | 김세정
펴낸곳 | 민족사
등록 | 1980년 5월 9일 제 1-149호
주소 | 서울 종로구 삼봉로 81 두산위브파빌리온 1131호
전화 | 02) 732-2403, 2404
팩스 | 02) 739-7565
웹페이지 | www.minjoksa.org, www.facebook.com/minjoksa
이메일 | minjoksabook@naver.com

ISBN 979-11-6869-073-8 (93900)
정가 78,000원